MW01171913

Moradia de Direito

Projeto Na Régua – Volume 1

Universidade do Estado do Rio de Janeiro

Programa de Pós-Graduação de Direito - PPGDir

Núcleo de Estudos, Pesquisas e Extensão em Direito da Cidade – NEPEC

Instituto de Direito Administrativo do Rio de Janeiro (IDARJ)
Rua México nº 119 10º Andar Centro Rio de Janeiro RJ
academico@idarj.com.br

Institutas

Editor-Chefe:
Emerson Affonso da Costa Moura (UNIRIO/UFRRJ)

Conselho Editorial:

Adriana Schier (UFPR)
Alexandre Santos de Aragão (UERJ)
André Saddy (UFF)
Cristiana Fortini (UFMG)
Emerson Affonso da Costa Moura (UNIRIO/UFRRJ)
Emerson Gabardo (UFPR)
Fabricio Macedo Mota (UFG)
José Carlos Buzanello (UNIRIO)
José dos Santos Carvalho Filho (FEMPERJ)
Manoel Messias Peixinho (PUC/UCAM)
Maria Sylvia Zanella Di Pietro (USP)
Mauricio Jorge Pereira da Mota (UERJ)
Patricia Ferreira Baptista (UERJ)
Thiago Marrara (USP)

Política Editorial:

Consulte o foco e escopo das publicações, as condições de submissão e o processo de avaliação, a política de ética e as diretrizes de boas práticas na publicação, bem como a política de privacidade e a licença dos direitos autorais no endereço:

www.idarj.com.br/publicacoes

Arícia Fernandes Correia (Org.)

Moradia de Direito

Projeto Na Régua – Volume 1

Institutas
Rio de Janeiro
2022

Categoria: Direito

Produção e edição: Instituto de Direito Administrativo do Rio de Janeiro

Capa: Pedro Henrique Barbosa Rocha

Diagramação: Eduardo Alves de Souza

O editor não se responsabiliza pelas opiniões emitidas nesta obra por seu autor.

CIP-BRASIL. CATALOGAÇÃO-NA-FONTE

Moradia de direito : Projeto na Régua : volume 1 /
   Arícia Fernandes Correia, (org.). --
   Rio de Janeiro : Institutas, 2022. -- (Moradia de direito)

   Vários autores.
   Bibliografia.
   ISBN 978-65-84742-05-5

   1. Direito à moradia - Brasil 2. Direito fundamental 3. Direitos sociais 4. Política habitacional - Brasil 5. Regularização fundiária urbana I. Correia, Arícia Fernandes. II. Série.

22-134778

CDU- 347.171

OS AUTORES

Allan Borges: Subsecretário de Habitação da Secretaria Estadual de Infraestrutura e Obras do Estado do Rio de Janeiro. Mestre pela FGV.

Amanda Neder Ferreira: Bacharel em Serviço Social pela Universidade Federal do Rio de Janeiro.

Andreia Marinho Igayara Ziotto: Advogada. Servidora do Instituto de Terras do Estado do Rio de Janeiro – ITERJ. Mestranda em Direito da Cidade pela Universidade do Estado do Rio de Janeiro – UERJ.

Arícia Fernandes Correia: Professora da Universidade do Estado do Rio de Janeiro e Procuradora do Município do Rio de Janeiro. Mestre em Direito da Cidade, Doutora em Direito Público pela UERJ e Pós-doutorado em Direito Público pela *Université Paris 1 – Panthéon-Sorbonne*. Coordenadora do Núcleo de Estudos, Pesquisas e Extensão em Direito da Cidade (NEPEC).

Beatriz Fernandes Coelho Gomes: Mestranda do Programa de Pós-Graduação em Antropologia da Universidade Federal Fluminense (PPGA/UFF) e pesquisadora do laboratório de pesquisa LeMetro – Laboratório de Etnografia Metropolitana (IFCS/UFRJ), coordenado pelo antropólogo e professor Marco Antônio da Silva Mello.

Carmem Matos: Advogada. Doutoranda em Direito da Cidade pela UERJ.

Carolyne Ribeiro: Doutoranda em direito da Cidade na UERJ, mestre em Direito da Cidade pela UERJ, pós-graduada em Direito do Estado pelo CEPED-UERJ, formada em Direito pela UFRJ, advogada, editora da Revista Quaestio Iuris.

Daniele Aparecida Carneiro Fernandes: Mestranda em Direito da Cidade pela Universidade do Estado do Rio de Janeiro. Especialista em Direito Público e Privado pela Escola da Magistratura do Estado do Rio de Janeiro. Bacharela em Direito pela Universidade Federal de Juiz de Fora. Advogada. Editora da Revista de Direito da Cidade. Bolsista CAPES. Pesquisadora do Núcleo de Estudos, Pesquisas e Extensão em Direito da Cidade (NEPEC/ PPGD UERJ).

Deise Aparecida Barbosa da Silva: Advogada. Pós-graduanda em Sociologia Urbana pela UERJ. Integrante do NEPEC - UERJ e da equipe multidisciplinar da Secretaria Municipal de Esportes, da Prefeitura da Cidade do Rio de Janeiro.

Eric Santos Andrade: Doutorando em Direito pela Universidade do Estado do Rio de Janeiro. Mestre em Direito pela Universidade do Estado do Rio de Janeiro. Membro da Rede de Pesquisa Interinstitucional em Direito da Cidade da Universidade do Estado do Rio de Janeiro (RPIDC/UERJ) e do Laboratório de Estudos de Direito Administrativo Comparado da Universidade Federal do Estado do Rio de Janeiro (LEDAC/UNIRIO). Membro da Comissão de Direito Administrativo e de Direito da Família e sucessões do Instituto dos Advogados Brasileiros (IAB). Membro do Instituto de Direito Administrativo do Estado do Rio de Janeiro (IDARJ). Advogado.

Érika Silvana Saquetti Martins: Doutoranda do Programa Sistema Constitucional de Garantia de Direitos - ITE. Mestranda em Políticas Públicas na Universidade Federal do Paraná, Mestre em Direito pelo Centro Universitário Internacional – UNINTER. Advogada e Professora de Pós-Graduação em Direito Constitucional e Direito Imobiliário. Especialista em Direito Público, Direito Notarial e Registral, Direito do Trabalho e Processo do Trabalho. Bacharel em Direito pela Universidade Paranaense – UNIPAR.

Giselle Maria Custódio Cardoso: Mestranda em Direito da Cidade na Universidade do Estado do Rio de Janeiro - Uerj. Especialista em Direito Ambiental pela Escola da Magistratura do Estado do Rio de Janeiro. Bacharel em Direito pela UFRJ. Extensionista do Projeto Recicla Direito desenvolvido na UNIRIO. Pesquisadora da Rede de Pesquisa Interinstitucional em Direito da Cidade – UERJ. Advogada. E-mail: gisellecardoso@live.com.

Igor Martins Senra: Graduando em Direito pela Universidade do Estado do Rio de Janeiro (UERJ).

Jéssica Fernandes Silva: Bacharel em Direito pela Universidade Federal do Rio de Janeiro. Pós-Graduanda em Direito Processual Civil pela Universidade do Estado do Rio de Janeiro. Residente Jurídica na Procuradoria Geral do Município do Rio de Janeiro. e-mail: Jessicafernand_es@yahoo.com.br.

Júlia Massadas: Doutoranda em Direito da Cidade pela Universidade do Estado do Rio de Janeiro. Mestre em Direito da Regulação pela Fundação Getúlio Vargas Graduada em Direito pela Universidade Federal do Rio de Janeiro. Advogada na área de Direito Ambiental. Pesquisadora do Núcleo de Estudos, Pesquisas e Extensão em Direito da Cidade (NEPEC/ PPGD UERJ).

Lais Olimpio da Silva: Bacharel em Serviço Social pela UNIRIO. Mestra em Política Social pela Universidade Federal Fluminense e cursando Especialização em Políticas Sociais e Intersetorialidade - IFF/Fiocruz/Unirio.

Lucas Dias Alves e Silva: Mestrando em Direito da Cidade pela Universidade do Estado do Rio de Janeiro. Graduado em Direito pela Pontifícia Universidade Católica de Minas Gerais. Gestor em Ciência e Tecnologia da Fundação de Amparo à Pesquisa do Estado de Minas Gerais. Pesquisador do Núcleo de Estudos, Pesquisas e Extensão em Direito da Cidade

Lucas Fogaça: Advogado especialista em Direito Imobiliário. Mestrando em Direito da Cidade da Universidade do Estado do Rio de Janeiro.

Luiz Eduardo Cucci Gayoso: Mestre em Direito pela Universidade Veiga de Almeida. LLM em Gestão Jurídica Empresarial pela Fundação Getúlio Vargas. Pós-graduado em Direito Imobiliário pela Pontifícia Universidade Católica do Rio de Janeiro.

Marcelo Antônio Parintins Masô Lopes: Mestrando em Direito da Cidade pela Universidade do Estado do Rio de Janeiro. MBA em Direito Tributário pela FGV. Bacharel e Licenciado em História pela UFF. Professor da Universidade Cândido Mendes. Advogado.

Matheus Corrêa Lima de Aguiar Dias: Mestrando em Direito da Cidade pela Universidade do Estado do Rio de Janeiro. Bacharel em Direito pelo Centro Universitário Ibmec-RJ. Bolsista CAPES. Advogado.

Patrícia Marques Gazola: Doutoranda em Direito da Cidade pela UERJ. Mestre em Direitos Fundamentais pela FD. Procuradora Municipal de Vitória-ES.

Rafael da Mota Mendonça: Advogado. Mestre e Doutorando em Direito da Cidade pela Universidade do Estado do Rio de Janeiro. Professor do curso de Graduação em Direito da PUC-Rio e dos programas de Pós-Graduação *lato sensu* da PUC-Rio e CEPED/UERJ.

Rafael Carvalho Rezende Oliveira: Pós-Doutor pela Fordham University School of Law. Doutor em Direito pela UVA-RJ. Mestre em Teoria do Estado e Direito Constitucional pela PUC-RJ. Especialista em Direito do Estado pela UERJ. Professor Titular de Direito Administrativo do IBMEC. Professor do Programa de Pós-graduação Stricto Sensu em Direito – Mestrado e Doutorado do PPGD/UVA. Professor do Mestrado Acadêmico em Direito da Universidade Cândido Mendes. Professor de Direito Administrativo da EMERJ e do curso FORUM. Professor dos cursos de Pós-Graduação da FGV e Cândido Mendes. Membro do Instituto de Direito Administrativo do Estado do Rio de Janeiro (IDAERJ). Presidente do Conselho editorial interno da Revista Brasileira de Alternative Dispute Resolution (RBADR). Membro da lista de árbitros do Centro Brasileiro de Mediação e Arbitragem (CBMA). Ex-Defensor Público Federal. Procurador do Município do Rio de Janeiro. Sócio-fundador do escritório Rafael Oliveira Advogados Associados. Árbitro e Consultor Jurídico. E-mail: contato@roaa.adv.br.

Raphael Eyer Soares de Paiva: Doutorando em Direito pela Universidade do Estado do Rio de Janeiro. Mestre em Direito pela Universidade do Estado do Rio de Janeiro. Pós-graduação em Direito Civil e Processo Civil pela Unilasalle-Niterói. Bacharel em Direito pelo Ibmec-RJ. Advogado da CEDAE.

Renato Claudio dos Santos Junior: Bacharel em Ciências Sociais pela Universidade do Estado do Rio de Janeiro. Professor de Sociologia e Pós-graduando em ensino étnico racial e diversidade.

Robson Martins: Doutorando em Direito da Cidade pela Universidade do Estado do Rio de Janeiro. Mestre em Direito. Especialista em Direito Notarial e Registral e Direito Civil. Professor da Pós-graduação *lato sensu* da Uninter e ITE. Docente da ESPMU e da Unipar. Procurador da República. E-mail: direito.robsonmartins@gmail.com.

Talden Farias: Advogado. Consultor Jurídico e Professor da Universidade Federal da Paraíba e da Universidade Federal da Pernambuco. Mestre em Ciências Jurídicas pela UFPB, Doutor em Recursos Naturais pela UFCG e Doutor e Pós-Doutorado em Direito da Cidade pela UERJ. Membro do Núcleo de Estudos, Pesquisas e Extensão em Direito da Cidade.

Verônica Cristina de Oliveira dos Santos: Assistente Social. Mestre em Serviço Social pela Universidade Estadual do Rio de Janeiro. Superintendente do Trabalho Social da Subsecretaria Estadual de Habitação (RJ).

Vitória Dal-Ri Pagani: Tabeliã de Protesto e Oficiala de Registro de Títulos e Documentos e Civil das Pessoas Jurídicas. Doutoranda em Direito da Cidade pela UERJ.

SUMÁRIO

PREFÁCIO

POR UM NECESSÁRIO *CHOQUE DE REALIDADE* NOS SABERES ENCASTELADOS DAS UNIVERSIDADES PÚBLICAS

A frase é de Borges: "Quando nossas ideias se chocam com a realidade, o que tem de ser revisado são as ideias."

Essa coletânea de artigos reunidos sob o título Moradia de Direito: Projeto *Na Régua* – Vol. 1 é a prova de que a Academia promove um repensar contínuo de suas próprias premissas, de modo a viabilizar o avanço contínuo do conhecimento científico.

No caso da história das habitações populares precárias do Estado do Rio de Janeiro, é a realidade o que choca: déficit habitacional, incremento da população de rua, péssimas condições de habitabilidade, insegurança jurídica da posse. É dessas ideias, que se renovam para encontrar a realidade, no cumprimento da função social da Universidade, que se trata este volume.

Em 2021, esta Universidade e o Estado do Rio de Janeiro, através da Secretaria Estadual de Infraestrutura e Obras (SEINFRA), firmaram um Termo de Cooperação Técnica com vistas à implantação de projeto voltado para o tema da habitação de interesse social, ocupada pela população de baixa renda, com a finalidade de conferir aprimoramento técnico, serviço de apoio, consultoria e assessoria para diversas demandas que envolvem as questões habitacionais.

Trata-se do Projeto *Na Régua*, cujos três eixos principais são: a prestação de assistência técnica de habitação popular aos moradores, de modo a que pequenas intervenções edilícias possam proporcionar significativo incremento da qualidade de vida; a realização das melhorias habitacionais necessárias a que essa habitação precária e inadequada se torne digna; e a regularização fundiária urbana, formada por um conjunto de medidas que garantam não apenas maior segurança jurídica aos ocupantes de imóveis não "titulados", como também a integração dessas áreas à malha urbana, de modo a que usufruam, de forma plena, do acesso ao *direito à cidade*.

Essa terceira vertente da pesquisa veio a ser desenvolvida especificamente no âmbito do Núcleo de Estudos, Pesquisas e Extensão em Direito da Cidade, do Programa de Pós-graduação *stricto sensu* da Faculdade de Direito, na Linha de Pesquisa de Direito da Cidade, desta Universidade e intitulada *Moradia de Direito*, expressão que legou o título à obra coletiva, com a indicação de a qual projeto acadêmico pertence.

Com efeito, o artigo 3º do Estatuto da UERJ prevê, dentre seus fins precípuos, "a contribuição para a solução de problemas que interessem ao bem-estar da coletividade e ao desenvolvimento das instituições, bem como a prestação de serviços à comunidade e a contribuição à evolução das ciências, letras e artes e ao desenvolvimento econômico e social."

Desta forma, esse projeto inequivocamente promove a interação dialógica entre a comunidade acadêmica e a sociedade, por meio da troca de conhecimentos, da participação e do contato direto, em atividades de extensão universitária, de cunho multidisciplinar, no contexto do enfrentamento das questões complexas contemporâneas presentes na realidade social fluminense e que também serviram de substrato e inspiração para muitas de suas reflexões.

A vertente coletânea, que reúne tanto reflexões e contributos teóricos, quanto a experiência do projeto na prática, organizada pela Professora Arícia Fernandes Correia, Professora da Faculdade de Direito da Universidade do Estado do Rio de Janeiro e Coordenadora-Geral do Projeto, com a participação ímpar do Coordenador-Executivo do *Na Régua*, o Subsecretário de Habitação da Secretaria Estadual de Infraestrutura e Obras, Allan Borges, representando o Estado do Rio de Janeiro, e a dedicação incansável dos membros do Grupo de Estudos e demais extensionistas do Projeto conta com reflexões densas e profundas acerca do direito à moradia adequada no âmbito do Estado do Rio de Janeiro, mas também com proposições factíveis de enfrentamento de suas vicissitudes e de superação de entraves burocráticos históricos que impediram a população fluminense, beneficiada por programas públicos de habitação popular, de, até hoje, ter os imóveis que ocupam registrados em seus nomes perante o Cartório de Registro de Imóveis.

Fruto de intensa pesquisa acadêmica e promissor trabalho de extensão, o Grupo de Pesquisa *Cidade e Direitos Fundamentais*, ministrado pela Coordenadora-Geral do Projeto, viabilizou que, após dois semestres de encontros, a vertente coletânea de artigos jurídicos fosse produzida, por seus professores e alunos exemplares: um estagiário de pós-doutoramento, doutorandos e mestrandos em Direito da Cidade, uma especialista *lato sensu* em Sociologia Urbana e diversos profissionais técnicos de outras áreas, como a Geografia e a Assistência Social, tendo contado, ainda que na condição de ouvinte, com a participação especial de um aluno da graduação, mostrando, de forma sublime, o quanto o caminho do conhecimento é sempre fruto de um aprendizado coletivo que somente se agiganta quando, colorido de variados matizes, encontra na diversidade e no debate das ideias a serviço de uma causa, o tom ideal: o plural, que pensa a diferença, que olha o outro e que, por isso, permite que todos se encontrem.

No processo que deu origem ao termo de cooperação, tive a oportunidade de ressaltar que "o projeto de regularização dos imóveis de conjuntos habitacionais e loteamentos irregulares e clandestinos construídos para a população fluminense de baixa renda pelo Estado do Rio de Janeiro, via SEINFRA, ao longo de mais de meio século de existência de sua companhia estadual de habitação, permite que, ao estudo e à pesquisa no âmbito da Universidade do Estado do Rio de Janeiro, se una a atividade de extensão universitária", de modo a que a Academia também cumpra sua função social, promovendo o "choque de realidade" que impulsiona e concretiza o saber.

Esta Pró-Reitoria de Extensão e Cultura não poupou esforços, assim como seu Magnífico Reitor, Professor Ricardo Lodi, para viabilizar a realização desta salutar parceria entre o Estado do Rio de Janeiro, com seu desejo de diminuir o déficit habitacional fluminense e incrementar a qualidade de vida e a segurança, tanto física, quanto jurídica, da população fluminense ocupante de moradia popular, e esta Universidade, cujos pesquisadores extensionistas preparam o terreno teórico para que possam ir literalmente a campo, cumprindo uma função social e viabilizando uma participação dialógica e democrática do morador com o Academia que não poderia se circunscrever ao terreno fértil, porém distante, de seu *campus*.

Fica aqui o compromisso dessa Universidade com o necessário *choque de realidade* nos saberes encastelados da Academia, para que, em se superando, promovam avanço científico e atividade de estudo, pesquisa, mas, também, de extensão.

#OrgulhodeSerUerj

Rio de Janeiro, 10 de fevereiro de 2022.

CLÁUDIA GONÇALVES
Pró-Reitora de Extensão e Cultura
Universidade do Estado do Rio de Janeiro

APRESENTAÇÃO

Esta coletânea de artigos jurídicos, que giram em torno do tema da *Moradia de Direito*, é um dos principais produtos, no eixo Regularização Fundiária, derivados do **Projeto *Na Régua***, objeto de ajuste de descentralização orçamentária celebrado entre a Universidade do Estado do Rio de Janeiro e o Estado do Rio de Janeiro em 2021, através da Secretaria Estadual de Infraestrutura e Obras (SEINFRA), mais precisamente, por intermédio da Subsecretaria de Habitação.

O **Projeto de Estudos, Pesquisa e Extensão *Na Régua*** apresenta três eixos principais: (i) Melhorias Habitacionais; (ii) Assistência Técnica de Moradia Popular e (iii) Regularização Fundiária, de modo que é sobre este terceiro pilar primordialmente que se sustentam os argumentos vertidos nos textos, no agir administrativo e nas reflexões que ora se apresentam, sem prejuízo do escorço histórico, da análise técnica e do relato prático acerca da relevância da assistência social, da assessoria técnica e das melhorias habitacionais como facetas da regularização urbanística.

Afinal, como já se teve oportunidade inúmeras vezes de ressaltar, a regularização fundiária *lato sensu* engloba: (i) a urbanística, através da qual se estabelece o diálogo com o território e seus direitos, se abrem logradouros públicos, se dão nomes às ruas, se licenciam obras, se orientam tecnicamente os moradores em matéria edilícia e urbanística – e de direitos, se produz o projeto de desenvolvimento urbano da área de moradia popular que se visa a regularizar, se garante *habitabilidade* aos lares através de melhorias habitacionais e (ii) a fundiária *stricto sensu*, própria à titulação de seus ocupantes, seja pela transmissão do domínio, seja pela garantia da segurança da posse.

Neste sentido, o **Projeto *Na Régua*** representa uma visão holística de regularização, o que contribui para o desenvolvimento social da área regularizada; a dinamização da atividade econômica do local, único no qual poderão ser adquiridos os materiais de construção; a valorização dos imóveis e da mão de obra local, que será capacitada pela Universidade; e, principalmente, a melhoria da qualidade de vida de seus ocupantes.

São eixos que ora atuam de forma independente; outras se cumulam, dependendo da intensidade com que a Política Pública de Regularização Fundiária Urbana é adotada no espaço da Urbe.

Esta coletânea se concentra especialmente no eixo da regularização fundiária em sentido estrito, a qual recebeu o subtítulo de *Moradia de Direito*, sem descurar da assistência técnica e das melhorias habitacionais enquanto elementos da regularização urbanística que compõe aquela regularização fundiária em seu sentido mais amplo, com o toque da interdisciplinaridade que é própria ao Direito à Cidade. Traça também um minucioso diagnóstico do Trabalho Social desenvolvido junto aos núcleos urbanos informais através do Projeto *Na Régua*, realizada por outras áreas do saber e capaz de fornecer elementos indispensáveis à construção de uma **Política Pública de Regularização Fundiária Plena e Sustentável (do ponto de vista social, ambiental e econômico) no Estado do Rio de Janeiro.**

Com vistas à racionalização dos trabalhos desenvolvidos pelo **Núcleo de Estudos, Pesquisas e Extensão em Direito da Cidade, do Programa de Pós-Graduação em Direito (NEPEC)**, da Faculdade de Direito, da Universidade do Estado do Rio de Janeiro, subdividiu-se o eixo Regularização Fundiária dos estudos em, no início, basicamente duas partes: uma que diz respeito à **regularização fundiária** dos imóveis vendidos/concedidos aos mutuários/compromissários de habitação popular e outra voltada à **regularização fiscal** do mutante, neste caso, em especial, da Companhia Estadual de Habitação (CEHAB), responsável pela política pública de produção de habitação no território fluminense das últimas décadas, às quais se acrescentou aquela voltada à regularização urbanística, por intermédio de **Assistência Técnica e Melhorias Habitacionais.**

O NEPEC, para fins de realização da pesquisa, desmembrou-se em diversas (sub) Linhas de Pesquisa: os artigos que integram a **Parte I** refletem uma visão geral do tema da **Regularização Fundiária,** assim com da Linha de *Conjuntos Habitacionais e Loteamentos Irregulares;* a **Parte II**, da

Regularização Urbanística e do tema das *Melhorias Habitacionais*; a **Parte III**, da **Regularização Fiscal** e da **Mediação Fundiária,** próprias às Linhas de *Execuções Fiscais* e *Diálogo e Mediação,* como instrumentos da regularização fundiária; e, finalmente, a **Parte IV**, que, ao tratar do tema das **Cidades Inteligentes**, não deixa de mencionar as **Favelas Inteligentes**, representando a Linha de Pesquisa de *Inovação Urbana e Gestão Territorial.*

Os temas dos artigos que integram esta coletânea refletem não só essas (sub)linhas de pesquisa especificamente, mas o entrelaçamento entre todas, confirmando e legitimando ainda mais, assim, o caráter multidisciplinar do Direito à Cidade, acrescido de contribuições de especialistas nas áreas da Assistência Social, da Arquitetura e do Urbanismo e do Direito Administrativo (*smart cities*) e, em especial, os aportes trazidos pelo Projeto Assistência Social e Direitos Afins – entre os quais os de Regularização Fundiária – para Reformas de Conjuntos Habitacionais, cujas ações, reflexões e proposituras são intercambiáveis com as do Projeto *Na Régua*, eis que suas amostras se deram em conjuntos habitacionais..

A relevância do estudo, da pesquisa e da extensão da Academia no que diz respeito às políticas de regularização urbanística e fundiária do Estado do Rio de Janeiro tem relação umbilical com a própria construção do *campus* da Universidade do Estado do Rio de Janeiro.

Com efeito, o (sub)projeto ***Moradia de Direito*** conta com um significado muito mais profundo e especial para a história do Estado da Guanabara, do Estado do Rio de Janeiro e da Política Habitacional Fluminense, assim como desfrutar de um valor simbólico inestimável para a memória da Universidade do Estado do Rio de Janeiro, seja de seu *campus*, seja da alma do Programa de Pós-Graduação em Direito da Cidade da Faculdade de Direito, que neste ano de 2021 comemora suas bodas de pérola.

De certa forma, a Política de Habitação Popular Fluminense é apenas uma amostra da história fundiária do Brasil, de cuja propriedade da terra as camadas populares sempre estiveram alijadas, tornando esta exclusão uma dívida social que este ***PROJETO NA RÉGUA: melhorias habitacionais, assistência técnica e regularização fundiária*** pretende, em parte, resgatar, não apenas do ponto vista da ciência estritamente jurídica – se é que o Direito é *Ciência* e, não, *Prudência*, como afirma Eros Grau –, mas também sob um viés acadêmico multidisciplinar, que conte com o olhar da Sociologia Urbana, da História do Direito, da Arquitetura e do Urbanismo, da Geografia Humana e Política.

O projeto também vai além da regularização fundiária *stricto sensu* de imóveis, cuja propriedade só se transmite, pela legislação brasileira, pelo registro do título translativo no Registro de Imóveis, mediante titulação de seus proprietários; ele reflete sobre a política pública habitacional fluminense, sobre o planejamento urbano e arquitetônico das construções populares como formas de inclusão/exclusão no espaço urbano, sobre a gestão do território e suas implicações na vida urbana cotidiana de seus moradores, bem como seus insumos para a formulação de políticas públicas e sobre o papel do Estado na garantia do direito fundamental à moradia adequada no Brasil.

Dos artigos jurídicos e técnicos aqui reunidos será possível extrair novas teses e práxis que viabilizem a regularização fundiária em massa, novas metodologias administrativas e extrajudiciais de solução de conflitos fundiários, novas estratégias de gestão transparente e democrática do território e novos olhares e reflexões de intervenção urbana – e humana – que, *in concreto*, no plano da extensão, ofereçam oportunidades de solução e interpretação ao Estado do Rio de Janeiro, à Companhia Estadual de Habitação e ao corpo discente uerjiano que reúnam, numa só proposta acadêmica, a tríade da autonomia universitária de ***ensino, pesquisa e extensão***, inscrita na Constituição.

O objetivo do projeto é o de proporcionar estratégias de redução-macro de processos e não de resoluções casuísticas de seus procedimentos administrativos e judiciais, mediante a escolha, como amostra, de projeto-piloto, cujas diversas variáveis possam formar uma equação digna de resolução de outros conflitos urbanos de natureza similar, sendo certo que deverá sempre ser respeitada a peculiaridade da urbanização e ocupação da área objeto de estudos, bem como dos propósitos de engajamento social, econômico e cultural de sua comunidade.

No campo da memória institucional, o projeto também tem um papel de relevância histórica.

Numa reunião com o Reitor da UERJ, Hésio Cordeiro, e o Coordenador do PPGDir em Direito da Cidade junto à Faculdade de Direito à época, Professor Ricardo Lira, da qual a Coordenadora-Geral deste Projeto teve o privilégio de participar quando dos albores do Programa, que neste ano completa exatos trinta anos de existência, dele ouvi que a Universidade tinha um compromisso ético a honrar com a população fluminense, uma vez que assentara sua sede naquela que fora a Favela do Esqueleto, removida para a Vila Kenedy na década de sessenta, pelo Governador da Guanabara Carlos Lacerda, e que assim o faria através da Linha de Pesquisa de Direito da Cidade, em especial, no que tange ao tema de regularização fundiária de favelas.

Fig.1 – Foto da Favela do Esqueleto

Foto: Favela do Esqueleto – 1953 – Arquivo Nacional

Fonte: Arquivo Nacional

A verba usada para erguer as casas populares da Vila Kennedy veio da Aliança para o Progresso, programa criado pelo então presidente americano John Kennedy,[1] que recebeu os moradores que foram desalojados do Morro do Pasmado, uma extinta favela do bairro de Botafogo, além dos moradores das extintas Favelas da Praia do Pinto, localizada nos bairros do Leblon e da Lagoa, da Favela Maria Angu, que se situava

---

[1] LIRA, Ricardo Pereira. Histórico da Exclusão na Cidade do Rio de Janeiro - Prefácio. In: CORREIA, Arícia Fernandes. (Org.) **Moradia e Exclusão Social na Metrópole**. Rio de Janeiro: Multifoco, 2016.

entre Penha e Ramos, e, a partir de julho de 1965, da extinta Favela do Esqueleto, onde, posteriormente, viria a ser erguida a Universidade do Estado da Guanabara, atual Universidade do Estado do Rio de Janeiro.

Conta Alex Belchior[2] que:

> Em caminhões paus de arara, chegavam por ruas de terra batida os ocupantes de milhares de casas, todas idênticas. Era 20 de janeiro de 1964 e começava a nascer um dos maiores conjuntos habitacionais do Rio: a Vila Kennedy, na Zona Oeste, com 5.054 moradias. Os novos moradores vinham de favelas de áreas centrais da cidade, como o Morro do Pasmado, em Botafogo, a Favela do Esqueleto, no Maracanã, e as comunidades da Praia de Ramos e de Maria Angu, no Subúrbio da Leopoldina. Todos que chegavam olhavam para a Estátua da Liberdade, símbolo da fundação da comunidade criada com recursos do Governo dos Estados Unidos. Mas a maioria das mulheres não conseguia dormir, preocupadas com os maridos que chegavam tarde ou nem vinham dormir em casa em função da dificuldade de transporte e a necessidade de garantir o emprego.

Tratava-se à época de uma política de remoções de favelas para locais distantes contra as quais sempre se insurgiram os teóricos do Direito à Cidade que fundaram o Programa de Pós-Graduação em Direito da Cidade da Faculdade de Direito desta Universidade[3] e de seus pupilos[4] e as Políticas

---

[2] BELCHIOR, Alex. Contando a história da Vila Kennedy, **Agência de Notícias das Favelas**, 8 Jul. 2016. Disponível em: https://www.anf.org.br/conhecendo-a-historia-da-vila-kennedy/. Acesso em: 1 Abr. 2021.

[3] LIRA, Ricardo Pereira. Direito Urbanístico, Estatuto da Cidade e Regularização Fundiária. In: RODRIGUES, Francisco Luciano Lima. (Org.) **Estudos de Direito Constitucional e Urbanístico**: em homenagem à Prof. Magnólia Guerra. São Paulo: RCS Editora, 2007. _____. A Questão Urbano-Ambiental. **Revista da EMERJ**, v. 10, n. 38, 2007. _____. **Elementos de Direito Urbanístico**. São Paulo: Renovar, 1997. COUTINHO, Ronaldo e BONIZZATO, Luigi. (Org.) **Direito da Cidade:** novas concepções sobre as relações jurídicas no espaço urbano. Rio de Janeiro: Lúmen Juris, 2007.

[4] Confira-se, entre outros: MELO, Marco Aurélio Bezerra de. **Legitimação de Posse:** Dos Imóveis Urbanos e o Direito à Moradia. Rio de Janeiro: Lúmen Juris, 2008. BONIZATO, Luigi. **A Constituição Urbanística**: elementos para elaboração de uma Teoria do Direito

Públicas de Habitação Popular das décadas seguintes[5], que neles se inspiraram, voltadas para a Regularização Fundiária Plena dos assentamentos populares junto aos seus próprios locais de pertencimento – e não em locais ermos e distantes...

De outro turno, com o passar das décadas, outros loteamentos e conjuntos habitacionais populares geridos pela CEHAB acabaram se tornando polos de resistência da moradia popular frente à especulação imobiliária predatória – e à discriminação econômica odiosa – das construções de alta renda, como no exemplo emblemático da Cruzada São Sebastião, localizada no bairro nobre do Leblon na Cidade do Rio de Janeiro.

Fig. 2 Cruzada São Sebastião incrustada na Zona Sul da Cidade do Rio de Janeiro

Fonte: Folha de São Paulo, 25 Jul. 2018

Constitucional Urbanístico. Rio de Janeiro: Lúmen Juris, 2010. TORRES, Marcos Alcino de Azevedo. **A propriedade e a posse:** um confronto em torno da função social. 2ª edição. Rio de Janeiro: Lúmen Juris, 2008. CORREIA, Arícia Fernandes. (Org.) **Moradia e Exclusão Social na Metrópole**. Rio de Janeiro: Multifoco, 2016. **Regularização fundiária urbana plena**. Belo Horizonte: Editar, 2017. _____. **Regularização fundiária urbana sustentável.** (Org.) Belo Horizonte: Editar, 2018, v.1, 383p.
[5] No caso do Município do Rio de Janeiro, citam-se os Programas Favela-Bairro/PROAP (Programa de Urbanização de Assentamentos Populares) em 1993, o PAC-Favelas em 2007 e o Morar Carioca em 2010.

Por tais razões, este convênio entre *Academia e Estado* vai além da consultoria jurídica à Secretaria Estadual de Infraestrutura e Obras, no que diz respeito à regularização desses loteamentos irregulares e conjuntos habitacionais populares que nestes quase sessenta anos de existência da referida companhia estadual de habitação ainda estão com seus processos inconclusos e seus moradores de baixa renda, não titulados: *primeiro*, porque une à pesquisa e ao estudo, a extensão; *segundo*, porque conta a história do Estado da Guanabara e do Estado do Rio de Janeiro *pós-fusão* pelo olhar de ex-favelados, novos adquirentes de casas populares e moradores da Zona Oeste; e, finalmente, *terceiro*, porque quita uma dívida ética e social da Universidade do Estado do Rio de Janeiro para com a própria população fluminense, por meio não só do registro de todos os avanços em matéria de regularização fundiária plena sustentável que ao longo desses anos produziu mediante pesquisa, mas, em especial, por intermédio deste projeto, via extensão, que resgata um débito, também, para com a sua própria criação e, assim, se recria, ela mesma, para o século XXI.

Os artigos jurídicos e técnicos dessa coletânea **MORADIA DE DIREITO: Projeto *Na Régua* – Vol. 1** contextualizam o Direito à Cidade diante da comemoração, também neste ano, dos vinte anos do Estatuto da Cidade; criticam sua baixa efetividade e preconizam novos caminhos de eficácia social; cuidam especificamente do tema da regularização fundiária de conjuntos habitacionais e loteamentos irregulares, diante da legislação nacional, estadual e também municipal incidentes na espécie, tendo como amostra a Capital, o Município do Rio de Janeiro; discutem os desafios da redução da Dívida Ativa de IPTU da CEHAB diante de fenômenos como a prescrição originária e a intercorrente; colocam em cena o tema da imunidade fiscal que possa vir a ser concedida às companhias estaduais de habitação de todo o país, por tese a ser firmada pelo Supremo Tribunal Federal; exploram as potencialidades de uma gestão transparente do território fluminense, com foco nos diversos conjuntos habitacionais estatais existentes em todo o Estado do Rio de Janeiro, cuja maioria dos moradores não foi até hoje titulada, mesmo aqueles cujos contratos de mútuo vieram a ser quitados; discute a faceta da regularização urbanística que advém das melhorias habitacionais e da assistência técnica aos moradores de comunidades, de modo a tornar mais seguras, habitáveis e qualificadas suas moradias; insiste na dignidade e na cidadania que advêm de um tratamento mais humano a seus moradores; e extrai das comunidades o seu saber mediado por tecnologia, reconhecendo que, se as *smart cities* são um conceito recente do dicionário urbano internacional, as *Favelas Inteligentes* da América do Sul já se viram muito antes obrigadas, senão desde sempre, a se reinventar sozinhas.

Isso lembra um pouco o urbanista John Turner que, na década de cinquenta do século passado, muito antes da revolução tecnológica mundial, portanto, ao atuar nas comunidades do Peru, encarava as favelas não como problema, mas como solução. É neste sentido, que junto aos conceitos tradicionais de *Smart Cities*, se reconhecem a final, nesta obra, as "Favelas Inteligentes".

Espera-se, com essa coletânea, então, mais do que cumprir uma missão, inspirar a que se sonhem, se forjem e se realizem outras.

ARÍCIA FERNANDES CORREIA
Profa. da Faculdade de Direito da UERJ e
Coordenadora-Geral da Pesquis

PARTE I

REGULARIZAÇÃO FUNDIÁRIA PLENA DE LOTEAMENTOS IRREGULARES E CONJUNTOS HABITACIONAIS

Capítulo 01

Considerações sobre o Estatuto da Cidade: Balanços, Desafios e o Trato da Regularização

Talden Farias[6]

Arícia Fernandes Correia[7]

Resumo: O presente trabalho busca realizar uma análise do Estatuto da Cidade. Para isso foi feita pesquisa qualitativa baseada na doutrina e legislação. Buscou-se, assim, demonstrar as inovações e questões em que a legislação precisa avançar. A pesquisa promove, portanto, um maior debate em torno do assunto contribuindo para uma melhor análise do tema.

Palavras-chave: Estatuto da Cidade; Plano Diretor; Regularização Fundiária.

---

[6] Advogado, consultor jurídico e professor da UFPB e da UFPE. Mestre em Ciências Jurídicas pela UFPB, doutor em Recursos Naturais pela UFCG e doutor e pós-doutorado em Direito da Cidade pela UERJ. Membro do Núcleo de Estudos, Pesquisas e Extensão em Direito da Cidade (NEPEC)

[7] Procuradora do Município do Rio de Janeiro e Professora da UERJ. Mestre em Direito da Cidade, Doutora em Direito Público pela UERJ e Pós-doutorado em Direito Público pela Université Paris 1 – Panthéon-Sorbonne. Coordenadora do Núcleo de Estudos, Pesquisas e Extensão em Direito da Cidade (NEPEC)

*A versão original deste artigo foi escrita para a seguinte coletânea: FARIAS, Talden. e CORREIA, Arícia Fernandes. *Considerações sobre o Estatuto da Cidade*: balanços e desafios. In: FERNANDES, Edésio (Org.) **20 ANOS DO ESTATUTO DA CIDADE**: Experiências e reflexões. Rio de Janeiro: Gaia Cultural, 2021. Disponível em: https://www.observatoriodasmetropoles.net.br/20-anos-do-estatuto-da-cidade-experiencias-e-reflexoes/ata. Deste volume constam apontamentos adicionais.

Abstract: This work seeks to carry out an analysis of the City Statute. For this, qualitative research was carried out based on doctrine and legislation. We sought, therefore, to demonstrate the innovations and issues on which legislation needs to advance. Therefore, the research promotes a greater debate around the subject, contributing to a better analysis of the subject.

Keywords: City Statute; Master Urban Plan: Land Regularisation.

A Constituição Federal de 1988 estabeleceu o direito às cidades sustentáveis, o que deve ser feito por meio de uma política urbana que promova o pleno desenvolvimento das funções sociais da cidade e o bem-estar de seus habitantes, conforme dispõe o *caput* do art. 182. A razão para a preocupação do legislador constituinte originário é o fato de a maior parte da população se concentrar nos núcleos urbanos, fenômeno esse que deverá se intensificar mais na América Latina e no mundo de maneira geral[8]. Por isso a Lei Fundamental trouxe um capítulo específico para tratar da Política Urbana, o qual foi constituído pelos arts. 182 e 183. Mais do que um plexo de normas, o Movimento da Reforma Urbana logrou que se instituísse, na Lei Maior, uma Política Pública que colocasse a Cidade – e suas funções sociais – como protagonista do mundo urbano em que já se transformara o século XX.

Matéria inédita na história constitucional do país, tais dispositivos trouxeram diversas novidades, sendo possível destacar a exigência de Plano Diretor para as cidades com mais de vinte mil habitantes, a estipulação da obrigatoriedade de cumprimento da função social da propriedade urbana, o parcelamento, edificação e o uso compulsórios e o subsequente IPTU progressivo, sob pena de desapropriação urbanística, a usucapião urbana, a função social da propriedade pública mediante concessão de seu uso, já que seriam imprescritíveis os bens públicos, o cometimento da atribuição de planejamento do solo urbano à Urbe, de modo a compatibilizar seus usos ao bem estar da coletividade.

---

[8] Segundo a Organização das Nações Unidas, em 2050, 89% da população da América Latina viverá em cidades (ONU-HABITAT. **Estado de las Ciudades de America Latina y el Caribe 2012**. http://www.onuhabitat.org. Acesso em 7.03.2021)

A Carta de 1988 alçou a função social da propriedade ao patamar de direito fundamental e de princípio da ordem econômica, haja vista o que dispõem os arts. 5º, inc. XXIII e 170, inc. III, tornando-a intrínseca ao próprio conceito de propriedade – e não uma função exógena a ser cumprida de forma complementar ao seu exercício. Ademais, ao tratar da Política Urbana, o § 2º do art. 182 dispôs sobre a função social como pressuposto do próprio direito à cidade e do cumprimento de suas funções sociais com base em Planos Diretores para cidades com mais de vinte mil habitantes, a partir de uma lei nacional que viria a ser, justamente, após longos anos de espera, o Estatuto das Cidades.

Tudo isso se deu em um contexto de redemocratização, pois, após mais de duas décadas de Regime Ditatorial Militar, o Brasil vivia um contexto de restabelecimento das eleições diretas e de abertura de uma nova Assembleia Constituinte. Todas as demandas envolvendo inclusão e participação vieram à tona, fazendo com que a ideia de maior descentralização da gestão pública, autonomia municipal e de transparência mais abrangente ganhassem maior corpo.

Em matéria de planejamento urbano, o legado do Governo Militar foi a instituição das primeiras Regiões Metropolitanas[9] por meio da Lei Complementar n. 14/1973, a qual criou as regiões de Belém, Belo Horizonte, Curitiba, Fortaleza, Porto Alegre, Recife, Salvador e São Paulo, e depois a do Rio de Janeiro, por meio da Lei Complementar n. 20/1974, o que só viria a ocorrer, em razão da *vacatio legis* de um ano, em 1975, com a fusão do Estado do Rio de Janeiro ao Estado da Guanabara, *status* com que o Município do Rio de Janeiro fora temporariamente compensado, em tese, pela transferência da sede da República para Brasília em 1960. Entretanto, isso teve pouco ou nenhum resultado prático, pois as maiores cidades vivenciavam um processo intenso de adensamento populacional sem qualquer planejamento urbano ou sistema de governança metropolitana efetiva e marcadas pela exclusão social e política.

---

[9] A respeito do tema, confira-se: CORREIA, Arícia Fernandes; FARIAS, Talden. Governança metropolitana: desafio para a gestão pública fluminense. **Revista de Direito Ambiental,** v. 78, p. 447-474, abr./jun. 2015.

Com efeito, a partir da década de 1970, a problemática urbanística explodiu no país, tendo em vista a concentração populacional nas grandes cidades, a histórica segregação de classes que levava à desigualdade social e o aumento exponencial do déficit de moradia, cenário que se mostrou um terreno fértil para a proliferação de ocupações urbanas e para a formação de loteamentos irregulares e clandestinos, incapazes de *ou* garantir uma habitabilidade adequada a seus ocupantes *ou* de permitir que seguissem dentro dos estreitos limites da legalidade urbanística concebida para a cidade *ideal,* e não a *real.*

Obviamente, isso demandava uma atuação diferenciada por parte do Poder Público, seja em termos administrativos ou legislativos, uma vez que o cenário só tendia a piorar com o passar do tempo. Foi nesse contexto que surgiu a Lei Federal n. 6.766/1979, também conhecida como Lei do Parcelamento do Solo ou Lei dos Loteamentos, a qual tinha como principal objetivo dispor sobre a organização do uso e do ordenamento do solo urbano.

Ocorre que, a despeito de suas virtudes, essa lei não tinha uma visão mais ampla da questão urbana, limitando-se a versar sobre os requisitos do loteamento e do desmembramento, bem como sobre os contratos e sobre os crimes praticados por loteadores, o que não era pouco, haja vista as mutilações que vem sofrendo nos últimos tempos, com a diminuição de suas garantias de espaços coletivos e formalidades que costumam desagradar o mercado espoliatório da terra urbana, mas não o bastante.

A despeito do seu conteúdo extremamente avançado, existia a compreensão de que sem uma lei geral, dedicada à Cidade e seus instrumentos de planejamento urbano destinados à diminuição da valorização predatória da terra urbana, mediante combate à especulação imobiliária, e da segregação socioespacial, não seria possível implementar as várias inovações trazidas pela Lei Maior, uma vez que tais instrumentos não seriam autoaplicáveis. Isso guardava fundamento na exigência de uma lei nacional que desse exequibilidade à Política Urbana traçada na Constituição, haja vista o disposto no art. 182 c/c 24, inc. I, § 1º, da Carta Magna, este segundo o qual a competência para editar as normas gerais em Direito Urbanístico é da União.

No dia 10 de julho de 2001 foi editada a Lei Federal n. 10.257/2001, denominada de Estatuto da Cidade, o qual regulamentou os arts. 182 e 183 da

Constituição Federal de 1988. Isso implica dizer que houve uma espera de cerca de treze anos para que a matéria fosse disciplinada, o que é muito tempo para um assunto de tamanha importância social, econômica, urbanística e ambiental.

Festejado internacionalmente como um marco regulatório pretensioso e de vanguarda, o Estatuto da Cidade, nesses últimos vinte anos, fez com que os Municípios brasileiros com mais de vinte mil habitantes - além daqueles integrantes de regiões metropolitanas, por exemplo - saíssem dos iniciais cinco por cento de cobertura por Planos Diretores para quase noventa e cinco por cento, sem que, todavia, conseguissem mudar as superestruturas urbanas sobre as quais se sustentam cidades brasileiras profundamente assimétricas e desiguais.

Malgrado consagrar institutos como o solo criado, que fosse capaz de compensar a mais-valia urbana de uns com sua destinação a todos, poucas Cidades brasileiras conseguiram implementá-lo, pendente que era, como tantos outros, em razão da eficácia limitada, da ação do legislador local, cuja inação acabou sendo patrocinada pelo mercado de terras urbano.

A despeito da consagração democrática do direito à cidade, com toda uma construção jurisprudencial de anulabilidade de Planos Diretores que não tivessem haurido sua legitimidade em audiências públicas, as Cidades não conseguiram ficar infensas a leis de direito urbanístico esparsas, pulverizadas no ordenamento jurídico local, desconectadas do planejamento urbano-diretor e carentes de coeficiente democrático mínimo, tendo o Supremo Tribunal Federal[10] de certa forma validado em parte essas distorções, mais em função de uma análise formal da lei ordinária do Estatuto da Cidade no contexto da

---

[10] A controvérsia chegou ao Supremo Tribunal Federal por meio do RE607940/DF, cuja repercussão geral foi reconhecida nos seguintes termos: *TEMA 348: CONSTITUCIONAL. CRIAÇÃO DE PROJETOS URBANÍSTICOS OBRIGATORIEDADE DO PLANO DIRETOR COMO INSTRUMENTO DA POLÍTICA DE DESENVOLVIMENTO URBANO DOS MUNICÍPIOS. Possui repercussão geral a questão constitucional atinente à obrigatoriedade do plano diretor como instrumento da política de ordenamento urbano. (Dje de 08.06.2011).* O Tribunal, por maioria, vencidos os Ministros Marco Aurélio e Edson Fachin, fixou a seguinte tese: *Os municípios com mais de vinte mil habitantes e o Distrito Federal podem legislar sobre programas e projetos específicos de ordenamento do espaço urbano por meio de leis que sejam compatíveis com as diretrizes fixadas no plano diretor.*

hierarquia normativa, do que de uma apreciação conteudística quanto ao valor da discussão das leis urbanísticas para a democracia brasileira, o que somente "amenizou" ao exigir compatibilidade com os respectivos Planos Diretores.

O Estatuto da Cidade, que muito prometera através dos Planos Diretores, estava prenhe de institutos jurídicos que dependiam de leis específicas e que, por isso mesmo, não contavam, como não contam, muitas das vezes, até hoje, com eficácia jurídica plena, quem dirá eficácia social.

Pesquisa do Ipea do ano de 2014[11] mostrava que os únicos Municípios brasileiros que chegaram, mediante regulamentação e aplicação do parcelamento, edificação e uso compulsórios, ao IPTU progressivo no tempo, foram Maringá e São Bernardo do Campo, numa amostra dos cinco mil, quinhentos e setenta entes públicos municipais que poderiam ter se valido desses instrumentos para evitar a retenção especulativa da terra urbana e ampliar a oferta de moradia popular para seus habitantes.

Soou como uma falsa promessa, tendo sido apropriados seus instrumentos, como as Operações Urbanas Consorciadas, as transferências do direito de construir e as CEPACs lançadas ao mercado muito mais por interesses especulativos da terra urbana, tornada mais do que mera mercadoria, ativo financeiro de poucos, do que pela construção de uma política habitacional mais generosa com os mais vulneráveis ou pela mistura social entre todos: pessoas profundamente desiguais, embora unidas pelo território.

Não obstante tratada a cidade sustentável, preconizada como diretriz geral do Estatuto da Cidade, como princípio constitucional, capaz de solucionar questões jurídicas, no âmbito do Superior Tribunal de Justiça, a favor dos espaços coletivos de convivência democrática, dos lugares de festa e encontro de que falam Henri Lefebvre[12] e David Harvey[13], em detrimento da exploração construtiva do mercado, que só visa aos bônus individuais, esquecendo-se dos ônus urbanísticos coletivos, muitas das vezes suas

[11] DENALDI, ROSANA. (Coord.) Parcelamento, Edificação ou Utilização e IPTU Progressivo do tempo. **Série Pensando o Direito**, n. 56. Brasília: IPEA e Ministério da Justiça, 2015, p. 30.
[12] LEFEBVRE, Henri. **O direito à cidade**. São Paulo: Centauro, 2008.
[13] HARVEY, David. **Espaço de Esperança**. 6ª ed. São Paulo: Layola, 2004.

desafetações de bens de uso comum do povo com vistas ao patrocínio oblíquo de interesses individuais de mercado ficaram absolutamente fora dos radares da participação democrática cidadã e, por isso mesmo, infensas a qualquer tipo de controle, estatal ou social.

No âmago da discussão sobre cidades sustentáveis está a ideia de cumprimento das funções sociais da cidade, as quais podem ser traduzidas como o acesso à habitação, à infraestrutura urbana, ao lazer, à mobilidade urbana, ao saneamento básico, aos serviços públicos de maneira geral, ao trabalho etc.[14]. Cuida-se da busca pela efetividade de direitos sociais, econômicos e ambientais, bem como de políticas públicas de maneira geral, dentro do meio ambiente urbano, sempre partindo da concepção de gestão participativa e de cooperação entre as instituições.

O Estatuto da Cidade ingressa no sistema jurídico como lei de caráter em parte principiológico, que procura fixar diretrizes que versam sobre política urbana, também servindo como uma espécie de espinha dorsal do Direito Urbanístico brasileiro, noutra parte, normativo, com seus instrumentos jurídicos e políticos, de cunho urbanístico, tributário e financeiro. Trata-se do principal diploma legal a respeito da propriedade imobiliária urbana, sendo ainda a primeira norma federal a pensar a cidade de maneira holística, passando a abordá-la enquanto um direito difuso[15].

Com efeito, a Constituição de 1988 e o Estatuto da Cidade já tratavam há mais de três décadas do direito à cidade como um direito fundamental dos cidadãos, antecipando uma conclusão óbvia, mas que a Conferência das Nações Unidas sobre Habitação e Desenvolvimento Urbano Sustentável (Habitat III), realizada em Quito, só veio a reconhecer formalmente no ano de 2019, com prognósticos irrealizáveis para 2030. O lema do Objetivo do

---

[14] O art. 2º do Estatuto da Cidade dispõe que: A política urbana tem por objetivo ordenar o pleno desenvolvimento das funções sociais da cidade e da propriedade urbana, mediante as seguintes diretrizes gerais: I – garantia do direito a cidades sustentáveis, entendido como o direito à terra urbana, à moradia, ao saneamento ambiental, à infraestrutura urbana, ao transporte e aos serviços públicos, ao trabalho e ao lazer, para as presentes e futuras gerações (…).

[15] Pouco depois da edição do Estatuto da Cidade, a Medida Provisória n. 2.180-35/2001 alterou a Lei n. 7.347/1985 (Lei da Ação Civil Pública) para incluir expressamente no art. 2º, inc. VI, a defesa da ordem urbanística como um direito difuso.

Desenvolvimento Sustentável (ODS) n. 11 da Nova Agenda Urbana, além de atrasado, tratou de diferenciar as *Cidades* das *Comunidades* Sustentáveis, quando a função social da cidade, cujo conteúdo o Estatuto da Cidade exigia fosse contemplado nos Planos Diretores, já tinha por finalidade constitucional o bem-estar de todos, sem distinções de lugar, sem permanentes "guerras dos lugares".[16]

Nem por isso o Estatuto da Cidade, por forjar sonhos urbanos idílicos, conseguiu se efetivar na realidade brasileira, cujas cidades continuaram, a despeito de todos os avanços jurídicos, "partida".[17]

Cumpre ressaltar também que, a partir da Constituição Federal de 1988 e do Estatuto da Cidade, a cidade brasileira passou a ser encarada sob o aspecto urbano-ambiental, de modo a se conjugarem os princípios das cidades sustentáveis com os da sustentabilidade ambiental, econômica e social, para as presentes e futuras gerações, num verdadeiro amálgama entre o direito da cidade e o ambiental. O próprio conceito de cidades sustentáveis passava a acenar para a aplicação ao meio ambiente urbano das teóricas discussões envolvendo o conceito de desenvolvimento sustentável. As cidades deixavam de ser encaradas tão-somente sob o ângulo de regramentos adaptados do direito privado, que seria o enfoque civilista, para alcançar os contornos do direito público, da satisfação do interesse coletivo, que seria o enfoque ligado ao Direito Administrativo.

Em decorrência dessa mudança de concepção, a própria cidade passava a ser considerada como um bem urbano-ambiental, devendo haver uma harmonização dos arts. 182 e 183 com o art. 225 da Constituição da República, o qual dispõe sobre o direito ao meio ambiente equilibrado. Isso dialoga com o referido Objetivo de Desenvolvimento Sustentável n. 11 da Nova Agenda Urbana, cuja finalidade é a de "tornar as cidades e os assentamentos humanos inclusivos, seguros, resilientes e sustentáveis".

Por meio de suas diretrizes, princípios, objetivos e instrumentos, o Estatuto procura dispor sobre o ordenamento territorial e a política urbana nos

---

[16] ROLNIK, Raquel. **Guerra dos Lugares:** a colonização da terra e da moradia na era das finanças. São Paulo: Boitempo, 2016.
[17] VENTURA, Zuenir. **Cidade Partida**. São Paulo: Companhia das Letras, 1995.

Municípios. A grande preocupação é com a efetividade, pois a maior parte da norma diz respeito aos instrumentos de política urbana, que são organizados em planos de gestão do território e de planejamento, os instrumentos tributários e financeiros, os institutos jurídicos e políticos e as avaliações de impacto ambiental[18].

Chama especial atenção a previsão dos instrumentos tributários e financeiros, como o IPTU de natureza extrafiscal, a contribuição de melhoria e os incentivos fiscais, o que revela a preocupação do legislador com o financiamento e, portanto, com a efetividade da política urbana e, além disso, com a concretização do princípio da divisão equitativa dos bônus e ônus urbanísticos.

É preciso deixar claro o caráter social do Direito da Cidade no Brasil, onde uma parte significativa da população se vê desprovida das funções sociais da cidade, de forma que a sua principal missão é promover a inclusão urbana. Importante observar que, além da moradia, existem outros direitos sociais previstos expressamente no art. 6º da Carta Magna que são objeto de disciplina pelo Estatuto da Cidade, a exemplo do lazer, da segurança, do trabalho e do transporte, mas sempre em conexão com o espaço urbano, de modo que todas

---

[18]   Art. 4º Para os fins desta Lei, serão utilizados, entre outros instrumentos: I – planos nacionais, regionais e estaduais de ordenação do território e de desenvolvimento econômico e social; II – planejamento das regiões metropolitanas, aglomerações urbanas e microrregiões; III – planejamento municipal, em especial: a) plano diretor; b) disciplina do parcelamento, do uso e da ocupação do solo; c) zoneamento ambiental; d) plano plurianual; e) diretrizes orçamentárias e orçamento anual; f) gestão orçamentária participativa; g) planos, programas e projetos setoriais; h) planos de desenvolvimento econômico e social; IV – institutos tributários e financeiros: a) imposto sobre a propriedade predial e territorial urbana – IPTU; b) contribuição de melhoria; c) incentivos e benefícios fiscais e financeiros; V – institutos jurídicos e políticos: a) desapropriação; b) servidão administrativa; c) limitações administrativas; d) tombamento de imóveis ou de mobiliário urbano; e) instituição de unidades de conservação; f) instituição de zonas especiais de interesse social; g) concessão de direito real de uso; h) concessão de uso especial para fins de moradia; i) parcelamento, edificação ou utilização compulsórios; j) usucapião especial de imóvel urbano; l) direito de superfície; m) direito de preempção; n) outorga onerosa do direito de construir e de alteração de uso; o) transferência do direito de construir; p) operações urbanas consorciadas; q) regularização fundiária; r) assistência técnica e jurídica gratuita para as comunidades e grupos sociais menos favorecidos; s) referendo popular e plebiscito; t) demarcação urbanística para fins de regularização fundiária; u) legitimação de posse. VI – estudo prévio de impacto ambiental (EIA) e estudo prévio de impacto de vizinhança (EIV).

essas políticas setoriais tenham a função social da cidade como unidade fundamental.

Nesse contexto, o direito à moradia adequada exerce um papel central, pois a escassez de habitação é uma realidade tanto do ponto de vista quantitativo quanto qualitativo do déficit habitacional brasileiro. A própria discussão sobre acesso à terra urbana e à infraestrutura urbana de maneira geral gira em torno do direito de morar com um mínimo de dignidade e segurança jurídica. Por isso as inúmeras referências do Estatuto ao direito à moradia, à regularização fundiária e à urbanização, mormente no que diz respeito às "áreas ocupadas por população de baixa renda mediante o estabelecimento de normas especiais de urbanização, uso e ocupação do solo e edificação, consideradas a situação socioeconômica da população e as normas ambientais" (art. 2º, XIV).

A outra marca do Estatuto é a gestão participativa das cidades, já que o princípio da participação assegura ao cidadão o direito à informação e à participação na elaboração da política urbana, de modo que a ele deve ter assegurados os mecanismos judiciais, legislativos e administrativos correspondentes. A democracia participativa também é consagrada por diversos dispositivos da Constituição Federal, como o art. 1º, parágrafo único, que dispõe que o poder é exercido por meio de representantes eleitos ou diretamente pelo povo e, em seu art. 3º, que estabelece como vetor da República a diminuição das desigualdades regionais. Entretanto, no que diz respeito à cidade, o princípio da participação é ainda mais importante, visto que se trata de um direito difuso. O art. 1º, parágrafo único, do Estatuto dispõe que essa lei "estabelece normas de ordem pública e interesse social que regulam o uso da propriedade urbana em prol do bem coletivo, da segurança e do bem-estar dos cidadãos, bem como do equilíbrio ambiental". O Estatuto da Cidade, no art. 2º, incisos II e XIII, determina a gestão democrática da política urbana por meio da participação da população e de associações representativas dos vários segmentos da comunidade na formulação, execução e acompanhamento de planos, programas e projetos de desenvolvimento urbano e a audiência do Poder Público municipal e da população interessada nos processos de implantação de empreendimentos ou atividades com efeitos potencialmente negativos sobre o meio ambiente natural ou construído, o conforto ou a segurança da população, entre outras diretrizes. O art. 43 determina que para garantir a gestão democrática da cidade, deverão ser utilizados, entre outros instrumentos, os órgãos colegiados de política urbana, nos níveis nacional, estadual e municipal, os debates, audiências e consultas públicas, as conferências sobre assuntos de interesse urbano, nos níveis nacional, estadual e municipal, e a iniciativa popular de projeto de lei e de planos, programas e projetos de desenvolvimento urbano.

O Estatuto da Cidade também enfrentou um hiato, pois grande parte de seus instrumentos necessitavam de regulamentação no âmbito local, o que nem sempre aconteceu com celeridade. Se alguns Municípios produziram a regulamentação mais rapidamente e outros nem tanto, a aplicação dos mecanismos também se deu e continua se dando de maneira heterogênea e irregular. Isso não deixa de ser reflexo do próprio Pacto Federativo brasileiro, que alçou os Municípios à condição de Entes da Federação sem, no entanto, levar em consideração a complexidade e as distorções entre as Municipalidades brasileiras. Os arts. 30 e 182 da Lei Maior atribuíram aos entes locais uma série de incumbências, como se a Prefeitura de um pequeno Município pudesse agir em pé de igualdade com a de uma grande capital, cuja realidade financeira, social e técnica é significativamente diferenciada.

Realmente, a imensa maioria dos entes locais mal consegue dar conta das despesas correntes, sendo evidente a dependência do repasse de recursos federais para a realização de estudos e obras estruturantes. A questão é que a repartição de competências administrativas, notadamente no caso das Municipalidades, ignora os problemas estruturais do federalismo fiscal brasileiro. Daí ser possível observar que nos Municípios de médio e pequeno porte, o Estatuto da Cidade é quase um desconhecido, sendo apenas previsto genericamente na legislação sem um conhecimento ou uma cobrança maior por parte da população. Cumpre dizer que, segundo os dados do IBGE de 2020, dos quase cinco mil e seiscentos municípios brasileiros, somente cerca de trezentos possuíam mais de cem mil habitantes.

Entretanto, existem instrumentos que mesmo nas cidades de maior porte possuem pouca ou nenhuma aplicação, como é o caso da contribuição de melhoria, do IPTU progressivo e do parcelamento e da edificação compulsórios, dentre outros. Isso significa que o déficit de efetividade é de fato um grande problema do Estatuto da Cidade que, obviamente, não é o único diploma jurídico a padecer desse mal no Brasil, ainda mais em se cuidando de direitos sociais. Parece evidente a ausência de um preparo maior por parte dos gestores públicos locais, bem como a falta de uma cobrança mais significativa por parte das autoridades competentes, a exemplo do Ministério Público e dos Tribunais de Contas. Contudo, existe uma questão estrutural que aparenta ser ainda mais relevante, que é a falta de uma cultura de participação popular no que diz respeito aos cidadãos, que ainda não aprenderam que a cidade é um bem difuso (*res communes omnium*), que a todos pertence indistintamente. Realmente, de nada adiantam os princípios de participação se eles não forem devidamente aproveitados, pois não podem ser tratados como um mero rito burocrático a ser cumprido, já que a cidade a todos pertence, sendo essa a mesma situação dos planos e dos zoneamentos que não conversam com a realidade, pois tratam o planejamento urbano como uma formalidade – e não como o substrato cotidiano da vida de seus habitantes.

Outro problema diz respeito à falta de uma perspectiva regionalista, que é uma nova tendência existente na relação entre espaço e poder de se rearranjar em razão de questões regionais, sem se arrogar a qualidade de ente federativo, porquanto desprovido de autonomia política e financeira, a não ser administrativa. O intuito é entrelaçar os interesses territoriais sob um novo caráter, dito regional, de forma interestadual ou supralocal (as microrregiões em sentido lato), sem a conotação de um novo ente federativo, senão de uma nova instância administrativa compartilhada entre entes diversos. É nesta categoria que se encontram as regiões metropolitanas e os consórcios públicos intermunicipais. O objetivo é vencer o isolamento econômico e social das Municipalidades consideradas menores por meio da aglutinação de forças, o que implica em junção de esforços, receitas e recursos humanos, aptas a lhes garantir autonomia, a despeito das transferências voluntárias por parte da União e dos Estados já sob um novo enfoque – de solidariedade federativa e não de "cooptação política mediante chantagem financeira" –, uma vez que as políticas públicas urbanas integradas tendem a ter um melhor custo-benefício, ganho de escala e incremento da eficiência administrativa local. As inquestionáveis dificuldades de ordem financeira, estrutural e técnica, dentre outras, aliadas à enorme dispersão territorial, à medida que o país se encontra organizado em cinco mil e quinhentos e setenta Municípios, tornam a perspectiva intermunicipal de discussão de políticas públicas uma necessidade premente. Por isso foi editada a Lei Federal n. 13.089/2015, conhecida como Estatuto da Metrópole, que dispôs sobre o plano de desenvolvimento urbano integrado e outros instrumentos de governança interfederativa, mas sem ainda a efetividade desejada. Os problemas urbanos superaram barreiras territoriais locais e se tornaram regionais, metropolitanos, estando a exigir um Planejamento de Desenvolvimento Urbano Integrado de todas as Municipalidades localizadas em seus territórios.

Segundo o Estatuto da Metrópole, os Planos Diretores preconizados pelo Estatuto da Cidade já têm que conversar entre si, nas regiões e aglomerações urbanas formadas por Municípios limítrofes conurbados ou aglomerados, respectivamente, sem que tenham dito *per se* a que vieram.

A realidade urbana sempre se antecipa ao legislador urbano, na maioria das vezes descasando planejamento e realidade urbana. Exequibilidade, tanto do ponto de vista jurídico, como social, é do que o Estatuto da Cidade e da Metrópole precisam para atingir o pioneirismo do planejamento urbano através de cidades brasileiras nas quais se viva com maior qualidade de vida.

Não bastam os instrumentos jurídicos; há que haver efetiva participação cidadã na formulação das políticas públicas urbanas. Como preconizava o pai da expressão "direito à cidade", Henry Lefebvre[19], não se constrói uma cidade na prancheta de um arquiteto, tampouco, ora se acrescenta, na pena de um jurista: ela é construída de verdade por aqueles que dela, no dia a dia, se apropriam ou apossam, cabendo aos poderes públicos locais garantir que o seja de forma plural e inclusiva.

Em matéria de regularização da terra urbana, o Estatuto da Cidade teve o grande mérito de definir, entre as diretrizes da Política Urbana traçadas em seu art. 2o, justamente a "regularização fundiária e urbanização de áreas ocupadas por população de baixa renda mediante o estabelecimento de normas especiais de urbanização, uso e ocupação do solo e edificação, consideradas a situação socioeconômica da população e as normas ambientais". Teve, portanto, o mérito de tratar juridicamente os assentamentos populares

---

[19] LEFÈBVRE, Henri. **O Direito à Cidade**. trad. Rubens Frias. São Paulo: Centauro: 2001.

informais como Cidade, dotada de estatuto comum à porção formalizada do território municipal, ainda que com a obrigação de respeito à flexibilização das normas de uso e ocupação do solo capaz de lhes garantir a efetiva integração ao resto do tecido urbano em pé de igualdade material.

O Estatuto da Cidade fixou a diretriz da regularização fundiária como uma daquelas às quais a Política Urbana não poderia se furtar, como, de resto, já o fizera o constituinte originário, ao prever, no texto constitucional mesmo, instrumentos tais como a usucapião especial urbana e a concessão de uso de bens públicos para fins de moradia, dos quais já se a podia então inferir.

À legislação federal sobre o tema, porém, foi que ficou entregue a disciplina nacional da matéria: a princípio, através da segunda parte da Lei Federal 11.257/2001, lei que disciplinou o *Programa Minha Casa, Minha Vida*, e, posteriormente, via Lei Federal n. 13.465/201(e alterações), que dela cuidou específica e exclusivamente.

Neste sentido, a fixação, pelo Estatuto da Cidade, da política pública de regularização fundiária, como diretriz da Política Urbana brasileira, abriu caminho para a edição de normas nacionais sobre tema que antes se circunscrevia à competência municipal para a disciplina do interesse local e para o ordenamento e planejamento do uso e da ocupação do solo urbano, não de forma a substituir a competência do legislador municipal, mas à de fixar as normas gerais que deveriam lhe servir de esteio para o trato da matéria.

Neste sentido, em relação à cidade autoconstruída, o maior mérito do Estatuto da Cidade foi o de impor a regularização fundiária *lato sensu* de assentamentos de moradia popular como meio de efetivação do direito à cidade.

REFERÊNCIAS BIBLIOGRÁFICAS

BRASIL. SUPREMO TRIBUNAL FEDERAL. **RE607940/DF**, Disponível em: https://redir.stf.jus.br/paginadorpub/paginador.jsp?docTP=TP&docID=10643605.

CORREIA, Arícia Fernandes; FARIAS, Talden. Governança metropolitana: desafio para a gestão pública fluminense. **Revista de Direito Ambiental**, v. 78, p. 447-474, abr./jun. 2015. Disponível em: . Acesso em: 03 maio, 2016.

DENALDI, ROSANA. (Coord.) **Parcelamento, Edificação ou Utilização e IPTU Progressivo do tempo**. Série Pensando o Direito, n. 56. Brasília: IPEA e Ministério da Justiça, 2015

FARIAS, Talden. e CORREIA, Arícia Fernandes. Considerações sobre o Estatuto da Cidade: balanços e desafios. In: FERNANDES, Edésio (Org.). **20 ANOS DO ESTATUTO DA CIDADE:** Experiências e reflexões. Rio de Janeiro: Gaia Cultural, 2021. Disponível em: https://www.observatoriodasmetropoles.net.br/20-anos-do-estatuto-da-cidade-experiencias-e-reflexoes/. Acesso em 28 set. 2022

HARVEY, David. **Espaço de Esperança**. 6ª ed., São Paulo: Layola, 2004

LEFÈBVRE, Henri. **O Direito à Cidade**. trad. Rubens Frias. São Paulo: Centauro: 2001.

ONU-HABITAT. **Estado de las Ciudades de America Latina y el Caribe 2012**. Disponível em: http://www.onuhabitat.org. Acesso em 7 mar. 2021.

ROLNIK, Raquel. **Guerra dos Lugares:** a colonização da terra e da moradia na era das finanças. São Paulo: Boitempo, 2016.

CAPÍTULO 02

REURB-S: INADEQUAÇÃO DA REGULARIZAÇÃO JURÍDICA DESCONECTADA DE PROJETO INTEGRADO DE PROMOÇÃO HUMANA E URBANA

Patrícia Marques Gazola[20]

Resumo: O presente estudo, utilizando predominantemente o método dedutivo com coleta de dados a partir da pesquisa bibliográfica, tem por objetivo identificar, com base no sistema constitucional e das normas legais vigentes, os componentes necessários à implantação de programas de regularização fundiária em Zonas Especiais de Interesse Social - ZEIS. A partir da difusão das teorias de Hernando de Soto e de entendimentos sobre a desnecessidade de implantação dos programas de desenvolvimento integrado a partir da edição da Lei 13.465 de 2017, a discussão sobre os componentes mínimos necessários à implantação de programas de regularização fundiária em ZEIS tornou-se essencial. Por meio de análise da crítica do conteúdo exposto no livro 'Galo Cantou: a conquista da propriedade pelos moradores do Cantagalo', efetuada à luz da natureza dos direitos humanos fundamentais e de sua da eficácia jurídica, defende que a Regularização Fundiária em áreas de exclusão urbana e social, somente será Sustentável, se desenvolver concomitantemente projetos de emancipação humana e de regularização urbana. Pois a simples entrega de títulos de propriedades não promove, *per si,* a redução das desigualdades sociais. E, enquanto a norma jurídica estatal estiver distante das práticas

---

[20] Doutoranda em Direito da Cidade pela UERJ, Mestre em Direitos Fundamentais pela FDV, Procuradora Municipal de Vitória-ES.

sociais, a deformalização ao longo dos anos, com o retorno à informalidade, é efeito previsível da mera regularização jurídica.

Palavras Chaves: Regularização Fundiária Sustentável, Interdependência dos Direitos Humanos Fundamentais, Regularização Jurídica, Deformalização.

Abstract: The present study, using predominantly the deductive method with data collection from bibliographic research, aims to identify, based on the constitutional system and the current legal norms, the necessary components for the implementation of land regularization programs in Special Areas of Interest Social – ZEIS. From the dissemination of Hernando de Soto's theories and understandings about the unnecessary implementation of integrated development programs since the edition of Law 13,465 of 2017, the discussion on the minimum components necessary for the implementation of land regularization programs in ZEIS has made essential. Through a critical analysis of the content exposed in the book 'Galo Cantou: the conquest of property by the residents of Cantagalo, carried out in the light of the nature of fundamental human rights and its legal effectiveness, argues that Land Regularization in areas of urban exclusion and social, will only be Sustainable if it develops projects of human emancipation and urban regularization at the same time. For the simple delivery of property titles does not, per se, reduce social inequalities. And, while the state legal norm is far from social practices, deformalization over the years, with the return to informality is a predictable effect of mere legal regularization.

Keywords: Sustainable Land Regularization, Interdependence of Fundamental Human Rights, Legal Regularization, Deformalization.

1. DO DIREITO À VIDA DIGNA NAS CIDADES E O DEVER DE PLANEJAMENTO INTEGRADO

Com o advento da revolução industrial inúmeras cidades cresceram sem qualquer planejamento econômico, social ou urbano capaz de atender adequadamente as demandas geradas pelo êxodo rural. Por todo o planeta têm-se o surgimento de guetos urbanos onde habitam de forma precária pessoas desprovidas de condições mínimas de acesso à vida digna.

Desde a Declaração Universal dos Direitos do Homem se reconhece que

> Toda a pessoa tem direito a um nível de vida suficiente para lhe assegurar e à sua família a saúde e o bem-estar, principalmente quanto à alimentação, ao vestuário, ao alojamento, à assistência médica e ainda quanto aos serviços sociais necessários, e tem direito à segurança no desemprego, na doença, na invalidez, na viuvez, na velhice ou noutros casos de perda de meios de subsistência por circunstâncias independentes da sua vontade (ONU, 1948),[21]

Apesar do tempo decorrido desde 1948, a fruição dos direitos fundamentais por todos os cidadãos ainda é, no século XXI "o" grande desafio da humanidade no século XXI. O Brasil, país de desenvolvimento tardio com pouca tradição constitucional, possui um enorme passivo social que precisa ser enfrentado de forma eficaz, sem cegueira, sem ocultação, sem assistencialismo escravizante em ações pontuais, descontinuadas e eleitoreiras.

A compreensão e o enfrentamento dos problemas urbanos demanda estudos e ações coordenadas capazes de compreender e intervir de forma eficaz nas cidades. O conhecimento científico isolado em áreas de conhecimento não é capaz de enfrentar questões complexas como as encontradas nas cidades contemporâneas[22].

> Podemos controlar os pousos suaves de espaçonaves em planetas distantes, mas somos incapazes de controlar a fumaça poluente expelida por nossos automóveis e fábricas. Propomos a instalação de comunidades utópicas em gigantescas colônias espaciais, mas não podemos administrar nossas cidades (CAPRA, 1995, p. 39).

---

[21] ONU. **Declaração Universal dos Direitos do Homem.** 1948. Disponível em: < https://www. lexilogos.com/%20declaration/portugais.htm> Acesso em: 15 maio 2009.

[22] "A excessiva ênfase dada ao método cartesiano levou à fragmentação característica do nosso pensamento em feral e das nossas disciplinas acadêmicas, e levou à atitude generalizada de reducionismo da ciência – a crença em que todos os aspectos dos fenômenos complexos podem ser compreendidos se reduzidos às suas partes constituintes" (CAPRA1995, p. 55).

A resolução das questões urbanas perpassa pela consciência da necessidade de articulação das políticas públicas de forma que alcancem o objetivo de proporcionar de forma igualitária e includente - bem estar a todos os cidadãos.

Por isso que Harvey afirma que

> Qualquer estratégia geral para lidar com sistemas urbanos deve conter e articular políticas criadas para modificar a forma espacial da cidade (o que quer dizer a localização de objetos como habitações, vegetação, vias de ligação e assim por diante) com políticas pensadas para influir nos processos sociais que se dão na cidade (as estruturas sociais e atividades que conectam pessoas à pessoas, organizações às pessoas, oportunidades de emprego à empregados, beneficiários dos sistemas públicos com os serviços públicos e assim por diante). Idealmente deveríamos ser capazes de harmonizar essas políticas a fim de atingir um objetivo social coerente. Mas atualmente estamos longe dessa capacidade. (HARVEY, 2009, p. 50, tradução nossa).

Caroline França com experiência municipal e estadual em gestão de programas vinculados à moradia, destaca que embora tenham sido investidos recursos expressivos em programas destinados a construção de unidades habitacionais, ocorreram diversos problemas como:

> "dificuldade de finalização e prestação de contas, seja porque as unidades inacabadas foram ocupadas irregularmente, seja por que a empresa faliu antes de concluir a obra, seja ainda porque o acesso viário ao empreendimento não foi concluído ou as instalações de água e esgoto não foram interligadas às unidades habitacionais e não existe previsão orçamentaria para executá-las" (FRANÇA 2019 P. 87).

Reconhece ainda a deficiência de programas habitacionais, que premidos por limitações orçamentárias, erigem moradias em locais distantes. França (2019 p.87) constata, como diversos outros doutrinadores, que a construção de unidades habitacionais em terrenos distantes, por estarem desconectados do tecido urbano e não atenderem às expectativas e necessidades e os aspectos sócio-econômicos da população beneficiária dá causa à degradação do espaço construído, assim como à violência e "estigmatização dos moradores dessas áreas apartadas das cidades formais." (FRANÇA 2019 P. 88).

Infelizmente a escolha da localização das unidâdes habitacionais é condicionada pelo *menor* e não pelo *melhor* preço. Um terreno em local central pode parecer mais caro que outro em localidade distante, porém essa onerosidade é falsa, porquanto o terreno distante possui uma economicidade ilusória vez que as unidades habitacionais demandarão prolongamento das redes de infraestrutura urbana, implantação de unidades educacionais, postos de saúde, espaços de lazer, postos de polícia e etc.

As limitações e problemas decorrentes da implantação de programas habitacionais desconectados do atendimento de outras necessidades humanas básicas também é identificado por França, pois a política habitacional não tem capacidade de solucionar sozinha a falta de inúmeros direitos fundamentais. Defende a necessidade de implantação projetos integrados em áreas de interesse social a partir da concepção de uma política de regularização fundiária "executada de modo sustentável, abordando tantos os aspectos jurídicos, quanto aqueles de infraestrutura, ambientais e sociais". (FRANÇA 2019 P. 88)

1.1 Da dignidade da pessoa humana

A Constituição de 1988 inaugurou, há trinta anos passados, uma nova era no constitucionalismo brasileiro; instituiu um Estado Democrático de Direito que, ao fundamentar-se no princípio da dignidade humana e nos valores de nosso povo, reaproximou o direito da justiça. Reconhece a validade jurídica de princípios axiológicos que, além de propiciar uma unidade interpretativa do sistema constitucional, condicionam a atuação do Estado em todas as suas atividades administrativas, legislativas e judiciais.

Tais princípios, encontrados desde o preâmbulo da Carta Constitucional, encontram-se distribuídos ao longo de todo o texto constitucional. Ao instituir a nova ordem constitucional, a constituição de 1988 declara que o Estado brasileiro se destina a "assegurar o exercício dos direitos sociais e individuais, a liberdade, a segurança, o bem-estar, o desenvolvimento, a igualdade e a justiça como valores supremos de uma sociedade fraterna, pluralista e sem preconceitos, fundada na harmonia social". Declara que esse, embasado no respeito à dignidade humana, tem por objetivo fundamental a construção de "uma sociedade livre, justa e solidária", mediante a promoção do "bem de todos, sem preconceitos de origem, raça, sexo, cor, idade e quaisquer outras formas de discriminação", e da garantia do "desenvolvimento nacional" equânime, mediante adoção de programas e ações que propiciem a "erradicação da a pobreza e a marginalização" e redução das "desigualdades sociais e regionais".

Esse objetivo constitucional "não pode ser ignorado pelo Poder Executivo, cuja vinculação pelas definições constitucionais de caráter conformador e impositivo é óbvia" (GRAU. 2001, p37). Sendo assim a realização de programas e projetos destinados a erradicar a pobreza e marginalização com ações efetivas em favor da redução das desigualdades é um dever inafastável, embora esse "dever" conviva todos os dias com o gigantesco passivo social encontrado em todas as cidades de nosso país.

Importa destacar que desde a Primeira Conferência das Nações Unidas sobre Assentamentos Humanos, também conhecida como HABITAT I, ocorrida em 1976, que se reconhece que: "os problemas dos assentamentos humanos não estão isolados do desenvolvimento social e econômico dos países e que eles não podem ser separados das existentes relações econômicas internacionais injustas [...]" ressaltando que "_que as condições de vida de grande número de pessoas em assentamentos humanos são inaceitáveis, especialmente em países em desenvolvimento", adverte nos idos de 1976 que " a menos que ações positivas e concretas sejam tomadas nos níveis nacional e internacional para encontrar e implementar soluções, essas condições provavelmente serão ainda mais agravadas".[23] Dentre os agravos previstos em caso de omisão ou execução inadequada de programas de desenvolvimento

---

[23] UN. **United Nations From the Report of Habitat:** United Nations Conference on Human Settlements, Vancouver, Canada, 1976. Disponível em: <http://pfdc.pgr.mpf.mp.br/atu acao-e-conteudos-de-apoio/legislacao/moradia-adequada/declaracoes/declaracao-sobre-assentamentos-humanos-de-vancouver>. Acesso em 07 fev. 2019.

urbano o Habitat I alerta para os riscos da ampliação da desigualdade econômica - que condena milhões de pessoas a viverem na pobreza sem satisfazer os requisitos básicos de alimentação, educação, serviços de saúde, abrigo, meio ambiente. higiene, água e energia - assim como para os riscos de agravamento da deterioração social, econômica, ecológica e ambiental - caracterizada por: desigualdade nas condições de vida, segregação social, discriminação racial, desemprego agudo, analfabetismo, problemas de saúde, pobreza, desagregação das relações sociais e dos valores culturais tradicionais, assim como pelo aumento da degradação dos recursos que sustentam a vida na terra como o ar, a água e o solo.[24]

1.2 Do dever de planejamento das ações estatais

Os problemas urbanos possuem uma causa comum, qual seja, a **omissão** do Estado tanto na falta de promoção de acesso igualitário aos direitos fundamentais, quanto na própria falta de planejamento e fiscalização do parcelamento e ocupação do solo. Tal crescimento irracional urbano é denunciado por Motta (apud BRASIL, 2001b, p. 52) em Audiência Pública na Comissão de Desenvolvimento Urbano e Interior da Câmara dos Deputados:

> Do Estado organizado, espera-se a racionalidade do crescimento urbano: primeiro planeja-se, depois constrói-se a infraestrutura e finalmente promove-se a ocupação. Hoje

---

24 ACERTAR AS NOTAS DE RODAPÉ Cf.: "Recognizing that the problems of human settlements are not isolated from the social and economic development of countries and that they cannot be set apart from existing unjust international economic relations [...](UN, 1976) Recognizing that the circumstances of life for vast number of people in human settlements are unacceptable, particular in developing countries, and that unless positive and concrete action is taken at national and international levels to find and implement solutions, these conditions are likely to be further aggravated, as a result of(UN, 1976):- Inequitable economic grow, reflected in de wide disparities in wealth which now exist between countries e between human beings and which condemn millions of people to live of poverty without satisfying the basic requirements for food, education, health services, shelter, environmental hygiene, water and energy. (UN, 1976) –
Social, economic, ecological and environmental deterioration which as exemplified at de national and international levels by inequalities in living conditions, social segregation, racial discrimination, acute unemployment, illiteracy, disease and poverty, the breakdown of social relationship and traditional cultural values and the increasing degradation of life-supporting resources of air, water, and land".

acontece justamente o inverso: primeiro a população ocupa a área com barracos, depois, constrói residências à revelia de qualquer ordenamento racional e, só então, o Estado, à vista do fato consumado, providencia um arremedo de infraestrutura urbana.

O planejamento25, antes da Constituição de 1988, era considerado uma técnica facultada ao administrador (SILVA, 2006), com a constitucionalização nos: Art. 21 incisos IX, XVIII e XX[26]; Art. 30 inciso VIII[27] e Art.182 caput e § 1°da Carta de 1988 [28], que passou a ser obrigatório, inclusive, para atendimento ao princípio constitucional da eficiência[29]. O planejamento deve ser utilizado como ferramenta para toda a atuação pública, mesmo para indução, controle, prevenção e correção de problemas relativos ao desenvolvimento urbano.

A deterioração social, econômica, ecológica e ambiental identificadas pelo Habitat I, na cidade de Vancouver culminou no estabelecimento das seguintes recomendações, que de forma ainda atual, orienta como o processo de planejamento deve ocorrer, em termos de metodologia, dimensão - institucional, territorial e material e de prioridades. Recomenda, dentre outras medidas: a) o Estabelecimento de Política Nacional de Assentamento Humano

---

[25] "O planejamento, em geral, é um processo técnico instrumentado para transformar a realidade existente no sentido de objetivos previamente estabelecidos" (SILVA, 2006, p. 89).

[26] "Art. 21. Compete à União: [...] IX - elaborar e executar planos nacionais e regionais de ordenação do território e de desenvolvimento econômico e social; XVIII - planejar e promover a defesa permanente contra as calamidades públicas, especialmente as secas e as inundações; XX - instituir diretrizes para o desenvolvimento urbano, inclusive habitação, saneamento básico e transportes urbanos." Cf.: BRASIL, 1988.

[27] "Art. 30. Compete aos Municípios: [...] VIII - promover, no que couber, adequado ordenamento territorial, mediante planejamento e controle do uso, do parcelamento e da ocupação do solo urbano." Cf.: BRASIL, 1988.

[28] "Art. 182. A política de desenvolvimento urbano, executada pelo Poder Público municipal, conforme diretrizes gerais fixadas em lei, tem por objetivo ordenar o pleno desenvolvimento das funções sociais da cidade e garantir o bem-estar de seus habitantes. § 1° - O plano diretor, aprovado pela Câmara Municipal, obrigatório para cidades com mais de vinte mil habitantes, é o instrumento básico da política de desenvolvimento e de expansão urbana." Cf.: BRASIL, 1988.

[29]"Art. 37. A administração pública direta e indireta de qualquer dos Poderes da União, dos Estados, do Distrito Federal e dos Municípios obedecerá aos princípios de legalidade, impessoalidade, moralidade, publicidade e **eficiência** e, também, ao seguinte: (Redação dada pela Emenda Constitucional n° 19, de 1998)." Cf.: BRASIL, 1988, grifo nosso.

e Proteção Ambiental, integrada com as políticas de desenvolvimento econômico e social a fim de que seja propiciado, a todas as regiões do país, o acesso aos serviços públicos e aos benefícios decorrentes do desenvolvimento econômico (UN, 1976, tradução e grifo nossos)[30]; b) a Inserção do Planejamento Nacional dos Assentamentos Humanos dentro do Planejamento econômico e social e que sejam efetuados de forma contínua e integrada aos planejamentos regionais e locais, com abordagem abrangente que reconheça a fundamentalidade dos assentamentos humanos na promoção do desenvolvimento isonômico das regiões do país, pois os assentamentos humanos não acontecem por acaso; são resultados de uma multiplicidade de necessidades e decisões, tanto públicas como privadas (UN, 1976, tradução e grifo nossos)[31]; c) a Elaboração de Plano de Desenvolvimento Local, coerente com os planos regionais e nacional, que objetive a distribuição equitativa dos recursos naturais e benefícios urbanos (para superar e evitar a alienação

---

30 Cf.: "A.1. (b) ALL COUNTRIES SHOULD ESTABLISH AS A MATTER OF URGENCY A NATIONAL POLICY ON HUMAN SETTELEMENTS, EMBODYNG THE DISTRIBUTION OF POPULATION, AND RELATED ECONOMIC AND SOCIAL ACTIVITIES, OVER THE NACIONAL TERRITORY. [...] A.2 (b) A NATIONAL POLICY FOR HUMAN SETTLEMENTS AND ENVIRONMENTS SHOULD BE NA INTEGRAL PART OF ANY NACIONAL ECONOMIC AND SOCIAL DEVELOPMENT POLICY. [...] A.4 (b) HUMAN SETTLEMENTS POLICIES SHOULD AIM TO IMPROVE THE CONDICTION OF HUMAN SETTLEMENTS PARTICULARY BY PROMOTING A MORE EQUITABLE DISTRIBUTION OF THE BENEFITS OF DEVELOPMENTS AMONG REGIONS; AND BY MAKING SUCH BENEFETS AND PUBLIC SERVICE EQUALLY ACCESSIBLE TO ALL GROUPS" (UN, 1976).
31 Cf.: "B. Settlement planning B.1 Settlement planning in national context (a) Human settlements do not just happen. They are de results of a multitude of needs and decisions, both public and private. The challenge of planning is to see that such decisions are explicit and coherent, are part of an over-all effort to resolve conflicts and achieve social justice and the best utilizations of resources. These are essential to an improved quality of life. (b) SETTLEMENTS AND ENVIRONMENTAL PLANNING AND DEVELOPMENT MUST OCCUR WITHIN THE FRAME-WORK OF DE ECONOMIC AND SOCIAL PLANNING PROCESS AT THE NATIONAL, REGIONAL, AND LOCAL LEVELS. (c) Special emphasis should be placed on: I – Promotion of balanced development for all regions; II- A Unfied development planning approach which attributes to human settlements their proper place bay treating them as an integral part of de development process rather than a residual, and by stressing the human settlement implications of other sections of development plans; III – Recognition of the difficulties inherent in a truly comprehensive approach and the need to evolve and employ suitable methods and procedures, adapted to actual conditions and subject to continual improvement. IV Planning as a continuing process and must be effectively linked to institutions which implement the actual development of settlements" (UN, 1976).

pessoal, o isolamento e a segregação social e econômica e a degradação ambiental em assentamentos humanos) com eliminação de desperdício de recursos, assim como que preveja a implantação progressiva de redes e sistemas de infraestrutura com base nos prognósticos das necessidades previstas nos planos de desenvolvimento (UN, 1976, tradução e grifo nossos)[32]; d) a Priorização de recursos para as ações relacionadas à melhoria das condições de vida das pessoas mediante: planejamento cuidadoso que leve em consideração tanto os custos sociais, quanto o potencial de desenvolvimento humano; desenvolvimento de pesquisa e desenvolvimento de tecnologia destinada a enfrentamento de fatores críticos no desenvolvimento de assentamentos humanos; desenvolvimento de novas fontes de financiamento adequadas às condições locais; incentivo ao desenvolvimento da autoconfiança, protagonismo social e solidariedade inter-regional, utilização do recursos econômicos escassos com eficácia e transparência (UN, 1976, tradução e grifo nossos)[33]; e) que o planejamento, que consiste em um processo

---

[32] Cf.: "Recommendation B.7 Scope of local planning (a) Individual settlements of all size must be guided in their orderly development by plans reflecting local requirements and conditions this should occur within the frame-work set by national and regional planning. (b) LOCAL PLANNING MUST BE CONCERNED WITH SOCIAL AND ECONOMIC FACTORS, AND LOCATION OF ACTIVITIES AND THE USE OF SPARE OVER TIME. (c) This means in particular: I – Designation of general land-use and changes over time; II – Location of main activities with especial attention to their relationship; III – Provision of infrastructure networks and systems required to link activities on the basis of economy, safety, convenience and environmental impact; IV – Definition of basic standards reflecting the needs of the people, to eliminate waste and achieve inequitable distribution; V – Recognition of the need to phase and direct development thought the timely provision o of concentrated infrastructure and services, and the deferral of such provision in areas not yet appropriate for urban development; VI – The need to eliminate personal alienation and isolation and social and economic segregation; VIII – Formulation of social and economic programs of development" (UN, 1976).

[33] Cf.: "A. 6 – Allocation of resources (a) The resources available for improving the quality of life in human settlements are limited when compared with people's needs and expectations. Those resources are also too often misallocated, where resources are especially scarce the human potential is often ignore. (b) THE IMPROVEMENT OF QUALITY OF LIFE IN HUMAN SETTLEMENTS MUST RECEIVE HIGHER PRIORITY IN DE ALLOCATION OF CONVENTIONAL RESOURCES, WHICH OUGHT TO BE CAREFULLY DISTRIBUTED BETWEEN THE VARIOUS COMPONENTS OF HUMAN SETTLEMENTS; IT ALSO REQUIRES THE PLANNED USE OF SCARE RESOURCES AND THE MOBILIATION OF NEW RESOURCES; IN PARTICULAR HUMAN CAPACITIES. (c) Particular attention should be given to: (I) Making true social cost and

contínuo, (evitando-se ao máximo a remoção dos habitantes e degradação dos assentamentos antigos) deve garantir o bem-estar dos habitantes afetados, especialmente no que diz respeito a oportunidades de emprego e acesso a infraestrutura básica, assim como, respeitar direitos e aspirações de seus habitantes, e os valores culturais e sociais inerentes ao tecido social. Também deve ser dada atenção especial ao cuidado de crianças, idosos, grávidas, educação, à formação profissional e orientações para inserção no mercado de trabalho. Se tal planejamento foi mal concebido, pode resultar na destruição do tecido econômico e social de bairros inteiros (UN, 1976, tradução e grifo nossos).[34]

O planejamento participativo no processo de expansão e de renovação urbana também é ressaltado no Habitat I na recomendação B 9. Diante do esperado e previsível aumento da população urbana prescreve o planejamento participativo como instrumento imprescindível para as ações de expansão e renovação urbana. Tal planejamento pressupõe também a instituição de

---

benefits the basis for policy decision and evaluation; and not only material product; (II) Allocating resources on spatial as well as sectoral basis, with a view to improving efficiency and accountability; (III) Encouraging self-reliance and organization of inter-regional solidarity; (IV) Research priority for critical factors in de development of human settlements, specially energy and technologies; (V) Developments of new sources of finance, with suitable terms and conditions" (UN, 1976).

[34] Cf.: "Recommendation B.8 – Improving existing settlements (a) Settlements planning cannot merely focus on new urban development for many settlements already exist. The improvement, renewal and rehabilitation of these settlement should therefore be continuous. They thus presente a major challenge in improvement of quality of life, and of the existing fabric of settlements. When ill-conceived it may result in destruction of the economic and social fabric of entire neighborhoods. (b) SETTLEMENTS MUST BE CONTINUOUSLY IMPROVED, RENEWAL AND REABILITATION OF EXISTING SETTLEMENTS MUST BE ORIENTED TO IMPROVING LIVING CONDITIONS, FUNCIONAL STRUCTURES AND ENVIRONMENTAL QUALITIES. THE PROCESS MUST RESPECT THE RIGHTS AND ASPIRATIONS OF INHABITANTS, ESPECIALLY THE LEAST ADVANTAGED, AND PRESERV THE CULTURAL AND SOCIAL VALUES EMBOIDED IN THE EXISTING FABRIC. (d) Special attention should be paid to: I – Upgrading e preserving the existing stock thought the development and use of low-cost techniques, and the direct involvement of the presente inhabitants; II – Undertaking major clearance operations only when conservation and rehabilitation are not feasible and relocation measure are made; III –Providing for the welfare of the affected inhabitants especially with respect to employment opportunities and basic infrastructure; IV – Preserving de area's social and cultural fabric which maybe the only the facto source of social services including care of children and aged, maternity care, apprenticeship, employment information, and security" (UN, 1976).

legislação, instrumentos jurídicos e regulamentos, relativos a: gestão, aquisição e usos de terras, urbanas e rurais; melhorias do desenvolvimento do uso do solo urbano com adoção de medidas inovadoras, integração e melhoria de assentamentos irregulares, garantido acesso a servidos básicos e oportunidade de acesso a emprego e renda, recursos fiscais e financeiros; proteção de ecossistemas e áreas não edificáveis e promoção de participação ativa e bem informada da população e sociedade civil. Pois, "quando a expansão urbana ocorre sem qualquer controle ou planejamento, assume uma forma onerosa, perdulária e ecologicamente destrutiva" (UN, 1976, tradução livre).[35]

Outro papel fundamental do planejamento também é explicitado pelo Habitat I enquanto instrumento apto a evitar e corrigir riscos naturais ou provocados pela ação humana. Como muitos desastres naturais ou provocados pela ação humana são previsíveis, o planejamento dos assentamentos humanos deve evitar os perigos conhecidos e tomadas medidas de precaução a fim de salvar vidas e reduzir danos materiais.

A eficiência do planejamento na prevenção dos riscos é explicitada por Mike Davis quando constata quer as "cidades ricas"

> "podem reduzir o risco geológico ou meteorológico por meio de grandes obras públicas e "engenharia pesada"; estabilização de encostas com redes geotêxteis, concreto injetado e parafusos para fixar as rochas; terraceamento e redução da declividade de encostas muito íngremes; abertura de poços profundos de drenagem e bombeamento de água de

---

[35] Cf.: "RECOMMENDATION B.9 Urban expansion (a) Expected population growth and migration mean that urban expansion will be the most common and universal development challenge. However, urban expansion can take the form of urban sprawl, and in then costly, wasteful and ecologically destructive. (b) URBANA EXPANSION SHOULD BE PLANNED WITHIN A REGIONAL FRAMEWORK, AND CO-ORDINATED WITH URBAN RENEWAL TO ACHIEVE COMPARABLE LIVING CONDITIONS IN OLD AND NEW AREAS. (c) It requires special provision for: I - Securing legislation, legal instruments and regulations; II – Institutions for management of land acquisition and development; III – Securing fiscal and financial resources; IV – Active participation of a well-informed public; V – Protection of ecosystems and critical land; VI – Improved development of existing urban land use through innovative and creative measures; VII – Integrated development of basic services, facilities and amenities; VIII- Employment opportunity and access to work places; IX – Integration and improvement of squatter and marginal settlements" (UN, 1976).

solos saturados; interceptação dos fluxos de detritos com pequenas represas e açudes; e canalização das águas pluviais para vastos sistemas de canais e esgotos de concreto. Programas nacionais de seguros contra cheias, juntos com subsídios cruzados para seguros contra incêndio e terremotos, garantem os reparos residenciais e a reconstrução em caso de dano extremo"[36]

Em casos de danos extremos, o planejamento também poderá ser eficaz para melhorar os métodos de prevenção até que o risco de vida seja eliminado. Por meio do planejamento da reconstrução é possível aproveitar a oportunidade para melhorar a qualidade do padrão: ambiental, funcional e espacial de todo o assentamento impactado pelo desastre (UN, 1976, tradução e grifo nossos).37

Ou seja, desde 1976 que se reconhece a imprescindibilidade da realização de um planejamento integrado que considere as questões humanas, urbanas e ambientais.

Passados 40 anos, a questão de enfrentamento da pobreza e desigualdade social se mantém enquanto pauta prioritária da ONU e dos signatários desses documentos. Os 17 objetivos do desenvolvimento sustentável para 2030 ainda prescrevem em relação à fruição de direitos humanos básicos: acabar com a pobreza em todas as suas formas, em todos os lugares; acabar com a <u>fome</u>, alcançar a segurança alimentar e melhoria da nutrição e promover a agricultura sustentável; assegurar uma vida saudável e promover o bem-estar para todos, em todas as idades; assegurar a educação inclusiva e equitativa de qualidade, e promover oportunidades de aprendizagem ao longo da vida para todos; alcançar a igualdade de gênero e empoderar todas as mulheres e meninas; assegurar a disponibilidade e gestão

---

[36] DAVIS, Mike. **Planeta Favela** Trad Beatriz Medina. São Paulo: Boitempo,2006 p.130
37 Cf.: "recommendation b.14 <u>planning for disasters (a)</u> too many settlements are destroyed or badly damaged as a consequence of natural por man-made disasters; some naturals disasters can be predicted, at least in part, and precautionary measures taken to save lives and reduce material loss. but until methods of forestalling natural disasters are improved, and until war is eliminated, governments are faced with the problems of reconstruction and rehabilitation of severely damaged settlements. (b) planning for human settlements should avoid known hazards which could lead to natural disaster. the planning of reconstruction after natural por man-made disasters should be used as an opportunity to improve the quality of the whole settlement, its functional and spatial pattern and environment" (UN, 1976).

sustentável da água e o saneamento para todos; assegurar a todos o acesso confiável, sustentável, moderno e a preço acessível à energia; promover o crescimento econômico sustentado, inclusivo e sustentável, emprego pleno e produtivo e trabalho decente para todos; construir infraestruturas resilientes, promover a industrialização inclusiva e sustentável e fomentar a inovação; A redução das desigualdades dentro dos países e entre eles também se mantêm ao lado do objetivo de tornar as cidades e os assentamentos humanos inclusivos, seguros, resilientes e sustentáveis;

A esses objetivos locais foram acrescidos objetivos destinados a conter/evitar os impactos de âmbito planetário gerados pelo modelo de produção e consumo reconhecidamente insustentáveis, que são os destinados a: assegurar padrões de produção e de consumo sustentáveis; adoção de medidas urgentes para combater a mudança do clima e os seus impactos; conservar e usar sustentavelmente os oceanos, os mares e os recursos marinhos para o desenvolvimento sustentável; proteger, recuperar e promover o uso sustentável dos ecossistemas terrestres, gerir de forma sustentável as florestas, combater a desertificação, deter e reverter a degradação da terra e deter a perda de biodiversidade;

Considerando que os impactos ambientais são transnacionais é que a paz é imprescindível para esse esforço conjunto e solidário a agenda 2030 também objetiva: promover sociedades pacíficas e inclusivas para o desenvolvimento sustentável, proporcionar o acesso à justiça para todos e construir instituições eficazes, responsáveis e inclusivas em todos os níveis; assim como fortalecer os meios de implementação e revitalizar a parceria global para o desenvolvimento sustentável (ONU, 2016).

Analisando os alertas dados em 1976 sobre a necessidade premente de superação das desigualdades econômicas, sociais, ecológicas e ambientais – de abrangência local e regional, verifica-se que além de se manterem na pauta de urgências, a eles foram acrescidas outras necessidades, também prementes, de abrangência planetária, que exprimem a tentativa de proteção da própria biosfera em face das ações nocivas geradas pelo desenvolvimento econômico marcado pela desumanidade e irracionalidade no uso dos recursos planetários.

2. DA CEGUEIRA, DA OCULTAÇÃO E DA EXECUÇÃO DE AÇÕES EM FAVOR DA "DIGNIDADE URBANA"

O surgimento das áreas de exclusão urbano-social remonta à abolição da escravatura no Brasil, problema agravado pelo fim da guerra do Paraguai, pela industrialização e o êxodo rural. As pessoas sem acesso ao mercado formal de terras e habitação passaram a residir em cortiços insalubres ou em moradias precárias feitas de madeira em áreas não urbanizadas. Nesse período inicial tais assentamentos eram "invisíveis". Tais ocupações foram ignoradas pelas autoridades até que passaram a ser vistas como um local de proliferação de doenças físicas (sarampo, tuberculose, varíola, malária e etc.,) e de "doenças" sociais - violência, criminalidade e prostituição.

Objetivando ocultar os efeitos visíveis da exclusão socioeconômica de parte da população urbana, as primeiras medidas, chamadas higienistas, foram no sentido de extinção de tais locais. Cortiços foram demolidos e favelas inteiras foram removidas para locais remotos, sem que lhes proporcionassem mínimas condições de acesso à educação, saúde e acesso à renda. Tal prática agravou os problemas já existentes em vez de solucioná-los - a exemplo do ocorrido no bairro "Cidade de Deus".

Com o passar do tempo e diante da inequívoca constatação de que a remoção dos pobres para longe não impedia que voltassem para perto do local de onde foram removidos, em virtude da necessidade de acesso ao trabalho e demais serviços públicos, passou-se a buscar intervir nas comunidades objetivando melhorar as condições urbanísticas locais por meio de diversos programas a exemplo: do PROFAVELA iniciado em 1983 em Belo Horizonte38, do PREZEIS instituído em 1987 em Recife 39; do Favela Bairro iniciado em 1994 no Rio de Janeiro40; e do Projeto Terra instituído a partir de 1998 e Vitória 41. Tais intervenções urbanas em assentamentos irregulares

---

38 Regulamentado através da Lei N° 3.532 de 06 de janeiro de 1983 (alterada pela Lei N° 3.995, de 1985) e do Decreto 4762 de 10 de agosto de 1984

39 A Lei nº 14.947, de 30 de março de 1987, instituiu o PREZEIS - Programa de Regularização Fundiária de Zonas de Especiais Interesses Sociais de Recife

40 Instituído na cidade do Rio de Janeiro a partir da Lei 2120/94 e do Decreto nº 12.683/94

41 Decreto nº 10.131, de 14 de janeiro de 1998. O Projeto Terra, foi reconhecido pelo "UN-Habitat como uma das melhores práticas do ano 2002 no âmbito mundial". Cf.

formados por pessoas de baixa renda, passaram a ser denominadas indistintamente como sendo um programa de "Regularização Fundiária". Para alguns, regularização fundiária limitava-se à regularização jurídica dominial. Para outros, regularização fundiária incluía, necessariamente, a regularização urbanística com implantação de infraestrutura urbana necessária à integração, com regularização ambiental e remoção das situações de risco, sem preocupação com a questão social de diminuição das desigualdades. Alfonsin (1997), ampliando essa última visão, passa a incluir, dentre os objetivos da Regularização Fundiária, ainda que acessoriamente, "o regate da cidadania e da qualidade de vida da população beneficiária" (ALFOSIN, 1997, p. 282).

De fato, para a superação do problema da desigualdade urbana é necessário muito mais que mera execução de obras físicas (de urbanização, remoção de áreas de risco e melhorias habitacionais) ou entrega pura e simples de títulos de propriedade. É imprescindível o resgate da dignidade e da cidadania dos moradores, pois a raiz de todos os problemas habitacionais está na pobreza. Sem combate às causas do problema– atendendo aos objetivos constitucionais de erradicação da pobreza - não há como se falar em direito à moradia digna assegurado.

3. REGULARIZAÇÃO FUNDIÁRIA SUSTENTÁVEL

A Regularização Fundiária sustentável deve ser compreendida enquanto "um conjunto de projetos e ações integradas que objetivam a promoção da regularização jurídica, urbanística, ambiental e social, visando ao desenvolvimento urbano e humano, em assentamentos irregulares, de forma includente e sustentável" (GAZOLA, 2008, p. 119). Sem desenvolvimento

---

BIENENSTEIN, Glauco Estudo de caso: PROJETO TERRA – JABURU – programa integrado de desenvolvimento social, urbano e de preservação ambiental em áreas habitadas por população de baixa renda; intervenção no Bairro Jaburu, Vitória-ES / Glauco Bienenstein. Supervisão de Marlene Fernandes. Coordenação de Carlos Alberto Silva Arruda. Rio de Janeiro: IBAM/CAIXA, 2003. Disponível em 21 nov. 2020 em https://silo.tips/queue/projeto-terra-jaburu?&queue_id=-1&v=1605998375&u=MTY0LjE2My4yMDQuODc=

humano não há desenvolvimento urbano equitativo e sustentável42. Neste conceito, o desenvolvimento humano sustentável é considerado como um processo de desenvolvimento de pessoa humana buscando o aumento de suas capacidades, potencialidades, oportunidades e direitos de escolha, de forma equitativa, mediante participação popular e igualdade de acesso às oportunidades da cidade para as presentes e futuras gerações43.

A preocupação com o desenvolvimento humano, em nível mundial, ocorreu a partir das ideias de Amartya Sen. Esse, com base em Kant, sustenta a necessidade de considerar os seres humanos como fins em si mesmos, e não como meios para outros fins, afirma que o conceito de desenvolvimento deve considerar a vida digna e saudável das pessoas como a finalidade última; deve tratar a produção e a prosperidade como meios, tão somente, para atingir o objetivo de bem-estar humano.

Dessa forma, considerando que a "prosperidade econômica é apenas um dos meios para enriquecer a vida das pessoas" e que "o mero aumento da riqueza econômica pode ser ineficaz na consecução de fins realmente valiosos"44, acabou contribuindo de forma direta para a criação do Índice de Desenvolvimento Humano (IDH), adotado pela ONU45.

---

42 Desde 2003 que defendo essa ideia, conforme se depreende da transcrição que se segue: "Com relação ao que destacou Evangelina sobre o Projeto Cingapura, tenho batido muito na tecla de que o conceito de regularização fundiária não pode ser apenas um conceito de regularização urbana. Sem se fazer promoção humana não há sustentabilidade. Então, que nesse conceito que se está elaborando da regularização fundiária é preciso que a inclusão social não seja um mero apêndice, mas que a ela seja dada a ênfase principal. Sem promoção humana não há condições de existir promoção" p. 162

43 LOUREIRO; GAZOLA; PÁDUA, 2003, p. 6.

44 SEM, Amartya. ESTADO, REFORMAS E DESENVOLVIMENTO: O desenvolvimento como expansão de capacidades, Lua Nova: Revista de Cultura e Política no.28-29 São Paulo Apr. 1993, p. 5.

45 "O conceito de desenvolvimento humano nasceu definido como um processo de ampliação das escolhas das pessoas para que elas tenham capacidades e oportunidades para serem aquilo que desejam ser. Diferentemente da perspectiva do crescimento econômico, que vê o bem-estar de uma sociedade apenas pelos recursos ou pela renda que ela pode gerar, a abordagem de desenvolvimento humano procura olhar diretamente para as pessoas, suas oportunidades e capacidades. A renda é importante, mas como um dos meios do desenvolvimento e não como seu fim. É uma mudança de perspectiva: com o desenvolvimento humano, o foco é transferido do crescimento econômico, ou da renda, para o ser humano" https://www.br.undp.org/content/brazil/pt/home/idh0.html .

Sen, a partir do pensamento de Rawls - que reconhece a importância do acesso a bens primários como condição essencial para o exercício dos direitos de liberdade – vai além. Defende que "os bens primários são meios para as liberdades, ao passo que as capacidades de realização são expressões das próprias liberdades"46. Esse pensamento conduz à compreensão de que a pobreza deve ser compreendida enquanto privação do direito de escolha do tipo de vida que a pessoa quer ter. O desenvolvimento das capacidades humanas nos locais de exclusão social parece ser o melhor caminho para a construção de um projeto permanente de intervenção urbana que contenha participação popular consciente e autônoma. Pois somente a partir da construção coletiva e criativa de soluções para os problemas locais é que se torna possível a promoção do desenvolvimento urbano sustentável47.

O desenvolvimento humano é muito mais importante e complexo que programa de urbanização de áreas degradadas. Abrir uma rua, construir prédios, implantar saneamento básico é muito mais fácil de realizar do que a emancipação dos excluídos. Estes se habituaram a viver sem sonhos. Não veem qualquer perspectiva de um futuro melhor. A questão da inclusão urbana implica em questões muito mais abrangentes que uma construção de espaços físicos. A inclusão social implica na construção de espaços psicológico e

---

46 "Se a liberdade é intrinsecamente importante, as combinações disponíveis para a escolha são todas relevantes para se avaliar o que é vantajoso para uma pessoa, mesmo que ele ou ela escolha apenas uma alternativa. Nessa perspectiva, a escolha é, em si mesma, uma característica valiosa da vida de uma pessoa. Por outro lado, se entendermos que a liberdade é apenas instrumentalmente importante, o interesse no conjunto de capacidades resume-se ao fato de que oferece à pessoa oportunidades para alcançar várias situações desejáveis. Apenas as situações alcançadas são valiosas em si mesmas, e não as oportunidades, que são valorizadas apenas como meios com respeito ao fim de alcançar situações desejáveis" SEM, Amartya. ESTADO, REFORMAS E DESENVOLVIMENTO: O desenvolvimento como expansão de capacidades, Lua Nova: Revista de Cultura e Política, no.28-29 São Paulo Apr. 1993. Acesso em 21 nov 2020. Disponível em: em https://www.scielo.br/scielo.php?script=sci_arttext&pid=S0102-64451993000100016
47 [...] processo de desenvolvimento do espaço urbano que objetiva por meio do ordenamento e do controle assegurar harmônica distribuição espacial da população e das atividades econômicas do Município e do território sob sua influência, garantindo a oferta de equipamentos urbanos e comunitários, transporte e serviços públicos adequados aos interesses e necessidades da população e às características locais, com respeito ao meio ambiente, garantindo assim a qualidade da vida urbana para as presentes e futuras gerações. (LOUREIRO; GAZOLA; PÁDUA, 2003, p. 6).

culturais. A pobreza não se resolve apenas com ações visíveis, pois visível é a exteriorização da pobreza, a verdadeira pobreza não se vê. As ações sociais, em que pesem ter menos "visibilidade física", são fundamentais para o enfrentamento desta questão. Sem combate às causas da pobreza, não há como se falar em promoção urbana.

O enfrentamento de questões relativas à superação da "alienação pessoal, isolamento e segregação social e econômica' (recomendação do habitat I recomendação B7, c) VI); incentivo ao desenvolvimento da autoconfiança, protagonismo social e solidariedade intergeracional'(RecomendaçãoA.6 c) III) respeito aos direitos, aspirações e aos valores sociais e culturais dessas populações (recomendação B8 d) IV), devem ser observadas e inseridas no processo de planejamento integrado e participativo das ações a serem desenvolvidas no Plano de Regularização Fundiária Sustentável, porque a causa dos principais problemas urbanos está: na negação por parte do Estado de direitos fundamentais básicos, na falta de acesso às oportunidades da cidade, na falta de acesso à renda, na ausência de sentimento comunitário de apropriação de seus direitos e deveres de cidadania.

O processo de regularização fundiária, hoje entendido enquanto um programa de inclusão social que se destina a concretizar os valores e objetivos constitucionais, não cabe mais nos estreitos limites de uma conceituação que enfoque apenas os aspectos urbanísticos, ambientais e jurídicos.

> As ações sociais, em que pese tenham menos *visibilidade física*, são fundamentais para o enfrentamento da questão da moradia digna. Ou os programas que visam assegurar o direito à moradia à população de baixa renda conseguem construir na comunidade um sentimento de apropriação de seus espaços e direitos (mediante projetos sociais estruturantes com eficazes mecanismos de participação popular) ou estarão fadados a ver a reprodução das práticas relatadas por Rolnik (1999), em que os beneficiários "vendem" seu "direito" e invadem novo local (GAZOLA, 2008, pp. 121-122).

A Lei n. 11.977 de 2009, que extraiu muitos de seus instrumentos do Projeto de Lei de Responsabilidade que tramita junto ao Congresso Nacional, ao regulamentar a Regularização Fundiária de Interesse Social, previa no Art.

51, inciso III, dentre os elementos mínimos do projeto de regularização fundiária, adotou proposta de regularização fundiária incorporada após audiências públicas ao PL3057, e a conceituou enquanto um conjunto de medidas necessárias à "sustentabilidade urbanística, social e ambiental da área ocupada"48.   Porém como essa lei trouxe instrumentos em favor da simplificação registral, as atenções voltaram-se para a regularização jurídica e pouco se escreveu sobre a necessária promoção de "sustentabilidade urbanística, social e ambiental da área ocupada, incluindo as compensações urbanísticas e ambientais previstas em lei" (BRASIL, 2009). Os artigos 46 e 51, que continham o conceito de regularização fundiária e os requisitos mínimos dos projetos de intervenção em ZEIS, foram revogados antes mesmo de serem compreendidos e incorporados às práticas urbanas49.

A Lei n. 13.465 de 2017, que revogou a Lei n. 11.977, amplia os instrumentos em favor da regularidade jurídica dos assentamentos irregulares. O foco na regularização jurídica somado a não repetição do artigo que apresentava o conceito de regularização fundiária deu causa a equivocada compreensão de revogação da exigência de adoção de projetos integrados em regularização fundiária em áreas de baixa renda. E que não haveria nenhum óbice à promoção de "regularização fundiária" exclusivamente por meio de titulação da terra, seguindo os ideais preconizados por Hernando de Soto.

4. REGULARIZAÇÃO JURÍDICA: PROPOSTA DE REGULARIZAÇÃO FUNDIÁRIA STRICTO SENSU À LUZ DAS IDEIAS DE HERNANDO DE SOTO.

---

48 "Art. 51. O projeto de regularização fundiária deverá definir, no mínimo, os seguintes elementos: I – as áreas ou lotes a serem regularizados e, se houver necessidade, as edificações que serão relocadas; II – as vias de circulação existentes ou projetadas e, se possível, as outras áreas destinadas a uso público; III – as medidas necessárias para a promoção da sustentabilidade urbanística, **social** e ambiental da área ocupada, incluindo as compensações urbanísticas e ambientais previstas em lei; IV – as condições para promover a segurança da população em situações de risco, considerado o disposto no parágrafo único do art. 3º da Lei nº 6.776, de 19 de dezembro de 1979; e (Redação dada pela Lei nº 12.424, de 2011) V – as medidas previstas para adequação da infraestrutura básica" (BRASIL, 2009, grifo nosso).
49 A integralidade do capítulo relativo à regularização fundiária, presente na Lei 11.977/2009, foi revogado pela MP 759 de 2016, que se converteu na Lei nº 13.465 de 2017.

Os projetos exclusivos de regularização jurídica em áreas de baixa renda, embora retoricamente fundamentados em alegações humanistas - relacionadas à dignidade humana e proteção da moradia familiar – se desincumbem do dever de promoção de qualquer direito que não seja a simples inserção das terras no mercado formal.

Para análise de como tais intervenções são apresentadas e sua compatibilidade com o dever constitucional de erradicação da pobreza e redução das desigualdades sociais, passa-se a análise crítica de um típico exemplo de tais iniciativas, mediante análise do livro "Galo Cantou: a conquista da propriedade pelos moradores do Cantagalo" (CASTRO, 2011). Tal obra divulga projeto desenvolvido pelo Instituto Atlântico AI, em parceria com o **Projeto de Segurança de Ipanema PSI**, no morro do Cantagalo. Inspirado nas teorias de Hernando de Soto e apoiado financeiramente por grandes empresas, tem por objetivo explícito a inserção, no mercado formal de imóveis, do capital econômico "morto" explicitado pelas posses não tituladas no Morro do Cantagalo.

4.1 Razões antecedentes ao Projeto Cantagalo

As razões antecedentes à proposta de intervenção da sociedade civil na favela localizada no morro do Cantagalo encontram-se explicitada ao longo da obra com destaque para o: Prólogo, capítulo 5 e capítulo 13. Ignez Barretto, empreendedora social e coordenadora do Projeto Segurança de Ipanema em texto intitulado "Ganhando mentes e corações: papel da liderança comunitária" (BARRETTO. 2011) demonstra que a principal causa de intervenção da sociedade civil de Ipanema no projeto implantado na favela do Cantagalo decorreu da preocupação com o crescimento desordenado da favela do Cantagalo que poderia ocorrer a partir das obras de intervenção do PAC. *In verbis*:

> "desde que foi anunciado que o PAC iria gastar 35 milhões de reais em obras no Cantagalo, ficou evidente para todos os efeitos dessas benfeitorias em favelas como a Rocinha, onde o programa Favela-Bairro deflagrara um crescimento desordenado de mais de 25% sobre a área antes ocupada, não poderia se repetir no Cantagalo. Com obras fantásticas, como o elevador panorâmico, a estação de metrô

logo embaixo, abertura de vias de acesso que permitirão a circulação de viaturas de grande porte, como ambulâncias, coletores de lixo e entregadores de eletrodomésticos, aconteceria, fatalmente, uma explosão da densidade populacional no morro do Cantagalo. Afinal, quem não desejaria vir morar em Ipanema, com vista linda para o mar, infraestrutura completa, dentro do melhor ponto de trabalho da cidade, e, ainda por cima, sem pagar impostos sobre a moradia?" (BARRETTO. 2011, p. 88)

Paulo Rabello de Castro, presidente do Instituto Atlântico, que no prólogo da obra se mostra contrário tanto à remoção compulsória das favelas, quando à implantação de obras de infraestrutura - que chama de transformações "cosméticas"50 - , relata que participou de debate promovido pelo Governo do Estado do Rio de Janeiro em que "o corpulento arquiteto oficial apresentava sua *solução* para os acessos à favela, a concepção grandiosa dos novos equipamentos urbanísticos e os recortes do novo caminho trafegável que surgiria como um anel envolvendo o morro" (CASTRO, 2011, P 28)51. Nessa reunião restaram explicitados descontentamentos que na origem não guardavam nenhum ponto de convergência. Os moradores de Ipanema eram contrários ao "estímulo" ao desenvolvimento da favela vizinha, que seria gerado pelas melhorias, ao mesmo tempo que os moradores se sentiam inseguros em face das remoções que seriam necessárias para implantação das melhorias no local. As justas preocupações dos moradores diziam respeito ao baixo valor das indenizações conferidas às posses, o que lhes impossibilitaria a aquisição de nova moradia no local de intervenção52. Rabelo de Castro, embora admita que Janice Perlman "jogou por terra a interpretação convencional do favelado como um marginal, pois envolta em mitos,

---

50 "Nada é mais arriscado do que tentar remover e transplantar uma comunidade inteira do local onde está. Muitos administradores urbanos já foram por aí, com resultados contraditórios, álbuns bem-sucedidos, outros trágicos. Transformar, cosmética ou cirurgicamente, a "cara" da favela é outra forma de se gastar muito dinheiro e energia para conseguir um retorno fracionário de centavos para cada real despendido no programa" (CASTRO, 2011p. 27)

52 Cf. GAZOLA, Patricia Marques e SALVADOR, Alice Destefeni. A justa indenização em desapropriações de moradias precariamente construídas à luz da Constituição Federal de 1988. In **Revista da Procuradoria- Geral do Município de Vitória** vol. 4, n 1 Vitória: A procuradoria, 2012 p. 31-48.

preconceitos e repulsas sociais mal resolvidas e alimentadas" (CASTRO, 2011 p 177), diante do reconhecimento de que "a favela se alargou e a cidade encolheu" (CASTRO, 2011 p 177), e de que a "integração dos espaços urbanos da favela com a cidade formal, é, portanto, mera questão de tempo (CASTRO, 2011 p 172), concluindo que "se a cidade não carregar a favela para sí, então será a favela que engolirá a cidade formal no seu imenso seio contraventor"(CASTRO, 2011 p 172) se dedicou à "obtenção de respostas para um problema antigo" (CASTRO, 2011 P. 27). Ao identificar a contrariedade tanto dos moradores de Ipanema (contrários aos efeitos indutores de mais ocupações no morro), quanto do Morro do Cantagalo (preocupados com eventuais remoções e baixo valor da indenização) saiu da reunião convencido de que "outro caminho precisava ser buscado" (CASTRO, 2011, P. 28).

A solução encontrada que, em tese, seria capaz de atender aos objetivos de ambas as partes seria a promoção da regularização jurídica das ocupações, mediante concessão de títulos de propriedade. Dessa forma a Associação de Moradores de Ipanema teria assegurado que os "novos" moradores seriam oriundos do mercado formal de terras, enquanto os ocupantes, teriam a garantia, a segurança da propriedade privada, em face dos "abusos do estado" durante o iminente processo de remoção para implantação de equipamentos e sistema viário no morro do Cantagalo. Porém, diante da dificuldade de compatibilizar o *timming* das remoções causadas pelas obras do PAC com a entrega dos títulos de propriedade, verifica-se que, ao menos para as obras já em andamento, tal titulação seria desprovida de efeito prático em face dos moradores.

O projeto de regularização jurídica, fundamentado em discurso humanista que afirma que o direito real de propriedade confere segurança à posse e dignidade aos ocupantes, tem por principal base teórica Hernando de Soto, que defende a recuperação de capital econômico "morto", mediante a inclusão no mercado imobiliário formal das ocupações informais.

4.2 Visão econômica: casa como *mero* abrigo - um ativo *morto*

Pretendendo "responder" as razões do Projeto Cantagalo, dedicar-se apenas à viabilização do título de propriedade, afirma Baleroni que (2011, p.

158) "O autor peruano Hernando de Soto apresenta seis razões para isso, que chama de *os efeitos da propriedade*". Tais efeitos consistem em: 1 – Estabelecer o potencial econômico dos ativos; 2 – Integrar informações dispersas em um único sistema; 3 – Tornar as pessoas responsáveis; 4 – Transformar os ativos em bens fungíveis; 5 - Conectar as pessoas, e 6 – Proteger as transações.

O primeiro efeito diz respeito ao próprio conceito econômico da propriedade. "A propriedade não é a casa em si, mas o conceito econômico *sobre* a casa expresso em uma representação legal" (DE SOTO, 2001, p. 64), que possibilita a utilização do bem "para uma variedade de propósitos que podem ser afiançados por direitos de retenção, hipotecas, direitos de uso e outros compromissos (DE SOTO, 2001, p. 64), A propriedade formal possibilita a casa levar "uma vida paralela, cumprindo uma variedade de funções adicionais para assegurar os interesses de terceiros (DE SOTO, 2001, p. 64)".

Quanto aos demais efeitos verifica-se que todos decorrem das necessidades de viabilização da circulação desse capital de forma que possibilite a criação de um mercado econômico dotado de segurança e previsibilidade.

A instituição de um único registro de propriedade possibilita a inclusão no sistema formal das informações que ele não dispõe53, pois encontram-se regradas por meio de pactos e costumes que regulam e reconhecem as transferências imobiliárias locais – o que determina o tamanho do mercado em que essas transações ocorrem e, por consequência, o valor mais modesto e acessível à aquisição de tais bens. A inclusão dessas pessoas no mercado formal da propriedade as trará mais segurança às transações feitas com pessoas de fora da comunidade. Com o aumento da segurança jurídica e a ampliação potencial de pessoas interessadas em adquirir bens no morro do Cantagalo, a lei da oferta e da procura terá o efeito de elevação do valor dos imóveis na região. Tal efeito previsível não é mencionado em nenhum momento pelo projeto Cantagalo. O aumento expressivo no valor dos imóveis é uma forma de

---

53 "O sistema formal de propriedades os informa sobre quais os ativos disponíveis e que oportunidades existem para a criação de mais valia". (DE SOTO. 2001 P. 68)

desestimular/impedir que os novos moradores do Cantagalo tenham o mesmo perfil de renda que os já existentes.

A inclusão do ativo "morto" na economia pressupõe identificar o valor econômico atual das posses a fim de estimar o valor potencial dessa propriedade a ser criada. Esse objetivo econômico mercadológico pôde ser atendido a partir do diagnóstico de fls. 71. Analisando o valor estimado para os imóveis pelos ocupantes, é possível aferir a existência de oportunidade econômica lucrativa para o mercado, pois apenas 29% estimavam valor superior a 40 mil reais, 25% estimavam entre 11 a 30 mil, 30% nem tinham ideia de quanto valia seu imóvel.

Dessa forma, a casa, vista como *capital morto,* com circulação restrita aos processos de compra e venda mediados pelo "direito comunitário", ao ser inscrito no Registro Geral de Imóveis, convertendo-se em ativo econômico formal, possibilita ao mercado a identificação de oportunidades de criação e apropriação das mais valias disponíveis naquele espaço. O objetivo de incluir o Cantagalo no mercado formal de terras é reconhecido por Baleroni (2011. P160) - "Há um ativo mercado de imóveis na Rocinha, por exemplo, embora não haja registro de propriedade de suas moradias. Mas se trata de fazer isso legalmente, com pessoas que antes não estavam dispostas a transacionar com um indivíduo que nada tinha a perder".

A visão de De Soto possui uma ótica econômica *não humanista,* pois; "Nos convida irmos além da visão da casa como mero abrigo – e, portanto, um ativo morto – e vê-la viver como capital" (DE SOTO 2001 p. 63). Ao atribuir à casa o adjetivo de "mero abrigo", verifica-se o abandono dos fundamentos justificadores da propriedade, enquanto essencial à vida humana, pois ao contrário dos animais selvagens, o ser humano não consegue sobreviver sem *abrigo*. O abrigo consiste em elemento integrante do mínimo vital. Sua teoria econômica não se detém sobre os possíveis efeitos de inclusão desses ativos em face de pessoas com baixa escolaridade que trabalham em subempregos. A visão é voltada para a manutenção de capital circulando na economia.

4.3 Da ausência de insegurança da posse

A falta de compreensão da importância da propriedade formal e sua diferença da "propriedade informal", assim como da distinção existente entre os títulos utilizados na comunidade e os reconhecidos pelo ordenamento jurídico pátrio é identificada pelo projeto ao conversar com o presidente da associação de moradores.

> "foi difícil_convencer Luiz Bezerra do Nascimento, Presidente da Associação de Moradores e líder do morro do Cantagalo, de que o documento de cor meio amarelada que ele zelosamente nos mostrava de fato não era uma prova de propriedade do terreno ou da casa em que morava" (CASTRO. 2011 p. 33)

> (...) imaginem, então, a frustração de Bezerra e seus companheiros diante de minha negativa sobre a eficácia daquelas certidões emitidas pelo Cartório de Registro de Títulos e Documentos cujo valor se limitava a estabelecer a *presença* de cada morador como ocupante do imóvel descrito e assinalado como sendo de sua posse na data da anotação. Esses registos tinham sido uma generosa iniciativa de um cartorário, ao entender que estaria dando a cada morador do Cantagalo alguma segurança adicional quanto à posse de sua casa uma vez que esse direito de permanência estivesse anotado no cartório" (CASTRO. 2011 p. 35)

> "Perguntei quantos tinham o documento do cartório. Nem todos. Mas os que tinham costumavam fazer suas transações de "compra e venda" na Associação *prá deixar tudo anotado direitinho*. Era o outro direito, consensual e não coercitivo, nascendo no vácuo do sistema formal, rígido, complexo e inalcançável. Apesar de rústico, esse direito imobiliário informal passou a representar, em inúmeras localidades do Brasil, o andaime que **permitiu a construção de um sistema estável e confiável**, embora alternativo de convivência social de tantas e tantas famílias egressas do meio rural" (CASTRO. 2011, p. 36)

A diferença formal entre posse e propriedade formal era, de fato, irrelevante. A comunidade criou seu próprio sistema de propriedade, que, conforme Castro admite, era estável e confiável. O fenômeno de uma normatividade social própria é identificado por De Soto, quando remete à redoma de vidro de Braudel.

> "Dentro da redoma de vidro estão as elites proprietárias que usam uma lei codificada emprestada do Ocidente. Fora da redoma de vidro, onde vive a maioria, a propriedade é usada e protegida por toda a sorte de acordos extralegais solidamente enraizados num consenso informal espalhado por amplas regiões. Esses contratos sociais locais representam a compreensão coletiva de que como se possuem as coisas e como proprietários relacionam-se entre si." (DE SOTO.2001 P. 183)

Analisando os dados colhidos em 2008 e apresentados às fls. 66 a 71, pode-se aferir que se tratavam de posses muito antigas - 79% residiam na comunidade há mais de 20 anos (CASTRO. 2011 p. 68), com uso predominantemente residencial - 91% das edificações tinham uso residencial (CASTRO. 2011 p. 68), em que 76% eram proprietários de um único imóvel (CASTRO. 2011 p. 71). O levantamento demonstrou também a prática social de transferência dessas posses, vez que 96% delas foram adquiridas de outro possuidor por meio de compra e venda, herança, doação ou permuta, apenas 4% foram originárias (CASTRO. 2011 p. 56).

Considerando tanto as normas socialmente aceitas quanto as normas jurídicas formais em vigor, pode-se afirmar que a comunidade do Cantagalo não vivenciava nenhuma insegurança no exercício de suas posses exercidas há mais de vinte anos. Inclusive tal lapso de tempo lhes confere direito formal à manutenção de suas moradias, seja por meio de Concessão de Uso Especial para fins de Moradia em terrenos públicos, seja através da usucapião (e todas as modalidades, face aos mais de 20 anos de exercício de posse mansa e pacífica) em imóveis privados.

4.3.1 Do aproveitamento da insegurança gerada pelas remoções necessárias às obras do Programa de Aceleração do Crescimento (PAC)

O projeto, embora adote a concepção econômica de que a casa enquanto mero abrigo é um capital morto, e por isso deve ser inserida no mercado imobiliário, para justificar sua intervenção no morro do Cantagalo, se utiliza de bases teóricas em favor do direito ao mínimo existencial. Embora admita que "as obras de urbanização melhoram as condições de habitabilidade" (BALERONI, 2011, p. 157), corretamente identifica o único problema vivenciado pela população em decorrência da ausência de propriedade – o valor da indenização da ocupação em casos de desapropriação é bem inferior do que seria devido caso fosse propriedade.

> "As intervenções geravam insegurança e ansiedade, pois implicava em remanejamento de casas, inclusive pela instalação de um elevador para facilitar o acesso à futura estação do metrô [...] Nossa moradora simplesmente não possuía nada além de testemunhas para provar que ela morava onde de fato residia e havia vinte anos. Aquelas garantias, que outros clientes do asfalto teriam sem discussão, como indenização prévia, em dinheiro, avaliação justa etc., seriam elas aplicadas a uma posseira sem qualquer justo título? (JUNQUEIRA, 2011, P. 112)

Nesses casos, têm-se o Estado, que deveria ser indutor de ações em favor do direito à moradia, como agente agravador da precariedade desse direito.

A desapropriação das "posses" e suas benfeitorias é feita a partir da compreensão da justa indenização analisando apenas a questão do valor do bem sob aspecto econômico e a busca de não promoção nem do enriquecimento nem do empobrecimento. Esse valor analisado apenas sob o aspecto econômico não leva em consideração os objetivos e valores fundamentais de nosso Estado. O pagamento de indenização em valor insuficiente para a aquisição de nova moradia em desapropriação do único imóvel destinado à moradia familiar pode ser considerado inconstitucional por agravamento da falta de acesso à moradia digna.

Por isso em decorrência da ressignificação das normas pretéritas admitidas pelo novo ordenamento jurídico, impõe-se a fixação de indenização compatível com o dever estatal de promoção o acesso à moradia familiar adequada, acessível e segura54.

54A desapropriação, enquanto exteriorização de ato de império fundamentado na supremacia do interesse público sobre o interesse privado, encontra-se regida por normas que remontam a metade do século passado e a um regime constitucional em que normas programáticas e axiológicas não eram dotadas de eficácia normativa. Com a instituição de novo ordenamento jurídico a partir da constituição de 1988, tem se a revogação automática de todas as normas com ele incompatíveis e a recepção das demais. Jorge Miranda adverte que não se trata de simples recepção das normas anteriores, mas de verdadeira "recriação de seu sentido". Dentre esses efeitos ressignificatórios destaca a alteração dos princípios gerais de todos os ramos de direito, que "passam a ser os que constem da Constituição ou os que dela infiram directa ou indirectamente, enquanto revelações dos valores fundamentais da ordem jurídica acolhidos pela Constituição" (MIRANDA, Jorge. Teoria do Estado e da Constituição. Rio de Janeiro: Forense. 2005, p. 461)54. Por isso, sob pena de mantermos na prática valores jurídicos não mais aceitos pela constituição cidadã, é de fundamental importância que as "normas legais e regulamentares vigentes à data da entrada em vigor da Constituição, têm que ser reinterpretadas em face desta e apenas subsistem se conforme com suas normas e os seus princípios" (idem) p.461. A constituição de 1988, fundamentada na dignidade humana, assegura o direito à moradia adequada e segura ao mesmo tempo que determina a adoção de medidas em favor da diminuição das desigualdades sociais, demanda que o conceito legal de justa indenização expresso no art. 27 do Decreto-Lei 3365/41 seja resignificado mediante uma interpretação constitucional conforme, diante de desapropriações de posses e/ou benfeitorias utilizadas como moradia por pessoas carentes nos temos da lei. A compreensão usual de que a justa indenização consiste no valor que não empobrecerá nem enriquecerá a desapropriação não pode ser aplicada em face de pessoas que serão privadas da moradia familiar, ainda que precária, por ato de império, que em virtude do baixo valor econômico de sua ocupação e correspondente benfeitoria, serão conduzidas pela ação estatal ao agravamento de sua situação de pobreza e desamparo. A doutrina e a jurisprudência estão em débito com os ocupantes de áreas carentes que são desapropriados em valores que não lhes permite o acesso a direito constitucional á moradia digna, adequada e segura. Direito esse, que acaba sendo negado por quem deveria concretiza-lo. Dessa forma, considerando que o STF sempre entendeu que o conceito de " justa indenização não comporta critérios aprioristicos e rígidos 54", defende-se, em casos de desapropriação de ocupações e benfeitorias de pessoas carentes, que o conceito de justa indenização receba interpretação conforme a constituição, a fim de se compatibilizar a compreensão do valor devido com à dignidade humana, o direito á moradia digna assim como com os objetivos constitucionais de redução da pobreza e desigualdade, sob pena de se ter negado direito fundamental por quem o deveria assegurar. Para se garantir a compatibilidade do Art. 27 do Decreto-Lei 3365/41 com o ordenamento constitucional em vigor a justa indenização deverá ser fixada com base no valor adequado à aquisição de moradia adequada na comunidade ou no entorno Cf. GAZOLA, Patricia Marques e SALVADOR, Alice Destefeni. A justa indenização em desapropriações de moradias precariamente construídas à luz da Constituição Federal de 1988. In Revista da Procuradoria- Geral do Município de Vitória vol. 4, n 1 Vitória: A procuradoria, 2012 p. 31 a 48

Diante da necessidade de "garantia contra remoções por qualquer razão associada com a garantia a receber justa indenização em caso de desapropriação – como qualquer outro cidadão" (BALERONI, 2011, p. 157), defende, utilizando Hernando de Soto55, que somente a propriedade sobre o terreno é capaz de proteger o ocupante do morro do Cantagalo durante as intervenções efetuadas pelo poder público, olvidando-se de esclarecer que, como as ações judicias são demoradas, os "prometidos" títulos de propriedade, provavelmente chegariam muitos anos depois do fim das obras públicas.

Essa compreensão do título enquanto instrumento de defesa em face das desapropriações efetuadas pelo Poder Público é explicitada pelas respostas à entrevista efetuada pelo projeto ao Sr. Paulo Cezar Soares, Vice-presidente da Associação dos Moradores do Cantagalo (CASTRO, 2011. p.264):

> - Qual a importância do título de propriedade para o senhor?

> - A pessoa que teve o título de propriedade nas mãos tá podendo respirar, porque antigamente não podia fazer isso, eles não tinham o poder na mão, agora sim, aí tem o poder. O poderio, porque antigamente, a gente não sabia, qualquer um chegava e falava você vai fazer isso, vai fazer aquilo a pessoa não sabia o que ia fazer. Agora não, se chegar e falar você vai fazer, agora não, depende, porque agora eu tenho isto aqui, esse papelzinho aqui, que manda muito, manda muito na minha vida agora.

> - O senhor já recebeu o título de propriedade?

> - O de propriedade ainda não, só o territorial.

Mesmo após a intervenção do projeto, mesmo após "gastarem muita saliva" para convencê-los de que precisavam de ter reconhecido formalmente seu direito de propriedade, no final das contas, o próprio Vice-Presidente da Associação de Moradores do Cantagalo, continuava com o mesmo problema

---

55 "Se outros direitos estão disponíveis, por que (sic) a ênfase do Projeto Cantagalo na propriedade? O autor peruano Hernando de Soto apresenta seis razões para isso, que chama de "os efeitos da propriedade" (BALERONI. 2011 p. 158)

identificado na primeira reunião. Não sabia distinguir bem os efeitos dos "títulos" que possuía. Conferia ao título "territorial" efeitos de título de propriedade – proteção contra intervenções estatais.

4.4 Da desconsideração de necessidades mais prementes que o título de propriedade

No relato sobre como ocorreu a primeira reunião convocada para ouvir e votar a proposição do Projeto, o autor deixa transparecer plena ciência de que existiam necessidades mais prementes que a *distante e confusa quimera de um pedaço de papel assinado pelo governo*", *in verbis*:

> "logo me ficou claro o grau de equívoco de insistir com Bezerra em fazer uma reunião em campo aberto, sujeita à exposição dos problemas e das angústias pessoais de dezenas de moradores, premências muito mais concretas no dia a dia deles do que a distante e confusa quimera de um pedaço de papel assinado pelo governo. Afinal, que governo? Do Tráfico? O da Polícia? O da construtora que vinha chegando com seus engenheiros para realizar a obra do PAC? [...] Qual, entre esses poderes, resolveria a comida na mesa, o barulho do funk, o tiroteio de ontem, a carteira de trabalho e a água correndo por baixo da porta do barraco? (CASTRO, 2011, p. 49-50)

Verifica-se, também uma desconsideração sobre o valor das intervenções urbanísticas e sociais. Para os autores do Projeto Cantagalo, as ações estatais não trazem acumulação "de valor permanente para o pré-cidadão da *cidade de chegada*" e com isso "se torna dispêndio quase inútil na construção da verdadeira cidadania de acesso, *in verbis*:

> Há aí uma lição a ser aprendida, que ainda não foi capturada por sucessivos planos de intervenção governamental concebidos para melhorar a vida na favela. [...] o remédio social ou urbanístico que não traz acumulação de valor permanente para o pré-cidadão da *cidade de chegada* se torna dispêndio quase inútil na construção da verdadeira cidadania de acesso. (CASTRO.2011. P. 66)

4.5 Desejo de titulação, indiferença ou resistência ao projeto?

Os textos presentes no livro analisado apresentam discursos diametralmente opostos no que diz respeito ao desejo original da comunidade de obtenção do título formal de propriedade em substituição ao sistema registral informal realizado pela associação de moradores. Enquanto Junqueira afirma que "Todos queriam a propriedade" (2011, p. 118) e que "Subimos ao morro do Cantagalo para, afinal, constatar, supreendentemente, que o serviço público que mais fazia falta aos moradores era o serviço notarial do RGI" (2011, p. 199), Barretto relata que :

> Foram inúmeras as reuniões, assembleias de moradores do Cantagalo e de todo do tipo de pregação possível. Era preciso convencer, de fato, aquelas pessoas de que seriam as grandes beneficiárias da mobilização e que, afinal, sempre almejaram o título de propriedade. Muita saliva foi gasta, até que os moradores fossem baixando suas defesas e, a partir daí, passassem a colaborar muito profundamente para o bom andamento do projeto comum" (2011, p. 89)

Azevedo, em artigo intitulado "Vencendo oposições: tarefas da equipe do Cantagalo", admite que houve resistência ao projeto e reputa tal fato a uma "minoria ruidosa" que tinha medo de que, com titulação dos imóveis, eles passassem a ter que pagar imposto de renda, IPTU, energia elétrica, além de não receber o título definitivo, no caso, por possuir mais de um imóvel. Considerando que o Código Civil admite a usucapião extraordinária para posses mansas, pacíficas, contínuas há 15 anos, independentemente de título, boa-fé ou qualquer outro requisito, e que, caso o possuidor tenha estabelecido moradia habitual ou realizado obras ou serviços de caráter produtivo no imóvel, o prazo reduz-se para 10 anos, pode-se afirmar, com base no art. 1.238 do Código Civil e no levantamento efetuado pelo projeto, que 82% dos ocupantes que exerciam posse há pelo menos 15 anos (em 2008) teriam direito a usucapir mais de um imóvel no morro do Cantagalo. O outro motivo, de não arcar com os custos da legalidade, também não pareceu compatível com o diagnóstico pois: 76% possuía um único imóvel (CASTRO, 2011, p. 71), 94% eram abastecidos pela rede *regular* de água e esgoto (CASTRO, 2011, p. 69) e

75% eram consumidores regulares de energia (CASTRO, 2011, p. 75). Ao que parece a reação foi muito maior do que a relatada, pois, como já foi destacado: "Era preciso convencer, de fato, aquelas pessoas de que seriam as grandes beneficiárias da mobilização e que, afinal, sempre almejaram o título de propriedade. Muita saliva foi gasta, até que os moradores fossem baixando suas defesas" (BARRETO, 2011, p. 89)

4.6 Da intenção velada de gentrificação sob discurso de segurança da posse

O projeto desenvolvido no morro do Cantagalo defende de forma intransigente que a *segurança da posse* seja garantida *apenas* por meio do direito de propriedade:

> "Manter as favelas no limbo jurídico só favorecerá retrocessos como a política de remoções, ou novas tensões sociais. É preciso avançar. Os títulos formais de propriedade representam o reconhecimento histórico dos direitos sócio-políticos de uma população valente. [...] com a propriedade plena, a favela titulada conseguirá assegurar a resolução de conflitos imobiliários e de vizinhança colocando ponto final no século da cidade partida" (SOMBRA, 2011, p. 109)

A possibilidade de adoção de outras possibilidades jurídicas aptas a também proporcionar a segurança da posse, como é o caso da Concessão de Direito Real de Uso, é rejeitada com base nos seguintes argumentos:

> "Direitos limitados frequentemente não podem ser cedidos (ou exigem consentimento de autoridade pública para isso) – isso reduz a mobilidade geográfica do morador e impede a alocação mais eficiente de recursos, entre outras desvantagens. Além disso, direitos limitados frequentemente exigem que o beneficiário permaneça pobre para poder continuar se beneficiando dele". (BALERONI, 2011, p. 162)

Ou seja, a redução da mobilidade geográfica do morador não era um objetivo a ser atendido pelo projeto. Além das razões legais acima expostas, apresenta argumentos de *razão prática* com o intuito de demostrar que a titulação é bem melhor que a remoção dos moradores da favela.

> "também recomendam a regularização fundiária via propriedade na favela, em oposição à ideia recorrente de se removerem os moradores para outros lugares.
>
> Em primeiro lugar, disponibilidade de terrenos. Amplas extensões de terra que poderiam receber a população favelada não estão facilmente disponíveis e seriam caras. Em segundo lugar, os custos de relocalização. Não basta comprar o terreno, é preciso retirar as pessoas de onde estão e levá-las para o novo lugar onde morarão.
>
> Além disso, há elevados custos sociais envolvidos e uma grande chance de as coisas darem errado. Os moradores criaram, ao longo dos anos, uma rede de relacionamentos pessoais e econômicos em sua vizinhança. Removê-los para um local distante certamente enfrentaria resistências sérias. Além disso, muitas favelas são formadas e crescem como resultado da indisponibilidade de moradia barata, próxima aos grandes centros de empregos de baixa qualificação, associada com um transporte público de massa insatisfatório. Assim, haveria grandes chances das pessoas voltarem para a região próxima da favela original". (BALERONI. 2011, p. 162-163)

Ou seja, entre as duas únicas hipóteses cogitadas como válidas pelo projeto – remoção ou titulação –, essa última possibilitaria o atingimento dos objetivos almejados pelo projeto com menor custo e sem reação popular.

Embora a justificativa primeira do processo de titulação seja a promoção da segurança da posse da moradia familiar, sob o enfoque da responsabilização é possível identificar nas narrativas a possibilidade de perda da propriedade. *In verbis*:

> Assim, o direito de propriedade incentiva as pessoas a obedecerem à lei, sob pena de poder perder sua propriedade. Isso também se faz com que contrapartes contratuais levem-nas mais a sério, pois possuem algo a

perder em caso de descumprimento". (BALERONI, 2011, p. 159)

> A propriedade é um instituto que, não podendo ser rígido, deve atribuir segurança a quem a detêm. Essa é sua essência, meio como paráfrase romântica do nosso poeta, "que seja eterna enquanto dure". A duração de qualquer propriedade depende dos cuidados em torno de sua conservação. Quem não cuida perde o bem, quer porque esse pode se deteriorar pelo abandono, sendo assim perdido para outro dono que dele se aproprie sem oposição. (CASTRO, 2011, p. 248)

Baleroni, ao remeter para o efeito de responsabilização trazido pela propriedade formal, demonstra pouca compreensão dos dados colhidos pelo projeto e uma grande carga de preconceito. Mesmo diante de levantamento que constatou que somente 17% das pessoas acessavam ilegalmente a rede elétrica (CASTRO, 2011 P.69) e que 94% acessavam legalmente a rede de água e esgoto (CASTRO, 2011 P.70), Baleroni afirma que a partir da formalização da propriedade não será "mais tão simples consumir serviços públicos sem pagar por eles, usufruir de uma moradia sem pagar impostos ou descumprir acordos e se tornar inacessível" (2011, p.159)56. De Soto não trata a questão da ilegalidade sob esse ângulo, muito pelo contrário. Citando a redoma de vidro de Braudel57 que faz do capitalismo *apartheid* um clube privado, De Soto atribui ao Estado a responsabilidade pelo fracasso da ordem legal nesses espaços de exclusão.

> "As autoridades governamentais vêem apenas um influxo maciço de pessoas, trabalhadores ilegais, e ameaças de doenças e crimes. Assim enquanto o Ministério da Habitação lida com seus assuntos, e os ministérios da Saúde e da Justiça com os seus, ninguém enxerga que a verdadeira

---

56 P. 159 BALERONI, Rafael. As lições da propriedade: De Soto vai ao Cantagalo. in *RABELO, Paulo de Castro* e colaboradores. **GALO CANTOU: A conquista da propriedade pelos moradores do Cantagalo** Instituto Atlântico. Rio de Janeiro: Record. 2011 (p. 153-163)
57 "A chave do problema é se descobrir por que aquele setor da sociedade do passado, que eu não hesitaria em chamar de capitalista, viveu como em uma redoma de vidro, isolado do resto; por que não foi capaz de se expandir e conquistar o todo da sociedade" Brasuel, Fernand, The Wheels of Commerce (Nova York: Harper and Row, 1982 p. 248 apud De Soto, P. 83.

causa da desordem não é nem o crescimento populacional nem o urbano, nem mesmo uma minoria pobre, mas um ultrapassado sistema legal de propriedade58.

O livro "O Galo Cantou" não efetua qualquer análise quanto a eventual efeito *gentrificador* da intervenção, porém, é possível identificar, no depoimento prestado pelo Sr. Paulo Cezar - Vice-Presidente da Associação de Moradores, o interesse do mercado na área: "- Você vê que valorizou tanto, mais tanto, que tá todo mundo querendo subir o morro agora. Todo mundo querendo ir para a comunidade agora. Mudou demais..." (CASTRO, 2011, p. 264)

4.7 Da existência de programas governamentais no Cantagalo

Para fins de avaliação dos efeitos futuros do projeto Cantagalo desenvolvido pela sociedade civil no morro do Cantagalo, é imprescindível levar-se em consideração que não se trata de uma área precária e totalmente desprovida de infraestrutura urbana. Conforme já se verificou ao longo desse estudo, em que pese a comunidade possua graves problemas relacionados a vias de circulação, já era dotada de equipamentos públicos e sistema de água, esgoto e energia elétrica e, na ocasião do projeto de titulação desenvolvido pelo projeto Cantagalo, a área também se encontrava sob intervenção pública.

"O que fazer então, para tornar o Rio uma cidade não perfeita, mais integrada e mais justa?

Temos o Programa de Aceleração do Crescimento (PAC) – parceria entre os governos, federal, estadual e municipal – uma das respostas. Não se trata de apenas fazer obras estruturais nas comunidades carentes, onde, muitas vezes, o poder público faz-se presente apenas pelas incursões policiais. Queremos manter o Estado presente com políticas públicas eficientes, inclusive as de segurança. Por isso, estamos construído escolas, postos de saúde, unidades habitacionais, meios de transporte, polo de cultura e esporte, áreas de lazer, centros de cidadania, com prestação de

---

58 De SOTO, pp. 90-91

serviços jurídicos, emissão de documentos, cursos de qualificação, além de fazer a regularização fundiária" (PEZÃO, 2011, p. 124).

Dessa forma, verifica-se que, a despeito das teorias de Hernando de Soto que defende que basta ressuscitar o "capital morto" para resolução do problema da pobreza, o morro do Cantagalo não se encontrava desprovido de implantação das demais políticas públicas essenciais à concretização dos direitos humanos fundamentais. Por isso, nesse contexto, que se assemelha a um programa de regularização fundiária sustentável (que engloba intervenções urbanísticas, sociais, ambientais e jurídicas) é que se deve ser avaliado o projeto de titulação no Cantagalo, como uma ação complementar às diversas ações em favor da cidadania que ocorrem concomitantemente. O projeto Cantagalo consiste em um projeto de regularização jurídica inserido em um programa de regularização fundiária *latu sensu*.

4.8 Dos efeitos esperados e previsíveis

Em estudos já realizados em intervenções urbanas efetuadas sob inspiração nas ideias de Hernando de Soto, verificou-se que esse peca por sua visão reducionista do problema da pobreza urbana, "promete enormes ganhos sociais com um mero ato de uma caneta"[59]. Tais promessas acabam não se concretizando na prática. Fernandes (2011, p. 31), analisando o programa implementado no Peru, identificou que a instituição da propriedade formal não foi tão determinante assim para viabilizar o acesso ao crédito, pois os estudos apontaram que o acesso ao trabalho formal com renda adequada era essencial, pois os trabalhadores empregados sem escritura tinham mais facilidade de acesso ao crédito que os desempregados com escritura de suas moradias. No que diz respeito à propalada função de diminuição da pobreza, também restou constatada a necessidade de adoção de investimentos públicos relacionados à infraestrutura urbana básica, educação, ações sociais com destaque para as voltadas para acesso a emprego formal e geração de renda (FERNANDES, 2011, p. 33). Smolka e Laranjeira, (2007, p. 30), no mesmo sentido, concluíram pela ausência de comprovação de que a propriedade imóvel formal

---

59 DAVIS, Mike. **Planet of Sluns**. London/New York: Verso, 2007, p. 81.

possibilitou ampliação de oportunidades de acesso ao crédito e muito menos que tal titulação deu causa a qualquer melhoria relacionada a maior integração social urbana. Tais insucessos também foram constatados na Argentina - no Programa Arrigo (Smolka e Laranjeira 2007, p. 30), e no Paraguai (SMOLKA; LARANJEIRA, 2007, p. 31)

Infelizmente a difusão dessa visão reducionista do problema da exclusão urbana deu causa a um efeito perverso nos países da América Latina - a extinção/redução das demais ações necessárias à implantação de programas de regularização fundiária sustentável, com destaque para os programas socioeconômicos que objetivavam o acesso ao trabalho e renda digna e combate à pobreza60.

> "Diante da situação apresentada pelas tentativas de regularização realizadas não somente no Brasil, mas em outros países da América Latina, é evidente que o foco da titulação falhou (...) o escopo principal de tais medidas deve ser a efetivação de direitos e visibilidade dos indivíduos que vivem nas condições de irregularidades". (MOREIRA JR. 2019 P. 127)

A concessão de títulos formais de propriedade foi considerada "a" solução para: a insatisfação dos moradores de Ipanema com a previsão de aumento das ocupações efetuadas por pessoas de baixa renda no Cantagalo e, por consequência, da insegurança na região induzidas pelas obras do PAC e a insatisfação dos moradores do Cantagalo inseguros com os processos de remoção para implantação de equipamentos e sistemas viários.

Os representantes dos moradores de Ipanema esperavam que, com a inclusão do morro do Cantagalo no mercado formal de terras, houvesse uma ocupação de tais espaços por pessoas com maior faixa de renda, propiciando uma integração que pudesse alterar de forma positiva a situação de criminalidade e insegurança existente na região, enquanto os ocupantes esperavam que o tão propalado título de propriedade os protegesse das

---

60 CF RIOFRIO, Gustavo. **Peru:** Los casos y sus lecciones. PowerPoint presentation. Lincoln Institute of Land Policy Course. Mercados Informales de Suelo Y Regularizacion de Asentamientos en America Latina, in Caracas, Venezuela, 2008

intervenções públicas que os retirava de suas casas sem lhes reconhecer direito sobre as posses em valor que lhes possibilitasse a aquisição de nova moradia na área de intervenção. Como essa titulação depende de moroso processo judicial, e as obras foram realizadas antes da obtenção do título, pode-se concluir que esse efeito não ocorreu, ao menos para as obras do PAC.

Como o projeto ainda não foi concluído – com entrega de título de propriedade formal para todos os ocupantes do morro do Cantagalo – não há como analisar, nem prever ao certo qual a dimensão dos efeitos *gentrificadores* em tal região. Pois, como se trata de ocupação consolidada e formada por moradores que nele residem há mais de vinte anos - e que, por consequência, participaram ativamente nas conquistas que culminaram na implantação de água, esgoto, luz e diversos equipamentos públicos - não há como aferir em que medida a titulação induzirá ou não a expulsão dessas pessoas para outros locais ocupados de forma informal e precária.

4.8.1 Da deformalização: insustentabilidade da regularização jurídica

Com base nas próprias ideias Hernando de De Soto e estudos realizados em intervenções já realizadas sob esse ideal é possível vaticinar a ocorrência inevitável do efeito da deformalização em relação ao registro das transferências das propriedades. Esse efeito foi identificado na ilha de Santa Lúcia – localizada no Caribe. BARNES e GRIFFITH-Charles (2007 apud CORREIA, 2018, p. 67) identificaram a ocorrência da deformalização no prazo de dez anos após a titulação das propriedades. Nesse caso, a

> "deformalização ocorreu, na medida em que os pequenos proprietários recorreram novamente ao mercado informal de terras, inclusive para fins de desmembramento de seus lotes, valendo-se da segurança da posse – e não mais do registro da propriedade – para suas transações imobiliárias, demonstrando que a sustentabilidade do registro se mostrou sensivelmente comprometida" (CORREIA, 2018, p. 68)

Tal efeito decorre da não superação da omissão estatal em recepcionar, no direito estatal, o direito vivenciado pelas populações locais. Para superação da causa primeira da existência do "capital morto" - que consiste na inadequação existente entre o Direito Estatal e o "direito" vivenciado pelos arranjos locais - De Soto atribuiu ao Estado a missão de criar um contrato social nacional de propriedade, que:

> Envolve compreender os processos psicológicos e sociais – as crenças, desejos, intenções, costumes e regras – que estão contidos nos contratos sociais locais e então, tomar das ferramentas proporcionadas pela lei profissional, para tecê-los em um único contrato social formal nacional"61

O sistema registral em vigor em nosso país é absolutamente inadequado à realidade vivenciada. Essa dissociação é um enorme indutor da irregularidade, embora já tenha efetuado manifestação sobre esse fato em duas oportunidades, o assunto ainda é atual. Em audiência pública realizada no dia 25 de novembro de 2003 pela Comissão de Desenvolvimento Urbano e Interior da Câmara dos Deputados, em complemento à manifestação efetuada por Ângela Regina Lima, Coordenadora de Regularização Fundiária da Prefeitura do Rio de Janeiro, pude destacar a necessidade de alteração das exigências registrais para transferência da propriedade imóvel, conforme se depreende da transcrição que se segue:

> GAZZOLA (sic) [...] Com relação ao instrumento particular a que se referiu o Carlos Eduardo, pergunto à Ângela se ela se lembra daquela reunião do Habitat, em 2001, quando eu reclamei do nosso instrumento jurídico inadequado à realidade. Nós transferimos veículos que custam 60.000 dólares com um mero papelzinho e para fazer a transferência de uma casa é necessária uma grande burocracia e às vezes custa 15.000 reais. Não adianta nada fazer a regularização fundiária, dar um título de propriedade para uma pessoa, quando a prática social dela é um recibo. É uma ilusão dizer que, ao viabilizar que o primeiro registro seja gratuito, aquelas pessoas vão entrar no ritmo normal do registro porque elas não vão entrar. Essa não é a prática social delas. Proponho que aumentemos o teto do Código Civil para instrumento particular, criemos um mecanismo

---

61 DE SOTO p. 183

simplificado de transferência de imóvel e baseado até no carnê do IPTU, com modelo previamente registrado num cartório para gerar a segurança política. Por exemplo, num cartório, o loteamento tem uma minuta previamente registrada, fato que gera a segurança jurídica dos termos daquele papelzinho que chamamos de recibo ou papelucho. Existe a prática do recibo e o particular vai à prefeitura trocar o IPTU, mas ele não vai ao Registro de Imóveis mudar o registro. Assim, acho que a prefeitura teria de fazer uma parceria com o registro de imóveis e viabilizar, por meio de um instrumento simplificado de transferência, a manutenção da regularização fundiária para pessoas de baixa renda. Caso contrário, não adiantará nada dar o primeiro título e haverá irregularidades ao longo do tempo62.

No projeto Cantagalo, conforme se depreende do capítulo intitulado "República Cantagalense", há uma busca pela alteração da prática social, mediante deslocamento de um representante do registrador de imóveis para a sede da associação, conforme se depreende da transcrição abaixo:

"Essa sede é o local onde se espera que o poder colegiado dos cidadãos se reúna com frequência, apoiando o presidente Bezerra e os que venham após sua transformadora gestão. Esse também é o local que deve abrigar um representante do registrador de imóveis, tarefa que substituirá as fichas da Associação nas transações de compra e venda." (CASTRO, fls. 255)

Não é preciso bola de cristal para saber que a inclusão das ocupações no mercado formal de terras mediante simples emissão de títulos de propriedade - sem que haja a superação do apartheid jurídico mediante a adequação das normas formais à prática social dominante em nossa sociedade -

---

62 Brasil. Congresso. Câmara dos Deputados. Comissão de Desenvolvimento Urbano e Interior. O parcelamento do solo urbano: revisão da Lei n. 6.766/79. Íntegra das Audiências Públicas realizadas nos dias 16 de outubro e 4, 11 e 25 de novembro de 2003 e Lei n. 6.766/79 — Brasília: Câmara dos Deputados, Coordenação de Publicações, 2004. 243 p. — (Série ação parlamentar; n. 268), p. 205-206.

não gerará efeitos permanentes. Sem a adequação do sistema legal à prática social, a deformalização é efeito previsível da titulação.

A regularização jurídica63, embora seja o aspecto menos relevante para se assegurar o acesso à vida digna, tem usurpado o nome de um projeto de intervenção bem mais abrangente e completo denominado Regularização Fundiária Sustentável.

5. DA INDIVISIBILIDADE E INTERDEPENDÊNCIA DOS DIREITOS FUNDAMENTAIS COMO FUNDAMENTO PARA IMPLANTAÇÃO DE PROJETO DE INTERVENÇÃO URBANA INTEGRADO

O pensamento cartesiano dos programas habitacionais peca por ignorar a interdependência e inter-relação existente entre os direitos fundamentais. A busca efetiva da resolução do histórico e agudo problema habitacional urbano deve levar em consideração todas as variáveis e condicionantes que contribuem para a exclusão urbana. Os fatores históricos, culturais, sociais, econômicos, assim como os interesses envolvidos em face de tais áreas, não podem ser ignorados sob pena de desperdício de recursos públicos e agravamento do problema social.

Desde a Primeira Conferência das Nações Unidas sobre Assentamentos Humanos, Habitat I64 ocorrida em Vancouver em 1976, identificou-se, que "os problemas dos assentamentos humanos não estão isolados do desenvolvimento social e econômico dos países e_que eles não podem ser separados das existentes relações econômicas internacionais injustas [...] "e que existe um grande número de pessoas em assentamentos humanos vivendo em condições inaceitáveis". Diante de tais constatações adverte que " a menos que ações positivas e concretas sejam tomadas nos níveis nacional e internacional para

---

63 para evitar confusão de entendimento com o conceito de Regularização Fundiária Latu Sensu, que consiste em um projeto integrado que objetiva a promoção integrada das políticas públicas em favor da promoção da saúde, educação moradia, segurança, assistência, acesso ao trabalho, mobilidade e acessibilidade urbana, acesso a serviços públicos adequados e acessíveis, ou seja, a Regularização Fundiária Plena, sintonizada com a natureza indivisível e interdependente dos direitos humanos fundamentais
64 UN, 1976.

encontrar e implementar soluções, essas condições provavelmente serão ainda mais agravadas". O Habitat I adverte que intervenções pontuais, descontinuadas e sem o devido planejamento integrado podem tornar ainda pior o quadro de exclusão ao resultar na ampliação da desigualdade econômica - que condena "milhões de pessoas a viverem na pobreza sem satisfazer os requisitos básicos de alimentação, educação, serviços de saúde, abrigo, meio ambiente. higiene, água e energia"; assim como na "deterioração social, econômica, ecológica e ambiental" - que se caracteriza por: desigualdade, segregação, discriminação," desemprego agudo, analfabetismo, problemas de saúde, pobreza, desagregação das relações sociais e dos valores culturais tradicionais, assim como pelo aumento da degradação dos recursos que sustentam a vida na terra como o ar, a água e o solo (UN, 1976, tradução e grifo nossos).65

O problema da exclusão social, econômica e espacial urbana é uma questão que precisa ser enfrentada mediante adoção de ações integradas que efetivamente viabilizem que a emancipação humana ocorra de forma simultânea com a regularização ambiental, urbanística e jurídica. Os programas de regularização fundiária ainda não alcançaram uma unanimidade no que diz respeito à metodologia necessária para efetivação de tal finalidade. São variados os estudos acadêmicos que demonstram as falhas na conduta de tais políticas públicas, seja por falta de efetiva comunicação e participação das comunidades afetadas, seja pelo não cumprimento das propostas originárias, e principalmente por não se ocupar com questões inerentes ao desenvolvimento

---

65 Cf.: "Recognizing that the problems of human settlements are not isolated from the social and economic development of countries and that they cannot be set apart from existing unjust international economic relations [...] Recognizing that the circumstances of life for vast number of people in human settlements are unacceptable, particular in developing countries, and that unless positive and concrete action is taken at national and international levels to find and implement solutions, these conditions are likely to be further aggravated, as a result of:- Inequitable economic grow, reflected in de wide disparities in wealth which now exist between countries e between human beings and which condemn millions of people to live of poverty without satisfying the basic requirements for food, education, health services, shelter, environmental hygiene, water and energy. – Social, economic, ecological and environmental deterioration which as exemplified at de national and international levels by inequalities in living conditions, social segregation, racial discrimination, acute unemployment, illiteracy, disease and poverty, the breakdown of social relationship and traditional cultural values and the increasing degradation of life-supporting resources of air, water, and land" (UN, 1976).

econômico das famílias e da comunidade, como se o direito à moradia pudesse ser desconectado do sistema econômico e social.

São muitas as inquietações vivenciadas por profissionais que atuam nos municípios assim como por pesquisadores que se debruçam sobre esse tema na academia. Com o advento da Lei 13.465/1917, com a valorização da regularização jurídica e a criação de novos instrumentos que precisam ser depurados pela prática e pela doutrina, as inquietações se ampliaram, porém, essas reflexões devem ser efetuadas à luz das balizas axiológicas constitucionais assim como a partir da compreensão da natureza interdependente e inter-relacionada dos direitos humanos fundamentais.

A Declaração Universal dos Direitos do Homem reconhece lado a lado, sem distinções ou argumentações de superioridade ou cronologia, direitos: individuais, sociais, econômicos e culturais, como decorrentes de uma mesma premissa: indispensabilidade para acesso à vida digna. Considerando que os direitos sociais econômicos e culturais consistem em pressupostos básicos para o exercício dos direitos de liberdade, e, para evitar a pretensão de aplicação parcial dos direitos humanos, a Conferência Mundial de Teerã, de 1968, declara a indivisibilidade entre os direitos humanos fundamentais nos seguintes termos:

> 13. Como os direitos humanos e as liberdades fundamentais são indivisíveis, a realização dos direitos civis e políticos sem o gozo dos direitos econômicos, sociais e culturais resulta impossível. A realização de um progresso duradouro na aplicação dos direitos humanos depende de boas e eficientes políticas internacionais de desenvolvimento econômico e social;

A conferência de Viena, indo mais além, declara que a indivisibilidade dos direitos fundamentais decorre do fato de serem universais, interdependentes e inter-relacionados nos seguintes termos:

> 5. Todos os direitos humanos são **universais, indivisíveis interdependentes e inter-relacionados.** A comunidade internacional deve tratar os direitos humanos de forma global, justa e equitativa, em pé de igualdade e com a mesma ênfase. Embora particularidades nacionais e

> regionais devam ser levadas em consideração, assim como diversos contexto histórico, cultural e religioso, é dever dos Estados promover e proteger todos os direitos humanos e liberdades fundamentais, sejam quais forem seus sistemas políticos, econômicos e culturais. Na conferência de Viena, de 1993

O discurso em favor da distinção e separação entre direitos civis e políticos dos direitos sociais econômicos e culturais faz um desserviço à democracia e aos objetivos constitucionais de promoção de uma sociedade justa, includente e com redução de desigualdades, porquanto apenas assegura direitos a quem já os possui.

Somente se pode assegurar a dignidade humana a partir da fruição simultânea dos direitos humanos fundamentais: civis, políticos, econômicos, sociais e culturais. Por força da interdependência existente entre eles, deve-se buscar a implantação de políticas públicas integradas, vez que a ausência de um ou mais de um direito social é capaz de afetar de forma contundente as condições de fruição de outro direito, caso seja oportunizado de forma isolada.

6. DA REGULARIZAÇÃO FUNDIÁRIA SUSTENTÁVEL: PLANEJAMENTO INTEGRADO DE POLÍTICAS PÚBLICAS EM ÁREAS DE INTERESSE SOCIAL

Diante da realidade vivenciada nas cidades, dos objetivos constitucionais do Art. 3º da Lei Maior e da constatação de que para efetivamente diminuir as desigualdades e erradicar a pobreza é imprescindível que se leve em consideração a interdependência e indivisibilidade existente entre os direitos humanos. Por isso, pode-se afirmar que a eficácia e sucesso das políticas públicas impõe que durante a elaboração e execução das políticas públicas seja considerada essa indivisibilidade e interdependência. Tal premissa deve ser aplicada principalmente nas intervenções efetuadas em áreas urbanas onde a exclusão social e espacial são agravadas pela ineficácia de ações pontuais, descontinuadas e descoordenadas das demais políticas públicas existentes no mesmo território.

A importância de se considerar a indivisibilidade, interdependência e inter-relação entre os direitos fundamentais na execução de políticas públicas urbanas é demonstrada de forma bastante didática por Cançado Trindade:

> [...] com efeito, de que vale o direito à vida sem o provimento de condições mínimas de uma existência digna, se não de sobrevivência (alimentação, moradia, vestuário)? De que vale o direito à liberdade de locomoção sem o direito à moradia adequada? De que vale o direito à liberdade de expressão sem o acesso à instrução e educação básica? De que valem os direitos políticos sem o direito ao trabalho? De que vale o direito ao trabalho sem um salário justo, capaz de atender às necessidades humanas básicas? De que vale o direito à liberdade de associação sem o direito à saúde? De que vale o direito à igualdade perante a lei sem as garantias do devido processo legal? E os exemplos se multiplicam. Daí a importância da visão holística ou integral dos direitos humanos, tomados todos conjuntamente. Trindade (2001 p. VIII)

Fazendo uma transposição desse raciocínio para a questão urbana, de que me vale um título de propriedade acompanhado das contas de água, luz, esgoto e IPTU, se não se viabiliza o acesso à educação, ao trabalho e renda digna, à saúde, à moradia segura e salubre? A propriedade, expressão maior dos efeitos dos "direitos de liberdade" e áreas de exclusão social, somente interessa ao mercado, pois para o "beneficiário" o papel *per si* não atende aos objetivos constitucionais de: promoção de igualdade de acesso às oportunidades da cidade; promoção da diminuição das desigualdades regionais; erradicação da pobreza; eliminação de as formas de discriminação; de promoção do bem-estar a todos os habitantes da cidade.

Diante de tais premissas, cumpre indagar se uma pessoa carente (em vários sentidos), ao sofrer pressão do mercado imobiliário e sem ter condições econômicas de arcar com os custos da legalidade (água, esgoto, luz, IPTU), que vende a moradia, transferindo o título (tão festejado pelo poder público e desejado pelo mercado) a quem lhe pagar melhor e, em seguida, transfere-se para outra área de assentamento irregular, ela deixa de ter direito a uma vida digna? A dignidade é um princípio fundante do Estado Democrático Brasileiro, é inerente à própria cidadania. Não há como ser afastada ou suprimida por soluções jurídicas míopes. Sem a implantação de programas de promoção humana e mobilização social, têm-se a própria pobreza e as ações assistencialistas do Estado como indutoras de tal comportamento. A verdadeira fixação do beneficiário na área decorre de sua possibilidade financeira e da livre vontade de permanecer na comunidade, do seu amor, autoestima, sentimento de pertencimento à sua comunidade.

> Para erradicar a pobreza é necessário muito mais que a execução de obras físicas de urbanização, melhorias habitacionais ou a entrega pura a simples de títulos de propriedade. A pobreza "não se resolve apenas com ações visíveis, pois visível é a exteriorização da pobreza a verdadeira pobreza não se vê (GAZOLA, 2008, p. 115).

Para a realização de programas de regularização fundiária sustentável,

> [...]não basta a reconstrução do visível (regularização urbana e ambiental), faz se necessária à reconstrução do invisível, a reconstrução da autoestima, do sentimento de pertencimento à comunidade, da consciência política. É necessário que a comunidade efetivamente se aproprie conscientemente de direitos inerentes à cidadania (GAZOLA, 2008, p. 123).

Não há como se promover o desenvolvimento urbano sem assegurar o igualitário desenvolvimento humano. Somente por meio da adoção de política pública transdisciplinar que objetive a promoção integrada dos direitos humanos fundamentais, para as presentes e futuras gerações, nas áreas de exclusão urbana será possível uma Regularização Fundiária Sustentável[66].

Ligia Melo, no mesmo sentido, considerando que a pobreza é a causa primeira da criação e manutenção desses espaços de exclusão urbana e que compete ao programa de regularização fundiária atacar tais causas, adverte que "não há possibilidade de ver esse processo curativo dar certo sem que haja a

---

[66] "um conjunto de projetos e ações integradas que objetivam a promoção da regularização jurídica, urbanística, ambiental e social, visando ao desenvolvimento urbano e humano, em assentamentos irregulares, de forma includente e sustentável" (GAZOLA, 2008, p. 119)

articulação de várias ações públicas dirigidas a seus ocupantes, o que inclui uma política social forte, incluída a geração de renda"67; defende ser imprescindível a promoção de desenvolvimento econômico e social capaz de interromper "o ciclo de exclusão social68".

Diante da demanda social pela concretização de direitos fundamentais essenciais à vida digna, Bobbio denuncia que os reacionários de todos os países não mais argumentam sobre os fundamentos dos direitos sociais e sim sobre sua "inexequibilidade"69. O argumento utilizado sempre é a falta de recursos. Porém, Capra, com a acuidade que lhe é peculiar, expõe a insinceridade desse discurso ao afirmar:

> O mundo dos negócios faz-nos acreditar que o fato de gigantescas indústrias produzirem alimentos especiais para cachorros e cosméticos é um sinal de nosso elevado padrão de vida, enquanto os economistas tentam dizer-nos que não dispomos de recursos para enfrentar os custos de uma adequada assistência à saúde, os gastos com educação ou transportes públicos (CAPRA, 1995, p. 39).

Diante dos argumentos de falta de recursos para assegurar direitos fundamentais aos cidadãos, há que se contrapor uma máxima popular que reconhece que "tempo e dinheiro são uma questão de prioridades". Porém, quando as prioridades estão cristalizadas na Constituição, pode-se infirmar que a questão é de constitucionalidade70. Embora o princípio da dignidade da

---

67 MELO, Lígia. **Direito à Moradia no Brasil:** Política Urbana e Acesso por meio da Regularização Fundiária. Belo Horizonte: Fórum, 2010, pp 184.

68 Melo p. 185

69 "a linguagem dos direitos humanos permanece bastante ambígua, pouco rigorosa e frequentemente usada de modo retórico ... a maior parte dos direitos sociais, os chamados direitos de segunda geração, que são exibidos brilhantemente em todas as declarações nacionais e internacionais, permaneceu no papel. (Bobbio 1992, p. 9)

70"São comuns os discursos que afirmam inexistir recursos para concretização do direito à educação, à saúde e à previdência em favor dos brasileiros excluídos da possibilidade de acesso aos serviços oferecidos pela iniciativa privada. Por outro lado, paradoxalmente, defendem: destinação de bilhões para fundos partidários; renúncia de receitas em favor de organizadores de eventos esportivos internacionais; priorização do uso de recursos públicos na construção de arenas esportivas superdimensionadas para atendimento de eventos que rendem bilhões aos organizadores; renúncia de receitas para viabilizar a implantação de empresas transnacionais, poluidoras, em nosso território; anistia e parcelamento de dívida tributária em favor de

pessoa humana seja o pilar ético sobre o qual se erige toda a estrutura constitucional,

> Esse princípio constitucionalmente expresso convive com subomens empilhados sob viadutos, crianças feito pardais de praça, sem pouso nem ninho certos, velhos purgados da convivência das famílias, desempregados amargurados pelo seu desperdício humano, deficientes atropelados em seu olhar sob as calçadas muradas sobre a sua capacidade, presos animalados em gaiolas sem porta, novos metecos errantes de direitos e de Justiça, (ROCHA, 1999, p. 24).

O Estado Democrático Brasileiro traçou um projeto para o país. A Constituição de 1988 fixa objetivos e metas em normas programáticas que possuem eficácia normativa. Nossa Constituição prescreve ações, [...] enuncia programas, motivos, meios, fins, vinculando a atuação do Estado, através de pautas formais e materiais, que sujeitam negativa e positivamente a conduta de cada um dos três poderes (OLIVEIRA, 2007, p. 86). Considerando a supremacia axiológica da Constituição e dos efeitos impositivos de seus princípios e valores, Eros Grau, já afirmava há vinte anos, que "os programas de governo, deste e daquele Presidente da República é que devem ser adaptados à Constituição e não o inverso" (GRAU, 2001, p. 37). A atividade administrativa destina-se ao atingimento do modelo econômico de bem-estar, previsto na nossa Constituição. No mesmo sentido a Ministra Carmem Lúcia defende a necessidade de "[...] políticas públicas e decisões socioeconômicas que incluam todos os homens na convivência harmoniosa" (ROCHA, 2004, p. 77).

7. CONCLUSÃO: DA MANUTENÇÃO DA OBRIGATORIEDADE DE PROGRAMA DE REGULARIZAÇÃO FUNDIÁRIA INTEGRANDO POR PROJETOS SOCIAIS, URBANÍSTICOS, AMBIENTAIS E JURÍDICAS NA LEI 13.465 DE 2017

---

devedores contumazes; desconto no imposto de renda para gastos com saúde, aposentadoria e educação privada em vez de destinação de tais recursos à universalização de serviços públicos igualitários e de qualidade" (GAZOLA 2019. P. 275-276).

A Lei n. 13.465 de 2017, da mesma forma que a Lei n. 11.977/2009, distingue Regularização Fundiária de Interesse Social de núcleos urbanos informais ocupados predominantemente por população de baixa renda (Reurb-S), de Regularização Fundiária de Interesse Específico de núcleos urbanos informais ocupados, prioritariamente, por famílias que não se enquadram no conceito de baixa renda (Reurb-E). Embora não apresente de forma direta um conceito de Regularização Fundiária Urbana, declara, no art. 9º, que essa "abrange medidas jurídicas, urbanísticas, ambientais e **sociais** destinadas à incorporação dos núcleos urbanos informais ao ordenamento territorial urbano e à titulação de seus ocupantes" e que as políticas públicas relativas à regularização fundiária deve ser efetuada "de acordo com os princípios de sustentabilidade econômica, **social** e ambiental e ordenação territorial, buscando a ocupação do solo de maneira eficiente, combinando seu uso de forma funcional" (BRASIL, 2017).

A REURB-S objetiva, mediante franca "participação dos interessados nas etapas do processo de regularização fundiária",71a: promoção de melhorias "das condições urbanísticas e ambientais em relação à situação de ocupação informal anterior"72; promoção de integração social e a geração de emprego e renda73; promoção de acesso: aos serviços públicos urbanos74, à terra urbanizada75; à moradia digna e às condições de vida adequadas76; identificação dos núcleos urbanos informais que devam ser regularizados77; priorização da permanência dos ocupantes nos próprios núcleos urbanos informais regularizados78, prevenção e desestímulo à formação de novos núcleos urbanos informais; concretização do princípio constitucional da eficiência na ocupação e no uso do solo; criação de unidades imobiliárias compatíveis com o ordenamento territorial urbano mediante constituição, sobre

---

71 Art. 10, XII.
72 Art. 10, I.
73 Art. 10, IV.
74 Art. 10, I.
75 Art. 10, III.
76 Art. 10, VI.
77 Art. 10, I.
78 Art. 10, III.

elas, de direitos reais em favor dos seus ocupantes79, que serão concedidos preferencialmente em nome da mulher80, assim como estimular a resolução extrajudicial de conflitos, em reforço à consensualidade e à cooperação entre Estado e sociedade81. De fato, objetiva garantir a efetivação da função social da propriedade82 nas áreas de exclusão urbana, mediante promoção do "pleno desenvolvimento das funções sociais da cidade" garantindo "o bem-estar de seus habitantes"83. Sendo assim, analisando os princípios e objetivos da Regularização Fundiária '

> "pode se extrair que o processo de regularização fundiária deve ser multidimensional, indo além das garantias jurídicas, abarcando as preocupações ambientais e a estruturação da área, normalmente degradada e carente de serviços públicos nos casos de ocupações irregulares."
> AQUINO e FARIAS. 2019, p 164

A multidimensionalidade do processo de REURB-S consiste em consequência lógica da natureza interdependente dos direitos fundamentais e da fundamentalidade da intervenção pública em áreas de exclusão urbana para erradicar a pobreza e diminuir as desigualdades existentes em osso país. De fato, a regularização fundiária sustentável, compreendida enquanto um projeto integrado decorrente de planejamento efetuado com a participação da população atingida pela intervenção pública, deve ser considerada como o instrumento mais relevante para a concretização das promessas da constituição em nossas cidades.

Sendo assim, considerando que no Estado Democrático de Direito inexistem normas inúteis, pode-se afirmar que a obrigatoriedade de elaboração de um programa integrado por projetos urbanísticos, ambientais, econômicos e sociais, decorre: dos valores e objetivos constitucionais; da interdependência dos direitos fundamentais; do dever de planejamento democrático e de eficiência na elaboração e execução das políticas públicas previstos na

---

79 Art. 10, II.
80 Art. 10, XI.
81 Art. 10, V.
82Art. 10, VII.
83 Art. 10, VIII.

Constituição Federal, assim como dos próprios princípios e objetivos fixados para o desenvolvimento da REURB na Lei n. 13.465/2017.

É imprescindível que tais objetivos e deveres de eficiência sejam observados nas fases de diagnóstico, formulação e elaboração dos programas de intervenção em áreas ocupadas predominantemente por população de baixa renda, da mesma forma que é indispensável a implantação de projetos transdisciplinares que contenham efetiva participação popular.

> Inútil dizer que nos encontramos aqui numa estrada desconhecida; e, além do mais, numa estrada pelo qual trafegam, na maioria dos casos, dois tipos de caminhantes, os que enxergam com clareza mas tem os pés presos, e os que poderiam ter os pés livres mas têm os olhos vendados (Noberto Bobbio- A era dos direitos) (BOBBIO1992, p.37)

Compete ao poder público a realização de um projeto integrado de intervenção urbana que tenha como objetivo principal a promoção do bem-estar humano84. O enfrentamento dos problemas urbanos demanda planejamento e execução de projetos de intervenção integrados com ações que objetivem o atendimento de todas as necessidades básicas humanas.

Um programa de regularização fundiária sustentável, em áreas de ZEIS, deve ser entendido como um processo maior que abrange os aspectos sociais, urbanístico, jurídico, econômico, ambiental e humano. Deve visar precipuamente ao resgate da cidadania através da promoção humana em todos os sentidos, envolvendo o desenvolvimento e recuperação da autoestima, capacitação pessoal, social e cultural, integração comunitária, segurança pessoal, espacial e jurídica, além da implementação de infraestrutura urbana adequada a propiciar acesso igualitário aos serviços e equipamentos públicos disponíveis na cidade, afinal sem desenvolvimento humano não há desenvolvimento urbano!

---

84 É importante também combater os efeitos nocivos da sociedade de consumo, que coisifica o homem além de onerar o ambiente com suas demandas e resíduos supérfluos. "a mudança para um sistema social e econômico equilibrado exigirá uma correspondente mudança de valores – da autoafirmação e da competição para a cooperação e a justiça social, da expansão para a conservação, da aquisição material para o crescimento interior" (CAPRA 1995, p. 387).

REFERÊNCIAS BIBLIOGRÁFICAS

ALFONSIN, Betânia de Moraes (Coord.). **Direito à Moradia**: Instrumentos e Experiências de Regularização Fundiária nas Cidades Brasileiras. Rio de Janeiro: FASE, 1997.

AQUINO, Vinícius Salomão de, FARIAS, Talden. **Regularização Fundiária e direito á moradia em áreas de preservação permanente na Lei 13.465/2017** In GAZOLA, Patricia Marques (coord) Regularização Fundiária de Interesse Social e os Desafios da Sustentabilidade. Rio de janeiro: Ágora21, 2019. p. 153 – 193.

BALERONI, Rafael. **As lições da propriedade:** De SOTO vai ao Cantagalo. in CASTRO, *Paulo Rabelo de,* e colaboradores GALO CANTOU: A conquista da propriedade pelos moradores do Cantagalo Instituto Atlântico. Rio de Janeiro: Record. 2011 (p. 153-163).

BARNES, Grenville e GRIFFITH-Charles, Charisse. **Assessing de formal land Market and deformalization of propery in St. Lucia, ScienceDirect, Land Use Policy** 24 (2007) pp 494-501 apud CORREIA, Arícia Fernandes, Zonas de Especial Interesse Social e Núcleos Urbanos Informais no novo marco regulatório da regularização fundiária urbana: criação de normas específicas e/ou dispensa de exigências legais genéricas? In GAZOLA, Patricia Marques (coord) Regularização Fundiária de Interesse Social e os Desafios da Sustentabilidade. Rio de janeiro: Ágora21, 2019. p. 17-82.

BARRETTO Ignez, Ganhando mentes e corações: o papel da liderança comunitária. in CASTRO, Paulo Rabelo de, e colaboradores. **GALO CANTOU:** A conquista da propriedade pelos moradores do Cantagalo Instituto Atlântico. Rio de Janeiro: Record. 2011. P. 85 a 94.

BOBBIO, Norberto. **A era dos direitos**. Rio de Janeiro: Ed. Campus, 1992.

BRASIL. LEI Nº 13.465, DE 11 DE JULHO DE 2017. **Lei nº 13.465, de 11 de Julho de 2017.** Dispõe sobre a regularização fundiária rural e urbana, sobre a liquidação de créditos concedidos aos assentados da reforma agrária e sobre a regularização fundiária no âmbito da Amazônia Legal; institui mecanismos para aprimorar a eficiência dos procedimentos de alienação de imóveis da União; altera as Leis nos 8.629, de 25 de fevereiro de 1993, 13.001, de 20 de junho de 2014, 11.952, de 25 de junho de 2009, 13.340, de 28 de setembro de 2016, 8.666, de 21 de junho de 1993, 6.015, de 31 de dezembro de 1973, 12.512, de 14 de outubro de 2011, 10.406, de 10 de janeiro de 2002 (Código Civil), 13.105, de 16 de março de 2015 (Código de Processo Civil), 11.977, de 7 de julho de 2009, 9.514, de 20 de novembro de 1997, 11.124, de 16 de junho de 2005, 6.766, de 19 de dezembro de 1979, 10.257, de 10 de julho de 2001, 12.651, de 25 de maio de 2012, 13.240, de 30 de dezembro de 2015, 9.636, de 15 de maio de 1998, 8.036, de 11 de maio de 1990, 13.139, de 26 de junho de 2015, 11.483, de 31 de maio de 2007, e a 12.712, de 30 de agosto de 2012, a Medida Provisória n° 2.220, de 4 de setembro de 2001, e os Decretos-Leis n°s 2.398, de 21 de dezembro de 1987, 1.876, de 15 de julho de 1981, 9.760, de 5 de setembro de 1946, e 3.365, de 21 de junho de 1941; revoga dispositivos da Lei Complementar n° 76, de 6 de julho de 1993, e da Lei n° 13.347, de 10 de outubro de 2016; e dá outras providências. Brasília, DF, 2017. Disponível em: http://www.planalto.gov.br/ccivil_03/_Ato2015-2018/2017/Lei/L13465.htm#art109> Acesso em: 10 out 2018.

BRASIL. Lei 10.257 de 10 de julho de 2001. **Estabelece diretrizes gerais da política urbana**. Brasília, DF, 2001. Disponível em: www.planalto.gov.br/legislação, capturado em 20/07/2001 Acesso em: 07 fev 2019.

BRASIL. Câmara dos Deputados, Comissão de Desenvolvimento Urbano e Interior. **O parcelamento do solo urbano:** revisão da Lei n. 6.766/79. Brasília: Centro de Documentação e Informação, Coordenação de Publicações, 2004.

BRASIL. Câmara dos Deputados. **Violência urbana e segurança pública**: seminário. In: SEMINÁRIO NACIONAL SOBRE VIOLÊNCIA URBANA E SEGURANÇA PÚBLICA. Brasília, 2001b, Série Parlamentar, n. 196.

BRASIL. **Constituição (1988)**. Disponível em:<www.planalto.gov.br/legislação>. Acesso em: 07 fev 2019.

BRASIL. **LEI 11.977 de 07 de julho de 2009**. Dispõe sobre o Programa Minha Casa, Minha Vida – PMCMV e a regularização fundiária de assentamentos localizados em áreas urbanas; altera o Decreto-Lei n° 3.365, de 21 de junho de 1941, as Leis n°s 4.380, de 21 de agosto de 1964, 6.015, de 31 de dezembro de 1973, 8.036, de 11 de maio de 1990, e 10.257, de 10 de julho de 2001, e a Medida Provisória n° 2.197-43, de 24 de agosto de 2001; e dá outras providências. Extraído em 20 nov 2018 do site http://www.planalto.gov.br/ccivil_03/_Ato2007-2010/2009/Lei/L11977.htm.

BRASIL. Congresso. Câmara dos Deputados. Comissão de Desenvolvimento Urbano e Interior. **O parcelamento do solo urbano:** revisão da Lei n. 6.766/79 Íntegra das Audiências Públicas realizadas nos dias 16 de outubro e 4, 11 e 25 de novembro de 2003 e Lei n. 6.766/79. — Brasília: Câmara dos Deputados, Coordenação de Publicações, 2004. 243 p. — (Série ação parlamentar; n. 268).

BIENENSTEIN, Glauco **Estudo de caso:** PROJETO TERRA – JABURU – programa integrado de desenvolvimento social, urbano e de preservação ambiental em áreas habitadas por população de baixa renda; intervenção no Bairro Jaburu, Vitória-ES / Glauco Bienenstein. Supervisão de Marlene Fernandes. Coordenação de Carlos Alberto Silva Arruda. Rio de Janeiro: IBAM/CAIXA, 2003. Disponível em 21 nov. 2020 em https://silo.tips/queue/projeto-terra-jaburu?&queue_id=-1&v=1605998375&u=MTY0LjE2My4yMDQuODc=

CAPRA, Fritjof. **O ponto de mutação.** Trad. Álvaro Cabral. 10ª ed. São Paulo: Cultrix, 1995.

CASTRO, Paulo Rabello de e colaboradores in **GALO CANTOU:** A conquista da propriedade pelos moradores do Cantagalo Instituto Atlântico. Rio de Janeiro: Record. 2011.

_____. **Prólogo** in **GALO CANTOU:** A conquista da propriedade pelos moradores do Cantagalo Instituto Atlântico. Rio de Janeiro: Record. 2011(p. 23-32)

_____. Começando do começo: organizar ideias e mobilizar pessoas. in CASTRO, Paulo Rabello de e colaboradores in **GALO CANTOU:** A conquista da propriedade pelos moradores do Cantagalo Instituto Atlântico. Rio de Janeiro: Record. 2011. P. 43-51

_____. Projeto Cantagalo: arquitetura social e meio de luta política in CASTRO, Paulo Rabello de e colaboradores in **GALO CANTOU:** A conquista da propriedade pelos moradores do Cantagalo Instituto Atlântico. Rio de Janeiro: Record. 2011. (p. 53-72)

_____., Valor econômico da titulação no espaço urbano integrado in CASTRO, *Paulo Rabelo de,* e colaboradores **GALO CANTOU:** A conquista da propriedade pelos moradores do Cantagalo Instituto Atlântico. Rio de Janeiro: Record. 2011 (p. 169-180)

CHUCRE, Fernando. Projeto de lei 20 de cinco de fevereiro de 2007. **Dispõe sobre o parcelamento do solo para fins urbanos e sobre a regularização fundiária sustent á-**

vel de áreas urbanas, e dá outras providências. Disponível em: <http://www.camar a.gov.br/proposições>. Acesso em: 7 out. 2007.

CORREIA, Arícia Fernandes, Zonas de Especial Interesse Social e Núcleos Urbanos Informais no novo marco regulatório da regularização fundiária urbana: criação de normas específicas e/ou dispensa de exigências legais genéricas? In GAZOLA, Patricia Marques (coord) **Regularização Fundiária de Interesse Social e os Desafios da Sustentabilidade**. Rio de janeiro: Ágora21, 2019. p. 17-82

DAVIS, Mike. **Planet of Sluns**. London/New York: Verso, 2007.

DE SOTO, Hernando. **O Mistério do Capital**: Por que o Capitalismo Triunfa no Oeste e Falha em Toda a Parte. Trad. Zaida Maldonado. Rio de Janeiro: Record, 2001.

FERNANDES, Edésio. **Regularização de assentamentos informais na América Latina**. Cambridge: Lincoln Institute of Land Police, 2011.

FRANÇA, Caroline Jabour. Regularização Fundiária como política pública de redução de desigualdade social e reintegração espacial: aspectos gerenciais e de regularização jurídica. In In GAZOLA, Patricia Marques (coord) **Regularização Fundiária de Interesse Social e os Desafios da Sustentabilidade**. Rio de janeiro: àgora21, 2019.

FREITAS, Juarez. **Sustentabilidade:** direito ao futuro. 3. ed. Belo Horizonte: Editora Fórum, 2016.

GAZOLA, Patricia Marques e SALVADOR, Alice Destefeni. A justa indenização em desapropriações de moradias precariamente construídas à luz da Constituição Federal de 1988. In **Revista da Procuradoria- Geral do Município de Vitória** vol. 4, n 1 Vitória: A procuradoria, 2012.

GAZOLA, Patricia Marques. **Concretização do Direito à Moradia Digna:** teoria e prática. Belo Horizonte: Fórum, 2008.

GRAU, Roberto.Eros **A Ordem Econômica na Constituição de 1988**. 6ª Ed. rev. e ampl. São Paulo: Malheiros, 2001.

HARVEY, D. **Social Justice and the City**. Edição revisada. Athens, GA: The University of Georgia Press, 2009.

JUNQUEIRA, Carlos Augusto Subindo o morro: Implantação do projeto e desafios iniciais. in CASTRO, Paulo Rabelo de, e colaboradores **GALO CANTOU:** A conquista da propriedade pelos moradores do Cantagalo Instituto Atlântico. Rio de Janeiro: Record. 2011.

_____. De favela a cidadela: dura ladeira até se obter um RGI in CASTRO, *Paulo Rabelo de,* e colaboradores **GALO CANTOU:** A conquista da propriedade pelos moradores do Cantagalo Instituto Atlântico. Rio de Janeiro: Record. 2011.

LOUREIRO, José Carlos Neves et al. **Política Habitacional do Município da Serra e Programa de Regularização Fundiária**. Subprograma Desenvolvimento Institucional. Serra: 2003.

MOREIRA JR. Ronaldo Félix. Análise da Regularização Fundiária no Brasil, a partir do estudo crítico da exclusão urbana. In GAZOLA, Patricia Marques (coord) **Regularização Fundiária de Interesse Social e os Desafios da Sustentabilidade**. Rio de janeiro: Ágora21, 2019.

OLIVEIRA, Fábio Corrêa de Souza. A constituição dirigente está morta... viva a constituição dirigente. In: BARROSO, Luís Roberto. (Org.). **A reconstrução democrática do direito público no Brasil**. Rio de Janeiro: Renovar, 2007.

ONU Organização das Nações Unidas. **HABITAT III 17 a 20 de novembro de 2016 – Quito - NOVA AGENDA URBANA** Disponível em: http://habitat3.org/wp-content/uploads/NUA-Portuguese.pdf

_____. **Declaração Universal dos Direitos do Homem.** 1948. Disponível em: <https://www.lexilogos.com/%20declaration/portugais.htm> Acesso em: 15 maio 2009.

_____. **Preâmbulo Agenda 2030.** 2015. Disponível em: <http://www.agenda2030.org.br/saiba_mais/publicacoes> Acesso em: 20 nov. 2018.

PEZÃO, Luiz Fernando. As cidades invisíveis: de Marco Polo ao Cantagalo in in CASTRO, *Paulo Rabelo de,* e colaboradores **GALO CANTOU:** A conquista da propriedade pelos moradores do Cantagalo Instituto Atlântico. Rio de Janeiro: Record. 2011.

RIOFRIO, Gustavo. **Peru:** Los casos y sus lecciones. PowerPoint presentation. Lincoln Institute of Land Policy Course. Mercados Informales de Suelo Y Regularizacion de Asentamentos en America Latina, in Caracas, Venezuela, 2008

ROCHA _____. Princípio da dignidade da pessoa humana e a exclusão social. **Interesse Público**, n. 4, p. 23-48, 1999.

ROCHA, Carmem Lúcia Antunes (Coord.) **O Direito à Vida Digna.** Belo Horizonte: Fórum, 2004.

ROLNIK, Raquel, (coord.). **Regulação Urbanística e exclusão territorial**. São Paulo: Publicação Pólis nº 32, 1999. 46p.

SEM, Amartya. **ESTADO, REFORMAS E DESENVOLVIMENTO:** O desenvolvimento como expansão de capacidades Lua Nova: Revista de Cultura e Política, no.28-29 São Paulo, Apr. 1993.   Acesso em 21 nov 2020. Disponível em: https://www.scielo.br/scielo.php?script=sci_arttext&pid=S0102-64451993000100016.

SILVA, José Afonso da. **Direito Urbanístico Brasileiro.** 2 ed. São Paulo: Malheiros, 2000. 455p. 2006.

SMOLKA, Martin; LARANJEIRA, Adriana de Araújo. Cediendo terreno? Informalidad y politica urbana em America Latina. P. 35-52. In: Laranjeira, Adriana de Araújo. **Regularización de asentamientos informales en America Latina**. Cambridge: Lincoln Institute, 2007.

SOMBRA, José Luiz. O passado ensina: de Canudos ao Cantagalo in CASTRO, *Paulo Rabelo de,* e colaboradores   **GALO CANTOU:** A conquista da propriedade pelos moradores do Cantagalo Instituto Atlântico. Rio de Janeiro: Record. 2011.

TRINDADE, Antônio Augusto Cançado. Prefácio. In: LIMA JR, Jayme Benvenuto. **Os Direitos Humanos Econômicos, Sociais e Culturais**. Rio de Janeiro: Renovar, 2001. Disponível em: < http://egov.ufsc.br/portal/sites/default/files/anexos/33165-41960-1-PB.pdf>. Acesso: 06 fev. 2019.

UN. **United Nations From the Report of Habitat:** United Nations Conference on Human Settlements, Vancouver, Canada, 1976. Disponível em: <http://pfdc.pgr.mpf.mp.br/atuacao-e-conteudos-de-apoio/legislacao/moradia-adequada/declaracoes/declaracao-sobre-assentamentos-humanos-de-vancouver>. Acesso em 07 fev. 2019.

_____. **From the Report of Habitat:** United Nations Conference on Human Settlements, Istambul, (Habitat II), 1996. Disponível em: <https://unhabitat.org/wp-content/uploads/2014/07/The-Habitat-Agenda-Istanbul-Declaration-on-Human-Settlements-2006.pdf>. Acesso em 20 out 2018.

_____. **United Nations Report of the United Nations Conference on the Human Environment Stockholm**, 1972, A/CONF. Disponível em: http://www.un-documents.net/aconf48-14r1.pdf. Acesso em: 20 out 2018.

_____. **United Nations Sustainable Development Conference on Environment & Development Rio de Janeiro**, Brazil, 1992, AGENDA 21. Disponível em:<https://sustainabledevelopment.un.org/content/documents/Agenda21.pdf> Acesso em: 20 out 2018.

_____. **United Nations Vienna Declaration and Programme of Action. Humans Rights**. Office of the High Commissioner, 1993. Disponível em: <https://www.ohchr.org/EN/ProfessionalInterest/Pages/Vienna.aspx> Acesso em: 20 out 2018.

CAPÍTULO 03

A IMPORTÂNCIA DA (RE)AFIRMAÇÃO DA AUTONOMIA DA POSSE PARA A REGULARIZAÇÃO DAS MORADIAS DE PESSOAS EM SITUAÇÃO DE VULNERABILIDADE SOCIAL NA CIDADE DO RIO DE JANEIRO

Daniele Aparecida Carneiro Fernandes[85]

Marcelo Antônio Parintins Masô Lopes[86]

Resumo: Este trabalho tem por objetivo refletir sobre a importância da segurança da posse para que as pessoas em situação de vulnerabilidade social tenham acesso ao direito de moradia digna. O marco teórico são as modernas teorias da posse que tratam esse instituto como autônomo em relação ao direito de propriedade. A metodologia é hipotético-dedutiva, partindo da construção da hipótese de que é importante que a posse seja tida como autônoma em relação à propriedade para que se concretize o direito de moradia. Essa conjectura é testada por meio da argumentação teórica. As conclusões são no sentido de que haja a prevalência do direito de posse sobre o direito de

---

85 Mestranda em Direito da Cidade pela Universidade do Estado do Rio de Janeiro (UERJ). Especialista em Direito Público e Privado pela Escola da Magistratura do Estado do Rio de Janeiro – (EMERJ). Bacharela em Direito pela Universidade Federal de Juiz de Fora. Advogada. Editora da Revista de Direito da Cidade. Bolsista CAPES.
86 Mestrando em Direito da Cidade pela Universidade do Estado do Rio de Janeiro (UERJ). MBA em Direito Tributário pela FGV. Bacharel e Licenciado em História pela UFF. Professor da Universidade Cândido Mendes. Advogado.

propriedade nos casos de descumprimento da função social pelo abandono do titular primitivo do bem.

Palavras-chave: Direito de propriedade; Função social; posse autônoma; moradia digna; segurança na posse.

Abstract: This paper aims to reflect on the importance of security in possession to people in situations of social vulnerability have access to the right to decent housing. The theoretical framework is based on modern theories of possession that treat this institute as autonomous in relation to property rights. The methodology is hypothetical deductive, starting from the construction of the hypothesis that claim is important that possession is considered autonomous in relation to property in order to realize the right to housing. This conjecture is tested through theoretical argumentation. The conclusions are in the way that there is a prevalence of the right of possession over the right of property in cases of non-compliance with the social function due to the abandonment of the original meaning of the property.

Keywords: Property right; social function, autonomous possession; decent housing; security in possession.

1. INTRODUÇÃO

Falar em regularização de moradias de pessoas em situação de vulnerabilidade social é trazer à tona questões ligadas ao acesso à moradia, entendida como um direito subjetivo que está atrelado à qualidade de vida dos moradores. Neste sentido, não há como se afastar da busca por um conceito de moradia que promova a dignidade da pessoa humana como uma finalidade do Estado, nos moldes consolidados pela Constituição da República Federativa do Brasil – CRFB/88.

O direito de moradia, incluído no rol do art. 6º da CRFB/8887, deve ser entendido como uma moradia digna, cumprindo com as diretrizes valorativas trazidas pelo poder constituinte de 1988. Esse direito não se traduz apenas na

---

87 BRASIL. Constituição da República Federativa do Brasil.

estrutura física da casa, mas no acesso de todos a uma vida em um lar seguro, sadio, com acesso à infraestrutura básica, no mínimo, provido de segurança da posse daquele que a exerce88. Esse é o tema central do presente trabalho.89

Com o objetivo de traçar um recorte metodológico, no primeiro capítulo será abordado o processo de urbanização da cidade do Rio de Janeiro, como ele se deu de forma elitista e excludente quanto aos mais pobres. No segundo capítulo se buscará uma interpretação do postulado constitucional da função social da propriedade que melhor promova as ideias de cidades mais justas e integrativas. No terceiro, serão apresentadas as teorias possessórias. Para concluir acerca da necessidade de se lançar luzes sobre as teorias possessórias.

A abordagem será realizada de forma qualitativa, para isso serão feitos estudos das normas, textos, artigos e livros já publicados a respeito do tema. O desenvolvimento do trabalho será pelo método hipotético-dedutivo, uma vez

---

88 O Art. 11 do Pacto dos Direitos Econômicos, Sociais e Culturais, adotado em 16 de dezembro de 1966 e ratificado pelo Brasil em 24 de janeiro de 1992, trata da habitação adequada da seguinte forma: "Os Estados-partes no presente Pacto reconhecem o direito de toda pessoa a um nível de vida adequado para si próprio e para sua família, inclusive à alimentação, vestimenta e moradia adequadas, assim como uma melhoria contínua de suas condições de vida. Os Estados-partes tomarão medidas apropriadas para assegurar a consecução deste direito, reconhecendo, nesse sentido, a importância essencial da cooperação internacional fundada no livre consentimento".

89 O conteúdo do direito à moradia adequada é esmiuçado pelo Comentário n. 4 ao Pacto dos Direitos Econômicos, Sociais e Culturais que se destina de forma específica ao art.11. Pela importância do texto para essa pesquisa, faz-se a citação: "7. In the Committee's view, the right to housing should not be interpreted in a narrow or restrictive sense which equates it with, for example, the shelter provided by merely having a roof over one's head or views shelter exclusively as a commodity. Rather it should be seen as the right to live somewhere in security, peace and dignity. This is appropriate for at least two reasons. In the first place, the right to housing is integrally linked to other human rights and to the fundamental principles upon which the Covenant is premised. This "the inherent dignity of the human person" from which the rights in the Covenant are said to derive requires that the term "housing" be interpreted so as to take account of a variety of other considerations, most importantly that the right to housing should be ensured to all persons irrespective of income or access to economic resources. Secondly, the reference in article 11 (1) must be read as referring not just to housing but to adequate housing. As both the Commission on Human Settlements and the Global Strategy for Shelter to the Year 2000 have stated: "Adequate shelter means ... adequate privacy, adequate space, adequate security, adequate lighting and ventilation, adequate basic infrastructure and adequate location with regard to work and basic facilities - all at a reasonable cost"".

que os pesquisadores pretendem construir conjecturas baseadas nas hipóteses e por meio da argumentação comprová-las ou negá-las. Constrói-se o pensamento de forma crítico-dialética, pois não se trata de uma revisão bibliográfica, e sim de uma reflexão analítica do objeto de estudo.

2. O PROCESSO DESORDENADO DE URBANIZAÇÃO DO RIO DE JANEIRO E A GÊNESE DA SEGREGAÇÃO SOCIOESPACIAL NA CIDADE

Os problemas em torno da moradia de cidadãos advindos de classes populares são antigos e acompanham a formação da sociedade brasileira. Por muito tempo a questão foi vista apenas sob a ótica da estética e salubridade das cidades. Desse modo, o direito destas pessoas à moradia digna não foi o foco central das políticas públicas, mas sim uma busca por construir cidades que transmitissem uma imagem de prosperidade, ideias muito presentes no contexto da urbanização das grandes cidades brasileiras. Foi o caso histórico do Rio de Janeiro, que, enquanto capital federal, atraiu um enorme contingente de pessoas em busca de trabalho[90].

Ricardo Pereira Lira[91] relaciona a origem das aglomerações populares nos centros urbanos aos seguintes momentos históricos: o primeiro foi a abolição da escravidão[92], que ocorreu sem nenhuma forma de integração social dos recém libertos, o que ocasionou a ida de muitos para os centros urbanos em

---

[90]Maurício Abreu descreve essa preocupação – do final do Séc. XIX e início do Séc. XX - em tentar tornar o Rio de Janeiro uma capital tão imponente quanto as demais capitais vizinhas na América do Sul, sobretudo como Buenos Aires: "a importância cada vez maior da cidade no contexto internacional não condiziam com a existência de uma área central ainda com características coloniais, com ruas estreitas e sombrias, e onde se misturavam as sedes dos poderes políticos e econômicos com carroças, animais e cortiços. Não condiziam também, com a ausência de obras suntuosas, que proporcionavam 'status' às rivais platinas. Era preciso acabar com a noção de que o Rio era sinônimo de febre amarela e de condições anti-higiênicas e transformá-lo num verdadeiro símbolo do 'novo Brasil'." ABREU, Mauricio de Almeida. **Evolução Urbana do Rio de Janeiro**. 4. ed. Rio de Janeiro: IPP, 2008, p. 60.

[91] LIRA, Ricardo Pereira. Remoção de favelas. **Revista de Direito das cidades**, Rio de Janeiro, v. 09, nº 3, p. 1383-1392, 2017, p. 1384.

[92] Processo que ocorreu de forma gradual, começando em 1850 com a Lei Eusébio de Queirós, seguida pela Lei do Ventre Livre de 1871, Lei dos Sexagenários em 1885 e, por fim, a Lei Aurea em 1888.

busca de alguma condição mais promissora de vida; o segundo é atribuído à Guerra de Canudos, ocorrida no sertão da Bahia que teve como líder Antônio Conselheiro, quando as tropas voltaram para a cidade do Rio de Janeiro, ocuparam-na de modo desordenado; o terceiro fator foi a industrialização brasileira a partir de 193093.

Por último, os movimentos migratórios, formados por pessoas de baixa renda vindas principalmente da região norte e nordeste em direção ao sudeste do país. Na cidade do Rio de Janeiro, essas pessoas ocuparam as periferias, assim como os picos e as encostas dos morros. Atribui-se, ainda, responsabilidade pela formação das aglomerações populares à ausência de políticas públicas que estimulassem a permanência das pessoas no campo e o modo de produção rural, já que não houve a implementação de uma reforma agrária.94

Para uma análise mais profunda sobre o processo de urbanização das cidades brasileiras e para o correto entendimento sobre os conflitos atuais por direitos de moradia, é necessária a compreensão histórica sobre a ocupação das terras do Brasil. Ela tem suas origens na invasão estrangeira das terras ocupadas primitivamente pelos índios.

Nesse primeiro momento, durante o Séc. XVI, Portugal teve a necessidade de povoar a colônia com o objetivo de demarcar terras para fixar seu domínio diante das constantes ameaças de outras nações. Para tanto se valeu do regime das sesmarias, com origens nas chamadas penúrias portuguesas - regime que se baseou na realidade fática e por isso funcionou nas terras de Portugal.

As sesmarias eram concessões de terras para interessados em vir para o Brasil ocupá-las mediante o cultivo. Inclusive, a ideia inicial do sistema se

---

93 Ricardo Lira atribui o início do processo de industrialização brasileira aos primeiros Códigos de Água e de Minas. No Código de Águas, quando determinou que as quedas de água de maior volume passaram a ser de propriedade da união e não do dono do solo. Passou-se, então, a haver concessões federais para a exploração da energia elétrica. Quanto ao Código de Minas, de forma semelhante, estabeleceu que a exploração das jazidas minerais passou a ser de propriedade da união federal, o que possibilitou concessões para sua exploração. LIRA, op. cit, p.1384.
94 Ibid.

aproximava das noções de função social da posse. Porém, o tamanho do território brasileiro acabou por frustrar esse objetivo, gerando em nosso país um resultado diferente da implementação das sesmarias em Portugal. Dito de outra forma, o regime das sesmarias acabou por revelar uma ocupação com objetivos de acumulação de terras. Isso aconteceu porque os responsáveis pela ocupação e cultivo das terras estavam diante de um vasto território sem capacidade de pessoal e de material suficiente para o cultivo. Realidade diferente daquela vivida em Portugal, cujo modelo de sesmarias deu origem a pequenas glebas voltadas para a cultura familiar.

Diante desse cenário, aconteceu no Brasil a escravização do povo negro em massa, que macula a história, já que eram necessárias muitas pessoas para explorar o território vasto e acrescentar mais hectares aos domínios dos sesmeiros. Surgia no Brasil a cultura do latifúndio como sinônimo de riqueza e poder.

Nesta linha de raciocínio, é essencial elucidar que estas complexas relações sociais de poder e compadrio, que gravitavam em torno das concessões de terras na América Portuguesa, foram intensificadas na segunda quadra do século XVI, perdurando durante o período Imperial Brasileiro, bem como como o advento da República Brasileira. Neste sentido é primordial mencionar as valiosas lições do historiador Sérgio Buarque de Holanda sobre as relações políticas e de poder no contexto histórico da escravidão:

> Na monarquia eram ainda os fazendeiros escravocratas e eram filhos de fazendeiros, educados nas profissões liberais quem monopolizava a política, elegendo-se ou fazendo eleger seus candidatos, dominando os parlamentos, os ministérios, em geral todas as posições de mando, e fundando a estabilidade das instituições nesse incontestado domínio95.

Ou seja, ainda que se trate de terras sem utilização e que a ocupação tenha se dado em detrimento da escravidão do negro e, em menor escala, do

---

95 HOLANDA, Sérgio Buarque de. **Raízes do Brasil**. São Paulo: Companhia das Letras, 1995, p.73

indígena, existe no país a relação entre ser dono de terras e pertencer a uma elite.

Em 1822, no contexto da independência, foi determinado que não fossem mais concedidas sesmarias enquanto não viesse a constituição regulando as terras do Brasil. Somente em 1850 foi publicada a Lei de Terras. Esse lapso temporal foi um período marcado pela ocupação como único meio para o acesso à terra; foi um período de relativa justiça social para aqueles mais humildes que conseguissem adquirir terras, da mesma forma que possibilitou aos latifundiários a ampliarem seu território.96

A Lei de Terras é um marco importante para compreensão das questões atuais dos conflitos por habitação. Entende-se que ela foi a grande oportunidade de se promover o acesso à terra e corrigir distorções e desigualdades históricas. O que não ocorreu, já que a lei estabeleceu que a compra e venda por preços altos seria a única forma de aquisição de terras devolutas97, desprezando o valor jurídico da posse.

A opção se justificava pela crise de mão de obra que o país vivia diante do fim da escravidão. Marco Aurélio de Melo98 propõe a seguinte indagação:

> A despeito de o artigo 15 da Lei de Terras assegurar direito de preferência de aquisição das terras devolutas contíguas, o obstáculo do preço representava um entrave para a constituição dos minifúndios de subsistência, havendo, outrossim, preocupação da ainda existente oligarquia rural com a perda da mão-de-obra farta e barata. Se o recém-liberto e o pequeno trabalhador fossem proprietários de terras, quem iria trabalhar nas fazendas de café?

---

96 "O fato é que resultou num hiato entre 1822 até 1850, quando foi aprovada a Lei 601, que se tornou conhecida como Lei de Terras e nesse período, como era de se esperar, lavradores pobres ocupavam terras para retirar o sustento e ter abrigo, mas também o latifundiário ganancioso buscava mais terras para o seu já farto patrimônio" TORRES, Marcos Alcino de Azevedo. **A propriedade e a posse: um confronto em torno da função social**. Rio de Janeiro: Lumen Juris, 2007, p. 59.

97 Ibid.

98 MELO, Marco Aurélio Bezerra de. **Legitimação de posse dos imóveis urbanos e o direito de moradia**. Rio de Janeiro: Lumen Juris, 2008, p. 29.

Faz-se, então, a crítica de que melhor seria se tivessem sido concedidas terras para os negros recém-libertos e para os pobres, ainda que fossem por meio de contratos de alienação que tivessem valores e taxas de juros módicos. Assim, teriam sido dadas a oportunidade para as pessoas de produzir riquezas nas suas próprias terras ou viver da agricultura de subsistência, uma alternativa que representaria uma forma de justiça social na gênese da questão e que, possivelmente, evitaria tantos conflitos por terras vivenciados até hoje.

A população pobre, no entanto, continuou sendo explorada pela economia baseada no latifúndio. Foi com a mudança da economia, antes concentrada na zona rural que - principalmente a partir do ciclo do café - migrou para a zona urbana, que grande parte da população menos favorecida passou a viver nos centros urbanos, em uma busca diária por seu sustento.

No final do século XIX surgiu o movimento habitacional que se generalizou no que se chamou de *favelas*. A demolição do Cortiço denominado "Cabeça de Porco", o maior da cidade do Rio de Janeiro, ocorrida em 1893, tem sido apontada como um marco temporal do processo de favelização. O cortiço estava localizado no centro da cidade do Rio de Janeiro, região próxima ao atual Morro da Providência, há relatos de que algumas casas foram ali construídas com o material resultante da demolição desse cortiço.

O nome "Favela" surgiu da nomeação de *Morro da Favela* dada ao atual Morro da Providência, situado na região central do município do Rio de Janeiro. Documentos de 1914 revelam o uso do termo "favelas" para designar todos os tipos de aglomeração de pessoas em áreas ocupadas e sem infraestrutura99. Outros apontam a designação de vegetação própria do sertão, com as quais se familiarizaram os egressos de Canudos.

Durante o Séc. XIX a discussão sobre a questão habitacional girava em torno dos cortiços e casas de cômodos, forma de moradia popular que se caracterizava pela aglutinação de pessoas em uma única construção. Essas foram formas de moradia para aqueles, sobretudo operários, que não dispunham de renda suficiente para viver em uma habitação tradicional ou não tinham condições de arcar com os custos do transporte diário até o local de

---

99 MAGALHÃES, Alex. **O direito das favelas**. Rio de Janeiro: Letra Capital, 2013.

trabalho, razões pelas quais essas habitações estavam localizadas nas regiões centrais da cidade, onde estavam as fábricas da época. 100

Abreu101 descreve as condições do Centro do Rio de Janeiro em meados do Séc. XIX:

> sede agora de modernidade urbanísticas, o centro, contraditoriamente, mantinha também a sua condição de local de residência das populações mais miseráveis da cidade. Estas, sem nenhum poder de mobilidade, dependiam de uma localização central, ou periférica ao centro, para sobreviver. Com efeito, para muitos livres ou escravos, a procura de trabalho era diária, e este era apenas encontrado na área central.
>
> A solução era então o cortiço, habitação coletiva e insalubre e palco de atuação preferencial das epidemias de febre amarela, que passaram a grassar quase que anualmente na cidade a partir de 1850.

As formas de habitação popular nunca foram bem-vistas e já naquela época os setores políticos estudavam formas de extinguir os cortiços. Entre os motivos, de forma mais aparente, estava a preocupação com a salubridade e higiene das cidades, já que os cortiços eram apontados como foco de disseminação de doenças, e, de forma menos evidente, o embelezamento da cidade, principalmente da região central. 102

O autor103 descreve que, de forma implícita, havia a preocupação de que os cortiços se tornassem locais de manifestações de interesses dos operários, considerando que a proximidade em que as pessoas viviam corroborava para a formação de um discurso classista, o que poderia gerar

---

100ABREU, Mauricio de Almeida. Da habitação ao hábitat: a questão da habitação popular no Rio de Janeiro e sua evolução. **Escritos Sobre Espaço e História**. Rio de Janeiro: Garamond, 2014, p. 399-419.
101 Ibid., op. cit., 2008, p. 42.
102 Id., op. cit., 2014 p. 399-419.
103 Ibid.

dificuldades em conter agitações e conflitos sociais de moradores diante da aglomeração urbanística que havia no centro da cidade104.

A partir de 1870105, surgiram políticas públicas urbanísticas motivadas pelo crescimento demográfico oriundo da expansão industrial. O avanço no modo de produção fabril gerou diversos fenômenos que repercutiram no meio urbano, dentre eles: aumento de imigrações; crescimento dos setores da prestação de serviços e do comércio; aumento da circulação de pessoas e necessidade de meios de transporte.

Abreu106 descreve que:

> O final do século XIX não se caracterizou apenas pela multiplicidade de fábricas no Rio de Janeiro. Outra face da mesma moeda, coincidiu também com o esgotamento do sistema escravista, com o consequente (sic) declínio da atividade cafeeira na província do Rio de Janeiro e com grande afluxo de imigrantes estrangeiros. Resultou daí um processo de crescimento populacional acelerado via imigração, que agravou consideravelmente o problema habitacional da cidade (...)

Com esse objetivo, em dezembro de 1882, o Estado editou decreto concedendo incentivos fiscais às empresas que construíssem casas para seus operários em padrões mínimos estabelecidos. Em fevereiro de 1888, outro decreto concedeu isenções de impostos que incidiam na importação de materiais de construção aos empresários que se propusessem a construir as chamadas vilas operárias. 107

Em 20 de Agosto de 1892 foi reconhecida autonomia ao Distrito Federal, medida importante para que fossem implementadas as políticas de interesse local. Barata Ribeiro foi o primeiro prefeito.108

---

104 Ibid.
105RODRIGUES Antônio Edmilson Martins. A história da urbanização do Rio de janeiro. A cidade: capital do século XX no Brasil. **Cidade: olhares e trajetórias**, Rio de Janeiro, p. 85-121, 2009, p.87.
106ABREU, op. cit., 2008, p.57.
107 Ibid.
108 RODRIGUES, op. cit., 2009, p.101.

Edmilson Rodrigues109 discorre que:

> Barata Ribeiro [...] intensifica a vigilância sobre a higiene e o saneamento e controla as habitações coletivas da cidade, entendidas como sínteses da falta de higiene e do crime, ou seja, marcos da barbárie. A ação contra os cortiços é tão intensa que passará a ser um dos elementos centrais de sua administração. O caso mais célebre, festejado intensamente pela imprensa, foi o da derrubada da "Cabeça-de-porco".

As principais reformas urbanísticas da cidade do Rio de Janeiro ocorreram no início do Séc. XX, durante a gestão de Francisco Pereira Passos, e foram cruciais para o desencadeamento do processo de favelização. A "Reforma Passos" foi a primeira grande empreitada do Estado em busca de reforma do espaço urbano e envolveu principalmente a área central.

A Reforma Passos, que tinha entre seus objetivos possibilitar a circulação de mercadoria, o embelezamento e o saneamento da cidade, também gerou alteração na estrutura das moradias urbanas. No intuito de executar o projeto urbanístico de revitalização do centro da cidade, as obras acabariam destruindo regiões de moradias populares estabelecidas na mesma região. Somam-se a este período outras grandes obras que foram geridas e custeadas pela União num contexto de melhoramento da capital federal.110

Outro movimento dessa reforma foi o loteamento dos subúrbios, que ocorreu por meio de regulação e controle urbano estatal, já que deixaram de ser áreas de livre ocupação e construção. Essas localidades passaram a se destinar à moradia de uma classe proletária que adquiriu condições para aquisição da propriedade. A ferrovia também fora fator decisivo para o processo de urbanização do subúrbio carioca.

A Reforma Passos, com suas obras, gerou um incremento ao movimento migratório de pessoas advindas do interior do país em busca de

---

109 Ibid.
110 Abreu cita obras importantes deste período que foram contraídas e custeadas pela União, dentre elas: a Avenida Central (atual Avenida Rio Branco), o porto do Rio de Janeiro, a abertura das avenidas Francisco Bicalho e Rodrigues Alves. ABREU, op. cit., 2008, p. 63.

emprego. Os recém-chegados e aqueles que não lograram êxito em se mudar das regiões centrais para os bairros formaram um remanescente populacional nas regiões centrais, o que ia frontalmente de encontro aos objetivos da reforma.111

Para essa parcela, aos quais os bairros não eram acessíveis, a alternativa que se sucedeu foi a moradia nos morros, consolidando o processo de favelização. Sobre esse fenômeno social, Abreu112 disserta que:

> Atraindo grande quantidade de força de trabalho e não oferecendo espaços para a sua reprodução, a Reforma Passos viabilizou então o desenvolvimento de sua própria negação – ou seja, a proliferação de um hábitat que já vinha timidamente se desenvolvendo na cidade e que, por sua informalidade e falta de controle, simbolizava tudo o que se pretendeu erradicar da cidade. Esse hábitat foi a favela

Em momento posterior à Reforma Passos, no ano de 1927 inicia-se a elaboração do primeiro plano urbanístico carioca, sob a gestão de Prado Júnior, o chamado Plano Agache. O plano, que só foi entregue após o fim da república velha, foi recebido com descrédito pelo novo governo, motivo pelo qual não foi implantado.

Ainda assim, é de grande importância e valor histórico para o presente trabalho. O Plano Agache representou uma política pública, que contou com investimentos de grande vulto econômico113 - e que ao final não foi executado - e tinha como finalidade controlar o desenvolvimento urbano carioca, prestigiando os interesses das esferas sociais mais ricas. O Plano Agache foi o primeiro plano diretor e urbanístico da cidade do Rio de Janeiro. Nesse plano, prescreveu de forma expressa que a solução seria a extinção das favelas por meios abruptos.

---

111 Id., op. cit. 2014, p.415.
112 Ibid., p.418.
113 Id., op. cit. 2008, p.86.

Abreu 114 cita como o problema das favelas eram para Agache: "Vistas como um problema 'social e esthetico'(sic). Para as favelas o plano apresenta apenas uma solução – a sua erradicação".

O trecho seguinte explicita a forma como o Plano Agache tratava a questão da favelização: 115

> Construídas contra todos os preceitos de hygiene, (sic) sem canalização d'água, sem exgotos (sic), sem serviços de limpeza públicos, sem ordem, com material heteróclito, as favelas constituem um perigo permanente de incêndio e infecções epidêmicas para todos os bairros através dos quais se infiltram. A sua lepra suja a vizinhança das praias e dos bairros mais graciosamente dotados pela natureza, despe os morros de seu enfeite verdejante e corrói até as margens da mata da encosta das serras... (A sua destruição é importante) não só sob o ponto de vista da ordem social e da segurança, como sob o ponto de vista da hygiene (sic) geral da cidade, sem falar da esthetica (sic)

Para Agache116 não era crível a permanência das favelas nos mesmos espaços destinados às classes mais nobres da cidade. As construções improvisadas e que não atendiam aos padrões deveriam ser removidas, da mesma forma em que a dualidade evidente de camadas sociais nas mesmas regiões:

> pouco a pouco surgem casinhas permanentes a uma população pobre e heterogênea, nasce um princípio de organização social, assiste-se ao começo do sentimento de propriedade territorial. Famílias inteiras vivem lado a lado uma da outra, criam-se laços de vizinhança, estabellecem-se (sic) costumes, desenvolvem-se pequenos comércios... Alguns (favelados) que fizeram bons negócios, melhoram sua habitação, alugam-na até, e estabellecem-se (sic) noutra parte, e eis pequenos proprietários capitalistas que se instalaram repentinamente em terrenos que não lhes

---

114 ABREU, op. cit., 2008, p.87.
115 PREFEITURA DO DISTRICTO FEDERAL apud Ibid., p. 89.
116 Ibid.

> pertenciam, os quais ficariam surpreendidos se lhes demostrasse que não podem, em caso nenhum, reivindicar direito de possessão

O Plano Agache já explicitava a problemática das moradias irregulares quanto aos direitos de posse e propriedade sobre a terra, tema que se pretende enfrentar no presente trabalho. No entanto, é importante a ressalva de que as soluções propostas pelo autor do plano estavam voltadas mais para a solução urbanística visual da cidade do que para a questão social - que já se mostrara necessária de ser enfrentada no âmbito das favelas.

Agache, entretanto, não foi omisso em dar uma solução àqueles moradores das favelas. Pelo seu Plano, a solução passaria pela construção de casas populares que pudessem ser vendidas por um preço que esses moradores fossem capazes de adquirir. Proposta que foi posteriormente implementada por outros governos, a exemplo do que aconteceu no Morro do Pasmado, em Botafogo, que durante a década de 1960 foi destruído e seus moradores levados para conjuntos habitacionais na Zona Oeste. Essa política pública não passou livre de críticas.

Na época subsequente à década de 1930 houve uma proliferação das favelas, em que pese o aumento das tentativas governamentais de contê-las. O momento é marcado pela expansão demográfica, consolidação do modo de produção fabril e da sua burguesia. Houve a estabilização das classes sociais em cada região da cidade. Porém a mobilidade urbana, por meio dos transportes públicos, não alcançou os avanços necessários.

Um marco histórico mundial importante deste período foi a crise do capitalismo de 1929 que atingiu diretamente a economia nacional, até então basicamente agrícola. Com a crise, o crescimento industrial - que teve muitos incentivos governamentais na época - e, consequentemente, a demanda por serviços, levaram a um período marcado por um grande fluxo migratório em sentido à capital do país da época, por pessoas em busca de renda e mudança nas condições de vida. 117

---

117 Ibid., p.96.

Neste cenário, a necessidade de moradia perto do trabalho se manteve como fator determinante do crescimento das favelas no período em que o transporte não atendia essas populações com eficácia. Segundo Abreu118, ainda quando isso aconteceu, com o transporte elétrico, os subúrbios já estavam ocupados de forma consolidada o que os manteve como uma região não acessível àqueles que moravam nas favelas.

A necessidade de morar próximo do trabalho diante da ausência de uma rede de transporte público eficiente e adequada às realidades econômicas dos mais pobres são questões que sempre estiveram à frente do processo de favelização. Evidência disso foram os surgimentos das favelas às margens da Avenida Brasil, na cidade do Rio de Janeiro.

A Avenida Brasil, construída em um contexto pós Decreto nº. 6.000 de 1937 - que objetivou traçar um roteiro urbanístico para a instalação das indústrias, estabelecendo uma zona industrial na cidade do Rio de Janeiro - foi inaugurada em 1946 com a finalidade de incentivo a ocupação industrial em uma região menos habitada da cidade. A consequência direta foi o processo de favelização nas margens dessa via119.

Segundo Álvaro Pessoa120, os anos de 1940 e 1950 foram marcados por um período de aumento da urbanização da sociedade brasileira. Esse processo foi marcado pelo aumento dos fluxos migratórios e diminuição constante das populações rurais, fato que impulsionou o legislativo federal.

O autor121 descreve que "a filosofia que preside a legislação editada para evitar crescimento urbano descontrolado é irreal e paradoxal". Cita como exemplo o disposto no Decreto-Lei nº. 8.938 de janeiro de 1946, editado com o objetivo de regular "o regime de combate à peste e das práticas de anti e desratização em todo o país" e que no seu art. 29 assim dispõe:

---

118 Ibid., p. 94.
119 Ibid., p.103.
120 PESSOA, Alvaro. O uso do solo em conflito: a visão institucional. In: FALCÃO, Joaquim. (Org.). **Invasões urbanas: conflito de direito de propriedad**e. Rio de Janeiro: FGV, 2008, 211-246, p. 137, p.217.
121 Ibid.

> Art. 29. São proibidas dentro das zonas urbanas das cidades, mucambos, palhoças, casas de taipa, ou congêneres.
>
> Parágrafo único. As moradas de que trata êste artigo, feitas depois da publicação dêste regulamento, serão demolidas, sem prejuízo de outras penalidades, que no caso couberem, não podendo ser refeitas ou reconstruídas as existentes anteriormente à promulgação dêste regulamento.

Maurício Abreu122 define a década de 1940 como a época de maior expansão das favelas no Rio de Janeiro, neste sentido:

> O censo de 1948 revelou um total de 138.837 habitantes nas 105 favelas existentes, que se concentravam notadamente na área suburbana (44% das favelas e 43% dos favelados) seguida da zona sul (24% e 21% respectivamente) e na zona Centro-Tijuca (22% e 30%). A zona Bangu-Anchieta, a mais distante dos principais locais de emprego, tinha participação bem menos significativa.

O crescimento das favelas e da população residente nelas foi um movimento progressivo. No período JK123, houve um aumento do valor dos lotes urbanos e um crescente movimento de retenção de terrenos pelos proprietários com vistas à valorização. Tudo isso impactou no já existente problema de moradia das classes sociais mais baixas.

Sobre a progressão no crescimento das favelas, Abreu 124 descreve o período entre 1948 e 1960 como:

> A grande maioria das favelas surgidas no Rio no período 1948-1960 se localizou nas proximidades da Avenida Brasil (distrito da Penha). Em 1960, estavam ali 33% das favelas recente e 52% dos favelados, exemplificando claramente o processo já aludido de invasão

---

122 ABREU, op. cit., 2008, p. 106.
123 O governo de Juscelino Kubitschek implementou uma ideologia de desenvolvimento, com destaque para a construção e transferência da capital federal para Brasília, mas que gerou inflação e consequente desvalorização dos salários.
124 Ibid., p. 126.

dessa nova área - que estava destinada ao uso industrial - pelo uso residencial favelado. O crescimento das favelas no restante da área suburbana (...) indica um número relativamente elevado de novas favelas no distrito da Gávea, decorrentes, sem dúvidas, do crescimento do mercado de trabalho na zona sul.

Durante o Regime Militar, foi criado o Sistema Financeiro da Habitação - SFH e o Banco Nacional da Habitação - BNH, logo no seu início, no ano de 1964. A proposta visava à criação de renda por meio do emprego de mão de obra pouco qualificada na construção civil de habitações e facilitar o acesso à casa própria àqueles que detinham baixa renda.

Trata-se de uma política pública para facilitar a construção, aquisição ou reforma de imóveis residenciais. Foi criada por meio da Lei nº. 4.595/1964, chamada Lei do SFH, ainda em vigor, porém com muitas modificações. A iniciativa teve como grande objetivo reduzir o déficit habitacional do país, oferecendo crédito de longo prazo com juros baixos.

Álvaro Pessoa[125] faz a seguinte análise crítica sobre a política pública que instituiu o SFH:

> destinava-se efetivamente, em sua concepção original, a erradicar condições subumanas de vida e facilitar o acesso à casa própria popular às classes menos favorecidas. As intenções da lei eram uma beleza. O fim das favelas e das condições subumanas de vida. Habitação decente para todos os brasileiros. Verdadeira maravilha. Tratava-se não obstante e como logo se veria, de um dos mais complexos e perfeitos exemplos do idealismo utópico nacional, estribado em duas grandes gritantes incompatibilidades na execução.

Segundo o autor[126], essas incompatibilidades são, em primeiro lugar, a função precípua atribuída ao BNH, qual seja, a de fomento à construção civil,

---

125 PESSOA, op. cit., 2008, p. 226.
126 Ibid.

área tida como geradoras de empregos. Nas palavras de Álvaro Pessoa "Casa popular mais ou menos barata era a consequência e não a meta principal".

Em segundo lugar, o autor atribuiu o insucesso do SFH ao seu próprio objetivo legal, ou seja, de erradicar toda a forma de moradia que fosse subumana sem, contudo, dizer o que fazer ou para onde ir as pessoas que moravam em áreas de favelas, que embora vivessem em condições pouco dignas não tinham outro lugar. Em 1986 foi extinto o BNH e o SFH foi alterado substancialmente por leis posteriores.

Durante a década de 1960, destacou-se a política pública de remoção das favelas. Nesse momento os moradores eram retirados, normalmente de áreas nobres da cidade, onde havia interesses financeiros na região, e levados para locais mais distantes. Um caso citado por Ricardo Pereira Lira[127] "aconteceu com a remoção da favela da Catacumba, erradicada para que no local se instalassem edifícios sofisticados, para moradia de pessoas abastadas. Essa favela ficava à beira da Lagoa Rodrigo de Freitas, no Rio de Janeiro."[128].

Nesse contexto, é importante citar o conceito de "gentrificação". Ricardo Pereira Lira[129] ao falar sobre remoção de favelas explica que:

> Gentrificação (do inglês gentrification) é o fenômeno que afeta uma região ou bairro pela alteração da dinâmica da composição do local, tal como novos pontos comerciais ou construção de novos edifícios, valorizando a região, e afetando a população de baixa renda local. Tais processos são criticados por alguns estudiosos do urbanismo

---

127 LIRA, op. cit., 2017, p. 1389.

128 Ricardo Pereira Lira sobre o contexto de remoção das favelas e o drama vivido por essas famílias acrescenta que "As autoridades mandaram atear fogo na favela, sendo que, pelo menos, tiveram a misericórdia de retirar as famílias que ali moravam.

As famílias dos favelados se dividiram. As mulheres, com suas filhas, foram removidas para muito longe, para Antares e Santa Cruz. Os chefes de casal, operários que eram, ficaram nos canteiros de obra, onde trabalhavam, nos bairros de Ipanema e Leblon. Isso debilitou os orçamentos das pobres famílias, sendo que para a recuperação financeira do grupo, as meninas de 10, 11 e 12 anos de idade tiveram de prostituir-se!!!"

Caso concreto e dilacerante de verdadeira gentrificação, ou seja, desalojamento arbitrário de população de baixa renda, em benefício de pessoas afortunadas, que se acomodaram, no local, em luxuosos prédios!!!" LIRA, op. cit., p. 1389.

129 Ibid., p. 1388.

e do planejamento urbano devido ao seu caráter conservador e sem compromisso com o social, (...)

> A noção de gentrificação está intimamente ligada à questão da remoção das favelas. Há arquitetos que consideram as favelas um problema, quando em verdade, o favelamento é uma solução. Não deixa de ser uma forma de, embora precariamente, assegurar o direito de moradia para as populações de baixa renda

O movimento de remoção das favelas foi sendo gradualmente abandonado, principalmente a partir de 1970, diante dos danos causado àquelas famílias e que gerou um movimento político em busca de uma nova abordagem para o problema. Com a Constituição de 1988 e as legislações seguintes foi reforçado, no direito brasileiro, a necessidade de cumprimento da função social da posse e da propriedade e de acesso à moradia digna.

Acerca dessa conjuntura Ângela Penalva[130] afirma que "essa nova abordagem seria consagrada com a Constituição de 1988, quando a regularização fundiária se tornou um princípio urbanístico recepcionado na norma brasileira". O tratamento do problema das moradias irregulares no contexto pós Constituição deve ser por meio da urbanização e integração das áreas ditas informais ao restante da cidade.

Neste sentido, em 1990 a Lei Orgânica do Município do Rio de Janeiro estabeleceu que a política urbana sobre favelas deverá se dar sem que haja remoções dos moradores, salvo em casos de risco de vida:

> Art. 429 - A política de desenvolvimento urbano respeitará os seguintes preceitos: VI - urbanização, regularização fundiária e titulação das áreas faveladas e de baixa renda, sem remoção dos moradores, salvo quando as condições físicas da área ocupada imponham risco de vida aos seus habitantes, hipótese em que serão seguidas as seguintes regras: a) laudo técnico do órgão responsável; b) participação da comunidade interessada e das entidades representativas na análise e definição das soluções; c)

---

130 SANTOS, Angela Moulin Simões Penalva. **Política urbana no contexto federativo brasileiro:** aspectos institucionais e financeiros. Rio de Janeiro: UERJ, 2017, p. 23.

assentamento em localidades próximas dos locais da moradia ou do trabalho, se necessário o remanejamento.

Nota-se que a uma situação de moradia dessas pessoas que vivem em locais não regularizados é de precarização e completa insegurança quanto à permanência. Defende-se que essa postura revela o esvaziamento do direito social de moradia, escupido em nossa Constituição. Melhor seria se a essas pessoas, que moram nesses locais por necessidade de viver da forma que lhes apresenta como possível, fossem asseguradas algumas garantias, dentre elas, o reconhecimento de que exercem posse.

3. A FUNCIONALIZAÇÃO DA PROPRIEDADE COMO UMA TEORIA EM BUSCA DE CIDADES MAIS JUSTAS

A ocupação desigual do território brasileiro levou à segregação socioespacial. Trata-se de característica visível nas cidades do país e que se mostra ainda mais evidente nas paisagens urbanas dos grandes centros. Os altos custos das propriedades atrelados à ausência de políticas públicas que viabilizassem acessos à regularidade ocasionaram as ocupações irregulares do território.

Os efeitos da ausência de políticas habitacionais eficazes são construções desordenadas. Tais construções ocorrem em locais privados, onde em um primeiro momento não há manifestação de interesse daquele que detém a relação de domínio - na maioria das vezes por se tratar de área sem valor mercadológico. E, também, em áreas públicas, nesses casos, normalmente porque não é dada nenhuma destinação àquele espaço ou imóvel.

Em ambos os casos são áreas subutilizadas ou abandonadas, ou seja, são propriedades que não cumprem a função social. A regularização fundiária é um instrumento jurídico apto a corrigir tais distorções e promover a justiça da posse - ou da propriedade -, a depender do caso.

O direito de propriedade é constitucionalmente previsto no rol dos direitos fundamentais; pode-se afirmar que foi opção política dar a esse instituto o grau máximo de proteção e de vinculação a todo ordenamento jurídico. A propriedade ganhou *status* de direito fundamental de primeira dimensão em um contexto ligado às revoluções liberais. Essa proteção, inicialmente, era tida como o vetor supremo de um Estado de Direito Liberal, ou seja, caracterizando-se, sobretudo, pelo dever de abstenção por parte dos poderes públicos131.

A mudança para o Estado Democrático de Direito - cuja solidificação do novo modelo, no Brasil, a promulgação da CRFB/88 marcou - gerou a necessidade de a propriedade privada se amoldar à realidade social contemporânea. O direito fundamental de propriedade subsiste em nosso ordenamento de acordo com a destinação que lhe é dada. Isso permite afirmar que a proteção do direito de propriedade não está mais relacionada a sua titularidade apenas, já que esse direito pode ser esvaziado pela sua não utilização, quando haverá o descumprimento da função social. A função social da propriedade é entendida como o corolário principal do direito de propriedade no âmbito de um Estado Democrático de Direitos.

A ideia de propriedade traz consigo conotações de ordem política, econômica, social e filosóficas que mudam no decorrer dos contextos de cada época. Bello132, em estudo sobre a noção de propriedade para filósofos modernos, aponta Thomas Hobbes e John Locke como alguns dos principais autores na consolidação da propriedade sobre os paradigmas do individualismo possessivo.

O individualismo possessivo é tido como questão central das teorias políticas liberais. Hobbes e Locke se enquadram dentro da chamada "liberdade dos modernos", ou seja, seus escritos defendem um estado que não interfira no âmbito privado, de maneira que, dentro da lógica individual, os sujeitos devem ter autonomia. São autores jusnaturalistas e "enquanto Hobbes busca legitimar (justificar) o poder do Estado, Locke objetiva limitá-lo segundo a lógica da primazia do privado sobre o público" 133.

Para Locke a propriedade estava em um patamar tão elevado ao ponto em que ela confere ao cidadão o direito de participar da vida pública, ou seja,

---

131 BRANCO, Paulo Gustavo Gonet; MENDES, Gilmar Ferreira. **Curso de direito constitucional**. 12. ed. São Paulo: Saraiva, 2017, p.232-236.
132BELLO, Enzo. A teoria política na Era Moderna: ascensão e crítica do individualismo possesivo. In: MOTA, Maurício; TORRES, Marcos Alcino (coord.). **Transformações no direito de propriedade privada**. Rio de Janeiro: Elsevier, 2009, p. 129- 146.
133Ibid., p. 133.

ter propriedade é instrumento de aquisição de direitos políticos134. É nesse sentido que se insere a crítica a sua teoria, por construir a ideia de propriedade em uma lógica de exclusão, que não se coaduna com a visão atual que reconhece a natureza complexa da propriedade e a multiplicidade dominial.

Contextualizando a crítica à propriedade individualista de Locke, Enzo Bello135 sustenta que:

> Considera-se que sem a realização de reformas agrárias nos países subdesenvolvidos não pode haver "economia moderna" (antropocêntrica). Ou seja, uma economia tida como meio e não como fim, uma vez que a propriedade privada não pode levar ao desperdício de bens e recursos. Conforme dispunha inicialmente Locke, para haver propriedade deve haver terra disponível para todos, pois sem emprego de trabalho, a terra vira produto de especulação imobiliária e nada vale para a coletividade

Ainda entre os filósofos modernos, Jean-Jacques Rousseau é apontado por Enzo Bello136, como crítico dessa visão de propriedade. Ainda que contemporâneo de Locke e Hobbes, ele apresenta uma visão da propriedade diferente à individualista, trazendo uma ideia que é anterior, mas muito próxima ao conceito de função social. Rousseau relaciona o direito de propriedade com a desigualdade que a acumulação é passível de gerar.

O constituinte de 1988 fez a opção de ao estabelecer a propriedade como um valor fundamental do Estado, mas simultaneamente ressalvar que ela deverá cumprir sua função social. Em seu art. 5º, XXII, determinou que "é garantido o direito de propriedade" para no inciso seguinte ressalvar que "a propriedade atenderá a sua função social".137

Marcos Alcino138 indica seis teorias que buscam justificar o direito de propriedade, reconhecendo que elas "se entrelaçam e refletem uma evolução

---

134 Ibid.
135Ibid., p. 143.
136 Ibid.
137 BRASIL, op. cit., nota 01.
138TORRES, Marcos Alcino. Impacto das novas ideias na dogmática do direito de propriedade: A multiplicidade dominial. In: MOTA, Maurício; TORRES, Marcos Alcino

histórica"139. Dentre elas, a teoria da ocupação que volta a um momento inicial que havia coisas sem dono, chamadas *res nullius,* e as pessoas as tomavam como suas por meio de atos de apropriação. A teoria da convenção, quando se estabelece entre os sujeitos a noção de respeito mútuo pelos bens alheios. A teoria do direito natural, para a qual o direito de propriedade é inerente à condição de existência de todo o ser humano, portanto, como um direito natural imprescindível.

A teoria do trabalho ou da especificação se aproximam da ideia de que o direito de propriedade é indissociável da função social a ela atribuída. Privilegia-se a ideia de que o trabalho sobre a terra é sua condição essencial. A teoria individualista ou da personalidade, a propriedade é uma relação do homem com as suas coisas; por último, pela teoria da criação da lei ou positivista, não há que se falar em propriedade com conteúdo jurídico sem lei anterior que a preveja140.

A análise da evolução do direito de propriedade permite o reconhecimento de que a noção clássica, em que a propriedade é tida como "o direito subjetivo mais completo, espinha dorsal do direito privado, o cerne do direito das coisas" 141 não atende mais as necessidades da sociedade. A doutrina sobre a propriedade caminhou em sentido de não considerar mais a propriedade como um direito ilimitado de seu titular.

A propriedade tida como individualista cedeu espaço para a entrada de elementos sociais. O seu conceito atual se torna mais complexo já que não se fala apenas em direitos emanados da titularidade do bem - como outrora - mas também em obrigações.

(coord.). **Transformações no direito de propriedade privada**. Rio de Janeiro: Elsevier, 2009, p. 89-102.
139Ibid., p. 96.
140 Ibid.
141 RODRIGUES apud ibid., p. 101.

O instituto passou por essas transformações no decorrer da história, sofrendo as mudanças de cada momento. Maurício Mota e Marcos Alcino142 descrevem que:

> Podemos destacar três momentos marcantes na caracterização da propriedade: a propriedade feudal; a passagem da propriedade feudal para a propriedade democratizada após a revolução francesa, estribada em ideais liberais, considerada propriedade burguesa, sob o domínio pleno e ilimitado de seu titular e o terceiro, ainda em conformação, o reconhecimento de uma propriedade funcionalizada, como um instituto voltado para o atendimento do homem como pessoa e não simplesmente como o bem componente de seu patrimônio ou como riqueza particular.

Leon Duguit é apontado como pioneiro na construção da ideia de que a propriedade deve cumprir uma função social. Para ele todo homem tem o dever de cooperar para a vida em sociedade em detrimento de orientações individualistas. Segundo Marcos Alcino143:

> Refletindo sobre direito subjetivo, Duguit afirma que o homem tem direito de ser livre, mas que há uma nova concepção de liberdade, que não é um direito subjetivo, mas sim a consequência da obrigação que se impõe a todo homem de desenvolver, o mais completamente possível, sua individualidade, isto é, sua atividade física, intelectual e moral, a fim de cooperar o melhor possível com a solidariedade social.

O conceito de função social da propriedade tem relação estreita com essa ideia de solidariedade social e é preenchido pelo exercício da posse, ou seja, pelo uso do bem no mundo dos fatos. O regramento atual da propriedade

---

142MOTA, Maurício; TORRES, Marcos Alcino. A função social da posse no código civil. In_____. **Transformações no direito de propriedade privada**. Rio de Janeiro: Elsevier, 2009, p. 82.
143 TORRES, op. cit., 2007, p. 205.

tornou esse um dever do proprietário e não uma mera faculdade. Neste sentido Maurício Mota e Marcos Alcino144:

> Para o titular do direito de propriedade, a função social assume uma valência de princípio geral. A sua autonomia para exercer as faculdades inerentes ao domínio não corresponde a um livre-arbítrio. O proprietário, através de seus atos e atividades, não pode perseguir fins antissociais ou não sociais, como também, para ter garantida a tutela jurídica ao seu direito, deve proceder conforme a razão pela qual o direito de propriedade lhe foi outorgado.

No debate contemporâneo, ganha destaque a discussão em torno da função social de todos os institutos. O direito de propriedade sobre um bem fica destituído de sentido caso não lhe seja dado algum uso socialmente relevante. Ou seja, o direito de propriedade - e, da mesma forma, o direito sobre todos os demais bens jurídicos - não prevalece se não há uso conforme a função social.

4. A INSUFICIÊNCIA DAS TEORIAS CLÁSSICAS DA POSSE NA DEFESA DA REGULARIZAÇÃO DAS MORADIAS POPULARES

Quanto ao instituto da posse, existem duas teorias tradicionais que buscam explicá-la, são elas: a teoria subjetiva e a objetiva. Para a primeira, que tem como principal defensor Friedrich Carl von Savigny, para a configuração da posse é necessária a presença do binômio: *"corpus"*, elemento material caracterizado pelo poder físico sobre a coisa; e *"animus domini"*, elemento subjetivo que caracteriza a intensão de ser dono.

Já a segunda teoria, que tem como principal nome Rudolf von Ihering, dispensa o elemento subjetivo *"animus domini"*. Por essa teoria, a posse se caracteriza apenas com o *"corpus"*, elemento objetivo visível, e por tanto passível de comprovação no mundo dos fatos. Flávio Tartuce145 afirma, no entanto, que "para essa teoria, dentro do conceito de corpus está uma intenção,

---

144MOTA; TORRES; op. cit., p. 69.
145 TARTUCE, Flávio. **Direito das Coisas**. 9. ed. v.4. Rio de Janeiro: Forense, 2017, p. 30.

não o animus de ser proprietário, mas sim de explorar a coisa com fins econômicos".

Na teoria objetiva de Ihering o *"corpus"* se constitui no fato de o sujeito se comportar como proprietário da coisa, ou seja, exercer visualmente os poderes de proprietário. Basta essa condição material, ainda que tenha declarado não haver interesse de se tornar proprietário, sendo, inclusive, essa a crítica à teoria146.

Prevaleceu na Alemanha a concepção objetiva da posse, assim como no Brasil. O Código Civil de 1916 trazia a seguinte redação no art. 485147 "Considera-se possuidor todo aquele que tem de fato o exercício pleno, ou não, de algum dos poderes inerentes ao domínio, ou propriedade". O Código Civil de 2002 não inovou no texto do art.1196148.

Para Ihering a posse é um desdobramento da propriedade, ou seja, exerce a posse quem possui anteriormente o título. Essa ideia também é extraída dos dispositivos do Código Civil acima citados. Segundo Maurício Mota e Marcos Alcino149 "essa noção tradicional já não pode ser aceita, porque não se coaduna com a ideia contemporânea de posse".

O Código Civil, em que pese ter adotado a teoria objetiva de Ihering, preceitua em alguns dispositivos que o instituto da posse com função social prevalece sobre o direito de propriedade. São os casos das diversas modalidades de usucapião.

Raymond Saleilles com a Teoria Social da Posse buscou fundamentar o direito de posse na ideia de haver a apropriação econômica de um bem diante de uma situação fática. Como consequência dessa ideia, deu-se certa autonomia à situação possessória, afastando o entendimento de Ihering na Teoria objetiva, de que a proteção da posse só se justifica por ser desdobramento do direito de propriedade. Para Saleilles150: "há posse onde há

---

146 MOTA; TORRES, op. cit., p. 6.
147BRASIL. **Código civil de 1916**.
148 "Art. 1.196. Considera-se possuidor todo aquele que tem de fato o exercício, pleno ou não, de algum dos poderes inerentes à propriedade". BRASIL. **Código Civil de 2002**.
149MOTA; TORRES, op. cit., p. 7.
150 SALEILLES apud ibid., p. 11.

uma relação de fato suficiente para estabelecer a independência econômica (autonomia) do possuidor no desfrute da coisa".

No direito brasileiro, o instituto da legitimação da posse já garantia direito de posse àqueles que davam destinação às terras por meio do cultivo ou moradia. Esse instituto foi inserido no nosso ordenamento em 1850 pela Lei nº. 601, conhecida como Lei de Terras, que pelo seu valor histórico é importante a menção. O texto tem a seguinte redação:

> Art. 5º Serão legitimadas as posses mansas e pacíficas, adquiridas por ocupação(sic) primaria, ou havidas do primeiro ocupante(sic), que se acharem cultivadas, ou com princípio de cultura, e morada, habitual do respectivo posseiro, ou de quem o represente, guardadas as regras seguintes:
>
> (...)
>
> Art. 6º Não se haverá por princípio do cultura para a revalidação das sesmarias ou outras concessões do Governo, nem para a legitimação de qualquer posse, os simples roçados, derribadas ou queimas de mattos(sic) ou campos, levantamentos de ranchos e outros actos(sic) de semelhante natureza, não sendo acompanhados da cultura effectiva(sic) e morada habitual exigidas no artigo antecedente.

Diante da evolução do tema, a visão atual do direito de posse é no sentido de atribuir maior valor à destinação dada aos bens que à titulação meramente formal. É necessário que a leitura do art. 1.196 do Código Civil não seja apenas literal e sim que englobe a ideia de que no nosso sistema jurídico existe a proteção da posse mesmo que não atrelada à propriedade.

Segundo Maurício Mota e Marcos Alcino[151], a posse, que é uma situação fática, necessita de uma relação de apropriação econômica da coisa e de consciência de quem a exerce sobre qual o grau dessa relação. Os autores refletem que em uma situação casuística é possível até mesmo que um menor exerça posse, embora não tenha capacidade de fato. Isso pode ocorrer, pois ele tem capacidade de direito o que o torna apto a prática de atos jurídicos em

---

[151] Ibid., p. 5-30.

sentido estrito. Esse menor, que se apropria de coisa alheia e age como se fosse dono, de forma livre e consciente, exerce posse no âmbito do direito civil - ainda que seus atos sejam passíveis de se enquadrarem como atos infracionais no campo do Estatuto da Criança e do Adolescente.

O caráter fático é o que diferencia a posse natural - ou seja, aquela que se dá pelo fato da apreensão e, por isso, se difere da posse civil - da propriedade. A posse autônoma, ou seja, aquela que não é atrelada à titularidade do direito de propriedade só se configura quando há o seu exercício no plano material; portanto, se não houver uso por um período socioeconômico considerável ela desaparece152. Ao contrário, a propriedade pode subsistir apenas com a titularidade do bem, ainda que seja uma propriedade esvaziada por não haver o cumprimento da função social, caso ninguém a reivindique.

Para a correta atribuição do direito de posse, no entanto, não basta o componente físico ou visual. Deve haver uma análise que se volte ao tempo da tomada do imóvel para que se apure o contexto em que ocorreu. Nesse sentido, a *causa possessioni* é importante para a análise sobre a possibilidade da existência de vícios na aquisição da posse, sendo certo que: "Salvo prova em contrário, entende-se manter a posse o mesmo caráter com que foi adquirida"153.

Nesse sentido, o Código Civil, no art. 1.208154, dispõe que "não induzem posse os atos de mera permissão ou tolerância, assim como não autorizam a sua aquisição os atos violentos, ou clandestinos, senão depois de cessar a violência ou a clandestinidade".

A posse, quanto aos vícios objetivos, divide-se em justa e injusta. Há posse justa quando ela advém de uma relação jurídica, seja ela de direito real ou obrigacional, e posse injusta quando o possuidor tiver se valido de violência, clandestinidade ou precariedade para adquiri-la.

---

152 Importante destacar que a posse deixará de existir pelo não uso do bem por um tempo que caracterize o abandono, o lapso temporal deverá ser constatado diante do caso concreto. Nesse sentido, não há falar em perda da posse em casos em que o possuidor se afasta do imóvel sem intensão de abandonar, como no caso de férias.

153 BRASIL, op. cit., nota 58, art. 1203.

154 Ibid.

Quanto ao rol dos meios que caracterizam a posse injusta, previstos no art. 1.200155, admite-se ser taxativo de acordo com os argumentos de Cristiano Chaves e Nelson Rosenvald156:

> Não podemos aderir à tese do numerus apertus por duas razões básicas: primeiro, se fosse concedida tal elasticidade ao conceito de injustiça da posse, a posse justa seria somente aquela adquirida por relação jurídica de direito real ou obrigacional, e aí estaríamos inadvertidamente introduzindo o juízo petitório no possessório, pois só a posse oriunda da propriedade seria passível de tutela, quando, em verdade, há uma autonomia entre a posse e a propriedade; segundo, aprofundaríamos o processo de exclusão social ao qualificarmos como posse injusta a corriqueira situação em que inúmeras famílias ocupam imóveis abandonados, nos quais os proprietários recusaram adimplemento ao princípio constitucional da função social da propriedade (art. 5º, XXIII, da CF).

Com base nesse entendimento, a ocupação de imóveis abandonados deve ser considerada posse justa. Essa conclusão influi diretamente nas relações jurídicas de posse nas favelas que muitas vezes surge com atos de apropriação de áreas abandonas157. Esses ocupantes dão destinação socialmente relevante ao espaço ao fazerem dele sua moradia e de sua família, uma vez que, se moram ali é por não possuírem outro lugar para habitar. Logo, defender o rol taxativo privilegia a função social da posse do ocupante em relação ao proprietário desidioso que abandonou o bem a própria sorte.

A posse natural ou fática não é decorrente de qualquer relação de direito real ou obrigacional158 e, portanto, não decorre do direito subjetivo de propriedade. Mas, como visto, também ganha proteção do ordenamento jurídico, conforme se observa do próprio Código Civil e da CRFB/88. Pois,

---

155 "Art. 1.200. É justa a posse que não for violenta, clandestina ou precária." BRASIL, op. cit., notal 98.
156FARIAS, Cristiano Chaves de; ROSENVALD, Nelson. **Curso de direito civil**. 11 ed. V. 5. Salvador: Jus Podivm, 2015, p.112, [*ebook*].
157Ibid., p. 105-112.
158 Ibid., p. 47.

além de buscar a pacificação de conflitos em torno da terra, o que está atrelado ao direito social de moradia e a dignidade da pessoa humana. Essa é uma interpretação que privilegia a função social da posse, ou seja, que se atenta para as relações de habitação e de destinação econômica para a coisa.

Busca-se a superação do entendimento da posse apenas pelo viés clássico da teoria objetiva de Ihering, da forma em que foi positivada no Código Civil de 2002, ou seja, de que a posse não existe como um direito autônomo, como descrevem Cristiano Chaves e Nelson Rosenvald:

> Ao conceituar a posse da mesma maneira que o seu antecessor, o Código Civil de 2002 filia-se à teoria objetiva, repetindo a nítida concessão à teoria subjetiva no tocante à usucapião como modo aquisitivo da propriedade que demanda o *animus domini* de Savigny. Com efeito, predomina na definição da posse a concepção de Ihering. A teor do art. 1.196, "considera-se possuidor todo aquele que tem de fato o exercício, pleno ou não, de algum dos poderes inerentes à propriedade". Assim, pela letra do legislador, o possuidor é quem, em seu próprio nome, exterioriza alguma das faculdades da propriedade, seja ele proprietário ou não[159]

No entanto, as teorias de Savigny e Ihering não se mostram eficazes para explicar a posse em um contexto pós-positivista, no qual se reconhece a força normativa dos princípios, que irradiam seus efeitos por todo o ordenamento jurídico. Cristiano Chaves e Nelson Rosenvald abordam que essas duas correntes teóricas "hoje são insuficientes para exprimir a densidade dos direitos fundamentais nas relações privadas, além de completamente divorciadas da realidade do Brasil, como nação de injusta distribuição de recursos e enormes conflitos fundiários.".

O que se defende, por tanto, é que posse e propriedade são direitos diversos e que convivem no ordenamento sem que haja relação de dependência entre eles. De modo que, a posse não é necessariamente um desdobramento da propriedade. Essa defesa se fundamenta na interpretação sistemática do

---

159 Ibid., p. 48.

ordenamento jurídico que não admite que, quando em colisão, um direito de propriedade esvaziado de utilização econômica prepondere sobre a posse funcionalizada.

Havendo o confronto entre o titular do domínio, que não dá ao bem nenhum uso conforme a sua função social, e o possuidor, que efetivamente o utiliza, esse tem melhor direito160. Ao dar destinação econômica ao bem, atrelado ao tempo, o direito de posse passa a ter maior valor jurídico baseado na ideia de justiça social. Segundo Marlene Pereira161, "Nota-se, aos poucos, a posse sendo protegida não por ser uma projeção de um direito pretensamente superior - a propriedade, mas por sua importância social".

O Código Civil estabeleceu distinção entre os juízos petitórios e possessórios, dando preferência para esse em detrimento daquele no bojo do Art.1.210 §2° 162 163. No juízo petitório o sujeito reivindica a posse tomando por base um título que detenha sobre o bem objeto da lide. No juízo possessório se discute somente a posse diante de situações de esbulho, turbação ou ameaça, cabendo aos litigantes buscar a atribuição de melhor posse, que será dada pelo juízo.

Essa vedação ao instituto da *exceptio proprietatis* representa avanço na disciplina da posse uma vez que reafirma a sua autonomia em relação aos demais direitos reais - sobretudo a propriedade. E, também, determina que a discursão jurídica se atenha ao campo dos fatos, privilegiando o uso efetivo do bem em detrimento da propriedade sem função social.

---

160 REALE apud MOTA; TORRES, op. cit., p. 41.

161 PEREIRA, Marlene de Paula. Releituras da teoria possessória: da posse como proteção do direito. In: MOTA; TORRES, op. cit., p. 157.

162Art. 1.210. O possuidor tem direito a ser mantido na posse em caso de turbação, restituído no de esbulho, e segurado de violência iminente, se tiver justo receio de ser molestado. (...)

§ 2o Não obsta à manutenção ou reintegração na posse a alegação de propriedade, ou de outro direito sobre a coisa. BRASIL, op. cit., nota 96.

163 Durante a vigência do Código Civil de 1916 havia a previsão da possibilidade de alegação de propriedade como defesa de uma demanda possessória, por meio do instituto da *"exceptio proprietatis"* inserido na parte final do seguinte dispositivo: "Art. 505. Não obsta à manutenção, ou reintegração na posse, a alegação de domínio, ou de outro direito sobre a coisa. Não se deve, entretanto, julgar a posse em favor daquele a quem evidentemente não pertencer o domínio." BRASIL, op. cit., nota. 95.

O postulado da função social alcança um patamar decisivo nas discussões, tanto em torno da posse quanto da propriedade. Trata-se de verdadeiro pressuposto processual para a as ações possessórias164, já que a

---

164 Neste sentido é a jurisprudência do STJ: RECURSO ESPECIAL - AÇÃO DE REINTEGRAÇÃO DE POSSE - ANTERIORIDADE NA AQUISIÇÃO DOS DIREITOS POSSESSÓRIOS, PRECEDÊNCIA NO USO E OCUPAÇÃO DO BEM, PROVIDÊNCIAS CONSISTENTES NA LIMPEZA E MANUTENÇÃO DA COISA POSSUÍDA - CONSTITUIÇÃO DE DIREITO POSSESSÓRIO - RECONHECIMENTO DA IMPROCEDÊNCIA DA AÇÃO PELAS INSTÂNCIAS ORDINÁRIAS.
1. Discussão voltada a definir o conceito de 'melhor posse', à luz do Código Civil de 2002.
2. Questão a ser dirimida mediante investigação voltada à comprovação, pelo autor da demanda, do disposto no art. 927, do Código de Processo Civil e dos requisitos alusivos: I - ao efetivo exercício de sua posse; II - a turbação ou esbulho praticado pelo réu; III - a data da turbação ou do esbulho; IV - a continuação da posse, embora turbada, na ação de manutenção; V - a perda da posse, na ação de reintegração. Ultrapassada a primeira exigência para procedência da ação de reintegração de posse, qual seja, a demonstração, pelo autor, de sua posse e o esbulho cometido pela parte demandada, remanesce a análise dos demais elementos do art. 927, do CPC, revelando-se correta e em harmonia com o princípio da segurança jurídica a orientação adotada pelas instâncias ordinárias no sentido de, diante de documentos com força equivalente, optar por aquele mais antigo, desde que corroborado pelo efetivo exercício da relação material (possessória) com a coisa, objeto do bem da vida.
3. Não há que se falar na utilização de parâmetros estabelecidos no artigo 507, e seu parágrafo único, do Código Civil anterior, não repetido no estatuto atual, nem tampouco ignorar a força do comando constitucional da função social do uso da terra (propriedade/posse), em virtude do que se espera sejam aos imóveis dada a destinação que mais legitima a sua ocupação. É preciso que o Poder Judiciário, quando no exercício da função jurisdicional - na construção da norma jurídica concreta - se valha de critérios seguros, objetivos e, fundamentalmente, agregadores dos diversos requisitos deduzidos na lei, no afã de bem avaliar a providência acerca da eventual manutenção ou reintegração do sujeito na posse da terra. Dessa forma, a teor do art. 927, inciso I, do CPC, ao autor da ação possessória cumpre provar sua posse. E esta, sem dúvida, pode ser comprovada com base no justo título, conforme ainda determina o parágrafo único, do art. 1.201, do Código Civil. É preciso compreender justo título segundo os princípios da socialidade, da eticidade e da operabilidade, diretrizes estabelecidas pelo Novo Código Civil. Assim, perfilhando-se entendimento da doutrina contemporânea, justo título não pode ser considerado, preponderamente, sinônimo de instrumento, mas de causa hábil para constituição da posse. Na concepção acerca da 'melhor posse', a análise do parâmetro alusivo a função social do uso da terra há de ser conjugado a outros critérios hermenêuticos, tendo como norte o justo título, a teor do parágrafo único, do art. 1.201, do Código Civil, sem olvidar as balizas traçadas pela alusão às circunstâncias referidas no art. 1202 do Código Civil. A função social da posse deve complementar o exame da 'melhor posse' para fins de utilização dos interditos possessórios. Quer dizer, alia-se a outros elementos, tais como a antiguidade e a qualidade do título, não podendo ser analisada dissociada de tais critérios, estabelecidos pelo legislador de 2002, a teor do art. 1.201, parágrafo único, do Código Civil, conferindo-se, inclusive, ao portador do justo título a presunção de boa-fé. É importante deixar assente que a própria função social da posse, como valor e critério jurídico-normativo, não tem caráter

ausência de uso faz desaparecer o pressuposto fático inerente à caracterização da posse. Da mesma forma para as ações petitórias, nas quais não basta o título de domínio para o exercício da jurisdição. Assim, nasce para aquele que demanda em ambas as ações o ônus de provar que exerce uso socialmente adequado.

Maurício Mota e Marcos Alcino165 corroboram com esse entendimento nos seguintes termos:

> Há, portanto, um pressuposto processual emanado diretamente da Constituição e confirmado agora, pela redação do art. 1210, §2º do Código Civil (mediante a exclusão da exceção de domínio do juízo possessório), que estabelece a exigência de comprovação do adimplemento da função social da propriedade, por parte do proprietário.

absoluto, sob pena deste Tribunal, caso coteje de modo preponderante apenas um dos fatores ou requisitos integrados no instituto jurídico, gerar insegurança jurídica no trato de tema por demais relevante, em que o legislador ordinário e o próprio constituinte não pretenderam regrar com cláusulas amplamente abertas.

4. É preciso considerar o critério da função social da posse, complementado a outros parâmetros, como a antiguidade e a qualidade do título, a existência real da relação material com a coisa, sua intensidade, tendo como norte hermenêutico a definição do art. 1.201, parágrafo único, do Código Civil.

5. No caso em foco, o exame do vetor alusivo à função social da posse, como critério jurídico-normativo único, não teria isoladamente influência suficiente para alterar o resultado do processo, a ponto de beneficiar qualquer litigante, porquanto, os elementos existentes e, sobretudo, a equivalência de forças dos documentos apresentados, tornam dispensáveis considerações segmentadas, não conjunturais, em relação àquele elemento. Merece ser mantida incólume a conclusão das instâncias ordinárias, que valoraram adequadamente os requisitos do art. 927 do CPC e concluíram por negar ao recorrente a melhor posse, com base nos argumentos da antiguidade do título e da efetiva relação material com a coisa possuída.

6. Além disso, observando-se a ordem de alienação do imóvel objeto do presente litígio, verifica-se, em princípio, a correção na cadeia de transferência dominial do bem, até à aquisição da posse pela ora recorrida. Sem dúvida, essas circunstâncias, vistas em conjunto, relevam o inexorável reconhecimento do melhor título da recorrida, aliada à sua antiguidade, porquanto adquiriu os direitos possessórios objeto de discussão, em 06/09/1997, antes, portanto, do ora recorrente. Finalmente, certo é que os documentos acostados pela recorrida mereceram, aos olhos das instâncias ordinárias, melhor fé a consubstanciar a existência de justo título e, por conseguinte, reputar como não cumpridos os requisitos do art. 927, do Código de Processo Civil por parte do demandante.

7. Recurso especial improvido." BRASIL. Superior Tribunal de Justiça. **Resp. nº 1148631 / DF**. Relator: Ministro Luiz Felipe Salomão.

165 MOTA; TORRES, op. cit., p 71.

>Assim, na possessória, o descumprimento da função social desqualificaria a posse. E, tanto na possessória quanto na petitória, para a prova da propriedade, não bastaria o título, sendo também necessário comprovar o cumprimento da sua função social.

Em caráter decisivo, reconhece-se no ordenamento não só a função social da propriedade como também da posse. O Código Civil trouxe a defesa da função social da posse quando tratou da usucapião rural e urbana, respectivamente, nos arts. 1.239 e 1.240166, concedendo o direito de se tornar proprietário àquele que exerce posse e que dê ao bem uma destinação qualificada pela moradia ou trabalho.

A função social da posse também é defendida pelo disposto no art. 1.228, §§4º e 5º 167, que atribui direito ao título de domínio a um imóvel em que é dada destinação por um significativo grupo de pessoas, uma vez cumprido todos os requisitos. No entanto, ressalta-se que por haver previsão de indenização ao proprietário, esse dispositivo se difere das modalidades de usucapião.

166Art. 1.239. Aquele que, não sendo proprietário de imóvel rural ou urbano, possua como sua, por cinco anos ininterruptos, sem oposição, área de terra em zona rural não superior a cinquenta hectares, tornando-a produtiva por seu trabalho ou de sua família, tendo nela sua moradia, adquirir-lhe-á a propriedade.

Art. 1.240. Aquele que possuir, como sua, área urbana de até duzentos e cinquenta metros quadrados, por cinco anos ininterruptamente e sem oposição, utilizando-a para sua moradia ou de sua família, adquirir-lhe-á o domínio, desde que não seja proprietário de outro imóvel urbano ou rural.

§ 1º O título de domínio e a concessão de uso serão conferidos ao homem ou à mulher, ou a ambos, independentemente do estado civil.

§ 2º O direito previsto no parágrafo antecedente não será reconhecido ao mesmo possuidor mais de uma vez. BRASIL. op. cit., nota 98.

167Art. 1.228. O proprietário tem a faculdade de usar, gozar e dispor da coisa, e o direito de reavê-la do poder de quem quer que injustamente a possua ou detenha. (...)

§ 4º O proprietário também pode ser privado da coisa se o imóvel reivindicado consistir em extensa área, na posse ininterrupta e de boa-fé, por mais de cinco anos, de considerável número de pessoas, e estas nela houverem realizado, em conjunto ou separadamente, obras e serviços considerados pelo juiz de interesse social e econômico relevante.

§ 5º No caso do parágrafo antecedente, o juiz fixará a justa indenização devida ao proprietário; pago o preço, valerá a sentença como título para o registro do imóvel em nome dos possuidores. BRASIL. op. cit., nota 58.

Marcos Alcino168 propõe que a visão contemporânea do direito de propriedade não comporta uma unicidade de conceito. Defende que há, na verdade, uma multiplicidade de propriedades, pois, cada qual tem existência jurídica de acordo com a sua funcionalidade, portanto, o mais correto seria falarmos em propriedades, grafado no plural.

Exemplificando essa ideia, a CRFB/88 deu regramento diverso para a propriedade urbana e rural, cada uma possui uma razão de ser na ordem jurídica levando em conta o modo de utilização. Por isso, ainda que seja possível um conceito genérico de propriedade, cada modelo reclama um regramento próprio, respeitando seus diversos usos de acordo com as necessidades sociais.

O que não significa negar totalmente o caráter subjetivo ao direito de propriedade. Esse subsiste como um núcleo essencial e que justifica a capacidade de uso e de desenvolvimento de atividade que vise à exploração econômica, atributo inafastável de todo bem. Neste sentido, "não se trata da multiplicação de noções com o objetivo de substituir o conceito unitário. Esse não se esvai, torna-se apenas um dos muitos elementos que devem ser levados em conta, variando de importância conforme o setor proprietário que se esteja examinando"169.

Noutro prisma, cabe destacar julgado emblemático do Superior Tribunal de Justiça, o qual deu prevalência da posse com destinação social em relação à propriedade não cumpridora da função social constitucional. O Egrégio Tribunal Superior destacou, no julgamento do Recurso Especial de nº 75.659/SP, que o direito à propriedade não é absoluto, podendo este perecer em razão, por exemplo, do abandono do bem imóvel. Observe-se a ementa do julgado supramencionado:

> RECURSO ESPECIAL Nº 75.659 - SP (1995/0049519-8)
>
> RELATOR: MINISTRO ALDIR PASSARINHO JUNIOR

168TORRES, op. cit., 2009, p. 106- 122.
169 Ibid., p.122.

EMENTA: CIVIL E PROCESSUAL. AÇÃO REIVINDICATÓRIA. TERRENOS DE LOTEAMENTO SITUADOS EM ÁREA FAVELIZADA. PERECIMENTO DO DIREITO DE PROPRIEDADE. ABANDONO. CC, ARTS. 524, 589, 77 E 78. MATÉRIA DE FATO. REEXAME. IMPOSSIBILIDADE. SÚMULA N. 7-STJ.

I. O direito de propriedade assegurado no art. 524 do Código Civil anterior não é absoluto, ocorrendo a sua perda em face do abandono de terrenos de loteamento que não chegou a ser concretamente implantado, e que foi paulatinamente favelizado ao longo do tempo, com a desfiguração das frações e arruamento originariamente previstos, consolidada, no local, uma nova realidade social e urbanística, consubstanciando a hipótese prevista nos arts. 589 c/c 77 e 78, da mesma lei substantiva .II. "A pretensão de simples reexame de prova não enseja recurso especial" - Súmula n. 7-STJ.III. Recurso especial não conhecido

Corroborando com a sistemática atual, da multiplicidade dominial170, ganha relevo o Estatuto das Cidades - Lei nº. 10.257/2001, visto como inovação legislativa quando comparado ao Código Civil. O Estatuto trouxe institutos novos para a disciplina da propriedade171 que estão em consonância com todo o exposto até aqui. Reafirma a complexidade do direito de

---

170 Ibid. p.102-122.
171 "seguindo a diretriz constitucional em relação a propriedade imóvel urbana, aprovou o legislador documento legislativo que por força da própria lei passou a chamar-se de Estatuto da Cidade (Lei nº 10.257/2001), trazendo institutos estranhos à propriedade regulada pelo então vigente Código Civil, evidenciando a incapacidade da lógica dominical à época em vigor, tais como: o solo criado, o direito de superfície, concessão de uso especial para fins de moradia, direito de preempção e , quebrando um sistema tradicional e histórico para admitir a usucapião coletiva, além de regular os institutos do parcelamento e edificação compulsórios, do IPTU progressivo e da desapropriação sanção estabelecidos na Constituição Federal. Saliente-se que criou uma hipótese de obrigação *propter rem* fora do tradicional direito civil, ao fixar a deambulação da obrigação de edificar, parcelar ou ambas, com a titularidade (art. 6º)" Ibid., p.113.

propriedade e rompe com a ideia de concentração da sua disciplina jurídica no Código Civil. Afirma Marcos Alcino172:

> A propriedade imóvel urbana passa a ter regulação prioritária fora do Código Civil, quebrando a unidade do sistema inspirado no código, e passa a ser objeto de planejamento político no interesse geral, visando o desenvolvimento das funções sociais da cidade e a garantia do direito a uma cidade sustentável.

Adotar a teoria da multiplicidade dominial significa reconhecer a necessidade de um regramento específico para cada tipo de propriedade. Esses diversos estatutos, que vão além do conteúdo da regulamentação da propriedade no Código Civil, formam um arcabouço jurídico próprio e amparado pela CRFB/88. O que se busca é uma normatização de cada bem jurídico de acordo com a sua função social.

5. CONCLUSÃO

O Direito de moradia, entendido como direito constitucional social, não é apenas um teto com paredes. Vários são os requisitos necessários para qualificar uma moradia como digna e um deles é a necessidade de o morador ter garantida a segurança na sua posse. É sobre essa premissa que se sustenta a necessária reafirmação da autonomia da posse em relação à propriedade. Isto é, as teorias possessórias clássicas, tanto de Savigny quanto a de Ihering não são suficientes para dar segurança à posse, pois elas não admitem que exista posse desatrelada da propriedade.

Defende-se que haja a prevalência do direito de posse sobre o direito de propriedade nos casos de descumprimento da função social pelo abandono do titular primitivo do bem. Nesse sentido, devem prevalecer as teorias sociais da posse que defendem que haja posse como um direito autônomo e que ela seja *titularizada* em favor daquele morador que dá uma destinação relevante e útil ao bem. Esse é o sentido que melhor promove a justiça para as moradias

---

172Ibid., p.115.

populares e o postulado da solidariedade social, já que a propriedade imóvel não deve ser tida sob o viés individualista.

REFERÊNCIAS BIBLIOGRÁFICAS

ABREU, Mauricio de Almeida. **Da habitação ao hábitat**: a questão da habitação popular no Rio de Janeiro e sua evolução. Escritos Sobre Espaço e História. Rio de Janeiro: Garamond, 2014.

_____. **Evolução Urbana do Rio de Janeiro**. 4. ed. Rio de Janeiro: IPP, 2008.

AIETA, Vânia. **Criminalização da política**: a falácia da política como instrumento democrático. Rio de Janeiro: Lumen Juris, 2017.

ANDRADE, Leandro Teodoro. **Manual de direito urbanístico**. São Paulo: Revista dos Tribunais, 2019.

ARAGÃO, Thêmis Amorim. **Cortes no Censo 2020 tornam inviável o cálculo do déficit habitacional.** Disponível em: <https://www.observatoriodasmetropoles.net.br/cortes-no-censo-2020-tornam-inviavel-o-calculo-do-deficit-habitacional/>. Acesso em: 18 mar. 2020.

ARAUJO, Barbara Almeida de**. A posse de bens públicos**. Rio de Janeiro: Forense, 2010.

BELLO, Enzo. A teoria política na Era Moderna: ascensão e crítica do individualismo possesivo. In: MOTA, Maurício; TORRES, Marcos Alcino (coord.). **Transformações no direito de propriedade privada**. Rio de Janeiro: Elsevier, 2009.

BONIZZATO, Luigi. **Propriedade Urbana Privada e Direitos Sociais**. 2. ed. Curitiba: Juruá, 2015.

BRANCO, Paulo Gustavo Gonet; MENDES, Gilmar Ferreira. **Curso de direito constitucional**. 12. ed. São Paulo: Saraiva, 2017.

BRASIL. **Código civil de 1916**. Disponível em: <https://www2.camara.leg.br/legin/fed/lei/1910-1919/lei-3071-1-janeiro-1916-397989-publicacaooriginal-1-pl.html>. Acesso em: 03 jul. 2019.

_____. **Código Civil de 2002**. Disponível em:<http://www.planalto.gov.br/ccivil _03/leis/2002/l10406.htm.>. Acesso em: 03 jul. 2019.

_____. **Constituição da República Federativa do Brasil**. Disponível em:<http://www.planalto.gov.br/ccivil_03/constituicao/constituicaocompilado.htm>. Acesso em: 09 abr. 2019.

_____. **Decreto-Lei nº 3.365,** de 21 de junho de 1941. Disponível em: <http://www.planalto.gov.br/ccivil_03/decreto-lei/del3365.htm>. Acesso em: 20 mai. 2019.

_____. **Decreto nº 9.310, de 15 de março de 2018.** Disponível em: <http://www.planalt o.gov.br/ccivil_03/_ato2015-2018/2018/decreto/D9310.htm>. Acesso em: 20 jun. 2019.

_____. **Estatuto das cidades**. Disponível em: <http:// www.planalto.gov.br/ccivil_03/leis/leis_2001/l10257.htm>. Acesso em: 9 abr. 2019.

_____. Instituto Brasileiro de Geografia e Estatística. **Dia Nacional da Habitação**: Brasil tem 11,4 milhões de pessoas vivendo em favelas. Disponível em: <https://agenciadenoticias.ibge.gov.br/agencia-noticias/2012-agencia-de-noticias/no ticias/15700-dados-do-censo-2010-mostram-11-4-milhoes-de-pessoas-vivendo-em-favelas> Acesso em: 18 mar. 2020.

_____. **Instituto Brasileiro de Geografia e Estatística**. Disponível em:<http://webcache.googleusercontent.com/search?q=cache:4bG6NbRmmi8J:ftp://ft p.ibge.gov.br/Trabalho_e_Rendimento/Pesquisa_Nacional_por_Amostra_de_Domicili os_continua/Renda_domiciliar_per_capita/Renda_domiciliar_per_capita_2018.pdf+& cd=6&hl=pt-BR&ct=clnk&gl=br>. Acesso em: 16 jan. 2020.

_____. **Lei n. 13465/17.** Disponível em: <http://www.planalto.gov.br/ccivil_03/_Ato2015-2018/2017/Lei/L13465.htm>. Acesso em: 21 jan. 2020.

_____. **Lei n. 6766/79**. Disponível em:<http://www.planalto.gov.br/ccivil _03/LEIS/L6766.htm>. Acesso em: 15 jan. 2020.

_____. **Lei nº 11.977**. Disponível em: <http://www.planalto.gov.br/ccivil_03/_ato2007-2010/2009/lei/l11977.htm>. Acesso em: 25 mai. 2019.

_____. **Lei nº 12.651/12**. Disponível em: <http://www.planalto.gov.br/ccivil _03/_Ato2011-2014/2012/Lei/L 12651.htm>. Acesso em: 23 dez. 2019.

_____. **Lei nº 13.465**. Disponível em: <http://www.planalto.gov.br/ccivil_03/_Ato2015-2018/2017/Lei/L13465.htm>. Acesso em: 12 jun. 2019.

_____. **MP nº 2220/01**. Disponível em: < http://www.planalto.gov.br/ccivil_03/

MPV/2220.htm>. Acesso em: 03 fev. 2020.

_____. Superior Tribunal de Justiça. **Resp. nº 1148631** / DF. Relator: Ministro Luiz Felipe Salomão. Disponível em: < https://scon.stj.jus.br/SCON/jurisprudencia/doc.jsp> Acesso em: 04 jul. 2019.

_____. Superior Tribunal de Justiça. **Resp. nº 1302736** / MG. Relator: Ministro Luiz Felipe Salomão. Disponível em: <https://scon.stj.jus.br/SCON/jurisprudencia/doc.jsp>. Acesso em: 05 jul. 2019.

_____. Superior Tribunal de Justiça. **Súmula nº. 619**. Disponível em: < https://scon.st j.jus.br/SCON/sumanot/toc.jsp?livre=(sumula%20adj1%20%27619%27).sub.>. Acesso em: 03 jun. 2020.

_____. Supremo Tribunal Federal. **Partido questiona constitucionalidade de nova lei sobre regularização fundiária**. Disponível em: <http://www.stf.jus.br/portal/cms/ verNoticia Detalhe.asp? idConteudo= 358386&caixaBusca=N>. Acesso em: 27 jan. 2020.

_____. Supremo Tribunal Federal. **Procurador-geral da República questiona lei sobre regularização fundiária rural e urbana**. Disponível em: <http://www.stf.jus.br/ portal/ cms/verNoticiaDetalhe.asp?id Conteudo= 354860&caixaBusca=N>. Acesso em: 27 jan. 2020.

_____. Supremo Tribunal Federal. **ADI nº. 5883**. Disponível em: <http://redir.stf.jus.br/estfvisualizadorpub/jsp/consultarprocessoeletronico/ConsultarProcessoEletronico.jsf?seqobjetoincidente=5342200>. Acesso em: 27 jan. 2020.

CORREIA, Arícia Fernandes. Direito da Regularização fundiária urbana e autonomia municipal: a conversão da Medida Provisória n. 759/2016 na Lei Federal n. 13.465/17 e as titulações na prefeitura da cidade do Rio de Janeiro no primeiro quadrimestre de 2017. In:MOTA, Mauricio Jorge Pereira; MOURA, Emerson Affonso da Costa; TORRES, Marcos Alcino de Azevedo. **Direito a moradia e regularização fundiária**. Rio de Janeiro: Lumen Juris, 2018.

DE MELO, Marco Aurélio Bezerra. **Legitimação de posse dos imóveis urbanos e o direito de moradia**. Rio de Janeiro: Lumen Juris, 2008.

FACHIN apud GOMES, Rosângela Maria de Azevedo. O Direito de moraria como valor integrante do direito à vida digna. In: KLEVENHUSEN, Renata Braga. **Direitos Fundamentais e novos direitos**. Rio de Janeiro: Lumen Juris, 2006.

FARIAS, Cristiano Chaves de; NETTO, Felipe Braga; ROSENVALD, Nelson. **Manual de direito civil**. 4. ed. Salvador: Jus Podivm, 2019.

_____; ROSENVALD, Nelson. **Curso de direito civil**. V. 5. 4. ed. Salvador: Jus Podivm, 2018.

HOLANDA, Sérgio Buarque de. **Raízes do Brasil**. São Paulo: Companhia das Letras, 1995.

LIRA, Ricardo Pereira. Remoção de favelas. **Revista de Direito das cidades**, Rio de Janeiro, v. 09, nº 3, p. 1383-1392, 2017.

MACIEL, Fabianne Manhães. Direito da cidade e função social da cidade. In: MOTA, Maurício; TORRES, Marcos Alcino. **Transformações no direito de propriedade privada**. Rio de Janeiro: Elsevier, 2009

MAGALHÃES, Alex. **O direito das favelas**. Rio de Janeiro: Letra Capital, 2013.

MARICATO, Ermínia. **O impasse da política urbana no Brasil**. Petrópolis: Vozes, 2011.

MARINONI, Luiz Guilherme; MITIDIERO, Daniel; SARLET, Ingo Wolfgang. **Curso de direito constitucional**. 7. ed. São Paulo: Saraiva Educação, 2018.

MOTA, Mauricio Jorge Pereira; MOURA, Emerson Affonso da Costa. Direito à moradia digna e a regularização fundiária. In:_____;_____; TORRES; Marcos Alcino de Azevedo. **Direito a moradia e regularização fundiária**. Rio de Janeiro: Lumen Juris, 2018.

TORRES; Marcos Alcino de Azevedo; MOURA, Emerson Affonso da Costa. A vedação constitucional de usucapião dos bens públicos e a proteção do direito de moradia: da mera detenção ao reconhecimento da posse funcionalizada pelos particulares. In:_____;_____; MOTA, Mauricio Jorge Pereira. **Direito a moradia e regularização fundiária.** Rio de Janeiro: Lumen Juris, 2018.

MOTA, Maurício; TORRES, Marcos Alcino. *A função social da posse no código civil.* In__. **Transformações no direito de propriedade privada**. Rio de Janeiro: Elsevier, 2009.

MOURA, Emerson Affonso da costa. **A constitucionalização do Direito da Cidade**. Direito da Cidade. Rio de Janeiro, Tomo II, 2015, p. 267-284.

PEREIRA, Caio Mário da Silva. **Instituições de direito civil**. 27. ed. Rio de janeiro: Forense, 2019.

PEREIRA, Marlene de Paula. Releituras da teoria possessória: da posse como proteção do direito. In: MOTA, Maurício; TORRES, Marcos Alcino. **Transformações no direito de propriedade privada.** Rio de Janeiro: Elsevier, 2009.

PESSOA, Alvaro. O uso do solo em conflito: a visão institucional. In: FALCÃO, Joaquim. (Org.). **Invasões urbanas:** conflito de direito de propriedade. Rio de Janeiro: FGV, 2008.

RODRIGUES Antônio Edmilson Martins. A história da urbanização do Rio de janeiro. A cidade: capital do século XX no Brasil. **Cidade:** olhares e trajetórias, Rio de Janeiro, p. 85-121, 2009.

SANTOS, Angela Moulin Simões Penalva. **Política urbana no contexto federativo brasileiro:** aspectos institucionais e financeiros. Rio de Janeiro: UERJ, 2017.

TARTUCE, Flávio. **Direito das Coisas**. V.4. 9. ed. Rio de Janeiro: Forense, 2017.

TORRES, Marcos Alcino de Azevedo. **A propriedade e a posse:** um confronto em torno da função social. Rio de Janeiro: Lumen Juris, 2007.

_____. Impacto das novas ideias na dogmática do direito de propriedade: A multiplicidade dominial. In: MOTA, Maurício; TORRES, Marcos Alcino (coord.). **Transformações no direito de propriedade privada**. Rio de Janeiro: Elsevier, 2009.

CAPÍTULO 04

A LEI FEDERAL Nº 13.465/2017 E A NOVA SISTEMÁTICA DA REGULARIZAÇÃO FUNDIÁRIA

Rafael da Mota Mendonça[173]

Arícia Fernandes Correia[174]

Resumo: A disciplina da política pública urbana positivada na CRFB/88 tem como um dos seus pilares a regularização fundiária dos imóveis públicos e privados, especificamente nos seus artigos 182 e 183. Nessa linha, a sua norma regulamentadora, a Lei Federal nº 10.257/2001 (Estatuto da Cidade) estabeleceu uma vasta normativa acerca da estrutura e função da regularização fundiária, sobretudo no que tange aos seus princípios norteadores. A Lei Federal nº 11.977/2009, marco legal da regularização fundiária urbana, seguindo as orientações estabelecidas em 2001, disciplinou uma perspectiva ampla acerca desse pilar da política urbana. Com isso, a regularização fundiária

---

173 Advogado. Doutor e Mestre em Direito da Cidade pela Universidade do Estado do Rio de Janeiro - UERJ. Professor de Direito Civil do curso de Graduação em Direito da PUC-Rio; professor dos programas de Pós-Graduação *Lato Sensu* da PUC-Rio e do CEPED/UERJ. Professor de Direito Civil dos cursos de atualização jurídica da Escola da Magistratura do Estado do Rio de Janeiro – EMERJ; da Fundação Escola do Ministério Público do Estado do Rio de Janeiro - FEMPERJ; da Associação do Ministério Público do Estado do Rio de Janeiro - AMPERJ; da Fundação Escola Superior da Defensoria Pública do Estado do Rio de Janeiro – FESUDEPERJ.

174 Procuradora do Município do Rio de Janeiro. Professora-Adjunta de Direito da Universidade do Estado do Rio de Janeiro. Pós-Doutorado em Direito Público Pela Université Paris 1 Pantheón-Sorbonne. Doutora em Direito Público e Mestre em Direito da Cidade pela Universidade do Estado do Rio de Janeiro – UERJ. Coordenadora do Núcleo de Estudos, Pesquisa e Extensão em Direito da Cidade - NEPEC.

era associada a questões de adequação social, urbanística, ambiental e de infraestrutura urbana, com a titulação sendo apenas um dos tantos objetivos a serem alcançados. A edição da Medida Provisória nº 759/2016 alterou de modo substancial as bases estabelecidas pela legislação de 2009, especialmente a partir da desburocratização do procedimento e da extrema relevância outorgada à titulação pautada na situação jurídica proprietária. A lei de conversão da Medida Provisória, Lei Federal nº 13.465/2017, novo marco legal de regularização fundiária, disciplinou instrumentos de regularização que têm o objetivo de transferir a propriedade para o ocupante, como o Direito de Laje, a Legitimação de Posse e a Legitimação Fundiária. O objetivo do presente trabalho é analisar os elementos que compõem a nova sistemática do processo de regularização fundiária, confirmando que houve uma verdadeira simplificação de todo esse procedimento e a titulação como o seu principal objetivo.

Palavras-Chave: Processo de Regularização Fundiária. Lei Geral de Regularização Fundiária. Titulação.

Abstract: The discipline of urban public policy positive in CRFB/88 has as one of its pillars the land regularization of public and private properties, specifically in articles 182 and 183. Along these lines, its regulatory standard, Law No. 10,257/2001 (City Statute), established a wide regulation about the structure and function of land regularization, especially with regard to its guiding principles. Law No. 11,977/2009, a legal framework for urban land regularization, following the guidelines established in 2001, disciplined a broad perspective on this pillar of urban policy. Thus, land regularization was associated with issues of social, urban, environmental and urban infrastructure adequacy, with titration being only one of the many objectives to be achieved. The edition of Provisional Measure No. 759/2016 substantially altered the bases established by the legislation of 2009, especially from the debureaucratization of the procedure and extreme relevance granted to the titration based on the proprietary legal situation. The law of conversion of the Provisional Measure, Law No. 13,465/2017, the new legal framework of land regularization, disciplined instruments of regularization that aims to transfer property to the occupant, such as the Right of Laje, the Legitimation of

Possession and the Land Legitimation. The objective of this work is to analyze the elements that make up the new system of the land regularization process, confirming that there was a real simplification of this whole procedure and titration as its main objective.

Key words: Land Regularization Process. General Law of Land Regularization. Titration.

1. INTRODUÇÃO

Os dados sobre déficit habitacional e imóveis vazios comprovam a relação entre a urbanização brasileira e a formação de assentamentos informais urbanos. O Censo realizado pelo IBGE em 2010 aponta situação de déficit habitacional em 6,940 milhões de unidades, sendo que 85% delas estão na área urbana. Tais dados não representam apenas pessoas sem moradia efetiva; eles se estendem às pessoas que vivem em moradias precárias, informais ou sem estrutura urbana básica175. Em contrapartida, o Censo realizado no mesmo ano pelo IBGE indicou o surpreendente número de 7,906 milhões de imóveis vagos, sendo 80,3% nas cidades.

O contraste entre o déficit habitacional e os domicílios vagos ratifica o fato de que há uma retenção especulativa significativa exercida pelos proprietários da terra urbana. Os municípios brasileiros têm competência, em razão de seu papel constitucional, para monitorar o cumprimento da função social das propriedades urbanas, permitindo que um número maior de imóveis esteja disponível para fins de moradia nas cidades. Como a regularização fundiária é um dos pilares da política pública urbana, a atuação do poder público deve privilegiar a segurança da posse, afastando o assédio do mercado financeiro imobiliário e a produção de mais reserva fundiária.

No que tange aos óbices para a efetivação dos instrumentos de regularização fundiária e urbanística disciplinados na legislação, foi realizada,

---

175 Dados divulgados pelo Centro de Estatística e Informações da Fundação João Pinheiro e pela Secretaria Nacional de Habitação do Ministério das Cidades, em 19 de dezembro de 2013. (BENEVIDES, Carolina. Segundo estudo, todos os municípios brasileiros têm déficit habitacional. **O Globo**, Rio de Janeiro, 8 mar. 2014. Política.

em 2014 e 2015, pelo Ministério da Justiça e o Instituto de Pesquisas Econômicas Aplicadas (IPEA), em parceria com a Universidade do Estado do Rio de Janeiro (UERJ), uma pesquisa para avaliar a efetividade dos instrumentos jurídicos de usucapião coletiva, CUEM e demarcação urbanística/legitimação de posse. Ela gerou um documento intitulado Não tinha teto, não tinha nada: por que os instrumentos de regularização fundiária (ainda) não efetivaram o Direito Fundamental à Moradia no Brasil176.

Com relação aos instrumentos de regularização fundiária, a pesquisa identificou que, no ranking geral dos óbices, nas visões institucionais de todos os atores envolvidos nos processos judiciais e processos administrativos acobertados na ocasião, a atuação dos municípios está em segundo lugar. Vejamos o gráfico, presente no relatório gerado:

Principais óbices à efetividade dos instrumentos de regularização fundiária para todos os órgãos entrevistados[177]

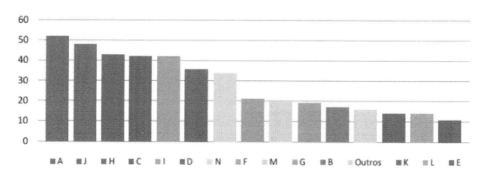

Legenda: (A) desconhecimento sociedade civil; (B) desinteresse sociedade civil; (C) desinteresse Administração Pública; (D) despreparo operadores dir. e Judiciário; (E) dificuldade representação ações coletivas; (F) desprezo função social propriedade; (G) desprezo eficácia direta direito moradia; (H) morosidade processual; (I) ausência de diálogo e cooperação; (J) falta capacidade técnica municípios; (K) ausência legislação

---

176 NÃO TINHA TETO, não tinha nada: por que os instrumentos de regularização fundiária (ainda) não efetivaram o Direito à Moradia no Brasil. Brasília, DF: Ministério da Justiça; Secretaria de Assuntos Legislativos (SAL): IPEA, 2016.
177 Fonte: NÃO TINHA TETO, não tinha nada: por que os instrumentos de regularização fundiária (ainda) não efetivaram o Direito à Moradia no Brasil. Brasília, DF: Ministério da Justiça; Secretaria de Assuntos Legislativos (SAL): IPEA, 2016.

local específica; (L) ineficiência da legislação federal; (M) direito à moradia relegado mercado; (N) preferência outras políticas públicas; (O) outros.

Os três primeiros óbices mais votados, em ordem decrescente de número de citações pelos entrevistados, foram: (a) desconhecimento da sociedade civil; (j) falta de capacidade dos municípios em atuar em favor da regularização fundiária; e (h) morosidade dos processos judiciais e dos procedimentos administrativos. O óbice apontado em segundo lugar, falta de capacidade dos municípios, revela a ausência de prioridade da política pública de habitação em âmbito municipal, sob a vertente da regularização fundiária, mesmo com a competência constitucional outorgada aos entes locais.

A legislação brasileira reconhece a importância da regularização fundiária para efetivar o acesso à terra urbana, disciplinando inúmeros instrumentos para atender às mais diversas situações concretas. A título de exemplo, passemos à análise de algumas leis que trazem previsões nesse sentido.

O Decreto-Lei nº 271/1967 dispõe sobre loteamentos urbanos, responsabilidade do loteador e concessão de uso e espaço aéreo. Essa lei foi elaborada no bojo da criação de processos de regularização de assentamentos precários de interesse social por todo o país, principalmente por meio das unidades descentralizadas de gestão do patrimônio público federal. Na mesma linha, no final da década de 1970, foi editada a Lei Federal nº 6.766/1979, que disciplina o parcelamento e o uso do solo urbano.

Em 1988, a Constituição Federal estabeleceu as bases da reforma urbana, integrando a regularização fundiária à própria estrutura da política urbana, nos artigos 182 e 183. Com o intuito de regulamentar esses artigos, foi publicada a Lei Federal nº 10.257/2001 (Estatuto da Cidade), que disciplina aspectos essenciais do planejamento urbano, como o plano diretor e a própria regularização fundiária e alguns de seus instrumentos, como a usucapião *pro morare* de bens particulares e a concessão de uso de bens públicos.

A Lei Federal nº 11.977/2009 regulamentou o Programa Minha Casa, Minha Vida (PMCMV) e a regularização fundiária de assentamentos localizados em áreas urbanas, sendo, nesse ponto, revogada pela Lei Federal nº 13.465/2017.

Para uma melhor compreensão do tema, é importante ressaltar que o objetivo da regularização fundiária é a garantia do próprio direito à cidade, e não apenas do direito à moradia. Nessa linha, Arícia Fernandes Correia afirma que a regularização é debatida e determinada *"de modo a se (tentar) construir uma cidade mais equânime, permitindo que [as pessoas] tenham acesso a mais que o direito à moradia (seja pela segurança da posse ou pela garantia da propriedade), ao direito à cidade"*178.

A partir do papel estrutural que a regularização fundiária tem na política pública urbana realizada pelos municípios brasileiros, é essencial uma compreensão qualificada acerca dos seus instrumentos e do seu próprio procedimento. O presente estudo trata desse segundo ponto, analisando as principais alterações que a Lei Federal nº 13.465/2017 realizou no processo de regularização fundiária, com a revogação de parte significativa da Lei Federal nº 11.977/2009, máxime da que dispunha sobre essa matéria.

Para tanto, no primeiro capítulo deste ensaio realizar-se-á uma análise do contexto político-jurídico de edição da Lei Federal nº 11.977/2009, seus pilares e principais objetivos. A partir dessa compreensão, será possível resgatar os ideais formadores da Medida Provisória nº 759/2016, que originou a Lei Federal nº 13.465/2017. No segundo capítulo, demonstrar-se-á a importância outorgada pela nova legislação aos instrumentos de regularização que privilegiam a situação jurídica proprietária. O terceiro capítulo será integralmente destinado ao estudo do novo marco legal de regularização fundiária, especialmente no que toca às fases desse processo, confirmando ou refutando o fato de que houve uma ruptura com o modelo anterior, especialmente no que tange aos objetivos da própria regularização fundiária.

2. DA LEI FEDERAL Nº 11.977/2009 À MEDIDA PROVISÓRIA Nº 759/2016

---

178 CORREIA, Arícia Fernandes. **Direito da regularização fundiária plena**. Juiz de Fora: Editar, 2017. p. 27.

A partir do objetivo indicado, seguiremos para a análise de alguns dos pilares da Lei Federal nº 11.977/2009, para compreender o significado das alterações que a nova Lei Geral de Regularização Fundiária – Lei Federal nº 13.465/2017 – trouxe.

A lei de 2009 é uma legislação estritamente federal, na parte que trata da gestão do patrimônio público federal e que sempre esteve na vanguarda, no que tange aos instrumentos de regularização fundiária, estes disciplinados sob uma perspectiva nacional. Tratou, de forma mais detalhada, do processo de regularização urbanística e fundiária, principalmente em relação aos assentamentos urbanos irregulares, já consolidados no espaço e no tempo. Por isso, ela outorgou à regularização uma perspectiva plena, abraçando seus aspectos urbanísticos e fundiários *stricto sensu*. Vejamos o conceito de regularização fundiária ("plena"), disciplinado no já revogado artigo 46 da Lei Federal nº 11.977/2009:

> Art. 46. A regularização fundiária consiste no conjunto de medidas jurídicas, urbanísticas, ambientais e sociais que visam à regularização de assentamentos irregulares e à titulação de seus ocupantes, de modo a garantir o direito social à moradia, o pleno desenvolvimento das funções sociais da propriedade urbana e o direito ao meio ambiente ecologicamente equilibrado[179].

Nos termos da lei, regularização fundiária é um conjunto de medidas, integradas por instrumentos que lhes outorgam efetividade. São elas: (i) medidas jurídicas, como os próprios instrumentos de regularização, zonas de especial interesse social (ZEIS), desapropriação por interesse social e a usucapião; (ii) medidas urbanísticas, tais como plano diretor, parcelamento do solo, política habitacional, IPTU progressivo e estudo de impacto de vizinhança; (iii) medidas ambientais, como a implementação de rede hídrica e despejo de dejetos, destinação de resíduos sólidos, emissão de poluentes,

179 BRASIL. **Lei nº 11.977, de 7 de julho de 2009**. Dispõe sobre o Programa Minha Casa, Minha Vida – PMCMV e a regularização fundiária de assentamentos localizados em áreas urbanas; altera o Decreto-Lei nº 3.365, de 21 de junho de 1941, as Leis nºs 4.380, de 21 de agosto de 1964, 6.015, de 31 de dezembro de 1973, 8.036, de 11 de maio de 1990, e 10.257, de 10 de julho de 2001, e a Medida Provisória nº 2.197-43, de 24 de agosto de 2001; e dá outras providências. Brasília, DF, 2009.

preservação do relevo e do solo, proteção de mananciais e mangues e preservação de unidades de conservação; e (iv) medidas sociais, objetivando integrar os assentamentos e loteamentos à cidade regular, moradia digna, redução da marginalização periférica, acesso a bens e serviços, pacificação da posse, acesso a equipamentos públicos de lazer, educação e saúde.

Além da perspectiva ampla outorgada à regularização fundiária, a lei de 2009 apresentava algumas vantagens interessantes. A primeira delas era o reconhecimento do protagonismo dos municípios na condução dos processos de regularização urbanística e fundiária, municiando o poder público local com instrumentos para a implementação de uma política urbana mais justa, de acordo com o planejamento urbano e a política pública disciplinada no plano diretor.

Um segundo aspecto relevante foi a positivação do conceito de regularização fundiária plena, realizando a convergência da lógica urbanística com a fundiária *stricto sensu*. Além disso, a lei realizou a distinção entre regularização de interesse social e interesse específico, fixando critérios objetivos para a implementação da primeira, como: (i) estar localizada em uma ZEIS, de acordo com o artigo 47, inciso V180; (ii) preencher as condições para a aquisição de propriedade mediante usucapião especial urbana ou para "subjetivar" o direito à CUEM perante o Poder Público; e (iii) ser declarada pelo poder público como área destinada a projeto de regularização fundiária.

Essa lei também foi essencial por ter disciplinado um mecanismo inovador na regularização fundiária, o processo administrativo de demarcação

---

180 "Art. 47 - Para efeitos da regularização fundiária de assentamentos urbanos, consideram-se: [...] V - Zona Especial de Interesse Social - ZEIS: parcela de área urbana instituída pelo Plano Diretor ou definida por outra lei municipal, destinada predominantemente à moradia de população de baixa renda e sujeita a regras específicas de parcelamento, uso e ocupação do solo". (BRASIL. *Lei nº 11.977, de 7 de julho de 2009*. Dispõe sobre o Programa Minha Casa, Minha Vida – PMCMV e a regularização fundiária de assentamentos localizados em áreas urbanas; altera o Decreto-Lei nº 3.365, de 21 de junho de 1941, as Leis nºs 4.380, de 21 de agosto de 1964, 6.015, de 31 de dezembro de 1973, 8.036, de 11 de maio de 1990, e 10.257, de 10 de julho de 2001, e a Medida Provisória nº 2.197-43, de 24 de agosto de 2001; e dá outras providências. Brasília, DF, 2009. Disponível em: <http://www.planalto.gov.br/ccivil_03/_ato2007-2010/2009/lei/l11977.htm>. Acesso em: 15 fev. 2022.)

urbanística, em seu artigo 47, inciso III181. Sobre esse instituto, segue definição de Lígia Melo182:

> A demarcação urbanística permite compreender a dimensão das ações que precisam ser desenvolvidas para que se dê a regularização fundiária plena, com a melhoria das condições de habitabilidade e a provisão de equipamentos públicos e serviços necessários àquela comunidade.

A demarcação urbanística era um pressuposto da regularização fundiária, outorgando-lhe uma perspectiva plena, já que a titulação viria acompanhada de infraestrutura urbana, projeto de arruamento e loteamento prontos e de acordo com a realidade fundiária da área demarcada.

Por fim, é possível afirmar que uma das vantagens mais estruturais da Lei Federal n° 11.977/2009 foi estabelecer um modelo de regularização fundiária valorizador da situação jurídica possessória. Essa lei compunha um sistema integrado de normas, apoiadas na CRFB/88, que elevou a posse ao mesmo grau de importância da propriedade. A lei estabelecia uma preferência em garantir a segurança da posse através da própria posse, priorizando instrumentos como a legitimação de posse e a concessão de uso especial para fins de moradia, além da usucapião especial urbana.

A Lei Federal n° 13.465/2017 altera essa lógica, por isso, é essencial para essa compreensão, a verificação do contexto de sua origem, com a edição da Medida Provisória n° 759, de 22 de dezembro de 2016.

Inicialmente, a bandeira da MP n° 759 foi a simplificação cartorial do processo de regularização fundiária, nos moldes do que preconizavam as teorias de Hernando de Soto183, no Peru. Isso pode ser demonstrado pelo ato

---

181 "Art. 47 - Para efeitos da regularização fundiária de assentamentos urbanos, consideram-se:
[...] III - demarcação urbanística: procedimento administrativo pelo qual o poder público, no âmbito da regularização fundiária de interesse social, demarca imóvel de domínio público ou privado, definindo seus limites, área, localização e confrontantes, com a finalidade de identificar seus ocupantes e qualificar a natureza e o tempo das respectivas posses". (Ibid.)
182 MELO, Ligia. **Direito à moradia no Brasil**. 1. ed. Juiz de Fora: Fórum, 2010. p. 67.
183 DE SOTO, Hernando. **O mistério do capital**: por que o capitalismo triunfa no oeste e falha em toda parte. Rio de Janeiro: Record, 2001.

único de regularização, em que se intitulam os moradores com o simples registro do projeto de regularização fundiária/projeto de aprovação de loteamento (PAL), dispensados os títulos individualizados de seus moradores-beneficiários. Essa dinâmica está no art. 17 da Lei Federal n. 13.465/2017184.

Para uma comprovação de que a MP implementa o ideal de *De Soto*, passemos não só à análise de seu texto, como também a uma reflexão sobre a exposição de motivos, que, em 155 pontos, demonstra o quanto a desburocratização, especialmente na transferência de propriedade pública em favor do particular, e a implementação de uma regularização fundiária pautada na propriedade, são os pilares desse novo marco.

A MP está estruturada da mesma forma que o texto normativo proposto, com três Títulos. O primeiro disciplina os procedimentos de regularização rural; o segundo, os de regularização fundiária urbana; e, o terceiro, os procedimentos de alienação de imóveis da União. Em razão do objeto do presente artigo, o foco de análise será o segundo Título.

Logo em sua introdução, já no primeiro item da exposição de motivos, o legislador afirma que o objetivo da Lei Federal nº 13.645/2017 é instituir mecanismos para melhorar a eficiência dos procedimentos de alienação de imóveis da União. Um dos focos principais dessa legislação é, portanto, fomentar o mercado imobiliário por meio da desburocratização na transferência de imóveis da União.

A desburocratização também é a bandeira do próprio processo de regularização fundiária, como demonstra o quinto item da introdução, ao

---

184 "Art. 17 - Na REURB-S promovida sobre bem público, o registro do projeto de regularização fundiária e a constituição de direito real em nome dos beneficiários poderão ser feitos em ato único, a critério do ente público promovente.

Parágrafo único. Nos casos previstos no *caput* deste artigo, serão encaminhados ao cartório o instrumento indicativo do direito real constituído, a listagem dos ocupantes que serão beneficiados pela REURB e respectivas qualificações, com indicação das respectivas unidades, ficando dispensadas a apresentação de título cartorial individualizado e as cópias da documentação referente à qualificação de cada beneficiário". (BRASIL. Lei nº 13.465, de 11 de julho de 2017. Dispõe sobre a regularização fundiária rural e urbana, sobre a liquidação de créditos concedidos aos assentados da reforma agrária e sobre a regularização fundiária no âmbito da Amazônia Legal; institui mecanismos para aprimorar a eficiência dos procedimentos de alienação de imóveis da União; [...] e dá outras providências. Brasília, DF, 2017.

afirmar que a lei pretende a unificação das normas de regularização fundiária para viabilizar o processo de titulação.

No que diz respeito à regularização fundiária urbana, os fundamentos da MP reforçam o reconhecimento, por parte do poder público, de que a forma como a urbanização brasileira foi conduzida causou a formação de inúmeros assentamentos informais. Vejamos um trecho do item 84 da exposição de motivos: "reconhecimento formal, pelo poder Público, das ocupações clandestinas e irregulares identificadas nas cidades brasileiras – situação fática que não poderia permanecer alheia aos mecanismos jurídicos"185.

A respeito do mesmo tema, o legislador ratificou que a nova legislação foi editada para substituir a anterior, sendo, portanto, o novo marco de regularização fundiária urbana. Ademais, aponta como principal alteração a "simplificação" no processo de regularização. Vejamos a íntegra dos itens 85 e 86 da exposição de motivos:

> 85 - Na esteira do parágrafo antecedente, não é ocioso relembrar que o tema da regularização fundiária urbana já estava expressamente contemplado, no ordenamento jurídico brasileiro, desde a edição da Lei nº 11.977, de 07 de julho, de 2009, cujos arts. 46 a 71-A trataram do tema.

> 86 - Nesse toar, ressalta-se que o modelo da REURB ora proposto em caráter substitutivo, para além de preencher lacunas deixadas pelo legislador, vem dinamizar e simplificar – inclusive sob uma perspectiva registral – o processo da regularização fundiária urbana no País, permitindo que este efetivamente alcance os seus fins186.

Além de simplificar a lógica da regularização, os proponentes da Medida Provisória, posteriormente convertida na Lei Federal nº 13.465/2017, indicam a finalidade econômica das alterações propostas. A regularização fundiária dos imóveis urbanos ocupados informalmente permite a inclusão

---

185 ARAÚJO, Bruno Cavalcanti de; OLIVEIRA, Dyogo Henrique de; PADILHA, Eliseu. **Medida Provisória nº 759, de 22 de dezembro de 2016**: exposição de motivos. Brasília, DF, 21 dez. 2016.
186 Ibid.

desses bens na estrutura financeira do mercado, especificamente para atender à lógica do sistema de concessão de créditos e garantias. Para confirmar esse objetivo, vejamos a íntegra dos itens 88 e 89 da exposição de motivos da MP:

> 88 - É que o reconhecimento, pelo Poder Público, dos direitos reais titularizados por aqueles que informalmente ocupam imóveis urbanos, permite que estes imóveis sirvam de base para investimento do capital produtivo brasileiro, à medida que poderão ser oferecidos em garantia de operações financeiras, reduzindo custos de crédito, por exemplo.
>
> 89 - Também, a regularização fundiária urbana contribui para o aumento do patrimônio imobiliário do País e representa a inserção de capital na economia, à medida que agrega valor aos imóveis regularizados, os quais, inclusive, tornam-se alvo de tributação (IPTU, ITR, ITBI) ou de cobrança de preços públicos (foros e laudêmios)[187].

Os motivos que orientam a lei convergem para a forma com que Hernando de Soto[188] trata a regularização fundiária, buscando transformar ativos em capital, especificamente a partir do direito de propriedade. O simples reconhecimento dos assentamentos informais urbanos não outorga a seus ocupantes segurança em suas posses. Pelo contrário, a partir do que está exposto, o objetivo central é aquecer o mercado imobiliário, oferecendo mais mercadoria para ser comercializada.

De acordo com o que foi apontado nas justificativas da lei, a intenção é fazer da regularização fundiária a porta de entrada da terra urbana informalmente ocupada, na redoma de vidro do mercado imobiliário, como defende De Soto[189]. Expressamente, é dito que a terra sem registro está fora da economia, sendo, portanto, incapaz de dinamizá-la. Vejamos o esclarecedor item 91 da exposição de motivos:

---

187 ARAÚJO, Bruno Cavalcanti de; OLIVEIRA, Dyogo Henrique de; PADILHA, Eliseu. **Medida Provisória nº 759, de 22 de dezembro de 2016:** exposição de motivos. Brasília, DF, 21 dez. 2016.
188 DE SOTO, Hernando. *op. cit.*
189 DE SOTO, Hernando. *op. cit.*

> 91 - Como é sabido, a terra constitui a base para o desenvolvimento econômico e social de um País. É nela que se desenvolvem a moradia, a indústria e o comércio. Quando a terra – urbana ou rural – não está registrada em Cartório de Registro de Imóveis, para além de se situar fora da economia, restam mitigados direitos que garantem cidadania aos seus ocupantes. Viabilizar a regularização fundiária, assim, mais do que assegurar a função social das cidades, a segurança e a dignidade de moradia, dinamiza a economia brasileira190.

De acordo com o legislador, viabilizar a regularização fundiária com a finalidade de dinamizar economia é mais importante do que atender à função social da cidade, assim como a segurança e dignidade da moradia. A nova legislação, como marco legal da regularização fundiária, outorga um outro contorno a esse pilar da política pública urbana, deixando a segurança da posse à sombra das demandas que envolvem a mercantilização da terra urbana.

3. A REGULARIZAÇÃO FUNDIÁRIA A PARTIR DA SITUAÇÃO JURÍDICA PROPRIETÁRIA: O DIREITO DE LAJE, A LEGITIMAÇÃO FUNDIÁRIA E A TRANSFERÊNCIA DO PATRIMÔNIO PÚBLICO EM FAVOR DO PARTICULAR

Confirmando a construção realizada até o momento, o item 95 da exposição de motivos da MP indica quais são as inovações propostas por esse marco legal. Vejamos: (i) um novo conceito de informalidade, para fins de caracterização do objeto da REURB, denominado núcleo urbano informal; (ii) a criação de um procedimento menos burocratizado, inclusive em âmbito de aprovação e registro cartorial da REURB, o qual se opera, em âmbito extrajudicial, perante os municípios, inclusive para fins de composição de conflitos por via consensual, como bem apregoou a Lei Federal nº 13.140, de 26 de junho de 2015; (iii) uma nova forma de aquisição do direito real de propriedade, instrumento de regularização fundiária, denominado legitimação

---

190 ARAÚJO, Bruno Cavalcanti de; OLIVEIRA, Dyogo Henrique de; PADILHA, Eliseu. **Medida Provisória nº 759, de 22 de dezembro de 2016:** exposição de motivos. Brasília, DF, 21 dez. 2016.

fundiária; e (iv) a criação de um novo direito real, a ser inserido no rol do art. 1.225 do Código Civil de 2002, denominado Direito de Laje, sobremaneira útil à regularização fundiária de favelas.

A partir das inovações sugeridas nos dois primeiros pontos, vislumbra-se o quanto a desburocratização no processo de regularização é essencial para o que pretende a lei. Além disso, os dois últimos objetivos tornam inequívoco o fato de que a prioridade é regularizar com base no direito de propriedade. O instituto de legitimação fundiária permite, de modo simples, a transferência da propriedade pública em favor do particular, constituindo – ressalta-se – modo originário de aquisição da propriedade. O mesmo ocorre com a estrutura positivada do direito de laje, que foi completamente afastado da ideia original, defendida por Ricardo Lira[191], em que o possuidor poderia fazer uso desse novo direito real. De acordo com o artigo 1.510-A, do Código Civil, inserido pela Lei n° Federal n. 13.465/2017, só é possível constituir direito de laje se a propriedade da construção-base estiver devidamente regularizada, esvaziando-o, praticamente, de função.

Com efeito, a propósito do direito de laje, os itens 113 a 115 fazem referência a sua utilização para regularização de edificações sobrepostas, presentes na realidade brasileira, especialmente no contexto das favelas[192]. O texto é contraditório, uma vez que a realidade das ocupações em áreas de favela, em sua maioria, não está associada à lógica proprietária, mas, sim, ao exercício da posse, adquirida pela via da ocupação. Com isso, positivar esse instrumento, sob o argumento de incidência na realidade dos assentamentos

---

191 LIRA, Ricardo Pereira. *Elementos de direito urbanístico*. Rio de Janeiro: Renovar, 1997. p. 168.

192 "113. VI - SOBRE O DIREITO REAL DE LAJE. Em reforço ao propósito de adequação do Direito à realidade brasileira, marcada pela profusão de edificações sobrepostas, o texto prevê a criação do direito real de laje. 114. Por meio deste novo direito real, abre-se a possibilidade de se instituir unidade imobiliária autônoma, inclusive sob perspectiva registral, no espaço aéreo ou no subsolo de terrenos públicos ou privados, desde que esta apresente acesso exclusivo. Tudo para que não se confunda com as situações de condomínio. 115. O direito de laje não enseja a criação de co-domínio sobre o solo ou sobre as edificações já existentes. Trata-se de mecanismo eficiente para a regularização fundiária de favelas". (ARAÚJO, Bruno Cavalcanti de; OLIVEIRA, Dyogo Henrique de; PADILHA, Eliseu. **Medida Provisória n° 759, de 22 de dezembro de 2016:** exposição de motivos. Brasília, DF, 21 dez. 2016).

informais urbanos, necessariamente nos leva a seguir a lógica de que a simples posse da construção-base já seria suficiente para instituir esse direito, outorgando funcionalidade às unidades autônomas sobrepostas193.

A forma como o direito de laje foi positivado atende muito mais aos interesses dos atores que integram o mercado financeiro imobiliário do que aos dos ocupantes dos assentamentos informais urbanos. No congresso jurídico da construção civil, realizado em março de 2021, organizado pelo Sindicato da Construção Civil do Estado de São Paulo (SINDUSCON-SP), em parceria com o Serviço Social da Construção Civil do Estado de São Paulo (SECONCI-SP) 194, em sua fala inicial, o Desembargador do Tribunal de Justiça do Estado de São Paulo, Francisco Loureiro, afirmou que as incorporadoras não podem utilizar o direito de laje para burlar a legislação, mas nada impede que seja feita a incorporação com um direito de laje futuro195. Isso permitiria, por exemplo, que as unidades da cobertura fossem beneficiadas com um direito real autônomo, previamente instituído no momento de registro da incorporação, afastando a regra geral presente nos condomínios edilícios, de que o terraço é área comum.

No ambiente contemporâneo do mercado imobiliário, as alterações realizadas no Código Civil, relacionadas à laje, permitem que esse direito real seja negociado como um direito autônomo, independentemente da existência de uma construção nessa laje. Assim, o direito real de laje pode ser adquirido pela via do negócio jurídico, celebrado entre o proprietário da construção-base e o lajeário, com eficácia entre vivos (compra e venda ou doação) ou causa mortis (testamento). Na hipótese de aquisição pela via dos contratos, é indispensável a escritura pública ou particular, devidamente registradas,

---

193 CORRÊA, Cláudia Franco. **Controvérsias: entre o "direito de moradia" em favelas e o direito de propriedade imobiliária na cidade do Rio de Janeiro:** o "direito de laje" em questão. Rio de Janeiro: Topbooks, 2012. p. 205.
194 "O SECONCI-SP é uma entidade filantrópica, sem fins lucrativos, fundada em março de 1964 por um grupo de empresários do setor para atender os trabalhadores da construção e seus familiares e tem como missão promover ações de assistência social, nela incluída saúde, educação e demais atividades afins". (SECONCI-SP. *Conheça o SECONCI-SP*. São Paulo, [20--?].
195 MARKO, Rafael. **Direito de laje é novo direito real**. In: SINDUSCON-SP. São Paulo, [201]

obedecidas as exigências do artigo 108 do Código Civil196. Diferentemente do que ocorre com o Direito de Superfície (artigo 1.369, Código Civil), na laje, a lei não exige, a princípio, forma pública.

Existem duas possibilidades para constituição do direito de laje pela via do negócio jurídico bilateral: (i) concreção, que ocorre quando não há construção sobre a laje e o próprio comprador será responsável por construir; e (ii) cisão, em que ocorre a venda de uma construção pronta sobre a laje197.

De acordo com o artigo 176, § 9º, da Lei Federal nº 6.015/1973, a instituição do direito real de laje ocorrerá com a abertura de uma matrícula própria no registro de imóveis e a averbação desse fato na matrícula da construção-base e nas matrículas de lajes anteriores, com remissão recíproca198. Esse novo direito real está adequado ao sistema registral brasileiro, que pauta todos os negócios jurídicos imobiliários, sendo, portanto, mais uma forma de transformar aquele ativo, inicialmente morto, em capital, nos termos defendidos por Hernando de Soto.199

Na mesma linha, o instituto da legitimação fundiária consegue unir os dois pilares da nova legislação – desburocratização e propriedade –, a partir da análise de sua forma de concessão. Acerca desse instrumento de regularização,

---

196 "Art. 108 - Não dispondo a lei em contrário, a escritura pública é essencial à validade dos negócios jurídicos que visem à constituição, transferência, modificação ou renúncia de direitos reais sobre imóveis de valor superior a trinta vezes o maior salário mínimo vigente no País". (BRASIL. **Lei nº 10.406, de 10 de janeiro de 2002**. Institui o Código Civil. Brasília, DF, 2002).

197 FARIAS, Cristiano Chaves de; EL DEBS, Martha; DIAS, Wagner Inácio. **Direito de laje:** do puxadinho à moradia digna. 3 ed. Salvador: JusPodium, 2019. p. 117-118.

198 "Art. 176 - O Livro nº 2 – Registro Geral – será destinado à matrícula dos imóveis e ao registro ou averbação dos atos relacionados no art. 167 e não atribuídos ao Livro nº 3. [...] § 9º - A instituição do direito real de laje ocorrerá por meio da abertura de uma matrícula própria no registro de imóveis e por meio da averbação desse fato na matrícula da construção-base e nas matrículas de lajes anteriores, com remissão recíproca". (BRASIL. **Lei nº 13.465, de 11 de julho de 2017**. Dispõe sobre a regularização fundiária rural e urbana, sobre a liquidação de créditos concedidos aos assentados da reforma agrária e sobre a regularização fundiária no âmbito da Amazônia Legal; institui mecanismos para aprimorar a eficiência dos procedimentos de alienação de imóveis da União; [...] e dá outras providências. Brasília, DF, 2017.)

199 DE SOTO, Hernando. *op. cit.*

o item 101 da exposição de motivos ratifica essa convergência de pilares em um só instituto. Vejamos a íntegra de seu texto:

> 101 - Por meio da legitimação fundiária, substitui-se, para melhor otimização da REURB, o processo tradicional de regularização fundiária, título a título, para cada uma das unidades imobiliárias regularizadas, pelo reconhecimento global da aquisição originária de propriedade, pelos beneficiários da REURB, a partir de cadastro aprovado pelo Poder Público, constante em Certidão de Regularização Fundiária, expedida pelo Município processante, a qual é registrada em Registro de Imóveis, por ato registral único, juntamente com o Projeto de Regularização Fundiária aprovado200.

Assim, é permitido o reconhecimento global da aquisição originária de propriedade, superando a titulação individual, por meio do registro da certidão de regularização fundiária, devidamente expedida pelo Município.

Com relação à transferência do patrimônio público em favor do particular, além da legitimação fundiária, chama a atenção o capítulo próprio que a exposição de motivos traz, com relação à desburocratização dessa alienação.

No que diz respeito às enfiteuses, a lei busca consolidar o entendimento, através de alteração no Decreto-Lei nº 2.398, de 21 de dezembro de 1987, de que o laudêmio é devido pelo vendedor, ou seja, pelo particular titular do domínio útil, evitando, com isso, judicialização sobre o tema. Além disso, é sugerido o aumento de 0,005% para 0,50%, em razão do atraso na transferência do imóvel, como uma forma de agilizar as transferências de titularidade, desestimulando os denominados "contratos de gaveta". Ressalta, ainda, que até a consolidação da transferência, o vendedor é responsável por eventual inadimplência das taxas devidas pela utilização do patrimônio da

---

200 ARAÚJO, Bruno Cavalcanti de; OLIVEIRA, Dyogo Henrique de; PADILHA, Eliseu. **Medida Provisória nº 759, de 22 de dezembro de 2016:** exposição de motivos. Brasília, DF, 21 dez. 2016.

União, incorrendo, inclusive, em negativação em órgãos de proteção ao crédito, cobranças judiciais e envio dos débitos para dívida ativa201.

O ponto central da exposição de motivos, com relação à alienação de imóveis da União, está na justificativa para a alteração na Lei nº 13.240, de 30 de dezembro de 2015, que dispõe sobre a administração, a alienação, a transferência de gestão de imóveis da União e seu uso para a constituição de fundos. O objetivo dessa alteração é permitir que a União, "por meio do órgão patrimonial, obtenha resultados mais expressivos no processo de alienação de sua carteira imobiliária, ao tempo que cria alternativas de avaliação específicas

---

201 "118 - A alteração do art. 3º do Decreto-Lei nº 2.398, de 21 de dezembro de 1987, tem por objetivo deixar expresso que é de responsabilidade do vendedor o ônus pelo pagamento do laudêmio. Essa medida mostra-se extremamente necessária, tendo em vista diversos questionamentos administrativos encaminhados rotineiramente em função de não haver dispositivo de ordem legal que clarifique de quem é a responsabilidade pelo pagamento dessa taxa patrimonial. 119 - A urgência em regulamentar o assunto se dá em virtude da identificação da sobrecarga demasiada dos custos da SPU no processo de transferência de imóveis da União. A insegurança jurídica constatada nesses processos de transferência termina por ensejar incremento na judicialização em face da União, situação que prejudica toda a cadeia do mercado imobiliário, cujos negócios acabam por ser diretamente afetados. 120 - No que concerne à alteração do percentual de multa de 0,05% para 0,50% ao mês ou fração em razão do atraso na transferência do imóvel, cuja redação atual consta do § 5º do art. 3º do Decreto-Lei nº 2.398, de 21 de dezembro de 1987, o ajuste tem por objetivo estabelecer um percentual com o mínimo de razoabilidade, compatível com a obrigação devida, que contribua para a redução da inadimplência e agilize as transferências de titularidade, desestimulando os vulgarmente denominados "contratos de gaveta". 121 - Na redação atual da legislação, o impacto para os adquirentes mostra-se irrelevante, em virtude da insignificância do percentual da multa devida pela inobservância do prazo previsto na legislação. Com isso, são diversos os casos em que o adquirente não comunica à SPU acerca da transação, o que gera uma cadeia de irregularidades, dentre elas a desatualização do cadastro, a cobrança de receitas patrimoniais de sujeitos passivos ilegítimos etc. Com a alteração, espera-se que os adquirentes sejam levados a, de fato, informar à SPU sobre as transferências. 122 - Cabe ressaltar ainda que o vendedor, até a finalização do processo de transferência, continua responsável por eventual inadimplência das taxas devidas pela utilização do patrimônio da União, incorrendo inclusive em negativação em órgãos de proteção ao crédito, cobranças judiciais e envio dos débitos para dívida ativa, trazendo sérios prejuízos para quem vendeu de boa-fé o imóvel a terceiros. 123 - Por todo o exposto, a tempestividade na aprovação do normativo na forma ora proposta mostra-se extremamente relevante, pois minimizaria os riscos de a União ser acionada judicialmente pelos vendedores dos imóveis, em função de ações de cobrança indevida de receitas patrimoniais e demais consequências inerentes à respectiva inadimplência". (ARAÚJO, Bruno Cavalcanti de; OLIVEIRA, Dyogo Henrique de; PADILHA, Eliseu. **Medida Provisória nº 759, de 22 de dezembro de 2016:** exposição de motivos. Brasília, DF, 21 dez. 2016).

para fins de alienações onerosas em massa"202, conforme consta em seu item 135.

A justificativa da lei, nesse ponto, é "alavancar o processo de remição de enfiteuses e venda do domínio útil ou pleno a particulares"203. O processo de avaliação, com alterações na Lei Federal n° 9.636, de 15 de maio de 1998, e venda dos imóveis da União, deve ser alavancado pelas determinações da lei, permitindo, inclusive, que outras instituições promovam, do ponto burocrático, essas medidas204. É imprescindível destacar os itens 138 e 144 da exposição de motivos, uma vez que tornam inequívoco o fato de que a União pretende se desvincular de qualquer patrimônio que não seja essencial para a realização de suas funções, transferindo esses bens para os particulares, como uma forma de "aquecer o mercado imobiliário". Vejamos:

> 138 - Ademais, isso possibilitará que a União promova uma política afirmativa em prol da sociedade, trazendo aos particulares maior segurança no que tange aos direitos que ostentam sobre os imóveis, retirando por completo o vínculo público sobre a área, medida que terminará também por favorecer e aquecer o mercado imobiliário.
>
> [...]
>
> 144 - Outrossim, coaduna-se à política de alienações onerosas em larga escala, como explicado mais acima, dinamizando o processo de alienação em massa de imóveis da União, à medida que cria alternativa para avaliação por

---

202 Ibid.
203 "136 - A ideia é utilizar a inteligência de negócios na área de avaliação de imóveis, no sentido de alavancar o processo de remição de enfiteuses e venda do domínio útil ou pleno a particulares já cadastrados como ocupantes perante a Secretaria do Patrimônio da União, estabelecendo-se, para estes casos, um processo de avaliação por trecho ou região". (Ibid.)
204 "137 - Evitar-se-á também despesas aos cofres públicos, desonerando a União, nos casos acima, de realizar contratos com outras instituições (ex.: Caixa Econômica Federal) para a promoção de avaliações individualizadas, que atravancam o processo de venda por retardar o ritmo de avaliação dos imóveis". (Ibid.)

trecho ou região das áreas sujeitas aos regimes enfitêutico e de ocupação205.

A extinção das enfiteuses, consolidando o patrimônio nas mãos do particular, bem como a transferência do patrimônio da União em favor desse particular, demonstram que as ideias pautadas nas teorias de Hernando de Soto, estão presentes na justificativa para a edição da Lei Federal nº 13.465/2017. Com a bandeira da desburocratização e do aumento na arrecadação tributária, o poder público pretende abrir as portas do mercado fundiário para os investimentos privados nacionais e internacionais206.

A lógica da facilitação na transferência dos imóveis da União está presente no conteúdo da Lei Federal nº 14.011, de 10 de junho de 2020, que aprimora os procedimentos de gestão e alienação dos imóveis da União, com alteração de diversas leis específicas.

A partir dos motivos que justificaram a edição da Medida Provisória nº 759/2016, verifica-se a intenção de fomentar o mercado financeiro de terras com mais terras, vindas diretamente do patrimônio público, seja pela via da alienação ou pela regularização fundiária, através da legitimação fundiária. Ademais, a forma como o direito real de laje foi positivado no Código Civil prestigia a situação jurídica proprietária, permitindo que esse direito seja mais bem utilizado pelo próprio mercado imobiliário do que pelos ocupantes de assentamentos informais urbanos.

Após essa breve análise dos motivos para sua edição, é importante destacar que a MP tem problemas de conceituação, terminologia, redação, estruturação e concepção. Quando encaminhada para votação, foram realizadas mais de 700 propostas de emendas, assim como houve manifestação de mais de 95 entidades: Ministério Público, sindicatos, movimentos sociais,

---

205 Ibid.
206 "139 - Deixar-se-á, por exemplo, com o resgate do domínio direto – extinção de enfiteuses em largo volume, que às futuras transações privadas recaiam o laudêmio, exação que se soma a outras inúmeras despesas, como emolumentos cartorários e recolhimento de imposto de transmissão de imóveis, todos estes fatores que prejudicam o custo das operações imobiliárias no Brasil. É cediço, inclusive, que estas são barreiras que afastam investimentos de capitais estrangeiros na costa do país (instalação de empresas hoteleiras etc)". (ARAÚJO, Bruno Cavalcanti de; OLIVEIRA, Dyogo Henrique de; PADILHA, Eliseu. **Medida Provisória nº 759, de 22 de dezembro de 2016**: exposição de motivos. Brasília, DF, 21 dez. 2016).

universidades e instituições dedicadas à prática da regularização fundiária, contrariamente à forma como as mudanças foram sugeridas.

Entre as inúmeras críticas, a principal recaiu sobre a ausência de caracterização de urgência, não configurando a existência de elementos que justificassem a edição de uma medida provisória. O fato de haver um arcabouço jurídico próprio, representado especialmente pelas Leis Federais n. 10.257/2001, 11.977/2009 e 6.015/1973 não justificava a edição de uma nova legislação sobre essa temática, pela via urgente da medida provisória, nos termos do que determina o artigo 62, §1º, inciso IV da CRFB/88[207].

Uma segunda crítica está relacionada à incorporação de temas diversos e estranhos entre si. O artigo 7º da Lei Complementar nº 95/1998, também aplicável às medidas provisórias, determina princípios de prática legislativa, e a MP nº 759[208] viola, ao menos, três desses princípios legais dispostos, já que estabelece objetos distintos e estranhos entre si, não vinculados nem por afinidade, nem por pertinência, tampouco por conexão.

Outro ponto de crítica foi sobre a ausência do devido processo participativo da sociedade, especialmente do Conselho das Cidades, existente à

---

[207] "Art. 62 - Em caso de relevância e urgência, o Presidente da República poderá adotar medidas provisórias, com força de lei, devendo submetê-las de imediato ao Congresso Nacional.

§ 1º - É vedada a edição de medidas provisórias sobre matéria:

[...] IV - já disciplinada em projeto de lei aprovado pelo Congresso Nacional e pendente de sanção ou veto do Presidente da República". (BRASIL. **Emenda constitucional nº 32, de 11 de setembro de 2001**. Altera dispositivos dos arts. 48, 57, 61, 62, 64, 66, 84, 88 e 246 da Constituição Federal, e dá outras providências. Brasília, DF: Câmara dos Deputados; Senado Federal, 2001).

[208] "Art. 7º - O primeiro artigo do texto indicará o objeto da lei e o respectivo âmbito de aplicação, observados os seguintes princípios: I - excetuadas as codificações, cada lei tratará de um único objeto;

II - a lei não conterá matéria estranha a seu objeto ou a este não vinculada por afinidade, pertinência ou conexão; III - o âmbito de aplicação da lei será estabelecido de forma tão específica quanto o possibilite o conhecimento técnico ou científico da área respectiva; IV - o mesmo assunto não poderá ser disciplinado por mais de uma lei, exceto quando a subsequente se destine a complementar lei considerada básica, vinculando-se a esta por remissão expressa". (BRASIL. **Lei complementar nº 95, de 26 de fevereiro de 1998**. Dispõe sobre a elaboração, a redação, a alteração e a consolidação das leis, conforme determina o parágrafo único do art. 59 da Constituição Federal, e estabelece normas para a consolidação dos atos normativos que menciona. Brasília, DF: Presidência da República, 1998).

época da edição da MP. As competências do Conselho estão definidas na MP nº 2.220/2001, que criou o Conselho Nacional de Desenvolvimento Urbano (CNDU). Baseado nessa legislação, foi editado o Decreto nº 5.790 de 25 de maio de 2006, que versa sobre as competências do Conselho das Cidades. Entre elas, estão: (i) responsabilizar-se por propor a edição de normas gerais de direito urbanístico; (ii) manifestar-se sobre propostas de alteração da legislação pertinente ao desenvolvimento urbano; e (iii) emitir orientações e recomendações sobre a aplicação do Estatuto das Cidades e dos demais atos normativos relacionados ao desenvolvimento urbano.

A regularização fundiária é uma das diretrizes da Política Nacional de Desenvolvimento Urbano, previstas no artigo 2º do Estatuto da Cidade. Por isso, a falta de manifestação do Conselho das Cidades sobre todas as modificações realizadas pela MP 759 reforçou, à época, a tese de inconstitucionalidade.

Por fim, a MP versa sobre várias normas que tratam de direitos fundamentais, como moradia, função social da propriedade e direito ao meio ambiente. Tais questões não deveriam ser objeto de medida provisória, mas, sim, de lei específica, com amplo debate público, no âmbito do Poder Legislativo e da própria sociedade.

Em razão das críticas apontadas, foram propostas três ações diretas de inconstitucionalidade: uma pelo Instituto dos Arquitetos do Brasil (ADI nº 5.883), outra pelo Partido dos Trabalhadores (ADI nº 5.787) e a última, pela Procuradoria Geral da República (ADI nº 5.771). Esta última impugnou a totalidade da Lei Federal nº 13.465 de 11 de julho de 2017, lei de conversão da MP nº 759. O Ministério Público Federal alega que a Lei Federal nº 13.465/2017, além de ser fruto de medida provisória destituída dos requisitos constitucionais de relevância e urgência (art. 62, *caput*), afronta múltiplos princípios e regras constitucionais, como o direito à moradia (art. 6º), o direito à propriedade e o cumprimento de sua função social (art. 5º, *caput* e inciso XXIII), a proteção ao ambiente (art. 225, *caput*, § 1º, incisos I, II, III e VII, e §§ 2º e 4º), a política de desenvolvimento urbano (art. 182, *caput* e §§ 1º e 2º), o dever de compatibilizar a destinação de terras públicas e devolutas com a política agrícola e o plano nacional de reforma agrária (art. 188, *caput*), os objetivos fundamentais da República (art. 3º, incisos I a III), a proibição de retrocesso, o mínimo existencial e o princípio da proporcionalidade (na faceta de proibição da proteção deficiente), a competência constitucionalmente reservada à lei complementar (art. 62, § 1º, inciso III), a competência da União para legislar sobre Direito Processual Civil (art. 62, inciso I, alínea 'b'), a previsão de que o pagamento de indenizações da reforma agrária será em títulos da dívida agrária (art. 184, *caput*), a exigência de participação popular no planejamento municipal (art. 29, inciso XII) e as regras constitucionais da usucapião especial urbano e rural (arts. 183 e 191)209.

Com isso, passemos à análise da Lei nº 13.465/2017, especificamente no que tange à temática do processo de regularização fundiária.

4. A REGULARIZAÇÃO FUNDIÁRIA NA LEI FEDERAL Nº 13.465/2017: A SIMPLIFICAÇÃO DO PROCESSO E A TITULAÇÃO COMO NORTE

4.1. A nova Lei Geral de Regularização Fundiária e a ruptura com o modelo de 2009

Retomando de forma breve a exposição de motivos da MP nº 759, especificamente com relação à regularização fundiária, vê-se que os itens 148 a 154 apresentaram os motivos de relevância e urgência para que o tema estivesse inserido em seu texto. O eixo central da MP foi a desburocratização, como justificativa para o cumprimento da função social, no que se relaciona com a transferência do patrimônio público. A facilitação desse processo também foi fundamentada em uma tentativa de atender às pessoas de baixa renda, por meio da concessão de títulos definitivos de domínio210. Além disso,

---

209 BRASIL. Supremo Tribunal Federal. **Ação direta de inconstitucionalidade nº 5.771**. Relator: Ministro Luiz Fux. Lei nº 13.465/2017, conversão da Medida Provisória 759/2016. "Regularização fundiária" rural e urbana e na Amazônia Legal, liquidação de créditos a assentados da reforma agrária, alienação de imóveis da União. Brasília, DF, 2018.
210 "150 - A respeito do art.13, é trazida uma inovação fundamental ao processo de reconhecimento e garantia do princípio da função social da propriedade. Hoje a União possui procedimento extremamente complexo e burocrático para transferir áreas a pessoas de baixa renda, fato que prejudica, em função dessas dificuldades administrativas, a concessão de títulos substantivos que protejam essa parcela da população. 151 - Dessa forma, uma vez preenchidos os requisitos previstos no § 5º do art. 31 da Lei nº 9.636, de 1998, a União, através da SPU,

a ideia era desvincular a terra urbana do patrimônio da União, excepcionando, inclusive, a obrigatoriedade da avaliação prévia, condição geral para alienação de imóveis públicos, segundo o art. 17 da Lei n° 8.666, e facilitando o registro do título nos cartórios imobiliários211. Essa facilitação consta no artigo 89 do Decreto n° 9.310/2018212.

Deve-se destacar que a noção de informalidade é utilizada como uma terminologia meramente descritiva, como defende Pedro Abramo, "capaz de abarcar toda e qualquer forma de utilização de bens fundiários ou imobiliários

---

poderá transferir o domínio do imóvel residencial ao beneficiário regularmente cadastrado, utilizando-se de procedimento bastante simplificado. [...] 153 - Com o objetivo de coibir fraudes e não permitir a possível comercialização de títulos, mas sim a garantir o efetivo direito de moradia, a transferência gratuita somente será concedida uma única vez por beneficiário e será vedada a alienação por um período de 5 anos, ações que se alinham à política de reforma agrária, a qual estipula prazo como restrição à alienação de imóveis concedidos pelo governo". (ARAÚJO, Bruno Cavalcanti de; OLIVEIRA, Dyogo Henrique de; PADILHA, Eliseu. **Medida Provisória n° 759, de 22 de dezembro de 2016:** exposição de motivos. Brasília, DF, 21 dez. 2016).

211 "152 - Esta medida não só irá conferir o cumprimento do princípio da função social da propriedade, como irá desonerar a SPU de realizar constantes e periódicos procedimentos de análise de isenção, uma vez que o vínculo público com a terra transferida será desfeito. Ou seja, ganha-se com o saneamento cadastral (diminuição dos custos administrativos), e, ao mesmo tempo, garante-se efetividade à política de regularização fundiária de interesse social, na medida em que a parcela mais carente da sociedade terá acesso a títulos definitivos de domínio. [...] 154 - Em relação ao § 3° do art. 9° da MP, trata-se de exceção à obrigatoriedade da avaliação prévia, condição geral para alienação de imóveis públicos segundo o art. 17 da Lei n° 8.666, de 1993, em função das alienações para fins de REURB-S serem não onerosas, ou seja, a União transferirá gratuitamente o domínio do imóvel. Prever o requisito da avaliação burocratizaria o processo de transferência a pessoas de baixa renda. Vale ressaltar que os cadastros da SPU já informam o valor patrimonial dos bens, de modo que a União conseguirá dimensionar os ativos que sairão do seu domínio. 155 - Em relação ao art. 11 da MP, conquanto a União disponha atualmente de instrumentos legais para abertura de matrícula, busca-se, com esse novo dispositivo, possibilitar um procedimento simplificado e ágil para a inscrição no registro imobiliário, o que facilitará a destinação para fins de REURB-S". (ARAÚJO, Bruno Cavalcanti de; OLIVEIRA, Dyogo Henrique de; PADILHA, Eliseu. **Medida Provisória n° 759, de 22 de dezembro de 2016:** exposição de motivos. Brasília, DF, 21 dez. 2016).

212 "Art. 89 - Para fins da REURB, ficam dispensadas a desafetação e as seguintes exigências previstas no inciso I do *caput* do art. 17 da Lei n° 8.666, de 21 de junho de 1993:
I - autorização legislativa para alienação de bens da administração pública direta, autárquica e fundacional; e II - avaliação prévia e licitação na modalidade de concorrência.
Parágrafo único. Na venda direta prevista no art. 84 da Lei n° 13.465, de 2017, será necessária a avaliação prévia para definição do valor a ser cobrado na alienação". (BRASIL. **Decreto n° 9.310, de 15 de março de 2018.** Brasília, DF: Presidência da República, 2018).

à margem do marco regulatório da esfera jurídico-política do Estado de Direito moderno"213.

A Lei Federal nº 13.465/2017 modificou quatro regimes jurídicos instituídos nas últimas décadas: (i) regularização fundiária rural; (ii) regularização fundiária urbana; (iii) regularização fundiária no âmbito da Amazônia Legal; e (iv) regime sobre os imóveis da União, em especial sobre o regramento da alienação de imóveis da União. A lei foi regulamentada pelo Decreto 9.310, de março de 2018.

A Lei nº Federal 11.977/2009, antigo marco legal de regularização fundiária, na parte que disciplinava a regularização fundiária com normas gerais, podia ser tida como lei nacional, enquanto era estritamente federal ao tratar da gestão de bens da União. Já a Lei Federal nº 13.465/2017 é nacional, disciplinando a regularização fundiária em bens públicos de todos os entes da federação.

A lei de 2017 desconstruiu o arcabouço jurídico existente acerca da regularização fundiária, especialmente a urbana. O regramento anterior estava consolidado nos seguintes pilares: (i) Lei Federal nº 6.766/1979, que disciplina o parcelamento do solo em todo o território nacional; (ii) CRFB/88, que introduz o capítulo próprio da Política Urbana; (iii) Lei Federal nº 10.251/2001, que regulamenta os artigos da Constituição sobre política pública urbana; e (iv) Lei Federal nº 11.977/2009, considerada, até então, o mais importante instrumento jurídico a tratar da matéria da regularização fundiária urbana.

A Lei Federal nº 13.465/2017 revogou os seguintes dispositivos: (i) parte da Lei Federal nº 6.015/1973; parte da Lei Federal nº 6.766/79 e todo o Capítulo III da Lei nº Federal n. 11.977/2009. Com essas revogações e o tratamento outorgado à regularização fundiária, o novo marco legal impõe uma inversão da própria lógica da política urbana. A dinâmica consolidada no ordenamento nacional nesse campo, desde a CRFB/88, era pautada pelo respeito aos seguintes princípios: (i) moradia digna; (ii) função social da posse,

---

213 ABRAMO, Pedro. A cidade com-fusa: a mão inoxidável do mercado e a produção da estrutura urbana nas grandes metrópoles latino-americanas. **Revista Brasileira de Estudos Urbanos e Regionais**, São Paulo: v. 9, n. 2, 2007. p. 25.

da propriedade e da cidade; (iii) autonomia da posse frente à propriedade; (iv) adequado ordenamento territorial; (v) implantação de infraestrutura e garantia de áreas públicas; (vi) participação da sociedade no desenvolvimento das políticas urbanas; e (vii) regularização fundiária plena (fundiária e urbanística).

A nova Lei Geral de Regularização Fundiária (LGRF) impõe uma inversão nessa lógica, a partir dos seguintes preceitos: (i) competitividade; (ii) desburocratização; (iii) complexidade funcional; (iv) a orientação de que a funcionalidade dê lugar à eficiência, especialmente na ocupação e uso do solo; (v) obrigatoriedade de que as isenções cartorárias sejam ressarcidas pelos fundos de habitação por interesse social; e (vi) o reforço da matriz dominial, privilegiando a proteção da propriedade, no lugar da posse. Diversas dessas orientações integram os próprios objetivos da regularização fundiária, que constam no artigo 10 da lei geral214.

A nova dinâmica pode ser comprovada a partir da problematização de alguns dos pilares da LGRF: (i) definição de regularização fundiária; (ii) modalidades distintas de REURB; (iii) papel secundário da zona de especial interesse social (ZEIS); (iv) perda de protagonismo da demarcação urbanística;

---

214 "Art. 10 - Constituem objetivos da REURB, a serem observados pela União, Estados, Distrito Federal e Municípios: I - identificar os núcleos urbanos informais que devam ser regularizados, organizá-los e assegurar a prestação de serviços públicos aos seus ocupantes, de modo a melhorar as condições urbanísticas e ambientais em relação à situação de ocupação informal anterior; II - criar unidades imobiliárias compatíveis com o ordenamento territorial urbano e constituir sobre elas direitos reais em favor dos seus ocupantes; III - ampliar o acesso à terra urbanizada pela população de baixa renda, de modo a priorizar a permanência dos ocupantes nos próprios núcleos urbanos informais regularizados; IV - promover a integração social e a geração de emprego e renda; V - estimular a resolução extrajudicial de conflitos, em reforço à consensualidade e à cooperação entre Estado e sociedade; VI - garantir o direito social à moradia digna e às condições de vida adequadas; VII - garantir a efetivação da função social da propriedade; VIII - ordenar o pleno desenvolvimento das funções sociais da cidade e garantir o bem-estar de seus habitantes; IX - concretizar o princípio constitucional da eficiência na ocupação e no uso do solo; X - prevenir e desestimular a formação de novos núcleos urbanos informais; XI - conceder direitos reais, preferencialmente em nome da mulher; XII - franquear participação dos interessados nas etapas do processo de regularização fundiária". (BRASIL. **Lei nº 13.465, de 11 de julho de 2017**. Dispõe sobre a regularização fundiária rural e urbana, sobre a liquidação de créditos concedidos aos assentados da reforma agrária e sobre a regularização fundiária no âmbito da Amazônia Legal; institui mecanismos para aprimorar a eficiência dos procedimentos de alienação de imóveis da União; [...] e dá outras providências. Brasília, DF, 2017).

(v) preferência na regularização fundiária com transferência de propriedade para o beneficiário; e (vi) simplificação no processo administrativo de regularização fundiária.

A LGRF deixou de regulamentar mecanismos importantes para a regularização fundiária, como o artigo 1.228, parágrafos 4º e 5º, do Código Civil, e de inserir em sua lógica os atributos da função social da propriedade, da posse e da cidade. A ausência de menção ao caráter funcional da terra fica evidente na própria definição de regularização fundiária apontada pela lei, no artigo 9º. Vejamos:

> Art. 9º- Ficam instituídas no território nacional normas gerais e procedimentos aplicáveis à Regularização Fundiária Urbana (REURB), a qual abrange medidas jurídicas, urbanísticas, ambientais e sociais destinadas à incorporação dos núcleos urbanos informais ao ordenamento territorial urbano e à titulação de seus ocupantes215.

Em sentido contrário, cabe destacar, mais uma vez, a definição de regularização, já revogada, constante na Lei Federal nº 11.977/2009:

> Art. 46 - A regularização fundiária consiste no conjunto de medidas jurídicas, urbanísticas, ambientais e sociais que visam à regularização de assentamentos irregulares e à titulação de seus ocupantes, de modo a garantir o *direito social à moradia, o pleno desenvolvimento das funções sociais da propriedade urbana e o direito ao meio ambiente ecologicamente equilibrado*216.

Em ambos os conceitos, as medidas jurídicas, urbanísticas, ambientais e sociais aparecem como norteadoras do processo, mas apenas na lei de 2009 destaca-se como objetivo da regularização o atendimento ao direito social à moradia, o pleno desenvolvimento das funções sociais da propriedade urbana e

---

215 Ibid.
216 BRASIL. **Lei nº 11.977, de 7 de julho de 2009**. Dispõe sobre o Programa Minha Casa, Minha Vida – PMCMV e a regularização fundiária de assentamentos localizados em áreas urbanas; altera o Decreto-Lei nº 3.365, de 21 de junho de 1941, as Leis nºs 4.380, de 21 de agosto de 1964, 6.015, de 31 de dezembro de 1973, 8.036, de 11 de maio de 1990, e 10.257, de 10 de julho de 2001, e a Medida Provisória nº 2.197-43, de 24 de agosto de 2001; e dá outras providências. Brasília, DF, 2009.

o direito ao meio ambiente ecologicamente equilibrado. Com isso, esses pressupostos poderiam repercutir diretamente na estrutura, nos objetivos e na própria escolha de prioridades das políticas públicas relacionadas com a regularização fundiária.

A nova definição retirou da estrutura da regularização fundiária os princípios e diretrizes da política urbana, com expresso amparo constitucional. Além disso, ela ratifica o paradigma da titulação, fortemente criticado a partir dos resultados que ele apresentou sobretudo na experiência peruana, uma vez que não está necessariamente associado a segurança da posse, melhoria da qualidade de vida ou ampliação do acesso ao crédito217.

A LGRF disciplinou duas modalidades de REURB, permitindo que os instrumentos de regularização sejam aplicados, basicamente da mesma forma, para beneficiários completamente distintos. Essa lógica já estava institucionalizada na Lei Federal nº 11.977/2009, ratificando a ideia de que a população de maior renda também produz irregularidades urbanísticas, como ocorre, por exemplo, nos condomínios fechados, na apropriação privada da orla marítima e na apropriação de áreas públicas por mansões e loteamentos irregulares218.

A instituição de modalidades distintas de regularização fundiária – a REURB-S (interesse social) e a REURB-E (interesse específico) –, sem uma diferenciação clara da ação do poder público em cada uma delas, amplia seu caráter discricionário. O artigo 6° do decreto regulamentador ratifica a ausência de clareza nessa atuação, uma vez que a composição ou a faixa da renda familiar para a definição de população de baixa renda poderá ser estabelecida em ato futuro do poder público municipal ou distrital, consideradas as peculiaridades locais e regionais de cada ente federativo219.

217 ALFONSIN, Betânia de Moraes; PEREIRA, Pedro Prazeres Fraga; LOPES, Débora Carina; ROCHA, Marco Antônio; BOLL, Helena Corrêa. Da função social à função econômica da terra: impactos da Lei nº 13.465/17 sobre as políticas de regularização fundiária e o direito à cidade no Brasil. **Revista de Direito da Cidade**, vol. 11, n. 1, 2019. p. 179.
218 Ibid., p. 179.
219 "Art. 6° - Para a classificação da REURB na modalidade REURB-S, a composição ou a faixa da renda familiar para definição de população de baixa renda poderá ser estabelecida em

Dessa forma, a REURB-S está condicionada a ato regulamentador futuro do Executivo Municipal, nos termos do artigo 13, inciso I da LGRF. Esse fato faz com que a regularização de interesse social não tenha incidência imediata, criando, mais uma vez, a necessidade de definição posterior acerca do conceito de baixa renda220.

---

ato do Poder Público municipal ou distrital, consideradas as peculiaridades locais e regionais de cada ente federativo.

Parágrafo único. A renda familiar prevista no *caput* não poderá ser superior ao quíntuplo do salário mínimo vigente no País". (BRASIL. **Decreto nº 9.310, de 15 de março de 2018**. Brasília, DF: Presidência da República, 2018).

220 "Art. 13 - A REURB compreende duas modalidades:

I - REURB de Interesse Social (REURB-S) – regularização fundiária aplicável aos núcleos urbanos informais ocupados predominantemente por população de baixa renda, assim declarados em ato do Poder Executivo municipal; e II - REURB de Interesse Específico (REURB-E) – regularização fundiária aplicável aos núcleos urbanos informais ocupados por população não qualificada na hipótese de que trata o inciso I deste artigo.

§ 1º - Serão isentos de custas e emolumentos, entre outros, os seguintes atos registrais relacionados à REURB-S: I - o primeiro registro da REURB-S, o qual confere direitos reais aos seus beneficiários; II - o registro da legitimação fundiária; III - o registro do título de legitimação de posse e a sua conversão em título de propriedade; IV - o registro da CRF e do projeto de regularização fundiária, com abertura de matrícula para cada unidade imobiliária urbana regularizada; V - a primeira averbação de construção residencial, desde que respeitado o limite de até setenta metros quadrados; VI - a aquisição do primeiro direito real sobre unidade imobiliária derivada da REURB-S; VII - o primeiro registro do direito real de laje no âmbito da REURB-S; e VIII - o fornecimento de certidões de registro para os atos previstos neste artigo.

§ 2º - Os atos de que trata este artigo independem da comprovação do pagamento de tributos ou penalidades tributárias, sendo vedado ao oficial de registro de imóveis exigir sua comprovação.

§ 3º - O disposto nos §§ 1º e 2º deste artigo aplica-se também à REURB-S que tenha por objeto conjuntos habitacionais ou condomínios de interesse social construídos pelo poder público, diretamente ou por meio da administração pública indireta, que já se encontrem implantados em 22 de dezembro de 2016.

§ 4º - Na REURB, os Municípios e o Distrito Federal poderão admitir o uso misto de atividades como forma de promover a integração social e a geração de emprego e renda no núcleo urbano informal regularizado.

§ 5º - A classificação do interesse visa exclusivamente à identificação dos responsáveis pela implantação ou adequação das obras de infraestrutura essencial e ao reconhecimento do direito à gratuidade das custas e emolumentos notariais e registrais em favor daqueles a quem for atribuído o domínio das unidades imobiliárias regularizadas". (BRASIL. **Lei nº 13.465, de 11 de julho de 2017**. Dispõe sobre a regularização fundiária rural e urbana, sobre a liquidação de créditos concedidos aos assentados da reforma agrária e sobre a regularização fundiária no âmbito da Amazônia Legal; institui mecanismos para aprimorar a eficiência dos procedimentos de alienação de imóveis da União; [...] e dá outras providências. Brasília, DF, 2017).

A distinção entre essas modalidades de REURB deveria estar assentada, minimamente, além da renda, no período de prescrição aquisitiva da detenção/posse, e quanto à dimensão da unidade imobiliária (tamanho do lote), sob o risco de a ação do poder público privilegiar as classes mais ricas e implementar uma regularização fundiária seletiva. Uma das principais diferenças entre as duas modalidades está relacionada aos encargos, uma vez que a lei prevê uma série de isenções no caso de interesse social, não aplicáveis às hipóteses de interesse específico, nos termos do que preceitua o parágrafo 1º do artigo 13.

Além das isenções relacionadas ao registro, averbação, aquisição do primeiro direito real e fornecimento de certidões, o §2º do artigo 13 também isenta os beneficiários da REURB-S do pagamento de tributos. Tais isenções têm o objetivo claro de viabilizar essa modalidade de regularização, já que seus beneficiários são exclusivamente de baixa renda. Convém destacar que a REURB-S também pode ter como objeto conjuntos habitacionais ou condomínios de interesse social construídos pelo poder público, diretamente ou por meio da administração pública indireta, que já se encontrassem implantados em 22 de dezembro de 2016. Essa hipótese está expressa no §3º do artigo 13.

O próprio legislador fixou as razões para a diferenciação da REURB em duas modalidades, destacando, no §5º do artigo 13, a identificação dos responsáveis pela implantação ou adequação das obras de infraestrutura essencial e o reconhecimento do direito à gratuidade das custas e emolumentos notariais e registrais.

José Afonso da Silva aponta outra importante distinção entre as duas modalidades de regularização, especificamente no que tange à REURB promovida sobre bem público. De acordo com o autor:

> Na REURB-S promovida sobre bem público não está previsto que os beneficiários tenham que pagar alguma coisa pelas unidades e o registro do projeto de regularização fundiária e a constituição de direito real em nome dos beneficiários poderão ser feitos em ato único, a critério do ente público promovente. Tratamento diverso a esse propósito é dado às REURB-E, nas quais, quando

promovidas sobre bem público, havendo solução consensual, a aquisição de direitos reais pelo particular ficará condicionada ao pagamento do justo valor da unidade imobiliária regularizada, a ser apurado na forma estabelecida em ato do Poder Executivo titular do domínio, sem considerar o valor das acessões e benfeitorias do ocupante e a valorização decorrente da implantação dessas acessões e benfeitorias221.

Na REURB-E, em razão da ausência de destinatários de baixa renda, o legislador optou por exigir uma contraprestação do beneficiário, que deve pagar pela aquisição do direito real sobre aquele determinado bem público, nos termos do que dispõem os artigos 16 e 17 da Lei Federal nº 13.465/2017222.

Um terceiro pilar da LGRF é não condicionar a REURB, nem mesmo a de interesse social, à implementação de zonas de especial interesse social, sendo, portanto, discricionário do poder público fazê-lo223. A ZEIS é a parcela

---

221 SILVA. José Afonso da. **Direito urbanístico brasileiro**. 8. ed. São Paulo: Malheiros, 2018. p. 394.

222 "Art. 16 - Na REURB-E, promovida sobre bem público, havendo solução consensual, a aquisição de direitos reais pelo particular ficará condicionada ao pagamento do justo valor da unidade imobiliária regularizada, a ser apurado na forma estabelecida em ato do Poder Executivo titular do domínio, sem considerar o valor das acessões e benfeitorias do ocupante e a valorização decorrente da implantação dessas acessões e benfeitorias. Parágrafo único. As áreas de propriedade do poder público registradas no Registro de Imóveis, que sejam objeto de ação judicial versando sobre a sua titularidade, poderão ser objeto da REURB, desde que celebrado acordo judicial ou extrajudicial, na forma desta Lei, homologado pelo juiz. Art. 17 - Na REURB-S promovida sobre bem público, o registro do projeto de regularização fundiária e a constituição de direito real em nome dos beneficiários poderão ser feitos em ato único, a critério do ente público promovente". (BRASIL. Lei nº 13.465, de 11 de julho de 2017. Dispõe sobre a regularização fundiária rural e urbana, sobre a liquidação de créditos concedidos aos assentados da reforma agrária e sobre a regularização fundiária no âmbito da Amazônia Legal; institui mecanismos para aprimorar a eficiência dos procedimentos de alienação de imóveis da União; [...] e dá outras providências. Brasília, DF, 2017).

223 "Art. 18 -. O Município e o Distrito Federal poderão instituir como instrumento de planejamento urbano Zonas Especiais de Interesse Social (ZEIS), no âmbito da política municipal de ordenamento de seu território. § 1º - Para efeitos desta Lei, considera-se ZEIS a parcela de área urbana instituída pelo plano diretor ou definida por outra lei municipal, destinada preponderantemente à população de baixa renda e sujeita a regras específicas de parcelamento, uso e ocupação do solo. § 2º - A REURB não está condicionada à existência de ZEIS". (BRASIL. Lei nº 13.465, de 11 de julho de 2017. Dispõe sobre a regularização fundiária rural e urbana, sobre a liquidação de

de área urbana instituída pelo plano diretor ou definida por outra lei municipal, destinada preponderantemente à população de baixa renda e sujeita a regras específicas de parcelamento, uso e ocupação do solo.

De acordo com Betânia Alfonsin o objetivo das ZEIS é "garantir o acesso à terra urbanizada, isto é, estabelecer parâmetros urbanísticos especiais de controle do uso e ocupação do solo"[224]. Essas zonas realizam uma verdadeira adequação das áreas informalmente ocupadas, com a ordem urbanística, garantindo, com isso, o direito de permanência dos ocupantes na área em que originalmente exercem a moradia, evitando a especulação imobiliária.

A Lei Federal nº 11.977/2009 tratou das ZEIS em seu capítulo III, como um instrumento de regularização fundiária, afirmando, em seu artigo 47, que a regularização de interesse social deveria ser realizada em áreas gravadas como ZEIS. Já a Lei Federal nº 13.465, em seu artigo 18, *caput*, considera que a regularização fundiária não está condicionada à gravação de zonas especiais.

A possibilidade de instituição da ZEIS é um elemento essencial do planejamento urbano, em que o poder local pode interferir diretamente no ordenamento territorial da cidade, estabelecendo, por exemplo, a destinação que aquele determinado espaço urbano deve ter. Tal medida, dependendo dos objetivos da regularização fundiária para aquele local, podem limitar ou estimular a atuação dos atores do mercado fundiário. É possível proibir destinação comercial ou, até mesmo, quando o uso residencial for preponderante e com baixo adensamento, limitar a atividade de incorporação imobiliária.

No vigor da Lei Federal nº 11.977/2009, a demarcação urbanística tinha como objetivo controlar o imóvel de domínio público ou privado, definindo

---

créditos concedidos aos assentados da reforma agrária e sobre a regularização fundiária no âmbito da Amazônia Legal; institui mecanismos para aprimorar a eficiência dos procedimentos de alienação de imóveis da União; [...] e dá outras providências. Brasília, DF, 2017).
224 ALFONSIN, Betânia de Moraes; PEREIRA, Pedro Prazeres Fraga; LOPES, Débora Carina; ROCHA, Marco Antônio; BOLL, Helena Corrêa. Da função social à função econômica da terra: impactos da Lei nº 13.465/17 sobre as políticas de regularização fundiária e o direito à cidade no Brasil. **Revista de Direito da Cidade**, vol. 11, n. 1, 2019. p. 182.

seus limites, área, localização e seus confrontantes. Assim, viabilizava a regularização fundiária de interesse social, cuja titulação seria outorgada por meio do instrumento de legitimação de posse. A nova lei afasta a demarcação como um requisito para a implementação desse instrumento.

O artigo 11, inciso IV, da LGRF define demarcação urbanística como o procedimento destinado a identificar os imóveis públicos e privados abrangidos pelo núcleo urbano informal e a obter a anuência dos respectivos titulares de direitos inscritos na matrícula dos imóveis ocupados, culminando com averbação na matrícula destes imóveis da viabilidade da regularização fundiária, a ser promovida a critério do Município[225].

No artigo 19 da LGRF, chama a atenção o tratamento que foi outorgado à demarcação urbanística[226], evidenciando seu caráter facultativo, até mesmo para a concretização da legitimação de posse.

O quinto eixo da LGRF, que também deve ser problematizado, é a alteração da perspectiva de uma regularização fundiária pautada na posse para uma regularização que tem a transferência de propriedade como objetivo, especialmente com relação à propriedade pública. Essa nova sistemática está associada à positivação do instrumento de Legitimação Fundiária, nos artigos 23 e 24, e de alterações substantivas na Legitimação de Posse, nos artigos 25 a 27, ambas objeto de análise na próxima seção

A regularização pautada na propriedade, especialmente com a transferência da propriedade pública em favor do particular, é uma forma de alimentar o mercado financeiro imobiliário, disponibilizando matéria-prima (propriedade) para o sistema de concessão de crédito, garantias e securitização. Essa lógica permite a continuidade da reprodução do capital nas cidades,

---

225 BRASIL. **Lei nº 13.465, de 11 de julho de 2017**. Dispõe sobre a regularização fundiária rural e urbana, sobre a liquidação de créditos concedidos aos assentados da reforma agrária e sobre a regularização fundiária no âmbito da Amazônia Legal; institui mecanismos para aprimorar a eficiência dos procedimentos de alienação de imóveis da União; [...] e dá outras providências. Brasília, DF, 2017.
226 "Art. 19 - O poder público poderá utilizar o procedimento de demarcação urbanística, com base no levantamento da situação da área a ser regularizada e na caracterização do núcleo urbano informal a ser regularizado". (Ibid.)

privilegiando o valor de troca e afastando uma regularização pautada na posse, que privilegiaria o valor de uso da terra urbana.

A LGRF faz referência à concessão de uso especial para fins de moradia (CUEM) e à concessão de direito real de uso (CDRU) apenas no rol de instrumentos de regularização, elencados no artigo 15. Com relação a tais instrumentos, também faz referência às alterações realizadas na Lei Federal nº 8.629/1993, que dispõe sobre a regulamentação dos dispositivos constitucionais relativos à reforma agrária. Embora tais instrumentos já sejam objeto de legislação específica, poderiam ter sido notados pela Lei Federal n. 13.465/2017, como elementos essenciais na nova estrutura da regularização fundiária. Esse fato demonstra o quanto os instrumentos de regularização pautados na posse, para bens públicos e particulares, não têm posição de destaque, reforçando a ideia de um processo baseado na propriedade, ignorando o esforça teórico feito durante anos para garantir autonomia e o mesmo grau de importância entre esses dois institutos.

Como será demonstrado durante a análise do processo de regularização, a nova lei tem uma preocupação voltada para a questão fundiário-cartorária e para a transferência integral da propriedade pública, abandonando a ideia de regularização fundiária plena. A preferência pelo modelo proprietário atende ao interesse do mercado imobiliário, seguindo as orientações de Hernando de Soto[227], de forma a potencializar a circulação da propriedade-mercadoria. É, portanto, um verdadeiro estímulo à gentrificação.[228]

Nesse ponto, o paradigma peruano é perfeitamente aplicável ao caso brasileiro, como sustenta Edésio Fernandes no seguinte trecho: "Em vez de discutir assentamentos, bairros e comunidades, a escrituração formal centra-se

---

[227]227 DE SOTO, Hernando. op. cit.

[228] De acordo com Arícia Fernandes Correia: "O verbo inglês to gentrify é derivado de gentry, 'nobreza, fidalguia', uma velha palavra oriunda, via francês, do latim gentilis, 'da mesma família ou raça'. Deriva da expressão inglesa 'gentrification'. O termo é derivado do neologismo criado pela socióloga britânica Ruth Glass, em 1963, em um artigo no qual ela tratava das mudanças urbanas em Londres. Ela se referia ao 'aburguesamento' do centro da cidade, usando o termo 'gentry, com uma certa dose de ironia, na medida em que pode ser traduzido como 'bem-nascido', em consequência da ocupação de bairros operários pela classe média e alta londrina". (CORREIA, Arícia Fernandes. Direito da regularização fundiária plena. Juiz de Fora: Editar, 2017. p. 39.)

em unidades, direitos à propriedade e operações de mercado livre individuais, independentemente do contexto social e consequências"229.

Essa lógica distancia a estrutura atual daquela prevista na CRFB/88 e no Estatuto da Cidade, especificamente sobre a regularização fundiária plena. Inclusive, a mesma ponderação foi realizada na ADI nº 5.771 proposta pelo Procurador-Geral da República, no seguinte trecho:

> Distancia-se do comprometimento dessas metas (direito à moradia adequada). Ela autoriza transferência em massa de bens públicos para pessoas de média e alta renda, visando à satisfação de interesses particulares, em claro prejuízo à população mais necessitada, o que causará grave e irreversível impacto na estrutura fundiária em todo território nacional, seja por incentivar a ocupação irregular de terras (a "grilagem") e o aumento de conflitos agrários, seja por suprimir as condições mínimas para continuidade daquelas políticas constitucionais [...] Perda de patrimônio público, aumento da concentração de terras nas mãos de poucos230.

Para comprovar o alegado neste ponto, é importante destacar alguns preceitos positivados na LGRF, que demonstram a alteração de perspectiva quanto ao próprio modelo de regularização fundiária.

O primeiro preceito é a possibilidade de titulação dos ocupantes, independentemente de realização prévia da urbanização do local. Como já abordado, convém salientar que, no vigor da Lei Federal nº 11.977/2009, a regularização urbanística era o pressuposto da regularização fundiária, compondo a própria estrutura e definição de "regularização fundiária plena".

Reforçando essa mudança de paradigma, a própria urbanização não é necessária para que a REURB seja implementada, nos termos do que determina o artigo 36, § 3º, da lei, já que pode ser realizada posteriormente à titulação dos

---

229 FERNANDES, Edésio. **Regularização de assentamentos informais na América Latina**. Cambridge: Lincoln Institute of Land Policy, 2011. p. 30.
230 BRASIL. Supremo Tribunal Federal. Ação direta de inconstitucionalidade nº 5.771. Relator: Ministro Luiz Fux. Lei nº 13.465/2017, conversão da Medida Provisória 759/2016. "Regularização fundiária" rural e urbana e na Amazônia Legal, liquidação de créditos a assentados da reforma agrária, alienação de imóveis da União. Brasília, DF, 2018.

ocupantes231. Um segundo ponto de análise acerca dessa mudança de modelo é o estímulo à consolidação da propriedade plena de terras públicas, na REURB-S e na REURB-E, sem medidas que protejam essas titulações do mercado especulativo formal da propriedade urbana, em que a terra, notadamente, é uma mercadoria.

A lógica da regularização a partir da propriedade, com transferência plena desse direito para os ocupantes, ganha contornos sensíveis, especialmente por conta da faculdade de instituir as ZEIS, como já exposto. A ausência de obrigatoriedade facilita que, após a titulação, os beneficiários vendam seu patrimônio para o mercado formal. Por fim, chama a atenção que alguns instrumentos de regularização fundiária facilitem e privilegiem a situação proprietária, como ocorre com a legitimação fundiária (arts. 23 e 24) e a legitimação de posse (arts. 25 a 27), e na forma como o direito real de laje foi positivado, trazendo a propriedade da construção-base como requisito essencial, nos termos já analisados no presente trabalho.

4.2. A desburocratização do processo de regularização fundiária

Continuando com a análise dos eixos da LGRF que demonstram uma mudança de perspectiva, é essencial a análise das etapas do processo de regularização fundiária, especialmente no que diz respeito a sua simplificação e desburocratização do procedimento cartorário, já que a nova lei prevê o ato único de registro do projeto de regularização fundiária e seu objetivo final: a titulação. O legislador definiu expressamente as fases do processo administrativo da REURB nos artigos 28 a 41 da LGRF, especialmente no artigo 28, que indica todas as suas etapas232. Para uma compreensão dessas

---

231 "Art. 36, § 3° - As obras de implantação de infraestrutura essencial, de equipamentos comunitários e de melhoria habitacional, bem como sua manutenção, podem ser realizadas antes, durante ou após a conclusão da REURB". (BRASIL. Lei n° 13.465, de 11 de julho de 2017. Dispõe sobre a regularização fundiária rural e urbana, sobre a liquidação de créditos concedidos aos assentados da reforma agrária e sobre a regularização fundiária no âmbito da Amazônia Legal; institui mecanismos para aprimorar a eficiência dos procedimentos de alienação de imóveis da União; [...] e dá outras providências. Brasília, DF, 2017).
232 "Art. 28 - A REURB obedecerá às seguintes fases: I - requerimento dos legitimados; II - processamento administrativo do requerimento, no qual será conferido prazo para manifestação dos titulares de direitos reais sobre o imóvel e dos confrontantes; III - elaboração do projeto de

mudanças, e sobretudo dessa simplificação, passemos para uma breve análise de cada uma delas.

De acordo com o artigo 14 da Lei Federal n° 13.465/2017, são legitimados para requerer a REURB: (i) a União, os estados, o Distrito Federal e os municípios, diretamente ou por meio de entidades da administração pública indireta; (ii) seus beneficiários, individual ou coletivamente, diretamente ou por meio de cooperativas habitacionais, associações de moradores, fundações, organizações sociais, organizações da sociedade civil de interesse público ou outras associações civis que tenham por finalidade atividades nas áreas de desenvolvimento urbano ou regularização fundiária urbana; (iii) os proprietários de imóveis ou de terrenos, loteadores ou incorporadores; (iv) a Defensoria Pública, em nome dos beneficiários hipossuficientes; e (v) o Ministério Público.

O requerimento deve ser direcionado ao município, que, em decisão fundamentada, deverá instaurar o procedimento. Na hipótese de o ente municipal indeferir o requerimento de instauração da REURB, deverá indicar, em sua decisão, quais medidas deverão ser adotadas, com vistas à reformulação e reavaliação do requerimento, quando cabível.

De acordo com o parágrafo único do artigo 28 da LGRF, a inexistência de uma lei municipal específica que trate de medidas ou posturas de interesse local aplicáveis a projetos de regularização fundiária urbana não impedirá a REURB. Segundo José Afonso da Silva, essa é mais uma interferência

---

regularização fundiária; IV - saneamento do processo administrativo; V - decisão da autoridade competente, mediante ato formal, ao qual se dará publicidade; VI - expedição da CRF pelo Município; e VII - registro da CRF e do projeto de regularização fundiária aprovado perante o oficial do cartório de registro de imóveis em que se situe a unidade imobiliária com destinação urbana regularizada.
Parágrafo único. Não impedirá a REURB, na forma estabelecida nesta Lei, a inexistência de lei municipal específica que trate de medidas ou posturas de interesse local aplicáveis a projetos de regularização fundiária urbana". (BRASIL. Lei n° 13.465, de 11 de julho de 2017. Dispõe sobre a regularização fundiária rural e urbana, sobre a liquidação de créditos concedidos aos assentados da reforma agrária e sobre a regularização fundiária no âmbito da Amazônia Legal; institui mecanismos para aprimorar a eficiência dos procedimentos de alienação de imóveis da União; [...] e dá outras providências. Brasília, DF, 2017).

indevida da lei federal na autonomia municipal233. De qualquer forma, o executivo municipal pode atuar e tem papel importante na execução da regularização. Sobre o tema, o artigo 30 da lei afirma que compete ao município, em que os núcleos urbanos informais, destinatários da regularização, estão localizados: (i) classificar, caso a caso, as modalidades da REURB; (ii) processar, analisar e aprovar os projetos de regularização fundiária; e (iii) emitir a certidão de regularização fundiária (CRF)234. Nesse momento inicial, o mais importante é o poder municipal definir a modalidade de REURB que será utilizada, sendo que, diante de seu silêncio, prevalecerá a modalidade indicada pelo próprio legitimado em seu requerimento, preceito normativo este de duvidosa legalidade/constitucionalidade, já que da classificação podem decorrer ônus para o Erário, que pertencem apenas ao requerente.

É importante destacar que a REURB incidirá em um núcleo urbano informal. As definições de núcleo urbano e núcleo urbano informal constam no artigo 11 da LGRF. Vejamos:

> Art. 11 - Para fins desta Lei, consideram-se:
>
> I - núcleo urbano: assentamento humano, com uso e características urbanas, constituído por unidades imobiliárias de área inferior à fração mínima de parcelamento prevista na

---

233 SILVA. José Afonso da. **Direito urbanístico brasileiro**. 8. ed. São Paulo: Malheiros, 2018. p. 400.
234 "Art. 30 - Compete aos Municípios nos quais estejam situados os núcleos urbanos informais a serem regularizados: I - classificar, caso a caso, as modalidades da REURB; II - processar, analisar e aprovar os projetos de regularização fundiária; e III - emitir a CRF.
§ 1º - Na REURB requerida pela União ou pelos Estados, a classificação prevista no inciso I do caput deste artigo será de responsabilidade do ente federativo instaurador.
§ 2º - O Município deverá classificar e fixar, no prazo de até cento e oitenta dias, uma das modalidades da REURB ou indeferir, fundamentadamente, o requerimento.
§ 3º - A inércia do Município implica a automática fixação da modalidade de classificação da REURB indicada pelo legitimado em seu requerimento, bem como o prosseguimento do procedimento administrativo da REURB, sem prejuízo de futura revisão dessa classificação pelo Município, mediante estudo técnico que a justifique". (BRASIL. Lei nº 13.465, de 11 de julho de 2017. Dispõe sobre a regularização fundiária rural e urbana, sobre a liquidação de créditos concedidos aos assentados da reforma agrária e sobre a regularização fundiária no âmbito da Amazônia Legal; institui mecanismos para aprimorar a eficiência dos procedimentos de alienação de imóveis da União; [...] e dá outras providências. Brasília, DF, 2017.)

Lei nº 5.868, de 12 de dezembro de 1972, independentemente da propriedade do solo, ainda que situado em área qualificada ou inscrita como rural;

II - núcleo urbano informal: aquele clandestino, irregular ou no qual não foi possível realizar, por qualquer modo, a titulação de seus ocupantes, ainda que atendida a legislação vigente à época de sua implantação ou regularização235;

O inciso segundo destaca o fato de que a informalidade está vinculada à ausência de titulação dos ocupantes, reconhecendo e confirmando o objetivo final da REURB, que, independentemente da regularização urbanística ou da urbanização, é a titulação de seus destinatários.

Após a identificação da modalidade de REURB que será adotada, o município deverá verificar, por meio de buscas cartorárias, o titular de direito real sobre o imóvel objeto da REURB, em que está situado o núcleo urbano informal. De acordo com o artigo 31 e seus parágrafos, após essa identificação, sendo o imóvel público ou privado, os titulares de direito real, os ocupantes, os confinantes e qualquer interessado devem ser notificados, via postal, para, querendo, apresentar sua impugnação no prazo de trinta dias. Caso algum deles não seja encontrado, deverá ser publicado edital de convocação.

Na hipótese de apresentação de impugnação, deverá ter início o procedimento extrajudicial e a composição de conflitos, disciplinados no artigo 34 da LGRF236. A ausência de manifestação dos interessados será interpretada como concordância por parte dos interessados237.

---

235 Ibid.

236 "Art. 34 - Os Municípios poderão criar câmaras de prevenção e resolução administrativa de conflitos, no âmbito da administração local, inclusive mediante celebração de ajustes com os Tribunais de Justiça estaduais, as quais deterão competência para dirimir conflitos relacionados à REURB, mediante solução consensual.

§ 1º - O modo de composição e funcionamento das câmaras de que trata o caput deste artigo será estabelecido em ato do Poder Executivo municipal e, na falta do ato, pelo disposto na Lei nº 13.140, de 26 de junho de 2015.

§ 2º - Se houver consenso entre as partes, o acordo será reduzido a termo e constituirá condição para a conclusão da REURB, com consequente expedição da CRF.

§ 3º - Os Municípios poderão instaurar, de ofício ou mediante provocação, procedimento de mediação coletiva de conflitos relacionados à REURB.

§ 4º - A instauração de procedimento administrativo para a resolução consensual de conflitos no âmbito da REURB suspende a prescrição.

§ 5º - Os Municípios e o Distrito Federal poderão, mediante a celebração de convênio, utilizar os Centros Judiciários de Solução de Conflitos e Cidadania ou as câmaras de mediação credenciadas nos Tribunais de Justiça". (BRASIL. Lei nº 13.465, de 11 de julho de 2017. Dispõe sobre a regularização fundiária rural e urbana, sobre a liquidação de créditos concedidos aos assentados da reforma agrária e sobre a regularização fundiária no âmbito da Amazônia Legal; institui mecanismos para aprimorar a eficiência dos procedimentos de alienação de imóveis da União; [...] e dá outras providências. Brasília, DF, 2017. Disponível em: <http://www.planalto.gov.br/ccivil_03/_ato2015-2018/2017/lei/l13465.htm>. Acesso em: 15 ago. 2022.)

237 "Art. 31 - Instaurada a REURB, o Município deverá proceder às buscas necessárias para determinar a titularidade do domínio dos imóveis onde está situado o núcleo urbano informal a ser regularizado.

§ 1º - Tratando-se de imóveis públicos ou privados, caberá aos Municípios notificar os titulares de domínio, os responsáveis pela implantação do núcleo urbano informal, os confinantes e os terceiros eventualmente interessados, para, querendo, apresentar impugnação no prazo de trinta dias, contado da data de recebimento da notificação.

§ 2º - Tratando-se de imóveis públicos municipais, o Município deverá notificar os confinantes e terceiros eventualmente interessados, para, querendo, apresentar impugnação no prazo de trinta dias, contado da data de recebimento da notificação.

§ 3º - Na hipótese de apresentação de impugnação, será iniciado o procedimento extrajudicial de composição de conflitos de que trata esta Lei.

§ 4º - A notificação do proprietário e dos confinantes será feita por via postal, com aviso de recebimento, no endereço que constar da matrícula ou da transcrição, considerando-se efetuada quando comprovada a entrega nesse endereço.

§ 5º - A notificação da REURB também será feita por meio de publicação de edital, com prazo de trinta dias, do qual deverá constar, de forma resumida, a descrição da área a ser regularizada, nos seguintes casos: I - quando o proprietário e os confinantes não forem encontrados; e II - quando houver recusa da notificação por qualquer motivo.

§ 6º - A ausência de manifestação dos indicados referidos nos §§ 1º e 4º deste artigo será interpretada como concordância com a REURB.

§ 7º - Caso algum dos imóveis atingidos ou confinantes não esteja matriculado ou transcrito na serventia, o Distrito Federal ou os Municípios realizarão diligências perante as serventias anteriormente competentes, mediante apresentação da planta do perímetro regularizado, a fim de que a sua situação jurídica atual seja certificada, caso possível.

§ 8º - O requerimento de instauração da REURB ou, na forma de regulamento, a manifestação de interesse nesse sentido por parte de qualquer dos legitimados garantem, perante o poder público, aos ocupantes dos núcleos urbanos informais situados em áreas públicas a serem regularizados, a permanência em suas respectivas unidades imobiliárias, preservando-se as situações de fato já existentes, até o eventual arquivamento definitivo do procedimento.

§ 9º - Fica dispensado o disposto neste artigo, caso adotados os procedimentos da demarcação urbanística". (Ibid.)

O §7º do artigo 31 determina que, na hipótese de algum dos imóveis objeto da REURB ou do confinante não terem matrícula no cartório de imóveis, o ente municipal fica incumbido de apresentar, perante as serventias, a planta do perímetro regularizado, a fim de que a situação jurídica atual seja certificada. Essa decisão demonstra uma preocupação da lei em buscar, de forma efetiva, trazer a terra urbana para o ambiente da regularidade cartorária. Isso faz com que o estoque de terras formalizadas aumente, estabelecendo uma produção de capital, a partir de ativos que estavam fora da redoma de vidro indicada por de Soto.238

O artigo 31 traz um elemento importante em seu § 9º, que pode estimular, por parte dos municípios, mesmo que não seja obrigatória, a realização da demarcação urbanística, uma vez que toda essa parte inicial é dispensada caso se adote esse procedimento de demarcação.

Na ausência de impugnação, com todos os interessados devidamente notificados e a situação registral do imóvel regular, a REURB poderá ser instaurada por decisão do poder municipal239. Além disso, após a instauração, é também ele que aprova o projeto de regularização fundiária. A elaboração e o custeio desse projeto e a implantação da infraestrutura essencial devem seguir os parâmetros do parágrafo único do artigo 33 da lei240.

---

238 DE SOTO, Hernando. op. cit.
239 "Art. 32 - A REURB será instaurada por decisão do Município, por meio de requerimento, por escrito, de um dos legitimados de que trata esta Lei.
Parágrafo único. Na hipótese de indeferimento do requerimento de instauração da REURB, a decisão do Município deverá indicar as medidas a serem adotadas, com vistas à reformulação e à reavaliação do requerimento, quando for o caso". (BRASIL. Lei nº 13.465, de 11 de julho de 2017. Dispõe sobre a regularização fundiária rural e urbana, sobre a liquidação de créditos concedidos aos assentados da reforma agrária e sobre a regularização fundiária no âmbito da Amazônia Legal; institui mecanismos para aprimorar a eficiência dos procedimentos de alienação de imóveis da União; [...] e dá outras providências. Brasília, DF, 2017.)
240 "Art. 33 - Instaurada a REURB, compete ao Município aprovar o projeto de regularização fundiária, do qual deverão constar as responsabilidades das partes envolvidas.
Parágrafo único. A elaboração e o custeio do projeto de regularização fundiária e da implantação da infraestrutura essencial obedecerão aos seguintes procedimentos:
I - na REURB-S: a) operada sobre área de titularidade de ente público, caberão ao referido ente público ou ao Município promotor ou ao Distrito Federal a responsabilidade de elaborar o projeto de regularização fundiária nos termos do ajuste que venha a ser celebrado e a implantação da infraestrutura essencial, quando necessária; e b) operada sobre área titularizada

Na hipótese da REURB-S, com área pública ou particular, a elaboração do projeto caberá ao ente titular da área, quando esta for pública, ou ao Município ou ao Distrito Federal promotor, a elaboração do projeto de regularização fundiária, e a implantação da infraestrutura essencial, quando necessária.

Na hipótese de REURB-E, em área particular, a regularização fundiária será contratada e custeada por seus potenciais beneficiários ou requerentes privados. Já quando essa modalidade de REURB recair em áreas públicas, se houver interesse público, o Município poderá elaborar ou custear o projeto de regularização, bem como da implantação da infraestrutura essencial, com posterior cobrança aos seus beneficiários.

É perceptível a importância que o legislador outorgou ao ente local, com participação efetiva, até mesmo, quando a área objeto da REURB, for particular. Além disso, o Município deve atuar coma uma verdadeira ponte entre os demais entes federativos, Estado e União, e os beneficiários do projeto de regularização. Essa concepção demonstra que a REURB integra a estrutura da política pública urbana, como destacado no segundo capítulo, que tem o poder local como grande protagonista.241

O artigo 35 da LGRF descreve quais são os elementos que devem constar no projeto de regularização fundiária242. Nos incisos II, III e V, o

---

por particular, caberão ao Município ou ao Distrito Federal a responsabilidade de elaborar e custear o projeto de regularização fundiária e a implantação da infraestrutura essencial, quando necessária;
II - na REURB-E, a regularização fundiária será contratada e custeada por seus potenciais beneficiários ou requerentes privados; III - na REURB-E sobre áreas públicas, se houver interesse público, o Município poderá proceder à elaboração e ao custeio do projeto de regularização fundiária e da implantação da infraestrutura essencial, com posterior cobrança aos seus beneficiários". (Ibid.)
241 A respeito da possibilidade de União e Estados-Membros expedirem Certidão de Regularização Fundiária, excepcionalmente, em processos de regularização fundiária sobre imóveis que lhes pertençam ou integrem o patrimônio de entidade de sua Administração Indireta, confira-se o artigo jurídico: REURB em imóveis estaduais e de suas entidades da administração indireta, constante do Vol. II desta Coletânea.
242 "Art. 35 - O projeto de regularização fundiária conterá, no mínimo:
I - levantamento planialtimétrico e cadastral, com georreferenciamento, subscrito por profissional competente, acompanhado de Anotação de Responsabilidade Técnica (ART) ou Registro de Responsabilidade Técnica (RRT), que demonstrará as unidades, as construções, o

legislador mais uma vez demonstrou preocupação com a questão cartorária, sendo elementos essenciais do projeto: a planta do perímetro do núcleo urbano informal, com demonstração das matrículas ou transcrições atingidas, quando for possível; o estudo preliminar das desconformidades e da situação jurídica, urbanística e ambiental; bem como os memoriais descritivos. A partir dessas exigências, podemos concluir que há uma orientação de adequação da realidade, ao que consta nos registros cartorários. Essa convergência de informações é essencial para atender às demandas desse mercado financeiro fundiário, que com o aspecto e a forma regularizados, poderá reproduzir o valor da terra urbana em outras esferas.

No mesmo artigo 35, inciso IV, a Lei Federal n. 13.465/2017 inclui o projeto urbanístico como elemento que integra o projeto de regularização fundiária. Por essa razão nos filiamos à doutrina de José Afonso da Silva, segundo o qual o mais adequado seria o legislador ter utilizado a nomenclatura "plano" de regularização fundiária e não "projeto". A terminologia "plano" é mais genérica e consegue englobar toda a operação urbanística que constitui uma regularização fundiária. Dessa forma, poderíamos dizer que o projeto

---

sistema viário, as áreas públicas, os acidentes geográficos e os demais elementos caracterizadores do núcleo a ser regularizado; II - planta do perímetro do núcleo urbano informal com demonstração das matrículas ou transcrições atingidas, quando for possível; III - estudo preliminar das desconformidades e da situação jurídica, urbanística e ambiental; IV - projeto urbanístico; V - memoriais descritivos; VI - proposta de soluções para questões ambientais, urbanísticas e de reassentamento dos ocupantes, quando for o caso; VII - estudo técnico para situação de risco, quando for o caso; VIII - estudo técnico ambiental, para os fins previstos nesta Lei, quando for o caso; IX - cronograma físico de serviços e implantação de obras de infraestrutura essencial, compensações urbanísticas, ambientais e outras, quando houver, definidas por ocasião da aprovação do projeto de regularização fundiária; e X - termo de compromisso a ser assinado pelos responsáveis, públicos ou privados, pelo cumprimento do cronograma físico definido no inciso IX deste artigo.
Parágrafo único. O projeto de regularização fundiária deverá considerar as características da ocupação e da área ocupada para definir parâmetros urbanísticos e ambientais específicos, além de identificar os lotes, as vias de circulação e as áreas destinadas a uso público, quando for o caso". (BRASIL. Lei nº 13.465, de 11 de julho de 2017. Dispõe sobre a regularização fundiária rural e urbana, sobre a liquidação de créditos concedidos aos assentados da reforma agrária e sobre a regularização fundiária no âmbito da Amazônia Legal; institui mecanismos para aprimorar a eficiência dos procedimentos de alienação de imóveis da União; [...] e dá outras providências. Brasília, DF, 2017.)

urbanístico estaria inserido no plano de regularização fundiária, ou seja, dentro do plano poderia haver diversos projetos urbanísticos243.

O projeto urbanístico indicado no artigo 35, inciso IV, tem seu conteúdo mínimo definido no artigo 36. Segundo ele, devem constar no projeto: (i) as áreas ocupadas do sistema viário e das unidades imobiliárias, existentes ou projetadas; (ii) as unidades imobiliárias a serem regularizadas, suas características – área, confrontações, localização, nome do logradouro e número de sua designação cadastral, se houver; (iii) quando for o caso, as quadras e suas subdivisões em lotes ou as frações ideais vinculadas à unidade regularizada; (iv) os logradouros, espaços livres, áreas destinadas a edifícios públicos e outros equipamentos urbanos, quando houver; (v) eventuais áreas já usucapidas; (vi) as medidas de adequação para correção das desconformidades, quando necessárias; (vii) as medidas de adequação da mobilidade, acessibilidade, infraestrutura e relocação de edificações, quando necessárias; (viii) as obras de infraestrutura essencial, quando necessárias244; e (ix) outros requisitos que sejam definidos pelo município.

O projeto urbanístico não se confunde com a urbanização da área que se pretende regularizar. Inclusive, de acordo com o §3º do artigo 36, as obras de implantação de infraestrutura essencial, de equipamentos comunitários e de melhoria habitacional podem ser realizadas após a conclusão da REURB. No caso de REURB-S, essas obras caberão ao poder público, já na REURB-E, o

---

243 SILVA. José Afonso da. **Direito urbanístico brasileiro**. 8. ed. São Paulo: Malheiros, 2018. p. 401.

244 "Art. 36, § 1º - Para fins desta Lei, considera-se infraestrutura essencial os seguintes equipamentos: I - sistema de abastecimento de água potável, coletivo ou individual; II - sistema de coleta e tratamento do esgotamento sanitário, coletivo ou individual; III - rede de energia elétrica domiciliar; IV - soluções de drenagem, quando necessário; e V - outros equipamentos a serem definidos pelos Municípios em função das necessidades locais e características regionais". (BRASIL. **Lei nº 13.465, de 11 de julho de 2017**. Dispõe sobre a regularização fundiária rural e urbana, sobre a liquidação de créditos concedidos aos assentados da reforma agrária e sobre a regularização fundiária no âmbito da Amazônia Legal; institui mecanismos para aprimorar a eficiência dos procedimentos de alienação de imóveis da União; [...] e dá outras providências. Brasília, DF, 2017).

município e o DF deverão definir os responsáveis no projeto de regularização fundiária245.

O artigo 40 da lei traz uma questão importante, especificamente em seu inciso III. De acordo com esse dispositivo legal, quando a autoridade competente for decidir o processo administrativo da REURB, ela deverá: (i) indicar as intervenções a serem executadas, se for o caso, conforme o projeto de regularização fundiária aprovado; (ii) aprovar o projeto de regularização fundiária resultante do processo de regularização fundiária; e (iii) identificar e declarar os ocupantes de cada unidade imobiliária com destinação urbana regularizada, bem como os respectivos direitos reais.

No momento de decisão do processo administrativo de REURB, a autoridade competente deverá identificar os direitos reais que serão titularizados pelos beneficiários da regularização, ou seja, definir qual será o instrumento, entre todos os elencados no artigo 15, que será utilizado no caso.

O ato administrativo de aprovação da regularização fundiária, que deverá acompanhar o projeto aprovado, é a Certidão de Regularização Fundiária (CRF)[246]. Essa certidão, de acordo com o artigo 40, deverá conter: (i)

---

245 "Art. 37 - Na REURB-S, caberá ao poder público competente, diretamente ou por meio da administração pública indireta, implementar a infraestrutura essencial, os equipamentos comunitários e as melhorias habitacionais previstos nos projetos de regularização, assim como arcar com os ônus de sua manutenção.
Art. 38 - Na REURB-E, o Distrito Federal ou os Municípios deverão definir, por ocasião da aprovação dos projetos de regularização fundiária, nos limites da legislação de regência, os responsáveis pela: I - implantação dos sistemas viários; II - implantação da infraestrutura essencial e dos equipamentos públicos ou comunitários, quando for o caso; e III - implementação das medidas de mitigação e compensação urbanística e ambiental, e dos estudos técnicos, quando for o caso.
§ 1º - As responsabilidades de que trata o caput deste artigo poderão ser atribuídas aos beneficiários da REURB-E.
§ 2º - Os responsáveis pela adoção de medidas de mitigação e compensação urbanística e ambiental deverão celebrar termo de compromisso com as autoridades competentes como condição de aprovação da REURB-E". (BRASIL. Lei nº 13.465, de 11 de julho de 2017. Dispõe sobre a regularização fundiária rural e urbana, sobre a liquidação de créditos concedidos aos assentados da reforma agrária e sobre a regularização fundiária no âmbito da Amazônia Legal; institui mecanismos para aprimorar a eficiência dos procedimentos de alienação de imóveis da União; [...] e dá outras providências. Brasília, DF, 2017).
246 "Art. 11. Para fins desta Lei, consideram-se:

o nome do núcleo urbano regularizado; (ii) a localização; (iii) a modalidade da regularização, interesse social ou específico; (iv) as responsabilidades das obras e serviços constantes do cronograma, que, como já exposto, podem ser realizadas posteriormente; (v) a indicação numérica de cada unidade regularizada, quando houver; e (vi) a listagem com nomes dos ocupantes que houverem adquirido a respectiva unidade, por título de legitimação fundiária ou mediante ato único de registro, bem como o estado civil, a profissão, o número de inscrição no cadastro das pessoas físicas do Ministério da Fazenda e do registro geral da cédula de identidade, e a filiação.

Sobre a CRF, Nelson Rosenvald e Cristiano Chaves de Farias afirmam:

> A CRF é ato administrativo de aprovação da regularização fundiária. A fim de simplificar a regularização, criou-se a certidão de regularização fundiária (CRF), documento final da REURB, emitido pelo município, constituído do projeto de regularização aprovado, do termo de compromisso relativo a sua execução e da listagem dos ocupantes beneficiários da legitimação fundiária e de posse. A constituição de direitos reais em favor dos beneficiários será feita mediante o registro desse conjunto de documentos, dispensando-se procedimentos individuais. Os lotes decorrentes do processo de regularização que não tenham sido comercializados nem ocupados serão registrados em nome do proprietário original da área[247].

O projeto de regularização fundiária e a CRF deverão ser levados a registro, por meio de requerimento realizado diretamente ao oficial do cartório imobiliário competente248. De acordo com o artigo 44, § 1º, inciso III, da

---

[...] V - Certidão de Regularização Fundiária (CRF): documento expedido pelo Município ao final do procedimento da REURB, constituído do projeto de regularização fundiária aprovado, do termo de compromisso relativo a sua execução e, no caso da legitimação fundiária e da legitimação de posse, da listagem dos ocupantes do núcleo urbano informal regularizado, da devida qualificação destes e dos direitos reais que lhes foram conferidos". (Ibid.)
247 FARIAS. Cristiano Chaves de; ROSENVALD. Nelson. **Curso de Direito Civil**: reais. 14. ed. Salvador: JusPodium, 2018. p. 514.
248 "Art. 42 - O registro da CRF e do projeto de regularização fundiária aprovado será requerido diretamente ao oficial do cartório de registro de imóveis da situação do imóvel e será efetivado independentemente de determinação judicial ou do Ministério Público.

LGRF, o registro do projeto de REURB aprovado importa "registro dos direitos reais indicados na CRF junto às matrículas dos respectivos lotes, dispensada a apresentação de título individualizado"249. A dispensa do título individualizado, configurando um registro único que beneficia todos os destinatários, é o ponto central de desburocratização da REURB, como já salientado em diversos momentos do presente trabalho. Essa previsão afasta a necessidade de titulação individual, que, muitas vezes, é o obstáculo para a efetivação desse árduo processo administrativo.

Ainda no artigo 44 da lei, o § 2º permite que o oficial do registro de imóveis abra nova matrícula para a área objeto de regularização, quando for o caso, e o § 3º dispensa a comprovação do pagamento de tributos ou penalidades tributárias de responsabilidade dos legitimados para o registro da CRF, simplificando ainda mais o processo de REURB. O §6º do mesmo dispositivo legal dispensa o oficial do registro imobiliário de providenciar a notificação dos titulares de domínio, dos confinantes e de terceiros eventualmente interessados, uma vez cumprido esse rito pelo município, conforme já analisado no artigo 31. Caso o ente público não tenha cumprido essa determinação, o artigo 46, §2º, da LGRF determina que as notificações serão emitidas de forma simplificada, convidando o notificado a comparecer ao

---

Parágrafo único. Em caso de recusa do registro, o oficial do cartório do registro de imóveis expedirá nota devolutiva fundamentada, na qual indicará os motivos da recusa e formulará exigências nos termos desta Lei". (BRASIL. Lei nº 13.465, de 11 de julho de 2017. Dispõe sobre a regularização fundiária rural e urbana, sobre a liquidação de créditos concedidos aos assentados da reforma agrária e sobre a regularização fundiária no âmbito da Amazônia Legal; institui mecanismos para aprimorar a eficiência dos procedimentos de alienação de imóveis da União; [...] e dá outras providências. Brasília, DF, 2017.)
249 "Art. 44 - Recebida a CRF, cumprirá ao oficial do cartório de registro de imóveis prenotá-la, autuá-la, instaurar o procedimento registral e, no prazo de quinze dias, emitir a respectiva nota de exigência ou praticar os atos tendentes ao registro.
§ 1º - O registro do projeto REURB aprovado importa em: I – abertura de nova matrícula, quando for o caso; II - abertura de matrículas individualizadas para os lotes e áreas públicas resultantes do projeto de regularização aprovado; e III - registro dos direitos reais indicados na CRF junto às matrículas dos respectivos lotes, dispensada a apresentação de título individualizado". (Ibid.)

cartório para tomar conhecimento da CRF, sendo que o não comparecimento e a ausência de impugnação, no prazo legal, importarão anuência ao registro250.

O artigo 45 da LGRF disciplina a hipótese em que o imóvel a ser regularizado está sujeito ao regime de condomínio. Nesse caso, a área deferida a cada condômino deve estar indicada na matrícula. Para simplificar o processo, o dispositivo permite que o município indique de forma coletiva as unidades imobiliárias referentes às frações ideais251. Nesse caso, o artigo 48 determina que o registro da CRF produzirá efeito de instituição e especificação de condomínio, regido pelas disposições legais específicas, como o Código Civil, sendo facultada aos condôminos a aprovação de convenção condominial252.

Mais uma vez, com o intuito de facilitar a finalização da REURB, o artigo 49 da lei afirma que o registro da CRF deve ser realizado em todas as matrículas atingidas pelo projeto de regularização aprovado e apenas quando

---

250 "Art. 46. § 2º - As notificações serão emitidas de forma simplificada, indicando os dados de identificação do núcleo urbano a ser regularizado, sem a anexação de plantas, projetos, memoriais ou outros documentos, convidando o notificado a comparecer à sede da serventia para tomar conhecimento da CRF com a advertência de que o não comparecimento e a não apresentação de impugnação, no prazo legal, importará em anuência ao registro". (BRASIL. Lei nº 13.465, de 11 de julho de 2017. Dispõe sobre a regularização fundiária rural e urbana, sobre a liquidação de créditos concedidos aos assentados da reforma agrária e sobre a regularização fundiária no âmbito da Amazônia Legal; institui mecanismos para aprimorar a eficiência dos procedimentos de alienação de imóveis da União; […] e dá outras providências. Brasília, DF, 2017.)

251 "Art. 45 - Quando se tratar de imóvel sujeito a regime de condomínio geral a ser dividido em lotes com indicação, na matrícula, da área deferida a cada condômino, o Município poderá indicar, de forma individual ou coletiva, as unidades imobiliárias correspondentes às frações ideais registradas, sob sua exclusiva responsabilidade, para a especialização das áreas registradas em comum.

Parágrafo único. Na hipótese de a informação prevista no caput deste artigo não constar do projeto de regularização fundiária aprovado pelo Município, as novas matrículas das unidades imobiliárias serão abertas mediante requerimento de especialização formulado pelos legitimados de que trata esta Lei, dispensada a outorga de escritura pública para indicação da quadra e do lote". (Ibid.)

252 "Art. 48 - O registro da CRF produzirá efeito de instituição e especificação de condomínio, quando for o caso, regido pelas disposições legais específicas, hipótese em que fica facultada aos condôminos a aprovação de convenção condominial". (Ibid.)

possível, ou seja, a título facultativo, devem ser informadas as parcelas correspondentes a cada matrícula, seguindo os parâmetros do artigo 50253.

O registro da CRF na matrícula dos imóveis é essencial não apenas para que o beneficiário realize a oposição perante terceiros, mas também para a própria constituição do direito real. Por isso, o artigo 51 determina que o oficial do cartório de imóveis, quando a CRF já estiver qualificada e sem nenhum impedimento, proceda com o seu registro na matrícula dos imóveis atingidos pela REURB. O parágrafo único do dispositivo legal traz previsão de relevante aspecto prático, uma vez que autoriza a abertura de novas matrículas, na hipótese de a matrícula ou as transcrições das áreas do núcleo urbano informal não estarem identificadas254.

A título de esclarecimento, a CRF é registrada na matrícula do imóvel objeto da REURB. Do ponto de vista prático, esse imóvel, provavelmente, é ocupado por um conjunto de pessoas, cada uma delas com a sua própria moradia. Por isso, normalmente, será necessária a abertura de novas matrículas, individualizadas, "dentro" do próprio imóvel objeto da REURB, o núcleo urbano informal. Assim, após o registro da CRF na matrícula do imóvel, o oficial do cartório de imóveis providenciará a abertura de matrículas para cada uma das unidades imobiliárias que compõem esse núcleo.

---

253 "Art. 50 - Nas matrículas abertas para cada parcela, deverão constar dos campos referentes ao registro anterior e ao proprietário:
I - quando for possível, a identificação exata da origem da parcela matriculada, por meio de planta de sobreposição do parcelamento com os registros existentes, a matrícula anterior e o nome de seu proprietário; II - quando não for possível identificar a exata origem da parcela matriculada, todas as matrículas anteriores atingidas pela REURB e a expressão "proprietário não identificado", dispensando-se nesse caso os requisitos dos itens 4 e 5 do inciso II do art. 167 da Lei nº 6.015, de 31 de dezembro de 1973". (BRASIL. Lei nº 13.465, de 11 de julho de 2017. Dispõe sobre a regularização fundiária rural e urbana, sobre a liquidação de créditos concedidos aos assentados da reforma agrária e sobre a regularização fundiária no âmbito da Amazônia Legal; institui mecanismos para aprimorar a eficiência dos procedimentos de alienação de imóveis da União; [...] e dá outras providências. Brasília, DF, 2017).
254 "Art. 51 – Qualificada a CRF e não havendo exigências nem impedimentos, o oficial do cartório de registro de imóveis efetuará o seu registro na matrícula dos imóveis cujas áreas tenham sido atingidas, total ou parcialmente.
Parágrafo único. Não identificadas as transcrições ou as matrículas da área regularizada, o oficial do cartório de registro abrirá matrícula com a descrição do perímetro do núcleo urbano informal que constar da CRF e nela efetuará o registro". (Ibid.)

Nessa linha, é importante destacar o parágrafo único do artigo 52, que permite, aos atuais ocupantes das unidades imobiliárias objeto da REURB, que os compromissos de compra e venda, as cessões e as promessas de cessão sejam admitidas como título hábil para a aquisição da propriedade, quando acompanhados da prova de quitação das obrigações do adquirente, sendo, portanto, registrados nas matrículas das unidades imobiliárias correspondentes, resultantes da regularização fundiária255. Na hipótese de os atuais ocupantes ostentarem algum desses títulos, é dispensada a escritura pública para registro do direito de propriedade da unidade imobiliária. Trata-se de uma relevante exceção ao princípio da tipicidade documental, presente no artigo 221 da Lei Federal nº 6.015/1973256.

Seguindo a mesma lógica dos loteamentos, conforme disciplinado na Lei nº Federal n. 6.766/1979, no artigo 53 da LGRF, a partir do registro da CRF, é efetivada a transferência, em favor do município, das áreas destinadas ao uso comum do povo, dos prédios públicos e dos equipamentos urbanos, na forma prevista no projeto de regularização fundiária257.

Ratificando os objetivos centrais da Lei Federal nº 13.465/2017, de formalização cartorária da propriedade fundiária do país, todas as áreas alcançadas pela REURB que não estejam ocupadas ou que ainda não tenham

---

255 "Art. 52 - Registrada a CRF, será aberta matrícula para cada uma das unidades imobiliárias regularizadas.
Parágrafo único. Para os atuais ocupantes das unidades imobiliárias objeto da REURB, os compromissos de compra e venda, as cessões e as promessas de cessão valerão como título hábil para a aquisição da propriedade, quando acompanhados da prova de quitação das obrigações do adquirente, e serão registrados nas matrículas das unidades imobiliárias correspondentes, resultantes da regularização fundiária". (BRASIL. Lei nº 13.465, de 11 de julho de 2017. Dispõe sobre a regularização fundiária rural e urbana, sobre a liquidação de créditos concedidos aos assentados da reforma agrária e sobre a regularização fundiária no âmbito da Amazônia Legal; institui mecanismos para aprimorar a eficiência dos procedimentos de alienação de imóveis da União; [...] e dá outras providências. Brasília, DF, 2017.)
256 CORREIA, Arícia Fernandes; MOURA, Emerson Affonso da Costa; MOTA, Maurício Jorge Pereira da (Coord.). **Comentários à lei de regularização fundiária: lei nº 13.465, de 11 de julho de 2017**. Rio de Janeiro: Lumen Juris, 2019. p. 126.
257 "Art. 53 - Com o registro da CRF, serão incorporados automaticamente ao patrimônio público as vias públicas, as áreas destinadas ao uso comum do povo, os prédios públicos e os equipamentos urbanos, na forma indicada no projeto de regularização fundiária aprovado.
Parágrafo único. A requerimento do Município, o oficial de registro de imóveis abrirá matrícula para as áreas que tenham ingressado no domínio público". (BRASIL. op. cit.)

sido comercializadas, da mesma forma, terão suas matrículas abertas, em nome do titular originário do domínio da área.

As unidades não edificadas que tenham sido comercializadas a qualquer título terão suas matrículas abertas em nome do adquirente[258]. Essa parte final foi incluída no parágrafo único do artigo 54, da LGRF, pela Lei nº 14.118, de 12 de janeiro de 2021, que institui o programa Casa Verde e Amarela.

5. CONCLUSÃO

Após a análise desses seis pilares da Lei Federal n. nº 13.465/2017, no que se refere à regularização fundiária, especialmente aos aspectos do processo administrativo da REURB e ao ato administrativo de emissão da certidão de regularização fundiária, é possível concluir que houve uma verdadeira simplificação em todo o procedimento, com o objetivo de garantir, ao final, a titulação dos ocupantes do núcleo urbano informal.

De acordo com os pontos destacados, sobretudo no ambiente cartorário, com alterações na Lei Federal n. nº 6.015/1973, chama a atenção o ato único de registro da CRF, como elemento viável de formalização de toda a REURB. A prescindibilidade do registro individualizado é uma forma efetiva de desburocratizar o processo de regularização fundiária, atendendo às finalidades centrais da legislação, ao se buscar dar concretude a uma cartografia das terras brasileiras.

Ademais, é importante destacar a prevalência da titulação sobre a regularização urbanística, bem como sobre a própria urbanização da área. A regularidade urbanística foi tratada como um elemento integrante do projeto de regularização fundiária, tendo, portanto, peso menor em todo o processo. Além disso, a demarcação urbanística deixou de ser um requisito para a outorga da legitimação de posse, mesmo diante de uma REURB-S. Por fim, a própria urbanização, relacionada às obras de infraestrutura essenciais, pode ser

---

[258] "Art. 54 - As unidades desocupadas e não comercializadas alcançadas pela REURB terão as suas matrículas abertas em nome do titular originário do domínio da área.
Parágrafo único. As unidades não edificadas que tenham sido comercializadas a qualquer título terão suas matrículas abertas em nome do adquirente, conforme procedimento previsto nos arts. 84 e 98 desta Lei. (Redação dada pela Lei nº 14.118, de 2021)". (Ibid.)

realizada, através de determinação expressa da lei, em momento posterior à REURB, afastando qualquer discussão acerca da sua presença como um requisito da regularização.

Essa perspectiva de regularização fundiária stricto sensu, afastando a lógica anterior de regularização plena, prevista na lei de 2009, é reconhecida pelo Superior Tribunal de Justiça. No julgamento do Recurso Especial nº 1.818.564-DF259, tema de repercussão geral nº 1.025, de relatoria do Ministro Moura Ribeiro, por unanimidade, o tribunal entendeu que é cabível a aquisição de imóveis particulares, por usucapião, ainda que pendentes de regularização urbanística. O caso concreto em análise não se refere especificamente a uma hipótese concreta de REURB, mas aborda a usucapião como um instituto que viabiliza a regularização fundiária.

No inteiro teor do julgado, a segunda turma reconheceu que a regularização fundiária compreende três dimensões: (i) dimensão urbanística, relacionada aos investimentos necessários para melhoria das condições de vida da população; (ii) dimensão jurídica, que diz respeito aos instrumentos que possibilitam a aquisição da propriedade nas áreas privadas e ao reconhecimento da posse nas áreas públicas; e (iii) dimensão registrária, com o lançamento nas respectivas matrículas da aquisição desses direitos, a fim de atribuir eficácia para todos os efeitos da vida civil.

---

259 BRASIL. Superior Tribunal de Justiça Recurso Especial. nº 1.818.564-DF. Rel. Min. Moura Ribeiro, Segunda Seção. Julgamento em 9 jun. 2021 (Tema 1025). Informativo 700, do Superior Tribunal de Justiça. Publicado no DOU de 14 jun. 2021. Brasília, DF, 2019. De acordo com o Min. Relator: "Nesse contexto, é preciso ter em mente que Poder Público não faz favor nenhum quando promove a regularização de áreas ocupadas irregularmente. Muito pelo contrário, limita-se a desempenhar uma obrigação que lhe foi expressamente confiada pela CF. Admitindo-se que a regularização fundiária concorre para a segurança, saúde e bem-estar da população e, bem assim, que esses são deveres essenciais do Estado, nada mais lógico do que concluir que a Administração Pública tem o dever de promover a regularização fundiária. Não parece acertado assumir como linha de princípio que as ocupações irregulares do solo atentem, todas elas, contra o interesse público. Muito ao revés, o que atenta contra o interesse público é a inércia do Estado em promover e disciplinar a ocupação do solo. No caso, essa omissão estatal é mais do que flagrante. A ocupação da área está sedimentada há décadas e contou com a anuência implícita do Poder Público, que fingiu não ter visto nada, tolerou durante todos esses anos e ainda providenciou a instalação de vários serviços e equipamentos públicos, como pavimentação de ruas, iluminação pública, linhas de ônibus, praça pública, posto do DETRAN; etc. Não por outro motivo, a região é conhecida como Setor Tradicional de Planaltina, o que bem denota a idade do parcelamento do solo".

O caso concreto em análise se refere a um imóvel inserido em um loteamento irregular, no Setor Tradicional de Planaltina (DF). A turma confirmou o direito à usucapião, mesmo com o imóvel inserido em loteamento irregular, uma vez que o direito de propriedade declarado pela sentença, dimensão jurídica da regularização fundiária, não se confunde com a certificação e publicidade que emerge do registro, dimensão registral, ou com a regularidade urbanística da ocupação levada a efeito, ou seja, a dimensão urbanística. O Ministro Relator afirmou, ainda, que o reconhecimento da usucapião não impede que, posteriormente, ocorra a implementação de políticas públicas de desenvolvimento urbano, sendo até mesmo um importante estímulo para restabelecer a regularidade da urbanização.

No mesmo sentido, o Pleno do Supremo Tribunal Federal, ao julgar o RE 422.349-RS260, sob a relatoria do Ministro Dias Toffoli, fixou a tese de que, preenchidos os requisitos do artigo 183 da CRFB/88, o reconhecimento do direito à usucapião especial urbana não pode ser obstado por legislação infraconstitucional que estabeleça módulos urbanos na respectiva área em que situado o imóvel (dimensão do lote). Com isso, ao acolher a usucapião de imóvel com metragem inferior ao módulo mínimo legal, o STF reconheceu a possibilidade de usucapião de imóvel inserido em loteamentos irregulares. Assim, o tribunal privilegiou também a dimensão jurídica da regularização fundiária, afastando a adequação urbanística para viabilizar a titulação pela via do registro da sentença de usucapião.

As duas decisões transcritas demonstram que os tribunais superiores convergem com a estrutura e os objetivos da Lei Federal n. nº 13.465/2017, estabelecendo um papel de preponderância à dimensão jurídica da regularização fundiária, especificamente no que diz respeito à titulação. Não obstante, a CRFB/88 outorga aos municípios a competência para o desenvolvimento das políticas públicas urbanas. Estabelecendo como pressuposto o fato de que a regularização fundiária é um dos eixos centrais dessa política, parece razoável a tese de que o poder local tem legitimidade para estabelecer parâmetros específicos acerca da regularização para aquela

---

260 BRASIL. Supremo Tribunal Federal. Recurso Extraordinário nº 422.349-RS. Rel. Min. Dias Toffoli. Plenário. Julgamento em 29 abr. 2015. Publicado no DOU de 9 jun. 2015. Brasília, DF, 2015.

determinada região. Além disso, como descrito anteriormente, o poder municipal exerce grande protagonismo no âmbito da REURB, sendo, portanto, permitido que esse ente federativo contribua para que a política de regularização tenha adesão à realidade local.

Dessa forma, temas como uso e ocupação do solo, serviços locais, desenvolvimento urbano, infraestrutura e urbanização sustentável seguem a lógica da autonomia municipal, a partir da disciplina do direito urbanístico. A Lei Federal nº 13.465/2017 é uma lei geral, por isso, as disposições locais sobre regularização fundiária presentes na ordem jurídica local não podem ser desconsideradas, em razão da competência constitucional outorgada aos municípios.

A Lei Geral de Regularização Fundiária deve ser compatibilizada com o conjunto de normas locais, especialmente o plano diretor, permitindo, entre outras questões, no caso específico da legislação do município do Rio de Janeiro: (i) manter intacto o conceito de regularização fundiária plena, sempre precedido da urbanização da área; (ii) preservar as ZEIS já criadas por lei, como forma de evitar a gentrificação, uma vez que o beneficiário pode negociar seu título, mas respeitando os critérios de ocupação estabelecidos pelo da zona de especial interesse; (iii) fazer com que a REURB-E capitalize a REURB-S, criando, de acordo com Arícia Fernandes Correia, um ciclo virtuoso redistributivo261; (iv) aplicar os instrumentos de regularização urbanística e fundiária, preservando procedimentos sedimentados de competência municipal, em sua maioria disciplinados no plano diretor, como a exigência da demarcação urbanística para a implementação da legitimação de posse, a urbanização como requisito da REURB e a proibição de remembramentos em locais onde a atividade de incorporação imobiliária deva ser restringida, estes de lege ferenda; e (v) estabelecer protagonismo aos instrumentos de regularização fundiária pautados na situação jurídica possessória, se preferir, como no caso da concessão do direito real de uso ou na concessão de uso especial para fins de moradia, se porventura não

---

261 CORREIA, Arícia Fernandes. **Direito da regularização fundiária plena**. Juiz de Fora: Editar, 2017. p. 45.

recomendável para o próprio morador de baixa renda a legitimação fundiária, a ser com ele democraticamente debatido .

Os elementos indicados demonstram a importância que os municípios têm, a partir de sua autonomia constitucional, no estabelecimento dos critérios para a realização da REURB em seu território. O plano diretor, como principal instrumento de planejamento urbano, pode disciplinar os requisitos e orientações gerais para o desenvolvimento da regularização fundiária, por exemplo, estabelecendo preponderância à regularização urbanística, às zonas de especial interesse social, à demarcação urbanística, à urbanização, com a realização de obras de infraestrutura básica, e, finalmente, à valorização da posse na escolha dos instrumentos de regularização fundiária.

Na visão de David Harvey, reivindicar o direito à cidade é reivindicar "um maior controle democrático sobre a utilização dos excedentes na urbanização"[262]. Na brilhante conclusão de Rafael Mendonça, em sua tese de doutoramento[263], tem-se que "a regularização fundiária baseada na situação jurídica possessória permite que haja maior apropriação do espaço urbano pelo cidadão, especialmente os mais vulneráveis, consagrando o uso. A transferência de propriedade, pelo contrário, é uma das formas de reprodução capitalista na cidade".

REFERÊNCIAS BIBLIOGRÁFICAS

ABRAMO, Pedro. A cidade com-fusa: a mão inoxidável do mercado e a produção da estrutura urbana nas grandes metrópoles latino-americanas. **Revista Brasileira de Estudos Urbanos e Regionais**.

---

[262] De acordo com Harvey: "O direito à cidade como hoje existe, como se constitui atualmente, encontra-se muito mais estreitamente confinado, na maior parte dos casos, nas mãos de uma pequena elite política e econômica com condições de moldar a cidade cada vez mais segundo suas necessidades particulares e seus mais profundos desejos". (HARVEY, David. Cidades rebeldes: do direito à cidade à revolução urbana. São Paulo: Martins Fontes, 2014, p. 61.)
[263] MENDONÇA, Rafael da Mota. **Regularização Fundiária Urbana e Financeirização da Terra**: da segurança da posse à terra como título (i)mobiliário. Tese (Doutorado em Direito da Cidade) – Faculdade de Direito, Universidade do Estado do Rio de Janeiro. Rio de Janeiro. 2022, sob orientação da Profa. Arícia Fernandes.

ALFONSIN, Betânia de Moraes; PEREIRA, Pedro Prazeres Fraga; LOPES, Débora Carina; ROCHA, Marco Antônio; BOLL, Helena Corrêa. Da função social à função econômica da terra: impactos da Lei nº 13.465/17 sobre as políticas de regularização fundiária e o direito à cidade no Brasil. **Revista de Direito da Cidade**, vol. 11, n. 1, 2019.

CORREIA, Arícia Fernandes. **Direito da regularização fundiária plena**. Juiz de Fora: Editar, 2017.

CORREIA, Arícia Fernandes; MOURA, Emerson Affonso da Costa; MOTA, Maurício Jorge Pereira da (Coord.). **Comentários à lei de regularização fundiária:** lei nº 13.465, de 11 de julho de 2017. Rio de Janeiro: Lumen Juris, 2019.

CORRÊA, Cláudia Franco. **Controvérsias:** entre o "direito de moradia" em favelas e o direito de propriedade imobiliária na cidade do Rio de Janeiro: o "direito de laje" em questão.

DE SOTO, Hernando. **O mistério do capital:** por que o capitalismo triunfa no oeste e falha em toda a parte. Rio de Janeiro: Record, 2001.

FARIAS, Cristiano Chaves de; EL DEBS, Martha; DIAS, Wagner Inácio. **Direito de laje:** do puxadinho à moradia digna. 3 ed. Salvador: JusPodium, 2019.

FERNANDES, Edésio. **Regularização de assentamentos informais na América Latina**. Cambridge: Lincoln Institute of Land Policy, 2011.

HARVEY, David. **Cidades rebeldes:** do direito à cidade à revolução urbana. São Paulo: Martins Fontes, 2014.

LIRA, Ricardo Pereira. **Elementos de direito urbanístico**. Rio de Janeiro: Renovar, 1997.

MELO, Ligia. **Direito à moradia no Brasil**. 1. ed. Juiz de Fora: Fórum, 2010.

MENDONÇA, Rafael da Mota. **Regularização Fundiária Urbana e Financeirização da Terra:** da segurança da posse à terra como título (i)mobiliário**.** Tese (Doutorado em Direito da Cidade) – Faculdade de Direito, Universidade do Estado do Rio de Janeiro. Rio de Janeiro. 2022.

SILVA. José Afonso da. **Direito urbanístico brasileiro**. 8. ed. São Paulo: Malheiros, 2018.

PARTE II

POLÍTICA HABITACIONAL E REGULARIZAÇÃO FUNDIÁRIA EM CONJUNTOS HABITACIONAIS

CAPÍTULO 05

A QUESTÃO HABITACIONAL NO RIO DE JANEIRO: HISTÓRICO DE UM PROCESSO, QUADRO ATUAL E DISCUSSÃO DE ALTERNATIVAS

Beatriz Fernandes Coelho Gomes[264]

Resumo: O presente artigo tem como propósito discutir o déficit habitacional do Estado do Rio de Janeiro, a partir da análise de dados oficiais disponibilizados nos últimos anos. Tendo em vista que o Censo Demográfico 2020 não pôde ser realizado em virtude da pandemia de Covid-19, foram utilizadas referências de instituições que pesquisam e estudam a questão da habitação no Brasil, como a Fundação João Pinheiro (2021) e as pesquisas realizadas pelo IBGE: Pesquisa de Orçamentos Familiares (2020) e Pesquisa Nacional por Amostras de Domicílios (2015). A fim de contribuir para a discussão, foi realizado um levantamento bibliográfico de artigos científicos publicados sobreo tema, especialmente dedicados ao caso do Rio de Janeiro. Considerando que a questão da habitação no Brasil é um problema social antigo, que remonta ao processo de urbanização do país e se constitui hoje numa "problemática obrigatória" do debate público nacional, este artigo pretende argumentar na direção de que a solução desse problema depende muito mais da vontade política dos agentes envolvidos, no sentido de criação

---

264Mestranda do Programa de Pós-Graduação em Antropologia da Universidade Federal Fluminense (PPGA/UFF) e pesquisadora do laboratório de pesquisa LeMetro – Laboratório de Etnografia Metropolitana (IFCS/UFRJ), coordenado pelo antropólogo e professor Marco Antônio da Silva Mello.

de um projeto estrutural e mais abrangente que viabilize a moradia para todos, do que propriamente da criação de projetos técnicos específicos e isolados. As discussões propostas tentarão examinar mais amplamente o fato de que as políticas públicas de cunho habitacional não avançam porque esbarram nos interesses e ditames econômicos que forjaram o conceito de "cidade-mercado"265.

Palavras-chaves: déficit habitacional; segregação urbana; periferização.

Abstract: This article aims to discuss the housing deficit in the State of Rio de Janeiro, based on the analysis of official data made available in recent years. Considering that the 2020 Demographic Census could not be carried out due to the Covid-19 pandemic, references from institutions that research and study the issue of housing in Brazil were used, such as Fundação João Pinheiro (2021) and research carried out by the IBGE: Household Budget Survey (2020) and National Household Sample Survey (2015). In order to contribute to the discussion, a bibliographic survey of published scientific articles on the subject was carried out, especially dedicated to the case of Rio de Janeiro. Considering that the housing issue in Brazil is an old social problem, dating back to the urbanization process of country and constitutes today a "mandatory problem" of the national public debate, this article intends to argue in the direction that the solution of this problem depends much more on the political will of the agents involved, in the sense of creating a structural and more comprehensive project that makes possible the housing for all, rather than the creation of specific and isolated technical projects. The proposed discussions will try to examine more broadly the fact that public housing policies do not advance because they collide with the interests and economic dictates that forged the concept of "market city".

Keywords: housing deficit; urban segregation; peripheralization.

1. INTRODUÇÃO

265LEFEBVRE, 2001.

Se para Fernand Braudel (1996), não é possível existir "cidades sem mercado", também não é possível existir sem habitantes, trabalhadores, contribuintes e consumidores, especialmente no caso das cidades modernas. O conceito de cidade moderna implica a diversidade, o que não é a mesma coisa que desigualdade social. Isso por conta da divisão social do trabalho e das múltiplas funções que a cidade desempenha nas chamadas sociedades modernas. Assim, pressupor que os mais pobres não possuem direito à cidade, porque não são contribuintes/consumidores do mesmo nível que os demais citadinos mais ricos, é um argumento falacioso, uma vez que os mais pobres são igualmente contribuintes e consumidores. Ao contrário do que se imagina, os mais pobres estão semelhantemente inseridos na mesma lógica de mercado que os demais moradores das cidades e acabam tendo custos tão ou mais elevados do que os mais ricos. Isto porque o fato mesmo de serem segregados, habitarem lugares precários com poucos recursos e opções de acesso a bens e serviços de primeira necessidade, como água, luz, esgoto e rede de transporte, acaba implicando em maiores custos e riscos para todos, como, por exemplo, a questão da segurança pública. Uma questão leva à outra. Lugares inseguros e de estrutura precária, favorecem a desorganização social. A pobreza produz violência. Se a medida adotada para ambos é a repressão, no caso, policial, a própria insegurança e violência como um todo se multiplicam e o resultado são cidades menos seguras, nas quais os mais ricos também passam a ter de viver segregados – caso do Rio de Janeiro, por exemplo. Da mesma forma que a riqueza resulta do acesso a investimentos e recursos, não sendo apenas fruto do trabalho, a pobreza pode ser reduzida, na medida em que investimentos econômicos, sociais e culturais sejam feitos para revertê-la.

Historicamente, o problema do déficit habitacional no Brasil está intrinsecamente relacionado ao nosso passado rural e escravagista, sendo, portanto, indissociável da história da formação da sociedade e do Estado brasileiro. Tendo em vista que somos no Ocidente o país que mais traficou pessoas negras escravizadas e o último a abolir a escravidão, em 1888, o Brasil é hoje o país com a maior população negra fora da África. No entanto, apesar de sermos uma população de maioria preta e parda, conforme os últimos dados divulgados pelo IBGE266, somos um país onde não houve nenhum tipo de política reparatória após a abolição. Ao contrário disso, as pessoas escravizadas foram jogadas à própria sorte, sem que houvesse um projeto que as integrasse à sociedade – fosse o acesso regular ao trabalho, à escola e à moradia.

Sem terem direito a um pedaço de terra onde pudessem reconstruir de forma digna suas vidas, sem escolaridade, trabalho, acesso à saúde, isto é, sem direitos de cidadão – como ao voto e a se candidatar267 – os negros passaram de pessoas escravizadas a pessoas marginalizadas socialmente. Haja vista a perseguição instituída pela então nascente república às manifestações culturais de matriz africana, como a religião, a música e a capoeira268.

Somente na Constituição Federal de 1988 o voto no Brasil se tornou universal, isto é, todos os cidadãos adultos passaram a ter o seu direito ao voto protegido por lei, sem nenhum tipo de restrição de caráter social, como escolaridade, renda, gênero ou etnia. Da mesma forma se deu com a saúde pública269, apenas sendo estabelecida como um direito universal na Constituição de 1988 e após a criação do SUS (1990).

266Matéria do portal de notícias G1. De acordo com os dados divulgados em julho de 2022 pelo IBGE, nos últimos dez anos cresceu no país o total de brasileiros que se autodeclaram pretos e pardos. Conforme a pesquisa, hoje somos uma população de 212, 7 milhões de brasileiros, dos quais, pretos e pardos representam 56% do total da população. Disponível em: https://g1.globo.com/jornal-nacional/noticia/2022/07/22/total-de-pessoas-que-se-autodeclaram-pretas-e-pardas-cresce-no-brasil-diz-ibge.ghtml. Acesso em: 22 ago. 2022.
267Não havia uma proibição formal. Entretanto, através de diferentes mecanismos, os direitos políticos eram vedados à população negra. Quando ainda escravizados, os negros não possuíam direitos pois eram considerados "mercadorias", portanto, propriedade de seu senhor. Após a abolição, o artifício utilizado foi a proibição do voto para analfabetos. Analogamente se deu com relação à escola. A legislação acerca do acesso de negros às escolas mudava conforme o estado ou município. De todo modo, não raro, criavam-se algumas regras que, na prática, impedia o livre acesso de negros a uma plena formação escolar (FERNANDES, 1972).
268A luta de matriz africana foi considerada crime em 1890 pelo Código Penal Brasileiro, somente sendo descriminalizada em 1937.
269Antes da Constituição de 1988, a saúde pública era um direito restrito aos trabalhadores formais, que contribuíam com a previdência. Ou seja, um segmento importante da sociedade dependia da caridade das Santas Casas de Misericórdia pois não podia usufruir do serviço do Estado brasileiro. História das Santas Casas de Misericórdia no Brasil. Disponível em: https://www.cmb.org.br/cmb/index.php/noticias/179-as-santas-casas-nasceram-junto-com-o-brasil. Acesso em: 23 ago. 2022.

Este breve retrospecto de uma parte importante da consolidação dos direitos de cidadania do Estado brasileiro se faz necessário para compreendermos como foram constituídas, historicamente, as chamadas "populações vulneráveis". Em se tratando de Brasil e outras partes do mundo, elas estão profundamente relacionadas à desigualdade racial que, por sua vez, desagua na desigualdade social. Nesse sentido, é fundamental entender o racismo estrutural[270] no Brasil como herança de um passado escravagista em que o Estado não soube reconhecer o seu papel na história e promover políticas públicas de reparação que inserissem a população negra na sociedade como cidadãos de direito. De acordo com os dados da Pesquisa de Orçamentos Familiares (POF), divulgada pelo IBGE em novembro de 2020, do total de pessoas pobres no Brasil, 73% são pessoas negras. O percentual é ainda maior com relação à população que se encontra na extrema pobreza, onde 77% são negros[271].

Os efeitos da inação do Estado foram sentidos de imediato pela sociedade ao engendrar uma população pobre, destituída de recursos e sem acesso aos meios pelos quais pudesse ascender socialmente. Como inelutável consequência, essa população se viu obrigada a forjar um determinado tipo de habitação: "pobre, de ocupação ilegal e irregular, sem respeito às normas e geralmente sobre encostas" (VALLADARES, 2005, p. 26). Assim, surge o tipo de habitat designado como favela[272] e que, pouco a pouco, foi ganhando a paisagem urbana da cidade do Rio de Janeiro.

Conforme será desenvolvido ao longo do artigo, a questão da habitação social no Brasil possui razões históricas e objetivas, isto é, baseada em fatos, desde a Abolição. No decorrer do século XX, ela foi se aprofundando e sendo

---

[270]ALMEIDA, 2019.

[271]Matéria divulgada no site do Sindicato dos Trabalhadores em Educação da Universidade Federal do Rio de Janeiro (Sintufrj), "A pobreza no Brasil tem cor: ela é hegemonicamente negra". Disponível em: https://sintufrj.org.br/2020/11/a-pobreza-no-brasil-tem-cor-ela-e-hegemonicamente-negra/. Acesso em: 27 ago. 2022.

[272]O mito de origem da categoria favela está ligado à obra de Euclides da Cunha, "Os Sertões", um dos maiores clássicos do Pensamento Social Brasileiro e considerada o primeiro livro-reportagem escrito no Brasil. Contudo, conforme Valladares, o tipo de habitat designado como favela é anterior ao aparecimento da categoria como conceito e objeto de estudo de cientistas sociais (VALLADARES, 2005, p. 29).

ampliada conforme o processo de industrialização foi se desenvolvendo no país. Em se tratando dos grandes centros urbanos, que durante o século XX passaram por profundas transformações em decorrência do avanço industrial e do consequente processo de urbanização, a questão da habitação popular se agravou, sobretudo, em função da falta de políticas públicas voltadas para pensar o crescente déficit habitacional. Em outros termos, o aumento da densidade demográfica nas grandes cidades não foi acompanhado de um planejamento urbano e social que pensasse a cidade a partir de seus habitantes – daqueles que a vivem.

> À essa dificuldade histórica de acesso ao direito e à justiça foram acrescentados a ausência de uma política habitacional, a precariedade da rede de transporte e do mercado de trabalho, fatores que provocaram o advento e, em seguida, o agravamento de uma forma de exclusão que marcaria a paisagem e a morfologia urbana e social das grandes cidades, em particular do Rio de Janeiro, então capital da nascente república (MELLO; SIMÕES, 2014. p. 256).

Como consequência dessa ausência de políticas públicas, observou-se um gradativo processo de segregação socioespacial que se abateu sobre determinados grupos sociais por conta de fatores raciais, históricos, econômicos e culturais no espaço da cidade.

2. O PROCESSO DE URBANIZAÇÃO E A *PERIFERIZAÇÃO* DE DETERMINADOS GRUPOS SOCIAIS

A urbanização dos grandes centros é um fenômeno histórico e global intrinsecamente relacionado com a Revolução Industrial do século XVIII, notadamente ocorrida na Europa. Não se manifestando da mesma forma em todas as partes do mundo, seja na dimensão temporal ou na intensidade do processo, indubitavelmente o fenômeno urbano transcorreu nas mais diferentes sociedades em função do desenvolvimento industrial. Com a mecanização do campo resultante das novas tecnologias, gradativamente o trabalho humano foi sendo substituído pelas máquinas. Desse modo, ocorreu um acelerado êxodo rural em virtude da busca do homem do campo por trabalho no mercado industrial e citadino emergente. À vista disso, observou-se um rápido crescimento dos centros urbanos sem que, no entanto, houvesse um planejamento das cidades para a nova conformação socioespacial (MONTEIRO; VERAS, 2017).

No Brasil, o fenômeno da urbanização é posterior ao da maioria dos países do Ocidente. A modernização e expansão urbana brasileira teve início partir da década de 1920, quando a população citadina do país representava 16% da população total. No entanto, foi nas décadas seguintes, devido às transformações mundiais da Primeira Grande Guerra, que o país se viu impelido a investir na indústria nacional para substituir as importações que haviam sido interrompidas (ARAVECCHIA BOTAS; KOURY, 2014, p. 2-3).Dadas as dificuldades internas e a urgência de desenvolver o país, o governo da Era Vargas (1930-1945)273entabulou inúmeras transformações sociais e econômicas no Brasil, impulsionando o ciclo urbano industrial, caracterizado pela inauguração de importantes indústrias que seguem atuantes e influentes no cenário nacional até a atualidade, como a Companhia Siderúrgica Nacional (CSN), em 1941,e a Companhia Vale do Rio Doce (Vale), em 1942.A Petrobras, inaugurada em 1953, foi resultado do governo Vargas de 1951-1954.

Contudo, na égide do discurso do progresso via o desenvolvimento industrial, a questão da habitação popular se torna aguda e um problema crônico das grandes cidades, especialmente São Paulo e Rio de Janeiro. Em se tratando da então capital da república, a cidade havia passado por uma profunda reforma urbana no início do século XX, a reforma urbana Pereira Passos (1902-1906), que reconfigurou a cidade do Rio de Janeiro. No entanto, à época, o ideário norteador para o remodelamento do Rio de Janeiro foi a modernização da cidade aliada a políticas higienistas. Desse modo, até a década de 1920, a política sanitarista e de modernização do espaço urbano e da infraestrutura, como as obras de saneamento básico, legitimavam a intervenção disciplinadora do Estado. Nessa lógica, ocorrem demolições em massa de

---

273A Era Vargas é o período da história do Brasil entre 1930 e 1945, quando Getúlio Vargas governou o Brasil por quinze anos e de forma contínua. A Era Vargas é composta por três fases sucessivas: o período do Governo Provisório (1930-1934), o Governo Constitucional (1934-1937) e o Estado Novo (1937-1945), um período ditatorial brasileiro sob o comando de Getúlio Vargas (ABU-EL-HAJ, 2005).

habitações populares – os cortiços da cidade274 (DUARTE, 2013; SILVA, 2019). Importante notar que no espaço de quatro décadas ocorreu uma inversão do quadro populacional do país. Enquanto em 1920 o total da população urbana representava 16% da população total, a partir de 1960 o percentual da população vivendo em cidades ultrapassa os 50% do total da população (ARAVECCHIA BOTAS; KOURY, 2014, p. 3).

É neste contexto de mudança da morfologia urbana e social que surgem na Era Vargas as primeiras políticas habitacionais do país, afim de enfrentar o grave problema da falta de moradia e as péssimas condições em que se instala a classe trabalhadora nas grandes cidades brasileiras. Para garantir o avanço da indústria e resolver os problemas decorrentes do acelerado crescimento demográfico, era fundamental assegurar "as condições mínimas para a formação de um reservatório de mão de obra urbana pronta para o regime de assalariamento necessário à industrialização" (Ibidem).Com essa finalidade, o Estado varguista, junto à iniciativa privada, deu início à construção em larga escala de moradias populares em áreas periféricas e afastadas dos centros urbanos – o que viria a se tornar um modelo de política pública habitacional.

Com a criação em 1930 do Ministério do Trabalho, Indústria e Comércio, foram criados mecanismos de controle dos recursos da Previdência Social, como os Institutos de Aposentadoria e Pensões (IAPs) por setor funcional. O objetivo dos Institutos era o de "assegurar aposentadoria e pensões para os seus beneficiários e secundariamente assistência médica e a

---

274Em 1903, ocorreram as demolições dos cortiços da cidade, comandadas pelo prefeito Pereira Passos. As demolições faziam parte do projeto da reforma urbana pela qual a cidade do Rio de Janeiro viria a se reconfigurar por completo. De caráter "higienista-civilizatória", a reforma tinha como intenção erradicar os cortiços insalubres da cidade e erguer grandes avenidas e monumentos na então capital da república. O primeiro grande cortiço a ser demolido foi o "Cabeça de Porco", em 1893, na administração do prefeito Barata Ribeiro. Contudo, o nome do cortiço onde 4 mil pessoas chegaram a viver ao mesmo tempo, acabou por virar sinônimo desse tipo de habitação. Desse modo, em 1903, quando ocorreu a demolição em massa dos cortiços da cidade, a medida ficou popularmente conhecida como "bota abaixo dos cabeça-de-porco". Ainda, é importante notar que, a demolição em massa dos cortiços foi um dos três principais elementos formadores das favelas, somados à população de negros após a abolição da escravatura e ao retorno dos combatentes da Guerra de Canudos que não possuíam moradia. Disponível em: https://cronologiadourbanismo.ufba.br/apresentacao.php?idVerbete=1582. Acesso em: 30 ago. 2022.

oferta de moradia através da construção de conjuntos habitacionais" (Ibidem, p. 5).Dessa maneira, em 1937, por meio das Carteiras Prediais, a produção de moradia pelas agências de previdência social foi regulamentada, o que permitiu diferentes modalidades de investimentos no setor habitacional (COHN, 1981; BONDUKI, 1998 apud ARAVECCHIA BOTAS; KOURY, 2014, p. 4-5). Ainda em 1937 foi criado o primeiro "Código de Obras", que proibia a criação de novas favelas e que, ao mesmo tempo, "pela primeira vez reconhece a sua existência, dispondo-se a administrar e controlar o seu crescimento" (VALLADARES, 2000, p. 12).

A partir das novas resoluções, em 1940 foi iniciado o projeto do primeiro grande conjunto habitacional construído no Brasil, o Conjunto Residencial de Realengo, no subúrbio do Rio de Janeiro. O projeto do arquiteto Carlos Frederico Ferreira foi entregue em 1943 e pela sua magnitude – 2.000 unidades habitacionais – foi considerado um marco arquitetônico do período, por ser inovador na variedade tipológica e na incorporação de novas tecnologias (BONDUKI, 2017). Construído pelo maior dos institutos previdenciários, o Instituto de Aposentadoria e Pensões dos Industriários (IAPI), o Conjunto Residencial de Realengo inaugurou um período de produção de unidades habitacionais que se consolidou como a política pública de habitação social predominante no país.

Entretanto, a política adotada ignorou um complexo de outros aspectos que envolvem a cidade, o seu desenvolvimento e seus habitantes: ignorou o direito à cidade. Isso porque o problema da habitação não se encerra em ter uma casa adequada para morar. O conceito de "direito à moradia" abrange todos os aspectos que constitui a vida social e ativa dos sujeitos, pensado pela perspectiva do exercício pleno da cidadania que, por sua vez, engloba o "direito à cidade" – conceito cunhado e desenvolvido pelo sociólogo francês Henri Lefebvre (2011). Isto é, pensar a cidade pela ótica de quem de fato a vive, promovendo a ampla circulação da população pelos espaços públicos e urbanos, bem como o seu acesso aos serviços e equipamentos públicos.

Desse modo, em virtude das mudanças ocorridas nas relações de trabalho, uma parcela importante da classe trabalhadora teve de se submeter a condições precárias de trabalho e assalariamento. Nesse contexto, a construção de moradias inseguras, caracterizada pela autoconstrução, que utilizava materiais não adequados ou de baixa qualidade, forjou um processo de segregação urbana e a periferização de determinados grupos sociais. Cada vez mais as periferias da cidade foram sendo ocupadas pelas populações de baixa renda que não mais podiam arcar com a alta dos preços praticados no mercado imobiliário.

Em paralelo, os grupos sociais que se mantiveram no perímetro urbano, foram levados a ocupar os morros da cidade, engendrando assim uma nova categoria socioespacial chamada favela – região "periférica" no coração da cidade, marginalizada em sua dimensão social e geográfica e concebida como um espaço ilegal em sua dimensão jurídica. A partir dessa representação, a favela foi utilizada pelo poder público para interditar, encorajar ou autorizar determinadas condutas no espaço urbano (MELLO; SIMÕES, 2013, p. 256). Por conseguinte, ocorre a periferização dos grupos sociais que habitam essas localidades, sendo esses estigmatizados pela associação que o poder público e a sociedade ampla fazem dos indivíduos que vivem nesses territórios275.

A fim de citar um último exemplo do que foi a tônica da política habitacional da Era Vargas e que se perpetuou pelos governos que a sucederam, devemos mencionar a construção dos Parques Proletários no Rio de Janeiro na década de 1940. Com a elaboração do Plano de Erradicação das Favelas, cuja proposta era executar uma "limpeza" das favelas e promover uma "educação moral" de seus habitantes – supostamente enredados em costumes viciados, os Parques Proletários proporcionariam uma "vida mais sadia" aos moradores da favela. No entanto, o projeto se revelou como uma política de controle social, cercado de normas e regras de habitação e convivência, muitas das quais de difícil cumprimento para o perfil da população que o projeto se propunha atender. Ainda, vale notar que, as condições de moradias oferecidas

---

275Erving Goffman (2008) escreve que o conceito de estigma é uma categoria relacional entre atributo e estereótipo. Cada sociedade, grupo ou contexto, "estabelece os meios de categorizar as pessoas e o total de atributos considerados como comuns e naturais para cada uma dessas categorias (Ibidem, p. 11). Por sua vez, o antropólogo Hélio Silva (2012, p. 138, 142), desenvolve o conceito de *estigma de localização* para problematizar que o "direito de ir e vir" não é igual para todos ao demonstrar que grupos, ou segmentos da sociedade, passam por constrangimentos em situações sociais concretas quando "fora do seu universo de referência e residência".

pelos conjuntos habitacionais pouco se diferenciavam das condições precárias e insalubres de onde as populações foram removidas276.

Portanto, a partir desse período, as políticas de remoção das populações pobres são instituídas como uma prática do Estado legitimada pelo discurso da precariedade, insalubridade, incivilidade de determinados espaços de moradia. Essa forma de "solução" encontrada pelo poder público, junto ao privado, passa a interferir sobremaneira na lógica do desenvolvimento urbano e do mercado imobiliário da cidade, objetivando a valorização de determinadas áreas ocupadas e as redirecionando para o uso das classes sociais privilegiadas (DUARTE, 2013, p. 5; ARAGÃO, 2022). Em outras palavras, havia uma disposição do Estado e do setor privado em não prover meios de solucionar os problemas de moradia das populações pobres nas localidades onde essas já habitavam e trabalhavam, em prol de outros interesses. Para as elites dominantes, aí incluído o Estado, a solução era interditar, demolir, remover as populações e ressignificar essas áreas da cidade de acordo com os ditames econômicos e elitistas. Isto é, estas áreas deveriam ser preparadas para que outras classes sociais, com maior poder aquisitivo, pudessem ocupá-las. No caso do Rio de Janeiro, esta política levou à criação de novas áreas de interesse do mercado imobiliário com a crescente valorização da orla marítima e os investimentos feitos para consolidá-la como área privilegiada. Este é o caso histórico de Copacabana, a partir da construção do hotel Copacabana Palace em 1923 pela família Guinle. Mais adiante, na década de 1950 e 1960, a construção do aterro do Flamengo consolida o modelo urbanístico e paisagístico do Rio de Janeiro como cidade balneário e porta de entrada principal do turismo internacional.

Entretanto, é importante ressaltar que diferentes políticas foram implementadas no campo da habitação de interesse social, como a Fundação da Casa Popular (FCP), de 1946, que tinha como objetivo propiciar o financiamento da aquisição da casa própria e de obras de infraestrutura básica. Posto isso, o propósito deste artigo não é esgotar o complexo de políticas e medidas habitacionais erigidas e implementadas ao longo da historiografia

---

276Matéria do portal Wiki Favelas sobre os Parques Proletários Provisórios. Disponível em: https://wikifavelas.com.br/index.php/Parques_Prolet%C3%A1rios_Provis%C3%B3rios. Acesso em: 31 ago. 2022.

habitacional do país, em especial, da cidade do Rio de Janeiro. A intenção é colocar em foco o viés político-econômico que subjaz às políticas habitacionais e que levaram ao aprofundamento da desigualdade social.

De acordo com Aragão (2022), que discute o problema da habitação no país e o acesso aos mercados de aluguel e de vendas de imóveis na cidade do Rio de Janeiro, cabe ao Estado pensar o seu papel não só como um promotor e produtor de habitação de interesse social, mas também como agente regulador do mercado imobiliário. Dessa maneira, a autora argumenta:

> "[...] sem o controle do Estado sob mecanismos de acesso ao mercado formal de imóveis, a produção de novas unidades habitacionais para baixa renda é apenas uma medida mitigadora para as restrições que o mercado impõe aos trabalhadores" (ARAGÃO, 2022, p. 765).

3. RIO DE JANEIRO: A POLÍTICA DE DÉFICIT HABITACIONAL COMO REGIME DE JUSTIFICAÇÃO PARA A PERIFERIZAÇÃO E O ENOBRECIMENTO DOS ESPAÇOS URBANOS

No caso do Rio de Janeiro, a topografia da região propiciou o surgimento de favelas nos morros da cidade[277]. Desse modo, a população de baixa renda começou a povoar essas localidades em razão da proximidade do seu local de trabalho e, ao mesmo tempo, por serem acessíveis economicamente. Contudo, dada a falta de interesse do poder público, a ocupação desses territórios se deu de modo desordenado, precário e inseguro. Assim, as favelas se constituíram de moradias inadequadas, sem acesso a infraestrutura básica e muitas, ainda, sob o risco iminente de desabarem por não terem sido construídas dentro das normas da construção civil – algo previsível dada as condições socioeconômicas da população local.

---

[277]Criada em 1897, o Morro da Providência foi a primeira favela do Rio de Janeiro. A ocupação do Morro da Providência se deu, especialmente, por dois fatores históricos: o fluxo migratório de pessoas negras após a abolição e o grande número de soldados da Guerra de Canudos, que desembarcaram na cidade sem terem moradia.

Em 1960, já tendo o Rio de Janeiro perdido sua condição de capital da República, os problemas urbanos gerados pelo aumento do número de favelas despertavam a atenção de estudiosos e organismos de pesquisa. Este foi o caso da importante pesquisa contratada pelo jornal O Estado de S. Paulo e realizada pela SAGMACS[278],cujo título "Os Aspectos Humanos da Favela Carioca", foi publicada pela primeira vez em 1960, em dois suplementos do jornal. Sob a orientação do Frei dominicano e economista francês Louis-Joseph Lebret e conduzida pelos sociólogos José Arthur Rios, Carlos Alberto de Medida e pelo arquiteto Hélio Modesto, a pesquisa foi considerada o primeiro grande estudo sobre as favelas cariocas e a questão habitacional no Rio de Janeiro. Justificando o título, é importante notar que a pesquisa foi muito além dos tradicionais métodos e ferramentas até então utilizados para estudar essas localidades, como dados estatísticos, tabelas ou gráficos. A pesquisa priorizou os aspectos humanos desse tipo de habitação, que desmembrou nos mais variados aspectos, como saneamento, lazer, educação, religiosidade, segurança e urbanização para fazer um panorama da situação nas favelas. Em sua apresentação, lê-se: "A tarefa que nos propusemos era conhecer a vida na favelas, penetrar, quanto possível, na intimidade do favelado, descobrir suas atitudes fundamentais, suas reações e sentimentos, sua concepção de vida, se si mesmo e da cidade em que habita (SAGMACS, 1960).

Nesse sentido, pesquisa não foi um marco por acaso, mas exatamente pelo fato de ela propor para o problema habitacional do Rio de Janeiro diferentes ângulos de abordagens, muitos dos quais foram desenvolvidos posteriormente. Ainda do ponto de vista dos realizadores da pesquisa, a favela não é um problema em si, desde que seja legalizada e receba os devidos investimentos que garantam salubridade e segurança, em suma, o devido reconhecimento como uma forma de assentamento urbano a ser incorporada à paisagem da cidade. Desse modo, o Programa Favela-Bairro desenvolvido pelo Arquiteto Luiz Paulo Conde em 1995, poderia ser considerado um marco neste tipo de proposta que visa incorporar a favela como um traço distintivo da cultura urbanística brasileira, sobretudo carioca.

278Sociedade de Análises Gráficas e Mecanográficas Aplicadas aos Complexos Sociais.

Neste processo, o Estado joga com valores. Em alguns momentos, desvaloriza-se regiões, bairros inteiros, de forma a criar uma situação de insegurança e retirada do sentimento de pertencimento de suas populações, de modo a fazê-las abandonar essas regiões. Já em outros, se investe em estratégias de enobrecimento, de forma a expulsar populações tradicionais de seus locais de moradia para reassentá-las em localidades distantes, através da produção de unidades habitacionais. Outras populações substituem aquelas que foram expulsas e passam a arcar com os custos dos investimentos de enobrecimento, começando pela elevação dos valores venais dos imóveis, IPTUs e a exploração de toda a gama de serviços e negócios. A remoção de populações pobres ou a degradação de determinados territórios ou bairros para depois gentrificá-los, tem sido bastante comum ao longo da história do Rio de Janeiro, fazendo parte, inclusive, da retórica do déficit habitacional se olharmos segundo a ótica das populações atingidas por tais estratégias.

Portanto, é importante notar que as classificações de "situação de vulnerabilidade" e de "populações vulneráveis" não são categorias imanentes a determinadas localidades e grupo social. Isso seria atribuir uma condição de natureza a algo que é construído socialmente. A falta de acesso a uma educação pública e de qualidade não permite que os atores sociais alcancem determinadas competências discursivas. Ao mesmo tempo, sem a escolaridade básica, muitos não conseguem obter posições no mercado de trabalho que possam capacitá-los, submetendo-os a trabalhos precarizados que inviabilizam o desenvolvimento de uma clareza quanto aos seus objetivos. Sem formação qualificada e com poucos recursos, esses grupos sociais não têm meios de negociarem com os agentes públicos as condições de melhorias de uma moradia digna e proverem os seus também de forma digna, mesmo quando são apresentados a alguns projetos sociais dessa natureza. Nessa dinâmica, não se interrompe um processo de reprodução de classe, ficando no campo do extraordinário aqueles que conseguem romper com as barreiras sociais.

O resultado de toda essa conjuntura é a retórica do déficit habitacional do país, especialmente nos grandes centros, como o Rio de Janeiro. O Brasil não tem dados atualizados sobre o seu déficit habitacional em decorrência da pandemia de Covid-19, que impossibilitou a realização do Censo Demográfico de 2020. No entanto, por meio de diferentes institutos que pesquisam sobre o tema, é possível apresentarmos alguns dados para que possamos analisar o contexto atual. De acordo com a última pesquisa realizada pela Fundação João Pinheiro, de 2019, o déficit habitacional em todo o Brasil foi de 5,8 milhões de moradias, das quais 79% concentram-se em famílias de baixa renda. Das situações de moradias que se enquadram no déficit habitacional –moradias em falta, habitação precária, coabitação familiar, pessoas demais por metro quadrado, ou custo excessivo com aluguel – o estudo indica que 87,7% estão localizadas nas áreas urbanas. Ainda, o levantamento divulgado demonstra que o déficit habitacional absoluto no Brasil passou de 5,657 milhões em 2016 para 5,877 milhões em 2019 – o total dessas moradias representam 8% dos domicílios do país279.

4. DIREITO À MORADIA OU À PROPRIEDADE?

Alguns autores que estudam o campo da habitação imputam esse cenário à ideologia da casa própria, que começou a ser desenvolvida a partir de 1930, sendo utilizada como um artifício político para tratar de um problema econômico conjuntural. Desse modo, a partir da Era Vargas, passou a figurar em quase todos os programas habitacionais do país. Nessa perspectiva, o problema habitacional é erroneamente compreendido como um problema de direito à propriedade, ou seja, sendo especialmente abordado como uma questão de prover a casa própria. Entretanto, é importante notar que o direito à moradia e o direito à propriedade, ambos direitos constitucionais positivados, são direitos autônomos e distintos, podendo ou não coexistir.

A primeira vez que os respectivos direitos foram conferidos como direitos humanos fundamentais se deu em 1948, quando a Assembleia Geral das Nações Unidas proclamou a Declaração Universal dos Direitos Humanos. O documento, pela primeira vez, estabelece a proteção universal dos direitos humanos, independente de raça, sexo, etnia, nacionalidade ou religião. A importância do documento é considerada um marco histórico e, por essa razão, inspirou as Constituições de muitos países. Assim, os direitos à moradia e o

---

279Fundação João Pinheiro – **Déficit Habitacional no Brasil 2016-2019**. Disponível em: http://fjp.mg.gov.br/wp-content/uploads/2021/04/21.05_Relatorio-Deficit-Habitacional-no-Brasil-2016-2019-v2.0.pdf. Acesso em: 02 set. 2022.

direito à propriedade foram incluídos na Declaração Universal dos Direitos Humanos, instituindo como fundamentais para uma vida digna, além de assumir papel da defesa à integridade humana.

O Brasil, como integrante da ONU desde sua fundação, em 1945, é um dos signatários originais da Declaração Universal dos Direitos Humanos. Foi na Constituição Cidadã de 1988 que o tema da moradia se fez presente, porém, não de modo detalhado. Somente em 2000, quando a Emenda Constitucional nº 26 foi incorporada a ela, os direitos sociais foram consagrados no Brasil e a moradia garantida por lei como um direito fundamental, baseado no princípio da dignidade da pessoa humana.

> Art. 6º: "**São direitos sociais** a educação, a saúde, a alimentação, o trabalho, **a moradia**, o transporte, o lazer, a segurança, a previdência social, a proteção à maternidade e à infância, a assistência aos desamparados, na forma desta Constituição" (BRASIL, 1988, Art. 6, grifo nosso).

Ainda, é importante notar que a Constituição Federal de 1988 prevê, nos artigos 5º e 6º, a função social da propriedade como um princípio inerente a todo o direito subjetivo e qualquer direito subjetivo deveria ser direcionado ao princípio da justiça e bem-estar (SILVA; CUNHA et al., 2019).

Contudo, conforme já assinalado, os referidos direitos são autônomos e distintos, podendo ou não coexistir. O ponto fundamental para ser destacado é: enquanto o direito à moradia é um princípio basilar na vida de qualquer indivíduo e família, podendo comprometer eminentemente a sua existência, o mesmo não ocorre com o direito à propriedade. Aquele que não é proprietário de um imóvel, ainda assim, não compromete o direito fundamental à moradia[280]. Entende-se dessa forma que o direito à moradia diz respeito à dignidade da pessoa humana, portanto, tendo de ser assegurada pelo Estado através de políticas públicas continuadas, uma vez que esse princípio básico afeta todas as esferas da vida do indivíduo. Ao contrário disso, o direito à propriedade não interfere de forma objetiva e determinante na dignidade dos sujeitos.

---

[280]Dados do SEDEP. Disponível em: DIREITO À MORADIA X DIREITO À PROPRIEDADE: – SEDEP. Acesso em: 11 ago. 2022.

Logo, ao cogitarmos da função social, introduzimos no conceito de direito subjetivo a noção de que o ordenamento jurídico apenas concederá merecimento à persecução de um interesse individual se este for compatível com os anseios sociais que com ele se relacionam. Caso contrário, o ato de autonomia privada será censurado em sua legitimidade. Todo poder na ordem privada é concedido pelo sistema com a condição de que sejam satisfeitos determinados deveres perante o corpo social (FARIAS; ROSENVALD, 2015, p. 256).

De acordo com as últimas pesquisas realizadas sobre o déficit habitacional no Brasil, observa-se uma estreita relação entre o número de imóveis vagos e o número de famílias sem ter onde residir. Conforme os dados do Censo Demográfico do IBGE 2010, o país computava mais de 6 milhões de domicílios vagos e mais de 6,9 milhões de famílias necessitadas de moradia. Anos mais tarde, a Pesquisa Nacional por Amostragem de Domicílios – PNAD 2015, revelou um crescimento no número de imóveis vagos, apontando 7,906 milhões de imóveis ociosos, dos quais, 80,3% estão localizados em áreas urbanas. Ainda, de acordo com a pesquisa, 6,893 milhões desse total estão em condições de serem ocupados e 1,012 milhão estão em construção ou reforma. Para mais, os dados levantados revelam que a União possui mais de 10 mil imóveis, sendo 80% deles prédios comerciais, residências, salas, galpões e terrenos (SILVA; CUNHA et al., 2019).

Conforme o ordenamento jurídico, existem duas dimensões em que o direito à moradia deve ser interpretado, sendo essas a dimensão positiva e a dimensão negativa. A dimensão positiva refere-se ao dever do poder público de implantar uma política de habitação de interesse social, enquanto a dimensão negativa o impede de "promover deslocamentos involuntários de população carente que pode ser regularizada nos locais que ocupam" (SANTOS; MEDEIROS; LUFT, 2016, p. 219). O princípio da não remoção deve sempre prevalecer, excetuando os contextos em que as áreas ocupadas ou os imóveis em questão colocam as famílias em risco iminente. Nesses casos, alguns estados e municípios, como ocorre no Rio de Janeiro, adotam apolítica pública de "aluguel social", cujo objetivo é assistir famílias de moradia digna e adequada de modo provisório até que o estado consiga produzir habitação de interesse social.

Contudo, apesar de ter sido elaborada como uma política mitigadora, com o propósito de atender as necessidades imediatas e urgentes de famílias desabrigadas ou na iminência de serem, em razão dos riscos em que o domicílio se encontra, na prática, o caráter temporário de tal medida não condiz com a realidade. Na maioria das regiões, o auxílio financeiro para o custei de aluguel não é reajustado há anos, variando conforme o estado e município. No Rio de Janeiro o valor fixado é de R$400,00 por família, o que em si já deve ser problematizado tendo em vista os preços praticados no mercado imobiliário, mesmo em se tratando de localidades e moradias voltadas para as populações de baixa renda281. Entretanto, a questão maior refere-se ao tempo em que as famílias ficam à espera de uma nova habitação. De acordo com o levantamento da Subsecretaria de Habitação do Estado do Rio de Janeiro (2022), existem famílias que estão há mais de dez anos na fila de espera, aguardando pela nova habitação e sobrevivendo com o auxílio de aluguel.

Ainda, é importante notar alguns casos que repercutiram recentemente na mídia e ganharam o debate público em razão desta legislação ter sido utilizada em sentido contrário daquele que lhe deu origem, isto é, quando o poder público se valeu da prerrogativa e removeu populações inteiras situadas em áreas valorizadas da cidade ou que estavam em vias de transformação. Este foi o caso emblemático da zona portuária do Rio de Janeiro que, anos atrás, passou por um profundo processo de revitalização do espaço urbano em virtude dos megaeventos da Copa do Mundo de 2014 e das Olimpíadas de 2016. A transformação da região foi o epicentro do Projeto Porto Maravilha, criado em 2009, cujo objetivo era transformar a zona portuária em um polo turístico-comercial da cidade, com hotéis, museus, novos estabelecimentos comerciais e extensas áreas de lazer e de convívio para atrair os turistas e a população mais abastada da cidade.

O processo do qual nos referimos não é novo e faz parte da morfologia urbana de todas as grandes cidades do mundo. Desse modo, não sendo

---

281Matéria do portal G1, divulgada em 17 mar. de 2022, sobre a situação precária dos cidadãos cariocas que dependem do auxílio financeiro do aluguel social no Rio de Janeiro. Disponível em: https://g1.globo.com/rj/rio-de-janeiro/noticia/2022/03/17/beneficiarios-do-aluguel-social-do-rio-precisam-madrugar-para-conseguir-atendimento.ghtml. Acesso em: 04 set. 2022.

diferente com a cidade do Rio de Janeiro, que passou por importantes modificações ao longo de sua história. A primeira grande intervenção urbana carioca, a Reforma Urbana Pereira Passos, como assim ficou conhecida, ocorreu no início do século XX, quando o Rio de Janeiro era a capital do Brasil. Sob os governos do prefeito Pereira Passos e do presidente Rodrigues Alves, ambos tendo exercido os respectivos cargos entre 1902 e 1906, as obras começaram em 1903 e teve como inspiração a grande reforma urbana da cidade de Paris, realizada no século XIX, pelo Barão de Haussmann – o "artista demolidor"282.

A Reforma Urbana Pereira Passos foi uma tentativa de europeização e aburguesamento da cultura por meio da arquitetura, ideais e costumes. A Europa, especialmente as cidades de Paris e Londres, era tida como um modelo de civilização, progresso e modernidade a ser seguido. O progresso era sinal de desenvolvimento material; a civilização de comportamento pautado em ideal burguês europeu; a modernidade no embelezamento e no saneamento relacionada a sair de um passado colonial e se adequar a um novo presente, certamente europeu. Dessa forma, as mudanças na capital tiveram um caráter urbanístico, sanitário e comportamental, e a transformação da cidade se deu em um nível simbólico-espacial. Uma frase muito usual na época era "o Rio civiliza-se", que demonstra todo esse imaginário (SILVA, 2019. p. 2).

Conforme vimos discutindo, os processos urbanísticos são parte constituintes das cidades, constantemente sendo reorganizados por uma

---

282A reforma de Paris é reconhecida mundialmente como um paradigma na história do urbanismo das cidades. Georges-Eugène Haussmann, nomeado prefeito de Paris por Napoleão III, remodelou por completo a cidade de Paris entre 1853 e 1870, um empreendimento grandioso que reuniu os mais renomados engenheiros e arquitetos da época para modernizar a infraestrutura da cidade e erguer grandes avenidas e bulevares, parques e monumentos. Para além da modernização e embelezamento da cidade, o projeto urbanístico teve um forte viés estratégico e político. A demolição de ruas estreitas e a criação de largas avenidas planejava acabar com os frequentes levantes populares e expulsar os antigos moradores que habitavam as áreas centrais de Paris, sobretudo os da classe trabalhadora, para a periferia da cidade. Para muitos teóricos que estudam o tema e seus efeitos sociais, o projeto urbanístico de Haussmann é a institucionalização da cidade burguesa, pensada e voltada para a classe dominante. Pela transformação que representou, o projeto foi reproduzido em diversas cidades do mundo, sendo reconhecido como "modelo haussmanniano" (COSTA, 2015).

dialética entre estrutura e agência283, o que envolve um complexo de aspectos e exigências sociais. Nesse sentido, os setores econômico, político e social – compreendendo as relações sociais que se modificam conforme as transformações se desenvolvem – são determinantes para se pensar os espaços sociais como "estruturas estruturantes estruturáveis"284. Isto é, estruturas que agem sobre os sujeitos e que, por sua vez, são atualizadas pelas suas ações. Contudo, cabe ressaltar que quando nos referimos "a cidade", estamos tratando de um espaço multicultural, complexo e heterogêneo, atravessado por diferentes prismas, interesses, classes sociais e realidades socioeconômicas.

De acordo com o professor Álvaro Ferreira, as reformas urbanas podem ser identificadas como "revitalização", "recuperação", "requalificação" ou algum outro termo que designe o processo de modernização e melhoria do espaço urbano, de prédios antigos e o desenvolvimento de equipamentos e atividades culturais de determinadas áreas residenciais. Segundo Ferreira, trata-se de um fenômeno de natureza multidimensional que não prisma pela melhoria da qualidade de vida de seus habitantes, e sim pela perspectiva empresarial, do "planejamento estratégico", levando a população local, composta de antigos moradores, a terem de se deslocar em função da valorização da nova região (FERREIRA, 2014, p. 1).

Assim, devemos entender que o movimento de "gentrificação", cunhado pela socióloga britânica Ruth Glass285para designar o processo de

---

283O conceito de estrutura e agência desenvolvido por Pierre Bourdieu se refere à relação intrínseca e constante entre o espaço social – estrutura – e os sujeitos que incorporam as estruturas, assim, forjando disposições que agem sobre suas práticas subjetivas – agência – e atualizam através de suas ações as estruturas sociais. Bourdieu nomeou o estudo dessa relação como conhecimento praxiológico "interiorização da exterioridade e exteriorização da interioridade" (BOURDIEU, 1983, p.47).

284O conceito de Bourdieu (1989) de estruturas estruturantes estruturáveis que formam o *habitus*. A sociedade se reproduz no que os sujeitos fazem – na prática do sujeito. As estruturas sociais, a sociedade, não existem previamente. Elas existem, se estruturam e são reproduzidas pelo que os sujeitos fazem. A partir da concretude das ações dos sujeitos, *habitus* são criados e arraigados – os sujeitos reproduzindo as práticas sem se perguntarem os porquês. A partir disso, com isso, o corpo age, muitas vezes "sozinho", condicionado ao *habitus*. Para Bourdieu, as práticas são ações com significados. Significados culturais.

285 Gentrificação vem do termo inglês *gentrification*. O termo foi cunhado por Ruth Glass (1963) para estudar o fenômeno urbano que vinha ocorrendo em alguns bairros de Londres, nos anos de 1960. O contexto se tratava de famílias de classe média que estavam se mudando para

enobrecimento pelo qual determinadas regiões da cidade passam, tem como efeito a emigração forçada da população local para habitar localidades mais desvalorizadas e desguarnecidas de infraestrutura. Desse modo, ocorre um processo de marginalização, ou periferização, de determinados grupos sociais que leva ao que chamamos de segregação urbana.

5. CONCLUSÃO

Como vimos no decorrer do artigo, se todos esses dados são importantes para pensarmos o déficit habitacional em relação ao direito à moradia a partir de diferentes perspectivas, eles também nos permitem pensar que o direito à moradia não pode estar afastado do direito à cidade. Ambos precisam estar articulados em frentes de atuação que, conjugadas, permitam compreender o conceito de urbanização de forma mais coerente, que englobe a maior parte das ações que serão desenvolvidas ou praticadas pelos atores sociais. Não se escolhe viver na cidade apenas por causa do trabalho, ou por causa da moradia ou por causa do lazer, entretenimento e do consumo, ou da vida cultural. Ao se decidir por viver numa cidade, os indivíduos escolhem um modo de vida que se pauta pela diversidade, tal como definiu Wirth (1967), em seu clássico artigo "O urbanismo como modo de vida". Espera-se que, em boa medida, a maior parte das atividades desenvolvidas na cidade possam ser experimentadas, de uma forma ou de outra, por todos os seus habitantes. Nesse sentido, o direito à moradia se impõe como um direito fundamental e torna-se necessário pensar em diferentes soluções e frentes de atuação uma vez que, igualmente, se trata de problemas diferentes relacionados à uma população heterogênea

Assim, o princípio da não remoção, previsto na Constituição Federal e na Constituição do Estado do Rio de Janeiro, prevê a garantia de uma qualidade de vida compatível com a dignidade da pessoa humana. Entender que a remoção forçada de populações de baixa renda para localidades distantes

---

bairros desvalorizados da cidade, desse modo, transformando o perfil dos moradores, bem como dos próprios bairros (FERREIRA, 2014, p. 1).

e com serviços e infraestrutura precários não é uma solução, é indispensável para encararmos o problema da habitação em nossa sociedade. A marginalização de amplos segmentos da sociedade, cada vez mais pauperizada e sem condições de manter uma qualidade de vida em um sentido amplo, não só vai de encontro aos princípios dos direitos humanos e de uma vida digna, como sobrecarrega, ao fim e ao cabo, o próprio Estado. Populações que dependem da cidade como meio de vida, seja pelo trabalho formal ou informal, pelo acesso aos serviços de saúde, educação, transporte e afins, quando expurgadas de seu meio, são jogadas a própria sorte. Ainda, deve-se notar que, substancialmente, trata-se de segmentos da sociedade que não possuem determinados instrumentos que as qualifiquem facilmente no mercado de trabalho, o que dificulta ainda mais a responsabilidade de ter de se "reinventar" em outros espaços sociais.

Desse modo, devemos considerar que o problema do déficit habitacional no Brasil não se limita à falta de unidades habitacionais. Ao contrário disso, observa-se que se trata de uma questão de vontade política em prover as ditas "populações vulneráveis" de infraestrutura, meios e recursos para que possam romper com o ciclo de reprodução social que as colocam nessa categoria. Ou seja, incluí-las na sociedade como sujeitos de direito que são para que, assim, possam exercer a plena cidadania.

REFERÊNCIAS BIBLIOGRÁFICAS

ABU-EL-HAJ, Jawdat. Da Era Vargas à FHC: transições políticas e reformas administrativas. **Revista de Ciências Sociais (Fortaleza)**, v. 36, p. 33-51, 2005.

ALMEIDA, Silvio Luiz de. **Racismo estrutural**. São Paulo: Pólen, 2019.

ARAGÃO, Thêmis Amorim. A regulação do mercado imobiliário e política habitacional no Rio de janeiro. **Cadernos Metrópole**, v. 24, p. 765-792, 2022.

ARAVECCHIA-BOTAS, Nilce; KOURY, Ana Paula. A cidade industrial brasileira e a política habitacional na Era Vargas. **Urbana:** Revista Eletrônica do Centro Interdisciplinar de Estudos sobre a Cidade, v. 6, p. 143-165, 2014.

BONDUKI, Nabil. Origens da habitação social no Brasil: arquitetura moderna, lei do inquilinato e difusão da casa própria. **Revista Brasileira de Estudos Urbanos e Regionais**, São Paulo: Estação Liberdade, n. 1, 1999.

BOURDIEU, Pierre. **A Economia das Trocas Simbólicas**. São Paulo: Perspectiva, 1974.

BOURDIEU, Pierre. **O Poder Simbólico**. Rio de Janeiro: Bertrand Brasil, 1989.

BOURDIEU, Pierre. **Sociologia**. São Paulo: Ática, 1983.

BRASIL. [Constituição (1988)]. **Constituição da República Federativa do Brasil:** promulgada em 5 de outubro de 1988. 4. ed. São Paulo: Saraiva, 1990.

BRAUDEL, Fernand. **Civilização Material, Economia e Capitalismo:** séculos XV-XVIII. São Paulo: Martins Fontes, 1996.

CARVALHO, Monique Batista. **Parques Proletários Provisórios**. In: Wiki Favelas. Disponível em: https://wikifavelas.com.br/index.php/Parques_Prolet%C3%A1rios_Provis%C3%B3rios. Acesso em: 31 ago. 2022.

CBM. **As Santas Casas nasceram junto com o Brasil**. In: CBM, 21 nov. 2018. Disponível: https://www.cmb.org.br/cmb/index.php/noticias/179-as-santas-casas-nasceram-junto-com-o-brasil#. Acesso em: 23 ago. 2022.

CORREIA, Bem-Hur. **Beneficiários do aluguel social do Rio precisam madrugar para conseguir atendimento; fila é no meio do lixo**. In: G1, 17 mar. 2022, Rio de Janeiro. Disponível em: https://g1.globo.com/rj/rio-de-janeiro/noticia/2022/03/17/beneficiarios-do-aluguel-social-do-rio-precisam-madrugar-para-conseguir-atendimento.ghtml. Acesso em: 04 set. 2022.

CUNHA, Neiva Vieira da; FELTRAN, Gabriel de Santis. Novos conflitos nas margens da cidade. In: CUNHA, Neiva Vieira da; FELTRAN, Gabriel de Santis (Orgs.). **Sobre periferias**: novos conflitos no Brasil contemporâneo. 1ª. ed. Rio deJaneiro: Lamparina & FAPERJ, 2013, p. 9-16.

DUARTE, Maurizete Pimentel Loureiro. **O Governo Vargas e as Primeiras Tentativas do Estado na Provisão de Habitação Popular**. In: XXVII Simpósio

Nacional de História, 2013, Natal. XVII Simpósio Nacional de História. Conhecimento Histórico e diálogo social, 2013.

FARIAS, Cristiano Chaves de; ROSENVALD, Nelson. **Curso de direito civil**. 11. ed. São Paulo: Atlas, 2015.

FERNANDES, Florestan. **O negro no mundo dos brancos**. São Paulo: Difusão Europeia do Livro, 1972.

FERREIRA, Álvaro. O processo de gentrificação em entrevista com o professor Álvaro Ferreira. [Entrevista concedida a] NASCIMENTO, Caroline; CUNHA, Caroline; BASTOS, Jacqueline. **Revista Eletrônica História, Natureza e Espaço** – ISSN 2317-8361, v. 3, n. 1, 2014. Disponível em: https://www.e-publicacoes.uerj.br/index.php/niesbf/article/view/19545. Acesso em: 04. set. 2022.

FUNDAÇÃO JOÃO PINHEIRO. **Déficit Habitacional no Brasil – 2016-2019**. Belo Horizonte: FJP, 2021. Disponível em: http://fjp.mg.gov.br/wp-content/uploads/2021/04/21.05_Relatorio-Deficit-Habitacional-no-Brasil-2016-2019-v2.0.pdf. Acesso em: 02 set. 2022.

GOFFMAN, Erving. **Estigma:** notas sobre a manipulação da identidade deteriorada. Rio de Janeiro: LTC, 2008.

JORNAL NACIONAL. **Total de pessoas que se autodeclaram pretas e pardas cresce no Brasil, diz IBGE**. In: G1, 22 jul. 2022. Disponível em: https://g1.globo.com/jornal-nacional/noticia/2022/07/22/total-de-pessoas-que-se-autodeclaram-pretas-e-pardas-cresce-no-brasil-diz-ibge.ghtml. Acesso em: 22 ago. 2022.

LEFEBVRE, Henri. **O direito à cidade**. São Paulo: Centauro, 2001.

MATEUS, Cibele Gralha. **Direito à Moradia X Direito à Propriedade**. In: Sedep Brasil, 01 jun. 2005. Disponível em: DIREITO À MORADIA X DIREITO À PROPRIEDADE: – SEDEP. Acesso em: 11 ago. 2022.

MELLO, Marco Antônio da Silva; SIMÕES, Soraya Silveira. Favela: arqueologia histórica e etnografia retrospectiva de uma categoria jurídica. **O Social em Questão**, n. 31, ano XVIII, p. 255-262, 2014.

MEIRELES, Ana Cristina Costa. **A eficácia dos direitos sociais**. Salvador: JusPodvim, 2008.

MONTEIRO, Adriana Roseno; VERAS, Antonio Tolrino de Resende. **A Questão Habitacional no Brasil**. Mercator, Fortaleza: Universidade Federal do Ceará, v. 16, 2017.

SAGMACS – Sociedade de Análises Gráficas e Mecanográficas Aplicadas aos Complexos Sociais. **Aspectos humanos da favela carioca**. O Estado de S. Paulo – suplementos especiais, São Paulo, 13 e 15 abr. IBAM,1960.

SANTOS, A. M. S. P; MEDEIROS, M. G. P; LUFT, R. M. **Direito à Moradia:** um direito social em construção no Brasil – a experiência do aluguel social no Rio de Janeiro. Planejamento e políticas públicas, n.46, jan./jun. 2016.

SILVA, Maísa Cantuária da; CUNHA, Caio Ezequiel Santos et al. A crise habitacional no Brasil e o direito à propriedade: Os institutos da concessão de direito real de uso (CDRU) e da concessão de uso especial para fins de moradia (CUEM) como solução viável ao desenvolvimento urbano e enfrentamento da crise. **Revista Jus Navigandi**, ISSN 1518-4862, Teresina, ano 24, n. 6020, 25 dez. 2019. Disponível em:https://jus.com.br/artigos/76030/a-crise-habitacional-no-brasil-e-o-direito-a-propriedade. Acesso em: 10 ago. 2022.

SILVA, Mayara Grazielle Consentino Ferreira da. Algumas considerações sobre a reforma urbana Pereira Passos. URBE. **Revista Brasileira de Gestão Urbana**, v. 11, p. 1-11, 2019.

SILVA, Hélio. A situação etnográfica: andar e ver. **Horizontes Antropológicos**, Porto Alegre, ano 15, n. 32, p. 171-188, jul./dez. 2009.

SINTUFRJ. **A pobreza no Brasil tem cor:** ela é hegemonicamente negra. In: Sintufrj, 30 nov. 2022. Disponível: https://sintufrj.org.br/2020/11/a-pobreza-no-brasil-tem-cor-ela-e-hegemonicamente-negra/. Acesso em: 27 ago. 2022.

UFBA. **Cronologia do Pensamento Urbanístico**. In: Ufba. Disponível em: https://cronologiadourbanismo.ufba.br/apresentacao.php?idVerbete=1582. Acesso em: 30 ago. 2022.

VALLADARES, Licia do Prado. A gênese da favela carioca: a produção anterior às ciências sociais. **Revista Brasileira de Ciências Sociais**, v. 15, n. 44, 2000.

VALLADARES, Licia do Prado. **A invenção das favelas:** do mito de origem da favela com. Rio de Janeiro: FGV, 2005.

WIRTH, Louis. O Urbanismo como Modo de Vida. In: VELHO, Otávio Guilherme (Org.). **O Fenômeno Urbano**. Rio de Janeiro: Zahar, 1967.

CAPÍTULO 06

OS CONJUNTOS HABITACIONAIS NO BRASIL E A REGULARIZAÇÃO FUNDIÁRIA URBANA

Giselle Maria Custódio Cardoso[286]

Resumo: O presente trabalho tem como objetivo analisar os conjuntos habitacionais no Brasil a partir de sua origem histórica atrelada à realidade urbana do País, a fim de identificar os elementos que o compõem, sua função na política habitacional urbana e sua positivação como mecanismo da regularização fundiária urbana, pela Lei nº 13.465/17. O método de abordagem é indutivo, de procedimento é funcionalista e o de interpretação é histórico. A pesquisa é teórico-qualitativa, de objeto bibliográfico e objetivo descritivo. A título de considerações finais, propõe-se a reflexão sobre os conjuntos habitacionais a partir da sua construção identitária sociocultural, sua transformação e consequente integração às balizas jurídico-administrativas, visando seu constante aprimoramento, de modo a garantir padrões mínimos de uma vida digna aos indivíduos nos centros urbanos.

Palavras-chave: Conjuntos habitacionais. Política pública. Política habitacional urbana. Moradia. Regularização Fundiária.

---

[286] Mestranda em Direito da Cidade na Universidade do Estado do Rio de Janeiro - Uerj. Especialista em Direito Ambiental pela Escola da Magistratura do Estado do Rio de Janeiro – Emerj. Bacharel em Direito pela Universidade Federal do Estado do Rio de Janeiro - UFRJ. Extensionista do Projeto Recicla Direito desenvolvido na Universidade Federal do Estado do Rio de Janeiro – Unirio. Pesquisadora da Rede de Pesquisa Interinstitucional em Direito da Cidade – Uerj. Advogada. E-mail: gisellecardoso@live.com.

Abstract: This paper aims at analyzing the housing complexes in Brazil from their historical origin linked to the urban reality of the country, in order to identify its elements, its function in urban housing policy and its identification as a mechanism of urban land regularization, set by the Law 13.465/17. The method of approach is inductive, the procedure is functionalist and the interpretation is historical. The research is theoretical-qualitative with a bibliographic object and descriptive objective. As final considerations, it is proposed to reflect on the housing complexes based on their socio-cultural identity construction, their transformation and consequent integration into the legal-administrative beacons, aiming at their constant improvement, in order to ensure minimum standards of a dignified life for individuals in urban areas.

Keywords: Housing complex; Public policy; Urban housing policy; Land regularization.

1. INTRODUÇÃO

A análise em questão atravessa alguns cenários até alcançar seu objeto final. Para compreender os conjuntos habitacionais propõe-se a observar a política habitacional brasileira e o *modus operandi* da mercantilização da terra, que se atrelam à regionalização da pobreza e vulnerabilidade.

De acordo com a Comissão da ONU para Direitos Humanos, Econômicos, Sociais e Culturais, considera-se como moradia urbanizada aquelas que contemplam: *"paredes e teto duráveis, servida de água potável e saneamento básico, com acesso fácil e direito a ruas calçadas e próxima de transporte e equipamentos públicos, como postos de saúde e escolas, cujo morador não se preocupe com a possibilidade de eventual despejo"*[287].

---

[287] SANTOS, Angela Moulin Simões Penalva. **Política urbana no contexto federativo brasileiro**. Rio de Janeiro: Editora da Universidade do Estado do Rio de Janeiro – EDUERJ, 2017.

Enquanto signatário do Tratado dos Direitos Humanos, o Brasil se compromete, no cenário internacional, a prover e ser um facilitador desse compromisso com a moradia digna[288].

No entanto, como destaca pesquisa realizada pela Fundação João Pinheiro – FPJ, entre 2014 e 2015 o déficit habitacional aumentou em 20 dos 27 estados brasileiros[289]. Ainda, em seu último relatório, divulgado esse ano, a FPJ concluiu *"que, entre 2016 e 2019, o déficit habitacional brasileiro [também] apresentou aumento, estimulado especialmente pelos componentes excessivos com o aluguel urbano e habitações precárias"*. A FPJ também identificou, enquanto tendência, ser *"o déficit habitacional nacional (...) crescentemente constituído por domicílios cujo responsável seja uma mulher e concentrar-se na faixa de renda domiciliar de até um salário mínimo."*[290]

De acordo com a FPJ[291], qualquer domicílio que se encontre em das seguintes situações é considerado como *integrante do déficit habitacional*, quais sejam:

> Habitação precária (domicílios improvisados ou rústicos), coabitação familiar (soma dos cômodos e das famílias conviventes com intenção de constituir um domicílio exclusivo), ônus excessivo com aluguel (famílias com rendimento de até três salários mínimos e gasto superior a 30% da renda familiar) ou adensamento excessivo de moradores em imóveis alugados (mais de três moradores por dormitório).

---

[288] Decreto 591/1992. *Atos Internacionais. Pacto Internacional sobre Direitos Econômicos, Sociais e Culturais. Promulgação.* Artigo 11. "1. Os Estados Partes do presente Pacto reconhecem o direito de toda pessoa a um nível de vida adequado para si próprio e sua família, inclusive à alimentação, vestimenta e moradia adequadas, assim como a uma melhoria contínua de suas condições de vida. Os Estados Partes tomarão medidas apropriadas para assegurar a consecução desse direito, reconhecendo, nesse sentido, a importância essencial da cooperação internacional fundada no livre consentimento." (g/n)
[289] Notícia. Fundação João Pinheiro – FPJ. *Fundação João Pinheiro divulga resultados do Déficit Habitacional no Brasil.* Fundação João Pinheiro - FPJ. *Estatística & Informações. Déficit Habitacional no Brasil 2015.*
[290] Fundação João Pinheiro. **Déficit habitacional no Brasil – 2016-2019**. Belo Horizonte: FJP, 2021.
[291] *Ibidem*

Tais dados demonstram intensa correlação entre o adensamento populacional nos centros urbanos - em razão do movimento crescente e contínuo da urbanização - e a dificuldade de concretização do direito à moradia digna. Assim como, ratificam a demanda por mecanismos que permitam o acesso e a regularização da permanência na terra urbana.

A temática da política habitacional está intrinsecamente ligada à concretização do direito fundamental à moradia (art. 6º da CF/88) cujo exercício, ainda hoje, é facultado à parcela da população. Como visto nos dados referentes ao déficit habitacional, trata-se de direito que, em verdade, não consegue ser exercido por grande parte da população brasileira.

Não é demais recordar que os entraves no acesso à terra no Brasil, principalmente pelas camadas mais pobres da população, assim como os conflitos à ela inerentes, é problemática histórica no país. A concentração de terras que dá origem aos atuais latifúndios tem origem na colonização do Brasil e no formato de concessão de terras para ocupação e exploração chamado de scsmarias, conhecido também como capitanias hereditárias[292].

Do campo para a cidade verifica-se que o conflito, notadamente espacial, subsiste. A terra urbana permanece dispendiosa e de difícil acesso, sendo, ainda, orientada conforme o interesse do capital.

Fauth[293] argumenta que as articulações entre os poderes público e privado inviabilizam as condições de democracia e resultam na atual conjuntura das cidades: *"à mercê dos interesses do mercado, privilegiando grandes corporações, banqueiros e construtoras"*.

No que se refere à produção do espaço urbano, Fauth utiliza Giarnnella e De La Garza[294] para explicitar que, a partir do capital financeiro há uma

---

[292] MOTTA, Márcia Maria Menendes. **Direito à terra no Brasil**. A gestação do conflito. 1795-1824. São Paulo: Alameda, 2009.
[293] FAUTH, Gabriela. Novas Vulnerabilidades e direito à cidade no contexto das cidades standard: o caso referência Barcelona. In: CAVALLAZZI, Rosângela Lunardelli e FAUTH, Gabriela (orgs). **Cidade Standard e novas vulnerabilidades**. Direito e Urbanismo. Volume 4. Rio de Janeiro: Editora PROURB, 2018, p. 64-65.
[294] Giarnnella e De La Garza, 2016, p. 4, apud FAUTH, Gabriela. Novas Vulnerabilidades e direito à cidade no contexto das cidades standard: o caso referência Barcelona. In: CAVALLAZZI, Rosângela Lunardelli e FAUTH, Gabriela (orgs). **Cidade Standard e novas**

tendência à homogeneização desse espaço, pois a finalidade das *"intervenções urbanas em escala local estão cada vez mais alinhados às escalas nacional e global por meio do nexo Estado-finança."* Nota-se, portanto, que se estabelece uma relação *dialética entre o poder local e o capital financeiro mundializado,* que torna *a cidade sujeito central por excelência.* O que, consequentemente, torna seus cidadãos – usuários – sujeitos periféricos.

Nesse aspecto, importa recordar as funções sociais da cidades em suas, previstas no art. 182 da CF/88, de modo a assentar nestes pressupostos as balizas da atuação Estatal e, mais especificamente, nortear as políticas públicas municipais[295], a fim de evitar que as funções do Estado sejam pura e simplesmente entregues ao mercado, através das parcerias público-privado, e mais ainda que as cidades fossem transformadas *"en grandes máquinas de excluir y expulsar a cualquier habitante o forasteiro considerado insolvente ..."*[296]. Entretanto, ainda é esse o cenário que se reproduz no campo urbanístico carioca.

Nota-se, por exemplo, que as políticas habitacionais, como "Minha Casa, Minha Vida", são direcionadas para pontos mais distantes dos centros urbanos e, em certa medida, dos locais de trabalho e lazer. Pressionando os equipamentos públicos, o transporte, o trânsito e a própria expansão da malha urbana a qualquer custo.[297]

---

vulnerabilidades. Direito e Urbanismo. Volume 4. Rio de Janeiro: Editora PROURB, 2018, p. 64-65.
[295] LUFT, Rosângela Marina. **Políticas públicas urbanas:** premissas e condições para a efetivação do direito à cidade. Belo Horizonte, Fórum, 2011, p. 112.
[296] DELGADO, 2007, p. 11 apud FAUTH, Gabriela. Novas Vulnerabilidades e direito à cidade no contexto das cidades standard: o caso referência Barcelona. In: CAVALLAZZI, Rosângela Lunardelli e FAUTH, Gabriela (orgs). **Cidade Standard e novas vulnerabilidades**. Direito e Urbanismo. Volume 4. Rio de Janeiro: Editora PROURB, 2018, p. 68.
[297] "Em 2010, de acordo com dados da prefeitura da cidade do Rio de Janeiro, um dos primeiros empreendimentos a ser entregues pelo PMCMV destinado à população com renda de até 6 s.m. foi o Condomínio Residencial Málaga Garden, situado à Avenida Brasil 49.101, e edificado pela construtora mineira Tenda. O terreno escolhido por esta empresa ocupa uma área total de 30.657,75 m2, na região limítrofe de Campo Grande com os bairros de Paciência e Cosmos. O acesso a esta localidade se dá quase que exclusivamente pela Avenida Brasil sendo, portanto, restrito em virtude da falta de linhas de transporte público e da distância ao centro da cidade (55,7 km), cujo tempo médio de deslocamento é de duas horas. Além disso, o entorno do residencial é caracterizado por grandes vazios urbanos e outros conjuntos habitacionais,

Nesse sentido, recorda-se a reflexão de Ermínia Maricato[298]: "*o preço da terra é o nó da política urbana*", para ilustrar que a dificuldade do Poder Público em produzir moradia popular, dentre outras questões, decorre do preço da terra.

Tal fator cabe como resposta ao questionamento quanto aos locais em que foram construídos conjuntos habitacionais - os quais eram tidos como um movimento de política pública para extirpação da favela do contexto da cidade – e onde, hoje, são construídos os empreendimentos, como os do Programa "Minha Casa, Minha Vida".

Aglomerados de indivíduos, afastados dos polos de emprego e serviços, espaços que forçam a expansão da malha urbana, demandando, consequentemente, mais investimento em infraestrutura e equipamentos públicos, traduzindo-se em uma cidade que cresce, mas que encarece o custo para a administração pública[299].

Fatos que geram inquietação, pois condensam em si a contradição e a dificuldade existentes entre a expansão e a concentração dos espaços na cidade.

Logo, faz-se necessária a discussão sobre os espaços e o acesso à terra urbana. Hoje, mais da metade da população mundial se concentração nos centros urbanos (*United Nations*)[300], maior percentual desde que foi iniciada a migração campo – cidade, com previsões no sentido de que esse fenômeno só tende a se fortalecer, em virtude do aumento progressivo da população mundial nas cidades até 2050[301].

Assim, importante adequar a atenção às questões de acesso e mercantilização da terra, desigualdade na distribuição da renda e da riqueza,

---

inclusive com a mesma tipologia construtiva, com pouca oferta de comércios e serviços urbanos (SOARES; MELO, 2010; CARDOSO et al., 2012 apud CARDOSO et al., 2013, p. 146)

[298] MARICATO apud SANTOS, Angela Moulin Simões Penalva. **Política urbana no contexto federativo brasileiro**. Rio de Janeiro: Editora da Universidade do Estado do Rio de Janeiro – EDUERJ, 2017, p. 35.

299 Ibidem.

300 United Nations (2018). Relatório da ONU mostra população mundial cada vez mais urbanizada, mais de metade vive em zonas urbanizadas ao que se podem juntar 2,5 mil milhões em 2050.

301 United Nations (2019). World Population Prospects 2019.

adensamento populacional nos centros urbanos, déficit habitacional e política urbana, em especial a habitacional, de modo a permitir o pleno desenvolvimento das capacidades humanas e de uma vida digna nos centros urbanos, em atenção à própria previsão da norma constitucional. Nesse sentido, volta-se ao cenário em que se encontram os conjuntos habitacionais.

2. ANÁLISE HISTÓRICO-NORMATIVA

A análise histórico-normativa da política urbana permite compreender seu entrelace com a política habitacional.

Desde a década de 30, o Poder Público é desafiado a buscar formas de ordenação do espaço urbano, pois em decorrência da transição da economia agrária-exportadora para industrial, a migração do meio rural para o urbano se intensifica (SANTOS, 2017, p. 18)[302].

Após anos de omissão estatal, quando os "*efeitos negativos da falta de desenvolvimento urbano se tornaram graves*", nota-se no início da década de 60, quando a população urbana ultrapassa a rural[303], o surgimento de movimentos sociais em prol de uma política urbana mais ativa e contundente.

Na medida em que o Poder Público é demandado, respostas acabam por emergir na tentativa de conduzir tal desordenação:

> Na década de 1960 foram criados o Serviço Federal de Habitação e Urbanismo (SERFHAU) e o órgão financeiro que cuidaria de executar as políticas, o Banco Nacional de Habitação (BNH), responsável não só pelo financiamento da construção habitacional, mas também pela política de saneamento, por meio do Plano Nacional de Saneamento (Planasa)[304]

Em 1979 é editada a Lei de Parcelamento do Solo Urbano (Lei nº 6.766/79). No que se refere ao aparato normativo, a princípio, necessário para construção de moradia popular, verifica ser muito restritiva e com previsão de

---

[302] SANTOS, 2017, *op. cit.*, p. 18.
[303] SANTOS, 2017, *op. cit.*, p. 20.
[304] SANTOS, 2017, *op. cit.*, p. 24.

diversas obrigações aos loteadores, o que acaba por engessá-la e, em certa medida, até inviabilizá-la em razão de seu custo[305]. Justifica-se, assim, novamente o crescimento e a expansão da cidade informal.

Assim, outras alternativas passaram a integrar o cenário de informalidade das cidades brasileiras. Com o advento da Lei nº 11.124/05 e a instituição do Sistema Nacional de Habitação de Interesse Social (SNHIS) é inaugurada uma nova política habitacional. Há o reconhecimento de que a regulamentação do mercado imobiliário não seria suficiente para impulsionar o acesso à moradia e, consequentemente, efetivar o exercício do direito à moradia, sendo necessário, então, subsidiar parte da produção dessa moradia voltada à população de baixa renda[306].

Em conjunto é regulamentada a Política Nacional de Habitação de Interesse Social (PNHIS), a ser executada com recursos federais e em conjunto com o Município, conforme preconiza o art. 3º da Lei nº 10.257/01 (Estatuto da Cidade):

> Art. 3º Compete à União, entre outras atribuições de interesse da política urbana:
>
> III - promover, por iniciativa própria e em conjunto com os Estados, o Distrito Federal e os Municípios, programas de construção de moradias e melhoria das condições habitacionais, de saneamento básico, das calçadas, dos passeios públicos, do mobiliário urbano e dos demais espaços de uso público;
>
> IV - instituir diretrizes para desenvolvimento urbano, inclusive habitação, saneamento básico, transporte e mobilidade urbana, que incluam regras de acessibilidade aos locais de uso público;

Ato contínuo, é lançado, em 2009, o "Programa *Minha Casa, Minha Vida*" (Lei nº 11.977/09. Enquanto isso, Estados e Municípios passam a desenvolver, por meio de suas Companhias de Habitação (COHAB OU

---

[305] *Ibidem.*
[306] SANTOS, 2017, *op. cit.*, p. 30.

CEHAB – Companhia de Habitação do Estado da Guanabara, como no caso do Rio de Janeiro), práticas de fomento ao exercício do direito à moradia.

Os conjuntos habitacionais ou conjunto de unidades habitacionais, emergem no contexto da década de 40 como resultado da política voltada à moradia, bem como resposta à política de remoção de favelas.

Nesse sentido, Alex Ferreira Magalhães[307] detalha em sua obra "*O direito das favelas*", acerca da remoção e outras formas de intervenção, em verdade, de abstenção, traduzidas na ausência de política públicas e investimento de qualquer natureza que visavam a supressão, bem como evitar a propagação desses espaços, visto que eram tidos como não-lugares.

Essa atuação massiva, traduzida na construção dos conjuntos habitacionais, foi intensificada a partir da década de 1940[308] por meio de frentes privadas (tais como o Instituto de Aposentadorias e Pensões dos Industriários e a Fundação Casa) e públicas (como o Serviço Especial de Recuperação de Favelas e Habitações Anti-Higiênicas – SERFHA e após a CEHAB[309]).

Conforme apresentado pela própria Companhia, sua criação ocorreu no ano de 1962, com a Lei nº 263 de 29/XII/62, e seu objetivo era "*desenvolver a política habitacional e, principalmente,* [erradicar as] *favelas*[310].

De acordo com Estudo Técnico, feito pela Câmara Municipal do Rio de Janeiro, há um conjunto de fatores que dificultam a delimitação desses espaços (conjuntos habitacionais), quais sejam: *"dificuldade em estabelecer quais e quantos conjuntos existem; dificuldade em estabelecer qual o estado de*

---

[307] MAGALHÃES, Alex Ferreira. **O Direito das Favelas**, Rio de Janeiro, Letra Capital, 2013.
[308] TRELLES, Eduardo Alberto Manjarrés; ACCETTA, Maria Cristina Furst de F. (coord.). Estudo Técnico nº 2/2016/CAL/MD/CMRJ. **Assunto: AEIS e as áreas irregulares - relevância territorial**. Junho/2016, p. 7.
[309] "A Companhia Estadual de Habitação do Rio de Janeiro, CEHAB-RJ, foi criada pela Lei nº 263 de 29/XII/62, com o objetivo de desenvolver a política habitacional e, principalmente, a erradicação das favelas, sob a supervisão da Secretaria de Serviços Sociais, à época, com a razão social da Companhia de Habitação Popular do Estado da Guanabara, COHAB-GB." (Missão CEHAB - RJ).
[310] *Ibidem.*

degradação de cada conjunto e; se ele se constitui ainda em um conjunto ou se foi transmutado em favela"[311].

Outra dificuldade seria para caracterizar tais espaços como Áreas de Especial Interesse Social - AEIS, as quais, de acordo com a LC 111/11, seriam áreas ocupadas por favelas, loteamentos irregulares e conjuntos habitacionais de promoção pública de interesse social e em estado de degradação;

De todo modo, a partir de *"dados divulgados pela CEHAB, sabe-se que esta construiu até a presente data, 102.589 (cento e duas mil, quinhentos e oitenta e nove) unidades habitacionais, muitas delas para famílias com renda inferior a 3 salários mínimos. Se considerarmos um valor hipotético de 50m² por unidade, teríamos mais de 5 milhões de m² de habitação construídos, ou 5 km²."*[312]

Nesse contexto, também é interessante observar que a política de construção dos conjuntos habitacionais nasce para suprir a remoção das favelas na cidade. Contudo, ao pinçar o nome de espaços, hoje reconhecidos como favelas no Rio de Janeiro, nota-se que, antes, todos eram conjuntos habitacionais (Cidade Alta, Cidade de Deus, Vila Kennedy, Vila Aliança, dentre outros), como nos brinda Mario Brum[313], a favela é uma representação social.

Sendo assim, pela análise da política habitacional brasileira, é possível perceber que o objetivo inicial partia do desmonte dos aglomerados urbanos subnormais, no entanto, com o passar dos anos e das intervenções estatais, diversos foram os entraves existentes para tanto que, em verdade, inviabilizaram a concretude desse projeto e instituíram novas questões no contexto da cidade.

Em meados da década de 70, quando no Rio de Janeiro, mais de 175 mil moradores de 62 favelas já tinham sido removidos (total ou parcialmente)

---

[311] TRELLES, Eduardo Alberto Manjarrés; ACCETTA, Maria Cristina Furst de F. (coord.). Estudo Técnico nº 2/2016/CAL/MD/CMRJ. **Assunto: AEIS e as áreas irregulares - relevância territorial**. Junho/2016, p. 8.
[312] Ibidem.
[313] BRUM, Mario. **Cidade Alta:** História, Memória e Estigma de Favela num Conjunto Habitacional no Rio de Janeiro. Rio de Janeiro: Ponteio, 2012.

para novas *35.517 unidades habitacionais em conjuntos nas zonas Norte e Oeste*[314] e outras favelas continuavam a crescer (a exemplo da Rocinha), percebeu-se que a política de remoção não tinha a eficácia pretendida e que, portanto, seria necessário traçar outra estratégia.

3. ELEMENTOS DO INSTITUTO

3.1. Conceito

O conceito de conjunto habitacional passou por inflexões ao longo do tempo que culminaram em um cenário diverso do que hoje é disposto na norma e que a depender da ótica do interlocutor também toma outro rumo.

No imaginário da sociedade é um ambiente que tem relação de proximidade com camadas mais pobres da população e que carece de investimentos públicos, possivelmente pela conexão com a política pública que visava a extirpação de aglomerados subnormais (favelas) do cenário da cidade.

De acordo com a Secretaria Municipal de Habitação (SMH), conjuntos habitacionais são *"regiões de baixa renda declaradas* [como] *Áreas de Especial Interesse Social (AEIS)."* [315]

Atualmente, pela disposição do art. 59 da Lei nº 13.465/17, compreende-se certa mudança no enfoque da legislação, que objetiva a regularização dos *"núcleos urbanos informais* (...)*"* como conjuntos habitacionais, não mais sua construção[316].

Núcleo urbano é o assentamento humano, com uso e características urbanas, constituído por unidades imobiliárias de área inferior à fração mínima de parcelamento[317]*, (...) independentemente da propriedade do solo,*

---

[314] PERLMAN, 1977, p. 242 apud BRUM, Mário. Favelas e remocionismo ontem e hoje: da Ditadura de 1964 aos Grandes Eventos. O Social em Questão - Ano XVI - nº 29, 2013. P. 179 - 209, p. 188.

[315] Prefeitura do Rio de Janeiro. Secretaria Municipal de Habitação – SMH. Regularização Fundiária.

[316] Lei n. 13.465/17 – Art. 59. Serão regularizados como conjuntos habitacionais os núcleos urbanos informais que tenham sido constituídos para a alienação de unidades já edificadas pelo próprio empreendedor, público ou privado.

[317] Conforme previsto na Lei nº 5.868, de 12 de dezembro de 1972.

ainda que situado em área qualificada ou inscrita como rural" (art. 11, I, da Lei nº 13.465/17). *Núcleo urbano informal é "aquele clandestino, irregular ou no qual não foi possível realizar, por qualquer modo, a titulação de seus ocupantes, ainda que atendida a legislação vigente à época de sua implantação ou regularização"* (cf. art. 11, II, da Lei nº 13.465/17)

O parágrafo primeiro, do art. 59 da Lei nº 13.465/17, define que *"conjuntos habitacionais podem ser constituídos de parcelamento do solo com unidades edificadas isoladas, parcelamento do solo com edificações em condomínio, condomínios horizontais ou verticais, ou ambas as modalidades de parcelamento e condomínio".*

E seu parágrafo segundo delimita que a titulação será atribuída aos ocupantes. Confira-se:

> § 2º As unidades resultantes da regularização de conjuntos habitacionais serão atribuídas aos ocupantes reconhecidos, salvo quando o ente público promotor do programa habitacional demonstrar que, durante o processo de regularização fundiária, há obrigações pendentes, caso em que as unidades imobiliárias regularizadas serão a ele atribuídas.

Acerca da questão da regularização fundiária, apresenta-se, breve trecho da exposição de motivos da Medida Provisória nº 759, a qual deu origem à Lei nº 13.465/2017, no qual demonstra a importância desse processo do ponto de vista social, econômico, registral, urbanístico e da própria orientação dos recursos e políticas públicas urbana, com vistas ao bem-estar da população, do equilíbrio ambiental [318] e da garantia do direito a cidades sustentáveis, dentre outros[319]:

---

[318] Lei nº 10.257/01 - Art. 1º Na execução da política urbana, de que tratam os arts. 182 e 183 da Constituição Federal, será aplicado o previsto nesta Lei.

Parágrafo único. Para todos os efeitos, esta Lei, denominada Estatuto da Cidade, estabelece normas de ordem pública e interesse social que regulam o uso da propriedade urbana em prol do bem coletivo, da segurança e do bem-estar dos cidadãos, bem como do equilíbrio ambiental.

[319] Lei nº 10.257/01 - Art. 2º A política urbana tem por objetivo ordenar o pleno desenvolvimento das funções sociais da cidade e da propriedade urbana, mediante as seguintes diretrizes gerais:

88. É que o reconhecimento, pelo Poder Público, dos direitos reais titularizados por aqueles que informalmente ocupam imóveis urbanos, permite que estes imóveis sirvam de base para investimento do capital produtivo brasileiro, à medida que poderão ser oferecidos em garantia de operações financeiras, reduzindo custos de crédito, por exemplo.

89. Também, a regularização fundiária urbana contribui para o aumento do patrimônio imobiliário do País e representa a inserção de capital na economia, à medida que agrega valor aos imóveis regularizados, os quais, inclusive, tornam-se alvo de tributação (IPTU, ITR, ITBI) ou de cobrança de preços públicos (foros e laudêmios).

90. Insista-se, ainda, no particular ora tratado, que referida identificação dos núcleos urbanos informais, passíveis de regularização, insere-os no radar dos investimentos públicos federais. Isto faculta a realização de obras de habitação popular, de saneamento e de mobilidade urbana. A regularização fundiária urbana serve, destarte, como fator indutor para o alcance das metas estabelecidas para aplicação dos recursos destinados a estas ações de desenvolvimento urbano.

91. Como é sabido, a terra constitui a base para o desenvolvimento econômico e social de um País. É nela que se desenvolvem a moradia, a indústria e o comércio. Quando a terra – urbana ou rural – não está registrada em Cartório de Registro de Imóveis, para além de situar fora da economia, restam mitigados direitos que garantem cidadania aos seus ocupantes. Viabilizar a regularização fundiária, assim, mais do que assegurar a função social das cidades, a segurança e a dignidade de moradia, dinamiza a economia brasileira.

I – garantia do direito a cidades sustentáveis, entendido como o direito à terra urbana, à moradia, ao saneamento ambiental, à infraestrutura urbana, ao transporte e aos serviços públicos, ao trabalho e ao lazer, para as presentes e futuras gerações;
VIII – adoção de padrões de produção e consumo de bens e serviços e de expansão urbana compatíveis com os limites da sustentabilidade ambiental, social e econômica do Município e do território sob sua área de influência

92. Não se conhecem pesquisas oficiais que quantifiquem a irregularidade fundiária do País, considerando-se que os cadastros públicos são desatualizados e, muitas vezes, o próprio morador desconhece a necessidade de que seu imóvel deve ser registrado no Cartório de Registro de Imóveis.

93. Apesar da falta de dados oficiais, só o Ministério das Cidades recebeu, nos últimos quatro anos, pedidos de recursos para a regularização fundiária de mais de quatro milhões de unidades imobiliárias em todo o Brasil. Muitas dessas ocupações originam-se de contratações legítimas. Ocorre que seus ocupantes, quando muito, possuem, apenas, escrituras sem registro ou mesmo documentos particulares inaptos ao ingresso nos registros imobiliários. São localidades, bairros e, eventualmente, municípios inteiros em condição de informalidade; o que desordena as cidades, com vasto leque de consequências negativas para o bem-estar da população e o desenvolvimento local

94. Referida informalidade não diz respeito, exclusivamente, à conhecida situação das favelas – a qual cristaliza o ponto mais extremo –, mas pode ser também verificada em bairros de baixo, médio e até alto padrão, alcançando edifícios, loteamentos e conjuntos habitacionais erguidos, direta ou indiretamente, pelo próprio Estado. Não decorre, portanto, apenas, de situações de pobreza.

Assim, considerando que a regularização fundiária urbana (Reurb) não é um instrumento, mas sim um processo que vai culminar num mecanismo de regularização[320], é possível perceber que a lei traz o conjunto habitacional como mecanismo da Reurb, atribuindo a esse, contorno, objetivos e requisitos, que serão destrinchados adiante.

---

[320] Informação apresentada por Thiago de Matos Marrara em sua palestra sobre "Ocupação de Prédios Públicos e o Problema da Moradia Urbana" no II Congresso de Direito da Cidade, realizado na Escola de Magistratura do Estado do Rio de Janeiro (EMERJ) em 21 de agosto de 2019.

3.2. Requisitos

Conforme delineado anteriormente, os requisitos para que um imóvel ou área seja regularizada como conjunto habitacional, está, primordialmente, no espaço em que esse ocupa e na respectiva motivação.

No que se refere ao espaço, ele precisa estar caracterizado como um núcleo urbano informal. No que se refere à motivação, a princípio, necessário ter sido constituído em razão de um empreendimento pretérito (art. 59, §1º, da Lei 13.465/17) que, possivelmente, estará conectado à um programa habitacional promovido pelo Ente Público.

Assim, pelo que se depreende do art. 59, o movimento de regularização teria ponto de partida inverso, sendo necessário verificar a motivação dos ocupantes, não se o adensamento foi ocorrendo gradualmente ou, ainda, se o preço da terra influenciou na escolha pelo local.

Ainda, interessante observar o que dispõe o art. 60 da lei em comento, que dispensa certas formalidades inerentes aos processos comuns de regularização e registro:

> Art. 60. Para a aprovação e registro dos conjuntos habitacionais que compõem a Reurb ficam dispensadas a apresentação do habite-se e, no caso de Reurb-S, as respectivas certidões negativas de tributos e contribuições previdenciárias.

Atinente às modalidades de regularização fundiária urbana (Reurb), confira-se o artigo 13 da Lei nº 13.465/17:

> I - Reurb de Interesse Social (Reurb-S) - regularização fundiária aplicável aos núcleos urbanos informais ocupados predominantemente por população de baixa renda, assim declarados em ato do Poder Executivo municipal; e
>
> II - Reurb de Interesse Específico (Reurb-E) - regularização fundiária aplicável aos núcleos urbanos informais ocupados por população não qualificada na hipótese de que trata o inciso I deste artigo.

Na continuidade do referido artigo, observa-se a isenção de custas e emolumentos de uma série de atos registrais relacionados à modalidade de regularização de interesse social (Reurb-S):

> § 1º Serão isentos de custas e emolumentos, entre outros, os seguintes atos registrais relacionados à Reurb-S:
>
> I - o primeiro registro da Reurb-S, o qual confere direitos reais aos seus beneficiários;
>
> II - o registro da legitimação fundiária;
>
> III - o registro do título de legitimação de posse e a sua conversão em título de propriedade;
>
> IV - o registro da CRF e do projeto de regularização fundiária, com abertura de matrícula para cada unidade imobiliária urbana regularizada;
>
> V - a primeira averbação de construção residencial, desde que respeitado o limite de até setenta metros quadrados;
>
> VI - a aquisição do primeiro direito real sobre unidade imobiliária derivada da Reurb-S;
>
> VII - o primeiro registro do direito real de laje no âmbito da Reurb-S; e
>
> VIII - o fornecimento de certidões de registro para os atos previstos neste artigo.
>
> § 2º Os atos de que trata este artigo independem da comprovação do pagamento de tributos ou penalidades tributárias, sendo vedado ao oficial de registro de imóveis exigir sua comprovação.
>
> § 3º O disposto nos §§ 1º e 2º deste artigo aplica-se também à Reurb-S que tenha por objeto conjuntos habitacionais ou condomínios de interesse social construídos pelo poder público, diretamente ou por meio da administração pública indireta, que já se encontrem implantados em 22 de dezembro de 2016.

3.3. Resultado

Consequência direta da regularização é a titulação, contudo, no contexto dos conjuntos habitacionais há uma distinção no que se refere a essa questão.

Em um primeiro momento é possível pensar que a titularidade será concedida ao ocupante direto, no entanto, a depender da existência de outras pendências, que não só a regularização fundiária, ou que apenas com essa não é passível de ser sanada, a titulação será destinada ao ente público, promotor do programa habitacional, nos termos do que dispõe o §2º do art. 59.

Logo, é possível perceber que não apenas o particular pode vir a ter interesse na regularização fundiária de seu imóvel, mas também o poder público na regularização fundiária dos imóveis pertencentes ao programa por ele lançado.

Vislumbra-se como relevante o caso do Conjunto do Pedregulho (RJ), cujo terreno é de propriedade da União e a titularidade é reivindica desde 1981 pelo Estado do Rio de Janeiro, a fim de promover sua regularização fundiária e imobiliária[321].

Destaque que se faz para demonstrar que, até mesmo o ente público, é passível de encontrar limitações e entraves quando se trata de regularização, seja de ordem prática, econômica, registral, funcional, por exemplo.

4. JURISPRUDÊNCIA

A presente análise se deteve ao posicionamento do Superior Tribunal de Justiça – STJ sobre o tema.

No caso a seguir foi aplicado o art. 40 da Lei nº 6.7/66/79[322] em favor do Município, de modo que ele *poderá regularizar loteamento ou*

---

[321] Estado do Rio de Janeiro. Conjunto Residencial Prefeito Mendes de Moraes. Apresentação.
[322] Art. 40. A Prefeitura Municipal, ou o Distrito Federal quando for o caso, se desatendida pelo loteador a notificação, poderá regularizar loteamento ou desmembramento não autorizado ou executado sem observância das determinações do ato administrativo de licença, para evitar lesão aos seus padrões de desenvolvimento urbano e na defesa dos direitos dos adquirentes de lotes.

desmembramento não autorizado, independentemente de sua natureza, ou seja, mesmo sendo um conjunto habitacional:

> RECURSO ESPECIAL. AÇÃO CIVIL PÚBLICA. REGULARIZAÇÃO DO SOLO URBANO. ART. 40 DA LEI N. 6.766/79. MUNICÍPIO. COMPETÊNCIA VINCULADA.
>
> No que concerne à alegação de que a Lei n. 6.766/79 não se aplica aos conjuntos habitacionais de interesse social, o recurso não merece prosperar. Com efeito, como bem salientou o Ministério Público Federal, "a Lei 6.766/79 é aplicável a toda e qualquer forma de parcelamento do solo para fins urbanos (art. 1º da Lei), independentemente de haver vinculação ou não com os programas habitacionais de interesse social" (fl. 517).
>
> Por outro lado, nos termos da Constituição Federal, em seu artigo 30, inciso VIII, compete aos Municípios "promover, no que couber, adequado ordenamento territorial, mediante planejamento e controle do uso, do parcelamento e da ocupação do solo urbano." Cumpre, pois, ao Município regularizar o parcelamento, as edificações, o uso e a ocupação do solo, sendo pacífico nesta Corte o entendimento segundo o qual esta competência é vinculada.
>
> Dessarte, "se o Município omite-se no dever de controlar loteamentos e parcelamentos de terras, o Poder Judiciário pode compeli-lo ao cumprimento de tal dever" (REsp 292.846/SP, Rel. Min. Humberto Gomes de Barros, DJ 15.04.2002).
>
> No mesmo diapasão, sustentou o Ministério Público Federal que "o Município não pode se furtar do poder-dever de agir vinculado e constitucionalmente previsto com vistas à regularização do solo urbano, sob pena de responsabilização, como sucedeu no caso por intermédio da via judicial adequada que é a ação civil pública" (fl. 518).
>
> Recurso especial improvido.

(REsp 259.982/SP, Rel. Ministro FRANCIULLI NETTO, SEGUNDA TURMA, julgado em 08/06/2004, DJ 27/09/2004, p. 287)

Vale lembrar que o acórdão é datado de 2004, ou seja, anterior à Lei nº 13.465/17 e, portanto, ainda atrelado à ideia dos conjuntos como forma de produção de moradia popular e alternativa aos moradores de favelas removidas.

O caso a seguir é um exemplo claro do formato de atuação do Poder Público, no que se refere à instalação dos conjuntos habitacionais. O imóvel encontra-se em uma região industrial da cidade e, no caso, a ação foi movida para tutelar os interesses dos moradores e do ambiente, vez que ambos estavam a sofrer danos decorrentes da poluição proveniente das indústrias.

PROCESSUAL CIVIL E ADMINISTRATIVO. AÇÃO CIVIL PÚBLICA. AGRAVO DE INSTRUMENTO. ANTECIPAÇÃO DE TUTELA COM BASE NOS ARTS. 12 DA LEI 7.347/85 E 84, § 3º, DA LEI 8.078/90. VIOLAÇÃO DOS ARTS. 535, II, 131, 165, 458, II, E 522 DO CPC: INEXISTÊNCIA. PRESSUPOSTOS DA ANTECIPAÇÃO. SÚMULA 7/STJ.

1. Acórdão suficientemente fundamentado, que se limitou ao exame da decisão interlocutória recorrida, que concedeu antecipação de tutela em ação civil pública movida para proteger os adquirentes de imóveis em conjuntos habitacionais localizados em zona predominantemente industrial, a fim de acautelar os interesses ambientais e dos consumidores. Alegação de ofensa aos arts. 131, 165, 458, II, e 522 do CPC que se afasta.

2. Questões pertinentes ao mérito da causa não deveriam ter sido analisadas e, por isso, inexiste omissão no julgado.

3. Hipótese em que o julgador de primeiro grau e o Tribunal vislumbraram risco de danos à saúde das pessoas. Exame de ofensa à lei federal que esbarra no óbice da Súmula 7/STJ.

4. Recurso especial conhecido em parte e, nessa parte, não provido.

(REsp 1090252/SP, Rel. Ministra ELIANA CALMON, SEGUNDA TURMA, julgado em 18/12/2008, DJe 18/02/2009)

De acordo com Mário Brum[323], à época, via-se de forma positiva a formação de conjuntos habitacionais e, até mesmo, de favelas próximas às regiões industriais de modo a prover mão-de-obra para tanto[324].

O seguinte caso demonstra os conjuntos habitacionais como instrumento de política habitacional, visando prover moradia com condições adequadas.

Ocorre que, além de exigir investimento financeiro por parte do comprador – o que, para muitos, deixa de ser uma alternativa, tornou-se um ponto de endividamento de indivíduos vulneráveis, que à luz da *"função social do contrato e* [da] *proteção do consumidor"*, precisam obter provimento jurisdicional para recomposição do equilíbrio econômico-financeiro do contrato e para a preservação de seu mínimo existencial, *"projetado* [no] *direito à habitação"*:

> RECURSOS ESPECIAIS DAS DUAS PARTES. CIVIL E PROCESSUAL CIVIL. SISTEMA FINANCEIRO HABITACIONAL. I - RECURSO ESPECIAL DOS MUTUÁRIOS. CONTRATO DE FINANCIAMENTO. AMORTIZAÇÃO NEGATIVA. DESCARACTERIZAÇÃO DA MORA. IMPOSSIBILIDADE.
>
> 1.1. O reconhecimento, na origem, da amortização negativa não se mostra suficiente para o afastamento da mora do mutuário. A disfunção gerada pelo sistema de

---

[323] BRUM, Mário. Favelas e remocionismo ontem e hoje: da Ditadura de 1964 aos Grandes Eventos. **O Social em Questão** - Ano XVI - nº 29, 2013, p. 179 -209.

[324] "A ocorrência de favelas nas áreas de maior concentração industrial encerra, sem dúvida, um aspecto benéfico para a atividade fabril, que pode ser traduzido pela possibilidade de captação de mão-de-obra em locais próximos às fábricas". (IDEG, 1968, p.11), o qual é apresentado pelo autor como uma sociedade civil, tendo sido "criado sob os auspícios das entidades representativas da indústria carioca.". Ibidem.

amortização decorre da Lei 4.380/64 a estabelecer métodos de correção diversos em relação às prestações e ao saldo devedor, inexistindo, no que respeita, agir abusivo por parte da instituição mutuante a justificar o afastamento da mora dos mutuários. 1.2. Demais questões impugnadas no apelo excepcional dos autores obstaculizadas pelos enunciados 282/STF e 7/STJ. 1.3.

RECURSO ESPECIAL DOS MUTUÁRIOS EM PARTE CONHECIDO E, NESSA PARTE, DESPROVIDO.

II - RECURSO ESPECIAL. SISTEMA DE AMORTIZAÇÃO DO SALDO DEVEDOR. INTERPRETAÇÃO CONTIDA NO ACÓRDÃO RECORRIDO QUE SE AMOLDA AO SISTEMA DE FINANCIAMENTO DA HABITAÇÃO, À FUNÇÃO SOCIAL DO CONTRATO E À PROTEÇÃO DO CONSUMIDOR.

2.1. Densidade social do Sistema Financeiro Habitacional presente em vários dos dispositivos da Lei 4.380/64, priorizando a construção de conjuntos habitacionais destinados à população de baixa renda, buscando a eliminação de favelas, mocambos e outras aglomerações em condições sub-humanas de habitação, bem como projetos municipais ou estaduais com oferta de terrenos já urbanizados que permitam o início imediato da construção; projetos de cooperativas e outras formas associativas de construção de casa própria, além daqueles da iniciativa privada voltados à solução de problemas habitacionais e a construção de moradia à população rural.

2.2. Fixação, porém, de um sistema de amortização do saldo devedor deficiente, pois, mediante o plano de equivalência salarial, as parcelas do financiamento tinham atualização vinculada aos reajustes dos salários (ou do salário mínimo), sucessivamente congelados ou subdimensionados, submetidos a mal sucedidos planos econômicos, e o saldo devedor era atualizado mediante índices de remuneração da poupança.

2.3. Como resultado desse sistema, ao término de longos prazos de amortização (15 a 30 anos), em face da deficiente amortização do saldo devedor, passaram a remanescer insolúveis saldos devedores, muito vezes superiores ao montante dos financiamentos originalmente contratados e do próprio valor dos imóveis adquiridos, exigindo, após o prazo previsto no contrato, o recálculo de prestações, alcançando-se valores incompatíveis com a capacidade financeira dos adquirentes, e a prorrogação do contrato por décadas outras a fio.

2.4. A solução ao grave problema criado, adotada pelo acórdão recorrido, no sentido de determinar que sejam os pagamentos recalculados durante todo o contrato e que se garanta a amortização e o pagamento dos juros, amolda-se à função social dos contratos celebrados no âmbito do Sistema Financeiro Habitacional; preserva o mínimo existencial dos mutuários, projetado no direito à habitação, e resguarda o consumidor, garantindo-lhe uma interpretação mais favorável das cláusulas contratuais.

2.5. RECURSO ESPECIAL DA CEF DESPROVIDO.

3. RECURSO ESPECIAL DOS MUTUÁRIOS PARCIALMENTE CONHECIDO E, NESSA PARTE, DESPROVIDO E RECURSO ESPECIAL DA CEF DESPROVIDO.

(REsp 1476395/RS, Rel. Ministro PAULO DE TARSO SANSEVERINO, TERCEIRA TURMA, julgado em 14/08/2018, DJe 11/10/2018)

O caso a seguir, ainda que julgado há muito tempo, denota alguns dos entraves relacionados à implementação da política pública habitacional e a tentativa do Ministério Público de solucionar a questão.

O conjunto habitacional da lide foi construído pelo sistema de mutirão, após loteamento promovido pelo poder público, o qual se comprometeu com o estabelecimento de obras de infraestrutura e projetos complementares, contudo, esse foi estabelecido sem as licenças prévias competentes (Estado, CETESB e registro no Cartório Imobiliário), estando em desacordo com as normas urbanísticas e sem a devida finalização, eis que as obras estavam inacabadas, sem infraestrutura pública e sem esgotamento sanitário.

O pleito do Ministério Público foi julgado procedente na primeira instância e mantido na segunda, contudo, a Primeira Turma do STJ, entendeu, por unanimidade, pelo provimento do recurso do Município de São Paulo, no sentido de que não deve o Judiciário substituir *a Administração Pública determinando que obras de infraestrutura sejam realizadas em conjunto habitacional"* ou ainda que *"desfaça construções já realizadas para atender projetos de proteção ao parcelamento do solo urbano."*:

> (...)
>
> 3. Ao Poder Executivo cabe a conveniência e a oportunidade de realizar atos físicos de administração (construção de conjuntos habitacionais, etc.). O Judiciário não pode, sob o argumento de que está protegendo direitos coletivos, ordenar que tais realizações sejam consumadas.
>
> 4. As obrigações de fazer permitidas pela ação civil pública não têm força de quebrar a harmonia e independência dos Poderes.
>
> 5. O controle dos atos administrativos pelo Poder Judiciário está vinculado a perseguir a atuação do agente público em campo de obediência aos princípios da legalidade, da moralidade, da eficiência, da impessoalidade, da finalidade e, em algumas situações, o controle do mérito.
>
> 6. As atividades de realização dos fatos concretos pela administração dependem de dotações orçamentárias prévias e do programa de prioridades estabelecidos pelo governante. Não cabe ao Poder Judiciário, portanto, determinar as obras que deve edificar, mesmo que seja para proteger o meio ambiente.
>
> 7. Recurso provido.
>
> (REsp 169.876/SP, Rel. Ministro JOSÉ DELGADO, PRIMEIRA TURMA, julgado em 16/06/1998, DJ 21/09/1998, p. 70)

6. CONCLUSÃO

Conflitos decorrentes da aplicação da Lei nº 13.465/17, possivelmente, ainda serão objeto de apreciação pelo e. STJ, mas, por ora, a doutrina se debruça sobre o tema, enquanto as demandas surgem e a jurisprudência se consolida.

Não apenas conflitos surgem em função de novas regras, mas também alinhamentos entre as esferas de poder, como entende-se que deva ocorrer em função de, por exemplo, a Lei nº 13.465/17 prever a regularização fundiária sem a concessão do *Habite-se*: documento emitido pelo Poder Executivo municipal, o qual certifica as condições de moradia do imóvel e permite que esse seja utilizado[325].

Acerca desse aspecto, inclusive, pairam questionamentos no que diz respeito à segurança e as condições da habitação e se, de fato, haverá o exercício do direito fundamental à moradia digna ou apenas a sua regularização formal, visando tornar esse imóvel um ativo e permitir o acesso de seu titular ao mercado imobiliário/financeiro[326].

No mais, e em diversos aspectos, a legislação em comento vem com o afã de promover regularidade, reconhecimento formal e inclusão, de modo a ordenar o solo urbano e melhor gerir as cidades a fim de concretizar a sua função social.

Demandará tempo e amadurecimento da norma, de seus atores sociais, dos entes e gestores públicos, bem como dos próprios juristas, intérpretes e aplicadores da norma e do direito, a fim de consolidar e fortalecer a sua aplicação. Almejando-se que seu objetivo seja cumprido e que suas expectativas sejam alcançadas, em prol da qualidade e segurança urbano-ambientais, de modo a minimizar vulnerabilidades e maximizar as condições de uma vida digna dos indivíduos nas cidades.

---

[325] LOUREIRO, Antonio José Cacheado e LOPES, Thiago Oliveira. **Regularização fundiária urbana:** breve análise à luz da Lei n. 13.465/2017.
[326] DE SOTO, Hernando. **O Mistério do capital**. Nova York: Basic Books, 2000.

REFERÊNCIAS BIBLIOGRÁFICAS

BRASIL. **CONSTITUIÇÃO (1988)**. CONSTITUIÇÃO DA REPÚBLICA FEDERATIVA DO BRASIL DE 1988. Disponível em: <http://www.planalto.gov.br/ccivil_03/constituicao/constituicao.htm>.

BRASIL. **LEI Nº 10.257, DE 10 DE JULHO DE 2001**. ESTATUTO DA CIDADE. Disponível em: http://www.planalto.gov.br/ccivil_03/_Ato2015-2018/2017/Lei/L13465.htm>.

BRASIL. **DECRETO Nº 591, DE 6 DE JULHO DE 1992**. Disponível em: <http://www.planalto.gov.br/ccivil_03/decreto/1990-1994/d0591.htm>.

BRASIL. **LEI n. 5.868, DE 12 DE DEZEMBRO DE 1972**. Cria o Sistema Nacional de Cadastro Rural, e dá outras providências. Disponível em: <http://www.planalto.gov.br/ccivil_03/leis/l5868.htm> Acesso em 12 dez. 2021.

BRASIL. **LEI n. 13.465, DE 11 DE JULHO DE 2017**. Dispõe sobre a regularização fundiária rural e urbana, sobre a liquidação de créditos concedidos aos assentados da reforma agrária e sobre a regularização fundiária no âmbito da Amazônia Legal; institui mecanismos para aprimorar a eficiência dos procedimentos de alienação de imóveis da União; altera as Leis n [os] 8.629, de 25 de fevereiro de 1993 , 13.001, de 20 de junho de 2014 , 11.952, de 25 de junho de 2009, 13.340, de 28 de setembro de 2016, 8.666, de 21 de junho de 1993, 6.015, de 31 de dezembro de 1973, 12.512, de 14 de outubro de 2011 , 10.406, de 10 de janeiro de 2002 (Código Civil), 13.105, de 16 de março de 2015 (Código de Processo Civil), 11.977, de 7 de julho de 2009, 9.514, de 20 de novembro de 1997, 11.124, de 16 de junho de 2005, 6.766, de 19 de dezembro de 1979, 10.257, de 10 de julho de 2001, 12.651, de 25 de maio de 2012, 13.240, de 30 de dezembro de 2015, 9.636, de 15 de maio de 1998, 8.036, de 11 de maio de 1990, 13.139, de 26 de junho de 2015, 11.483, de 31 de maio de 2007, e a 12.712, de 30 de agosto de 2012, a Medida Provisória nº 2.220, de 4 de setembro de 2001, e os Decretos-Leis n º 2.398, de 21 de dezembro de 1987, 1.876, de 15 de julho de 1981, 9.760, de 5 de setembro de 1946, e 3.365, de 21 de junho de 1941; revoga dispositivos da Lei Complementar nº 76, de 6 de julho de 1993, e da Lei nº 13.347, de 10 de outubro de 2016; e dá outras providências. Disponível em: <http://www.planalto.gov.br/ccivil_03/_ato2015-2018/2017/lei/l13465.htm> Acesso em 12 dez. 2021.

BRASIL. SUPERIOR TRIBUNAL DE JUSTIÇA. Primeira Turma. **Recurso Especial n.º 169.876/SP**, Relator: Ministro JOSÉ DELGADO, julgado em 16/06/1998, publicado em 21/09/1998.

BRASIL. SUPERIOR TRIBUNAL DE JUSTIÇA. Terceira Turma. **Recurso Especial 1476395/RS**, Relator: Ministro PAULO DE TARSO SANSEVERINO, julgado em 14/08/2018, publicado em 11/10/2018.

BRASIL. SUPERIOR TRIBUNAL DE JUSTIÇA. Segunda Turma. **Recurso Especial n.º 1090252/SP**, Relatora: Ministra ELIANA CALMON, julgado em 18/12/2008, publicado em 18/02/2009.

BRASIL. SUPERIOR TRIBUNAL DE JUSTIÇA. Segunda Turma. **Recurso Especial n.º 259.982/SP**, Relator: Ministro FRANCIULLI NETTO, SEGUNDA TURMA, julgado em 08/06/2004, publicado em 27/09/2004.

BRUM, Mário. **Favelas e remocionismo ontem e hoje: da Ditadura de 1964 aos Grandes Eventos**. O Social em Questão - Ano XVI - nº 29 – 2013. pp. 179 -209. Disponível em: <http://osocialemquestao.ser.puc-rio.br/media/8artigo29.pdf> Acesso em 12 dez. 2021.

BRUM, Mario. **Cidade Alta:** História, Memória e Estigma de Favela num Conjunto Habitacional no Rio de Janeiro. Rio De Janeiro. Ponteio. 2012.

CARDOSO Adauto Lúcio; JUNIOR, Décio Rodrigues Nunes; ARAÚJO, Flávia de Sousa; SILVA, Nathan Ferreira da; ARAGÃO, Thêmis Amorim; AMORIM, Tomás Pires. Minha Casa Minha Sina: implicações da recente produção habitacional pelo setor privado na Zona Oeste da cidade do Rio de Janeiro in CARDOSO, Adauto Lucio (org.). **O programa Minha Casa Minha Vida e seus efeitos territoriais**. Rio de Janeiro: Letra Capital, 2013. Disponível em:<https://observatoriodasmetropoles.net.br/arquivos/biblioteca/abook_file/mcmv_a dauto2013.pdf> Acesso em 12 dez. 2021.

DE SOTO, Hernando. **O Mistério do Capital**. Nova York: Basic Books, 2000.

ESTADO DO RIO DE JANEIRO. **Missão CEHAB**. Disponível em <http://www.cehab.rj.gov.br/missao.asp> Acesso em 12 dez. 2021.

ESTADO DO RIO DE JANEIRO. **Conjunto Residencial Prefeito Mendes de Moraes. Apresentação**. Disponível em <http://www.cehab.rj.gov.br/mendesmoraes.asp>. Acesso em 12 dez. 2021.

FAUTH, Gabriela. Novas Vulnerabilidades e direito à cidade no contexto das cidades standard: o caso referência Barcelona. In: CAVALLAZZI, Rosângela Lunardelli e FAUTH, Gabriela (orgs). **Cidade Standard e novas vulnerabilidades**. Direito e Urbanismo. Volume 4. Rio de Janeiro: Editora PROURB, 2018.

FUNDAÇÃO JOÃO PINHEIRO - FPJ. Estatística & Informações. **Déficit Habitacional no Brasil 2015**. Disponível em <http://fjp.mg.gov.br/index.php/docman/direi-2018/871-6-serie-estatistica-e-informacoes-deficit-habitacional-no-brasil-2015291118/file.> Acesso em 29 jul. 2019.

FUNDAÇÃO JOÃO PINHEIRO. **Déficit habitacional no Brasil – 2016-2019** / Fundação João Pinheiro. – Belo Horizonte: FJP, 2021. Disponível em: <http://fjp.mg.gov.br/wp-content/uploads/2021/04/21.05_Relatorio-Deficit-Habitacional-no-Brasil-2016-2019-v2.0.pdf. Acesso em 12 dez. 2021.

MARRARA, Thiago de Matos. Palestra sobre **"Ocupação de Prédios Públicos e o Problema da Moradia Urbana"** no II Congresso de Direito da Cidade, realizado na Escola de Magistratura do Estado do Rio de Janeiro (EMERJ) em 21 de agosto de 2019.

LOUREIRO, Antonio José Cacheado e LOPES, Thiago Oliveira. **Regularização fundiária urbana: breve análise à luz da Lei n. 13.465/2017**. Disponível em <https://jus.com.br/artigos/72429/regularizacao-fundiaria-urbana-breve-analise-a-luz-da-lei-n-13-465-2017> Publicado em março de 2019. Acesso em 08 set. 2019.

LUFT, Rosângela Marina. **Políticas públicas urbanas:** premissas e condições para a efetivação do direito à cidade. Belo Horizonte, Fórum, 2011.

MAGALHÃES, Alex Ferreira. **O Direito das Favelas**, Rio de Janeiro, Letra Capital, 2013.

MOTTA, Márcia Maria Menendes. **Direito à terra no Brasil**. A gestação do conflito. 1795-1824. São Paulo: Alameda, 2009.

FUNDAÇÃO JOÃO PINHEIRO – FPJ (2018). **Fundação João Pinheiro divulga resultados do Déficit Habitacional no Brasil**.

<http://www.fjp.mg.gov.br/index.php/noticias-em-destaque/4154-fundacao-joao-pinheiro-divulga-resultados-do-deficit-habitacional-no-brasil> Data de publicação 11 abr.2018. Acesso em 29 jul. 2019.

PREFEITURA DO RIO DE JANEIRO. Secretaria Municipal de Habitação – SMH. **Regularização Fundiária**. Disponível em:
<http://www0.rio.rj.gov.br/habitacao/regfund.htm> Acesso em 18 ago. 2019.

SANTOS, Angela Moulin Simões Penalva. **Política urbana no contexto federativo brasileiro**. Rio de Janeiro: Editora da Universidade do Estado do Rio de Janeiro – EDUERJ, 2017.

TRELLES, Eduardo Alberto Manjarrés; ACCETTA, Maria Cristina Furst de F. (coord.). Estudo Técnico nº 2/2016/CAL/MD/CMRJ. **Assunto: AEIS e as áreas irregulares - relevância territorial**. Junho/2016. Disponível em <http://www.camara.rj.gov.br/scriptcase/file/doc/ETEC-0062016.pdf> Acesso em 12 dez. 2021.

UNITED NATIONS (2018). **Relatório da ONU mostra população mundial cada vez mais urbanizada, mais de metade vive em zonas urbanizadas ao que se podem juntar 2,5 mil milhões em 2050**. Disponível em:
<https://www.unric.org/pt/actualidade/31537-relatorio-da-onu-mostra-populacao-mundial-cada-vez-mais-urbanizada-mais-de-metade-vive-em-zonas-urbanizadas-ao-que-se-podem-juntar-25-mil-milhoes-em-2050.> Acesso em 14 ago. 2019.

UNITED NATIONS (2019). **World Population Prospects 2019**. Disponível em <https://population.un.org/ wpp/> Acesso em 15 ago. 2019.

CAPÍTULO 07

REGULARIZAÇÃO DE LOTEAMENTOS DE IMÓVEIS DA CEHAB-RJ

Andreia Marinho Igayara Ziotto[327]

Robson Martins[328]

Érika Silvana Saquetti Martins[329]

Resumo: Este trabalho se destina a tecer considerações quanto ao papel desempenhado pela Companhia Estadual de Habitação do Rio de Janeiro – CEHAB-RJ, sociedade de economia mista do Estado, voltada ao planejamento setorial, produção e comercialização de unidades habitacionais de interesse social, nos termos do Decreto Lei nº 39, de 24/03/1975. O texto debate a efetividade do planejamento urbano através da Lei nº 6.766/79 e suas críticas. Por outro lado, aborda-se a regulação urbana da propriedade imobiliária e seu surgimento somente a partir da segunda metade do Século XX, inclusive naquilo que se refere ao próprio direito internacional. Por fim, a perpetuidade da irregularidade nos imóveis da CEHAB-RJ ofende o patrimônio público, na

---

[327] Mestranda em Direito da Cidade pela Universidade do Estado do Rio de Janeiro – UERJ.

[328] Doutorando em Direito da Cidade pela Universidade do Estado do Rio de Janeiro (UERJ). Mestre em Direito. Especialista em Direito Notarial e Registral e Direito Civil. Professor da Pós-graduação *lato sensu* da Uninter e ITE. Docente da ESPMU e da Unipar. Procurador da República. E-mail: direito.robsonmartins@gmail.com.

[329] Mestre em Direito. Mestranda em Políticas Públicas pela UFPR. Especialista em Direito Público, Direito do Trabalho e Processo do Trabalho, Direito Notarial e Registral. Professora da Pós-graduação em direito da UNINTER. Advogada. Email: saquettiemartins.adv@hotmail.com.

medida em que há obrigação em pagar IPTU de imóveis que ela mesma construiu e repassou para cidadãos, bem como ofende o direito fundamental à moradia, pois tais pessoas não conseguem ter acesso ao registro de imóveis, em face das irregularidades existentes. Conclui-se, portanto, que a medida apropriada é a urgente aplicação do instituto da REURB nos imóveis da CEHAB-RJ, para que se consiga titular tais moradores, envolvendo todos os atores possíveis que tenham correlação para tal desiderato.

Palavras-chaves: Loteamentos. Imóveis públicos. Companhia Estadual de Habitação do Rio de Janeiro - CEHAB. Regulação imobiliária. REURB.

Abstract: This work is intended to discuss the role played by the "Companhia Estadual de Habitação do Rio de Janeiro - CEHAB–RJ", a mixed economy company of the State, dedicated to the sectorial planning, production and commercialization of housing units of social interest, under the terms of the Decree Law nº 39, of 03-24-1975. The text debates the effectiveness of urban planning through Law nº 6.766/79 and its critics. On the other hand, it addresses the urban regulation of real estate property and its emergence only from the second half of the 20th century, including what refers to international law itself. Finally, the perpetuity of the irregularity in CEHAB-RJ's properties offends the public property, as it will be compelled to pay IPTU on properties that it built and transferred to citizens, as well as offending the fundamental right to housing , as such people are unable to access the property registry, due to existing irregularities. Therefore, it is concluded that the appropriate measure is the urgent application of the REURB in the CEHAB-RJ properties, in order to obtain title to such residentes, in order to obtain title to such residents, involving all possible actors who have a correlation to such a desideratum.

Key-words: Allotments. Public Properties, Companhia Estadual de Habitação do Rio de Janeiro – CEHAB. Real estate regulation. REURB.

1. INTRODUÇÃO

Este trabalho tem por escopo apresentar o impacto na política habitacional do estado do Rio de Janeiro exercido pela Companhia Estadual de

Habitação do Rio de Janeiro – CEHAB, bem como suas vicissitudes. Trata-se de sociedade de economia mista que tem por objeto social promover o direito à moradia adequada de interesse social nas áreas urbanas e rurais do Estado do Rio de Janeiro, nos termos de seu Estatuto Social.

Inicialmente serão apresentadas breves observações quanto à formação da organização espacial brasileira, com especial enfoque na Lei nº 6.766, de 19 de dezembro de 1979. Posteriormente irá se traçar a regulação do sistema de loteamentos. Finalmente, será discutido o papel da CEHAB quanto à regularização fundiária nos imóveis sob sua administração pertencentes ao Estado do Rio de Janeiro.

2. DO LOTEAMENTO URBANO – LEI Nº 6.766/1979

Durante os primeiros anos do século XX já era possível identificar relatos de trabalhadores que construíam *per si* suas moradias aos arredores da cidade, em especial na zona rural, todavia, entre os anos de 1914 e 1930 ocorreu expansão da área urbanizada das cidades brasileiras, dando origem ao parcelamento excessivo[330].

Em resposta, o governo Vargas editou o Decreto-Lei nº 58/1937, regulamentando o loteamento de terrenos, privilegiando os aspectos jurídicos, como o registro em cartório, porém sem determinar padrões mínimos de qualidade urbanística e não penalizando os empreendimentos clandestinos, ainda que houvesse a obrigação de depósito em cartório da planta aprovada pela Prefeitura.

Sobre a situação de clandestinidade dos loteamentos, Marta Gronstein aponta que tal situação gerou inúmeros problemas de gestão urbana, como falta de conhecimento de ruas existentes e impossibilidade de beneficiá-las com serviços públicos[331].

---

[330] BONDUKI, Nabil. **Origens da habitação social no Brasil:** arquitetura moderna, lei do inquilinato e difusão da casa própria, 7ª ed., São Paulo: Estação Liberdade: FAPESP, 2017, p. 292.
[331] Idem, p. 298.

A Prefeitura Municipal recebia do proprietário do terreno ou por outro loteador o plano de loteamento ("uma proposta"); e se estabelecia a negociação entre o loteador e a Prefeitura, neste processo, que podia terminar com a autorização do loteamento (a sua "contratação") ou com a negativa de sua autorização, sendo também possível que, no decorrer da negociação, a autoridade administrativa requeresse modificações no projeto (apresentasse uma "contraproposta"); a averbação do negócio jurídico unilateral e receptício, declarado pelo loteador, mediante autorização prévia, que operava o desdobramento do terreno em lotes, e transferia parte dele para o Município, a título de áreas públicas; e, finalmente, o empreendimento material do loteamento, com a abertura de ruas e a divisão física dos lotes, tal como a oferta de sua alienação ao público[332].

O parcelamento do solo urbano posteriormente passou a ser tratado pela Lei nº 6.766/1979, conhecida também como Lei Lehmann, em razão da propositura pelo advogado e senador Otto Lehmann (ARENA/SP). O citado diploma substituiu o Decreto-Lei nº 58/1937, no que tange ao ato de parcelar.

Luiz Scavone Junior ressalva que a norma da década de 1930 continua regendo os contratos de promessa de compra e venda, subsidiariamente à Lei nº 6.766/1979 e ao Código Civil[333].

Insta salientar que o tema foi ressignificado com o advento da Constituição de 1988 e do Estatuto da Cidade, Lei nº 10.257/2001, trazendo vetor axiológico da função social da propriedade urbana e da cidade. Tais nuances podem ser observadas nos requisitos urbanísticos mínimos para a aprovação do loteamento, art. 4º, *caput,* da Lei nº 6.766/79:

> I - as áreas destinadas a sistemas de circulação, a implantação de equipamento urbano e comunitário, bem como a espaços livres de uso público, serão proporcionais à densidade de ocupação prevista pelo plano diretor ou aprovada por lei municipal para a zona em que se situem.

---

[332] FERNANDES JUNIOR, João Gilberto Belvel. **Restrições convencionais de loteamento e função social da propriedade urbana: a cidade, o bairro e o direito civil**, Curitiba: Juruá, 2021, p. 53.
[333] SCAVONE JUNIOR, Luiz Antônio. **Direito Imobiliário – Teoria e Prática**, 13ª ed., Rio de Janeiro: Forense, 2018, p. 131.

II - os lotes terão área mínima de 125m² (cento e vinte e cinco metros quadrados) e frente mínima de 5 (cinco) metros, salvo quando o loteamento se destinar a urbanização específica ou edificação de conjuntos habitacionais de interesse social, previamente aprovados pelos órgãos públicos competentes;

III – ao longo das faixas de domínio público das rodovias, a reserva de faixa não edificável de, no mínimo, 15 (quinze) metros de cada lado poderá ser reduzida por lei municipal ou distrital que aprovar o instrumento do planejamento territorial, até o limite mínimo de 5 (cinco) metros de cada lado.

III-A. – ao longo das águas correntes e dormentes e da faixa de domínio das ferrovias, será obrigatória a reserva de uma faixa não edificável de, no mínimo, 15 (quinze) metros de cada lado;

IV - as vias de loteamento deverão articular-se com as vias adjacentes oficiais, existentes ou projetadas, e harmonizar-se com a topografia local.

É interessante notar que recentemente o Superior Tribunal de Justiça apreciou recurso especial sobre o poder-dever do município em regularizar loteamentos clandestinos ou irregulares, restrito às obras essenciais a serem implantadas em conformidade com a legislação urbanística local[334].

O acórdão recorrido manteve a condenação do loteador, da Empresa Municipal de Obras e Urbanização - EMURB e do Município de Aracaju na obrigação de executar todas as obras de infraestrutura necessárias à urbanização total do loteamento. No bojo da decisão, reconheceu-se o encargo inafastável do Município em promover a ocupação ordenada do solo urbano, consoante art. 30, VIII, da Constituição Federal de 1988.

O dever de realizar o asfaltamento das vias, a implementação de infraestrutura urbana, refere-se a todo o território do ente político, e não apenas

---

[334] REsp 1.164.893-SE, Rel. Min. Herman Benjamin, Primeira Seção, por unanimidade, julgado em 23/11/2016, DJe 01/07/2019.

aos loteamentos incompletos, de modo a "garantir o bem-estar de seus habitantes", nos termos do Plano Diretor e da legislação urbanística, conforme o art. 182 da Carta Magna, atendendo-se aos mais carentes em primeiro lugar.

A atuação do governo local deve buscar garantir o "direito a cidades sustentáveis" e evitar o parcelamento do solo inadequado em relação à infraestrutura urbana, segundo determina o art. 2º, I e VI, "c", do Estatuto da Cidade. Por sua vez, o dever de regularizar loteamentos há de ser interpretado à luz dessas disposições constitucionais e legais.

Deveras, o art. 40, § 5º, da Lei n. 6.766/1979 determina que a regularização dos loteamentos deve observar as diretrizes fixadas pela legislação urbanística, sendo inviável impor ao Município descumprimento de suas próprias leis (quando, por exemplo, proíbe a ocupação de certas áreas de risco), por conta tão só de omissão do loteador.

Evidentemente, ao Poder Judiciário não compete determinar a regularização de loteamentos clandestinos (não aprovados pelo Município) em terrenos que ofereçam perigo imediato para os moradores lá instalados ou mesmo fora do limite de expansão urbana fixada nos termos dos padrões de desenvolvimento local.

A intervenção judicial, nessas circunstâncias, faz-se na linha de exigir do Poder Público a remoção das pessoas alojadas nesses lugares insalubres, impróprios ou inóspitos, assegurando-lhes habitação digna e segura, o verdadeiro direito à cidade.

Mesmo na hipótese de loteamentos irregulares (aprovados, mas não inscritos ou executados adequadamente), a obrigação do Poder Público restringe-se à infraestrutura para sua inserção na malha urbana, como ruas, esgoto, iluminação pública etc., de modo a atender aos moradores já instalados, sem prejuízo do também poder-dever da Administração de cobrar dos responsáveis os custos em que incorrer na sua atuação saneadora.

Registre-se que descabe impor ao Município o asfaltamento, por exemplo, de um condomínio de veraneio ou de classe média, se as ruas da cidade, que servem diariamente os moradores permanentes ou os em pobreza extrema, não possuem esse melhoramento. Inviável ainda obrigá-lo a implantar calçadas e vias em um condomínio de luxo, apenas porque o loteamento não foi completado, se o restante da cidade, onde moram os menos afortunados, não conta com iluminação pública ou esgotamento sanitário.

Em síntese, o juiz dos fatos haverá, na apuração da responsabilidade estatal, de estar atento a esses conflitos para definir, entre as prioridades urbanístico-ambientais, o que é mais importante.

Neste viés, não é possível afastar peremptoriamente a responsabilidade do Município, devendo este ser condenado a realizar somente as obras essenciais a serem implantadas, em conformidade com a legislação urbanística local (art. 40, § 5º, da Lei do Parcelamento do Solo Urbano).

3. A REGULAÇÃO DO SISTEMA DE LOTEAMENTOS NO BRASIL

Temos que a regulação urbana da propriedade imobiliária não surgiu há muito tempo, tendo alcançado os teóricos que se preocupam com a referida temática somente a partir da segunda metade do Século XX, inclusive naquilo que se refere ao próprio direito internacional.

O território residencial urbano, na maior parte dos países da América Latina, é originado de processos ilegais de parcelamento, situação que explica a recorrente ocupação de espaços indevidos, o alto grau de precariedade e as dificuldades de efetivar ações de planejamento.

Deveras, o planejamento urbano não pode se sobrepor à necessidade de concretização do direito fundamental à moradia digna. Assim, faz-se necessário superar as desigualdades no acesso à habitação, especialmente após os danos ocasionados pelo urbanismo neoliberal e pelas crises no setor de construção civil.

Deveras, a coexistência do Estado com a participação cidadã democrática e direta se faz indispensável para que o planejamento urbano se volte às comunidades mais carentes, caracterizadas por estruturas habitacionais mais precárias e, muitas vezes, irregulares, sob pena de se inviabilizar a própria ideia de cidade sustentável.

Não se pode descurar que a falta de regulação do urbanismo e a participação popular democrática e cidadã no planejamento urbano é um problema antigo, prejudicial desde as primeiras aglomerações humanas, decorrente da incapacidade de se perceber, efetivamente, que as cidades não são formadas apenas por edificações, mas, sim, por pessoas.

A cidade formava e transformava os homens em decorrência de suas atividades, por meio da troca de ideias e opiniões, fazendo cidade e cidadão um só, formando-se uma concepção, simultaneamente, estética e política da unidade urbana. Surgiu, porém, o problema da construção de uma cidade coerente.

Outrossim, a correção das deficiências demanda um sistema de controle de centros múltiplos, mediante desenvolvimento, moralidade, inteligência e respeito próprio, bastantes para permitir os processos automáticos que precisam incidir em todos os pontos nos quais a vida humana esteja em perigo ou a personalidade humana seja ameaçada.

Atualmente, temos que o conceito de propriedade imobiliária urbana e de construção possuem novos paradigmas, na medida em que diversas regras de urbanismo levaram o exegeta a adaptar sua nova realidade, para que exista coexistência com os direitos difusos.

No início dos anos 1970, a Organização das Nações Unidas (ONU) envolveu países para discutir a sustentabilidade urbana e criar uma agenda global. Apesar das adversidades, vários foram os avanços na temática, sendo que várias entidades públicas e privadas incorporaram a questão ambiental em projetos, ações e modo de viver.

Não se pode olvidar que a cidade regulada e sustentável é direito materializado constitucionalmente e legalmente, pela Constituição de 1988 e pelo Estatuto da Cidade, atendendo a um histórico de reivindicações populares quanto à moradia em condições dignas, reunindo normas que versam acerca da Política Urbana.

Antes delas, entretanto, surgiu a Lei 6.766, de 1979, que dispôs acerca do parcelamento do solo, tendo sido, por muito tempo, a única norma voltada a fins urbanos, mas encontra obstáculos para se concretizar, notadamente quanto à releitura do conceito antropológico de cidade.

Neste viés, as transformações necessárias à regulação e sustentabilidade das cidades devem ser precedidas de bom diagnóstico, fazendo-se essencial a visão integrada entre natureza e homem, alinhando o desenvolvimento de espaços urbanos e o respeito à sustentabilidade, em todas as dimensões.

Mister a formulação e a implementação de políticas públicas especificamente dirigidas à obtenção da sustentabilidade no contexto urbano, que englobem uma gigantesca série de fatores dos quais essa situação dependerá para sua concretização total, em acordo com a Constituição e os padrões internacionais aplicáveis.

No Brasil, a política e o direito urbanístico centram-se em instrumentos determinados, a exemplo do estabelecimento de padrões de qualidade, o zoneamento, a criação de espaços territoriais protegidos, a avaliação ambiental de empreendimentos, os licenciamentos e as autorizações de uso.

Nesse mesmo diapasão é que as políticas públicas relacionadas ao contexto urbanístico necessitam se adequar à totalidade das perspectivas e necessidades em relação às quais os habitantes da *polis* vivem e convivem, entretanto, de maneira constantemente atualizada.

O direito urbanístico, para que possa ser protegido de conformidade com os ditames internacionais, constitucionais e legais, necessita de políticas públicas a serem formuladas e implementadas, refletindo-se em diversos setores da Administração Pública e da sociedade civil.

Este fenômeno da urbanização do século XX teve seu significado alterado quanto à propriedade imobiliária urbana, na medida em que as necessidades do ser humano não são as mesmas de cem anos atrás, precisando existir novel regulação de direitos de propriedade, bem como de construir.

As políticas públicas e diretrizes de políticas públicas se expandiram nas últimas décadas, refletindo diretamente nas ações administrativas do poder público, de organizações empresariais e da sociedade civil, incorporando a questão regulatória à agenda política de qualquer gestor público ou privado.

Em que pese as evidentes diferenças entre as áreas florestais e rurais e as urbanas, notadamente quanto aos biomas deles constantes, no que se relaciona aos biomas e às necessidades concernentes à preservação ambiental, as cidades são fonte de relevantes e constantes preocupações no que tange à temática de regulação.

As cidades, por consectário, são centros de inovação, transformação, saúde e educação, mas seu crescimento traz questões, por exemplo, sobre aquecimento global, administração de recursos, economia verde e desigualdade social, demandando soluções inovadoras de design, governança e infraestrutura de investimentos.

Para além dessas questões, os poluentes irradiados pelas áreas urbanas e em grandes cidades, assim como a degradação ambiental relacionada ao desmatamento, à erosão e, notadamente, à ocupação irregular de áreas de preservação permanente, ultrapassam seu espaço físico prejudicam o meio ambiente como um todo.

As cidades são foco de irradiação de poluição, degradando o ambiente por meio da maior demanda por produtos e serviços, sobrecarregando a capacidade de suporte de ecossistemas em geral, pelo aumento da utilização de recursos naturais e aumento do volume, durabilidade e periculosidade de resíduos, havendo a imperiosa necessidade de uma visão macro, especialmente quanto aos direitos difusos.

Tal situação traz conflitos fundiários, sociais e ambientais que se encontram em detrimento da qualidade de vida de seus habitantes. Por isso é que, na realidade atual brasileira, a sociedade urbana ambientalmente equilibrada deve obedecer a determinados aspectos.

São eles: fundamentos e objetivos do Estado Brasileiro quanto à dignidade humana, o desenvolvimento nacional, a erradicação da pobreza e da marginalização, redução de desigualdades sociais e regionais e promoção do bem de todos, à visão holística do meio ambiente, o equilíbrio e a regulação fundiária urbana.

O êxodo rural e a consequente concentração populacional nos grandes centros urbanos demandam, assim, políticas públicas especificamente voltadas à sustentabilidade no contexto das cidades, englobando, em seu conceito mais amplo, uma série de direitos fundamentais.

Cada vez mais se reconhece a importância desse instituto, bem como os efeitos positivos que esta gera na sociedade e no meio ambiente, com destaque para o desenvolvimento sustentável, aliado à urbanização das cidades, gerando benefícios de vários tipos para as pessoas.

A sustentabilidade não depende apenas de ações dirigidas à diminuição dos efeitos da poluição e à proteção das áreas de preservação permanente em áreas urbanas, devendo se preocupar com vários direitos fundamentais titularizados coletivamente pelas populações das cidades.

Nesta vertente, os direitos fundamentais devem ser garantidos aos habitantes da cidade, já que a questão da habitação urbana não decorre só do parcelamento ilegal do solo urbano em núcleos desprovidos de infraestrutura e condições de habitação, oriundos da ocupação de áreas de proteção ambiental.

Não se adota a concepção compartimentalizada e dualizada de meio ambiente em "natural" e "artificial", pois a distinção é apenas didática, pois o meio ambiente resulta da interação de seus elementos naturais e construídos, que devem ser considerados no tratamento do sistema de proteção ambiental.

Mister então definir um modelo de regulação não apenas social, como, também, ambiental, pois sustentabilidade da cidade não é compatível com a exclusão de bairros e a segregação das comunidades de baixa renda, sem a necessária integração das áreas excluídas dos centros urbanos.

Importante mencionar que há necessidade imperiosa de um efetivo diálogo entre as leis urbanísticas e os direitos reais de propriedade previstos no Código Civil, na medida em que seu uso não pode ser desmedido, sem qualquer forma de aproveitamento de sua função social da propriedade, nem como olvidar a cidade sustentável.

A perspectiva de regulação da propriedade imobiliária, caso alcance o necessário sucesso em relação à concretização dos direitos fundamentais aos quais concerne, faz com que surja o conceito de cidade sustentável, a demonstrar uma relação ótima entre os habitantes da *urbe*, o meio ambiente e os direitos difusos em geral.

Nesta vertente, este é o tipo mais durável de assentamento humano, que propicia um padrão de vida aceitável sem causar prejuízos profundos ao ecossistema ou aos ciclos biogeoquímicos dos quais ela depende, em oposição ao modelo de urbanização ora adotado, que considera inesgotáveis e gratuitos os recursos naturais.

Uma cidade deve ser capaz de propiciar uma ótima qualidade de vida para todos os seus cidadãos da presente e das futuras gerações, por intermédio de soluções que devem combinar tanto aspectos ambientais quanto sociais.

Justamente por isso é que as políticas públicas reguladoras e destinadas à concretização do ideal de uma cidade sustentável não podem se preocupar apenas com os problemas presentes e especificamente concernentes ao meio ambiente, como, também, com aspectos jurídico-constitucionais basilares.

Não se pode descurar que o planejamento urbanístico tem como um de seus principais instrumentos jurídico-políticos o denominado Estatuto da Cidade, que fixa uma série de instrumentos dirigidos à organização da *urbe*, assim como determina a formulação do plano diretor.

A partir da Lei que instituiu o Estatuto da Cidade, os Municípios brasileiros, em tese, poderiam planejar, em conjunto com os cidadãos, uma política de desenvolvimento e expansão urbana, fundamentada em dois princípios. Conforme a isonomia, os problemas urbanísticos não atingem o espaço urbano de forma homogênea, pois os menos favorecidos sofrem mais com os problemas ambientais.

Em que pese a inovação constante do referido diploma em relação à questão urbanística da época na qual passou a vigorar, assim como sua compatibilidade com a Constituição de 1988, é de se destacar que se trata de uma legislação que terminou por ser rejeitada por determinados setores sociais.

A maioria dos instrumentos jurídicos criados para regular o adequado aproveitamento da terra urbana só passou a ter efetividade após o Estatuto da Cidade, cujo tratamento do direito de propriedade gerou resistência política, fazendo com que a referida lei fosse aprovada somente treze (13) anos após a Constituição de 1988.

Tendo em vista que os princípios, diretrizes e objetivos da referida política são aqueles estabelecidos especificamente pelo Estatuto da Cidade, torna-se imperativo que esta se encontre alinhada, especialmente, com as disposições constantes do plano diretor municipal.

Neste fulcro, o Estatuto da Cidade veio ao encontro da necessidade de concretizar preceitos constitucionais, conferindo-lhes densidade normativa e disciplinando a execução da política urbana, mediante normas de ordem pública e interesse social que regulam o uso da propriedade urbana para o bem coletivo.

Os municípios, em tese, devem se comprometer com o desenvolvimento de projetos, ações, políticas e programas públicos e privados para a educação socioambiental de qualidade, que contemplem uma cidade para todos, mudando o foco do vetor econômico para a sustentabilidade ambiental e a qualidade de vida.

A concatenação entre os elementos que compõem o conceito de cidade regulada urbanisticamente, no prisma jurídico, econômico, ambiental e social, deve adentrar o plano diretor municipal, entretanto, sem que estejam contaminados pelo imediatismo de soluções instantâneas, devendo voltar-se, especialmente, ao futuro.

No Município de São Paulo, por exemplo, em que há o coeficiente de construção, existe a possibilidade de que coexistam construções acima dos limites permitidos, mas que consequentemente deverão efetivar o pagamento de uma contraprestação ao Município, como forma de amenizar tais impactos urbanísticos.

Nesta vertente, contemporaneamente devemos analisar adequadamente o conceito de propriedade urbana imobiliária, estando em constante mutação, tanto pelas relações privadas, como pelos direitos difusos de uma sociedade altamente complexa e diversa, havendo a efetiva necessidade de regulação do planejamento urbano, em especial nas grandes cidades deste país, buscando sempre a sustentabilidade dos povos.

Assim é que a Lei 6.766/79, para os territórios urbanos, e ainda o Decreto Lei 58/37, para os rurais, além do Estatuto da Cidade e leis municipais e estaduais, regulam o sistema territorial urbano nacional, embora ainda tenham muitas falhas e necessitem de aprimoramento legislativo.

4. A CEHAB E A REGULARIZAÇÃO FUNDIÁRIA

Não se pode descurar que as ocupações irregulares, posteriormente denominadas, na primeira metade do século XX, de clandestinas, já eram vistas como transitórias, cujo fim decorreria de um processo natural e de formação humanística.

Já nas décadas de 90 e 70, foram classificadas como "assentamento subnormais", que deveriam ser removidos da cidade formal, em direção às periferias, para fins de trabalhar a urbanização dos territórios, gerando a exploração imobiliária.

O Brasil, enquanto país colonizado por séculos por Portugal, enfrentou muito tempo de exploração como Colônia, notadamente no que se relaciona às suas riquezas naturais, contexto que cristalizou a situação de desigualdade entre as diversas regiões do país, característica histórica que permanece até a atualidade.

Após o ano de 1808, quando a Família Real desembarcou no Porto do Rio de Janeiro, verifica-se que a cidade passou a sofrer uma enorme invasão de servidores públicos, dentre eles ministros, conselheiros, juízes da Corte Suprema, funcionários do Tesouro, alto clero, exército, marinha, tesouro real, arquivos, máquinas impressoras e bibliotecas, os quais desapossaram inúmeras famílias que moravam na Capital da época.

Além disso, aportaram várias outras pessoas e objetos que, entretanto, eram incumbidos de funções muito menos objetivas e expressivas. Ocorre que, independentemente do papel desempenhado pelas pessoas que acompanharam a Família Real ao Brasil, as melhores edificações terminaram por ser desocupadas para recebê-los.

Nesta vertente, as políticas públicas de habitação no Brasil tem uma relação muito próxima com o processo irregular de urbanização nacional, passando pelas capitanias hereditárias, sesmarias, posses, grilagens, originado, especialmente, do êxodo rural iniciado entre as últimas décadas no final do Século XIX e as primeiras do Século XX, que levou a população do campo às cidades, a partir do início da industrialização nas grandes cidades, bem como à falta de uma efetiva reforma agrária pelo país.

Ocorre que em tal período, pela necessidade premente da população de baixa renda, as COHABs, criadas em geral pelos Governos Estaduais, e o BNH, no plano federal, começaram a construção de conjuntos habitacionais nas periferias das cidades, levando muitas famílias para áreas longínquas, com pouco acesso à educação, lazer e trabalho.

De qualquer forma, muitas famílias foram removidas para tais locais, sendo que em várias sequer havia a efetiva regularização das áreas e, por consectário, tais famílias não tinham acesso ao registro de imóveis, através do título de propriedade.

Por diversas vezes havia problemas nos títulos aquisitivos, titulação irregular da propriedade e a não regularização da base fundiária do empreendimento antes do início das obras; quanto urbanísticos, com obras iniciadas sem aprovação do projeto, em razão da utilização de áreas vedadas ao parcelamento do solo, sem que medidas corretivas eficientes tenham sido adotadas ou em desconformidade com a legislação ambiental, impedindo o acesso ao fólio real.

A CEHAB–RJ passou a atender inúmeras famílias carentes no Rio de Janeiro, contudo, as enormes irregularidades nos loteamentos e conjuntos habitacionais dificultam a sua missão estatal, dado que impossibilita o pleno acesso à moradia, já que o acesso ao título de propriedade também está inserto no conceito amplo.

Destarte, o direito fundamental à moradia abarca também os direitos humanos. Deveras, o direito à moradia possui correlação direta com o direito à vida, educação, amparo social, integridade física, sendo interdependente em relação a outros consignados na carta magna.

Na aplicabilidade do princípio da dignidade da pessoa humana, há efetiva tradução material dos direitos fundamentais, o que obviamente, pelo princípio da indivisibilidade, se estende aos direitos sociais em geral e de forma especial ao direito à moradia, traduzindo em verdadeira garantia, como direito fundamental.

A inseparável relação da dignidade humana e do direito à moradia origina-se do direito a condições materiais mínimas para uma vivência ampla, pois há de proteger o próprio destinatário e sua família contra toda espécie de problemas e vicissitudes.

O direito à moradia envolve o direito de ocupar esse espaço, deste se tornar um local de moradia, em virtude do fato de que morar compõe o caráter humano, sendo abrangido pelo mínimo existencial, horizontalmente destinado a outros direitos fundamentais.

Não pode desperceber que o direito à moradia digna deveria ser universal, na medida em que se estende a todos os indivíduos, sem que se olhe para o seu sexo, etnia, religião, origem, cor de pele ou mesmo situação econômica, podendo ser fruído por qualquer pessoa, de qualquer matiz.

O exercício do direito à moradia pode ter alteração em relação a determinado bem ou local, mas nunca poderá ser considerado alienável, pois este direito não se recai sobre um objeto, mas sob um bem que é a moradia, sendo parte de sua personalidade, seu mínimo existencial.

É nítido que o direito à moradia é exercido ao longo do tempo e é imprescritível, sendo que a pessoa nasce com tal direito e há extinção apenas com sua morte.

Por se tratar de direito essencial humano, o direito à moradia encontra-se protegido pelo princípio, que rege todas as relações e é base da Constituição Federal, a dignidade humana, tornando-se sua primazia efetiva.

O direito à moradia, tal como protegido nos tratados internacionais, a exemplo do Pacto Internacional de Direitos Sociais, Econômicos e Culturais, de 1966, ou na constituição belga, como moradia decente, a ausência de qualquer especificação não deflui que este possa ser esvaziado ou mesmo diminuído, pois tem reflexo claro no mínimo existencial.

Havendo clara conexão com a dignidade da pessoa humana e o direito à vida, faz-se mister evidenciar que este abrange o bem-estar físico, mental e social, pois uma vida com o mínimo de dignidade não pode ser menos que uma vida com saúde, não podendo ficar restrita a reles existência e sobrevivência física.

Deveras, o direito à moradia desfruta de dupla caracterização, impondo ao Estado prestações positivas com o fim de assegurar ao ser humano uma habitação digna e ainda impor uma abstenção por parte do governo com intuito de proteger esse direito de possíveis agressões oriundas do próprio órgão protetor ou de particulares.

Tal direito é, primeiramente, a impossibilidade de ser privado aleatoriamente de moradia ou se impedido de obtê-la, aproximando-se dos direitos, liberdades e garantias, bem como resultando na implantação de medidas e prestações para chegar a esse objetivo, caracterizando-se o próprio direito social, sendo um direito complexo e multifacetado.

Há uma dimensão negativa e positiva dos direitos fundamentais de forma geral, ao passo que na sua condição de direito subjetivo de defesa exige uma não-interferência do Estado e na sua extensão social terá como meta a criação e alicerce de órgãos, tendo como viés a promulgação de leis que estabeleçam métodos de tutela e facilidade de acesso a bens e serviços.

Embora exista uma certa discussão acerca de sua possível natureza ambígua, se enaltece a visão do direito à moradia como direitos social fundamental implementado, obrigatoriamente, por parte do Estado, à medida que em seu âmbito de direito individual não implica uma obrigação de fazer, mas sim uma de não-fazer por parte do Estado, logo, não há grandes dificuldades de alcance.

A problemática reside na efetiva abstenção do poder público na efetivação desse direito, precipuamente com a alegação de falta de recursos, ou então a denominada reserva do possível.

O direito à moradia dentre os direitos sociais tem a intenção de impedir a invocação, muito utilizada, do interesse social perante o individual, protegendo a sociedade sim, contudo, primeiramente, a necessidade do indivíduo.

Sendo os direitos sociais também fundamentais, logo, pode ser considerado desse porte o direito à moradia, encontrando-se, obviamente, no topo da hierarquia da Constituição Federal, portanto, se o objetivo de elencá-lo no artigo 6º era de torná-lo menos importante do que os direitos trazidos no artigo 5º, houve um equívoco, porque sua relevância o torna um direito fundamental, como qualquer outro.

A moradia é um direito absoluto, sendo que sua implantação será a tutela por parte do Estado, ao passo que, sendo esse direito condição para a vida humana, não pode ficar restrito à boa vontade dos representantes e a possível disponibilidade dos cofres públicos.

A criação e a evolução do Direito, concebido como um fenômeno cultural, faz-se indispensável à contextualização histórica dos eventos que deflagraram o atual cenário da sociedade no Brasil e no mundo.

O surgimento dos direitos fundamentais na Idade Contemporânea está diretamente ligado ao surgimento das Constituições, consequência contínua de movimentos revolucionários do passado, dentre eles a Revolução Francesa de 1789, e seus ideários de igualdade, fraternidade e liberdade.

Como reação ao modelo de Estado e às consequências nefastas que se apresentavam à sociedade à época, houve o surgimento de movimentos revolucionários e de reivindicação de direitos, requerendo não mais a mera abstenção do Estado, mas a atuação positiva deste, com o fim de promover a justiça social.

Os direitos sociais previstos no art. 6º da Constituição Federal de 1988, como o direito fundamental à moradia, inserem-se doutrinária e jurisprudencialmente entre os direitos de segunda dimensão.

Deveras, o direito à moradia encontrava-se previsto em dispositivos normativos internacionais dos quais o Brasil é signatário, tais como o art. 25, § 1º, da Declaração Universal dos Direitos Humanos de 1948, dispositivo normativo que garante que toda pessoa tem direito a um padrão de vida suficiente para assegurar a si e a sua família saúde, bem-estar, serviços sociais indispensáveis e moradia.

De outro giro, o Pacto Internacional de Direitos Econômicos e Sociais e Culturais, adotado pela Organização das Nações Unidas (ONU) em 1966 é o principal instrumento legal internacional que dispõe sobre o direito à moradia.

Deveras, o rol de direitos sociais estaria incompleto sem a inclusão do direito à moradia no texto constitucional, pois este é um princípio fundante da dignidade da pessoa humana e umbilicalmente relacionado ao mínimo existencial e à dignidade da pessoa humana.

O direito à moradia não se relaciona apenas com o fato de ser proprietário de uma casa ou um apartamento, mas sim um lar, um teto, um local para se conviver com a família, criar os filhos, ter um local para descansar e poder construir suas bases sólidas.

Tal direito envolve o ser humano como um todo, partindo da dignidade da pessoa humana às necessidades coletivas da comunidade, neste viés, tal referência do direito à moradia vem acompanhada da definição de um conceito de moradia adequada, que é concebido através de parâmetros de Direito Internacional, de direitos fundamentais e de noções doutrinárias construídas ao longo do tempo e de acordo com os cenários locais.

O princípio da dignidade da pessoa humana tem correlação com o Estado Democrático de Direitos, garantindo um mínimo necessário à própria existência humana, sua sobrevivência do indivíduo com um mínimo de dignidade quanto ao seu lar.

Importante ressaltar que a recorrente fundamentação do poder público de que os recursos orçamentários da União, dos Estados e dos Municípios são obviamente finitos, para fins de efetivação do direito à moradia, devem ter reflexão claramente limitada, na medida em que o poder público deva priorizar, com absoluta vertente, os direitos fundamentais das pessoas humanas, dentre este incluído o direito à moradia, com a máxima efetividade dos direitos fundamentais, aplicando-o de forma prioritária e como garantia do cidadão brasileiro, em qualquer região do país, grandes metrópoles ou não.

Embora as normas constitucionais programáticas não regulem de forma imediata um objeto definido, organizando uma metodologia de objeto, não podendo, sem motivo fundado, afastar-se de seu objetivo precípuo. Mesmo que o direito à moradia seja uma norma programática, ela infelizmente não está sendo concretizada de maneira efetiva, pois a pobreza e a escassez de moradia digna grassam no país, na medida em que o poder público se omite em seus deveres primários de proporcionar a efetividade das normas e direitos fundamentais.

Por fim, efetiva-se que o direito à moradia tem clara conexão com o direito à personalidade, indisponível, portanto, sendo que a vertente axiológica de tal vertente correlaciona-se com todos os seres humânos, imprescindível para sua sobrevivência.

Neste sentido, verifica-se que é notório que a CEHAB-RJ possui milhares de imóveis que, por diversas irregularidades, ainda não foram titulados para seus reais proprietários ou ocupantes, espalhados pelo Município do Rio de Janeiro e alguns outros Municípios.

Tal problema deflui pelo fato de que a CEHAB-RJ está devidamente inscrita em dívida ativa pelo Município do Rio de Janeiro pela falta de pagamento de IPTU, já que não se consegue consectariamente transmitir a propriedade aos seus legítimos proprietários e tais pessoas não são as responsáveis legais pelo pagamento do tributo municipal, conforme o Código Tributário Nacional.

Portanto, a um só tempo, ofende-se o patrimônio público do Estado, na medida em que a CEHAB-RJ será compelida a pagar IPTU de imóveis que ela mesma construiu e repassou para cidadãos, com alto custo para tal consecução, bem como se ofende o direito fundamental à moradia adequada das pessoas humanas, pois tais pessoas não conseguem ter acesso ao registro de imóveis, em face das inúmeras irregularidades existentes para a titulação das áreas.

Neste ponto, como uma das formas de resolução da questão, e que podem ser mais ágeis, deflui-se que há necessidade urgente de que seja implementada a REURB prevista na Lei n. 13.465/2017 no Município do Rio de Janeiro, para fins de regularizar os imóveis da CEHAB-RJ, efetivando os princípios constitucionais da moralidade e eficiência.

Tal intento, por óbvio, necessita do entrelaçamento de esforços de vários atores que estejam aptos a colaborar, seja da comunidade científica, seja do Poder Judiciário, Ministério Público, Defensoria Pública, Município, Estado e União, já que envolvem imóveis e problemas de várias matizes.

5. CONCLUSÃO

Com este trabalho, verifica-se que a situação de irregularidades dos loteamentos urbanos brasileiros encontra raízes no Decreto-Lei nº 58/1937 que, ao mesmo tempo que facilitou a construção da casa pelo próprio morador, foi uma forma de viabilizar uma "solução habitacional" barata e segregada, já que obviamente o terreno irregular teria valor menor do que o regularizado.

Assim é que a efetividade do planejamento urbano encontra-se instituída posteriormente através da Lei n. 6.766/1979, contudo, a regulação urbana da propriedade imobiliária e seu surgimento somente ocorrem a partir da segunda metade do Século XX, inclusive naquilo que se refere ao próprio direito internacional.

A grande demanda de unidades habitacionais, aliada ao fato da irregularidade nos imóveis da CEHAB-RJ, ofende o patrimônio público, na medida em que a CEHAB-RJ será compelida a pagar IPTU ao Município do Rio de Janeiro de imóveis que ela mesma construiu e repassou para cidadãos, bem como ofende o direito fundamental à moradia adequada, pois tais pessoas não conseguem ter acesso ao registro de imóveis, em face das irregularidades existentes.

Nesta vertente, a medida apropriada é a urgente aplicação da REURB, Lei n. 13.465/2017 nos imóveis irregulares da CEHAB-RJ, para que se consiga titular tais moradores, com acesso ao fólio real, bem como que exista a desoneração da estatal dos impostos reais incidentes sobre os imóveis supracitados.

Por fim, é mister o entrelaçamento de esforços de vários atores que estejam aptos a colaborar neste desiderato, seja da comunidade científica, seja do Poder Judiciário, Ministério Público, Defensoria Pública, Município do Rio de Janeiro, Estado, CEHAB-RJ e União, já que envolvem imóveis e problemas de várias matizes.

REFERÊNCIAS BIBLIOGRÁFICAS

ABRAMO, Pedro. **Formas de financiamento do acesso à terra e funcionamento do mercado fundiário-imobiliário:** um ensaio com base na noção de regime urbano. *In*: Planejamento e Território: ensaios sobre a desigualdade, Cadernos IPPUR, v. 1, p. 179-205. Rio de Janeiro, 2003.

AIETA, Vânia Siciliano. **Direito da Cidade**, Tomo II. Rio de Janeiro: Freitas Bastos, 2015.

ALFONSIN, Bethânia de Moraes. **Direito à moradia:** instrumentos e experiências de regularização fundiária nas cidades brasileiras. Rio de Janeiro: FASE, 1997.

AZEVEDO, Sérgio de. (org.). **A crise da moradia nas grandes cidades:** da questão da habitação à reforma urbana. Rio de Janeiro: Editora UFRJ, 1996. p. 33-48.

BONDUKI, Nabil. **Origens da habitação social no Brasil:** arquitetura moderna, lei do inquilinato e difusão da casa própria, 7ª ed., São Paulo: Estação Liberdade: FAPESP, 2017.

_____. Políticas de regularização fundiária: justificação, impactos e sustentabilidade. In: FERNANDES, Edésio. **Direito urbanístico e política urbana no brasil**. Belo Horizonte: Del Rey, 2000. p. 195-267.

AMADEI, Vicente de Abreu; AMADEI, Vicente Celeste. **Como lotear uma gleba:** o parcelamento do solo urbano em seus aspectos essenciais (loteamento e desmembramento). 4. ed. 3ª tir. Campinas: Millennium, 2014.

AMADEI, Vicente de Abreu. Loteamento de acesso controlado e condomínio de lotes. In: **Primeiras impressões sobre a Lei nº 13.465/2017**. São Paulo: ARISP, 2017. Disponível em: <http://www.arisp.com.br/lei_n13465_2017.pdf>. Acesso em: 16/10/2021.

_____. Registro de Imóveis e Parcelamento do Solo: registro especial de loteamento e desmembramento. In: **Coleção Direito Imobiliário**. São Paulo: Thompson Reuters, 2020. v. 4.

BORATTI, Larissa Verri. Elementos para o debate acerca da sustentabilidade urbana. In: BENJAMIN, Antonio Herman de Vasconcelos; LECEY, Eladio; CAPPELLI, Sílvia. **Meio ambiente e acesso à justiça:** flora, reserva legal e APP. São Paulo: Imprensa Oficial do Estado de São Paulo, 2007. p. 395-412.

BRASIL. **Lei nº 6.766, de 19 de dezembro de 1979**. Diário Oficial da União. Brasília, 1979. Dispõe sobre Parcelamento do Solo Urbano e dá outras Providências. Disponível em: <http://www.planalto.gov.br/ccivil_03/leis/l6766.htm>. Acesso em: 29 nov. 2021.

BRASIL. **Lei nº 10.257, de 10 de julho de 2001**, Diário Oficial da União. Brasília, 2001. Estabelece diretrizes gerais da política urbana e dá outras providências. Disponível em: < http://www.planalto.gov.br/ccivil_03/leis/leis_2001/l10257.htm >. Acesso em: 29 nov. 2021.

BRASIL. SUPERIOR TRIBUNAL DE JUSTIÇA. **REsp 1.164.893-SE**, Rel. Min. Herman Benjamin, Primeira Seção, por unanimidade, julgado em 23/11/2016, DJe 01/07/2019.

CARVALHO, Afrânio de. **Registro de Imóveis**. 4. ed. Rio de Janeiro: Forense, 1997.

CHAFFUN, Nelson. **Relatório brasileiro sobre os assentamentos humanos**. Istambul: ONU, 1996.

CHALHUB, Melhim Namem. Condomínio de lotes de terreno urbano. In: **Revista de Direito Imobiliário**. São Paulo: Thompson Reuters, v. 32, n. 67, p. 101-151, jul./dez. 2009.

CHEZZI, Bernardo Amorim. **Condomínio de lotes:** aspectos civis, registrais e urbanísticos. São Paulo: Quartier Latin, 2020.

CUENYA, Beatriz; CORRAL, Manuela. **Empresarialismo, economía del suelo y grandes proyectos urbanos:** el modelo de Puerto Madero en Buenos Aires. EURE, v. 37, n. 111, p. 25-45, 2011.

DAVIS, Mike. **Planeta favela**. São Paulo: Boitempo, 2006.

FERNANDES JUNIOR, João Gilberto Belvel. **Restrições convencionais de loteamento e função social da propriedade urbana: a cidade, o bairro e o direito civil**, Curitiba: Juruá, 2021.

FREITAS, Clarissa Figueiredo Sampaio; GONÇALVES, Thais Sales; RIBEIRO, Jessica Chaves. Aspectos urbanísticos da regularização fundiária e direito à cidade. **Revista Extensão em Ação**, v.3, n. 2, p. 14-31, jul./dez., 2013.

GUERINI, Eduardo; MARCHESE, Augusto; VIEIRA, Ricardo Stanziola. Da efetivação das políticas públicas de habitação com base no patrimônio de afetação. **Interesse Público**, a. 21, n. 118, p. 151-186, nov./dez. 2019.

KERN, Marinho Dembinski. **Condomínios de Lotes e Loteamentos Fechados**. In: Coleção Cadernos IRIB. São Paulo: IRIB, 2019. v. 10.

LAGO, Luciana; RIBEIRO, Luiz César de Queiroz. **A casa própria em tempos de crise:** os novos padrões de provisão de moradia nas grandes cidades. In: RIBEIRO, Luiz César de Queiroz;

LEONELLI, Gisela Cunha Viana; MEDEIROS, Lais Candiotto; MARINHO, Marla Jéssica. Cardápio Legislativo: opções e contradições da regulação urbana na produção de lotes nas capitais brasileiras, **Revista de Pesquisa em Direito e Urbanismo**, v. 17, n. 2, 2019.

LÓPEZ-MORALES, Ernesto. **Urbanismo proempresarial y destrucción creativa:** un estudio del caso de la estrategia de renovación urbana en el pericentro de Santiago de Chile 1990-2005. México: Infonavit, 2013.

MACEDO, Paola de Castro Ribeiro. **Regularização fundiária urbana e seus mecanismos de titulação dos ocupantes:** *Lei nº 13.465/2017 e Decreto nº 9.310/2018*. São Paulo: Revista dos Tribunais, 2019.

MARICATO, Ermínia. **Habitação e cidade**. 7 ed. São Paulo: Atual, 2004.

MIRANDA, Francisco Cavalcanti Pontes de. **Tratado de Direito Privado**. T. 13, 2. ed. Atualizado por Vilson Rodrigues Alvez. Campinas: Bookseller, 2000, p. 38.

MOTA, Maurício Jorge Pereira. MOURA, Emerson Affonso da Costa. ANDRADE, Eric Santos de. **Política urbana brasileira e os instrumentos de intervenção na cidade**. Rio de Janeiro: Lumen Juris, 2018.

MOTA, Maurício Jorge Pereira. TORRES, Marcos Alcino de Azevedo. MOURA, Emerson Affonso da Costa. **Direito à moradia e regularização fundiária**. Rio de Janeiro: Lumen Juris, 2018.

MUMFORD, Lewis. **A cidade na história:** suas origens, transformações e perspectivas. 4. ed. São Paulo: Martins Fontes, 1998.

ONU. Organização das Nações Unidas. **Programa das Nações Unidas para o desenvolvimento. Objetivo de desenvolvimento sustentável**. 2015. Disponível em: https://brasil.un.org/pt-br/sdgs/11. Acesso em: 30 out. 2020.

OSÓRIO, Letícia Marques. Direito à moradia adequada na américa latina. In: ALFONSIN, Betânia; FERNANDES, Edésio. **Direito à moradia e segurança da posse no estatuto da cidade**. Belo Horizonte: Fórum, 2004. p. 17-39.

PEREIRA, Caio Mário da Silva. **Instituições de direito civil**. 33. ed. rev. e atual. Atualizado por Maria Celina Bodin de Moraes. Rio de Janeiro: Forense, 2020. v. 1, p. 341-343.

RABELLO, Sonia. Regulação do território e da propriedade imobiliária urbana: evolução conceitual no Direito Brasileiro. In FERRARI, Sergio; MENDONÇA, José Vicente. **Direito Público:** Homenagem ao Professor Paulo Braga Galvão. Rio de Janeiro: Lumen Juris, 2016. p. 481-500.

RIBEIRO, Luiz Cesar de Queiroz. **Da propriedade fundiária ao capital incorporador:** as formas de produção da moradia na cidade do Rio de Janeiro. Tese de Doutorado. FAU-USP, São Paulo, 1991.

ROLNIK, Raquel. **A construção de uma política fundiária e de planejamento urbano para o país**. In: IPEA. Avanços e desafios *in* políticas sociais: acompanhamento e análise. Brasília: IPEA, 2006. p. 199-210.

ROLNIK, Raquel. **Guerra dos Lugares:** a colonização da terra e da moradia na era das finanças. 2. ed. São Paulo: Boitempo, 2019.

SANTOS, Ângela Moulin Simões Penalva. **Política urbana no contexto federativo brasileiro: aspectos institucionais e financeiros**. Rio de Janeiro: EdUERJ, 2017.

SARLET, Ingo Wolfgang. **O direito fundamental à moradia a Constituição:** algumas anotações a respeito do seu contexto, conteúdo e possível eficácia. Arquivos de Direitos Humanos, v. 4, p. 137-192, 2002.

SCAVONE JUNIOR, Luiz Antônio. **Direito Imobiliário – Teoria e Prática**, 13ª ed., Rio de Janeiro: Forense, 2018.

SOUZA, Angela Maria Gordilho. **Urbanismo neoliberal, gestão corporativa e o direito à cidade:** impactos e tensões recentes nas cidades brasileiras. Cadernos Metrópole, v. 20, n. 41, p. 245-265, jan./abr., 2018.

SOUZA, Sérgio Iglesias Nunes de. **Direito à moradia e de habitação**. 2. ed. São Paulo: Editora Revista dos Tribunais, 2004.

CAPÍTULO 08

DA NORMA JURÍDICA AO SENSO COMUNITÁRIO: COMO A REGULARIZAÇÃO DE CONJUNTOS HABITACIONAIS TRANSCENDE A MERA FORMALIZAÇÃO

Carmem Matos[335]

Vitória Dal-Ri Pagani[336]

Lucas Fogaça[337]

Resumo: O presente artigo tem por objetivo estabelecer um plano de ação para regularização de Conjuntos Habitacionais, com foco em fortalecer laços comunitários e evitar a gentrificação. A metodologia utilizada foi a pesquisa bibliográfica, documental e estudo de caso, com abordagem indutiva, por meio da análise de documentos legais, artigos científicos e entrevistas. Verificou-se que a elaboração de plano de regularização deve priorizar a participação social para que, mais que titulação, garanta-se a formação de laços comunitários e pertencimento. Este estudo contribui ao trazer soluções criativas para a regularização fundiária, em que pese que soluções reais somente poderão ser definidas empiricamente com a atuação da população, de modo a garantir o empoderamento e evitar a *gentrificação*, como no caso da Ocupação Manoel Congo.

---

[335] Advogada e doutoranda em Direito da Cidade pela UERJ.

[336] Tabeliã de Protesto e Oficiala de Registro de Títulos e Documentos e Civil das Pessoas Jurídicas, Doutoranda em Direito da Cidade pela UERJ.

[337] Advogado especialista em direito imobiliário e aluno externo do mestrado em Direito da Cidade da UERJ.

Palavras-chave: Conjuntos Habitacionais. Laços Comunitários. Ocupação Manoel Congo. Plano de Ação. Regularização Fundiária.

Abstract: This article aims to establish an action plan for the regularization of Housing Developments, with a focus on strengthening community ties and preventing gentrification. The methodology used was bibliographic, documental and case study research, with an inductive approach, through the analysis of legal documents, scientific articles and interviews. It was found that the elaboration of a regularization plan should prioritize social participation so that, more than titles, it can guarantee the formation of community ties and belonging. This study contributes by bringing creative solutions for land tenure regularization, although real solutions can only be defined empirically with the action of the population, with a view to guaranteeing empowerment and avoiding gentrification, as in the case of the Manoel Congo Occupation.

Keywords: Housing Complexes. Community Bonds. Manoel Congo occupation. Action Plan. Land Regularization.

1. INTRODUÇÃO

Há mais de uma cidade dentro de uma só. É o que Ventura[338] denomina de cidade partida. A cidade mostra-se, na prática, dividida, entre incluídos e excluídos; formal e informal; planejada e irregular; proprietários e não proprietários e assim por diante[339].

De um lado tem-se a cidade formal, com acesso a equipamentos e serviços públicos. De outro, a informal, com escassez destes serviços e

---

[338] VENTURA, Zuenir. **Cidade Partida**. São Paulo: Companhia das Letras. 1994.

[339] BRASIL. Ministério da Justiça e Cidadania. Secretaria de Assuntos Legislativos. Projeto Pensando o Direito. Nº 60. **Não tinha Teto, Não Tinha Nada:** Porque os Instrumentos de Regularização Fundiária (ainda) não efetivaram o Direito à Moradia no Brasil. Brasília: Ministério da Justiça, 2016.

planejamento, que se socorrem à irregularidade, o que incrementa problemas sociais[340].

Tal cenário é oriundo de um crescimento urbano rápido e desordenado, em decorrência da industrialização tardia no Brasil na segunda metade do século XX[341], onde as cidades passaram a ser o centro da produção econômica.

A indústria, ainda incipiente, por necessitar da força de trabalho, atraiu inúmeros cidadãos. Aliado a isto, a existência do trabalho livre, não mais escravizado, e a Proclamação da República, também foram importantes fatores para o crescimento das cidades (em que pese tenham ocorrido antes da urbanização em si)[342].

A urbanização caracterizou-se, então, por três fatores, segundo Maricato[343]. O primeiro, a industrialização, que não conferia salário suficiente para os trabalhadores pagarem por suas moradias (formais); segundo, as intervenções das prefeituras alinhadas à especulação imobiliária por parte das empreiteiras ao invés de priorizar o interesse social e a democratização do acesso à terra; por fim, terceiro, pela legislação contraditória e arbitrária.

Nota-se, então, um evidente viés patrimonialista na criação das cidades brasileiras, sem planejamento, regidas, eminentemente, pelo fluxo do capital. A cidade, então, traduzia-se como um *locus* para o desenvolvimento da atividade econômica e não local de habitação.

Pois bem, em números, a população residente nas cidades deu um salto de 31% para 81% dos anos de 1940 a 2004[344]; com isso, a cidade, padecente de "macrocefalia"[345], deixou de ser abrigo.

---

[340] GROSTEIN, Marta Dora. Metrópole e Expansão Urbana: a persistência de processos "insustentáveis". In: **São Paulo Perspec.**, v. 15, n. 1, p. 13/19, 2001., p. 14.

[341] MARICATO, Ermínia. Urbanismo na periferia do mundo globalizado: metrópoles brasileiras. In *São Paulo em Perspectiva*, São Paulo: Fundação SEADE, v. 14, n. 4, p. 21-33, 2000.

[342] Ibid.

[343] MARICATO, Ermínia. Metrópole de São Paulo, entre o arcaico e a pós-modernidade. In SOUZA, M. A. de et alii. **Metrópole e globalização**. São Paulo: Cedesp, 1999.

[344] ALFONSIN, Betânia, FERNANDES, Edésio. **Regularização Fundiária**: princípios e conceitos básicos. s.d.

As políticas públicas preocupavam-se com o embelezamento de parte da cidade e fomento do mercado imobiliário, enquanto a população de baixa renda era 'expulsa' para terrenos ociosos, públicos ou privados[346], como morros, encostas, beiras de rios, áreas de risco ou preservação e periferias[347], formando assentamentos humanos irregulares, dotados de habitações precárias[348].

Como a habitação era vista como mercadoria, aquela destinada à população de baixa renda não se mostrava lucrativa; logo, ficou afastada do mercado. Em que pese a ausência de interesse do mercado imobiliário, deveria o Estado prover tais habitações, o que restou, mais uma vez, sem êxito[349].

Diante do déficit habitacional, em 1960, foram criados o Sistema Financeiro de Habitação (SFH) e o Banco Nacional de Habitação no intuito de construir e financiar moradias populares[350].

Em tal período, as Companhias de Habitação (Cohabs) passaram a construir diversos conjuntos habitacionais nas periferias da cidade, removendo famílias do centro das metrópoles para áreas mais distantes, no intento de conferir maior habitabilidade, em detrimento da garantia da moradia em seu sentido amplo, de acolhimento e pertencimento, construindo uma política habitacional sob um viés higienista[351].

Importante ressaltar, entretanto, que sequer parâmetros adequados de habitabilidade foram respeitados, os quais a própria municipalidade havia estabelecido, de modo que famílias de baixa renda foram alocadas, muitas

---

[345] MARICATO, Ermínia. **Cidades-Urgente:** colocar a questão urbana na agenda nacional. Carta Maior, 08 jun. 2012.
[346] MACEDO, Paola de Castro Ribeiro. **Direito Imobiliário - Regularização Fundiária Urbana e seus Mecanismos de Titulação dos Ocupantes:** Lei n. 13.465/2017 e Decreto n. 9.310/2018. São Paulo: Revista dos Tribunais, 2021.
[347] MARICATO, op. cit. 2000; MARICATO, Ermínia. **Brasil, cidades:** alternativas para a crise urbana. Petrópolis: Vozes, 2001.
[348] MACEDO, *op. cit.*
[349] ALFONSIN; FERNANDES, *op. cit.*
[350] MACEDO, *op. cit.*
[351] LIMA, Daniela De Freitas; SOUSA JUNIOR, Almir Mariano de. **Regularização fundiária de interesse social em conjunto habitacional de natal/rn: a importância da etapa de trabalho social**. Sociedade e Ambiente: diálogos, reflexões e percepções... Campina Grande: Realize Editora, 2020. p. 69-86.

vezes, em locais inadequados, sem infraestruturas, com sérios problemas ambientais, sem a observância das normas de uso e ocupação do solo[352]. Neste sentido, aspectos quantitativos foram priorizados em detrimento da qualidade das habitações.[353]

Assim, os moradores remanesciam sem a garantia da propriedade, já que as irregularidades inviabilizavam o acesso ao fólio real. Aliás, sequer a segurança da posse era garantida, estando à mercê de remoções arbitrárias.

Nesse contexto, percebeu-se que não bastava ao Estado construir moradia; devia assegurá-la de forma adequada, com todos os seus direitos correlatos[354]. Passou-se, então, de uma política de remoção para a construção de moradias que possuíssem, em tese, habitabilidade, nos termos da Carta de Atenas.

Na realidade, entretanto, a nova forma de fazer política não carregava em si a noção de identidade e pertencimento para políticas de regularização, e que garantem, a princípio, uma moradia adequada[355]. Esta noção passou a vigorar especialmente após a edição da Lei Federal n. 11.977/2009, que ressignificou a política de moradia no Brasil, voltando o seu foco para a reurbanização e a regularização.

A partir de então, o principal viés das políticas públicas de habitação passou a focar na garantia de moradia adequada e na propriedade plena, de modo a reconhecer o direito dos socialmente excluídos, a fim de integrá-los à cidade, priorizando a regularização de conjuntos habitacionais, sob um aspecto urbanístico, socioambiental e jurídico.

---

[352] MACEDO, *op. cit.*

[353] LIMA; SOUSA JUNIOR, *op. cit.*

[354] LAMPERT, Guilherme Peroni. Direito à Moradia, Programa Minha Casa, Minha Vida E Segurança Pública: estudo de caso sobre os Residenciais Ana Paula e Camila em Porto Alegre/RS. In **Revista Magister de direito ambiental e urbanístico**, v. 12, n. 67, p. 81–114, 2016.

[355] Artigo 11.1 do Pacto Internacional sobre Direitos Econômicos, Sociais e Culturais (PIDESC) da ONU e Comentário Geral n. 7 do Comitê de Direitos Econômicos, Sociais e Culturais.

Quando se trata da regularização jurídica, especificamente, são inúmeros os instrumentos capazes de trazer à regularidade a propriedade, desde a usucapião até a regularização fundiária urbana propriamente dita.

De tal sorte, quando se adentra no objeto da pesquisa que motivou a elaboração deste artigo, qual seja, os conjuntos habitacionais, percebe-se a necessidade de se estabelecer um plano de ação capaz de comportar na sua estrutura a possibilidade de regularizar os assentamentos subnormais diante da multiplicidade de irregularidades possíveis de serem encontradas naquelas moradias. Esta sistematização constitui a proposta deste artigo.

Além disso, destaca-se no último capítulo a indispensável necessidade de inserção dos moradores em todo o processo de regularização - implementação, desenvolvimento e manutenção do direito à moradia - estabelecendo com isso um complexo de atuação essencial no sentido de impactar com solidez o déficit habitacional.

Para enfim corroborar esse conteúdo teórico, apresenta-se o estudo de caso da *Ocupação Manoel Congo*, cuja história exitosa de organização comunitária em favor da política popular de moradia ensina como realizar, para além da normatização jurídica, a garantia de habitação.

2. PLANO DE AÇÃO PARA REGULARIZAÇÃO DE CONJUNTOS HABITACIONAIS

Pois bem, em vistas de trazer para a regularidade os conjuntos habitacionais eivados de vícios e promover a adequação da moradia para enfim cumprir todas as suas funções à emancipação social, faz-se necessária a elaboração de um plano de ação, o qual subdivide-se nas seguintes etapas: criação de equipes, diagnóstico prévio, diagnóstico social e soluções jurídicas.

2.1 Criação de Equipes

Inicialmente, diante da multidisciplinariedade das intervenções (jurídicas, urbanísticas, sociais e ambientais), propõe-se a criação de três equipes:

1) Social: Sugere-se que seja formada por agentes sociais do próprio Estado com a *expertise* necessária. Caso a Secretaria de Obras e Infraestrutura (SEINFRA), órgão estadual que representa o Estado do Rio de Janeiro, que firmou convênio com a UERJ, careça de corpo técnico, sugere-se que a equipe seja cedida pela Prefeitura do Rio de Janeiro e, então, treinada pela Companhia, isso caso a própria estatal já não disponha de Quadro de Pessoal próprio para a carreira de Assistente Social e cargos afins.

2) Técnica: Engenheiro cartográfico cedido pela SEINFRA, ou integrante do Grupo de Pesquisa, discente do mestrado ou doutorado de engenharia da UERJ, decorrente do convênio firmado.

3) Jurídica: grupo de consultoria jurídica formado pelo Grupo de Pesquisa e Extensão do Núcleo de Estudos, Pesquisas e Extensão em Direito da Cidade (Nepec).

Após a definição das equipes, parte-se para a segunda etapa: a elaboração de um diagnóstico prévio.

2.2 Diagnóstico prévio

Quando se trata de regularização fundiária, as soluções jurídicas devem se basear, preponderantemente, nas demandas e necessidades de cada comunidade local e não instituídas de maneira genérica e verticalizada. A regularização fundiária dita plena depende da participação efetiva dos membros locais, para que, de forma conjunta, seja possível conferir soluções customizadas. Por isso, além do diálogo constante com a comunidade moradora da localidade que sofrerá a intervenção, é necessário conhecer a área pesquisada, para que, assim, se viabilizem as sugestões dos melhores mecanismos jurídicos a serem adotados.

Ao mesmo tempo, tratando-se do objetivo de titulação de milhares de imóveis, forçoso reconhecer algum grau de padronização como forma de conferir dinâmica e eficiência aos objetivos.

Assim, a *priori*, vislumbram-se três possíveis grupos de assentamentos: *Conjunto habitacional regularizado a titular*; *Conjunto habitacional a regularizar com infraestrutura*; e *Conjunto habitacional a regularizar sem infraestrutura*.

Para cada um destes grupos, faz-se necessário identificar quais os motivos que levaram à irregularidade fundiária e registral. Diante de tais informações, as soluções jurídicas aprioristicamente serão diversas.

2.3 Diagnóstico Social

A realização do diagnóstico social será incumbência da Equipe Social, com capacidade necessária para a facilitação do diálogo, a fim de garantir a efetiva participação da população, em vistas da plenitude da regularização.

Consoante experiências bem-sucedidas em outras cidades brasileiras estudadas previamente, a exemplo de Londrina, *case* de referência, verificou-se a instituição de Comissão de Acompanhamento do Projeto (CAPU), responsável pelo "recolhimento e mediação na aquisição de documentação necessários para a titulação" [...] e tem como objetivo principal:

> garantir a transparência com relação ao andamento do processo de regularização e, principalmente, garantir a participação dos moradores nas discussões e deliberações com relação ao assentamento. É importante que todas as reuniões sejam registradas em atas. A Comissão é formada por dois membros representantes da COHAB e três membros representantes eleitos pela comunidade. A organização para a reunião da CAPU é executada na sua integralidade pela equipe de trabalho social com a participação da equipe de Regularização Fundiária no processo de eleição.[356]

No Levantamento Social será necessário averiguar algumas condições, tais como; a quantidade de famílias por unidade, qual a profissão e a renda

---

[356] BRAUN, Edna Aparecida de Carvalho; GUNJI, Hisae. Metodologia de gestão dos processos de Regularização Fundiária – COHAB – Londrina. **Revista Organizações e Sustentabilidade**, Londrina, v. 5, n. 1, p. 70-88, jan./jun. 2017, p. 80.

familiar, qual o nível de escolaridade e quiçá a qual grupo étnico social pertencem.

Isto é, como parte do diagnóstico prévio, faz-se necessário traçar um mapa social da população afetada como pressuposto de formulação de políticas públicas efetivas.

2.4 Soluções Jurídicas

Após diagnóstico prévio e social e diálogo com cada comunidade, a fim de averiguar as demandas locais, pode-se sugerir, neste momento de forma hipotética, soluções jurídicas para cada irregularidade: Núcleo Urbano Informal regularizado a titular, Núcleo Urbano Informal a regularizar com infraestrutura, Núcleo Urbano Informal a regularizar sem infraestrutura.

2.4.1 Núcleo Urbano Informal regularizado a titular

No caso de conjunto habitacional devidamente regularizado no cartório de Registro de Imóveis, restando inexistente apenas a titulação dos ocupantes, os motivos da irregularidade levarão a soluções diversas:

> títulos quitados, mas desprovidos da outorga de escritura pública definitiva

Neste caso, no qual há prévio compromisso de compra e venda quitado, cuja outorga da escritura pública definitiva não é conferida pela falta de interesse do próprio compromissário-comprador, pelas mais diversas razões, pode-se sugerir a adjudicação compulsória inversa, a qual será profundamente explicada no item 5.

Importante frisar, no entanto, que no âmbito dos empreendimentos ligados ao Sistema Financeiro de Habitação, a escritura pública não é título necessário para ingresso no Fólio Real. Consta do art. 488 do Código de Normas da Corregedoria Geral de Justiça, bem como do art. 221, inciso II, da Lei Federal n. 6.015/1973, que os instrumentos particulares firmados pelas partes e testemunhas, dispensado, inclusive, o reconhecimento de firma, já seriam admitidos a registro.

Além da adjudicação compulsória inversa, também é possível sugerir, como em todos os demais casos, a aplicação da Reurb-S. Entretanto, nestes casos, depender-se-á da atuação da Municipalidade, que possui critérios próprios para definir a prioridade das intervenções.

Não obstante, se tida como prioridade pelo Município, a realização da Reurb-S mostra-se extremamente eficiente, podendo se valer de diferentes instrumentos para conferir a titulação: a) legitimação fundiária, b) registro do contrato de compromisso de venda e compra, com termo de quitação, com efeito de venda definitiva e c) registro de contrato de venda e compra definitiva.[357]

A utilização da *Reurb-S* para mera titulação é extremamente simplificada, vez que, diante da regularidade registral do empreendimento, não se faz necessária a busca junto ao Registro de Imóvel das matrículas afetas e confrontantes, notificação dos titulares, elaboração do projeto, licenças urbanísticas, etc.

Ademais, a opção pela *Reurb-S* se respalda também no fato de tal instituto estar inserido na Lei federal n. 13.465/2017 (e alterações), cujas normas e princípios privilegiam a posse e sua função social e, com isso, a preferência em titular não gira em torno dos direitos do proprietário, mas sim, de quem de fato mora na propriedade, passando por cima de empecilhos registrais tais como a prova da cadeia sucessória.

Em que pese a prova da cadeia sucessória ser dispensável, é importante frisar a necessidade de que a municipalidade desenvolva um procedimento interno com o estabelecimento de contraditório durante o trâmite, uma vez que substitui o juiz ao conferir título de propriedade a terceiro.

Ademais, cabe ao Município verificar se a parte cumpriu todos os requisitos da legitimação fundiária, caso esse instrumento seja escolhido, em especial aqueles previstos no art. 23, §1º, incisos I a III, da Lei 13.465/2017[358],

---

[357] MACEDO, *op. cit.*

[358] Art. 23. A legitimação fundiária constitui forma originária de aquisição do direito real de propriedade conferido por ato do poder público, exclusivamente no âmbito da Reurb, àquele que detiver em área pública ou possuir em área privada, como sua, unidade imobiliária com destinação urbana, integrante de núcleo urbano informal consolidado existente em 22 de

que se referem a não qualidade de proprietário, concessionário ou foreiro do beneficiário em relação a qualquer imóvel, ou ainda, que tenha não sido contemplado com legitimação de posse ou fundiária de imóvel urbano com a mesma finalidade ou, ainda, que tenha respeitado a data-marco legal. Como meio de comprovação deve-se colher a declaração do mesmo, presumindo-se a sua boa-fé, tal como realizado no município de Porto Alegre/RS.

Por fim, para evitar fraudes e conferir título de propriedade a quem há pouco esteja em posse daquele imóvel, pode-se sugerir que a legitimação fundiária somente seja conferida àqueles que comprovem posse há pelo menos cinco anos na propriedade, tal como implementado pela Juíza Dra. Laura Ullman, na Comarca de Tramandaí/RS, como será discutido no capítulo 5, item 3.

Falta de quitação do financiamento imobiliário e contratos de compra e venda de gaveta.

Quando a titularidade não é transferida ao promitente comprador nas unidades dos conjuntos habitacionais em decorrência da não quitação dos contratos, à exemplo do ocorrido na cidade de Santa Luzia/MG, é possível firmar um Termo de Cooperação Técnica com o Tribunal de Justiça do Rio de Janeiro para criação de núcleos de mediação, no fito de realizar mutirão pré processual de renegociação das dívidas e outorga da escritura definitiva.

Segundo Macedo[359]:

> Para a solução extrajudicial de conflitos, poderá o Município criar câmaras de prevenção e resolução administrativa de conflitos, no âmbito da administração local, ou celebrar convênio com os Tribunais de Justiça Estaduais, para utilizar os Centros Judiciários de Solução de

---

dezembro de 2016. § 1º Apenas na Reurb-S, a legitimação fundiária será concedida ao beneficiário, desde que atendidas as seguintes condições:—I - o beneficiário não seja concessionário, foreiro ou proprietário exclusivo de imóvel urbano ou rural; II - o beneficiário não tenha sido contemplado com legitimação de posse ou fundiária de imóvel urbano com a mesma finalidade, ainda que situado em núcleo urbano distinto; e III - em caso de imóvel urbano com finalidade não residencial, seja reconhecido pelo poder público o interesse público de sua ocupação.
[359] MACEDO, *op. cit.*

> Conflitos e Cidadania (CEJUSCs), ou, ainda, utilizar câmaras de mediação credenciadas (art. 27 do Decreto nº 9.310/18).

Nesse contexto, caberia ao Estado, ao Poder Judiciário e aos interessados o protagonismo em soluções consensuais (sempre que possíveis), inclusive nos casos em que não haja ação judicial em curso. Tal como no Termo de Colaboração do Estado de MG antes mencionado, a Companhia de Habitação deveria visar "condições especiais de negociação financeira, a fim de recuperar créditos de difícil ou improvável recuperação pelas vias administrativas, bem como, viabilizar a regularização da propriedade, a emissão e o registro de escrituras aos moradores e mutuários da Companhia de Habitação".

Neste caso, "A magistrada, que acumula as funções de diretora do foro e de coordenadora do Centro Judiciário de Solução de Conflitos e Cidadania (Cejusc), conta que a companhia analisou caso a caso e se dispôs a parcelar dívidas, dar descontos e entregar a escritura pública para pessoas que, embora não possuíssem a documentação, já residiam no local há décadas".

Ressalte-se que, como o projeto de Regularização Fundiária envolve um número elevado de pessoas, a mediação fundiária deve ser pensada em grande escala. Por muitas vezes o possuidor sequer é conhecido, tanto pela municipalidade, quanto pelo órgão jurisdicional. Assim, para facilitar sua notificação para o comparecimento em audiência de mediação, sugere-se, como já realizada na Comarca de Tramandaí/RS, a elaboração de carta de intimação genérica, mencionando os lotes objetos de regularização.

Ressalta-se, entretanto, que as mediações também poderiam ocorrer no âmbito da prefeitura, devendo esta se estruturar para tanto, ou ainda, de forma inovadora, no sítio eletrônico *igov.consumidor,* um site do governo federal que trata da questão de consumo, bastando que a Companhia Habitacional se cadastre, o que será profundamente debatido no item 5.

Isto pois, tendo em vista os inúmeros precedentes país afora, pretende-se a concepção de um modelo jurídico inovador que tenha como foco a efetiva titulação, a despeito de meras formalidades legais.

Por fim, além dos mecanismos apresentados, para resolver tal problema jurídico, há a possibilidade, claro, mais uma vez, da utilização do procedimento da Reurb-S.

2.4.2 Núcleo Urbano Informal a regularizar com infraestrutura

A falta de regularidade urbanística e jurídica refere-se aos empreendimentos: a) sem aprovação de projetos pelos Municípios e órgãos ambientais; b) sem averbação da construção por ausência do habite-se ou da Certidão Negativa de Débitos; c) imóveis que estejam em titularidade de terceiros.

Destaca-se que é possível inúmeras outras irregularidades adicionais - que só será possível saber por meio de estudo minucioso caso a caso. Essas irregularidades exemplificativamente podem ser afetas ao direito real "Propriedade horizontal" (nome técnico de condomínio) ou relacionadas simplesmente à convenção de condomínio. A propriedade horizontal é formada por partes de uso comum e partes de uso exclusivo. Isso resulta num determinado coeficiente de proporcionalidade que em regra é a régua da fração ideal. Ocorre que muitas vezes em condomínios populares há acessões (aumentos, "puxadinhos", etc) que estão fora do projeto original do empreendimento e isso atinge todo o coeficiente de proporcionalidade.

Importante esclarecer, que não se trata de irregularidade os seguintes casos: (i) a ausência de habite-se para a averbação de construção em relação a residência urbana unifamiliar com um só pavimento e finalizada há mais de 5 (cinco) anos em área ocupada predominantemente por população de baixa renda (art. 587-A do Código de Normas da CGJ/RJ); (ii) a ausência da Certidão Negativa de Débitos (CND) de construção residencial unifamiliar destinada ao uso próprio, de tipo econômico, executada sem mão-de-obra assalariada, observadas as exigências do regulamento próprio (art. 638, do Código de Normas da CGJ/RJ); (iii) a não observância da metragem mínima nos casos de conjuntos habitacionais de interesse social, previamente aprovados pelos órgãos públicos competentes (art. 545. do Código de Normas da CGJ/RJ).

Assim, quando de fato falamos de assentamentos a serem regularizados que possuem infraestrutura, podemos nos remeter à regularização realizada em assentamento de propriedade da COHAB-LD em Londrina, denominado de Jardim Kobayashi. Lá, foram utilizados os procedimentos previstos na Lei 11.977/2009 na época vigente. Para casos atuais sugerimos a regularização utilizando-se da Reurb-S.

No caso de Londrina, após a criação da Comissão junto com moradores, foram realizadas reuniões com órgãos e entidades envolvidas, tais como o Ministério Público, a Serventia de Registro de Imóveis, o Poder Judiciário, as Concessionárias de Serviços Públicos, Órgãos e instâncias responsáveis pelo licenciamento, bem como a Associação de moradores do Assentamento e outros agentes públicos ou privados de envolvimento relevantes.

De tal sorte, antes de qualquer intervenção no âmbito da REURB, para o seu sucesso e efetividade, necessário o diálogo e interação das instituições, para seu efetivo engajamento. Citamos, além das verificadas no caso acima, a Procuradoria Municipal, a Corregedoria-Geral de Justiça, a Companhia Habitacional, a Universidade e demais interessados. Isto é o que denominamos de sistema multiportas.

Ademais, como já ressaltado, este constante diálogo e interação é primordial para adesão da sociedade ao projeto, já que são os principais interessados por tais medidas, não podendo, de forma alguma, estarem alheios a elas.

Ato contínuo, necessário fazer um levantamento social e topográfico com a definição do perímetro da área "por profissionais técnicos especializados, contratados para executar o levantamento em campo, resultando em uma planta planialtimétrica com inclinação, localização e dimensão das ruas lotes, construções existentes, inclusive com localização de rios, lagos, árvores ou quaisquer outros elementos físicos, bem como a existência ou não da infraestrutura urbana"[360].

Feitos tais levantamentos, dará-se-á início ao procedimento da Reurb com o requerimento de instauração ao legitimado para tanto; após, haverá a etapa de

---

[360] BRAUN; GUNJI, *op. cit.*

qualificação pelo Poder Executivo Municipal da Reurb-S; em seguida, ocorre o processamento administrativo do pedido – buscas junto ao RI das matrículas afetas e confrontantes, notificação dos titulares, elaboração do projeto, licenças urbanísticas etc; então, deve ser expedida a Certidão de Regularização Fundiária (CRF) – documento hábil para apresentação perante o Registro de Imóveis; por fim, deve-se postular o registro do Conjunto Habitacional com base na "CRF e na aprovação do Projeto de Regularização, acompanhado das plantas, dos memoriais técnicos das unidades imobiliárias, das edificações e dos demais elementos técnicos que sejam necessários à incorporação e ao registro do núcleo irregular (art. 68, parágrafo único, Decreto 9.310/2018). Para aprovação e registro dos conjuntos habitacionais, conforme já mencionado, será dispensada a apresentação do habite-se e CND[361].

Como instrumento da Reurb-S para regularização jurídica-registral, sugere-se a utilização da Legitimação Fundiária, tal como defende Macedo[362]:

> As Companhias Habitacionais, Cohabs e CDHU, por exemplo, que firmaram, com seus mutuários, milhares de contratos inaptos ao registro, poderiam utilizar da legitimação fundiária para oferecer a titulação àqueles que quitaram suas obrigações contratuais. Isso poderia ser feito, de uma só vez, por **listagem de ocupantes**, a ser encaminhada ao Registro de Imóveis no contexto da Reurb. A facilidade dessa prática é enorme, **em oposição ao envio de milhares de contratos antigos**, com requisitos faltantes, de difícil entendimento, sem prova de quitação ou do recolhimento/isenção do Imposto de Transmissão de Bens Imóveis – ITBI. Em vez de utilizar o procedimento tradicional, título a título, o Oficial Registrador faria a qualificação global da aquisição da propriedade, exatamente como quis o legislador (MACEDO, 2021).

Cabe ressaltar, no entanto, que muitas destas etapas podem ser agilizadas com a atuação dos próprios interessados pela regularização. De fato, apenas a qualificação da Reurb como Reurb-S ou Reurb-E, aprovação do projeto e emissão da CRF são de competência exclusiva da Municipalidade. As

---

[361] MACEDO, *op. cit.*
[362] *Ibid.*

demais etapas podem ser realizadas pelos interessados, a fim de conferir celeridade ao procedimento.

Ressaltamos aqui, mais uma vez, a facilidade de utilizar do microssistema da Reurb, vez que, diante de inúmeras irregularidades fáticas, ele excepciona diversas normas, a fim de trazer à regularidade a moradia, em vistas de garantir a propriedade plena.

De tal sorte que, além de não ter que se provar a cadeia sucessória, como afirmado acima, há a dispensa do habite-se, certidão negativa de débitos (art. 60, da Lei 13.465 c/c arts. 587, § 1º do Código de Normas da Corregedoria Geral de Justiça do Rio de Janeiro), ITBI (art. 7º, XII, da Lei municipal n. 1936/1992), emolumentos cartoriais (Lei Estadual n. 3528/2001, PL nº 4032/2021, art. 2, §2º), dentre outros.

Inclusive, no caso de ausência de averbação da construção na matrícula, se instaurada a Reurb-S, o ato registral poderá ser efetivado a partir de mera notícia, a requerimento do interessado, na qual conste a área construída e o número da unidade imobiliária (art. 587, § 2º do Código de Normas da Corregedoria Geral de Justiça do Rio de Janeiro).

Entretanto, naturalmente que, ao optarmos pela Reurb, será necessário o apoio e vontade política do gestor municipal. De forma que, para o enfrentamento desse desafio, sugerimos cunhar previamente um Termo de Convênio com o Município do Rio de Janeiro.

Por fim, ressaltamos que caso a área objeto da regularização se tratar de área de "risco não remediável ou não administrável", o processo de regularização pode restar obstaculizado. Isso porque, em se tratando de áreas de risco, o gestor deveria na verdade promover políticas públicas de moradia que envolvesse, inclusive, realocação. Por outro lado, havendo possibilidade de realização de obras de infraestrutura que extingam os riscos, então o Estado deve promovê-las como pressuposto do direito fundamental à cidade e à moradia.

2.4.3 Núcleo Urbano Informal a regularizar sem infraestrutura

Nessa hipótese, além da regularização coincidente com os itens anteriores, faz-se necessário a realização de obras de infraestrutura. Não seria possível antever com precisão as obras, já que dependerão em grande medida da situação concreta do objeto da regularização. Ainda assim, é necessário mapear essa necessidade considerando a possibilidade de grandes investimentos pelo Poder Público diante desta hipótese de regularização. Naturalmente, destaca-se aqui a prevalência de uma regularização plena e não meramente titulatória, na qual o projeto urbanístico vem acompanhado da implementação da infraestrutura necessária.

Em alguns casos, poderão ser obras para adequação do terreno objeto dos assentamentos (por exemplo o caso de encostas e morros). Em outros, trata-se de obras de saneamento básico e fornecimento de água. Pode ser necessário ainda obras de drenagem de águas pluviais e superficiais. Eventualmente também obras para abertura ou ampliação de passeios. Ademais, pode ser o caso de realização de obras de demolição ou ainda, exemplificativamente, obras de menor porte ligadas a limpeza e higienização.

Algo que deve ser realçado é que, conforme proposto por Carlos Geraldo Luz de Freitas e outros pesquisadores (FREITAS et al), "Em relação à tipologia do empreendimento, em programas habitacionais de interesse social associados à urbanização de favelas, as intervenções, ainda que orientadas por legislações específicas, se caracterizam muito mais por uma flexibilização pronunciada frente aos requisitos urbanísticos usuais". Ou seja, mesmo nas obras de infraestrutura será necessário algum grau de flexibilização do direito formal para promover o direito efetivo à moradia e à cidade.

Preliminarmente, será necessário mapear os fluxos dos processos junto à prefeitura e ao governo estadual para fins de verificar quais obras necessárias podem já contar com previsão orçamentária ou, se for o caso, até em processo de licitação.

Depois, nas circunstâncias de obras de maior porte, é necessário a produção de projetos urbanísticos das obras de infraestrutura. Esses projetos podem ser realizados direto pelo corpo técnico do ente público municipal ou estadual ou ainda ser firmado Termo de Convênio ou equivalente com instituições de ensino superior - o que se, por um lado, tem a vantagem de redução de custos, por outro tende a tornar o processo mais moroso.

Por fim, é indispensável tocar no assunto **gentrificação**. Sobretudo a partir dos anos 1970 se percebe que toda vez que agentes públicos ou privados promovem melhorias urbanas substanciais em algum território "degradado", isso tem como consequência ulterior o deslocamento das populações locais por outras populações de maior poder aquisitivo. Ocorre que as novas populações adquirem os imóveis do território e de alguma forma usufruem daquele incremento urbano. Nesses casos, toda a flexibilização (jurídica, urbanística, ambiental, etc) de outrora - que só foi feita para atender um direito maior, isto é, a moradia digna e a cidade - acaba por ser alvo de processos de especulação imobiliária, que de outra forma não seriam flexibilizados.

Veja-se nesse sentido a explicação de Maria Alba Sargatal Bataller e Maurilio Lima Botelho[363]:

> O deslocamento vem acompanhado de investimentos e melhorias tanto nas moradias (que são renovadas ou reabilitadas) quanto em toda área afetada, tais como comércio, equipamentos e serviços. Isto implica, portanto, mudanças no mercado de solo e habitacional, de modo que desempenham um papel decisivo os agentes do solo: os proprietários, os promotores, os governos – locais, estaduais – e as instituições financeiras, assim como também os moradores –em regime de propriedade ou de aluguel. Em conjunto, o fenômeno proporciona uma maior estima das áreas renovadas e, inclusive, uma recuperação do valor simbólico dos centros urbanos.

Assim, deve-se ter em mente que os conjuntos habitacionais que receberem obras de infraestrutura, principalmente aqueles localizados em regiões valorizadas da cidade, poderão estar sujeitos à gentrificação - desvirtuando por completo os sentidos da regularização.

Não há *a priori* nenhuma garantia para evitar em absoluto esse processo. Mas há algumas iniciativas que podem colaborar para mitigá-lo.

---

[363] BATALLER, Maria Alba Sargatal; BOTELHO, Maurilio Lima. **O Estudo da Gentrificação**, [S.l.], n. 1, p. 9-37, jul. 2012.

Cita-se, por exemplo, o próprio artigo 26[364] da Lei da REURB que delimita prazo de cinco anos da legitimação de posse para conversão em propriedade. Algo semelhante poderia ser feito gravando as matrículas dos imóveis com restrição (voluntária, firmada previamente à regularização entre o poder público e o possuidor) quinquenal. Outra medida possível seria a utilização de mecanismos de extrafiscalidade para quem naquela região não alienar o imóvel. Isto é, políticas públicas que utilizem o tributo não para arrecadar, mas, em nosso caso, para desestimular, que os imóveis objeto dos territórios que recebam obras de infraestrutura, sejam onerados/alienados.

4. OCUPAÇÃO MANOEL CONGO: CONJUNTO HABITACIONAL DE INICIATIVA POPULAR

Além de pensar em mecanismos jurídicos de não gentrificação, entendemos que a garantia do direito à moradia vincula-se diretamente à noção comunitária de produção do espaço urbano. Conjuntos habitacionais, loteamentos populares, favelas e demais áreas desprestigiadas em relação ao direito à cidade circundam nossos ambientes urbanos, principalmente em grandes centros como o município do Rio de Janeiro.

Como já levantado neste breve estudo sobre regularização fundiária, a necessidade de envolver os moradores em todo o processo é fundamental para o seu êxito. Afinal, não se trata primordialmente de adequação de tecido urbano, mas de dignidade social e moradia.

Nesses termos, identificamos a importância de trazer a baila um estudo realizado na Ocupação Manuel Congo por tratar-se de um Conjunto Habitacional de iniciativa popular, situado no coração do Centro da Cidade do Rio de Janeiro, elaborado a partir de entrevista com a moradora/liderança Elisete Napoleão, integrante do Movimento Nacional de Luta Pela Moradia (MNLM), que nos brindou com premissas essenciais à construção de política

---

[364] Art. 26. Sem prejuízo dos direitos decorrentes do exercício da posse mansa e pacífica no tempo, aquele em cujo favor for expedido título de legitimação de posse, decorrido o prazo de cinco anos de seu registro, terá a conversão automática dele em título de propriedade, desde que atendidos os termos e as condições do art. 183 da Constituição Federal, independentemente de prévia provocação ou prática de ato registral.

popular de moradia. Por meio do conhecimento acumulado na produção de moradia em ocupações, expõe com clareza aspectos relevantes para implementar, desenvolver e manter a habitação social, revelando não apenas o seu aspecto técnico, mas principalmente a relevância do laço comunitário para a estruturação da consciência coletiva à produção de moradia social.

4.1 Laço comunitário: amálgama da moradia social e antídoto à gentrificação

Ao se debruçar sobre os elementos que conjugam as estratégias de moradia popular, existe um essencial a dialogar, trata-se do próprio beneficiário ou morador que detém um conhecimento específico e empírico sobre gestão social, organização popular, movimento de aprendizagem e de realização.

A academia guarda o mérito de estudar as teorias, promover pesquisa empírica e construir um arcabouço científico. Já o movimento popular aprimora-se pela experiência em si, pela organização vivenciada na prática, na urgência e na coletividade. É a materialidade histórica desvendando a produção da moradia como ela é, na qual a consciência do modo de vida paira para além das pranchetas e das técnicas, ou mesmo do cientificismo.

Como responder então à questão habitacional? Ouvindo os esforços da academia ou do movimento popular? De certo, aos dois. Em que parte da espacialidade cotidiana não se inserem ambos? Em que medida o valor de um supera o do outro? A solda perfeita se alinha ao conhecimento, e este parte do todo.

A partir dessa linha de pensamento casam-se ciência e prática numa extensão que poderá sistematizar em um só caminho: o conhecimento de ambos à moradia popular, e com isso, solidificar soluções coesas que talvez não sejam estanques, nem perenes, mas certamente mais acertadas e distintas dos padrões fracassados.

Com o objetivo de iniciar um diálogo entre esses conhecimentos, passaremos a relatar a experiência trazida pela Ocupação Manuel Congo (OMC) ao longo da sua trajetória de estratégia de construção de moradia popular.

Há mais de treze anos, após uma vistoria técnica, cem famílias ocuparam o antigo prédio do INSS situado da Rua Alcindo Guanabara, 20, Cinelândia, cidade do Rio de Janeiro.

O imóvel situa-se em disputada área nobre do Centro da cidade que tem por vizinhança a Câmara de Vereadores, o Teatro Municipal, a Biblioteca Nacional e o Museu de Belas Artes.

Viabilizar um projeto como este exigiu uma longa trajetória de luta liderada pelo MNLM. Até chegarem ao prédio atual, as famílias ocuparam o prédio do antigo cine Vitória, e um outro pertencente à Receita Federal. Foram sistematicamente removidos dessas ocupações.

Desta forma, percebe-se que esta proposta está inserida em um contexto mais amplo que reflete um movimento popular organizado. Isso favorece o senso de comunidade e objetivo comum; as pessoas não desfrutam de uma convivência individual dentro de uma coletividade, mas vivenciam a comunidade na sua cotidianidade, pautando a produção do espaço, elaborando critérios de financiamento, trabalho e renda, dialogando soluções coletivas a partir de um pensamento central.

Esse contexto político, social e comunitário promove uma identificação coletiva entre seus membros para além da reivindicação de moradia perante o Estado, o produto de consciência deflagrado, conservado e alimentado nesta interação forma a liga necessária para estabelecer as metas de habitação, bem como a manutenção da coletividade após a implementação da estratégia de moradia.

Essa postura integrada se antagoniza à política de moradia padrão protagonizada pelo governo federal no Programa Minha Casa Minha Vida (PMCMV), onde beneficiários desintegrados de um contexto comunitário são objetivamente escolhidos e cujos interesses conflitam entre contradições arraigadas ao modo de produção em que vivemos. O resultado é a tomada desses condomínios pela milícia gerando um quadro de violência e individualização característicos.

A padronização apontada não passa apenas pela forma de seleção e desamparo posterior, mas reflete-se na estrutura do programa e na construção em escala industrial das moradias. Sinais que identificam muito mais uma medida anticíclica para o mercado e sua economia do que uma estratégia real e honesta voltada à realização da moradia digna.

No curso do próximo subitem esclarecer-se-ão melhor as críticas apontadas nos parágrafos acima.

4.2 A Ocupação

Inicialmente, todas as famílias residiam no imóvel de forma coletiva, ocupando o espaço interno sem individualização das moradias, compartilhando, além dos espaços comuns, a cozinha e os banheiros.

Enfrentaram uma ação judicial de reintegração de posse com muita mobilização, sempre insistindo na estratégia capitaneada pelo MNLM de pressionar os governantes ao diálogo. Isso se deu, principalmente, por meio de inúmeros acampamentos realizados em frente aos órgãos públicos e inúmeras manifestações de rua. Ao mesmo tempo, organizavam-se em prol geração de trabalho e renda aos moradores, em um esforço conjunto para manter as instalações da própria ocupação que exigia reparos e limpeza, e também diante da situação de desemprego crônico que muitos vivenciavam.

A estruturação comunitária, portanto, englobava a conjuntura como um todo, reforçando o apoio mútuo e aprimorando as condições individuais de forma coletiva. Assim, essa inserção levava ao poder de mobilização que foi fundamental ao êxito da Ocupação. A noção de cuidar do outro e de que juntos formam um poder organizacional capaz de dialogar e exigir moradia foi introjetada desde cedo entre os moradores.

Em 2007, partiram para Brasília com o objetivo de pressionar o Ministério da Cidade a articular um repasse de recursos federais via Fundo Nacional de Habitação de Interesse Social (FNHIS) para a compra do prédio. Na época, as negociações esbarraram na exigência de que o imóvel deveria ser alienado e o dinheiro revertido para o Fundo do Regime Geral de Previdência Social.

Na sequência, por meio do FNHIS, o prédio foi comprado pelo valor de R$ 926.780,00 (novecentos e vinte e seis mil setecentos e oitenta reais) e posteriormente transferido para o Instituto de Terra e Cartografia do Rio de

Janeiro (ITERJ). Com isso, a ação de reintegração de posse resolveu-se, mas ainda havia muitas questões a serem solucionadas, entre as quais, a segurança da posse e toda a obra de requalificação do prédio para unidades de moradia.

À mesma época, o Estado concordou em financiar a obra de requalificação, entretanto, essa promessa foi aguardada por sete longos anos, até que a suspensão da licitação por irregularidades formais mudou o rumo da política da ocupação que sempre defendeu a moradia gratuita.

Com a demora na contrapartida firmada pelo Estado e considerando a longa precariedade em função da não requalificação, bem como a dificuldade em custear obras urgentes de infraestrutura e encargos da ocupação, os moradores se viram obrigados a migrar para o PMCMV-Entidades, apesar disso significar a mudança do modelo ideal preconizado pelo movimento de moradia- gratuidade.

Assim, em 2015, um novo rearranjo foi definido, a ocupação se viu impelida a buscar com a Caixa Econômica Federal a contratação de um mútuo para viabilizar a requalificação. Tal intento concretizou-se em um contrato firmado entre a Associação de Apoio à Moradia-RJ, entidade jurídica vinculada ao MNLM, representando a ocupação, e o Fundo de Desenvolvimento Social, como credor, representando a Caixa.

Desta forma, apesar do movimento desde o início pretender uma ocupação sem custos de financiamento aos moradores, com a migração para o PMCMV não foi possível manter a gratuidade, já que, mesmo classificando-os na faixa de 0 a 3 salários-mínimos, com a vinculação ao Programa, uma prestação mensal foi fixada a cada beneficiado.

Além desse valor, os moradores também pagam uma cota condominial para custear as despesas com porteira (durante o dia), gás encanado, água, limpeza, luz da área comum, internet e telefone do escritório. Estabeleceram ainda um rodízio tanto para a limpeza das áreas coletivas quanto para os dias de folga da porteira, bem como um regime de mutirão para a construção do Café Cuia Cultural e da Casa de Samba Mariana Crioula, empreendimentos voltados para geração de trabalho e renda.

Não há condomínio regularizado nem estatuto, mas sim uma carta de princípios e reuniões constantes de conscientização e direcionamento das decisões, onde as prioridades a serem desenvolvidas são escolhidas a partir da anuência de todos. O trabalho de educação para a convivência coletiva é um processo contínuo.

Os apartamentos são modulados de três formas: kitnet, um quarto e dois quartos, de acordo com a necessidade de cada família, os valores da taxa de condomínio seguem a forma da moradia, respectivamente, R$ 247,00, R$ 280,00 e R$ 330,00.

As obras de requalificação foram realizadas com a assistência técnica exigida pelo PMCMV-Entidades, sendo sempre em conjunto com os moradores que tinham suas próprias demandas e tais peculiaridades não foram negligenciadas por posições técnicas. O papel dos técnicos se restringia ao acompanhamento da obra, a verificação das instalações e a adequação às normas de funcionamento.

Desde o início a ocupação assume que a política de trabalho e renda é um dos elementos configuradores na estratégia de moradia social, assim como a educação, cultura e lazer. Em razão disto, a cozinha comunitária sempre foi articulada como um espaço para a produção de quentinhas com o objetivo de proporcionar dignidade financeira a alguns moradores.

O senso comunitário acusa o fato de alguns não possuírem renda básica. Afinal, se todos não estiverem sob condições semelhantes, a coesão perde força.

Na mesma linha da cozinha comunitária, a Cooperativa Liga Urbana, fundada no dia 26 de outubro de 2012, busca articular luta por moradia com trabalho, cultura e lazer. Para tanto, assume como proposta central a promoção de ideias que possam funcionar como fontes de recursos para projetos de habitação.

Dessa estratégia de gestão social nasceu a Casa de Samba Mariana Crioula e o Café Cuia Cultural, como formas de gerar renda à Ocupação. A Liga Urbana também inspirou o projeto - Trabalho, Diversão e Arte, construído pela ocupação e vencedor de um edital da Petrobrás que o financiou.

O objeto do projeto consistia na capacitação dos moradores para construção civil, gastronomia e serviços gerais, além da obra de reforma e ampliação da cozinha comunitária. A partir disso, além de se capacitarem para o mercado de trabalho, foi criado o serviço de buffet da Liga Urbana frequentemente contratado para lançamentos, fóruns, palestras e outros eventos.

O percurso aqui descrito revela a potência de ação do movimento de moradia na construção de uma política popular de habitação social, cuja principal característica reside na lógica de agregar diversos segmentos, atores e oportunidades, revelando também, que quando todo o conhecimento é valorizado, as potencialidades se reconhecem e permitem a concretização de um objetivo comum.

Essa valorização do uso do imóvel público ocioso, além de privilegiar a função social da cidade e da propriedade, transforma a produção do espaço urbano em um ambiente mais distributivo nas áreas centrais e bem infraestruturadas, ampliando as possibilidades de moradia, trabalho, mobilidade, cultura e lazer aos socialmente vulnerabilizados, e ainda, oferece uma alternativa à periferização e padronização capitaneadas pelo PMCMV.

Acima de tudo, nos rendemos à *expertise* dos que sabem lutar por moradia e produzir habitação social de qualidade no espaço urbano, porque vivem diariamente cada centímetro dos meandros desse processo constante de aprendizado e adaptação.

Esse extraordinário exemplo de produção de moradia no espaço urbano foi aqui relatado com intuito de revelar a importância de incluir o beneficiário nas medidas de regularização fundiária e urbanística e reforçar insistentemente que, ao tratar de habitação social a redistribuição de unidades, não cumpre com o papel de desenvolvimento e preservação da moradia, aspecto de grande interesse do Estado porque previne o crescimento do déficit habitacional.

Ao regularizar é necessário que se estimule um plano de pertencimento comunitário que inspire realizações coletivas em favor da constituição de laços, que por sua vez, mobilize os moradores à preservação e continuidade da moradia como um todo.

Enfim, é preciso retirar da moradia, bem essencial à dignidade, a noção de mercadoria.

5. CONSIDERAÇÕES FINAIS

Ao propor um Plano de Ação para Regularização de Conjuntos Habitacionais, elaboramos um diagnóstico sistematizado das diversas questões jurídicas que poderiam surgir como irregularidades impeditivas da regularização formal das moradias.

Verificamos também que, juridicamente, existem várias soluções possíveis, desde a aplicação da adjudicação compulsória inversa à implementação de medidas mais amplas, como a *Reurb*.

Durante todo o percurso de análise das questões e verificação de respostas possíveis, percebeu-se a importância não apenas de dialogar, mas inserir os moradores na lógica de regularização. A pesquisa documental e registral não sustenta a gama de informações necessárias às análises específicas de cada caso. Afinal, o material humano também é de grande suporte.

Esse esclarecimento básico e preciso é pertinentemente necessário para que a inserção comunitária não seja vista apenas por um viés sentimental de inclusão social e interpretação democrática. Trata-se, na realidade, de função crucial tanto para coleta de dados quanto para a implementação, o desenvolvimento e a manutenção da política de moradia social.

A pesquisa suscita, para a complexidade da regularização fundiária, a fusão literal entre técnica e experiência pessoal, academia e conhecimento comum, órgãos/agentes públicos e comunidade, bem como, a mediação.

A propriedade formal engloba algumas dimensões de importância, permite o empoderamento dos excluídos, o incremento da sua renda frente a mais valia imobiliária e a facilitação de crédito, que por sua vez, viabiliza o investimento em outras atividades estimulando também o circuito econômico e os ganhos tributários do Estado.

Diante disto, percebe-se que a formalização da propriedade está inserida num espectro social mais amplo que engloba garantia de moradia, produção de renda, função social da propriedade, sistema econômico, dignidade humana e responsabilidade estatal.

Sabe-se que a função social diante de determinados requisitos confere ao possuidor a garantia da moradia, atribuindo à situação fática da posse um caráter jurídico.

Entretanto, expomos neste artigo o caso da Ocupação Manoel Congo, que, apesar de exitosa, não cumpriu com os requisitos legais garantidores da posse. Mas, ao mobilizar a organização comunitária sob o comando do MNLM alcançou o que nem a lei alcança, a garantia da posse batendo na porta da propriedade.

Em síntese, defendemos que soluções efetivas de moradia devem ser conferidas de forma empírica e jurídica com fomento da participação social A moradia não deve limitar-se à mera redistribuição da propriedade por mostrar-se insuficiente para garantir a emancipação social e a própria preservação da moradia.

Esta seria, na realidade, o primeiro degrau de uma complexa escalada de desenvolvimento social a ser respaldada por políticas públicas comprometidas, afinal, com a aplicação de soluções jurídicas que também prestigiem o pertencimento da comunidade no seu espaço e seus laços sociais.

REFERÊNCIAS BIBLIOGRÁFICAS

ALFONSIN, Betânia, FERNANDES, Edésio. **Regularização Fundiária:** princípios e conceitos básicos. s.d. Disponível em: https://www.anoregmt.org.br/arquivos/9660/09660_07392_00005.pdf. Acesso em 20 nov. 2021.

BATALLER, Maria Alba Sargatal; BOTELHO, Maurilio Lima. **O Estudo da Gentrificação**. , [S.l.], n. 1, p. 9-37, jul. 2012. Disponível em: <http://www.revistacontinentes.com.br/index.php/continentes/article/view/5>. Acesso em: 29 nov. 2021.

BRASIL. Ministério da Justiça e Cidadania. Secretaria de Assuntos Legislativos. Projeto Pensando o Direito. Nº 60. **Não tinha Teto, Não Tinha Nada:** Porque os Instrumentos de Regularização Fundiária (ainda) não efetivaram o Direito à Moradia no Brasil. Brasília: Ministério da Justiça, 2016. Disponível em: http://pensando.mj.gov.br/wp-content/uploads/2016/07/PoD_60_Aricia_web-3.pdf.

BRAUN, Edna Aparecida de Carvalho; GUNJI, Hisae. Metodologia de gestão dos processos de Regularização Fundiária – COHAB – Londrina. **Revista Organizações e Sustentabilidade**, Londrina, v. 5, n. 1, p. 70-88, jan./jun. 2017.

FREITAS, Carlos Geraldo Luz de; BRAGA, Tania de Oliveira; BITAR, Omar Yazbek; e FARAH, Flávio. **Diretrizes especiais para regularização urbanística, técnica e fundiária de conjuntos habitacionais populares**. Inserção Urbana e Avaliação Pós-Ocupação (APO) da Habitação de Interesse Social, Lv. 1, São Paulo, Coletânea Habitare, 2002.

GROSTEIN, Marta Dora. Metrópole e Expansão Urbana: a persistência de processos "insustentáveis". In: **São Paulo Perspec.**, v. 15, n. 1, p. 13/19, 2001. Disponível em: https://doi.org/10.1590/S0102-88392001000100003. Acesso em 20 nov. 2021.

IRIB - Instituto de Registro de Imóveis do Brasil. TJ/MG: **Santa Luzia entrega escrituras a 82 mutuários da Cohab (MG)**. 2018. Disponível em: https://www.irib.org.br/noticias/detalhes/tj-mg-santa-luzia-entrega-escrituras-a-82-mutuarios-da-cohab-mg. Acesso em 20 nov. 2021.

JORNALISMO ABC. Cohapar inicia novo processo de titulação de imóveis no Paraná. In: **Revista ABC Habitação**, 2017. Disponível em: http://abc.habitacao.org.br/cohapar-inicia-novo-processo-de-titulacao-de-imoveis-no-parana/. Acesso em 20 nov. 2021.

LAMPERT, Guilherme Peroni. Direito à Moradia, Programa Minha Casa, Minha Vida E Segurança Pública: estudo de caso sobre os Residenciais Ana Paula e Camila em Porto Alegre/RS. In **Revista Magister de direito ambiental e urbanístico**, v. 12, n. 67, p. 81–114, 2016.

LIMA, Daniela De Freitas; SOUSA JUNIOR, Almir Mariano de. **Regularização fundiária de interesse social em conjunto habitacional de natal/rn: a importância da etapa de trabalho social**. Sociedade e Ambiente: diálogos, reflexões e percepções... Campina Grande: Realize Editora, 2020. p. 69-86. Disponível em: <https://editorarealize.com.br/artigo/visualizar/65043>. Acesso em: 20 nov. 2021.

MACEDO, Paola de Castro Ribeiro. **Direito Imobiliário - Regularização Fundiária Urbana e seus Mecanismos de Titulação dos Ocupantes:** Lei n. 13.465/2017 e Decreto n. 9.310/2018. São Paulo: Revista dos Tribunais, 2021.

MARICATO, Ermínia. Metrópole de São Paulo, entre o arcaico e a pós-modernidade. In SOUZA, M. A. de et alii. **Metrópole e globalização**. São Paulo: Cedesp, 1999.

MARICATO, Ermínia. Urbanismo na periferia do mundo globalizado: metrópoles brasileiras. In **São Paulo em Perspectiva**, São Paulo: Fundação SEADE, v. 14, n. 4, p. 21-33, 2000.

MARICATO, Ermínia. **Brasil, cidades:** alternativas para a crise urbana. Petrópolis: Vozes, 2001.

MARICATO, Ermínia. **Cidades-Urgente: colocar a questão urbana na agenda nacional**. Carta Maior, 08 jun. 2012.

MINAS GERAIS. **As estratégias de atuação descentralizada do Estado de Minas Gerais**. 2017. Disponível em: http://www.cohab.mg.gov.br/wp-content/uploads/2017/11/Apresentacao-Secir.pdf. Acesso em 20 nov. 2021.

MINAS GERAIS. Tribunal de Justiça de Minas Gerais. **Judiciário promove conciliação com Cohab em Santa Luzia, 2017**. Disponível em: https://www.tjmg.jus.br/portal-tjmg/noticias/judiciario-promove-conciliacao-com-cohab-em-santa-luzia.htm#.YIsA6OhKg2x. Acesso em 20 nov. 2021.

MINAS GERAIS. Tribunal de Justiça de Minas Gerais. **TJMG e Cohab Minas assinam termo de colaboração, 2018**. Disponível em https://www.tjmg.jus.br/portal-tjmg/noticias/tjmg-e-cohab-minas-assinam-termo-de-colaboracao.htm#.YIsBoehKg2x. Acesso em 20 nov. 2021.

RIO DE JANEIRO. Companhia Estadual de Habitação do Rio de Janeiro CEHAB-RJ. **Carta de Serviços aos Cidadãos**. 2021. Disponível em: http://www.cehab.rj.gov.br/documentos/CARTA%20DE%20SERVICOS%20AO%20CIDADAO%20-%202021.pdf. Acesso em 20 nov. 2021.

SANTA LUZIA. **Santa Luzia assina termo de cooperação técnica com a COHAB Minas para iniciar o processo de Regularização Fundiária em conjuntos habitacionais da Companhia**. 2021. Disponível em: https://www.santaluzia.mg.gov.br/v2/index.php/noticiasv3/santa-luzia-assina-termo-de-cooperacao-tecnica-com-a-cohab-minas-para-iniciar-o-processo-de-regularizacao-fundiaria-em-conjuntos-habitacionais-da-companhia/. Acesso em 20 nov. 2021.

SANTA LUZIA. **Regularização fundiária: COHAB, Prefeitura e TJMG entregam escrituras de unidades habitacionais para famílias luzienses**, 2019. Disponível em: https://www.santaluzia.mg.gov.br/v2/index.php/noticias/regularizacao-fundiaria-cohab-prefeitura-e-tjmg-entregam-escrituras-de-unidades-habitacionais-para-familias-luzienses/. Acesso em 20 nov. 2021.

TRAMANDAÍ. **Prefeitura de Tramandaí: Projeto de regularização fundiária da Portelinha pode compreender até 760 famílias**, 2021. Disponível em: https://correiodetramandai.com.br/prefeitura-de-tramandaiprojeto-de-regularizacao-fundiaria-da-portelinha-pode-compreender-ate-760-familias/. Acesso em 20 nov. 2021.

VENTURA, Zuenir. **Cidade Partida**. São Paulo: Companhia das Letras. 1994.

CAPÍTULO 09

DIREITO À MORADIA: OS ENTRAVES PARA A EFETIVAÇÃO DA REGULARIZAÇÃO FUNDIÁRIA NA EXPERIÊNCIA DA CEHAB-RJ

Deise Aparecida Barbosa da Silva[365]

Verônica Cristina de Oliveira dos Santos[366]

Resumo: A contribuição da Companhia Estadual de Habitação do Estado do Rio de Janeiro - CEHAB na produção de moradias para enfrentamento ao déficit habitacional é inegável. Ao longo de décadas mais de 90 mil unidades habitacionais foram produzidas para a população de baixa renda, trazendo inúmeros avanços para a política habitacional no governo do Estado. Fato é que muitos desafios foram encontrados e correções necessárias não podem ser desconsideradas. Embora a produção de moradias tenha sido numericamente reconhecida, a formalização do direito de posse/propriedade às famílias não percorreu os mesmos avanços. A formalização da Regularização Fundiária vem sendo alvo de inúmeros debates uma vez que não alcançou *pari passu* o quantitativo de unidades produzidas. Ao contrário, os entraves burocráticos e administrativos impossibilitaram que milhares de moradias   tenham sido regularizadas até os dias atuais. É nesse contexto que se busca   aqui refletir

---

[365] Advogada. Pós-graduanda em Sociologia Urbana pela UERJ. Integrante do Curso de extensão do PPGD – UERJ.
[366] Assistente Social. Mestre em Serviço Social pela UERJ. Superintendente do Trabalho Social da Subsecretaria Estadual de Habitação (RJ).

brevemente sobre a trajetória histórica da construção do direito de morar, contrapondo os limitadores do Direito à moradia propriamente dita com o acesso à formalização da posse/propriedade das moradias construídas pela CEHAB ao longo das últimas décadas.

Palavras-chave: Moradia. Direito Social. Regularização Fundiária. Experiências da CEHAB e do Município do Rio de Janeiro.

Abstract: The contribution of the State Housing Company of the State of Rio de Janeiro in the production of housing to face the housing deficit is undeniable. Over the decades, more than 90 thousand housing units were produced for the low-income population, bringing countless advances to the housing policy of the State government. The fact is that many challenges were encountered and necessary corrections cannot be ignored. Although the production of housing has been numerically recognized, the formalization of the right to ownership of families has not followed the same advances. The formalization of Land Regularization has been the target of countless debates since the quantity of produced units has not reached the same pace. On the contrary, bureaucratic and administrative obstacles have made it impossible for thousands of homes not to have been regularized up to the present day. It is in this context that we seek here to briefly reflect on the historical trajectory of the construction of the right to live, contrasting the limitations of the right to housing itself with the access to formalization of ownership of housing built by CEHAB over the last decades.

Keywords: Housing. Social Law. Land regularization. Experiences from CEHAB and the Municipality of Rio de Janeiro.

1. INTRODUÇÃO

O direito à moradia constitui-se como essência do indivíduo, de modo que sem ela outros direitos, como o direito à vida e à própria liberdade, não seriam exercidos plenamente. Esse direito encontra-se diretamente imbricado com a dignidade humana por também envolver outras importantes categorias, tais como, a honra, o nome, a intimidade, enfim, a integridade física, psíquica e moral do indivíduo, entre outros conceitos de direito de personalidade[367] que gravitam em torno dele.

Ao considerarmos que a moradia representa um bem patrimonial, o qual tem a premissa de repasse à cadeia sucessória, há um simbolismo intrínseco no acesso ao registro formal do título de posse. Essa realidade traz à tona a necessidade de discutirmos não apenas o direito de morar, mas também o direito real de posse sobre a moradia.

Reconhecidamente, o direito à moradia é tido como direito humano internacional, haja vista que a maioria dos países firmou pactos com a contrapartida dos governos para viabilizar seu acesso[368]. Nesse sentido, há de se considerar que os avanços importantes foram alcançados no âmbito da produção de moradias, mesmo que ainda insuficiente para a demanda na atualidade, a produção habitacional em larga escala vem sendo ampliada ao longo da história.

No caso do estado do Rio de Janeiro, com a implementação da Companhia Estadual de Habitação (CEHAB-RJ) na década de 60, a produção habitacional foi fomentada através da construção de grandes conjuntos habitacionais voltados para população de baixa renda. Ao longo de cinco décadas é possível identificar o número expressivo de unidades habitacionais construídas, contudo, as unidades produzidas não foram alvo de regularização fundiária na mesma velocidade que a ocupação dos imóveis.

É inegável o protagonismo na CEHAB-RJ no alcance histórico do número de unidades habitacionais no estado do Rio de Janeiro, porém, há de se refletir sobre os entraves que dificultaram o acesso ao direito da moradia através da efetivação do processo de regularização fundiária.

---

[367] SOUZA, Sérgio Iglesias Nunes de. **Direito à moradia e de habitação:** análise comparativa e suas implicações teóricas e práticas com os direitos de personalidade. 2. ed. São Paulo: Revista dos Tribunais, 2008.
[368] SAULE JÚNIOR, Nelson. **Direito à cidade:** trilhas legais para o direito às cidades sustentáveis. São Paulo: Parma, 1999.

2. O ACESSO À MORADIA COMO DIREITO UNIVERSAL: BREVE RESGATE HISTÓRICO

A sobrevivência na cidade depende do acesso à moradia. Essa perspectiva já encontra respaldo no debate internacional, desde a Declaração Universal de Direitos Humanos, de 1948, até a Declaração de Istambul sobre Assentamentos Humanos, de 1996, que reafirmou o compromisso dos governos nacionais com a realização do direito à moradia adequada e estabeleceu como um objetivo universal que se assegure "*abrigo adequado para todos e que se façam os assentamentos humanos mais seguros, mais saudáveis e mais agradáveis, equitativos, sustentáveis e produtivos*".

No Brasil, o direito à moradia foi reconhecido com a Emenda Constitucional 26/2000, que altera o art. 6º da Constituição Federal[369], fazendo constar a moradia entre os direitos sociais e reforça a provisão de moradias para a população de baixa renda: "*Art. 6º São direitos sociais a educação, a saúde, a alimentação, o trabalho, a moradia, o transporte, o lazer, a segurança, a previdência social, a proteção à maternidade e à infância, a assistência aos desamparados, na forma desta Constituição.*"

Neste sentido, a moradia, e sua inclusão dentre os direitos sociais, abriu uma discussão acerca da validade e eficácia de tal norma. Não há dúvida de que a inclusão do direito à moradia no rol dos direitos sociais traz repercussões ao mundo fático que não podem ser olvidadas pelos juristas.

Considerando que os direitos sociais estão na esteira dos direitos fundamentais do ser humano, tem-se, como decorrência, que eles se subordinam à regra da auto-aplicabilidade, ou seja, aplicação imediata, conforme preceitua o artigo 5º, §1º, da Constituição Federal.

Cabe ressaltar que após a data de 1948, vários tratados internacionais reafirmaram que os Estados têm a obrigação de promover e proteger o direito à moradia digna e, já existem inúmeros textos diferentes da ONU que reconhecem tal direito. Apesar disso, a implementação deste direito ainda é um grande desafio aos entes públicos.

---

[369] Constituição Federal, artigo 6º, no site do: (planalto.gov.br).

A política urbana brasileira começa com estes normativos a dar um passo importante avançando com o Estatuto da Cidade (lei 10.257/2001), que tem como objetivo o ordenamento do pleno desenvolvimento das funções sociais da cidade e da propriedade urbana, mediante algumas diretrizes como exemplo a gestão democrática por meio da participação da população.

A luta pela posse e propriedade da terra é histórica na humanidade. Já na Antiguidade iniciou o processo de individualização e valorização da terra enquanto um bem particular, tendo sido consolidado na Idade Moderna, embora haja ordenamentos jurídicos no Estado Democrático de Direito.

"A propriedade da terra, antes de ser um instituto jurídico, é substancialmente um fenômeno social"[370], ou seja, ao surgir no "ordenamento jurídico como direito, preexistia como instituição social, política e econômica, pois a propriedade antecede a sua juridicização"[371].

> De onde provém a crise da habitação? Como nasceu? [...] ela é produto da forma social burguesa: uma sociedade não pode existir sem problemas de habitação quando uma grande massa de trabalhadores dispõe apenas do seu salário, isto é, da soma dos meios indispensáveis à sua subsistência e à sua reprodução; quando os melhoramentos mecânicos deixam massas de operários sem trabalho; quando violentas e cíclicas crises industriais determinam, por um lado, a existência de um grande exército de reserva de desempregados e, por outro lado, atiram periodicamente à rua volumosa massa de trabalhadores; quando os proletários se amontoam nas grandes cidades, vindos do campo, sem seus meios de produção, e isso se dá num ritmo mais rápido que a construção de habitações nas circunstâncias atuais e se encontram sempre inquilinos para a mais infeta das pocilgas; quando, enfim, o proprietário de uma casa, na qualidade de

[370] PRADO JÚNIOR, Caio. **A questão agrária no Brasil**. 5. ed. São Paulo: Brasiliense, 2007, p. 15.
[371] PAGANI, Elaine Adelina. **O direito de propriedade e o direito à moradia:** um diálogo comparativo entre o direito de propriedade urbana imóvel e o direito à moradia. Porto Alegre: EDIPUCRS, 2009, p. 23.

capitalista, tem não só dinheiro, mas também em certa medida, graças à concorrência, o dever de exigir, sem escrúpulos, aluguéis elevados.[372]

Dentre as principais vertentes da exclusão no meio rural encontra-se a individualização e a mercantilização da terra, a qual pode ser definida como Questão Agrária, calcada nas relações pré capitalistas. Sendo assim, o direito de permanecer na terra foi alterado com a nova concepção capitalista iniciada na Europa, que mudou as relações entre o capital e o trabalho, através da livre concorrência econômica, baseada no lucro, tendo como substrato a propriedade privada (incluindo a terra), o assalariamento do trabalho e o intercâmbio em dinheiro[373].

O desenvolvimento do capitalismo, conforme o pensamento marxista teve impacto primeiramente o campo, pois com o surgimento de uma nova classe, formada por nobres e burgueses, arrendavam terras de senhores aristocratas, aos quais pagavam renda em forma de aluguel e empregavam trabalhadores sem terra para trabalhar nela e obterem lucro[374].

Como resultante desse processo ocorreu o empobrecimento da população rural, o qual se espraiou para o meio urbano[375]. Nesse cenário, conforme os estudos produzidos por Linhares, a pobreza não foi inaugurada pela Revolução Industrial, porque já existia nos campos: "[...] Ela muda de lugar, do campo para a cidade. Antes, as crises essencialmente de abrangência rural, estenderam-se para as cidades, cuja população cresceu na medida em que aumentaram os excedentes do campo"[376].

Há de ser considerado que a temática da questão agrária no Brasil não é essencialmente um problema de terras, ou de ausência de terras; se fosse, poderia ser resolvido a qualquer momento, caso houvesse vontade política e a

---

[372] ENGELS. Friedrich. **A questão da habitação**. Tradução de Aldeia Global. Belo Horizonte: Aldeia Global, 1979, p. 24.
[373] LINHARES, Maria Yedda; SILVA; Francisco Carlos Teixeira da. **Terra Prometida:** uma história da questão agrária no Brasil. Rio de Janeiro: Campus, 1999.
[374] LINHARES e SILVA, *op. cit.,* p. 13.
[375] LINHARES, Maria Yedda; SILVA; Francisco Carlos Teixeira da. **Terra Prometida:** uma história da questão agrária no Brasil. Rio de Janeiro: Campus, 1999.
[376] LINHARES, Maria Yedda; SILVA; Francisco Carlos Teixeira da. **Terra Prometida:** uma história da questão agrária no Brasil. Rio de Janeiro: Campus, 1999, p. 12.

quebra do monopólio dos poucos empresários agrários que dispõem da terra e de suas riquezas como reserva de valor e meio de acesso aos favores fiscais e creditícios das políticas governamentais. Isso porque, no sistema capitalista, pouco importa se em um pedaço de chão produza soja ou feijão, mas, sim, que produza lucro[377].

A partir do fortalecimento do setor industrial – de 1930 a 1970 – houve uma mudança drástica no processo de urbanização, quando a população praticamente dobrou, especialmente em razão do maciço investimento – e priorização – na industrialização por parte do Estado e da burguesia emergente no país, em contraposição aos problemas do campo que ficaram esquecidos, incentivando a saída em massa dos trabalhadores, sem que eles recebessem a devida contrapartida na cidade[378].

É diante desse contexto que a questão da luta pela terra, e consequente pleito pelo direito de morar passa a ser potencializado, se apresentando como uma das principais mazelas sociais da população empobrecida na conjuntura capitalista. No aprofundamento dessa discussão surge a necessidade de elucidar que o acesso ao direito de morar perfaz um trajeto de luta e resistência por parte das camadas populares que se tornou indispensável para as conquistas históricas no plano da produção habitacional.

É imperioso destacar que, nesse contexto, o entendimento jurídico sobre as terminologias que perpassam o acesso à moradia são essencialmente necessários para a compreensão ampliada desse tema. Assim,

> [...] O **domicílio** é a sede jurídica da pessoa natural, onde ela se presume presente para efeitos de direito e onde exerce ou pratica, habitualmente, seus atos e negócios jurídicos, sendo o domicílio a qualificação jurídica atribuída pela lei para reconhecer o local da pessoa e o centro de suas atividades. A residência é o lugar em que a pessoa natural habita, com intenção de permanecer, mesmo que dele se ausente temporariamente. A **residência**, pelo direito positivo, é o local onde a pessoa se fixa ou efetivamente

---

[377] SILVA, José Graziano da. **O que é questão agrária**. São Paulo: Brasiliense, 2001.
[378] SANTOS, Ângela Moulin Simões Penalva. **Política urbana no contexto federativo brasileiro:** aspectos institucionais e financeiros. Rio de Janeiro: EdUERJ, 2017, p. 18.

habita, com intenção de permanecer, podendo, por vezes, identificar-se com domicílio, quando haja a existência de várias residências onde alternativamente viva ou tenha vários centros de ocupações. Já a noção de habitação tem como prisma uma relação de fato, sendo o local em que a pessoa permanece, temporária ou acidentalmente. A **habitação** conceitua-se como o direito ao exercício de uma faculdade humana conferida a alguém por norma jurídica ou por outrem, permitindo a fixação em um lugar determinado, não só física, como também onde se fixam os interesses naturais da vida cotidiana, exercendo-os, porém, de forma temporária ou acidental, iniciando-se e extinguindo-se sobre determinado local ou bem, tratando-se de uma relação de fato, sendo, porém, a relação humana e imóvel, objeto de direito, logo tutelável juridicamente. A **moradia**, conceitualmente, é um bem da personalidade, com proteção constitucional e civil. É um bem irrenunciável da pessoa natural, indissolúvel da sua vontade, exercendo-se de forma definitiva pelo indivíduo; secundariamente, recai o seu exercício em qualquer pouso ou local, mas é objeto de direito protegido juridicamente. O bem moradia é inerente à pessoa e independente de objeto físico para a sua existência e proteção jurídica. Existe independentemente de lei, porque também tem substrato no direito natural [...][379]. [grifos do autor]

Para além da questão conceitual jurídica da moradia, convém destacar que o ato de morar faz parte da natureza humana e possui um conteúdo econômico, político e social. Assim, não se pode perder de vista que antes de se tornar um direito, o homem já morava. Já estabelecia suas relações sociais em seu contexto habitacional.

A habitação é definida, de acordo com o dicionário das ciências humanas, como o "espaço circunscrito à vida cotidiana de um grupo humano no qual são distribuídas as unidades habitacionais. Esta distribuição reflete

---

[379] SOUZA, Sérgio Iglesias Nunes de. **Direito à moradia e de habitação:** análise comparativa e suas implicações teóricas e práticas com os direitos de personalidade. 2. ed. São Paulo: Revista dos Tribunais, 2008, p. 45-46.

simultaneamente as relações sociais, as relações com o meio e as representações que cada sociedade faz do próprio espaço"[380].

3. O ACESSO AO DIREITO DE MORAR: A PRODUÇÃO HABITACIONAL DESENVOLVIDA PELA COMPANHIA ESTADUAL DE HABITAÇÃO DO RIO DE JANEIRO (CEHAB-RJ)

A casa, o espaço doméstico, e a vida familiar constituem o fundamento da vida social no Brasil. Essa discussão encontra-se presente em importantes obras do pensamento social brasileiro, como: *Populações Meridionais no Brasil*, de Oliveira Vianna[381], *Casa Grande & Senzala* e *Sobrados e Mucambos*, de Gilberto Freyre (1933; 1936); *Carnavais, malandros e heróis e a Casa e a Rua*[382] e *Quando a rua vira casa*[383].

Esta centralidade pode ser observada em diferentes situações da vida social no Brasil e encontra-se presente em um vasto imaginário que vai da música popular, teatro, cinema, literatura até a cultura de massas, muito particularmente as novelas, principal programa de televisão do país, desde a criação da televisão no Brasil[384].

Kopper sustenta que a concessão variável de cidadania erigiu-se sob a forma de um acesso restrito ao direito e à terra; nesse cenário, a casa própria representa, simultaneamente, a possibilidade (de outro modo improvável) de

---

[380] GUIMARÃES, Eduardo Cotrim. Espaços urbanos da habitação: globalização e identidade. In: GOMES, Maria de Fátima Cabral Marques; PELEGRINO, Ana Izabel de Carvalho (orgs.). **Política de habitação popular e trabalho social**. Rio de Janeiro: DP&A, 2005. p. 59-76, p. 60.
[381] VIANNA, Oliveira. **Populações meridionais do Brasil**. 4. ed. São Paulo: Nacional, 1938.
[382] DA MATTA, Roberto. **A casa e a rua. Espaço, cidadania, mulher e morte no Brasil**. Rio de Janeiro, Rocco, 1997.
[383] MELLO, Marco Antonio da Silva; VOGEL, Arno, SANTOS, Carlos Nelson Ferreira dos. **Quando a rua vira casa**: a apropriação de espaços de uso coletivo em um centro de bairro. Rio de Janeiro, IBAM, 1981.
[384] TORQUATO, Shirley Alves. **Casa nova, vida nova**: Consumo, despesas e orçamento doméstico entre moradores do PAC do Morro do Preventório. Tese (Doutorado em Antropologia). Niterói: PPGA-UFF, 2013.

mobilidade econômica ascendente por meio da ocupação diferenciada do território ou do espaço social[385].

Nesse sentido, ter ou não ter uma casa é um critério social relevante para marcar posições e identidades em nossa sociedade. Na vida adulta, "ter uma casa própria" torna-se praticamente uma "obrigação moral", especialmente se os adultos em questão formam uma família. A "casa" é o principal patrimônio que se passa para os filhos e seus descendentes e, de longe, é o mais importante projeto de vida para milhares de pessoas.

Buscando efetivar o enfrentamento à problemática do déficit habitacional no estado do Rio de Janeiro, em 1962, através da Lei nº 263 de 29 de dezembro de 1962, foi criada a Companhia Estadual de Habitação do Rio de Janeiro (CEHAB-RJ)[386]. A referida empresa estatal surge com o objetivo de construir casas populares no contexto do fomento ao acesso ao direito de morar.

Os primeiros conjuntos habitacionais foram construídos com recursos do Programa Aliança para o Progresso, financiado pelos Estados Unidos. Inicialmente foram construídas na zona oeste da cidade do Rio de Janeiro, mais de três mil moradias, a saber: Vila Aliança (2.183 casas), em Bangu; Vila Esperança (464 casas), em Padre Miguel; e Vila Kennedy (5.054 casas), em Senador Camará.

A demanda constituída inicialmente para essas áreas foi essencialmente caracterizada por moradores desalojados de comunidades erradicadas na Zona Sul, como o Morro do Pasmado, em Botafogo, e a Favela da Praia do Pinto, entre o Leblon e a Lagoa. Com moradores que também foram alvo de processo de remoção da Zona Norte, como da favela Maria Angu, entre a Penha e Ramos, e da extinta Favela do Esqueleto, no terreno onde mais tarde foi erguida a Universidade do Estado do Rio de Janeiro, no Maracanã.

Ainda no início da década de 1960, a Companhia também construiu na capital os conjuntos Dona Castorina, no Jardim Botânico, Álvaro Ramos, em Botafogo, Marquês de São Vicente, na Gávea, e Santo Amaro, na Glória. Os

---

[385] LEFEBVRE, Henri. **O espaço, a cidade e o "direto à cidade"**, 2006.
[386] CEHAB. Disponível em: www.cehab.rj.gov.br/historico.asp.

imóveis foram destinados, preferencialmente, a servidores públicos de menor renda. Com um total de 7.981 unidades habitacionais, esses projetos beneficiaram cerca de 40 mil pessoas.

A partir de 1964, com a criação do Banco Nacional da Habitação (BNH) e a disponibilização de recursos do FGTS para financiar a habitação popular, a CEHAB-RJ ampliou seus investimentos e construiu dezenas de outros conjuntos habitacionais. Destaca-se o Conjunto Dom Jaime Câmara, em Padre Miguel, com sete mil unidades e uma população de 35 mil pessoas, que foi considerado na época da inauguração o maior projeto habitacional da América Latina.

Além da produção habitacional, a CEHAB-RJ também atua desenvolvendo programas de reforma dos conjuntos habitacionais. É o caso, por exemplo, do conjunto Prefeito Mendes de Moraes, em Benfica, conhecido popularmente como Pedregulho. Considerado um marco da arquitetura moderna – projetado por Affonso Reidy, com painéis de Cândido Portinari e paisagismo de Roberto Burle Marx – o conjunto tombado pelo IPHAN passou por um delicado processo de restauro que manteve suas características originais.

As intervenções da CEHAB-RJ, porém, vão além da construção e reforma de casas, incluem obras de infraestrutura de urbanização em áreas já consolidadas e ações de regularização fundiária.

4. OS DESAFIOS DO ACESSO AO DIREITO DE MORAR: DIFICULTADORES DO PROCESSO DE REGULARIZAÇÃO FUNDIÁRIA

A Regularização Fundiária, num conceito amplo e geral, trata-se de garantias para uma não exclusão geográfica, não remoção e salvaguarda da segurança fundiária, jurídica e social. Num conceito mais restrito, o direito à regularização do imóvel urbano popular, qual seja, o título de propriedade, concessão de direito real de uso e outros elencados na legislação, constituindo um documento jurídico que possa ser registrado no Cartório de Registro de Imóveis.

O processo da regularização fundiária instaurado pelo Poder Público, todavia, é deveras um desafio, com muitos entraves administrativos, judiciais e cartoriais pelo caminho. Entende-se que a regularização não se esgota apenas na titulação dos moradores das áreas e núcleos informais, com os seus títulos registrados.

As intervenções compreendem ações integradas de caráter físico, urbanístico, jurídico, ambiental e social, que têm por finalidade a garantia de moradia digna, contribuindo assim, com o empoderamento dos moradores em seus locais de pertencimento, como estratégia de se evitar, ou pelo menos a tentativa, o processo da gentrificação, resultante da urbanização das áreas e da legalização das ocupações através da existência jurídica da terra, uma vez que, sendo o reconhecimento da posse o seu processo final, incorporam-se esses territórios ao ordenamento territorial urbano formal.

Com o novo marco regulatório da matéria – a Lei Federal n. 13.465/2017 (e alterações) – propõe-se simplificar o processo de regularização fundiária, com adoção de medidas que estabeleçam padrões de parcelamento da terra e uso e ocupação do solo, que condizem com as tipicidades locais.

É fundamental propor uma ampla discussão acerca das dificuldades que circundam a problemática da regularização, o acesso à terra urbana dotada de infraestrutura e à moradia com inserção e conexões urbanas adequadas, com especial atenção às discussões sobre a aplicação do Processo da Regularização Fundiária na Cidade e no Estado do Rio de Janeiro, e seus instrumentos de aplicabilidade para reduzir o déficit habitacional.

Assim, em tempos de crise sanitária e econômica, tem-se uma governança de forma mais planejada, com o desenvolvimento de políticas públicas no campo jurídico e do planejamento urbano que visam a ampliar a oferta por moradia digna e segura, destinando parte dos recursos em programas habitacionais, de forma a ampliar a oferta por moradia digna e segura, incentivando a diversidade socioeconômica.

Para a Professora Arícia Fernandes Correia, em seu livro *Teoria, Práxis e Pesquisa*, edição 2017[387], para ser plena, a Regularização Fundiária deve conter tanto o viés urbanístico, que requer o processo de urbanização prévia das áreas de intervenções do Poder Público, mediante aporte de infraestrutura urbana, até o plano de desenvolvimento local específico que trata da oficialização dos logradouros e do desenvolvimento e adoção de uma legislação que estabeleça padrões de urbanização, parcelamento da terra e uso e ocupação do solo, que condiz com a tipicidade das diversas áreas e núcleos urbanos informais na Cidade e no Estado, quanto o fundiário.

Utilizando-se também dos estudos da Professora Ângela Penalva, em seu livro "*A Política Urbana no contexto Federativo Brasileiro*", capítulo 1[388], é ressaltado o contexto da evolução da Política Urbana no Brasil, marcada pelo início no século XX, partindo de uma base econômica exportadora agrícola para uma base industrial.

Anteriormente ao período da base industrial no Brasil, aproximadamente 17% dos habitantes viviam nas grandes cidades, situação que foi modificada no período industrial, após migrações em grande escala para as cidades, notadamente São Paulo e Rio de Janeiro, está então Capital do país.

O Brasil experimentou um grande processo de urbanização de suas cidades, em especial as capitais brasileiras, com investimentos em obras de urbanização e infraestrutura, com anseios das classes trabalhadoras por moradias mais próximas de seus trabalhos, em razão do pouco investimento em transportes públicos.

Importante destacar que sobre a legislação fundiária constituída ao longo do processo da história, reproduz as políticas implementadas para fins econômicos, com demonstração de interesses e prioridades para as elites desde a sua colonização.

---

[387] CORREIA, Arícia Fernandes. **Direito da Regularização Urbana Plena**. Juiz de Fora: Editar Editora Associada Ltda, 2017.

[388] SANTOS, Ângela Moulin Simões Penalva. **Política urbana no contexto federativo brasileiro:** aspectos institucionais e financeiros. Rio de Janeiro: EdUERJ, 2017, p. 18.

O sistema jurídico brasileiro no tocante ao acesso a terra consolidou de forma a privilegiar determinadas classes sociais, conforme afirma Holston, vai além de suas conclusões, desnudando que após um século subordinado a transferência de terras às restrições jurídicas, bem como os procedimentos administrativos, "essa elite criou, com sucesso, uma trama invencível da incongruência dos textos, da contradição dos dispositivos, do defeituoso mecanismo das repartições e ofícios de governo, tudo reunido num amontoado constrangedor de dúvidas e tropeços".

Holston descreve o seguinte sobre as elites brasileiras:

> Essas mesmas elites mandavam seus filhos para a Universidade de Coimbra, em Portugal, onde estudavam Direito. Ao retornarem, iam completar os altos escalões das carreiras políticas e jurídicas, o que ocorreu tanto antes quanto depois da Independência. Como juízes, legisladores, políticos, administradores e dirigentes de Estado, essas elites formavam os quadros dos governos locais e dos tribunais, arranjavam leis para impor perdas às propriedades de seus oponentes, manipulavam as regras que incidiam sobre a herança, obtinham concessões a mais através de discretos e longínquos contatos familiares – através dos quais também arranjavam casamentos – e apossavam-se de terras, fossem elas devolutas, estivessem elas sob disputa.

Assim, tem-se a formação do Estado e os seus respectivos processos e dinâmicas históricas, políticas com as terras brasileiras, culminando nas ocupações do solo urbano e sua origem à dita formalidade e informalidade[389].

O déficit habitacional na realidade brasileira se manifestou nos baixos níveis de desenvolvimento socioeconômico de parte considerável da população nacional, que não tem acesso à oferta do mercado formal do sistema financeiro imobiliário, com isso não sendo capaz de gerar o volume suficiente de habitações, além de não ser objeto pleno de políticas habitacionais sociais com

---

[389] SEELENBERGER, Sergio H. Políticas Habitacionais e Desenvolvimento, citado pelos autores: Mota, Maurício Jorge Pereira - Torres, Marcos Alcino de Azevedo e Moura, Emerson Affonso da Costa. **Direito à Moradia e Regularização Fundiária**. Rio de Janeiro: Lumen Juris, 2018, p. 12.

a concessão de subsídios pelo Estado Brasileiro face os seus limites financeiro-orçamentários.

Retorna-se, assim, ao advento da Lei Federal nº 13.465/2017, na qual se buscam nos princípios da economia e celeridade processuais fundamentos para instituir um procedimento administrativo menos burocrático e moroso no âmbito da regularização fundiária de imóveis urbanos em áreas e núcleos urbanos informais.

5. O PROCESSO DA REGULARIZAÇÃO FUNDIÁRIA NO ÂMBITO DO MUNICÍPIO DO RIO DE JANEIRO

A ordem legal urbana confere um papel preponderante aos Municípios como ente federativo para atuar no campo legislativo, administrativo e econômico na promoção das políticas de desenvolvimento urbano, no planejamento e ordenamento de uso e ocupação de seu território (urbano e rural) e na promoção de políticas públicas que propiciem o pleno desenvolvimento das funções sociais da cidade, da propriedade e do bem-estar de seus habitantes. No entanto, essas responsabilidades não excluem de forma alguma as responsabilidades e competências da União e dos Estados para enfrentar os problemas urbanos.

A Regularização Fundiária de Áreas de Especial Interesse Social (AEIS) na política habitacional da Cidade do Rio de Janeiro tem como pressuposto a urbanização das áreas e núcleos, com intervenções integradas, destacando o aspecto de Regularização Plena dos assentamentos de baixa renda[390].

Neste sentido, a medida da aplicabilidade da nova Lei Federal nº 13.465/2017 está atrelada ao exercício da autonomia municipal pela Lei Orgânica Municipal, pelo Plano Diretor e pelas Legislações Municipais, uma vez que é o Município que deve ditar e aplicar a Política Urbana da Cidade.

---

[390] MANUAL DA REGULARIZAÇÃO FUNDIÁRIA PLENA – Secretaria Nacional de Programas Urbanos – então Ministério das Cidades. Definição elencada pela ONU-Habitat - Tema Cidades.

A Regularização Fundiária aplicada no Município do Rio de Janeiro compreende ações de caráter físico, urbanístico, jurídico, ambiental e social com a finalidade de garantir a moradia digna, de forma a incorporar os núcleos urbanos informais ao ordenamento territorial urbano.

No tocante à aplicação nas comunidades e núcleos urbanos informais, trata da oficialização dos logradouros e do desenvolvimento e adoção de uma legislação que estabeleça padrões de urbanização, parcelamento da terra e uso e ocupação do solo, condizente com a tipicidade local e capaz de gerar um sistema efetivo de controle urbanístico e a proteção do meio ambiente.

Isto posto, a aprovação de projetos de alinhamento e de loteamento adaptados à realidade das áreas e o reconhecimento de logradouros propiciam a atribuição de um endereço formal e a possibilidade de concessão de licença e habite-se às moradias promovendo o reconhecimento jurídico e formal de sua existência.

A questão fundiária cuida dos temas relacionados às pesquisas de projetos incidentes nas áreas ocupadas informais, do levantamento das titularidades originais e das ações necessárias à efetivação da existência jurídica da terra, seja através da instituição de autos de demarcação ou acordos com as outras esferas administrativas que permitam a atuação da Prefeitura no local, e a promoção do registro dessas áreas com a criação de matrícula própria necessária à aprovação dos PAA/ PALs e posterior registro e titulação de seus ocupantes através do título de propriedade, da concessão do direito real de uso, da concessão de uso especial para moradia ou instrumento similar.

Para o alcance desses objetivos, além dos trabalhos técnicos específicos de regularização, há ainda o trabalho dos POUSOS[391] (Postos de Orientação Urbanística e Social), que atuam como postos avançados da Prefeitura do Rio dentro das favelas previamente beneficiadas por programas de urbanização, nas atividades de sensibilização e orientação a serem desenvolvidas de forma coordenada entre técnicos sociais e urbanistas, em busca da adesão dos moradores aos processos de reconhecimento de logradouros e desenvolvimento

---

[391] CASTRO, Tânia Lima Albuquerque e. ´D. Posto de Orientação Urbanística e Social – Pouso, A Consolidação de Novos Bairros, 2008.

de legislação própria e em que são abordadas as questões da regularização da edificação e do domínio, orientando os moradores locais quanto às possibilidades, caminhos e importância da regularização, além dos seguintes serviços de orientação acerca de melhorias habitacionais e regularização.

Para análise das áreas dos assentamentos informais, o Município considera, dentre outros, a possibilidade de urbanização, existência ou não de áreas de risco, necessidade de realocações e tamanho dos assentamentos, resultando em uma matriz para priorizar as intervenções.

Consideram-se os fatores facilitadores ou dificultadores para o desenvolvimento dos serviços como titularidade das áreas, segurança pública e tempo necessário para execução dos serviços tendo em vista os diversos prazos contratuais da Municipalidade com os diversos atores financiadores dos Projetos de Regularização Fundiária.

Após as avaliações, são eleitas as áreas para priorização a regularização urbanística e fundiária com o estabelecimento de metas possíveis, como já dito dentro dos prazos contratuais.

Além de recursos próprios, a Prefeitura do Rio de Janeiro conta com outros agentes financiadores, tais como a Caixa Econômica Federal, além do apoio de parceiros internacionais como o Banco Interamericano de Desenvolvimento, através do PROAP[392] – Programa de Urbanização de Assentamentos Populares, fases I, II e III, e dos Estados-Membros da União Europeia.

Assim, as intervenções integradas nos assentamentos de baixa renda, além de consolidar as obras de urbanização, promove através da regularização fundiária a permanência da população na terra, reconhecendo-lhes o direito e garantindo a segurança da posse, podendo chegar a conceder ao morador o acesso ao título de propriedade ou de concessão de direito de uso, ou outro instrumento legal.

Cumpre ressaltar a Agenda Internacional ONU 2030, relativa ao desenvolvimento sustentável das Cidades, que constitui metas, norteadores e

---

[392] PROAP (Programa de Regularização de Assentamentos Populares).

perspectivas definidas para a proteção da dignidade e a qualidade de vida para todos os seres humanos do planeta, com proteção ao meio ambiente, e, consequentemente, as gerações futuras.

Assim, a Cidade do Rio de Janeiro, com histórico de liderança na agenda de sustentabilidade, tendo sido sede da Conferência das Nações Unidas sobre Meio Ambiente e Desenvolvimento (Rio 92) em 1992, seguida pela Conferência das Nações Unidas sobre Desenvolvimento Sustentável (Rio + 20) em 2012, com atuação pela participação de governos locais na agenda internacional de desenvolvimento urbano sustentável, culminando com a edição do Plano de Desenvolvimento Sustentável da Cidade do Rio de Janeiro.

6. CONSIDERAÇÕES FINAIS

O usufruto equitativo das cidades, dentro dos princípios de sustentabilidade, democracia, equidade e justiça social, é um direito coletivo dos habitantes das cidades, em especial dos grupos vulneráveis e desfavorecidos, que lhes confere legitimidade de ação e organização, baseado em seus usos e costumes, com o objetivo de alcançar o pleno exercício do direito à livre autodeterminação e a um padrão de vida adequado. O Direito à moradia digna com acesso a Cidade, integrando aos princípios do Direito à Cidade, sendo este interdependente a todos os direitos humanos internacionalmente reconhecidos, concebidos integralmente, e inclui, portanto, todos os direitos civis, políticos, econômicos, sociais, culturais e ambientais que já estão regulamentados nos tratados internacionais de direitos humanos. Este supõe a inclusão do direito ao trabalho em condições equitativas e satisfatórias, de fundar e filiar-se a sindicatos, de acesso à seguridade social e à saúde pública, de alimentação, vestuário e moradia adequados, de acesso à água potável, à energia elétrica, o transporte e outros serviços sociais, a uma educação pública de qualidade, o direito à cultura e à informação, à participação política e ao acesso à justiça, o reconhecimento do direito de organização, reunião e manifestação, à segurança pública e à convivência pacífica. Inclui também o respeito às minorias e à pluralidade étnica, racial, sexual e cultural, e o respeito aos migrantes.

Como bem descreve a Professora Raquel Rolnik, o Direito à Moradia digna equivale à abertura de um portal para a entrada de todos os direitos[393] acima descritos e reflete ao cidadão o pleno uso e gozo dos seus direitos e garantias fundamentais.

Universalizar o acesso à moradia plena para pessoas excluídas do processo é papel de todos os entes da federação, não só dos municípios brasileiros, mas da União Federal por meio da edição de legislação geral sobre o tema, além do fomento aos financiamentos através das agências públicas, os Estados pela Secretaria Estadual de Infraestrutura e Obras – SEINFRA, o Instituto de Terras e Cartografia do Estado do Rio de Janeiro – ITERJ e a Companhia Estadual de Habitação do Rio de Janeiro – CEHAB - Companhia Estadual de Habitação do Rio de Janeiro, em seus diversos imóveis inseridos em Conjuntos Habitacionais pela Cidade, tendo papel preponderante nas áreas sociais, urbanísticas, administrativas e jurídicas em "regularizar para dignificar".

REFERÊNCIAS BIBLIOGRÁFICAS

CORREIA, Arícia Fernandes. **Direito da Regularização Urbana Plena**. Juiz de Fora: Editar Editora Associada Ltda, 2017.

SANTOS, Ângela Moulin Simões Penalva. **Política urbana no contexto federativo brasileiro:** aspectos institucionais e financeiros. Rio de Janeiro: EdUERJ, 2017.

SEELENBERGER, Sergio H. Políticas Habitacionais e Desenvolvimento, citado pelos autores: Mota, Maurício Jorge Pereira - Torres, Marcos Alcino de Azevedo e Moura, Emerson Affonso da Costa. **Direito à Moradia e Regularização Fundiária**. Rio de Janeiro: Lumen Juris, 2018.

MANUAL DA REGULARIZAÇÃO FUNDIÁRIA PLENA – Secretaria Nacional de Programas Urbanos – então Ministério das Cidades. **Definição elencada pela ONU-Habitat - Tema Cidades**.

---

[393] ROLNIK, Raquel. **Guerra dos Lugares:** a colonização da terra e da moradia na era das finanças. São Paulo: Boitempo, 2015.

ROLNIK, Raquel. **Guerra dos Lugares:** a colonização da terra e da moradia na era das finanças. São Paulo: Boitempo, 2015.

CEHAB. Disponível em: www.cehab.rj.gov.br/historico.asp.

DA MATTA, Roberto. **A casa e a rua. Espaço, cidadania, mulher e morte no Brasil**. Rio de Janeiro, Rocco, 1997.

ENGELS. Friedrich. **A questão da habitação**. Tradução de Aldeia Global. Belo Horizonte: Aldeia Global, 1979.

GUIMARÃES, Eduardo Cotrim. Espaços urbanos da habitação: globalização e identidade. In: GOMES, Maria de Fátima Cabral Marques; PELEGRINO, Ana Izabel de Carvalho (orgs.). **Política de habitação popular e trabalho social**. Rio de Janeiro: DP&A, 2005. p. 59-76.

LINHARES, Maria Yedda; SILVA; Francisco Carlos Teixeira da. **Terra Prometida:** uma história da questão agrária no Brasil. Rio de Janeiro: Campus, 1999.

MELLO, Marco Antonio da Silva; VOGEL, Arno, SANTOS, Carlos Nelson Ferreira dos. **Quando a rua vira casa:** a apropriação de espaços de uso coletivo em um centro de bairro. Rio de Janeiro, IBAM, 1981.

PAGANI, Elaine Adelina. **O direito de propriedade e o direito à moradia:** um diálogo comparativo entre o direito de propriedade urbana imóvel e o direito à moradia. Porto Alegre: EDIPUCRS, 2009.

PRADO JÚNIOR, Caio. **A questão agrária no Brasil**. 5. ed. São Paulo: Brasiliense, 2007.

SAULE JÚNIOR, Nelson. **Direito à cidade:** trilhas legais para o direito às cidades sustentáveis. São Paulo: Parma, 1999.

SILVA, José Graziano da. **O que é questão agrária**. São Paulo: Brasiliense, 2001.

SOUZA, Sérgio Iglesias Nunes de. **Direito à moradia e de habitação:** análise comparativa e suas implicações teóricas e práticas com os direitos de personalidade. 2. ed. São Paulo: Revista dos Tribunais, 2008.

TORQUATO, Shirley Alves. **Casa nova, vida nova:** Consumo, despesas e orçamento doméstico entre moradores do PAC do Morro do Preventório. Tese (Doutorado em Antropologia). Niterói: PPGA-UFF, 2013.

VIANNA, Oliveira. **Populações meridionais do Brasil**. 4. ed. São Paulo: Nacional, 1938.

PARTE III

REGULARIZAÇÃO URBANÍSTICA E MELHORIAS HABITACIONAIS

CAPÍTULO 10

MELHORIAS HABITACIONAIS E ASSISTÊNCIA TÉCNICA POPULAR: FACETAS DA REGULARIZAÇÃO URBANÍSTICA

Arícia Fernandes Correia[394]

Allan Borges[395]

Rafael da Mota Mendonça[396]

Resumo: A dinâmica do processo de urbanização das cidades brasileiras potencializou a formação de assentamentos informais urbanos. Assim, a partir da CRFB/88, com a edição de um capítulo próprio disciplinando a política pública urbana, surge um marco normativo para tratar da regularização fundiária e urbanística. A "regularização" permite trazer para o ambiente formal as inúmeras ocupações urbanas que não estão inseridas no sistema cartorário e no próprio mapa urbano da cidade. Para tanto, o presente trabalho pretende analisar as melhorias habitacionais e a assistência técnica de habitação popular, como elementos essenciais da regularização urbanística de

---

[394] Professora-Adjunta de Direito da Universidade do Estado do Rio de Janeiro. Pós-Doutorado em Direito Público pela Université Paris 1 Panthéon-Sorbonne. Doutora em Direito Público e Mestre em Direito da Cidade pela UERJ. Coordenadora do Núcleo de Estudos, Pesquisa e Extensão em Direito da Cidade (NEPEC). Procuradora do Município do Rio de Janeiro.

[395] Subsecretário de Habitação da Secretaria Estadual de Infraestrutura e Obras do Estado do Rio de Janeiro.

[396] Advogado. Mestre e Doutorando em Direito da Cidade pela Universidade do Estado do Rio de Janeiro – UERJ. Professor do curso de Graduação em Direito da PUC-Rio e dos programas de Pós-Graduação *lato sensu* da PUC-Rio e CEPED/UERJ.

núcleos urbanos informais de baixa renda. Desta forma, é imprescindível considerarmos uma definição de regularização fundiária na sua perspectiva "plena", bem como a estrutura da própria regularização urbanística, constante no plano diretor vigente na Cidade do Rio de Janeiro e na Lei Nacional da Regularização Fundiária (Lei. 13465/2017). A partir dessa leitura, demonstrar-se-á que a assistência técnica popular e as melhorias habitacionais integram o processo de regularização fundiária *lato sensu* e não devem ser consideradas apenas como elementos de regularização urbanística e edilícia, mas, também, como uma forma de o Estado reduzir o déficit habitacional dos milhares de Municípios do país, garantindo melhores condições de vida para seus moradores.

Palavras-Chave: Regularização urbanística. Habitação popular. Assistência técnica.

Abstract: The dynamics of the urbanization process of Brazilian cities enhanced the formation of informal urban settlements. Thus, from CRFB/88, with the edition of a chapter of its own disciping urban public policy, a normative framework emerges to deal with land and urban regularization. The "regularization" allows to bring to the formal environment the numerous urban occupations that are not inserted in the cartorary system, and in the urban map of the city itself. To this end, the present work intends to analyze housing improvements and technical assistance of popular housing, as essential elements of the urban regularization of low-income informal urban centers. Thus, it is essential to consider a definition of land regularization in its "full" perspective, as well as the structure of the urban regularization itself, contained in the master plan in force in the City of Rio de Janeiro, and in the National Law of Land Regularization (Law. 13465/2017). From this reading, it will be demonstrated that popular technical assistance and housing improvements are part of the process of land regularization *lato sensu* and should not be considered only as elements of urban regularization and building, but also as a way of reducing the housing deficit of the thousands of municipalities in the country, ensuring better living conditions for residents.

Key-words: Urban regularization. Popular housing. Technical assistance.

1. INTRODUÇÃO

Direito à cidade formal, do ponto de vista fundiário, pode parecer uma redundância; na cidade informal, porém, a terra muitas vezes ainda está fora não só do registro imobiliário, mas, também, do mapa urbano formal da cidade[397], embora seu grau de vulnerabilidade seja o que mais exija a atuação estatal positiva.

Tratar-se-á, assim, do tema das melhorias habitacionais e da assistência técnica de habitação popular como elementos da regularização urbanística de núcleos urbanos informais de baixa renda, tendo como amostras os processos já adotados no âmbito do Município do Rio de Janeiro e aqueles que estão a ser implementados no respectivo Estado e, como metodologia, o mapeamento normativo específico.

2. REGULARIZAÇÃO URBANÍSTICA

Já houve incontáveis oportunidades de se definir o conceito de **regularização fundiária plena**[398]: a (i) *urbanística*, que diz respeito aos projetos de arruamento e loteamento de uma gleba, à nomeação de sua ruas e espaços públicos, às condições de habitualidade e de segurança das moradias, ao licenciamento urbanístico/edilício e à assistência técnica relativa à construção e eventuais reformas, por exemplo, enquanto a (ii) *fundiária em sentido estrito* seria aquela que se restringiria basicamente à titulação dos imóveis, mediante prévio registro junto ao Registro de Imóveis, seja para a segurança da posse, através de institutos jurídicos como a concessão de direito real de uso, seja para a garantia da propriedade, como no exemplo da legitimação fundiária.

---

[397] Não é o caso do Rio de Janeiro, porém, cujas favelas estão todas mapeadas no SIURB – Sistema de Informações Urbanas, disponível no sítio eletrônico: SIURB - Sistema de Informações Urbanas - www.rio.rj.gov.br

[398] CORREIA, Arícia Fernandes. **Direito da Regularização Fundiária Plena**. Belo Horizonte: Editar, 2017.

A plenitude da regularização fundiária adviria também de sua sustentabilidade do ponto de vista social (*capacitação dos moradores para o mercado de trabalho, em virtude dos custos da regularidade; melhoria das condições de desenvolvimento da personalidade e de habitabilidade*), ambiental (*melhorias habitacionais em geral, em especial questões sanitárias e que provoquem doenças alérgicas e respiratórias; eliminação dos riscos*) e econômico (*criação de trabalho e produção de renda*).[399]

A regularização urbanística de assentamento popular – o núcleo urbano informal de baixa renda a que se refere a Lei Nacional da Regularização Fundiária – compreende uma série de medidas de respectiva integração à Urbe, que vão desde o Projeto de Alinhamento das Ruas (P.A.A.) até a nomeação dos logradouros (*nome das ruas e pra*ças); desde o planejamento urbanístico próprio à comunidade, como o Plano Aprovado de Loteamento (P.A.L.) até às melhorias habitacionais de seus moradores; desde a licença edilícia dos imóveis até a assistência técnica de seus moradores, de modo a garantir segurança, salubridade e adequação às respectivas moradias.

Embora se impute, com razão, à Lei Federal n. 13.465/2017, a pecha de preferir a propriedade à autonomia da posse[400], alguns de seus preceitos normativos, desde sua formulação originária, cuidavam da assimilação, pela legislação formal da Urbe, da conformação urbanística própria às áreas declaradas como de interesse social, de forma a garantir a formalização de padrões urbanísticos que, de outra forma, jamais passariam no teste da legalidade.

Confiram-se exemplos de preceitos normativos que dizem respeito à regularização urbanística e que constam da Lei da Reurb:

> Art. 9º Ficam instituídas no território nacional normas gerais
> e procedimentos aplicáveis à Regularização Fundiária

---

[399] CORREIA, Arícia Fernandes. (Org.) **Direito da Regularização Fundiária Plena Sustentável**. Belo Horizonte: Editar, 2018.

[400] MENDONÇA, Rafael da Mota. A transferência da propriedade como novo modelo de regularização fundiária: Legitimação fundiária e legitimação de posse. In: CORREIA, Arícia Fernandes. (Org.) **Direito da Regularização Fundiária Plena Sustentável**. Belo Horizonte: Editar, 2018. Em breve disponível no sítio eletrônico do Núcleo de Estudos, Pesquisas e Extensão em Direito da Cidade: www.nepec-uerj.br

Urbana (Reurb), a qual abrange medidas jurídicas, urbanísticas, ambientais e sociais destinadas à incorporação dos núcleos urbanos informais ao ordenamento territorial urbano e à titulação de seus ocupantes.

Art. 10. Constituem objetivos da Reurb, a serem observados pela União, Estados, Distrito Federal e Municípios:

I - identificar os núcleos urbanos informais que devam ser regularizados, organizá-los e assegurar a prestação de serviços públicos aos seus ocupantes, de modo a melhorar as condições urbanísticas e ambientais em relação à situação de ocupação informal anterior;

§1º Para fins da Reurb, os Municípios poderão dispensar as exigências relativas ao percentual e às dimensões de áreas destinadas ao uso público ou ao tamanho dos lotes regularizados, assim como a outros parâmetros urbanísticos e edilícios. (grifos nossos)

A regularização urbanística da área e o Projeto de Aprovação de Loteamento (P.A.L.) que é pressuposto do respectivo registro e, por sua vez, da criação de matrículas dos lotes junto aos Registros de Imóveis.

De fato, o Plano Diretor da Cidade do Rio de Janeiro (Lei Complementar Municipal n. 111/2011), ainda vigente – e que se tem como amostra do processo de regularização urbanística neste breve estudo –, prevê que é imprescindível a *pré* delimitação dos "aglomerados subnormais", expressão pejorativa com que desde a década de cinquenta são tratadas as favelas, palafitas e afins pelo IBGE[401], como Áreas de Especial Interesse Social (AEIS) para fins de regularização urbanística e fundiária, embora a Lei da REURB as dispense[402]. Confira-se:

Plano Diretor Carioca

[401] Disponível em: www.ibge.gov.br/geociencias/organizacao-do-territorio/tipologias-do-territorio/15788-aglomerados-subnormais.html. Acesso em: 12 dez. 2021.

[402] Já se tratou da matéria anteriormente: CORREIA, Arícia Fernandes. Áreas de Especial Interesse Social e Núcleos Urbanos Informais. In: CORREIA, Arícia Fernandes (org.). **Direito da Regularização Fundiária Plena Sustentável**, *op. cit.,* pp. 123.

Art. 205. Para viabilizar soluções habitacionais de interesse social, o Município poderá adotar padrões diferenciados de exigências urbanísticas e de infraestrutura mediante a declaração de Áreas de Especial Interesse Social - AEIS, desde que sejam asseguradas as condições de segurança, higiene e habitabilidade das habitações, incluindo equipamentos sociais, culturais e de saúde, espaços públicos, serviço e comércio de caráter local. § 1º Os Programas Habitacionais de Interesse Social – HIS, em Áreas de Especial Interesse Social, serão destinados a famílias de renda igual ou inferior a seis salários mínimos, de promoção pública ou a ela vinculada, admitindo-se usos de caráter local complementares ao residencial, tais como comércio, equipamentos comunitários de educação e saúde e áreas de esporte e lazer, abrangendo as seguintes modalidades.

Lei Federal n. 13.465/2017

Art. 18. O Município e o Distrito Federal poderão instituir como instrumento de planejamento urbano Zonas Especiais de Interesse Social (ZEIS), no âmbito da política municipal de ordenamento de seu território.

§ 1º Para efeitos desta Lei, considera-se ZEIS a parcela de área urbana instituída pelo plano diretor ou definida por outra lei municipal, destinada preponderantemente à população de baixa renda e sujeita a regras específicas de parcelamento, uso e ocupação do solo.

§ 2º A Reurb não está condicionada à existência de ZEIS. (g.n.)

Além dos objetivos e diretrizes comuns aos processos de regularização urbanística e fundiária, disciplinados no Capítulo VIII do Plano Diretor, ações estruturantes próprias à regularização urbanística vêm previstas, em especial, nos art. 232 do Plano Diretor Carioca, bem como na legislação municipal extravagante, mormente naquela que, criando as AEIS, delega poderes ao gestor público, para que fixe seus parâmetros urbanísticos e edilícios por decreto. Confira-se o preceito normativo orgânico:

Art. 232. A regularização urbanística compreenderá:

I. elaboração de legislação específica para o parcelamento e o uso e ocupação do solo prevendo padrões adequados à ocupação da área objeto de regularização;

II. elaboração de projetos de alinhamento para o estabelecimento de limites entre as áreas públicas e privadas;

III. reconhecimento e denominação dos logradouros;

IV. implantação de sistema de fiscalização, acompanhado de esclarecimento e conscientização da população;

V. regularização edilícia dos imóveis, com a concessão do habite-se e a oficialização do endereço;

VI. regularização fiscal dos imóveis e inclusão destes no cadastro imobiliário municipal;

VII. convênios para prestação de assistência técnica às comunidades de baixa renda;

VIII. incentivo às diversas formas de parceria com a sociedade civil.

Assim como precede a titulação, a regularização urbanística deve sucedê-la, num processo dinâmico, constante e dialógico acerca da relevância do ordenamento dos usos alcançada, da não ocupação de áreas *non aedificandi* ou de risco, do trato do espaço público como *de todos* e não *de ninguém*, e, também, através da assistência técnica aos moradores, dentro dos padrões edilícios então incorporados ao direito urbanístico formal da Cidade, ou de melhorias habitacionais, que justamente evitem inadequações habitacionais, riscos à segurança e à saúde dos moradores e promovam incremento da qualidade de vida no local.

Também desta forma se dota a regularização de um viés de sustentabilidade social, ambiental e econômico, quando, por exemplo, também se regularizam usos complementares ao residencial, como o comercial.

É inequívoco, pois, que a assistência técnica popular e as melhorias habitacionais integram o processo de regularização fundiária *lato sensu*.

A matéria relativa à assistência técnica à população de baixa renda mereceu disciplina geral na Lei de Assistência Técnica Popular publicada no âmbito federal e, também, na órbita municipal (no caso carioca, através da lei conhecida como Lei Marielle Franco - Lei nº 6.614/2019 -, pelo respectivo projeto ter sido de sua autoria):

Lei Federal n. 11.888/2008

Art. 1º Esta Lei assegura o direito das famílias de baixa renda à assistência técnica pública e gratuita para o projeto e a construção de habitação de interesse social, como parte integrante do direito social à moradia previsto no art. 6º da Constituição Federal, e consoante o especificado na alínea *r* do inciso V do caput do art. 4º da Lei nº 10.257, de 10 de julho de 2001, que regulamenta os arts. 182 e 183 da Constituição Federal, estabelece diretrizes gerais da política urbana e dá outras providências.

Art. 2º As famílias com renda mensal de até 3 (três) salários mínimos, residentes em áreas urbanas ou rurais, têm o direito à assistência técnica pública e gratuita para o projeto e a construção de habitação de interesse social para sua própria moradia.

§ 1º O direito à assistência técnica previsto no caput deste artigo abrange todos os trabalhos de projeto, acompanhamento e execução da obra a cargo dos profissionais das áreas de arquitetura, urbanismo e engenharia necessários para a edificação, reforma, ampliação ou regularização fundiária da habitação. (g.n.)

Lei Municipal n. 6.614/2019

Art. 1º O Município do Rio de Janeiro poderá prestar às famílias com renda mensal de até três salários mínimos, que possuam um único imóvel e residam no Município há, pelo menos, três anos, assistência técnica pública e gratuita para elaboração do projeto e a construção, reforma, ampliação e regularização fundiária de habitação de interesse social. Parágrafo único. O direito à assistência técnica previsto no caput abrange todos os trabalhos de projeto, acompanhamento e execução de obras e serviços a cargo dos profissionais das áreas de arquitetura e urbanismo e engenharia necessários para a edificação, reforma, ampliação ou regularização fundiária da habitação.

Note-se, pelo critério hermenêutico de que o legislador não se vale de palavras vãs, que, na legislação sobre Assistência Técnica em Habitação de Interesse Social, a regularização fundiária a que se refere é a estrita, sendo as demais ações próprias à urbanística: seja na hipótese de uma reforma habitacional que atenda a uma exigência do licenciamento, seja no cumprimento de exigências outras do próprio projeto de regularização, independentemente de haver titulação ou não.

Contribui para que, uma vez consumada, facilite o processo de regularização fundiária em sentido estrito dos imóveis em adequadas condições habitacionais e conforme às leis urbanísticas mais flexíveis do núcleo urbano informal no qual se localize, ainda que a própria legislação tenha vindo a dispensar o *habite-se*[403].

Aliás, a inadequação habitacional, que contribui para a regularização urbanística de habitações de interesse popular, é um dos elementos que compõem o chamado déficit habitacional brasileiro.

3. O DÉFICIT HABITACIONAL

Com efeito, a eliminação do déficit habitacional nos 5.570 municípios brasileiros exigiria a construção de cerca seis milhões de moradias novas, além de melhorias em cerca de 25 milhões de habitações inadequadas, sendo 11 milhões por problemas de construção.

Os dados são da pesquisa Déficit Habitacional e Inadequação de Moradias no Brasil, realizado pela Fundação João Pinheiro (FJP) e

---

[403] Lei nº 13865, de 08 de agosto de 2019. Altera a Lei nº 6.015, de 31 de dezembro de 1973 (Lei de Registros Públicos), para dispensar o habite-se na averbação de construção residencial urbana unifamiliar de um só pavimento finalizada há mais de 5 (cinco) anos em área ocupada predominantemente por população de baixa renda.

demonstram que ainda há um longo caminho para alcançar o pleno acesso à habitação segura. O estudo, realizado a pedido do Ministério de Desenvolvimento Regional, cruza dados da Pesquisa Nacional por Amostra de Domicílios Contínua (PNADC do IBGE) e do Cadastro Único do Governo Federal (CadÚnico) até o ano de 2019.[404]

Segundo metodologia da Fundação João Pinheiro[405], utilizada pelo IBGE, os componentes a partir dos quais se verifica o déficit habitacional, no Brasil, no período de 2016 a 2019, estão justamente nas condições de moradia dos imóveis: seja dos regularizados, seja dos passíveis de regularização. São os seguintes: (a) ônus excessivo de aluguel urbano; (b) coabitação; e (c) **habitação precária.**

Confira-se a distribuição percentual entre elementos e respectivos subelementos, fixados pelo referido estudo no Brasil, no período de 2016 a 2019, revelando-se a Habitação Precária (subclassificação em Rustica e Improvisada) como parcela significativa do déficit habitacional brasileiro:

Tabela 1 - Déficit habitacional segundo componentes – Brasil – 2016-2019

Especificação	Ano			
	2016	2017	2018	2019
Habitação Precária	1.296.754	1.490.695	1.423.686	1.482.585
Rústicos	760.264	801.668	711.303	696.849
Improvisados	536.490	689.027	712.383	785.736
Coabitação	1.546.103	1.527.259	1.400.701	1.358.374
Cômodos	137.223	117.378	99.546	96.968
Unidades Conviventes	1.408.880	1.409.882	1.301.155	1.261.407
Ônus excessivo aluguel urbano	2.814.391	2.952.708	3.045.653	3.035.739
Déficit Habitacional	5.657.249	5.970.663	5.870.041	5.876.699

Fonte: Dados básicos: INSTITUTO BRASILEIRO DE GEOGRAFIA E ESTATÍSTICA, 2016-2019. Data de extração: 15/12/2018 e 14/11/2020.

Fonte: Fundação João Pinheiro, 2021

Neste sentido, as melhorias habitacionais e a assistência técnica popular não são apenas elementos de regularização urbanística e edilícia, mas, também, meios através dos quais o Estado reduz o déficit habitacional dos milhares de Municípios do país, garantindo melhores condições de vida para os moradores.

---

[404] Dados divulgados pelo Centro de Estatística e Informações da Fundação João Pinheiro e pela Secretaria Nacional de Habitação do Ministério das Cidades, em 19 de dezembro de 2013.
[405] Fundação João Pinheiro. *Relatório Déficit Habitacional no Brasil 2016-2019*, 2021.

O Programa Minha Casa, Minha Vida produziu milhões de unidades habitacionais novas, mas não diminuiu o déficit habitacional brasileiro.[406]

Neste sentido, merece ser tratado como uma Política de Estado e não como uma Política de Governo.

O Município do Rio de Janeiro já realiza processos de regularização urbanística e fundiária há algumas décadas, bem antes da assim intitulada *Lei da Reurb*, mediante legislação própria.

Algumas experiências institucionais merecem destaque[407], ainda que venham a ser ora mencionadas de forma breve:

4. EXPERIÊNCIAS DE REGULARIZAÇÃO URBANÍSTICA NO ÂMBITO DO MUNICÍPIO DO RIO DE JANEIRO

4.1 Gerência de Regularização Urbanística

Institucionalmente, cabe à Gerência de Regularização Urbanística propor a nomeação dos logradouros de assentamentos populares, loteamentos irregulares, conjuntos habitacionais e afins; elaborar o Projeto Aprovado de Loteamento e o projeto de regularização urbanística do local; licenciar obras; bem como as demais ações listadas nos incisos I a VIII do art. 299 da Lei Orgânica Municipal e na legislação local que fixa suas atribuições mais pormenorizadamente.

Os POUSOS, inicialmente, ficavam vinculados a esse órgão, tendo obtido autonomia com o passar do tempo, mas sempre, todos, sob a coordenadoria/subsecretaria superior de regularização urbanística e fundiária.

4.2 Postos de Orientação Urbanística e Social (POUSOS)

No Rio de Janeiro, a experiência da presença multidisciplinar no processo de regularização urbanística e fundiária se deu através dos **Postos de**

---

[406] www.gov.br/cgu/pt-br/assuntos/noticias/2021/04/cgu-divulga-prestacao-de-contas-do-presidente-da-republica-de-2020/relatorio-de-avaliacao-pmcmv . Acesso em: 12 dez. 2021.

[407] Para uma análise aprofundada do atual estágio de estudos sobre a matéria, confira-se, nesta coletânea, o seguinte artigo: ANDRADE, Eric Santos. **Melhorias habitacionais:** Políticas de habitação e recomendações do Banco Interamericano de Desenvolvimento.

Orientação Urbanística e Social (POUSOS)[408], à época do Projeto Favela-Bairro, inaugurado há mais de duas décadas atrás.

Os POUSOS, formados por equipes multidisciplinares de advogados, arquitetos e urbanistas, engenheiros, geólogos, assistentes sociais e estagiários de várias áreas, ficavam instalados junto às comunidades beneficiadas pelo Programa e tinham por uma das funções garantir a assistência técnica permanente de auxílio técnico aos moradores – antes mesmo da existência das leis de assistência técnica de interesse popular –, com vistas à manutenção da segurança das construções, do respeito ao espaço comum e à deliberação democrática acerca da nomeação de suas ruas e suas decisões coletivas mais relevantes e pleitos junto ao Poder Público, para citar alguns de seus exemplos.

A experiência de Parque Royal[409], por exemplo, uma comunidade localizada na Ilha do Governador que fora beneficiária de um dos primeiros Projetos Favela-Bairro, e cujos padrões edilícios vieram a ser fixados por ato normativo do Chefe do Executivo, entre os quais, o gabarito de três andares, demonstrou que a existência do POUSO naquela localidade ao longo do tcmpo contribuiu para que os padrões urbanísticos então adotados no âmbito da comunidade e absorvidos pela legislação municipal se mantivessem preponderantemente inalterados quase duas décadas depois, como pudemos verificar em visita técnica ao local, em 2017, e entrevista aos técnicos da Prefeitura lotados na então Coordenadoria de Regularização Urbanística e Fundiária da (hoje) Secretaria Municipal de Habitação..

4.3 Programa Cartão-Reforma do Governo Federal e Programa Casa Verde e Amarela

Em 2017, o Projeto Cartão Reforma do Governo Federal, de que ficaria incumbidos os órgãos de habitação municipais competentes, foram, dentro da estrutura da referida Coordenação, entregues à compctência dos POUSOS remanescentes junto à Prefeitura da Cidade do Rio de Janeiro, os quais teriam

---

[408] MAGALHÃES, Alex Ferreira. **O Direito das Favelas**. Rio de Janeiro: Letra Capital, 2013.
[409] CORREIA, Arícia Fernandes. **Direito da regularização fundiária plena**. Juiz de Fora: Editar, 2017, p. 137

obviamente um contato mais próximo ao morador, funcionando como postos avançados da Prefeitura dentro das Comunidades.

A despeito da força-tarefa e do cadastramento de centenas de virtuais beneficiários, o programa veio a ser revogado e incorporado ao Programa Casa Verde e Amarela, no intervalo de cuja incorporação se deu uma certa solução de continuidade em relação ao seu desenvolvimento.

O Programa Casa Verde e Amarela absorveu os procedimentos relativos às melhorias habitacionais[410], incorporando-os, de vez, ao conceito de regularização urbanística de núcleos urbanos informais.

As melhorias habitacionais integram o próprio objetivo do programa, nos termos do que disciplina o seu artigo 3º, especialmente nos incisos III e IV, em que deve ser alcançada a melhoria da qualidade da produção habitacional. Seguindo essa linha, a alocação de recursos da União no programa, deve buscar a melhoria da qualidade das moradias, como descreve o artigo 6º, § 1º, I, e artigo 8º, VII e IX, todos da Lei 14.118/2021.

Para ratificar a orientação geral da Lei, a proibição a concessão de subvenções econômicas com a finalidade de aquisição de unidade habitacional por pessoa física não é aplicada na hipótese em que a subvenção é destinada à realização de obras e serviços de melhoria habitacional para assistência a famílias (artigo 12, § 2º, I).

5. DIREITO COMPARADO: REGULARIZAÇÃO FUNDIÁRIA NO PERU[411]

---

[410] Lei nº 14.118, de 12 de janeiro de 2021. Institui o Programa Casa Verde e Amarela; altera as Leis nº 8.036, de 11 de maio de 1990, 8.100, de 5 de dezembro de 1990, 8.677, de 13 de julho de 1993, 11.124, de 16 de junho de 2005, 11.977, de 7 de julho de 2009, 12.024, de 27 de agosto de 2009, 13.465, de 11 de julho de 2017, e 6.766, de 19 de dezembro de 1979; e revoga a Lei nº 13.439, de 27 de abril de 2017.
[411] Edição nº 60 do Projeto Pensando o Direito, do Ministério da Justiça. Pesquisa: Não Tinha Teto, Não Tinha Nada: Porque os instrumentos de regularização fundiária (ainda) não efetivaram o Direito à Moradia no Brasil. Brasília. 2016. Em breve disponível no sítio eletrônico do Núcleo de Estudos, Pesquisas e Extensão em Direito da Cidade: www.nepec-uerj.br.

A regularização fundiária em massa ocorrida nos anos 80/90 no Peru refutou em parte a tese proposta por Hernando De Soto[412], de que a integração dos imóveis ao mercado formal aqueceria a economia e geraria desenvolvimento.

Segundo estudiosos, a titulação em massa: (a) desmobilizou os grupos organizados em torno de demandas coletivas que geravam pressão sobre o governo; (b) não se sobrepujou à importância da demonstração de renda para eventual contratação de empréstimos bancários; (c) não mudou significativamente a vida das pessoas.

A despeito da desnecessidade de urbanização prévia – como no modelo brasileiro – foram nas melhorias habitacionais que a percepção de satisfação dos moradores se fez mais presente.

Júlio Calderón[413] relata que, em relação ao microcrédito obtido junto a organizações sociais após as titulações, a preferência se deu em relação à produção de gastos com melhorias habitacionais e assistência técnica:

> Considerando los créditos para merojamentos de vivienday no aquelles para capital de trabajo, han existido variadas experiências que han ido desde apoyo para la instalación de servicios sanitários, construcción de vivenda inicial y de densificatión o vivenda progressiva para segundas o terceras plantas.

6. PROJETO *NA RÉGUA*

O Estado do Rio de Janeiro, através da Secretaria Estadual de Infraestrutura e Obras, formulou um projeto, já em execução, chamado *Na Régua,* que pretende ir além da experiência carioca e busca através de melhorias habitacionais e assistência técnica de habitação de interesse social (ATHIS) favorecer, neste primeiro momento, vinte e duas comunidades nas quais o Índice de Desenvolvimento Social, do Instituto Pereira Passos, seja

---

[412] SOTO, Hernando de. **O mistério do capital**. Rio de Janeiro: Record, 2001.
[413] CALDERÒN, Julio Abel. **Los pobres urbanos y la propriedade:** políticas y resultados. Editorial Acadêmica Espanhola, 2013, p. 70.

baixo no âmbito de todo o território fluminense, no curto espaço de doze meses de gestão, quais sejam: Conjunto Residencial Oswaldo Cruz, Conjunto Residencial Divino Mestre, Conjuntos dos Bancários, Parque Residencial Dona Regina, Conjunto Residencial Parque Valdariosa I, II e III, Conjunto Habitacional do Crato, Conjunto Residencial Vicente de Carvalho, Conjunto Quitandinha, Conjunto Habitacional Sérgio Fadel, Casinhas do Castelo São Manuel, Conjunto Residencial Ex Combatente, Conjunto Habitacional Jacarezinho, Conjunto Morada da Posse, Conjunto Residencial Darcy Vargas, Conjunto Residencial Parque Marechal Duque de Caxias, Condomínio Pio XII, Condomínio Santo Amaro, Conjunto Habitacional Benjamin Constant, Conjunto Residencial Santa Luzia, Conjunto Residencial Medici, Conjunto Residencial Telefônica e Conjunto Habitacional Luiz Felipe Saldanha da Gama.

Numa parceria com a Universidade do Estado do Rio de Janeiro, em projeto coordenado e executado pelos autores deste ensaio, Arícia Fernandes Correia e Allan Borges, o Estado se debruça sobre o conceito de regularização fundiária plena sustentável e o executa, na medida em que: (i) além de buscar atingir todos os objetivos citados em matéria de melhorias habitacionais e ATHIS, (ii) leva capacitação à mão de obra local, através da Universidade, da qual o capacitado jamais poderá ser alijado e (iii) dinamiza a economia local, somente autorizando que sejam realizadas compras de materiais de construção com o Cartão-Reforma no comércio do próprio entorno ou das próprias comunidades beneficiadas pelo Programa.

Atinge, assim, a sustentabilidade não só ambiental, mas também social e econômica.

Foca-se o Projeto *Na Régua* em três eixos: melhorias habitacionais, ATHIS e regularização fundiária, subtítulo Moradia de Direito, neste caso, uma regularização fundiária em sentido estrito, já que as ações antes apontadas já refletem a faceta urbanística do instituto em sentido lato.

Um dos principais objetivos do Projeto *Na Régua*, a longo prazo, é de que se tenha o Arquiteto de Família, tanto quanto hoje se tem o Médico de Família, junto às comunidades, de forma que o processo de ATHIS se torne permanente, ainda mais num Estado – e numa Cidade – como o Rio de Janeiro, cuja geografia e a desigualdade social contribuem significativamente para a ocupação de áreas ambientalmente vulneráveis por parte da população de baixa renda.

Pequenas intervenções como abertura de janelas, para ventilação do ambiente; transformação de uma escada numa rampa para garantir acessibilidade; concerto de infiltrações responsáveis por doenças alérgicas e respiratórias; conexão à rede de esgoto, para evitar doenças; formas inventivas de aproveitamento do espaço, de melhoria do sistema de aeração e de segurança da habitação são exemplos do que se espera de um programa desse porte.

7. PROJETO CASA DA GENTE E *NA RÉGUA – MORADIA DE DIREITO*

O *Projeto Casa da Gente*, também do Estado do Rio de Janeiro, por sua vez, visa às reformas habitacionais de conjuntos habitacionais construídos pelo Ente Público estadual ao longo das últimas décadas e cujas condições de habitabilidade se encontram, muitas das vezes, em péssimo estado de conservação.

A terceira vertente do *Projeto Na Régua*, a regularização fundiária em sentido estrito – batizada pela UERJ como *Moradia de Direito* -, se desenvolve junto aos conjuntos habitacionais fluminenses, na medida em que, pela legislação, também podem ser considerados núcleos urbanos informais para fins de regularização.[414]

Somada a regularização urbanística dos núcleos urbanos informais de baixa renda à fundiária de conjuntos habitacionais que serão objeto de outro programa da Pasta – o Casa da Gente –, tem-se a plena.

8. CONCLUSÕES

Diante do exposto no presente trabalho, o direito à cidade formal está relacionado com a interação da terra, não só com o registro imobiliário, mas,

---

[414] Para uma análise aprofundada acerca do contexto dos conjuntos habitacionais no Brasil, confira-se, nesta coletânea, o seguinte artigo: CARDOSO, Giselle Maria Custódio. **Os conjuntos habitacionais no Brasil e a regularização fundiária urbana**.

também, com o próprio mapa urbano formal da cidade. Com isso, é possível inserir a temática das melhorias habitacionais e da assistência técnica de habitação popular, como elementos estruturais da regularização urbanística de núcleos urbanos informais de baixa renda.

Seguindo essa linha, a regularização urbanística de assentamentos populares, ou nos termos da Lei Federal n. 13465/2017, núcleo urbano informal de baixa renda, compreende uma série de medidas de integração à cidade, entre elas, as melhorias habitacionais e o empoderamento de seus moradores. A regularização urbanística, caso não preceda, deve suceder à titulação, através da assistência técnica aos moradores, dentro dos padrões edilícios definidos pela legislação urbanística, ou através de verdadeiras melhorias nas habitações, que buscam evitar inadequações habitacionais e os riscos à segurança e à saúde dos moradores.

Com isso, é inequívoco o fato de que a assistência técnica popular e as melhorias habitacionais integram o processo de regularização fundiária *lato sensu*. A assistência técnica à população de baixa renda foi disciplinada de forma específica na Lei de Assistência Técnica Popular publicada no âmbito federal e, também, na órbita municipal (no caso carioca, pela Lei Municipal nº 6.614/2019).[415] Esse fato demonstra o quanto o legislador já reconhece a relevância desses aspectos específicos da regularização urbanística.

De acordo com o que foi exposto no terceiro capítulo do presente trabalho, a inadequação das habitações é um dos elementos que compõem o déficit habitacional, sendo certo, portanto, que privilegiar a melhoria habitacional, é uma forma de combater e reduzir o próprio déficit habitacional brasileiro, além de melhorar a qualidade de vida dos moradores. A Gerência de Regularização Urbanística, os Postos de Orientação Urbanística e Social (POUSOS), são experiências exitosas, nesse sentido, realizadas no Município do Rio de Janeiro.

A partir desse viés da regularização urbanística, o Estado do Rio de Janeiro, elaborou os projetos denominados **Casa da Gente e *Na Régua*** –

---

[415] No curso do projeto, aprovou-se também a Lei Estadual de ATHIS, enquanto produto e vitória dos esforços desenvolvidos na teoria e na prática de sua execução: a Lei Estadual n. 9.861, de 22 de setembro de 2022.

Moradia de Direito. Esses projetos pretendem ir além da experiência do Município do Rio de Janeiro, com a ampliação, por todo o Estado, de uma política de melhorias habitacionais e assistência técnica de habitação de interesse social (ATHIS). Para tanto, foi realizada parceria com a Universidade do Estado do Rio de Janeiro, reforçando o norte de uma regularização fundiária plena sustentável, a partir de três eixos fundamentais: melhorias habitacionais, ATHIS e titulação, neste caso, uma regularização fundiária em sentido estrito.

Desta forma, é possível concluir que a parceria, entre Universidade e ente público, pretende efetivar uma regularização urbanística dos conjuntos habitacionais fluminenses, que leve em conta uma ampliação da qualidade de vida do morador, através de melhorias habitacionais, na busca por uma verdadeira redução do déficit habitacional.

REFERÊNCIAS BIBLIOGRÁFICAS

CALDERÒN, Júlio Abel. **Los pobres urbanos y la propriedade: políticas y resultados**. Editorial Acadêmica Espanhola, 2013.

CORREIA, Arícia Fernandes. **Direito da Regularização Fundiária Plena**. Belo Horizonte: Editar, 2017.

CORREIA, Arícia Fernandes. (Org.) **Direito da Regularização Fundiária Plena Sustentável**. Belo Horizonte: Editar, 2018.

MAGALHÃES, Alex Ferreira. **O Direito das Favelas**. Rio de Janeiro: Letra Capital, 2013.

SOTO, Hernando de. **O mistério do capital**. Rio de Janeiro: Record, 2001.

Capítulo 11

MELHORIAS HABITACIONAIS: POLÍTICAS DE HABITAÇÃO E RECOMENDAÇÕES DO BANCO INTERAMERICANO DE DESENVOLVIMENTO

Eric Santos Andrade[416]

Resumo: Cuida-se de artigo no qual se procura fazer uma comparação da legislação federal e estadual sobre as políticas de habitação e melhorias habitacionais. Para isso, deve se atentar, no que diz respeito às melhorias habitacionais e às políticas de habitação e recomendações do Banco Interamericano de Desenvolvimento. Nesse sentir, se valerá de dados importantes sobre a condução das pesquisas em melhorias habitacionais em favelas inteligentes, coletados no Núcleo de Estudos, Pesquisas e Extensão – NEPEC.

Palavras-chaves: Regularização fundiária. Melhorias Habitacionais. Companhias de Habitação. Direito à moradia digna.

---

[416] Doutorando em Direito pela Universidade do Estado do Rio de Janeiro (UERJ). Mestre em Direito pela Universidade do Estado do Rio de Janeiro (UERJ). Membro da Rede de Pesquisa Interinstitucional em Direito da Cidade da Universidade do Estado do Rio de Janeiro (RPIDC/UERJ) e do Laboratório de Estudos de Direito Administrativo Comparado da Universidade Federal do Estado do Rio de Janeiro (LEDAC/UNIRIO). Membro da Comissão de Direito Administrativo e de Direito da Família e sucessões do Instituto dos Advogados Brasileiros (IAB). Membro do Instituto de Direito Administrativo do Estado do Rio de Janeiro (IDARJ). Advogado.

Abstract: This article seeks to make a comparison of federal and state legislation on housing policies and housing improvements. For this, attention must be paid, with regard to housing improvements, to the housing policies and recommendations of the Inter-American Development Bank. In this sense, it will draw on important data on the conduct of research on housing improvements in smart favelas, collected at the Study, Research and Extension Center – NEPEC.

Keywords: Land tenure regularization. Housing Improvements. Housing Companies. Right to decent housing.

1. MELHORIA HABITAÇÃO COMO INSTRUMENTO DE REGULARIZAÇÃO FUNDIÁRIA

É de suma importância para efetivação da regularização fundiária no Brasil criar um pensamento para além da titulação da propriedade. Certo é que a concessão de títulos de propriedade resulta de um processo que necessariamente atende ao direito de moradia de diversas famílias brasileiras. Contudo, a melhoria habitacional tem um relevante papel frente a concretização desse direito fundamental.

Na realidade, a melhoria habitacional está sopesada em cima da moradia digna quase que integralmente. Por essa vertente da regularização o Poder Público procede com a reforma ou ampliação do imóvel residencial, trazendo-o às condições minimamente dignas para uma família, respeitando diversos direitos fundamentais e da personalidade, como por exemplo, a privacidade, o abrigo e a concretização da identidade cidadã.

O Brasil possui uma diversificação em conjunturas informais, sendo que já ultrapassamos o conceito de assentamentos informais para o de núcleos informais consolidados, consoante está disposto no art. 11, inciso III, da lei 13.465/2017[417]. A melhoria habitacional corresponde a métodos de

---

[417] Essa progressão diz respeito ao assentamento informal que era considerado como área residencial não regular, tratando-se de ocupações ilegais ou locação informal, dada a natureza da posse como único fator de segurança para as moradias clandestinas. Já os núcleos informais consolidados consideram uma infraestrutura urbana consolidada, mesmo que informal,

recuperação, adequação, conclusão, requalificação e reforço estrutural em áreas carentes de ocupação consolidada.

É nesse sentir que a melhoria habitacional pode se adequar a qualquer política habitacional, seja ela de interesse social, seja ela de interesse especial, seja ela como fator a ser aplicado em áreas de ocupação informal, seja ela como fator a ser aplicado em áreas carentes de melhorias de infraestrutura.

Dada a natureza versátil desse instrumento de política urbana, é possível empregar a melhoria habitacional em qualquer contexto sociourbanístico. E frente ao interesse social da CEHAB (Companhia Estadual de Habitação do Rio de Janeiro) alguns pontos importantes deste instrumento devem ser analisados sob a perspectiva da legislação nos conjuntos habitacionais.

Dois devem ser os marcos legais federais a serem estudados: 1) a Lei Federal nº 11.888/2008 (Assistência Técnica Pública e Gratuita); 2) a Lei Federal nº 11.977/09 (Programa Minha Casa Minha Vida); e 3) a Lei Federal nº 14.119/21 (Programa Casa Verde e Amarela). Além disso, foi separado alguns programas de melhorias habitacionais de alguns municípios brasileiros que serão aqui analisados. A partir deste momento será analisado o instrumento da Melhoria Habitacional sob a perspectiva de ambas as legislações, destacando em que medida há uma alteração significativa na sua natureza, conceituação, diretrizes, procedimento e aplicação legal.

2. DAS DIRETRIZES NORMATIVAS DO INSTRUMENTO DA MELHORIA HABITACIONAL

Destacamos o programa desenvolvido pelo Governo do Estado de São Paulo Pró-Lar – Melhorias Habitacionais e Urbanas, tem a finalidade de desenvolver ações voltadas à melhoria e qualidade de vida, conforto da população moradora dos empreendimentos habitacionais e intervenções destinadas às famílias com renda mensal entre um a cinco salários mínimos.

---

considerando a sua expansão tanto vertical quanto horizontal, bem como a correspondência de múltiplos domínios exercidos sobre um mesmo imóvel.

O programa conta com a celebração de convênios entre os municípios de São Paulo com a Secretaria de Habitação, representando o Estado. A matéria está regulamentada no Decreto nº 46.384/2001[418]. É interessante notar que o programa de melhoria habitacional do Estado de São Paulo trabalha com experiências de repasse de recursos financeiros da Secretaria para o Município.

No caso do município de São Paulo pode-se utilizar como parâmetro o Plano Municipal de Habitação – Projeto de Lei nº 619/16[419]. O programa trabalha especialmente com assentamentos precários e se destina aos núcleos informais consolidados ou passíveis de consolidação. O objetivo específico é de minimizar a necessidade de reassentamentos, por meio da realização de reformas ou ampliações das casas, com apoio de assistência técnica pública e gratuita para famílias de baixa renda.

Os parâmetros edilícios dos assentamentos que serão considerados para fins do programa são: 1) estabilidade estrutural; 2) boas condições de conforto ambiental; 3) soluções para a ventilação e iluminação naturais; 4) adequação de instalações sanitárias e elétricas; 5) adequação das infraestruturas às necessidades de seus moradores, inclusive sobre o adensamento domiciliar excessivo.

A modalidade, conforme a legislação municipal, pode obedecer a dois tipos de procedimentos. O primeiro, denominado de melhorias habitacionais integradas, será destinado a comunidades e loteamentos irregulares. O segundo, denominado de melhoria de conjuntos habitacionais irregulares, será um processo voltado para conjuntos habitacionais de interesse social de promoção pública. Este último processo é o que mais interesse no âmbito da CEHAB-RJ, pois na medida em que a proposta é de trabalhar melhorias habitacionais como vertente da regularização fundiária em conjuntos habitacionais.

---

[418] SÃO PAULO. **Decreto nº 46.384, de 14 de dezembro de 2001**. Autoriza a Secretaria da Habitação a, representando o Estado, celebrar convênios com os municípios do Estado de São Paulo, visando à transferência de recursos para implementação do Programa Vida Melhor - Modalidade Pintura e Programa Melhorias Habitacionais - Modalidade Infra-Estrutura.
[419] SÃO PAULO. Projeto de Lei nº 619/16.

O procedimento a ser obedecido segue primeiramente a elaboração de um plano de diagnóstico com a discriminação das características das necessidades habitacionais de um conjunto habitacional. Esse diagnóstico inicial compõe a delimitação dos primeiros contornos das reais necessidades locais, que deve ser colhido por meio de entrevistas e estudos de infraestrutura.

A segunda etapa consiste na definição de critérios de atendimento e de priorização dos beneficiários do programa. Essa questão deve perpassar, na situação dos conjuntos habitacionais de interesse social, pela discriminação dos grupos a serem priorizados. Nesse aspecto, o PMCMV e o PCVA trazem como beneficiários a serem priorizados nas políticas habitacionais: 1) famílias com mulheres responsáveis pela unidade familiar; 2) famílias com pessoas com deficiência; 3) famílias com menores e adolescentes; e 4) famílias com idosos; famílias que sejam beneficiárias do programa bolsa família.

A terceiro etapa consiste na elaboração do projeto, com a discriminação das obras, dos custos e da mão-de-obra. A quarta etapa cuida das ações pós-obras, ou seja, a educação social acerca das regras de uso e ocupação do solo e de convivência; A quinta etapa se destina a conclusão da regulação edilícia em si.

Chama atenção que a melhoria habitacional em conjuntos habitacionais na legislação municipal de São Paulo registra que a realização de reformas e adequação da infraestrutura tem o objetivo de possibilitar a regularização fundiária e edilícia, com o registro da posse ou da propriedade, e a comercialização das unidades habitacionais. Em que pese a previsão normativa sobre a comercialização, deve-se destacar que o instrumento da melhoria habitacional deve primar a tutela da moradia das famílias, ofertando moradias minimamente dignas, e não a especulação imobiliária.

Por isso, a melhoria habitacional deve estar sempre conjugada com o programa de regularização fundiária, pois há também que se considerar aquelas hipóteses nas quais a moradia familiar em locais insalubres leva a necessária remoção, vista como exceção à regra. Se necessária, a melhoria habitacional deve priorizar a adequação destas famílias, seja em atendimento habitacional transitório ou definitivo.

Na hipótese do município do Rio de Janeiro podemos destacar que a Lei Complementar 111/2011[420] que criou o Plano Diretor, definindo, no art. 202, que uma das modalidades de soluções habitacionais a serem produzidas é a realização de "melhorias habitacionais, que poderão ser coadjuvantes de quaisquer programas habitacionais", destacando que devem ser "localizadas prioritariamente em áreas dotadas de infraestrutura".

Depreende-se que as melhorias habitacionais no município do Rio de Janeiro deverão estar sempre em paralelo com os programas de habitação. As melhorias poderão estar dispostas em núcleos urbanos uni ou multifamiliares, considerando as relações complexas de multidominialidade das comunidades cariocas, o que é muito visível nas lajes (sobrelevações).

Para dar execução as melhorias devem-se atentar que a Prefeitura proferiu Decreto nº 48.408/21[421] que regulamenta um Grupo de Trabalho especial de estudos na elaboração de propostas para a implementação de um Programa de Assistência Técnica e Melhorias Habitacionais para enfrentamento da vulnerabilidade sanitária das habitações precárias.

Deve se ater que o programa de melhoria habitacional no município do Rio de Janeiro deve dispor sobre: 1) implantação de soluções individuais e coletivas de pequeno porte, com tecnologias apropriadas; 2) trabalhar com o objetivo de erradicação dos índices de morbimortalidade provocados pela falta ou inadequação das condições de saneamento domiciliar; 3) dotar os domicílios de melhorias sanitárias e habitacionais necessárias à proteção das famílias e à promoção de hábitos higiênicos; e 4) contribuir para a progressiva melhoria das unidades habitacionais de interesse social, sejam eles núcleos informais ou conjuntos habitacionais.

Contudo, há algumas complicações de ordem técnica que dificultam a elaboração, delimitação e a execução dos programas de melhorias habitacionais. É o que se pode perceber com a Lei de Assistência Técnica

---

[420] RIO DE JANEIRO. Lei Complementar nº 111, de 01 de fevereiro de 2011.
[421] RIO DE JANEIRO. Decreto municipal nº 48.408, de 1º de janeiro de 2021.

Pública e Gratuita[422]. Trata-se de uma importante Lei Federal que assegura o direito das famílias de baixa renda à assistência técnica pública e gratuita para o projeto, construção, reforma e ampliação de habitação de interesse social, como parte integrante do direito social à moradia.

Todavia, a legislação federal não é efetivamente aplicada nos municípios brasileiros, dado às dificuldades institucionais, de administração, de gestão, de corpo técnico. Por isso, uma solução para a efetivação de programas de melhoria habitacional é justamente a relação dos programas e dos seus agentes com as instituições de ensino.

Portanto, para que haja efetivamente a tutela efetiva da moradia da população carioca de baixa renda é extremamente necessário haver uma coligação entre a rede de núcleos de estudos urbanísticos das instituições de ensino e os programas governamentais de política urbana.

Isso se dá porque os núcleos de pesquisa institucional têm a função de procurar ouvir as necessidades da população e dos seus entornos, e reunida com outros órgãos institucionais, buscará atender essas reivindicações nas medidas e prazos possíveis de execução para cada setor. E ainda, no âmbito municipal, criou-se um grupo especial que cuida da execução de políticas públicas que assegurem condições adequadas de moradia, incluindo habitação, educação, saúde, assistência social, transporte, geração de trabalho e renda, limpeza, iluminação e segurança pública[423].

O município do Rio de Janeiro se vale de recomendações do Ministério do Desenvolvimento Regional e do Banco Interamericano de Desenvolvimento. Segundo o Secretário Nacional de Habitação Alfredo dos Santos, o déficit habitacional no Brasil representa aproximadamente uma

---

[422] BRASIL. **Lei Federal nº 11.888/2008**. Assegura às famílias de baixa renda assistência técnica pública e gratuita para o projeto e a construção de habitação de interesse social e altera a Lei no 11.124, de 16 de junho de 2005.

[423] RIO DE JANEIRO. **Decreto nº 45.095, de 25 de setembro de 2018**. Cria o Grupo Institucional do Poder Público - GIPP, constituído por representantes das Secretarias e demais órgãos responsáveis por políticas públicas necessárias para assegurar as condições adequadas de moradia para famílias atendidas pelo Programa Minha Casa, Minha Vida.

média de 5,9 milhões de unidades familiares, sendo que dentre elas há o gravame da inadequação de domicílios com cerca de 2,4 milhões[424].

3. POLÍTICAS DE HABITAÇÃO E RECOMENDAÇÕES DO BANCO INTERAMERICANO DE DESENVOLVIMENTO

Dentre as recomendações do BID está o fomento e a participação das universidades nos programas de melhoria habitacional. A justificativa reside na proposição de soluções alternativas mais adequadas às necessidades locais das moradias inadequadas e considerando as reais necessidades dos beneficiários locais.

Além disso, a recomendação faz menção aos programas começarem a trabalhar com o uso de ecotecnologias nas melhorias de imóveis. O uso de ecotecnologias deve vir acompanhado de um plano de medidas de acordo com as zonas bioclimáticas do país, mostrando ser uma melhoria habitacional inteligente, que vai interligar o indivíduo ao meio ambiente em que vive. Esse plano de medidas compreende duas vertentes: 1) ecotecnologias; e 2) melhorias de ordem estrutural.

A econtecnologia compreende ares-condicionados, sistemas fotovoltaicos, aquecedores solares de água, ventiladores de teto, lâmpadas de LED, entre outros. Ou seja, tudo aquilo que leve em consideração as condições ambientais do local que proporcionem uma vivência digna em todo o período de um dia.

Já as melhorias de ordem estrutural se referem ao manejo de isolamento térmico de muros e/ou lajes, reabilitação de portas, janelas, vãos ou domos, revisão e em alguns casos adequação das instalações hidráulicas, elétricas e sanitárias[425].

A implementação dessa infraestrutura acompanha a recomendação da utilização de crédito ou crédito mais subsídio público (federal, estadual ou

---

[424] ANZORENA, Maria Paloma Silva de; TRIBOUILLARD, Clementine. **Habitação de interesse social no Brasil: propostas sobre melhorias habitacionais**. 2019.

[425] ANZORENA, Maria Paloma Silva de; TRIBOUILLARD, Clementine. **Habitação de interesse social no Brasil:** propostas sobre melhorias habitacionais. 2019, p. 43.

municipal, individuais ou conjugados). O objetivo é fazer com que se pense em esquemas financeiros que permitam mitigar o risco de crédito das operações com famílias de baixa renda.

Há uma nova vertente do instrumento das melhorias habitacionais que é a aplicação de um sistema de sustentabilidade ambiental[426]. A proposta é fazer com que se busque ao máximo um conforto das moradias e ao mesmo tempo uma eficiência no consumo sustentável de energia e outros recursos necessários à sobrevivência humana, como a água. Assim, será melhorado a qualidade do ar interior nas moradias e economia sustentável dos recursos empregados.

Sabendo que nem todos os elementos de uma moradia necessitam de melhorias ou substituições, será preciso ainda assim obedecer a todas as etapas do processo, no caso de reabilitações para se garantir uma melhoria ideal da moradia, ou se for necessária uma renovação completa (reforma em toda a infraestrutura de uma só vez) ou parcial (melhorias parciais, conforme surgem as necessidades).

---

[426] A implementação do sistema de sustentabilidade visa: 1) Fornecer soluções específicas às famílias beneficiárias do programa de melhoria e, se for o caso, da concessão de subsídio pela SNH, sobre os problemas habitacionais existentes, incluindo critérios de sustentabilidade e qualidade; 2) Promover soluções habitacionais com maiores padrões de qualidade e eficiência; 3) Incentivar o uso de produtos certificados, bem como da indústria formal de ecotecnologias e materiais; 4) Incentivar que as ações de melhoria (e/ou ampliações) da habitação contem com processos mais formais, que permitam seu acompanhamento e monitoramento, bem como garantir que sejam executadas corretamente, maximizando o uso de recursos federais; 5) Promover a mão-de-obra especializada; 6) Estabelecer uma demanda de profissionais, por exemplo, arquitetos qualificados que possam atuar como consultores especializados, capazes de aplicar ferramentas de design e cálculos específicos. Isso permitirá gerar empregos adicionais e reforçar as capacidades; 7) Incentivar a produção local e a instalação de equipamentos e materiais de construção para o uso eficiente de energia e água, que sejam certificados, que podem ser amparadas por meio de informações e capacitação do setor empresarial, técnicos de construção e habitação (encanadores, pedreiros, eletricistas e instaladores de serviços, entre outros); 8) Fortalecer as capacidades, devido à necessidade dos stakeholders que estejam envolvidos no sistema de informação confiável, de suporte individual (consultoria) e de um critério claro para o desenvolvimento de soluções e orientação de suas atividades empresariais para investimentos sustentáveis. Para mais informações ver: ANZORENA, Maria Paloma Silva de; TRIBOUILLARD, Clementine. **Habitação de interesse social no Brasil:** propostas sobre melhorias habitacionais. 2019, p. 55.

A recomendação é de que esta avaliação periódica preveja a execução de melhorias ao longo do tempo, o que pode ser perfeitamente possível no caso do Rio de Janeiro por intermédio do Grupo Institucional do Poder Público – GIPP, que já possui competência para tanto. Um Plano de Intervenção de Ação deve ser executada por uma rede de equipe técnica assistencial que atenderá a proposta de construir um diagnóstico da observância das diretrizes que devem ser seguidas pela melhoria sustentável, durante a vida útil da habitação e que permita alcançar os objetivos que foram estabelecidos de uma forma oportuna e econômica[427].

Em relação às principais políticas habitacionais do país é preciso situar o leitor em algumas premissas adotadas pelo Governo Federal em razão do instrumento da melhoria habitacional. O PCVA substituiu o PMCMV, nesse aspecto, quais foram as principais alterações jurídicas de uma política para a outra no que tange à melhoria habitacional?

O PCVA estabeleceu um novo sistema de categorização das famílias residentes em áreas urbanas por faixa de renda, de modo que as Faixas 1 (renda familiar até R$ 1.800,00 -> até 90% do subsídio do valor do imóvel, com prestações variando entre R$ 80,00 a R$ 270,00), 1.5 (renda familiar até R$ 2.600,00 -> até R$ 47.500,00 de subsídio, com 5% de juros ao ano), 2 (renda familiar de até R$ 4.000,00 -> até R$ 29.000,00 de subsídio, com 6% a 7% de juros ao ano) e 3 (renda familiar até R$ 9.000,00, com 8,16% de juros ao ano) do PMCMV foram substituídas por grupos no novo programa, quais sejam:

> ➢ Grupo 1, famílias com renda mensal até R$ 2 mil;
> ➢ Grupo 2, renda mensal de R$ 2 a R$ 4 mil; e
> ➢ Grupo 3, renda mensal de R$ 4 a R$ 7 mil.

A divulgação oficial pelo Ministério diz que para as famílias do Grupo 1 serão a Produção Financiada, **Melhoria Habitacional**, Regularização Fundiária e Produção Subsidiada. Enquanto as famílias dos Grupos 2 e 3 terão acesso à Produção Financiada e à Regularização Fundiária. Aqui, interessa

---

[427] ANZORENA, Maria Paloma Silva de; TRIBOUILLARD, Clementine. **Habitação de interesse social no Brasil:** propostas sobre melhorias habitacionais. 2019, p. 52.

saber que o PCVA destinou a melhoria habitacional ao Grupo 1 onde está concentrada a maior faixa do déficit habitacional do país.

A grande inovação é a proposta de inclusão de um programa de regularização fundiária e de melhorias habitacionais – mas que na realidade se trata de uma política mais regulamentada que dá continuidade ao que já existia antes no PMCMV e não estavam diretamente vinculadas.

O art. 3º, inciso II do PCVA traz como um dos objetivos do programa a promoção de melhorias das moradias, concentrando seus esforços na reparação de inadequações habitacionais, bem como na infraestrutura pública e de equipamentos públicos[428].

Na hipótese do atual programa habitacional a melhoria habitacional segue um protocolo de contrato de financiamento celebrado entre o beneficiário e o Agente Financeiro, obedecendo certos critérios de seleção e subvenção de famílias economicamente vulneráveis.

O Manual de Instruções do Programa de Regularização Fundiária e Melhoria Habitacional, aprovado pela Resolução CCFDS nº 225, de 17 de dezembro de 2020 e, regulamentado pela Instrução Normativa nº 2, de 21 de janeiro de 2021, traz a descrição de dois tipos de melhorias: 1) melhoria completa: 2) melhoria parcial. Ambas visam solucionar problemas de insalubridade, insegurança, inexistência do padrão mínimo de edificação e habitabilidade definido pelas posturas municipais, inadequação do número de integrantes da família à quantidade de cômodos passíveis de serem utilizados como dormitório, adaptação da unidade habitacional para acessibilidade, entre outros.

Figura 01: Descrição das espécies de obras

---

[428] BRASIL. **Lei nº 14.118, 12 de janeiro de 2021**. Institui o Programa Casa Verde e Amarela.

CÓDIGO	TIPO DE OBRA DE INADEQUAÇÃO	UNIDADE
Tipo Completo		
TC01	Fossa séptica e sumidouro	Domicílio
TC02	Cobertura - substituição de telha, trama de madeira e cinta de amarração	Domicílio
TC03	Cobertura - substituição da trama de madeira com as telhas	Domicílio
TC04	Cobertura - substituição de telha	Domicílio
TC05	Instalação de caixa d´água	Domicílio
TC06	Novo cômodo isolado adaptável	Domicílio
TC07	Novo cômodo contiguo adaptável	Domicílio
TC08	Novo banheiro isolado adaptável	Domicílio
TC09	Novo banheiro contiguo adaptável	Domicílio
TC10	Reforma de banheiro	Domicílio
TC11	Adaptação de banheiro	Domicílio
TC12	Revestimento e pintura externa casa	Domicílio
TC13	Pintura externa casa	Domicílio
TC14	Rampa acessibilidade	Domicílio
Tipo Parcial		
TP01	Entrada energia casa	Domicílio
TP02	Instalações elétricas - cômodo	Domicílio
TP03	Instalações hidrosanitárias	Domicílio
TP04	Retirada/colocação de porta	Domicílio
TP05	Retirada/colocação de janela	Domicílio
TP06	Contrapiso e revestimento cerâmico piso cômodo	Domicílio
TP07	Revestimento e pintura interna cômodo	Domicílio
TP08	Pintura interna cômodo	Domicílio
TP09	Forro de cômodo	Domicílio

Fonte: Manual de Instruções: Casa Verde e Amarela. Disponível em: <https://www.gov.br/mdr/pt-br/assuntos/habitacao/casa-verde-e-amarela/ANEXOSINSTRNORMATIVA02DE21DEJANEIRODE20211.pdf>. Acessado no dia 11 de novembro de 2021.

Acima há a descrição das espécies de obras que poderão ser realizadas para fins de melhoria habitacional. Há a possibilidade de um único imóvel necessitar mais de uma obra, devendo observar o limite máximo de R$ 22.000,00 (vinte e dois mil reais). Os valores das obras são amparados na composição dos custos dos serviços e obras obtidas no Sistema Nacional de Pesquisa de Custos e Índices da Construção Civil (SINAPI).

Figura 02: Valores limites das obras e serviços de melhoria habitacional.

Código	Tipo de Obra de Inadequação	Menor Valor (R$)	Maior Valor (R$)
Tipo Completo			
TC01	Fossa séptica e sumidouro	4.898,47	6.492,63
TC02	Cobertura - substituição de telha, trama de madeira e cinta de amarração	6.456,74	12.805,97
TC03	Cobertura - substituição da trama de madeira com as telhas	5.440,39	11.576,73
TC04	Cobertura - substituição de telha	2.151,09	6.728,31
TC05	Instalação de caixa d´água	659,60	896,88
TC06	Novo cômodo isolado adaptável	13.180,30	17.045,16
TC07	Novo cômodo contiguo adaptável	12.094,86	15.383,32
TC08	Novo banheiro isolado adaptável	11.435,10	14.337,60
TC09	Novo banheiro contiguo adaptável	11.376,86	14.187,79
TC10	Reforma de banheiro	4.265,92	5.535,00
TC11	Adaptação de banheiro	2.338,60	4.534,33
TC12	Revestimento e pintura externa casa	4.884,89	6.884,30
TC13	Pintura externa casa	1.049,67	1.481,21
TC14	Rampa acessibilidade	2.088,94	2.585,67
Tipo Parcial			
TP01	Entrada energia casa	965,62	1.270,80
TP02	Instalações elétricas - cômodo	422,15	579,12
TP03	Instalações hidrosanitárias	3.363,03	4.464,79
TP04	Retirada/colocação de porta	1.581,90	2.894,43
TP05	Retirada/colocação de janela	635,84	1.049,81
TP06	Contrapiso e revestimento cerâmico piso cômodo	758,94	1.016,42
TP07	Revestimento e pintura interna cômodo	1.741,37	2.461,37
TP08	Pintura interna cômodo	322,40	461,28
TP09	Forro de cômodo	394,02	550,40

Fonte: Manual de Instruções: Casa Verde e Amarela. Disponível em:
<https://www.gov.br/mdr/pt-br/assuntos/habitacao/casa-verde-e-amarela/ANEXOSINSTRNORMATIVA02DE21DEJANEIRODE20211.pdf>.
Acessado no dia 11 de novembro de 2021.

Acima estão os valores limites das obras e serviços de melhoria habitacional no âmbito do programa federal Casa Verde e Amarela. É certo que estes valores são um parâmetro nacional, sendo que para a apresentação da proposta de financiamento o Agente Promotor deve consultar planilha disponível no sítio eletrônico do Órgão Gestor da sua respectiva Unidade da Federação.

4. CONCLUSÃO

Em suma, é preciso considerar que o instrumento da melhoria habitacional é extremamente necessário e anda paralelamente à regularização fundiária no país. No que diz respeito à produção legal deve-se ponderar que o PCVA, atual política de habitação, não considera as diretrizes do BID, sendo que as propostas de melhoria são limitadas a questões de infraestrutura básica, geralmente necessária para fins de padronização dos núcleos informais e dos conjuntos habitacionais. O principal ponto a se destacar é uma completa ausência de preocupação com a melhoria sustentável, que tem impacto direto tanto na qualidade de vida como nos recursos fiscais. Por isso, pensar em obras qualificadas e duráveis é considerado o acertado frente a dinâmica sociotecnológica das cidades atualmente, garantindo a participação igualitária da população mais vulnerável à novidade tecnológica, a qualidade ambiental do seu bairro e, principalmente, da construção de uma identidade cidadã dos indivíduos. Dado estes fatores, as direções do PCVA devem ser ponderadas em conjunto com as necessidades identificadas pelos órgãos institucionais responsáveis em cada Unidade da Federação, devendo trabalhar a melhoria habitacional com toda uma conjuntura ambiental do local.

REFERÊNCIAS BIBLIOGRÁFICAS

ANZORENA, Maria Paloma Silva de; TRIBOUILLARD, Clementine. **Habitação de interesse social no Brasil:** propostas sobre melhorias habitacionais. 2019. Disponível em: <https://publications.iadb.org/publications/portuguese/document/Habitacao-de-interesse-social-no-Brasil-propostas-sobre-melhorias-habitacionais.pdf>. Acessado no dia 9 de novembro de 2021.

BRASIL. **Lei nº 14.118, 12 de janeiro de 2021**. Institui o Programa Casa Verde e Amarela. Disponível em: <http://www.planalto.gov.br/ccivil_03/_ato2019-2022/2021/Lei/L14118.htm>. Acessado no dia 11 de novembro de 2021.

MINISTÉRIO DO DESENVOLVIMENTO REGIONAL. **Manual de Instruções:** Casa Verde e Amarela. Disponível em: <https://www.gov.br/mdr/pt-br/assuntos/habitacao/casa-verde-e-amarela/ANEXOSINSTRNORMATIVA02DE21DEJANEIRODE20211.pdf>. Acessado no dia 11 de novembro de 2021.

RIO DE JANEIRO. **Lei Complementar nº 111, de 01 de fevereiro de 2011**.
Disponível em: <https://www.legisweb.com.br/legislacao/?id=178079>. Acessado no dia 8 de novembro de 2021.

RIO DE JANEIRO. **Decreto municipal nº 48.408, de 1º de janeiro de 2021**.
Disponível em:
<https://smaonline.rio.rj.gov.br/legis_consulta/63022Dec.%2048408_2021.pdf>.
Acessado no dia 9 de novembro de 2021.

BRASIL. **Lei Federal nº 11.888/2008**. Assegura às famílias de baixa renda assistência técnica pública e gratuita para o projeto e a construção de habitação de interesse social e altera a Lei no 11.124, de 16 de junho de 2005. Disponível em:
<http://www.planalto.gov.br/ccivil_03/_ato2007-2010/2008/lei/l11888.htm>.
Acessado no dia 9 de novembro de 2021.

RIO DE JANEIRO. **Decreto nº 45.095, de 25 de setembro de 2018**. Cria o Grupo Institucional do Poder Público - GIPP, constituído por representantes das Secretarias e demais órgãos responsáveis por políticas públicas necessárias para assegurar as condições adequadas de moradia para famílias atendidas pelo Programa Minha Casa, Minha Vida. Disponível em: <https://leismunicipais.com.br/a1/rj/r/rio-de-janeiro/decreto/2018/4509/45098/decreto-n-45098-2018-cria-o-grupo-institucional-do-poder-publico-gipp-constituido-por-representantes-das-secretarias-e-demais-orgaos-responsaveis-por-politicas-publicas-necessarias-para-assegurar-as-condicoes-adequadas-de-moradia-para-familias-atendidas-pelo-programa-minha-casa-minha-vida?r=p>. Acessado no dia 9 de novembro de 2021.

SÃO PAULO. **Decreto nº 46.384, de 14 de dezembro de 2001**. Autoriza a Secretaria da Habitação a, representando o Estado, celebrar convênios com os municípios do Estado de São Paulo, visando à transferência de recursos para implementação do Programa Vida Melhor - Modalidade Pintura e Programa Melhorias Habitacionais - Modalidade Infra-Estrutura. Disponível em:
<https://www.al.sp.gov.br/repositorio/legislacao/decreto/2001/decreto-46384-14.12.2001.html >. Acessado no dia 5 de novembro de 2021.

SÃO PAULO. **Projeto de Lei nº 619/16**. Disponível em:
<https://www.prefeitura.sp.gov.br/cidade/secretarias/upload/PMH_2016(1).pdf>.
Acessado no dia 5 de novembro de 2021.

CAPÍTULO 12

TRABALHO TÉCNICO SOCIAL EM HABITAÇÃO DE INTERESSE SOCIAL: PERSPECTIVAS E APONTAMENTOS SOBRE A ATUAÇÃO DA EQUIPE TÉCNICA SOCIAL DO PROJETO "NA RÉGUA"

Amanda Neder Ferreira[429]

Lais Olimpio da Silva[430]

Renato Claudio dos Santos Junior[431]

Resumo: O presente texto fará um apontamento sobre a importância do Trabalho Social no projeto Na régua, para tal abordaremos a função do Trabalho Social em Habitação, discorreremos sobre a importância da efetivação de um projeto de Assistência Técnica de Interesse Social – ATHIS em territórios marginalizados e vistos como irregulares, como as favelas cariocas, e apresentaremos como hoje está estruturado o Trabalho Técnico Social no projeto Na régua e a sua importância dentro dos eixos das diretrizes do projeto para a sua efetivação.

Palavras-chave: trabalho social. Habitação. Assistência técnica.

---

429 Bacharel em Serviço Social pela Universidade Federal do Rio de Janeiro.
430 Bacharel em Serviço Social pela UNIRIO, Mestra em Política Social pela UFF e cursando especialização em políticas sociais e intersetorialidade - IFF/Fiocruz/Unirio.
431Bacharel em Ciências Sociais pela UERJ, Professor de Sociologia, Pós graduando em ensino étnico racial e diversidade.

Abstract: This text will make a note on the importance of Social Work in the project On the ruler, for this we will address the role of Social Work in Housing, we will discuss the importance of carrying out a project of Technical Assistance of Social Interest - ATHIS in marginalized territories and seen as irregular, such as the favelas of Rio de Janeiro, and we will present how the Technical Social Work is currently structured in the On the ruler project and its importance within the axes of the project guidelines for its implementation.

Keywords: social work. Housing. Technical assistance.

1. TRABALHO SOCIAL EM HABITAÇÃO

O trabalho social na política de habitação se justifica pela sua capacidade de possibilitar uma identificação entre a população atendida e os projetos que serão implementados no território e por ser a engrenagem quando se pensa em uma política de habitação que consiga perceber as demandas existentes naqueles territórios, ao analisarmos a intervenção do trabalho técnico social de habitação consideramos que a luta por moradia perpassa diversas dimensões da vida daqueles sujeitos. Por meio da atuação de equipe técnica interdisciplinar, são aplicados instrumentos que visam o levantamento de um perfil socioeconômico que possa balizar as propostas de intervenção estatal.

Com vistas ao princípio de participação e controle social é imprescindível a mensuração do que a população, público-alvo da intervenção social pública, idealiza e propõe como demandas prioritárias. Além da escuta qualificada dos próprios moradores, se faz necessário articular junto à rede de serviços local planos de ação e levantamento de dados que identifiquem áreas e demandas reprimidas, que possam ser descobertas pelas políticas públicas.

Na portaria nº464 de julho de 2018 do extinto Ministério das Cidades, foi estabelecido a definição de trabalho social como:

> "um conjunto de estratégias, processos e ações, realizado a partir de estudos diagnósticos integrados e participativos do território, compreendendo as dimensões: social, econômica, produtiva, ambiental e político institucional do território e da população beneficiária. Esses

estudos consideram também as características da intervenção, visando promover o exercício da participação e a inserção social dessas famílias, em articulação com as demais políticas públicas, contribuindo para a melhoria da sua qualidade de vida e para a sustentabilidade dos bens, equipamentos e serviços implantados" (BRASIL, 2018, p.2)

Esta é antecedida pelas portarias nº 168 de 2013, que aponta o caráter socioeducativo do trabalho social na política de habitação, voltado para a sustentabilidade dos empreendimentos habitacionais, e pela portaria nº21 de 2014, que avança ao compreender a necessidade de ações sociais também durante a intervenção das obras, não apenas em ações anteriores e posteriores à implementação dos conjuntos habitacionais.

As diretrizes norteadoras previstas pela política de habitação incluem a participação ampla e ativa dos moradores, dos coletivos e redes sociais já estabelecidas, propiciando a democratização das decisões e das intervenções a serem propostas. Carvalho (2014) aponta que o esforço empregado nesta ação deve ser o de ultrapassar a mera participação consultiva, atingindo uma participação na qual os moradores tenham a possibilidade de efetivamente constituir parte dos processos de implementação e avaliação das ações.

"já não se tolera mais a produção de planos e diagnósticos elaborados tão somente pela equipe técnica com posterior apresentação à população. Quer-se, ao contrário, a participação proativa da mesma no diagnóstico e formulação do projeto social. Considera-se que a equipe em campo e familiarizada com as dinâmicas sociais locais e seus moradores pode induzir de forma efetiva a participação da população já no processo de coleta de informações e diagnóstico" (CARVALHO, 2014, p. 10)

Intervir interdisciplinarmente e de forma participativa junto a população almejando sua efetiva atuação requer, além de manejo técnico, um estímulo por parte dos condutores e aplicadores da política. Este estímulo enseja que os moradores se sintam qualificados para expressar suas vozes, colocar sua identidade no projeto e assim, construir todo o processo necessário nos períodos antes das implementações, durante e após a intervenção das obras.

No projeto Na Régua, por sua natureza de implementação de Assistência Técnica de Interesse Social (ATHIS), temos a particularidade de atuar com famílias que já estão estabelecidas no território, estes são lugares que possuem uma história e dinâmica própria com uma cultura muito bem enraizada. Neste espaço a atuação da equipe técnica social busca fomentar a participação e adesão da comunidade, prestar orientações e articular intersetorialmente a rede de serviços, fazer um reconhecimento profundo dos problemas e das refrações da questão social que assolam àquela população.

A discussão acerca do território, dos elementos que o definem e da importância de compreendê-lo como parte integrante da vida social que o abarca são exemplificados pelo geógrafo Milton Santos, ao apontar que:

> O território não é apenas o conjunto dos sistemas naturais e de sistemas de coisas superpostas, o território tem que ser entendido como território usado, não o território em si. O território usado é o chão mais a identidade. A identidade é o sentimento de pertencer àquilo que nos pertence. O território é o fundamento do trabalho; o lugar da residência, das trocas materiais e espirituais e do exercício da vida. (SANTOS, 1999, p. 8 *apud* SILVA; FRANÇA, 2020, p.258)

Dessa maneira, ao pensar e implementar programas de Habitação de Interesse Social e o trabalho social intrínseco a este processo, se faz mister atuação de profissionais que tenham a sensibilidade de valorizar os conhecimentos trazidos pela população que ali reside, sua identidade, sua cultura e em casos de novas construções habitacionais, em locais distantes dos quais a população atendida estava habituada, garantir uma estrutura social e material que possibilite a formação de novos vínculos e o estabelecimento destes em suas vivências.

O trabalho social em habitação não é capaz de substituir os serviços sociais estabelecidos (ou não estabelecidos) nos territórios. Seu papel principal está em possibilitar acesso por meio do levantamento de dados sobre a rede de serviços presentes, suas possíveis lacunas e propor mediações junto aos moradores e associações locais.

Dentre os quatro eixos de desenvolvimento do trabalho social estabelecidos pela portaria nº 464 de 2018, temos uma maior aproximação do trabalho social no projeto Na Régua com o eixo de "acompanhamento e gestão social da intervenção", visto que este prevê a organização das ações desenvolvidas durante o processo de melhorias, mediando os possíveis impactos negativos que ocorrem durante o desenvolvimento das obras.

Ainda que esteja explícito na portaria que o trabalho social deve observar todos os quatro eixos, que devem manter articulação permanente entre si, é possível adaptar as intervenções de acordo com a ênfase das ações propostas e as características do território social contemplado.

Para isso, o trabalho social é estabelecido em pilares de sustentação normatizados pelos projetos de trabalho social, que configuram a maneira como a intervenção dos técnicos sociais deve ser implementada. O projeto Na Régua estabeleceu nos territórios alcançados escritórios com estrutura de recursos humanos e equipamentos que se colocam para a população, como uma ponte, viabilizando trocas de conhecimento, experiências e criando maneiras para a construção coletiva.

A proposição de implementar melhorias habitacionais e fornecer assistência técnica gratuita para as famílias de baixa renda estipuladas pelo Na Régua envolve o trabalho social feito por técnicos sociais que visam construir uma relação de confiança no trabalho a ser feito, estabelecendo vínculos e criando meios para efetivar as orientações e encaminhamentos prestados.

Carvalho (2014) aponta que dois processos são fundamentais para alcançar a efetividade do trabalho social: a comunicação e a articulação. Por meio da comunicação é possível mobilizar a comunidade para atingir as metas propostas e incentivar autonomia e engajamento dos sujeitos em busca da melhoria de suas condições de vida e de suas famílias. Com a articulação a autora prevê a integração da população junto aos serviços públicos e sociais ofertados no território.

> Os programas habitacionais de interesse social demandam esforços para engajar os serviços do território na busca de assegurar a população-alvo, sua apropriação e usufruto. Da mesma forma, exigem a articulação com os diversos sujeitos sociais e econômicos (governo, sociedade

> civil, empresas produtivas de mercado para engajar-se em novos empreendimentos socioculturais ou produtivos). (CARVALHO, 2014, p.16)

Estes processos demandam necessária relação de proximidade entre os técnicos e os moradores, implicando seu desenvolvimento, pertencimento e emancipação. Desta maneira estimula-se a participação dos moradores em todo o processo, para que estes sejam capazes de se apropriar dos frutos das ações empreendidas em benefício próprio e de seu território.

O projeto Na Régua enfatiza a importância desta participação, nos momentos de trocas entre técnicos e moradores, valoriza a qualidade do debate e troca de informações, ouve os desejos e prioridades dos moradores para adequar os projetos que serão elaborados mediante articulação e trocas de conhecimentos.

2. ASSISTÊNCIA TÉCNICA PARA HABITAÇÃO DE INTERESSE SOCIAL (ATHIS)

A Assistência Técnica para Habitação de Interesse Social (ATHIS) é um espaço onde a arquitetura tem protagonizado seu papel dentro da democracia, no qual ocorre um trabalho integrado no sentido de buscar estruturação técnica das residências em conjunto a efetivação de políticas sociais a territórios desfavorecidos economicamente e socialmente. A promoção de políticas de habitação é preponderante ao combate à pobreza e à miséria, pois tais políticas evocam um importante debate em nossa sociedade que é o direito à moradia.

É importante entender a cidade como espaço democrático de construção, ampliando as oportunidades e entender que políticas de moradia não são favores, mas um direito constitucional, o crescimento das favelas em nossa cidade deflagra o quão grande é a pobreza e esta impacta geograficamente a cidade, pois o que podemos aqui chamar de favelização é o retrato da desigualdade a uma parcela da sociedade que participa economicamente, mas seu retorno a ter condições mínimas de sobrevivência não ocorre de forma ampla e efetiva, a começar pelo direito à moradia que é uma questão cidadania.

> "A habitação, ao lado da educação e da saúde, sempre se constituiu em uma das lutas travadas pela população para uma melhor condição de sobrevivência. É uma situação que se torna mais complexa com o agravamento da questão social e, consequentemente, das desigualdades sociais oriundas do capitalismo" (TAVARES, Maria da Conceição. 2007, p.178)

No Brasil, temos como marco para as Políticas Habitacionais a metade do século XX e podemos perceber que durante a maior parte deste processo, estas foram pensadas e projetadas como forma de excluir a população historicamente marginalizada para as periferias da cidade, quando não para áreas isoladas gerando novas demandas de sociabilidades gravíssimas, sempre com o viés higienista aliado ao estímulo do aumento da especulação imobiliária. O marco da lei de assistência técnica para habitação e interesse social - ATHIS (Lei Federal nº 711.888/2008), que garante o direito às famílias de baixa renda à assistência técnica e gratuita, via projetos, construção, reforma, ampliação e regularização fundiária, é uma conquista de uma luta histórica e uma virada de chave no "modus operandi" desta política que sempre foi pensada e projetada de forma excludente e elitista.

Pensar a moradia a partir de programas que promovem reformas, regularização fundiária estabelecendo de fato o direito à moradia vai de encontro a efetivação real de uma via de combate à pobreza, tendo em vista que a moradia é direito constitucional conforme artigo 6º da constituição:

> "São direitos sociais a educação, a saúde, a alimentação, o trabalho, a moradia, o transporte, o lazer, a segurança, a previdência social, a proteção à maternidade e à infância, a assistência aos desamparados, na forma desta Constituição." (CFRB 88)

Um problema social, ou uma questão de construção, entendimento e busca razões que envolvem a favela em sua cadeia de problemas a serem solucionados, a lógica estabelecida em torno da favela e suas vicissitudes, nos levam a construção de um amplo debate que envolve a promoção de políticas sociais. Políticas estas que atuam no enfrentamento a pobreza em suas várias faces no seio da favela.

Milton Santos (1990), em seu livro Metrópole corporativa e fragmentada: o caso de São Paulo, revela como a cidade do terceiro mundo é produzida de maneira a atender preferencialmente o mercado, sobretudo as grandes capitais, em detrimento a uma parcela significativa de sua população. Como o Estado, o modelo de crescimento econômico, a especulação fundiária, a criação e presença de vazios urbanos, além de outros elementos, concorrem para que os investimentos públicos, somados aos privados, criem fluidez em parcelas do território, "áreas iluminadas" (Santos, 1990), em detrimento de outras áreas, chamadas de "opacas"[432].

A partir do fragmento acima, temos a partir de Milton Santos, um importante debate em torno das chamadas "áreas iluminadas" em detrimento às "áreas opacas", logo, a relação da metrópole com a favela deve ser revista, pois tal divisão somente condiciona e limita a efetivação de direitos sociais a pessoas que mesmo participando da economia do país, quer seja pelo consumo, ou sua força de trabalho, vivem a opacidade em seu cotidiano.

A efetivação do ATHIS é preponderante na mudança desse olhar, pois não se trata apenas de reparação estrutural à moradia, mas abarcar a efetivação ampla de políticas públicas em torno da realidade na qual os moradores destas chamadas áreas opacas vivem e o início de uma mudança de olhar às favelas. O olhar proporcionado ao avanço estrutural e urbanístico aos territórios ditos opacos confere ganhos efetivos a promoção dos direitos humanos, a lógica polarizada entre iluminados e opacos deve ser revista, uma que estes territórios desfavorecidos compõem a metrópole e não no sentido de estabelecer uma relação de inferioridade a seus moradores.

Olhar hoje o quadro urbanístico carioca, deflagra a importância de uma ampla reforma urbana, e pensar sobre esta, nos é proporcionado reflexões tais em torno dos grandes bolsões de miséria e pobreza em nossa metrópole. Majoritariamente nos morros e favelas, os moradores destes territórios sofrem com a ausência de políticas eficazes ao combate a falta de moradia, temos

---

[432] Os espaços luminosos são áreas de grande fluidez, industrialização, dinamicidade e desenvolvimento tecnológico. Locais onde a política, técnica obedecem às necessidades das grandes empresas, já os espaços opacos são áreas ausentes de desenvolvimento industrial, são pouco dinâmicos e não há fluidez. Locais onde poucas, ou nenhuma, empresa se territorializa.

casas em área de risco, podendo sofrer desabamentos a qualquer chuva ou ventania, a ausência de emprego, saúde, saneamento básico, entre outras situações pertencentes ao cotidiano destas áreas.

Ao partir para análise técnica e buscar compreender as vicissitudes presentes nestes territórios e suas demandas de moradia, a necessidade do ATHIS

se faz preponderante na efetivação de uma ampla política de habitação com aporte técnico. No artigo - O programa Morar Carioca: novos rumos na urbanização das favelas cariocas? – os arquitetos (Gerônimo Leitão e Jonas Delecave) nos trazem uma importante reflexão sobre o que aqui foi trazido acima no que tange às dificuldades pertencentes às áreas mais pobres da cidade.

> "As favelas constituem um fenômeno urbano contemporâneo associado aos processos de segregação socioespacial impostos pela ausência de mecanismos de redistribuição da riqueza e de políticas habitacionais que garantam o acesso à moradia para as camadas mais pobres da população. No Rio de Janeiro, as favelas encontram-se fortemente incorporadas à paisagem urbana, representando uma das mais graves questões sociais enfrentadas pela cidade. Embora compondo um quadro extremamente complexo e diversificado, decorrente dos condicionantes históricos, socioeconômicos e geográficos, as favelas cariocas podem ser genericamente caracterizadas como assentamentos informais que apresentam precariedade de redes de infraestrutura urbana, como acessibilidade, esgotamento sanitário e drenagem, e de serviços públicos, como educação, saúde e lazer, além da posse irregular da terra."

(O Social em Questão - Ano XVI - n° 29 - 2013)

3.   PROJETO NA RÉGUA

O Projeto Na Régua é uma ação da Secretaria Estadual de Infraestrutura e Obras (Seinfra) em parceria com a Universidade do Estado do Rio de Janeiro (UERJ) para executar assistência técnica, melhorias habitacionais e regularização fundiária de interesse social. Neste momento estamos localizados em 22 territórios[433], em sua grande maioria com o trabalho de implementação avançado e já estabelecendo amplo trabalho nestes territórios.

Cada escritório local compõe uma unidade autônoma e estas áreas iniciais que receberam os escritórios são as que apresentam menores índices sociais e foram entendidas como áreas prioritárias para começar o trabalho pela comissão administrativa executiva do projeto. Mesmo estando instalados nos territórios, justamente por sua dimensão territorial extensa, a ação é priorizada em subáreas consideradas com um maior índice de vulnerabilidade social e econômica, ou seja, podemos considerar que atuamos nos bolsões de extrema pobreza de forma prioritária. Para identificar esses bolsões a primeira inserção no território se dá de forma ativa com a aplicação de uma pesquisa para conhecer a fundo os moradores daquela região, após coleta e sistematização destes dados é feito uma priorização dos moradores que serão atendidos a partir do Índice de Desenvolvimento Social - IDS.[434]

Para receber o projeto de "assessoria técnica de interesse social" em seu domicílio as famílias devem atender aos seguintes critérios: possuir renda mensal de até 6 (seis) salários-mínimos, residir em áreas urbanas com direito previsto na Lei Federal nº 11.888/2008. Ainda poderão ser contempladas para realização de "Melhorias Habitacionais" subsidiadas pelo Estado, famílias em situação de extrema pobreza com renda familiar mensal de até 3 (três) salários-mínimos, dentro dos seguintes critérios de elegibilidade: 1. Possui um único imóvel e residir no território há, pelo menos, 3 (três) anos; 2. Famílias em extrema vulnerabilidade chefiadas por mulheres; 3. Famílias, preferencialmente, cadastradas no CadÚnico; 4. Famílias com existência de

---

[433] Na cidade do Rio de Janeiro: Parque Acari, Buriti Congonhas, Brás de Pina (5 bocas), Cajueiro, Jacarezinho, Parque Maré, Mangueira, Marcílio Dias, Morro da Providência, Rocinha (Roupa Suja), Serrinha, Tijuquinha, Cantagalo, Cesarão, Santa Maria, Vila Kennedy e Parque da Cidade.
Na cidade de Niterói: Morro da Penha.
Na cidade de Nova Iguaçu: Dom Bosco.
Na cidade de Queimados: Vila Coimbra, Morro da Paz e Ki-Suco.
[434] O índice de desenvolvimento social – IDS, criado pelo Instituto Pereira Passos, se norteia a partir das condições de vida, baseado não somente na renda, educação e composição familiar, mas também nas condições de habitabilidade e de acesso a serviços de saneamento básico.

membros PCD (Pessoas com Deficiência) e ou com doenças crônicas ou de fácil disseminação em moradias úmidas; 5. Famílias com existência de membro idoso.

O projeto Na Régua alinha-se diretamente ao que se propõe na Lei Federal nº 11.888/2008. A ATHIS garante melhoria técnica estrutural para moradias em situação de risco e o aporte social do projeto potencializa uma importante política de moradia, trazendo qualidade de vida e cidadania às famílias em situação de vulnerabilidade social, onde proporciona-se uma visão respeitosa da favela, que por décadas foi vista como o local da violência e descaso. Hoje com a implantação do ATHIS em consonância com o "Na Régua" os territórios protagonizam uma importante política social e a promoção de novas perspectivas.

4.   O TRABALHO SOCIAL NO NA RÉGUA

Quando pensamos o trabalho técnico social no projeto "Na régua" temos que levar em consideração o seu múltiplo caráter, sua importância vai além da intervenção direta em campo no processo de acolhimento e levantamento das demandas locais, também está presente na gestão do trabalho em comunhão com a equipe de engenharia/arquitetura e na produção e sistematização de dados que são levantados a partir da inserção nos campos.

> "A Equipe Técnica Social do Projeto Na Régua é responsável por junto a equipe de engenharia gerir as demandas por assistência técnica ou melhorias habitacionais identificadas através da pesquisa de campo. Além disso, a equipe social atuará no atendimento à população local que porventura demandar atendimento, seja de forma espontânea ou como desdobramento da busca ativa, mesmo que as demandas sociais identificadas não estejam vinculadas diretamente à proposta de obra do Projeto Na Régua." (PLANO DE TRABALHO TÉCNICO SOCIAL "Na régua", 2022)

O trabalho social no projeto Na Régua é dividido em 4 (quatro) frentes, são elas: 1. Gerenciamento, 2. Suporte e Monitoramento, 3. Escritórios Locais e 4. Equipe Técnica Social de Melhorias Habitacionais. Essa divisão se dá como uma forma de organização e processamento do trabalho, como descreveremos a seguir:

1. O Gerenciamento é o corpo técnico que formula e coordena a dinâmica de todo o trabalho da equipe técnica social do projeto "Na Régua". Em função dessa coordenação atua como importante base para auxiliar as demandas de toda equipe técnica social do projeto. Podemos comparar a equipe de gerenciamento com a "espinha dorsal" da equipe técnica social, pois por ela perpassa toda a ação anterior ao foco prático do projeto, que é o desenvolvimento de ATHIS. Através da ação desta equipe é possível não só planejar o desenvolvimento do projeto, como também realizar estudos diagnósticos que compreendam as dimensões social, econômica, produtiva, ambiental e político-institucional dos territórios e da população beneficiada. A equipe de gerenciamento por sua especificidade está presente no escritório central, localizado na sede da Secretaria de Infraestrutura e Obras do Estado do Rio de Janeiro (Seinfra), mas também apoiando diretamente nas atividades dos escritórios locais nos territórios.

2. O Suporte e Monitoramento é responsável por inserir dados dos atendimentos sociais na plataforma "Survey" e sistematizar de forma quantitativa e qualitativa os dados que estão sendo produzidos no desenvolvimento do projeto. A partir deste processo é que conseguimos traçar um perfil macro acerca da realidade que permeia as relações sociais, econômicas e políticos institucionais que são estabelecidas em cada uma das comunidades atendidas pelo projeto, sendo através deste trabalho que conseguimos dar aporte técnico para as técnicas dos campos e acompanhar o desenvolvimento de todo o projeto. No desenvolvimento das atividades da equipe de trabalho social do suporte e monitoramento é possível uma aproximação das experiências e vivências das famílias atendidas e identificar questões que vão além da falta de estrutura física, busca-se perceber como se dá o atendimento das necessidades sociais de cada família, se estão sendo atendidas pelas políticas sociais e rede de serviços disponíveis nos territórios.

3. As Técnicas Sociais dos escritórios locais são responsáveis pelo primeiro vínculo a ser estabelecido com os moradores dos territórios, estas realizam entrevistas sociais a partir de busca ativas, de acordo com as áreas censitárias estabelecidas pelo projeto, constroem uma relação com a rede

socioassistencial local para que consigam dar vazão às demandas que são identificadas no processo do trabalho e seguem no acompanhamento daqueles sujeitos. Elas são as responsáveis por realizarem o acompanhamento das famílias previamente à obra e durante o seu processo. Ao realizarem o atendimento social, as técnicas dos territórios são responsáveis por realizar a escuta atenta e ativa aos moradores, criando vínculos, acolhendo demandas e sendo protagonistas no desenvolvimento de uma ação participativa com as comunidades locais. No processo de trabalho em rede, mapeando e estabelecendo uma boa relação com a rede institucional do território, desenvolvem ações integradas e conseguem realizar um encaminhamento efetivo dos usuários que rastreiam no território, podendo assim reduzir significativamente as demandas que àquela população possui.

4. A Equipe Técnica Social de Melhorias Habitacionais atua nos campos, com os moradores que à princípio terão subsidiadas a reforma de melhorias habitacionais pelo Estado. O técnico social nessa perspectiva atua como um mediador do diálogo da equipe de engenharia e arquitetura e o morador, agindo como interlocutor da intervenção estrutural, garantindo que haja um bom entendimento e acolhimento das expectativas do morador com o projeto. Podemos considerar que o papel desta equipe técnica é primordial para que haja celeridade no trabalho de validação das moradias que receberão a intervenção direta do Estado, possibilitando que se atue em uma área censitária extensa, de forma qualitativa e que não se perca de vista o acompanhamento das múltiplas demandas que a maioria dos nossos usuários possuem. Essa equipe também tem um papel protagonista no fomento do trabalho interdisciplinar dentro do eixo do projeto, no que diz respeito à sua prática ser diretamente vinculada e conjunta com a da equipe de arquitetura/engenharia do eixo de melhorias habitacionais, essa peculiaridade produz uma ação criativa e voltada às percepções mais aguçadas sobre às condições de vida dos usuários.

Essas estruturas dialogam entre si e trabalham de forma integrada fazendo com que o corpo técnico social tenha uma ação integral e coesa frente às múltiplas demandas que são identificadas nos territórios de atuação, e integrada à comunidade de forma a sermos reconhecidos como agentes fomentadores e articuladores dos diversos atores políticos institucionais que se encontram naquelas áreas.

Nesse ponto podemos considerar que o Trabalho Técnico Social do projeto Na Régua atua como um canal de acolhimento e escuta daquelas comunidades em que estão inseridos, ao mesmo tempo em que é um agente articulador das redes locais, e um canal de sistematização desses dados para seguir orientando o trabalho de forma qualificada e propondo atividades que possam de alguma maneira intervir de forma a suprir algumas necessidades mais amplas do conjunto de moradores das regiões trabalhadas. Nosso papel na gestão do projeto é também gerar dados e formular novas proposições para se pensar uma reformulação da Política de Habitação no Estado do Rio de Janeiro, para que esta possa ter reconhecidamente o seu caráter social e democrático como base de todas as suas ações.

5. CONCLUSÃO

Não há pretensão de esgotar neste artigo o debate acerca do trabalho social desempenhado pela política de habitação, nem mesmo o trabalho social que permeia e direciona as intervenções de um programa de assistência técnica para habitação de interesse social (ATHIS).

Buscou-se contemporizar o debate, por meio das portarias estabelecidas no âmbito federal da política de habitação junto a referências bibliográficas, com fito de aproximá-lo das intervenções sociais proporcionadas pelo projeto Na Régua, que traz o ensejo de combate às inadequações habitacionais e de proporcionar condições dignas de habitação para famílias de baixa renda, além de trazer o reconhecimento institucional de valorizar espaços antes esquecidos e marginalizados da cidade, como as favelas. Aplicou-se o esforço de sistematizar o trabalho da equipe técnico social para que haja uma boa apreensão e divulgação das suas múltiplas atribuições.

Reafirmamos que o esforço em se pensar uma Política de Habitação para o Estado do Rio de Janeiro que seja de fato efetiva no que diz respeito a corrigir o déficit habitacional e reintegrar de forma integral os espaços marginalizados da cidade, como as favelas e os subúrbios, ainda é uma tarefa a ser enfrentada de forma ampla, comprometida e democrática pelo poder público e acreditamos que o projeto Na Régua está ofertando uma importante contribuição para que se avance neste aspecto.

REFERÊNCIAS BIBLIOGRÁFICAS

BRASIL, Ministério das cidades. **Portaria nº 168, de 12 de abril de 2013:** Dispõe sobre as diretrizes gerais para aquisição e alienação de imóveis com recursos advindos da integralização de cotas no Fundo de Arrendamento Residencial - FAR, no âmbito do Programa Nacional de Habitação Urbana - PNHU, integrante do Programa Minha Casa, Minha Vida - PMCMV. Disponível em: https://urbanismo.mppr.mp.br/arquivos/File/MCMVMCIDADESORTARIA168_2013_construcaodeequipamentosurbanos.pdf Acesso em: 25/08/2022

BRASIL, Ministério das cidades. **Portaria nº 21, de 22 de janeiro de 2014:** Aprova o Manual de Instruções do Trabalho Social nos Programas e Ações do Ministério das Cidades. Disponível em: https://antigo.mdr.gov.br/images/stories/ArquivosSNH/ArquivosPDF/Portarias/2014/portaria_21_2014_trabalho_social.pdf Acesso em: 17/08/2022

BRASIL, Ministério das cidades. **Portaria nº 464 de 25 de julho de 2018:** Dispõe sobre Trabalho Social nos Programas e Ações do Ministério das Cidades. Disponível em: https://www.in.gov.br/materia/-/asset_publisher/Kujrw0TZC2Mb/content/id/34198305/do1-2018-07-26-portaria-n-464-de-25-de-julho-de-2018-34198278 Acesso em: 25/08/2022

CARVALHO, Maria do Carmo Brant. **Trabalho Social na Habitação, conceitos básicos e novas diretrizes do Ministério das Cidades para o Trabalho Social.** Programa Nacional de Capacitação das Cidades, 2014. Disponível emhttps://antigo.mdr.gov.br/images/stories/ArquivosSNH/ArquivosPDF/Publicacoes/capacitacao/2014/aula01_trabalho_social_na_habitacao_conceitos_basicos_e_as_novas_diretrizes.pdf Acesso em: 17/08/2022

LEITÃO, Gerônimo; DELECAVE, Jonas. **O programa Morar Carioca: novos rumos na urbanização das favelas cariocas?** Disponível em: <http://osocialemquestao.ser.puc-rio.br/media/11artigo29.pdf> Acesso em 18 ago. 2022.

OBSERVATÓRIO DAS METRÓPOLES. **Os programas de urbanização no Rio de Janeiro**. Disponível em: <https://www.observatoriodasmetropoles.net.br/os-programas-de-urbanizacao-de-favelas-no-rio-de-janeiro/ > Acesso em 18 ago.2022.

MAGALHÃES, Fernanda e DIVILLAROSA, Francesco (editores). **Urbanização de favelas:** Lições aprendidas no Brasil. 2012. Publications (iadb.org)

SANTOS, M. **Metrópole corporativa e fragmentada:** o caso de São Paulo. São Paulo: Nobel, 1990.

SANTOS, Milton; Silveira, Maria Laura. **O Brasil território e sociedade no início do século XXI**, 2001.

SILVA, Caroline Rodrigues; FRANÇA, Bruno Alves de. Território e exercício profissional: o que conhecemos sobre o território onde trabalhamos? in PAZ, Rosangela D. O.; DINIZ, Tânia Maria R. G. (ORGS.) **Serviço social e trabalho social em habitação:** requisições conservadoras, resistências e proposições. 1. ed. Rio de Janeiro: Mórula, 2020.

TAVARES, Maria da Conceição. O Trabalho Social e a Política Habitacional, in: **Sociedade em Debate**, Pelotas, 13(2): 175-190, jul.-dez./2007

DIÁRIO DE PERNAMBUCO. Disponível em: <https://www.diariodepernambuco.com.br/noticia/brasil/2021/11/favelas-cresceram-o-equivalente-a-95-mil-campos-de-futebol-em-35-anos.html> Acesso em 25 ago.2022

ENANPEGE. Disponível em: <https://editorarealize.com.br/editora/anais/enanpege/2021/TRABALHO_COMPLETO_EV154_MD1_SA112_ID367522102021162748.pdf> Acesso em 25 ago.2022

PARTE IV

REGULARIZAÇÃO FISCAL DE TRIBUTOS REAIS E MEDIAÇÃO FUNDIÁRIA COMO VIAS DE REGULARIZAÇÃO FUNDIÁRIA URBANA

CAPÍTULO 13

O DIREITO DE MORADIA E AS QUESTÕES TRIBUTÁRIAS

Carolyne Ribeiro[435]

Jéssica Fernandes Silva[436]

Igor Martins Senra[437]

Resumo: O presente trabalho tem por objetivo a análise da questão tributária envolvendo o direito de moradia com foco nos débitos tributários de imóveis residenciais e nas Companhias de habitação. Para isso é feita análise do tema na jurisprudência do STF e da possibilidade da utilização de medidas práticas de solução do conflito tributário. O trabalho é desenvolvido pelo método dedutivo se utilizando de revisão bibliográfica, legislativa e jurisprudencial. Como resultado se observa a possibilidade de aplicação de medidas práticas para solução dos passivos tributários de imóveis residenciais. Busca-se, assim, conferir maior efetividade ao direito de moradia.

Palavras-chave: Imunidade. Companhia de habitação. Auxílio moradia. IPTU. Mediação.

---

[435] Doutoranda em direito da Cidade na UERJ, mestre em Direito da Cidade pela UERJ, pós-graduada em Direito do Estado pelo CEPED-UERJ, formada em Direito pela UFRJ, advogada, editora da Revista *Quaestio Iuris* e bolsista CAPES.

[436] Bacharel em direito pela UFRJ, pós graduanda em Direito Processual Civil pela UERJ, residente jurídica na Procuradoria Geral do Município do Rio de Janeiro. e-mail: Jessicafernand_es@yahoo.com.br.

[437] Graduando em Direito pela Universidade do Estado do Rio de Janeiro (UERJ).

Abstract: This paper aims to analyze the tax issue involving the right to housing, focusing on the tax debts of residential properties and housing companies. For this, an analysis of the subject in the jurisprudence of the STF and the possibility of using practical measures to solve the tax dispute is carried out. The work is developed by the deductive method using bibliographical, legislative and jurisprudential review. As a result, it is possible to observe the possibility of applying practical measures to solve the tax liabilities of residential properties. Thus, the aim is to make the right to housing more effective.

Keywords: Immunity. Housing company. Housing assistance. IPTU. Mediation.

1. COMPANHIAS DE HABITAÇÃO POPULAR: EXECUÇÕES FISCAIS E IMUNIDADE TRIBUTÁRIA

A Constituição Federal de 1988, no art. 5º, inciso XXIII[438], estabeleceu a função social da propriedade como direito e garantia individual. Consagrado como direito social, a moradia figura como direito prestacional, o qual depende da implementação de políticas públicas.

A Constituição Federal também dispõe em seu artigo 23, inciso IX o seguinte texto:

> Art. 23 CF - é competência comum da União, dos Estados, do Distrito Federal e dos Municípios:
>
> IX - Promover programas de construção de moradias e a melhoria das condições habitacionais e de saneamento básico;

Nesse contexto, as Companhias de Habitação Popular tiveram relevante papel na política de habitação. Com o advento da Lei n. 4.380, de 21 de agosto 1964 houve a criação do Sistema Financeiro de Habitação e a utilização dos recursos do Banco Nacional de Habitação e criação de órgãos estaduais e

---

[438] XXIII - a propriedade atenderá a sua função social. BRASIL. [Constituição (1988)]. Constituição da República Federativa do Brasil de 1988. Brasília, DF: Presidência da República, [2021].

municipais, que atuariam como agentes promotores públicos autárquicos, as COHABs.

A regularização fundiária é, portanto, assunto de relevância, pois está ligada ao desenvolvimento social e econômico do país e à arrecadação de diferentes tributos, como o Imposto Predial Territorial Urbano – IPTU, o Imposto Territorial Rural – ITR e o Imposto sobre Transmissão de Bens Imóveis - ITBI.

No entanto, não obstante atenda a uma finalidade social, atuando como instrumento da política habitacional voltado à população de baixa renda e também na promoção do desenvolvimento urbano do Estado, atendendo ainda a uma finalidade de interesse coletivo, as Companhias habitacionais, por ostentarem personalidade jurídica de direito privado e por não prestarem tal serviço em caráter exclusivo, não vem tendo reconhecida a imunidade tributária.

Como passaremos a discorrer, *a priori*, a norma imunizante tinha como objetivo preservar a tributação, não somente dos entes políticos como também da prestação de serviço público, inclusive, prestados por pessoas jurídicas de direito privado, como pode ser evidenciado, pelo próprio precedente que ensejou a criação da imunidade recíproca.

1.2. Histórico do instituto no Direito Norte americano e influência no ordenamento pátrio

A imunidade das pessoas políticas foi introduzida no direito brasileiro pelas lições de Rui Barbosa, todavia, o jurista teve como base o precedente norte americano, Mcculloch *vs*. Maryland, no qual a Suprema Corte Americana preservou de tributação uma pessoa jurídica de direito privado que prestava serviço público à população estadunidense.

O instituto surgiu nos Estados Unidos como uma construção jurisprudencial e como consequência indireta da teoria dos poderes implícitos. Nesse precedente reconheceu a Suprema Corte norte-americana que o Estado de Maryland não poderia tributar a filial do banco nacional então criado, tendo em vista que tal filial corresponderia a um instrumento de ação do governo federal.

A argumentação então utilizada pelo *Chief Justice* Marshall foi assim sintetizada por Léda Boechat Rodrigues:

> Segundo o consenso geral, e ele não o negava, era o governo americano "um governo de poderes enumerados"; mas, apesar de limitada em seus poderes, "era a União suprema na sua esfera de ação. Isso parecia resultar necessariamente de sua natureza. É o governo de todos; seus poderes são delegados por todos; representa todos e age por todos". Entre os poderes enumerados, continuava, não se encontrava "o de estabelecer um banco ou criar uma companhia (corporation). Mas não há, na Constituição, nenhuma frase que, a exemplo dos Artigos de Confederação, exclua os poderes implícitos ou incidentes ou exija seja todo o concedido expressa e minuciosamente descrito". (...) Apesar de não constar entre os poderes enumerados do governo, dizia MARSHALL, a palavra "banco" ou "incorporação", entre eles se encontravam "os grandes poderes de instituir e cobrar impostos; de tomar dinheiro emprestado; de regular o comércio; de declarar e conduzir guerras; e de levantar e manter exércitos e armadas. (...) Jamais se poderá pretender que esses vastos poderes excluem outros de importância inferior, somente porque são inferiores". Um governo a que se haviam confiado tão amplos poderes devia ter, também, amplos meios para a execução dos mesmos. (...) Intimamente entrelaçado a toda a Constituição, havia um grande princípio, do qual não era possível abstrair sem reduzi-la a pedaços: "A Constituição e as leis feitas em consequência delas são supremas; controlam as Constituições e as leis dos respectivos Estados e não podem ser por estas controladas. Deste princípio, quase axiomático, decorrem, como corolários, outras proposições: .... 1) o poder de criar implica o de preservar; 2) o poder de destruir entregue a mãos diferentes é hostil e incompatível com os poderes de criar e preservar; 3) quando tal ocorre, a autoridade suprema deve controlar e não ceder àquela sobre a qual possui supremacia". Depois de haver estudado acuradamente o assunto em debate, prosseguia MARSHAL, chegará a Corte à convicção de não possuírem

"os Estados poder, mediante a decretação de impostos ou de outra forma, para retardar, impedir, obstar, ou, de qualquer modo, controlar a execução das leis constitucionais promulgadas pelo Congresso, tendo em vista os poderes outorgados ao governo geral. Esta, pensamos, é a consequência inevitável da supremacia declarada pela Constituição".[439]

A questão da imunidade recíproca no Brasil teve a sua evolução histórica profundamente marcada pela do constitucionalismo americano, conforme bem asseverou Ricardo Lobo Torres:

"Coube a Rui Barbosa, com a sua imensa erudição e conhecimento da jurisprudência americana, fazer a proposta inicial, que, com o acréscimo da ideia de reciprocidade, se transformou no art. 1º da Constituição de 1891: "É proibido aos Estados tributar bens e rendas federais ou serviços a cargo da União, e reciprocamente".[440]

Comentando outros precedentes da Suprema Corte Americana, Aliomar Baleeiro esclarece que:

"(...) a imunidade ampara os instrumentos e meios da ação para exercício de poderes governamentais propriamente ditos e não as explorações comerciais, industriais ou quase privadas dos Estados, isto é, aquelas que visam apenas proporcionar a estes, como proprietários ou empresários, preços quase provados (*private business ou proprietary character*).[441]

Entretanto, não obstante a evidenciação histórica da *men legis* na criação do referido instituto, a atual previsão da imunidade recíproca, apenas dispõe sobre a impossibilidade de tributar os entes federados, suas autarquias e fundações, desconsiderando o papel social desempenhado pelas sociedades de

[439] RODRIGUES, Léda Boechat. **A Corte Suprema e o Direito Constitucional Americano**. 2ª ed. Rio de Janeiro: Civilização Brasileira, 1992, pp. 42-44.
[440] TORRES, Ricardo Lobo. **Tratado de direito constitucional financeiro tributário vol iii: os direitos humanos e a tributação - imunidades e isonomia** - 3ªed. (2005). p. 230
[441] BALEEIRO, Aliomar. **Limitações Constitucionais ao Poder de Tributar**. 7. ed. Rio de Janeiro: Forense, 2001 p. 385.

economia mista que realizam serviços públicos apenas porque não sejam em monopólio.

In casu, as companhias habitacionais embora sejam sociedades de economia mista exercem um serviço público, o que faz com que os defensores da tese publicista defendam sua natureza jurídica de direito público, e, por conseguinte, seu direito ao gozo da imunidade tributária recíproca. Isto porque os serviços públicos por elas executados não são serviços públicos concedidos, mas sociedades que só são criadas em virtude da necessidade de que determinado serviço seja executado.

Baleeiro, defensor da tese publicista[442], aduz ainda que "a sociedade de economia mista é considerada *instrumentality* ou órgão de serviço público, agência, instrumento do Governo federal - imune, por consequência, dos impostos estaduais"[443].

O tipo societário sociedade de economia mista ou empresa pública é em princípio adequado à exploração de atividade econômica com intuito lucrativo, contudo esta circunstância também não impede que a entidade atenda o interesse público primário, uma vez que o controle acionário permanece com o Poder Público.

Nem sempre a intensidade do interesse irá pender para o lado privado, simplesmente pelo formato societário, é o que ocorre quando a entidade executa serviços públicos essenciais independentemente da obtenção de lucro.

Por outro lado, o fato da entidade atuar em área explorada economicamente pela iniciativa privada também parece insuficiente para afastar a aplicação da imunidade, se tomada como fato isolado, sendo certo que

---

442 Segundo Mauricio Carlos Ribeiro a doutrina publicista distingue entre a atuação empresarial do estado e o serviço público pelo ponto de vista do interesse público: verificando-se um interesse coletivo na atividade econômica, ela seria alçada à categoria de serviço público; verificando-se apenas um interesse estratégico ou econômico do Estado, com o fito de rentabilidade, ter-se-ia hipótese de atividade econômica em sentido estrito. RIBEIRO, Maurício Carlos, Atividade econômica estatal, subsidiariedade e interesse público, Rio de Janeiro, Revista de Direito da Procuradoria Geral, vol 64, p. 247, 2009.

443 BRAGA, Leopoldo. "Sociedades de economia mista – Natureza, personalidade jurídica e regime tributário (Exposição e crítica)", Rio de Janeiro, **Revista de Direito da Procuradoria Geral**. volume 12, p. 260,1964.

este fato não altera a relevância e status constitucional da atividade, sobretudo quando prestados em detrimento do interesse público secundário.

Para Hugo de Brito Machado, a imunidade pode ser considerada como "o obstáculo criado por uma norma da Constituição que impede a incidência de lei ordinária de tributação sobre determinado fato, ou em detrimento de determinada pessoa, ou categoria de pessoas" [444].

Já Aliomar Baleeiro leciona que a imunidade tributária é uma norma de natureza constitucional, podendo, inclusive estar implícita pelos fundamentos do sistema "que estabelece a não competência das pessoas políticas da federação para tributar certos fatos e situações, de forma amplamente determinada, delimitando negativamente, por meio de redução parcial, a norma de atribuição de poder tributário" [445].

A norma imunizante, portanto, protege atos, fatos e pessoas consideradas de tamanha importância para o Estado que o próprio legislador constituinte determina expressamente que deva ser afastada a tributação em tais situações.

Para Bernardo Ribeiro de Moraes a razão de existência da imunidade tributária "está na preservação, proteção e estímulo dos valores éticos e culturais agasalhados pelo Estado. Em verdade, a imunidade tributária repousa em exigências teleológicas, portanto valorativas." [446].

A imunidade, conquanto vise à preservação da incidência tributária de determinados valores de interesse do Estado, tem, essencialmente, natureza axiológica. Isso é perceptível quando analisamos a imunidade insculpida nos artigos 150, incisos VI, alíneas "b" e "c", que versa sobre a impossibilidade de tributar as instituições religiosas e os partidos políticos, disposições que visam preservar a liberdade de culto e de opiniões políticas e se coadunam com o direito de liberdade disposto no artigo 3º, inciso I.

---

[444] MACHADO, Hugo de Brito. **Curso de Direito Tributário**. São Paulo: Malheiros, 2008, p 230.
[445] BALEEIRO, Aliomar. **Limitações Constitucionais ao Poder de Tributar**. 7. ed. Rio de Janeiro: Forense, 2001, p. 208.
[446] MORAES, Bernardo Ribeiro. A imunidade tributária e seus novos aspectos. In: **Imunidades tributárias**. São Paulo: CEU/Revista dos Tribunais, 1998, p. 21

Scaff leciona que "o manejo da capacidade de tributar - e seu corolário, de não tributar -, é uma das mais antigas formas de distinguir pessoas e atividades. É uma maneira de implementar políticas - fiscal ou econômica"[447]. Como exemplo, pontua ainda o autor que:

> "a título de exemplo, ao ser reconhecida no Brasil uma imunidade educacional não se pretende privilegiar determinado estabelecimento. A fase do privilégio já passou, devendo ser apenas historicamente considerada. Se deve é garantir que a educação seja ministrada a todos, de forma livre e com o fito de desenvolver plenamente o indivíduo, prepará-lo para o exercício da cidadania e qualificá-lo para o trabalho (CF/88, art. 205)"[448]

A existência de atividades imunes à tributação implica em reconhecer que sua implementação atende às finalidades estabelecidas na Constituição, que devem ser alcançadas em conjunto com o próprio Estado.

Nesse sentido, Aires Fernandino Barreto e Paulo Ayres Barreto reiteram:

> As tipificações constitucionais dos fatos, pessoas ou bens, sobre os quais não têm as pessoas políticas competência tributária, são reveladoras de valores privilegiados pela Constituição, porque decorrentes de princípios nela própria consagrados. O constituinte, ao estabelecer, no art. 150, VI, da CF, que é vedado à União, aos Estados, ao Distrito Federal e aos Municípios instituir impostos sobre as situações ali expressamente indicadas, reafirma valores que hão de ser protegidos pela ordem jurídica: expressões de princípios reconhecidamente consagrados pela Constituição.449

---

[447] SCAFF, F. F. Cidadania e imunidade tributária. *In:* MARTINS, I. G. da S (org.). **Direito Tributário***:* artigos selecionados em homenagem aos 40 anos do Centro de Extensão Universitária. São Paulo: Revista dos Tribunais, 2012, p. 223-241, v. 2.
[448] Ibid.
[449] BARRETO, Aires Fernandino; BARRETO, Paulo Ayres. **Imunidades Tributárias:** Limitações Constitucionais ao Poder de Tributar. São Paulo: Dialética, 1999, p. 11

Nesse contexto, nota-se claramente a função social da imunidade. A imunidade é uma norma que visa proteger os bens e pessoas essenciais para o cumprimento dos objetivos da República esboçados no artigo 3º da Constituição Federal[450], ou seja, assegurar a eficácia dos referidos princípios constitucionais.

Deste modo, o legislador constituinte, ao inserir as normas regras da imunidade tributária buscou, como fundamento valorativo, as hipóteses que auxiliem o alcance dos objetivos da República Federativa do Brasil.

1.3. STF e imunidade e execuções fiscais

O rol das imunidades tributárias está previsto em nosso ordenamento jurídico no artigo 150, inciso VI, alíneas "a" a "d", da Constituição Federal de 1988, que veda à União, aos Estados, ao Distrito Federal e aos Municípios instituir impostos sobre o patrimônio, a renda ou os serviços uns dos outros, bem como sobre patrimônio, renda ou serviços dos partidos políticos e suas fundações, das entidades sindicais dos trabalhadores, das instituições de educação e de assistência social, sem fins lucrativos, sobre templos de qualquer culto e livros, jornais, periódicos e o papel destinado a sua impressão.

De acordo com a jurisprudência mais recente do Supremo Tribunal Federal, para que se tenha assegurada a extensão da garantia prevista no art. 150, VI da Constituição, não basta que as empresas estatais sejam prestadoras de serviço público essencial. Exige-se, ainda, que o serviço seja prestado em regime de exclusividade.

No mesmo sentido, destaco a decisão proferida no ARE nº 1.291.788/SP, DJe de 11/11/20, na qual o Ministro Gilmar Mendes, ao prover recurso extraordinário do Município de Itapevi, consignou que a COHAB/SP "não presta serviço público em caráter exclusivo, tendo em vista que

---

[450] Art. 3º Constituem objetivos fundamentais da República Federativa do Brasil: I - construir uma sociedade livre, justa e solidária; II - garantir o desenvolvimento nacional; III - erradicar a pobreza e a marginalização e reduzir as desigualdades sociais e regionais; IV - promover o bem de todos, sem preconceitos de origem, raça, sexo, cor, idade e quaisquer outras formas de discriminação. BRASIL. [Constituição (1988)]. Constituição da República Federativa do Brasil de 1988. Brasília, DF: Presidência da República, [2021].

programas de acesso à moradia de interesse social são abertos a diversas empreiteiras e agentes financeiros que atuam no segmento da construção civil."[451]

Corroborando o entendimento[452] de que é necessária a atuação em regime de exclusividade para o reconhecimento de imunidade tributária recíproca em favor de sociedade de economia mista prestadora de serviço público essencial, vale conferir a decisão do Ministro Roberto Barroso na ACO nº 1.411/AC, veja-se:

> "No entanto, de acordo com a jurisprudência do STF, para que se tenha assegurada a extensão da garantia prevista no art. 150, IV, a, da CF, não basta que as empresas estatais sejam prestadoras de serviço público essencial. Exige-se, ainda, que o serviço seja prestado em regime de exclusividade (RE 773.131-AgR, Relatora Min. Cármen Lúcia, j. 17.12.2013; RE 749.006-AgR, Rel. Min. Luiz Fux, j. 08.10.2013; e RE 601.392, Red. p/ acórdão Min. Gilmar Mendes, j. 28.02.2013). [...]. 14. Diante do objeto social da companhia, conclui-se que a COHAB/AC não presta serviço público essencial em regime de exclusividade. A construção e comercialização de imóveis afetos a programas de habitação de interesse social não cuida de atividade exercida unicamente pela COHAB/AC. Há diversas construtoras e agentes financeiros que atuam nesse segmento e comercializam imóveis, pelo sistema financeiro de habitação ou por programas como "minha casa, minha vida", que igualmente buscam efetivar o direito à moradia. É fora de dúvida, portanto, que as atividades da autora não estão excluídas do ambiente concorrencial. 15. Assim sendo, a despeito da relevância das atividades da autora, não estão

---

[451] BRASIL. Supremo Tribunal Federal. Agravo em Recurso Extraordinário ARE nº 1.291.788/SP, Recorrente: MUNICÍPIO DE SÃO PAULO; Recorrido: COMPANHIA DE DESENVOLVIMENTO HABITACIONAL E URBANO DO ESTADO DE SÃO PAULO - CDHU Relator. Gilmar Mendes, 2020

[452] Também na mesma direção, menciono as seguintes decisões monocráticas: ARE nº 1.280.984/SP, Rel. Min. Rosa Weber, DJe de 5/11/20; RE nº 1.284.991/SP, Rel. Min. Edson Fachin, DJe de 30/9/20; ARE nº 1.278.384/SP, Rel. Min. Ricardo Lewandowski, DJe de 31/8/20 e ARE nº 1.280.985/SP, Rel. Min. Cármen Lúcia, DJe de 8/9/20.

presentes os requisitos que autorizam o reconhecimento da imunidade recíproca.[453]

Nos termos do artigo 173 da Constituição da República, as empresas públicas e as sociedades de economia mista sujeitam-se ao regime jurídico próprio das empresas privadas, inclusive quanto aos direitos e obrigações tributários, não gozando, a princípio, da imunidade tributária.

Assim sendo, a despeito da relevância das atividades prestadas pelas das Companhias de Habitação, por não prestarem serviço público essencial em regime de exclusividade, segundo decisões reiteradas da Corte Suprema, não estão presentes os requisitos que autorizam o reconhecimento da imunidade recíproca.

Esse também é o posicionamento adotado pelo Ministro Edson Fachin no julgamento do Recurso Extraordinário nº 1094036, que versava sobre a possibilidade de reconhecimento da imunidade recíproca à Companhia de Desenvolvimento Habitacional e Urbano do Estado de São Paulo CDHU:

> "Por conseguinte, verifica-se que a decisão recorrida diverge do entendimento jurisprudencial do STF é possível a extensão da imunidade tributária recíproca dos entes federativos às empresas públicas e às sociedades de economia mista cuja autorização de criação tenha emanado da Administração Pública Direta, desde que prestem serviço público em caráter monopolístico, não concorrencial e sem finalidades lucrativas. [...]. Sendo assim, verifica-se que sociedade de economia mista dedicada à construção de habitações populares não presta serviço público em caráter exclusivo, tendo em vista que programas de acesso à moradia de interesse social são abertos a diversas empreiteiras e agentes financeiros que atuam no segmento da construção civil. Logo, a parte Recorrida não faz jus à imunidade tributária recíproca ou qualquer outro favor fiscal não extensível aos agentes econômicos privados, nos termos do art. 173, § 2º, da Constituição da República. [...]. Ante o

---

[453] BRASIL. Supremo Tribunal Federal. Ação Cível Originária 1.411; autor: companhia de habitação do acre - cohab réu: união; Relator. Ministro Roberto Barroso, 2017.

exposto, conheço do recurso extraordinário a que se dá provimento, nos termos do art. 21, § 2º, do RISTF, com a finalidade de dar seguimento à execução fiscal controvertida e rechaçar a exceção de pré-executividade oposta.[454]

No entanto, não obstante as Companhias de habitação não venham obtendo sucesso ao pleitear a extinção de suas execuções fiscais com base na imunidade tributária recíproca, é possível encontrar precedente do STF conferindo o benefício às entidades que prestam serviços de saúde, por prestarem serviço público de inequívoca importância social sem finalidade de obtenção de lucro, veja-se:

"CONSTITUCIONAL. TRIBUTÁRIO. RECURSO EXTRAORDINÁRIO. REPERCUSSÃO GERAL. IMUNIDADE TRIBUTÁRIA RECÍPROCA. SOCIEDADE DE ECONOMIA MISTA. SERVIÇOS DE SAÚDE.

1. A saúde é direito fundamental de todos e dever do Estado (arts. 6º e 196 da Constituição Federal). Dever que é cumprido por meio de ações e serviços que, em face de sua prestação pelo Estado mesmo, se definem como de natureza pública (art. 197 da Lei das leis).

2. A prestação de ações e serviços de saúde por sociedades de economia mista corresponde à própria atuação do Estado, desde que a empresa estatal não tenha por finalidade a obtenção de lucro.

3. As sociedades de economia mista prestadoras de ações e serviços de saúde, cujo capital social seja majoritariamente estatal, gozam da imunidade tributária prevista na alínea a do inciso VI do art. 150 da Constituição Federal.

[454]BRASIL. Supremo Tribunal Federal. Recurso Extraordinário nº. 1.094.036/SP, recorrente. Município de Americana; recorrido: Companhia de Desenvolvimento Habitacional e Urbano do estado de São Paulo - CDHU; Relator. Ministro Edson Fachin, 2017.

4. Recurso extraordinário a que se dá provimento, com repercussão geral."[455]

Nesse contexto, considerou-se que a atuação da sociedade de economia mista da forma descrita na área de saúde correspondia à própria atuação estatal, estando, portanto, protegida pela imunidade recíproca dada a inequívoca importância social da atividade.

A moradia é um direito fundamental e sua consecução é dever do Estado (art. 6º, CF). O cumprimento desse direito se define como de natureza pública, ainda que efetivado por sociedade de economia mista, pois corresponde à própria atuação do Estado, desde que não se tenha por finalidade a obtenção de lucro, razão pela qual deveria ser estendido às Companhias de habitação o mesmo entendimento conferido a outras sociedades de economia mista em situação similar.

É o que se reconheceu também no RE nº 253472. No julgamento ficou reconhecida a existência de imunidade tributária à Companhia Docas do Estado de São Paulo – CODESP, no qual no voto vista, que acabou prevalecendo, o ministro Joaquim Barbosa alegou que a Codesp não opera com o intuito preponderantemente da obtenção de lucro.

Assim, a destinação do imóvel em que a companhia se localiza atende ao interesse público primário. Portanto, imune à incidência do tributo. Ele ponderou ainda que, se a participação privada fosse relevante e se sobrepusesse à instrumentalidade do Estado, visando prioritariamente ao lucro, aí, sim, seria cabível a incidência do tributo.[456]

Tendo em vista a divergência de entendimentos das Turmas do STF, com decisões em que se manteve a imunidade recíproca concedida pelo tribunal de origem e outras nas quais se deu provimento ao recurso dos municípios, sob o argumento que empresa de habitação não presta serviço

---

[455] BRASIL. Supremo Tribunal Federal. Recurso Extraordinário nº 580.264 RIO GRANDE DO SUL. SUL Recorrente: hospital nossa senhora da conceição s/a recorrido :estado do rio grande do sul Relator: MIN. JOAQUIM BARBOSA, 2010.
[456] BRASIL. Supremo Tribunal Federal. Recurso Extraordinário nº. 253472/SP, Relator Joaquim *Barbosa,* 2010.

público em caráter exclusivo, por isso não teria direito à imunidade recíproca, foi reconhecida a repercussão geral da matéria ainda pendente julgamento.[457]

Considerando-se a situação concreta de viabilização do direito de moradia a famílias de baixa renda, executada por sociedade de economia mista prestadora de serviço público essencial, cuja participação societária pertence quase que integralmente ao Estado, o STF por unanimidade, reputou constitucional a questão que ainda não tem data para julgamento, mas não suspendeu os processos que tratam da matéria, o que significa que as execuções fiscais em desfavor das Companhias de habitação seguem em curso.[458]

Interpretar a norma jurídica da imunidade de forma apartada de seu contexto social significa esvaziá-la completamente de seu objetivo, fazendo-se apenas um exercício de direito positivo, é o que se vê nas decisões mais recentes da Corte.

Assim, entende-se que a restrição interpretativa do texto normativo desvirtua a finalidade precípua do instituto, qual seja, proteger a prestação de serviço público da tributação, mormente no caso das Companhias de Habitação que prestam serviços públicos essenciais e próprios do Estado levando à efeito a concretização de direitos fundamentais sociais.

2. O PAPEL DA MEDIAÇÃO NA REGULAÇÃO FISCAL EM COMPOSIÇÕES AMIGÁVEIS DE TRIBUTOS LANÇADOS ADMINISTRATIVAMENTE

O problema do acesso ao solo urbano se intensificou com o advento da Revolução Industrial, no século XVIII, que gerou um intenso processo de urbanização em todo o mundo. Com a criação das fábricas, as cidades ganham importância em detrimento do meio rural e as pessoas começam a sair do campo em direção aos grandes centros urbanos, à procura de melhores condições de vida. No Brasil, esse processo de urbanização e êxodo rural,

---

[457] Repercussão geral no ARE 1289782/SP, relator Ministro Nunes Marques.
[458] A exceção do ARE 1259100/AgR de relatoria do Ministro Fux que está com julgamento suspenso aguardando a manifestação da Corte no caso de repercussão geral reconhecida.

apesar de tardio, também ocorre, levando ao crescimento acentuado e desordenado das cidades, sem nenhuma política assistencialista de habitação.

O pico da urbanização no país ocorre em meados do século XX, gerando também um intenso processo de favelização e habitação de moradias em condições precárias e irregulares, uma vez que a população mais humilde não possuía poder econômico para morar nos grandes centros e, por isso, ficou à margem da sociedade, sem assistência do Poder Público e, consequentemente, sem condições para sair desta situação. Nesse âmbito, é possível afirmar que a omissão do Poder Estatal em dar assistência a essa população, gera a perpetuação de sua condição de pobreza, impossibilitando a conquista de outros direitos fundamentais conferidos por nossa Carta Magna[459].

A partir desse cenário, o acesso à uma moradia digna se tornou cada vez mais difícil, fazendo com que essas pessoas, com menor poder econômico, vivessem em conjuntos habitacionais em péssimas condições, ou até mesmo não obtendo a propriedade do imóvel em que vivem, devido a dívidas remanescentes. O Direito à moradia é tutelado não só por nossa Constituição Federal[460], mas pelo Estatuto da Cidade[461] e pela Declaração Universal dos

---

[459] SMOLKA, Martim O. **Regularização da ocupação do solo urbano:** a solução que é parte do problema, o problema que é parte da solução. Curitiba: Instituto de Mediação e Arbitragem do Brasil, 2003, p. 266.
"a informalidade não é só efeito, mas também causa da pobreza, na medida em que a população residente em áreas informais é capturada por muitos 'círculos viciosos' que reiteram sua condição"

[460] BRASIL. [Constituição (1988)]. **Constituição da República Federativa do Brasil:** promulgada em 5 de outubro de 1988.
Art. 6º: São direitos sociais a educação, a saúde, a alimentação, o trabalho, a moradia, o transporte, o lazer, a segurança, a previdência social, a proteção à maternidade e à infância, a assistência aos desamparados, na forma desta Constituição.

[461] BRASIL. **Lei nº 10.257, de 10 de julho de 2001**. Regulamenta os arts. 182 e 183 da Constituição Federal, estabelece diretrizes gerais da política urbana e dá outras providências.
Art. 2º A política urbana tem por objetivo ordenar o pleno desenvolvimento das funções sociais da cidade e da propriedade urbana, mediante as seguintes diretrizes gerais:
I – garantia do direito a cidades sustentáveis, entendido como o direito à terra urbana, à moradia, ao saneamento ambiental, à infraestrutura urbana, ao transporte e aos serviços públicos, ao trabalho e ao lazer, para as presentes e futuras gerações;

Direitos Humanos[462]. Dessa maneira, é possível afirmar que, a moradia, além de ser um direito de todo cidadão brasileiro, deve ser digna, de forma que haja segurança, acesso à saneamento básico, transporte, etc.

Entretanto, apesar de todos os cidadãos terem esse direito assegurado, o que se observa na prática não é um cenário animador. No atual contexto brasileiro ainda é latente o problema da falta de acesso a uma moradia digna. Dentre diversos problemas que perpetuam este fato, está o problema da regulação fiscal de residências, o que acaba dificultando a regulação fundiária.

2.2. Conflitos urbanos: a regulação fiscal e fundiária

Para além dos diversos conflitos sociais da hodiernidade, é necessário dar ênfase nos conflitos fiscais e fundiários existentes na realidade brasileira. Isso será feito mediante a análise de passivos fiscais que impossibilitam a regularização fiscal e fundiária de imóveis, causando prejuízo, principalmente, para a população mais humilde.

Inicialmente, cabe destacar como e por que esses tributos são lançados e em que medida impedem a regularização fundiária dos imóveis. Em um primeiro momento, as Companhias de Habitação celebram contratos preliminares com os mutuários, que deverão pagar pelos tributos incidentes sobre os imóveis. Entretanto, os mutuários deixam de pagar os encargos, o que faz com que os passivos fiscais sejam lançados em nome das Companhias de Habitação. As Companhias, por sua vez, não realizam o pagamento desses passivos, pois não estão na posse direta dos imóveis, nem os utilizam. Tal fato gera uma grande dívida, o que causa a irregularidade fiscal das residências, e, consequentemente, a regularização fundiária não ocorre.

Como as moradias permanecem formalmente na propriedade das Companhias de Habitação, as dívidas dos imóveis também são mantidas em seu nome, o que gera dois problemas fundamentais: a falta de titulação sobre a

---

[462] ORGANIZAÇÃO DAS NAÇÕES UNIDAS. **Declaração Universal dos Direitos Humanos**, 1948.
Art.25, § 1º (...) toda pessoa tem direito a um padrão de vida capaz de assegurar a si e à sua família saúde e bem-estar, inclusive alimentação, vestuário, moradia, cuidados médicos e os serviços sociais indispensáveis (...)

propriedade por parte dos mutuários, o que viola o direito à moradia digna, e a injusta dívida ativa que é mantida no nome das Companhias. Diante deste cenário, urge a necessidade de solucionar a problemática do acesso à moradia digna e a violação de um direito fundamental, causado pela falha na regularização fundiária, tendo como perspectiva a utilização da mediação para ajudar a resolver amigavelmente este conflito.

Como se sabe, o Poder Público tem o dever de executar políticas de desenvolvimento urbano, que proporcionem e facilitem a ocupação do solo urbano e deem essa possibilidade a famílias de rendas mais baixas e dentre essas políticas está a regularização fundiária, que deve ser alcançada por uma atuação do Poder Público em três dimensões: a jurídica, a urbanística e a registrária[463]. Nesse sentido, a Lei n. 13.465 de 2017[464], compreende a existência de duas modalidades de regularização fundiária urbana, dentre elas a de interesse social (Reurb-S), que é aplicável aos núcleos urbanos informais ocupados predominantemente por população de baixa renda, assim declarados em ato do Poder Executivo municipal (art. 13, I). Dessa forma, surge a necessidade de o Poder Municipal agir em colaboração com entes públicos e privados a fim de promover a regularização fundiária e, consequentemente, a titulação das propriedades aos que a possuem por direito.

---

[463]Diante dessa realidade complexa, a regularização fundiária é alcançada através de uma atuação do Poder Público em três dimensões:
a) jurídica, pelo reconhecimento da juridicidade da ocupação daqueles que imprimem função social à posse em áreas habitáveis, especialmente daqueles que usam os imóveis de domínio público para habitação, hipótese que envolve o direito fundamental de moradia (art. 6º, CF/88) e, assim, revestido de maior proteção, diante do dever de atuação prestacional-positiva do Estado em relação aos direitos socais;
b) urbanística, mediante a realização de uma política pública urbana através de investimentos públicos necessários para a melhoria das condições de vida dos habitantes;
c) registraria, mediante a inscrição no fólio real da modalidade de direitos real privatizado nesse processo pelo ente público (propriedade, legitimação de posse, superfície, uso, etc.), a partir da política pública a ser implementada. Para mais informações ver: COELHO, Marcus Filipe Freitas, CARDOSO, Simone Alves, YAGHSISIAN, Adriana Machado. **A mediação como forma de resolução extrajudicial de conflitos fundiários urbanos**. 2019, p. 69.
[464] BRASIL. **Lei nº 13.465, de 11 de julho de 2017**. Dispõe sobre a regularização fundiária rural e urbana, sobre a liquidação de créditos concedidos aos assentados da reforma agrária e sobre a regularização fundiária no âmbito da Amazônia Legal; institui mecanismos para aprimorar a eficiência dos procedimentos de alienação de imóveis da União.

Evidentemente, é impossível ignorar todas as dívidas existentes para possibilitar a regularização fundiária desses locais. Entretanto, também inexiste a possibilidade da regularização desses passivos fiscais sem nenhum tipo de negociação, já que existem tantos processos de pequena monta, que quando somados, chegam a valores vultosos, o que reclama a mediação como a melhor solução para a regularização fiscal. Tal fato gera um enorme impasse, pois os tributos sobre estes imóveis são lançados em nome das Companhias, que ficam com dívidas milionárias em seus nomes. Para resolver este empecilho é necessário que haja a utilização da mediação, como uma forma de chegar a um acordo em relação ao pagamento das dívidas e, por óbvio, promover a regularização fundiária plena dos imóveis.

2.3. Mediação como método de resolução de conflitos

O Ordenamento Jurídico possui como uma das suas principais funções a manutenção da ordem social, estabelecendo normas gerais que incutem a civilidade e o respeito dos cidadãos uns com os outros. Durante o decorrer dos séculos, as sociedades foram se organizando de tal maneira, que surgiu a necessidade de um sistema jurídico cada vez mais completo e disposto a resolver conflitos, tamanha a complexidade das relações sociais. Dessa forma, explica Antônio Carlos de Araújo Cintra que:

> A tarefa da ordem jurídica é exatamente a de harmonizar as relações sociais intersubjetivas, a fim de ensejar a máxima realização dos valores humanos com o mínimo de sacrifício e desgaste. O critério que deve orientar essa coordenação ou harmonização é o critério do justo e do equitativo, de acordo com a convicção prevalente em determinado momento e lugar[465].

Entretanto, devido à complexidade das relações sociais, o Direito se vê impossibilitado de resolver todos os litígios que nascem entre os indivíduos,

---

[465] CINTRA, Antônio Carlos de Araújo; DINAMARCO, Cândido Rangel; GRINOVER, Ada Pellegrini. **Teoria Geral do Processo**. São Paulo: Malheiros, 2007, p. 25.

surgindo a necessidade de meios alternativos para resolução destes conflitos. Dentre outros métodos existentes, podemos citar a mediação[466] que:

> É a técnica privada de solução de conflitos que vem demonstrando, no mundo, sua grande eficiência nos conflitos interpessoais, pois com ela, são as próprias partes que acham as soluções. O mediador somente as ajuda a procurá-las, introduzindo, com suas técnicas, os critérios e os raciocínios que lhes permitirão um entendimento melhor.[467]

Portanto, a mediação surge como um meio de resolver conflitos de forma mais rápida e eficaz, visto que no Brasil, um país de extensa densidade demográfica, os litígios demoram anos para serem resolvidos pelo sistema judiciário, ou até nunca têm uma resolução.

Nesse âmbito, a mediação teria como papel fundamental promover o diálogo entre as Companhias e os mutuários, possibilitando uma negociação entre as partes, o que geraria os seguintes fins: regularização fiscal e fundiária dos imóveis, titulação da propriedade pelos mutuários e retirada das dívidas do nome das Companhias de Habitação. Para chegar a esta realização, é necessário que haja o diálogo entre as partes envolvidas, com intuito de chegarem a melhores formas de resolução desse conflito. Para isso, devem ser postas algumas possibilidades à mesa, visando o pagamento das dívidas, dentre elas a possibilidade de desconto no valor total que está em débito e o parcelamento do montante.

Nesse sentido, é de extrema importância a criação de um núcleo de mediação de conflitos urbanos e fiscais, que tenha como pretensão a resolução desses impasses e, que por meio do diálogo, consiga contornar os problemas existentes. Isso poderá ser feito com a participação de todas as partes

---

[466] BRASIL. **Lei nº 13.140, de 26 de junho de 2015**. Dispõe sobre a mediação entre particulares como meio de solução de controvérsias e sobre a autocomposição de conflitos no âmbito da administração pública; altera a Lei nº 9.469, de 10 de julho de 1997, e o Decreto nº 70.235, de 6 de março de 1972; e revoga o § 2º do art. 6º da Lei nº 9.469, de 10 de julho de 1997.
[467] VEZZULLA, Juan Carlos. **Teoria e Prática da Mediação**. Paraná: Instituto de Mediação e Arbitragem do Brasil, 1998, p. 15-16.

envolvidas, como o Poder Público, a população em situação de vulnerabilidade que está sem a titulação da propriedade de seus imóveis e as Companhias de Habitação.

Uma vez iniciado o diálogo, é necessário haver um panorama de cooperação, com intuito de extinguir os conflitos existentes. Tal objetivo poderá ser alcançado com a proposição de métodos mais flexíveis para o pagamento das dívidas existentes, como o parcelamento do valor, o fornecimento de desconto no montante em débito, o estabelecimento de um prazo para o pagamento, dentre outros meios que beneficiem todas as partes envolvidas.

Além disso, ainda na lei n. 13.465/17, o legislador prevê expressamente a possibilidade de resoluções extrajudiciais como forma de solucionar estes problemas. No artigo 21, §3º a lei estabelece que havendo impugnação a mediação poderá ser utilizada como meio para resolução do conflito, observando o disposto na Lei n. 13.140, explicitando que a utilização da mediação em conflitos de caráter fundiário promove uma resolução mais rápida, eficaz e democrática.

Portanto, é indispensável a utilização da mediação no processo de negociação entre os mutuários e as Companhias de Habitação, uma vez que através desse recurso haverá a possibilidade de um diálogo justo, com intuito de achar a melhor forma de resolução para todas as partes. Além disso, com a mediação será possível alcançar a finalidade pública proposta, a saber tutelar o direito de moradia da população economicamente vulnerável e retirar execuções, desproporcionais e injustas, dos passivos das Companhias.

A mediação permite que todas as partes possam chegar a um consenso, de forma que nenhuma delas sairá prejudicada, já que haverá uma participação colaborativa entre todos, com intuito de chegar a uma breve resolução.

3. O AUXÍLIO MORADIA E A POSSIBILIDADE DE DAÇÃO EM PAGAMENTO INVERSA EM DÍVIDAS DE IPTU DE IMÓVEL RESIDENCIAL

O direito de moradia no Brasil ainda não possui efetividade para muitos na população. O acesso à terra para a demanda insolvável é uma das causas. Os preços elevados dos imóveis e a baixa renda da população impedem o acesso pelos mecanismos legais existentes. Não há verba para uma compra direta e, em muitos casos, não se consegue comprovar renda suficiente para o financiamento a longo prazo ou, ainda, sequer se consegue comprovar renda.

A utilização dos imóveis residenciais como capital imobiliário em detrimento de sua função primária, a moradia, contribui para a concentração dos imóveis nas mãos de poucos proprietários sem que recebam uma finalidade realística prática. Os imóveis ficam vazios aguardando sua valorização no mercado para gerarem lucro ao proprietário.

As tentativas governamentais que buscaram enfrentar o problema não se mostraram efetivas ou tiveram pouco impacto diante do grande déficit. O custo dos projetos, que não raro sofrem incrementos durante as obras, acabam gerando descontinuidade e obras abandonadas. A burocracia envolvida, muitas vezes, afasta a população de mais baixa renda que tem mais dificuldade de obter um imóvel formalizado, conferindo acesso majoritariamente à classe média que teria outras formas de obter financiamento junto ao mercado privado. O projeto habitacional implementado mais recente, o "minha casa minha vida" do governo federal pode ser considerado muito superior a projetos anteriores, como o do BNH, em relação a efetivação do direito de moradia, contudo ainda há muito a ser feito.

As dificuldades do governo na concessão do direito de moradia em sua maior medida, ou seja, a concessão do direito de propriedade ao beneficiário, ainda quando existe a contraprestação desse, muito vinculada ao déficit orçamentário do estado brasileiro como um todo, levou o governo a adotar outras medidas de forma a enfrentar o problema com soluções variadas.[468] Um desses mecanismos é o aluguel social que consiste no fornecimento de um valor fixo mensal por período determinado para que o contemplado alugue um imóvel residencial.[469] O mecanismo possui suas falhas, sendo as mais patentes

---

[468] Considerando os outros direitos reais dispostos na lei civil e outros direitos sobre bens imóveis dispersos em outras legislações, o direito de propriedade é o que confere maior amplitude quanto ao uso, gozo e fruição do bem, conferindo, ainda, as melhores garantias para sua proteção em relação a terceiros, incluindo o próprio Estado.

[469] Na cidade do Rio de Janeiro é chamado de auxílio habitacional temporário, regulado pelo decreto n. 44637 de 2018 no valor de R$ 400,00 (quatrocentos reais) mensais. O auxílio está

a descontinuidade ou atraso no pagamento e o baixo valor pago que reduz consideravelmente as possibilidades dos contemplados, principalmente quanto a obter uma moradia digna em um imóvel regularizado.

Apesar disso, trata-se de uma medida transitória efetiva em que o Estado fornece a moradia de forma mais rápida e atingindo um maior número de beneficiados, já que o valor em comparação ao custo de construção e regularização de uma residência é bem menor.[470] Contudo, a grande quantidade de atribuições destinadas aos municípios em se tratando da implementação de direitos fundamentais, torna o aluguel social medida pouco atrativa para municípios menores em que não haveria receita suficiente para sua prestação. Apesar disso, em grandes cidades, como as capitais de estados e regiões metropolitanas, nas quais o déficit habitacional é mais expressivo e o orçamento público é maior, a medida tem sido adotada como uma das formas de efetivar o direito à moradia.[471]

3.1. Os custos da moradia

Como a questão da moradia é complexa, seus problemas não se resumem ao acesso, quem já possui uma moradia enfrenta outros problemas para se manter de forma constante e duradoura no bem. Uma residência gera uma série de despesas mensais a serem pagas, como a energia elétrica, a água potável, o gás de cozinha, o esgoto e muitos ainda pagam as cotas condominiais. Muitos desses serviços, mesmo quando não são utilizados, geram despesas, como no caso da água em que a fixação da cobrança pela mera disponibilidade foi aceita pelos tribunais.

---

disponível apenas para famílias que perderam a residência por conta da intervenção da municipalidade ou em que a integridade estrutural da residência foi afetada por catástrofe. No estado do Rio de Janeiro se chama aluguel social, o valor é de R$ 400,00 (quatrocentos reais) mensais e também é pago para famílias que perderam suas casas em catástrofes, havendo previsão recente para mulheres vítimas de violência doméstica (lei n. 7720/20).
[470] SANTOS, Angela Moulin Simões Penalva e MEDEIROS, Mariana Gomes Peixoto. Direito à moradia: entre o avanço normativo e a prática institucional. A política de aluguel social no Rio de Janeiro. **Geo UERJ**, Rio de Janeiro, n. 29, p. 10-12
[471] Foi adotado, por exemplo, nas cidades de São Paulo (auxílio aluguel), Belo Horizonte (bolsa moradia), Natal (aluguel social) e Manaus (auxílio aluguel).

Esses custos residenciais fixos pesam com mais medida na população de baixa renda. Embora seja verdade que os serviços essenciais, como água e luz sejam subsidiados pelo Estado, esse subsídio não é total e como os custos de infraestrutura no Brasil são elevados, mesmo com os subsídios, os valores nem sempre estão de acordo com a renda do usuário.[472] Isso acaba gerando a inadimplência e corte do serviço, o não uso ou mesmo a utilização de forma ilegal.[473] Estas configuram estratégias individuais para lidar com o débito que acabam levando as pessoas a viver em uma moradia que não é minimamente digna, restando maculado o direito de moradia, embora a pessoa tenha um teto sob a cabeça.[474]

Além dos custos pelos serviços que geram a funcionalidade da residência, ainda existem os custos com a tributação incidente sobre o imóvel. O tributo mais conhecido é o IPTU, imposto de competência municipal que incide sobre imóveis urbanos, mas há outros como a taxa de iluminação pública, cobrada junto à conta de luz[475], a taxa de incêndio, a taxa de lixo e a de esgoto. No caso dos impostos há previsão de isenções totais, o que é bastante benéfico se considerarmos a população de mais baixa renda. Contudo, essas isenções são bastante restritivas e burocráticas.[476] Quando o imóvel através de seu proprietário ou possuidor não faz jus a algum tipo de isenção, a tributação pode ser um fator a comprometer o direito de moradia.

Na cidade do Rio de Janeiro, por exemplo, houve uma recente atualização da planta genérica de valores dos imóveis (lei n. 6250/2017) que é a base para a cobrança do IPTU. A atualização da legislação tributária municipal acabou gerando a cobrança para muitos imóveis que outrora eram isentos, criando uma despesa inesperada e, muitas vezes, elevada para o residente. As hipóteses de isenção, por outro lado, se tornaram bastante

---

[472] A energia elétrica é o único serviço cuja isenção é regulada por lei federal, a lei n. 12.212 de 2010 que oferece isenções de até 65% do valor da conta de luz.

[473] Muitas residências no Brasil ainda utilizam a energia da lenha para cocção e não tem água encanada fazendo uso de água de poço, açudes ou retirando diretamente de fontes hídricas.

[474] A jurisprudência tem admitido o corte para débitos recentes referentes as 3 últimas cobranças.

[475] Adotado o parâmetro da cobrança na cidade do Rio de Janeiro.

[476] Na cidade do Rio de Janeiro às isenções do IPTU estão previstas no artigo 61 da lei n. 691 de 1984.

restritivas. Nos imóveis residenciais, a isenção é atribuída para aqueles que tenham valor venal de até R$ 55.000,00 (cinquenta e cinco mil reais) corrigidos monetariamente (artigo 61, IX da lei municipal n. 691 de 1984).[477]

A dívida de IPTU pode levar o morador a perder o imóvel, o que afeta diretamente a fruição do direito à moradia que deveria ser garantido pelo Estado. Cabe lembrar que a lei do bem de família (lei n. 8009), instituída para proteger o imóvel residencial da família de cobrança de dívidas, exclui de sua proteção as dívidas oriundas de impostos. Além disso, as dívidas de IPTU são consideradas *propter rem*, ou seja, perseguem a coisa, fato gerador da cobrança.

A judicialização da cobrança do imposto, após sua inscrição na dívida ativa, atrai novas questões para o tema. Por conta da indisponibilidade do interesse público, uma vez judicializada a demanda, o advogado público possui pouco espaço para transigir no processo. A restrição busca evitar fraudes que lesem o patrimônio público e prima por um tratamento isonômico aos administrados.

Contudo, o elevado número de processos e o baixo número de funcionários nas varas especializadas e nas procuradorias torna necessária uma atuação estratégica que vise minimizar as perdas do erário e busque também preservar direitos fundamentais dos contribuintes o quanto possível. A judicialização massiva acaba gerando a inefetividade da prestação jurisdicional e gastos que não se pagam. Muitos processos acabam, por exemplo, com a inexigibilidade da dívida por conta da prescrição intercorrente ou do irrisório valor da dívida.

Dentro dessa perspectiva, os entes públicos passaram a admitir hipóteses em que a obrigatoriedade de recorrer quando a pretensão é indeferida no primeiro grau deixa de existir, é o caso, por exemplo de dívidas de pequeno valor, cujo parâmetro adotado tanto na doutrina como na jurisprudência é o valor estipulado pela lei para a competência dos juizados especiais federais, ou

---

[477] Embora a lei preveja outras hipóteses de isenção, elas são restritivas e cumulam mais de um requisito. É o caso das pessoas idosas em que se exige certos limites de renda e certas características do imóvel residencial (artigo 12, XVIII, decreto n. 14327 de 1995).

seja, 60 salários mínimos.[478] Contudo, essas hipóteses são bastante restritivas e, geralmente, estão previstas em normativos internos das procuradorias.

Hoje, pela nova sistemática do Código de Processo Civil, com o aumento dos valores dos honorários em caso de não provimento de recursos, a atuação judicial dos entes públicos não deve se dar sem um mínimo de consideração para esse aspecto sob pena de gerar custos desnecessários ao erário.

3.2. Uma nova hipótese de transação

Pensando especificamente em dívidas de IPTU de imóvel residencial cobradas pelos entes municipais, uma interpretação sistemática do ordenamento jurídico permite inferir mais uma possibilidade de transação da dívida. Para isso é preciso pontuar algumas premissas.

O direito de moradia faz parte do mínimo existencial necessário para que a pessoa viva de forma digna, constituindo elemento essencial para a efetivação da dignidade da pessoa humana, princípio estruturante de todo ordenamento jurídico brasileiro. Assim, o direito de moradia deve receber tratamento jurídico e proteção reforçada, na mesma linha do que ocorre com os direitos de saúde, educação e alimentação.[479]

Apesar de se tratar de direito fundamental que já vinha previsto no ordenamento brasileiro por conta da aceitação de tratados internacionais como o Pacto internacional sobre direitos econômicos, sociais e culturais (artigo 11, decreto n. 591 de 1992), a Carta da Organização dos Estados Americanos e a Convenção Americana de Direitos Humanos (artigo 34.k e l da Carta da OEA c/c artigo 26 da CADH), sua relevância foi reafirmada pelo legislador

---

[478] Vide artigo 3 da lei federal n. 10259 de 2001. No mesmo sentido, autorizando a realização de acordos em causas que observem esse valor, o enunciado 62 da I Jornada de Prevenção e Solução Extrajudicial de Litígios do CJF.

[479] SARLET, Ingo Wolfgang. Direitos sociais e ordem social no constitucionalismo contemporâneo (conferência) in A constitucionalização do direito e o estatuto jurídico da cidade. Webinar. 44º reunião do Fórum permanente de direito da cidade (EMERJ). 22 nov. 2021.

constituinte que previu expressamente o direito de moradia em nossa Constituição através de emenda no ano de 2000 (artigo 6 c/c artigo 5, §2).[480]

Dessa forma, há uma competência comum dos entes federativos em conferir eficácia a este direito (vide artigo 23, IX, da CF), principalmente, em relação à população mais vulnerável economicamente que possui, por conta disso, maior dificuldade no acesso ao direito de moradia. Cabe recordar que se trata de direito qualificado, ou seja, não é apenas o direito a um teto, mas direito a uma moradia digna que demanda uma série de requisitos mínimos para estar observado (vide comentário geral n. 4 do Comitê do PIDESC).

O IPTU, por outro lado, possui a finalidade de arrecadação de recursos financeiros ao município. Trata-se de meio estatal para financiamento das funções públicas, primando sempre por não tributar em demasia seus contribuintes (artigo 150, IV, da CF). Além disso, é possível considerar que o IPTU possui uma função social que pode ser extraída da possibilidade da sua progressividade em casos de não utilização eficiente do território da cidade (artigo 7 do Estatuto da Cidade).

Assim, numa cobrança de dívida de IPTU que chegue a levar o imóvel a penhora e leilão, o ente público fica apenas com o valor do imposto cobrado, o restante do saldo, se houver, é devolvido ao contribuinte devedor. Não há interesse estatal que o contribuinte perca seu imóvel, mas apenas em receber o valor do imposto. A força normativa do direito de moradia frente ao poder de tributação de Estado pode ser observada nas medidas excepcionais de enfrentamento da Covid-19 que impedem o despejo forçado por determinação judicial durante o período. Caso da decisão liminar na ADPF 828 de relatoria do ministro Barroso e da lei federal n. 14216 que impede os despejos forçados até o fim do ano de 2021.

Retomemos agora o benefício de prestação continuada oferecido pelos entes públicos, no geral, municípios e estados, para pessoas sem moradia. Para

---

[480] Cabe ressaltar que a proteção conferida ao direito de moradia no direito brasileiro é uma das mais reforçadas se comparada à legislação constitucional de outros países como Espanha, Portugal e África do Sul. Majoritariamente nas legislações constitucionais, os direitos sociais constituem direitos subjetivos individuais de prestação, ao contrário do que ocorre no Brasil (SARLET, 2021).

facilitar a construção do raciocínio vamos usar como base o valor oferecido na cidade do Rio de Janeiro que é de R$ 400,00 (quatrocentos reais) mensais. Deixemos de lado, ainda, o fato de que, geralmente, a legislação estipulante prevê o benefício de forma temporária, pois tal limitação é claramente questionável quando o beneficiário ainda depende do auxílio para ter moradia. A utilização das palavras benefício e auxílio servem apenas para aproximação com os nomes adotados por estados e municípios, pois sua natureza jurídica é de direito subjetivo individual.

Assim, anualmente o município gasta com um indivíduo ou família o valor de R$ 4.800,00 (quatro mil e oitocentos reais) para garantia do direito de moradia de forma provisória. Esse valor, considerado baixo num contexto de mercado locatício formal, principalmente, nas capitais, geralmente, não é sinônimo de garantia de moradia digna. Muitas vezes, os beneficiários são levados a alugarem imóveis em locais de assentamentos informais, com uma série de carências, como a falta de segurança da posse e a falta de infraestrutura básica.

A perda do imóvel por dívida de IPTU pode ser enquadrada na hipótese de ação estatal prevista na legislação de regência da cidade do Rio de Janeiro, uma vez que a ação judicial é iniciada pelo próprio município. Assim, em casos de dívidas de IPTU de imóvel residencial judicializadas quando o valor da dívida original, desconsiderando juros, correção monetária, honorários e custas, em um período de 12 meses for igual ou inferior ao valor de R$ 4.800,00 seria possível que o município transacione esse valor, considerando que seria o valor que teria que gastar com aquele contribuinte em caso de perda do imóvel.[481] O período da dívida pode ser superior a 12 meses, desde que fique limitada em cada período de 12 meses ao valor máximo proposto, considerando apenas o valor bruto sem encargos de mora.

Podemos falar em uma hipótese de dação em pagamento inversa, instituto do direito civil, em que ao invés do credor receber uma prestação efetivamente, irá computar o gasto que deixará de realizar com aquela pessoa

---

[481] Na cidade do Rio de Janeiro, a lei municipal n. 5966 de 2015 autoriza a realização da transação de todos os créditos tributários impugnados, judicial ou administrativamente, inscritos ou não em dívida ativa (artigo 1, §3).

ou família caso eles perdessem sua moradia. Não se trata, portanto, de uma isenção ou de um perdão de dívida, mas sim de compensação de receitas, uma de entrada, o IPTU, e outra de saída, o auxílio moradia. É possível, assim, ponderar não apenas as medidas judiciais disponíveis, mas também as consequências práticas da medida como determina a LINDB (artigo 20), ainda que na esfera administrativa, primando, assim, pela medida mais adequada que atenda aos fins sociais que devem ser cumpridos pelo município.

Além disso, a transação constitui solução consensual que deve ser priorizada pelo Estado na forma do artigo 3, §2º e §3º do CPC. Quando a solução da demanda é construída pelas próprias partes ao invés de ser imposta por uma medida judicial, a possibilidade de aceitação e satisfação dos envolvidos é maior, pois eles próprios construíram aquele resultado, ainda que para isso tenha sido necessário atender em parte as exigências da outra parte. Aplica-se, assim, uma justiça não adversarial em que o Estado possa em certa medida atentar para as necessidades de seus administrados.

Não há risco de que as pessoas deixem de pagar o IPTU quando enquadradas nessa faixa, pois essa medida só será aplicada em fase judicial, não sendo crível que as pessoas coloquem suas moradias em risco por esse motivo quando tenham condições financeiras de arcar com o imposto. A inscrição do devedor em dívida ativa acarreta uma série de consequências negativas que tornam tal hipótese não muito verossímil. A própria existência de uma ação judicial possui consequências negativas, como a negativação do nome do devedor que influencia diretamente em seu crédito, além de gerar encargos extras como custas e honorários, não sendo uma medida barata para ser adotada.

Por outro lado, essa hipótese se mostra bastante adequada para frear os efeitos da gentrificação em bairros que sofrem valorização no mercado imobiliário. Ela impede que moradores mais antigos, que não tenham renda compatível com a nova realidade que se impõe a sua vizinhança, sejam obrigados a se desfazer de seus imóveis em busca de locais mais baratos. Preserva-se, assim, a diversidade que é tão importante, principalmente, para o direito à Cidade que é um direito transindividual coletivo.

A medida garante, ainda, um direito de moradia mais estável ao devedor do que aquele propiciado pelo auxílio estatal, pois preserva direitos reais ou possessórios sobre o bem imóvel que não se obtém com um simples contrato temporário de aluguel residencial. Além disso, ela permite que o indivíduo fique dentro de sua comunidade mantendo os laços comunitários formados, como a vinculação das crianças com a escola ou dos idosos com os agentes comunitários de saúde.

A proposta prima pela manutenção da moradia e dos vínculos comunitários e impede a criação de novos desabrigados que passem a depender de auxílio governamental. Não se trata, portanto, de abrir mão de uma receita, mas simplesmente de que o Estado deixe de ter novos gastos.

Embora tenhamos utilizado como exemplo a situação da cidade do Rio de Janeiro, a hipótese pode ser aplicada para todas as cidades que tenham adotado o auxílio moradia, sendo bastante semelhantes os valores adotados pelos municípios aderentes para esse fim. Para cidades que ainda não criaram esse auxílio, seria possível considerar os valores adotados em âmbito regional de seu estado, uma vez que o direito de moradia por ser direito fundamental-social é de competência comum dos entes federativos.

5. CONCLUSÃO

As dificuldades para concretização do direito de moradia digna no Brasil têm demandado medidas criativas que envolvem não apenas a residência em si, mas também os encargos dela decorrentes, que não são poucos. Assim, se propôs nesta análise uma nova hipótese de transação para dívidas de IPTU que tem como parâmetro os gastos estatais para a concessão de moradia temporária através de auxílios em dinheiro para aluguel de imóveis, a utilização de métodos de solução adequada de conflito em questões tributárias e uma interpretação da norma tributária que proteja a continuidade do serviço público das Companhias de habitação.

Dessa forma, o valor do bem imóvel residencial passa a estar efetivamente vinculado a sua função social, um valor vinculado a utilidade que as pessoas conferem ao bem. Se pensa, assim, no objetivo maior da sociedade que é a utilidade social do bem da vida através de uma maior proteção ao imóvel residencial. O direito pensado na perspectiva do indivíduo reforçando medidas que são reconhecidas pela sociedade como valor social.

REFERÊNCIAS BIBLIOGRÁFICAS

BALEEIRO, Aliomar. **Limitações Constitucionais ao Poder de Tributar**. 7. ed. Rio de Janeiro: Forense, 2001

BARRETO, Aires Fernandino; BARRETO, Paulo Ayres. **Imunidades Tributárias:** Limitações Constitucionais ao Poder de Tributar. São Paulo: Dialética, 1999

BELO HORIZONTE. **Bolsa moradia**. Disponível em: https://prefeitura.pbh.gov.br/urbel/bolsa-moradia. Acesso em 19 nov. 2021.

BRAGA, Leopoldo "Sociedades de economia mista – Natureza, personalidade jurídica e regime tributário (Exposição e crítica)", Rio de Janeiro, **Revista de Direito da Procuradoria Geral**, volume 12.

BRASIL. STF. **ADPF 828 MC-DF**. Relator Ministro Luís Roberto Barroso. Disponível em: https://www.conjur.com.br/dl/stf-suspende-meses-desocupacoes-areas.pdf. Acesso em 23 nov. 2021.

BRASIL. [Constituição (1988)]. **Constituição da República Federativa do Brasil de 1988**. Brasília, DF: Presidência da República, [2021]. Disponível em: http://www.planalto.gov.br/ccivil_03/constituicao/constituicao.htm. Acesso em: 22 nov. 2021.

BRASIL. Supremo Tribunal Federal. **Agravo em Recurso Extraordinário ARE nº 1.291.788/SP**, Recorrente: MUNICÍPIO DE SÃO PAULO; Recorrido: COMPANHIA DE DESENVOLVIMENTO HABITACIONAL E URBANO DO ESTADO DE SÃO PAULO - CDHU Relator. Gilmar Mendes, 2020.

_____. **Recurso Extraordinário nº. 1.094.036/SP**, Recorrente. MUNICÍPIO DE AMERICANA; Recorrido COMPANHIA DE DESENVOLVIMENTO HABITACIONAL E URBANO DO ESTADO DE SÃO PAULO - CDHU; Relator. Ministro Edson Fachin. 2017.

_____. **Recurso Extraordinário nº 580.264 RIO GRANDE DO SUL** Recorrente: HOSPITAL NOSSA SENHORA DA CONCEIÇÃO S/A Recorrido: ESTADO DO RIO GRANDE DO SUL Relator: MIN. JOAQUIM BARBOSA, 2010.

_____. **Ação Cível Originária 1.411**/AUTOR: COMPANHIA DE HABITAÇÃO DO ACRE - COHAB RÉU(É)(S) UNIÃO. Relator. Ministro Roberto Barroso, 2017.

BARRETO, Aires Fernandino; BARRETO, Paulo Ayres. **Imunidades Tributárias:**

Limitações Constitucionais ao Poder de Tributar. São Paulo: Dialética, 1999.

MACHADO, Hugo de Brito. **Curso de Direito Tributário**. São Paulo: Malheiros, 2008.

CAFRUNE, Marcelo Eibs. **Mediação de conflitos fundiários urbanos: do debate teórico à construção política**. Revista da Faculdade de Direito UniRitter, Porto Alegre, n. 11, p. 197-217, 2010. Disponível em: <https://www.researchgate.net/profile/Marcelo-Cafrune/publication/303401771_Mediacao_de_Conflitos_Fundiarios_Urbanos_do_De bate_Teorico_a_Construcao_Politica/links/5740dbac08ae298602ebb894/Mediacao-de-Conflitos-Fundiarios-Urbanos-do-Debate-Teorico-a-Construcao-Politica.pdf>. Acesso em 20 de nov. 2021.

COELHO, Marcus Filipe Freitas; CARDOSO, Simone Alves; YAGHSISIAN, Adriana Machado. **A mediação como forma de resolução extrajudicial de conflitos fundiários urbanos**. 2019, p. 69. Disponível em: <https://www.unisantos.br/wp-content/uploads/2019/06/metodos-consensuais-v2.pdf#page=65>. Acesso em 24 de nov. de 2021.

FELTRAN, Fernanda Rodrigues; MARTINS, Juliana Torres. **Conflitos fundiários urbanos:** a mediação como elemento garantidor da moradia. In: Âmbito Jurídico, Rio Grande, XX, n. 166, nov 2017. Disponível em: <https://ambitojuridico.com.br/cadernos/direito-ambiental/conflitos-fundiarios-urbanos-a-mediacao-como-elemento-garantidor-da-moradia/>. Acesso em 18 de nov. de 2021.

HABITASAMPA. **Auxílio aluguel**. Disponível em: http://www.habitasampa.inf.br/atendimento/criterios-para-o-atendimento-habitacional/auxilio-aluguel/. Acesso em 19 nov. 2021

MANAUS. **Lei ordinária municipal n.1666, de 25 de abril de 2012**. Institui o "auxílio aluguel", benefício de caráter eventual a ser concedido a famílias vítimas de enchentes, desmoronamentos, remoção de situação de risco ou, ainda por força de obras públicas. Disponível em: https://leismunicipais.com.br/a/am/m/manaus/lei-ordinaria/2012/167/1666/lei-ordinaria-n-1666-2012-institui-o-auxilio-aluguel-beneficio-de-carater-eventual-a-ser-concedido-a-familias-vitimas-de-enchentes-desmoronamentos-remocao-de-situacao-de-risco-ou-ainda-por-forca-de-obras-publicas. Acesso em 19 nov. 2021.

NASCIMENTO, Joelma Gomes. **Mediação: meio alternativo para solução de conflitos**. In: Âmbito Jurídico, Rio Grande, XIV, n. 84, jan 2011. Disponível em:

<https://ambitojuridico.com.br/cadernos/direito-processual-civil/mediacao-meio-alternativo-para-solucao-de-conflitos/#_ftn4>. Acesso em 18 de nov. de 2021.

NATAL. **Álvaro Dias sanciona Lei que regulamenta concessão do aluguel social**. 1 out. 2021. Disponível em: https://www.natal.rn.gov.br/news/post/35579. Acesso em 19 nov. 2021

RIBEIRO, Maurício Carlos, Atividade econômica estatal, subsidiariedade e interesse público, Rio de Janeiro, **Revista de Direito da Procuradoria Geral**, volume 64, 2009.

RIO DE JANEIRO. **Carioca Digital. Auxílio habitacional temporário**. Disponível em: https://carioca.rio/servicos/auxilio-habitacional-temporario/. Acesso em 6 nov. 2021

RIO DE JANEIRO. Decreto municipal n. 44637, de 1 de junho de 2018. **Diário Oficial**. 19 jun. 2018. Disponível em: https://carioca.rio/servicos/auxilio-habitacional-temporario/. Acesso em 6 nov. 2021.

RIO DE JANEIRO. Decreto municipal n. 14327, de 1 de novembro de 1995. Regulamenta as disposições legais relativas ao imposto sobre propriedade predial e territorial urbana, à taxa de iluminação pública e à taxa de coleta de lixo e limpeza pública. **Diário oficial**. 6 nov. 1995. Disponível em: https://leismunicipais.com.br/a1/rj/r/rio-de-janeiro/decreto/1995/1432/14327/decreto-n-14327-1995-regulamenta-as-disposicoes-legais-relativas-ao-imposto-sobre-propriedade-predial-e-territorial-urbana-a-taxa-de-iluminacao-publica-e-a-taxa-de-coleta-de-lixo-e-limpeza-publica. Acesso em 19 nov. 2021.

RIO DE JANEIRO. Lei 6250, de 28 de setembro de 2017. Altera a alíquota padrão do ITBI, promove alterações e inserções de dispositivos relativos a IPTU e TCL, inclusive na Planta Genérica de Valores - PGV de imóveis, e dá outras providências. **Diário oficial**. 29 set. 2017. Disponível em: https://leismunicipais.com.br/a/rj/r/rio-de-janeiro/lei-ordinaria/2017/625/6250/lei-ordinaria-n-6250-2017-altera-a-aliquota-padrao-do-itbi-promove-alteracoes-e-insercoes-de-dispositivos-relativos-a-iptu-e-tcl-inclusive-na-planta-generica-de-valores-pgv-de-imoveis-e-da-outras-providencias. Acesso em 19 nov. 2021.

RODRIGUES, Léda Boechat. **A Corte Suprema e o Direito Constitucional Americano**. 2ª ed. Rio de Janeiro: Civilização Brasileira, 1992.

SANTOS, Angela Moulin Simões Penalva e MEDEIROS, Mariana Gomes Peixoto. Direito à moradia: entre o avanço normativo e a prática institucional. A política de aluguel social no Rio de Janeiro. **Geo UERJ**, Rio de Janeiro, n. 29, p. 20-43, 2016, doi: 10.12957/geouerj.2016.15464.

SARLET, Ingo Wolfgang. **Direitos sociais e ordem social no constitucionalismo contemporâneo (conferência)** in A constitucionalização do direito e o estatuto jurídico da cidade. Webinar. 44 reunião do Fórum permanente de direito da cidade (EMERJ). 22 nov. 2021.

SCAFF, F. F. Cidadania e imunidade tributária. In: MARTINS, I. G. da S (org.). **Direito Tributário:** artigos selecionados em homenagem aos 40 anos do Centro de Extensão Universitária. São Paulo: Revista dos Tribunais, 2012. v. 2.

TORRES, Ricardo Lobo. **Tratado de direito constitucional financeiro tributário, vol III: os direitos humanos e a tributação - imunidades e isonomia** - 3ª ED.2005.

CAPÍTULO 14

PRESCRIÇÃO ORIGINÁRIA, INTERCORRENTE E A DISCUSSÃO SOBRE A POSSIBILIDADE DE IMUNIDADE TRIBUTÁRIA

Eric Santos Andrade[482]

Raphael Eyer Soares de Paiva[483]

Matheus Corrêa Lima de Aguiar Dias[484]

Resumo: Cuida-se de artigo que visa abordar a problemática das execuções fiscais em face das Companhias de Habitação. O objetivo é investigar como a regularização fiscal funciona como vetor integrante e imprescindível para a efetivação da regularização fundiária e das melhorias habitacionais. Para tanto, a prescrição originária e a intercorrente, em especial, vem sofrendo uma reinterpretação que está para além das teses do STJ, vez que as execuções

---

[482] Doutorando em Direito pela Universidade do Estado do Rio de Janeiro (UERJ). Mestre em Direito pela Universidade do Estado do Rio de Janeiro (UERJ). Membro da Rede de Pesquisa Interinstitucional em Direito da Cidade da Universidade do Estado do Rio de Janeiro (RPIDC/UERJ) e do Laboratório de Estudos de Direito Administrativo Comparado da Universidade Federal do Estado do Rio de Janeiro (LEDAC/UNIRIO). Membro da Comissão de Direito Administrativo e de Direito da Família e sucessões do Instituto dos Advogados Brasileiros (IAB). Membro do Instituto de Direito Administrativo do Estado do Rio de Janeiro (IDARJ). Advogado.

[483] Doutorando em Direito pela Universidade do Estado do Rio de Janeiro (UERJ). Mestre em Direito pela UERJ. Pós-graduação em Direito Civil e Processo Civil pela Unilasalle-Niterói. Bacharel em Direito pelo Ibmec-RJ. Advogado da CEDAE.

[484] Mestrando em Direito da Cidade pela UERJ. Bacharel em Direito pelo Centro Universitário Ibmec-RJ. Bolsista CAPES. Advogado.

fiscais devem ser interpretadas sob a luz do art. 40 da LEF e do devido processo legal. Ainda, discute-se acerca da imunidade tributária sobre esses imóveis quando ainda sob a titularidade das companhias de habitação, apesar da sua natureza jurídica, dado a relevância da natureza pública do serviço prestado à sociedade. Nesse sentir, se valerá de dados importantes sobre a condução das execuções fiscais em face da CEHAB, coletados no Núcleo de Estudos, Pesquisas e Extensão – NEPEC.

Palavras-chaves: Regularização fundiária. Regulação fiscal. Companhias de Habitação. Direito à moradia digna.

Abstract: This article seeks to address the issue of tax foreclosures in the face of Housing Companies. The objective is to investigate how fiscal regularization works as an integral and essential vector for the realization of land title regularization and housing improvements. Therefore, the original and intercurrent prescription, in particular, has been undergoing a reinterpretation that goes beyond the STJ theses, since tax foreclosures must be interpreted under the light of art. 40 of the LEF and due process of law. Still, it is discussed about the tax immunity on these properties when still under the ownership of housing companies, despite their legal nature, given the relevance of the public nature of the service provided to society. In this sense, it will use important data on the conduct of tax foreclosures in the face of CEHAB, collected at the Center for Studies, Research and Extension – NEPEC.

Keywords: Land tenure regularization. Tax regulation. Housing Companies. Right to decent housing.

1. INTRODUÇÃO

Como cediço, o Direito da Cidade é um ramo do Direito com capilaridades temáticas bem diversificadas, de modo que sua interdisciplinaridade permite que o jurista beba das fontes jurídicas de outras ramificações do Direito como, por exemplo, o Direito Tributário.

Ainda que o assunto em voga seja eminentemente a Regularização Fundiária, não se deve analisar o instituto de forma isolada, uma vez que o

Direito Tributário possui fortes influências sobre a qualidade de vida urbana, que por excelência é o objeto de estudo na temática de moradia e, principalmente, na Regularização Fundiária.

Em linhas gerais, um tributo cobrado pela Fazenda Pública por meio de execuções fiscais pode levar o contribuinte à inadimplência, tanto tributária quanto civil, na medida em que o crédito fazendário não satisfeito pode conduzir ao endividamento do sujeito que busca contornar suas dificuldades financeiras e honrar com seus débitos. Todavia, ainda que a dívida seja satisfeita, o crédito obtido pode potencialmente desequilibrar o orçamento necessário para sustentar um padrão mínimo que garanta uma vida digna ao contribuinte, o que, inevitavelmente, compromete a qualidade de vida em assuntos sensíveis para sua subsistência como, por exemplo, a moradia.

Isto porque, a manutenção da moradia impõe um sacrifício econômico para os sujeitos ao passo que demanda o desembolso de custos fixos mensais para a sustentabilidade de recursos que garantam um patamar mínimo de qualidade de vida como luz, gás, água, condomínio, aluguel, IPTU etc.

Nota-se que, apesar da divergência da natureza jurídica, os elementos acima descritos representam substancial custo fixo despendido pelo sujeito na manutenção mensal de uma moradia minimamente digna. Quando ocorre um desequilíbrio na renda responsável por arcar com esses custos, pode-se verificar que os indivíduos buscam moradias mais distantes das áreas mais atraentes da cidade e, por vezes, instalam-se em assentamentos irregulares que, apesar de estarem à margem da formalidade do Direito, apresentam uma drástica redução nesse custo fixo de vida, mesmo que isso signifique em renúncia à substancial qualidade de vida.

Nesse sentido, o presente artigo passeará pela discussão sobre os principais aspectos da regularização fiscal, em processo de regularização fundiária social, abordando a prescrição originária, prescrição intercorrente e a reverberação acerca da imunidade tributária na instância especial.

2. PRESCRIÇÃO ORIGINÁRIA E ENTRAVES DA TRIBUTAÇÃO EM CONJUNTOS HABITACIONAIS

Em linhas gerais, como toda relação jurídica regulada pelo Direito pátrio, a relação tributária surge com a conduta humana com pertinência jurídica, isto é, com o ato jurídico. Neste momento, cabe distinguir a hipótese de incidência tributária e o fato gerador, uma vez que são momentos essenciais para a compreensão do surgimento da relação jurídica tributária.

Por hipótese de incidência tributária entende-se a descrição normativa de uma conduta humana com capacidade de produzir efeitos na esfera jurídica, ao passo que o fato gerador diz respeito à própria conduta humana que praticou a situação hipotética descrita na legislação.

Em outras palavras, a hipótese de incidência tributária versa sobre uma situação hipotética que pode acontecer ou não, enquanto o fato gerador é o nome atribuído à conduta que, uma vez praticada, concretiza a situação hipotética e abstrata prevista pela norma e que se denomina hipótese de incidência tributária.

Nesse contexto, verifica-se que a obrigação tributária decorre diretamente da lei, posto que a vontade dos sujeitos não interfere em seu surgimento que, por sua vez, está condicionado à prática da conduta tipificada na norma jurídica. Assim, nota-se que a lei e o fato gerador assumem, respectivamente, os papéis de fontes formais e materiais da obrigação tributária, sendo ambos indispensáveis para o surgimento da relação jurídica.

Nesta relação jurídica, pode-se notar que as partes envolvidas não possuem paridade de armas, uma vez que no polo passivo encontra-se o contribuinte e no pólo ativo, em busca de seu crédito, está a Fazenda Pública cuja pretensão será julgada também pelo Poder Público, por meio da figura do Poder Judiciário. Contudo, isto não significa que se trata exclusivamente de uma relação de poder, na medida em que o próprio ordenamento jurídico impõe limitações ao poder de tributar, por meio de princípios e imunidades tributárias.

No Direito Tributário ainda há distinção entre obrigações tributárias principais e acessórias que precisam ser elucidadas neste momento. Em linhas gerais, as obrigações principais possuem finalidade arrecadatória e são extintas pelo pagamento, ao passo que as obrigações acessórias possuem o objetivo de auxiliar a atividade principal arrecadatória, por meio de prestações positivas ou negativas. Caso as obrigações acessórias sejam descumpridas, elas se convertem em principais dada a modificação em sua natureza de acessória para pecuniária.

Ultrapassada a distinção acerca das obrigações, cabe tecer comentários acerca de outro elemento essencial às relações jurídicas, a saber: o crédito tributário. Como explicitado acima, o Direito Tributário possui uma abordagem diferente do Direito Privado quanto às obrigações, contudo, a compreensão de crédito também é diferente na esfera tributária. Isto porque, o crédito é enxergado como um segundo momento na relação jurídica que segue a obrigação, após as formalidades de praxe pela Fazenda Pública.

Sob a ótica do Direito Tributário, a obrigação representa um primeiro momento da relação jurídica, em que o sujeito passivo (contribuinte ou responsável) ainda não está formalmente identificado e ainda não se delimitou o conteúdo obrigacional. Destarte, neste momento, a obrigação ainda não é exigível.

É somente a partir do lançamento que a relação jurídica tributária supre as lacunas obrigacionais, conferindo certeza e liquidez, e pode proceder com a exigência do crédito. Nessa esteira, entende-se o lançamento tributário como o procedimento responsável por declarar a existência de uma obrigação e constituir o respectivo crédito que, ao conferir a liquidez e certeza necessários, está apto a ser cobrado do sujeito passivo (contribuinte ou responsável) pelo sujeito ativo (Poder Público), o pagamento do tributo ou da penalidade pecuniária, hipótese em que o contribuinte deve ser notificado por um auto de infração pormenorizando a irregularidade cometida.

Este trabalho restringiu seu escopo analítico sobre o Imposto Predial e Territorial Urbano (IPTU), espécie de imposto abrangido pelo gênero tributo, cuja instituição é de competência tributária municipal.

No que diz respeito à prescrição originária do IPTU, imperioso abordar em maiores detalhes o assunto do lançamento do respectivo tributo. Como se sabe, a inércia durante longo lapso temporal pode fulminar o direito ou a pretensão do sujeito, sendo casos de decadência e prescrição, respectivamente. Assim como no Direito Privado, a decadência e a prescrição também são ameaças ao crédito fazendário.

Cabe relembrar que a atuação administrativa do Poder Público deve obediência necessária a princípios como a legalidade, impessoalidade, moralidade, publicidade e eficiência. Dito isto, constatando-se a existência de uma obrigação tributária, o Fisco possui o poder-dever de constituir o crédito e exigi-lo dos contribuintes, sob pena de indevidamente abrir mão de receita e assim ir de encontro ao postulado da indisponibilidade do interesse público.

Nesse sentido, deve o Fisco proceder com o lançamento dentro do prazo legal para que não sofra com a perda de crédito pela decadência ou pela prescrição. Em ambos os casos, haverá a perda do crédito pela inércia da máquina estatal, a distinção está em qual momento se verifica a ocorrência de cada um desses institutos. Se a inércia for antes do lançamento, diz-se que ocorreu a perda do direito pelo fenômeno da decadência; se a inércia for depois do lançamento, diz-se que ocorreu a perda do direito de ingressar em juízo com a execução fiscal pelo fenômeno da prescrição.

Em regra, entende-se que a Fazenda Pública deve proceder com o lançamento em cinco anos, a partir da ocorrência do fato gerador, para que o crédito esteja devidamente constituído e apto para ser inscrito em Dívida Ativa, momento no qual restará configurado o título executivo extrajudicial que embasará futura execução fiscal. Após a constituição do crédito e a inscrição em Dívida Ativa, o Fisco possui mais cinco anos para proceder com o ajuizamento da respectiva execução fiscal, sob pena de prescrição, nos moldes do artigo 173 do Código Tributário Nacional (CTN).

Em suma, decai o direito do Fisco caso não seja feito o lançamento em cinco anos após a ocorrência do fato gerador, hipótese na qual não poderá se proceder com o lançamento, e prescreve o direito de ação caso o Fisco não ingresse em juízo com a execução fiscal para satisfazer seu crédito em cinco anos após a realização do lançamento.

O lançamento pode ocorrer em diversas modalidades, a saber: por ofício, por declaração ou por homologação. Em linhas gerais, a distinção está na atuação do contribuinte junto ao Fisco durante este procedimento. Como a matéria de estudo deste trabalho é o IPTU, restringe-se a análise à modalidade pertinente ao lançamento deste tributo que é o lançamento por ofício, ou seja, aquele em que o contribuinte não precisa auxiliar o Fisco.

O lançamento é o momento em que o Poder Público deve verificar a ocorrência do fato gerador da respectiva obrigação tributária para então, determinar a matéria tributável, bem como o sujeito passivo e o montante devido, analisando, ainda, se é caso passível de aplicação de penalidade. Como cediço, a cobrança do IPTU se dá pelo envio do carnê para a residência do contribuinte, sendo assim, desnecessária sua atuação junto ao Fisco para a realização do lançamento. Contudo, o marco inicial para a contagem do prazo de prescrição não é um assunto pacífico na jurisprudência.

Como se sabe, a cobrança pode ser impugnada pelo contribuinte na esfera administrativa, hipótese na qual o crédito tributário estará suspenso e não poderá ser cobrado na via judicial, nos moldes do inciso III, do artigo 151, do CTN. Caso isso aconteça, há quem sustente que o crédito somente estaria constituído em definitivo após o trânsito em julgado na via administrativa. Sob outra ótica, há quem afirme que o crédito está constituído em definitivo a partir da notificação para pagamento, já que o processo administrativo suspende, temporariamente, a exigibilidade creditícia do Fisco, mas não configura de fato uma etapa de constituição do crédito tributário.

De fato, o processo administrativo que impugna a cobrança não é uma etapa do lançamento, procedimento responsável pela constituição do crédito que estaria constituído em definitivo com a notificação do contribuinte, porém, não há que se cogitar na fluência do prazo prescricional na hipótese de impugnação na via administrativa, sob pena de potencialmente lesionar o erário em período em que o Fisco estava impossibilitado de cobrar seu crédito em juízo, diante de condição suspensiva que, temporariamente, retirou a exigibilidade do crédito já constituído. Nestes cenários, sustenta-se que o mais razoável é computar a fluência do prazo prescricional a partir da data do trânsito em julgado da decisão no processo administrativo.

Acredita-se que argumentar em sentido contrário representaria uma punição indevida ao Fisco, diante de inércia não provocada por sua própria negligência, mas sim por comportamento do contribuinte que optou por suspender a exigibilidade do crédito ao deduzir pretensão própria pela via administrativa. Dito isto, cabe ressaltar que se trata de situação excepcional, posto que nem sempre se verifica a impugnação do crédito pelo contribuinte na via administrativa.

Como se sabe, a aquisição de propriedade, o domínio útil ou a posse de bem imóvel por natureza ou por acessão física, desde que localizado na zona urbana municipal é a situação jurídica descrita na norma capaz de ensejar o fato gerador do IPTU, nos termos do artigo 32 do CTN. Com o intuito de atribuir um caráter de anualidade a este tributo, em regra, tem-se que a partir do dia primeiro de janeiro está configurado o fato gerador do IPTU, porém, o marco inicial para a contabilizar a prescrição gera divergências dentro do próprio Superior Tribunal de Justiça (STJ).

Sobre a questão prescricional do IPTU, o STJ já se posicionou no sentido de que a constituição em definitivo do crédito ocorre a partir da notificação do sujeito passivo, momento no qual começaria a fluir a contagem da prescrição, conforme previsto na súmula 397 do STJ, bem como no artigo 174 do CTN[485].

Todavia, em momento distinto, a Corte Superior proferiu julgamento afirmando que a constituição em definitivo do IPTU ocorreria a partir do dia primeiro de janeiro no respectivo ano, marco temporal no qual deveria iniciar a fluência do prazo prescricional[486]. Na oportunidade, manifestou-se alegando que o simples envio do carnê não seria suficiente para enxergar o IPTU como definitivamente constituído, pois ainda seria necessário aguardar o transcurso do prazo para o pagamento voluntário pelo sujeito passivo. Segundo o STJ, sem o esgotamento do prazo para o pagamento voluntário, não haveria o vencimento, razão pela qual temporariamente a pretensão executória do Fisco estaria esvaziada. Desta forma, entendeu-se que o marco inicial para a fluência do prazo prescricional do IPTU somente seria possível a partir do dia subsequente à última data para o pagamento, na hipótese de cota única do carnê do referido tributo[487].

[485] BRASIL. Superior Tribunal de Justiça. Agravo Regimental no Agravo em Recurso Especial n. 246.256/SP. Relator: Ministro Humberto Martins, Data de Julgamento: 27/11/2012, T2 – Segunda Turma, Data de Publicação: DJ 04/12/2012.
[486] BRASIL. Superior Tribunal de Justiça. Agravo Regimental no Agravo em Recurso Especial n. 339.924/PE. Relator: Ministro Arnaldo Esteves Lima, Data do Julgamento: 17/09/2013, T1 – Primeira Turma, Data de Publicação: DJ 24/09/2013.
[487] BRASIL. Superior Tribunal de Justiça. Agravo Regimental no Agravo em Recurso Especial n. 483.947/RJ. Relator: Ministro Sérgio Kukina, Data do Julgamento: 16/06/2014, T1 – Primeira Turma, Data de Publicação: DJ 24/06/2014.

Com o intuito de atribuir segurança jurídica a este assunto, o STJ afetou o REsp 1.658.517/PA, submetendo-o para processamento e julgamento conforme a sistemática dos repetitivos. Nesta oportunidade, gerou-se o tema 980, em que fora fixado o entendimento vinculante de que o IPTU está constituído em definitivo a partir da notificação do sujeito passivo com a entrega do carnê em seu endereço, adotando-se como termo inicial para a fluência do prazo da prescrição o dia subsequente à data de vencimento da última data para o pagamento voluntário do referido tributo.

Cabe ressaltar que este é o entendimento quanto à cota única do IPTU, entretanto, quando a situação apresentada versar sobre o parcelamento deste imposto no próprio carnê enviado, o entendimento vinculante fixado foi no sentido de que esse parcelamento não suspende e nem interrompe o prazo prescricional, excepcionando-se o disposto nos artigos 151 e 174, inciso IV do CTN, posto que este parcelamento foi formulado unilateralmente pelo Fisco sem a anuência do sujeito passivo.

Destarte, quando o carnê enviado ao sujeito passivo confere a possibilidade de parcelamento do IPTU, o termo inicial para contar o início do prazo prescricional se dá a partir do primeiro dia subsequente à última data para o pagamento estipulado para a cota única, como se a possibilidade de parcelamento fosse inexistente.

3. QUESTÕES SOBRE A PRESCRIÇÃO INTERCORRENTE NA LEGISLAÇÃO E JURISPRUDÊNCIA

Deve entender-se que dentro da regularização fundiária a regularização fiscal representa um vértice importante para se alcançar a tutela do direito de moradia, especialmente da população economicamente vulnerável. Consoante a lei de regularização urbana (lei nº 13.465/2017), há isenções de emolumentos e algumas taxas no que diz respeito a modalidade REURB-S a esse grupo social. Sob essa perspectiva é que a proposta inicial deste tópico será a de debater como se pode trabalhar com a prescrição intercorrente na regularização fiscal, como parte do processo de regularização fundiária de conjuntos habitacionais.

Diferentemente da prescrição originária, a prescrição intercorrente nasceu do caloroso debate doutrinário e jurisprudencial. Como a prescrição originária retira a exigibilidade no âmbito do judiciário de uma obrigação jurídica, houve um verdadeiro acúmulo de processos que passaram a ser distribuídos para resguardar a exigibilidade do credor, e que no final ficavam abandonados[488]. Por vezes, percebeu-se que dessa forma uma obrigação que poderia estar prescrita poderia ser distribuída como forma de garantir a exigibilidade.

Contudo, diversos destes processos ficavam paralisados ao longo de anos, até por um prazo muito maior do que a da própria prescrição. São situações que denotam um desvio legal que não pode ser ignorado, sendo uma das finalidades da prescrição justamente evitar surpresas de execuções judiciais, pautados em uma cobrança antiga e não exigida em tempo razoável. Portanto, nunca se tinha discutido a possibilidade de um direito prescrever no curso de uma demanda em razão de inércia de uma parte em movimentar o processo[489].

No âmbito da regularização fundiária, em especial a regularização fiscal, percebeu-se que diversas companhias de habitação não chegaram a concluir o processo com os respectivos mutuários. Sendo assim, no âmbito legal estes imóveis estão ainda sob a titularidade de uma entidade pública voltada a consecução e política pública habitacional. Fato é que tais imóveis passam a ser ocupados e usados desde logo pelos particulares, sob o qual incide a cobrança de IPTU.

O tributo sobre a propriedade urbana tem como fato gerar a propriedade de um imóvel urbano, no qual o seu titular possui domínio útil ou, no caso, o seu possuidor, a qualquer título. Para fins de regularização fundiária, seja de núcleos informais ou de conjuntos habitacionais, verificou-se que aqueles que possuem o domínio útil das habitações são os mutuários e não a entidade

[488] SOKAL, Guilherme Jales. O que o STJ decidiu sobre a prescrição intercorrente na execução fiscal? Um guia prático (e crítico). **Revista de Processo**, São Paulo, v. 45, n. 304, p. 271-305, jun. 2020, p. 276.
[489] YARSHELL, Flávio Luiz. O futuro da execução por quantia nas mãos do Superior Tribunal de Justiça: proposta de reflexão sob a ótica econômica. **Revista do Advogado**. São Paulo, v. 39, n. 141, 2019, p. 102-109.

pública, ou seja, aqueles que estão no domínio direto nos imóveis. Em contrapartida, por não haver a transmissão da propriedade, por motivos da ausência de condições necessárias para a concretização e o adimplemento das relações mutuárias, estes imóveis permanecem sob a propriedade das companhias de habitação.

A situação acima gera um grande problema para estas instituições, pois quando o IPTU não é adimplido por aqueles que detém o seu domínio útil o Poder Público Municipal procede com a execução fiscal deste imposto e de demais taxas correlatas à fruição de serviços urbanos e coleta de lixo[490]. Para fins de execução fiscal o polo passivo é em regra formado por aquele que consta como titular do imóvel, ou seja, quem compõe o polo passivo das execuções não são aqueles que usufruem diretamente do imóvel, mas as próprias companhias de habitação.

Nisto consiste a delimitação do nosso problema jurídico-social: em que medida pode-se aplicar a prescrição intercorrente em processos de execução fiscal contra estas companhias de habitação e quais podem ser os entraves deste cenário frente à regularização fundiária?

Processos de execução fiscal possuem a fama de serem inefetivos[491]. Por vezes, dada algumas dificuldades circunstanciais, em especial a não citação do executado e a paralisação dos processos por longos anos, as Centrais de Dívida Ativa têm acumulado enormes volumes de processos estagnados, podendo aqui ser chamados também de "processos mortos"[492].

Três são os fatores aqui a serem considerados na questão da inefetividade das execuções fiscais: 1) a do *devedor ardiloso*, que se esquiva dos atos executórios e não tem receio de sofrer as sanções previstas em lei; 2) a

---

[490] PEIXOTO, Daniel Monteiro. Prescrição intercorrente na execução fiscal: vertentes do STJ e Inovações da Lei n. 11.051/2004 e da Lei Complementar n. 118/2005. **Revista dialética de direito tributário**, n. 125, p. 11-22, fev. 2006.

[491] SOKAL, Guilherme Jales. O que o STJ decidiu sobre a prescrição intercorrente na execução fiscal? Um guia prático (e crítico). **Revista de Processo**, São Paulo, v. 45, n. 304, p. 271-305, jun. 2020, p. 272-273.

[492] SOKAL, Guilherme Jales. O que o STJ decidiu sobre a prescrição intercorrente na execução fiscal? Um guia prático (e crítico). **Revista de Processo**, São Paulo, v. 45, n. 304, p. 271-305, jun. 2020, p. 300.

do *exequente irresponsável*, que ajuíza execuções mesmo sabedor de antemão que não terão condições de chegar ao final de modo proveitoso; e 3) a *indiferença burocrática do agente condutor da execução* – no Brasil, como regra, o Poder Judiciário –, sem um compromisso mínimo com o resultado útil dos atos executórios[493].

Nesse sentir, questiona-se quantos destes fatores se aplicam na situação das execuções fiscais em conjuntos habitacionais? Para responder essa indagação o STJ, no ano de 2018, em sede de Recurso Especial Repetitivo nº 1.340.553/RS[494], trouxe importantes diretrizes no que diz respeito à contagem dos prazos de e de prescrição intercorrente, regulados no art. 40 da Lei de Execuções Fiscais (Lei nº 6.830/80).

Em apertada síntese, o STJ considera ser maior o ônus sobre o exequente, responsabilizando-o inclusive pela frustração da execução morosa. Em outras palavras, considerou-se apenas o fator *exequente irresponsável*, como forma de solucionar a inefetividade das execuções fiscais. No sentir de Guilherme Jales Sokal o STJ não conseguiu propor uma solução eficiente na medida em que as execuções fiscais não dependeriam apenas do agir do exequente, mas também da citação do executado e também da morosidade burocrática do Poder Judiciário[495].

O que se tem verificado é que a ideia de prescrição intercorrente do art. 40 da LEF e aquela interpretada pelo STJ não são a mesma coisa, pois novo sentido foi atribuído pela jurisprudência. Para a legislação o magistrado deve suspender a execução nas hipóteses de não ser encontrado o executado ou tantos bens quanto forem necessários para a satisfação do débito. A lei ressalva que nesses casos não ocorrerá o prazo de prescrição. O que se quer destacar é o §4º do art. 40, que dispõe que nos casos quando se verificar a prescrição intercorrente poderá o magistrado decretá-la de ofício, ou quando provocada. A

---

[493] SOKAL, Guilherme Jales. O que o STJ decidiu sobre a prescrição intercorrente na execução fiscal? Um guia prático (e crítico). **Revista de Processo**, São Paulo, v. 45, n. 304, p. 271-305, jun. 2020, p. 293.

[494] CUNHA, Leonardo José Carneiro da. **A fazenda pública em juízo**. Rio de Janeiro: ed. Forense, 2016, p. 41-42.

[495] SOKAL, Guilherme Jales. O que o STJ decidiu sobre a prescrição intercorrente na execução fiscal? Um guia prático (e crítico). **Revista de Processo**, São Paulo, v. 45, n. 304, p. 271-305, jun. 2020, p. 273.

questão a ser ressaltada é esta: quando não há suspensão do processo, ou quando suspenso o exequente não promove o devido andamento ao processo, deve ser reconhecida a prescrição intercorrente? Como funcionará a fluidez do prazo?

A Primeira Seção do STJ, ao interpretar o artigo 40 da Lei 6.830/1980 no julgamento do REsp 1.340.553, sob o rito dos recursos repetitivos, fixou algumas teses a respeito da sistemática da prescrição intercorrente (Temas 566 a 571[496]), que leva à perda do direito de cobrança do crédito, conforme dados disponíveis no Supremo Tribunal de Justiça[497]. Para o Ministro Mauro Campbell Marques foi preciso estabelecer um prazo para que fossem localizados o devedor ou encontrados bens sobre os quais pudesse recair a penhora, sendo esse prazo de 1 ano.

O dispositivo legal prevê que o juiz suspenderá pelo prazo máximo de um ano o curso da execução, quando não for localizado o devedor ou não forem encontrados bens a penhorar. Após esse prazo, o processo será arquivado, mas, se decorrido o prazo prescricional, o juiz, depois de ouvida a Fazenda Pública, poderá reconhecer de ofício a prescrição intercorrente e decretá-la de imediato. Assim, o entendimento do STJ veio no sentido de dar interpretação funcional à legislação, considerando que o fluxo do prazo de no máximo 1 ano do art. 40 da LEF será automático, isto é, independente do despacho suspender expressamente a execução. Esse prazo tem termo inicial da ciência da Fazenda Pública nas duas hipóteses do *caput* do dispositivo.

Após o prazo máximo de 1 ano inicia-se a contagem do prazo da prescrição intercorrente. Dispõe a súmula 314 do STJ que em se tratando de execução fiscal, findo o prazo de suspensão por um ano, inicia-se o prazo da prescrição quinquenal intercorrente.

Nessa guinada, é importante aqui desbravar o entendimento firmado pelo STJ em razão da prescrição intercorrente no REsp Repetitivo nº

---

[496] STJ. Teses a respeito da prescrição intercorrente.
[497] Matéria disponível em: <https://www.stj.jus.br/sites/portalp/Paginas/Comunicacao/Noticias/A-interpretacao-da-Lei-de-Execucao-Fiscal-na-jurisprudencia-do-STJ.aspx>. Acessado no dia 16 de novembro de 2021.

1.340.553/RS. Os prazos acabaram tendo o termo inicial reescrito, pois pretendeu o STJ reajustar a leitura do art. 40 da LEF com os demais aspectos formais das execuções fiscais.

A primeira tese firmada diz que a fluência do prazo de suspensão da execução não depende de decisão judicial. O prazo para a contagem da suspensão deve então iniciar-se automaticamente do momento em que o Poder Público tomar ciência da não localização do executado ou da inexistência de bens penhoráveis. Não sendo o caso das duas hipóteses legais não há que se falar em suspensão[498].

Por outro lado, uma vez verificada uma das duas hipóteses acima a suspensão é reconhecida de plano, sem que o magistrado tenha que expressamente despachar em decisão a motivação da suspensão processual. Por certo que para que o processo seja efetivamente suspenso ainda é necessário o magistrado despachar nesse sentido. O que o STJ fez foi dar celeridade processual, pois para os devidos fins de contagem do prazo não é necessário aguardar-se por uma decisão expressa nesse sentido[499].

A segunda tese firmada no STJ delineou o pressuposto fatídico. O pressuposto fatídico foi entendido como a primeira tentativa frustrada de localização do executado ou de bens penhoráveis[500]. Aqui se questiona o que dará concretude ao pressuposto fatídico para fins de início da contagem do prazo? Não dispôs o STJ se a ciência a ser tomada pela Fazenda Pública deve ser a publicação da decisão no Diário de Justiça Eletrônico ou se da certificação da intimação.

---

[498] SOKAL, Guilherme Jales. O que o STJ decidiu sobre a prescrição intercorrente na execução fiscal? Um guia prático (e crítico). **Revista de Processo**, São Paulo, v. 45, n. 304, p. 271-305, jun. 2020, p. 277.
[499] ALVIM, Arruda. **Da prescrição intercorrente, Prescrição no Código civil:** uma análise interdisciplinar, Mirna Cianci (coord.), 2011, São Paulo: ed. Saraiva, p. 123-124.
[500] YARSHELL, Flávio Luiz. O futuro da execução por quantia nas mãos do Superior Tribunal de Justiça: proposta de reflexão sob a ótica econômica. **Revista do Advogado**. São Paulo, v. 39, n. 141, 2019, p. 102-109.

A terceira tese firmada dispôs sobre o termo inicial do prazo de prescrição intercorrente[501]. O prazo deve fluir automaticamente após o fim da suspensão da execução, que seria de no máximo 1 ano. A tese do STJ veio para reconhecer o transcurso automático tanto da suspensão quanto da prescrição intercorrente, isto é, sem a necessidade de decisão judicial. Dessa interpretação pode-se afirmar que o art. 40 da LEF dispõe sobre dois prazos sucessivos e automáticos, em regra, de um ano, e depois de cinco anos. Assim, pode-se afirmar que quando do pressuposto fatídico o exequente terá o prazo de 6 anos para localizar o executado ou promover a efetiva penhora de bens disponíveis, sob pena de perder a exigibilidade da obrigação.

A quarta tese cuidou de delimitar hipótese que seria capaz de interromper a fluidez dos prazos de suspensão e prescrição[502]. Segundo o STJ somente a efetiva constrição patrimonial ou a efetiva citação é que serão justos motivos suficientes para interrupção da fluidez dos prazos sucessivos do art. 40 da LEF. Essa tese tem um escopo nítido de afastar a eternização de execuções sem qualquer perspectiva se vir a ser efetiva, tratando verdadeiramente ambos os prazos como instrumentos de seleção jurisdicional natural dos processos, a fim de lançar fora volumes de processos desnecessários que não deixam de atrapalhar o bom andamento de outros processos de outras matérias.

A quinta tese é de suma importância, pois firma entendimento acerca da morosidade judiciária[503]. Uma vez consumido o prazo de prescrição não há que se falar em cobrança do executado, é o que dispõe a Súmula nº 106 do STJ. Todavia, a súmula ainda acrescenta que a demora na citação, mesmo que por motivos inerentes aos mecanismos burocráticos da Justiça, não será justificativa para o acolhimento da arguição de prescrição.

---

[501] SOKAL, Guilherme Jales. O que o STJ decidiu sobre a prescrição intercorrente na execução fiscal? Um guia prático (e crítico). **Revista de Processo**, São Paulo, v. 45, n. 304, p. 271-305, jun. 2020, p. 298.

[502] AURELLI, Arlete Inês; PANTALEÃO, Izabel Cristina Pinheiro Cardoso. Uma revisita ao tema da prescrição intercorrente no âmbito do processo civil com ênfase do novo CPC. **Revista de direito da Advocef**, v. 12, n. 24, p. 49-65, mai. 2017.

[503] ASSIS, Araken de. **Fluência e interrupção do prazo de prescrição da pretensão a executar, Prescrição no Código civil:** uma análise interdisciplinar. Mirna Cianci (coord.), 2011, São Paulo: ed. Saraiva, p. 99.

Nesse ponto a jurisprudência entende pelo afastamento da Súmula 106 do STJ nas execuções fiscais. A sua inaplicabilidade se dá pela conclusão de que o princípio do impulso oficial não é absoluto, havendo o poder-dever do credor de diligenciar pelo andamento do feito, cabendo às partes, reais interessados no processo, colaborar com o Poder Judiciário pelo andamento dos processos[504].

Eventual alegação por parte da Fazenda de que a paralisação da execução decorreu apenas e tão-somente de desídia cartorária não deve é mais justo motivo que prospera, pois, conforme já reiterado pelo Colendo Superior Tribunal de Justiça, a falta de impulso oficial do processo, por si só, não exime a responsabilidade da exequente pela condução do feito executivo, mormente quando o transcurso de prazo superior a cinco anos ocorre após a citação[505].

Na situação das execuções fiscais em face das companhias de habitação há um fator diferencial a ser considerado: o problema da legitimidade passiva. Isso porque nestas execuções em especial as citações em sua grande maioria são positivas, mas quem está compondo o polo passivo não são os mutuários, e sim as entidades públicas. São expedidas cartas de citações em nome das

---

[504] APELAÇÃO CÍVEL. DIREITO TRIBUTÁRIO. EXECUÇÃO FISCAL. MUNICÍPIO DO RIO DE JANEIRO. IPTU E TAXAS. EXERCÍCIOS DE 1996/1997. DEMANDA PROPOSTA EM 1999. SENTENÇA EXARADA EM 2015, QUANDO JÁ ULTRAPASSADO O LAPSO PRESCRICIONAL. EXTINÇÃO DO FEITO, COM FULCRO NO ART. 269, IV, DO CPC, ANTE O RECONHECIMENTO DA PRESCRIÇÃO DO CRÉDITO TRIBUTÁRIO. INCONFORMISMO INFUNDADO DO ENTE MUNICIPAL. 1. Constituição definitiva do crédito que ocorre por meio do lançamento, cuja notificação é efetuada por intermédio 9 do envio do carnê de recolhimento ao endereço do contribuinte, sendo o termo inicial da fluência do prazo extintivo o dia subsequente ao vencimento da obrigação. 2. Propositura da Execução em 09.11.1999, ainda sob a vigência da redação original do art. 174, I, do CTN, que estabelecia a citação pessoal do devedor como marco interruptivo da prescrição, e que não se efetivou dentro do quinquênio legal, com comparecimento espontâneo da arrematante do bem aos autos em 2011, para opor objeção de não executividade. Prolação da sentença aos 07/08/2015, quando já ultrapassado o lapso prescricional. **3. Inaplicabilidade do Verbete 106 da Súmula do Superior Tribunal de Justiça, na medida em que competia à Edilidade-exequente zelar pelo regular andamento do feito, e não o fazendo, deve arcar com as consequências de sua inércia. Precedentes.** RECURSO DESPROVIDO. (0245176-50.1999.8.19.0001 - APELAÇÃO - DES. MAURO MARTINS - Julgamento: 11/05/2016 - DÉCIMA TERCEIRA CÂMARA CÍVEL).
[505] STJ. **AgRg no REsp 1.166.428/PE**, Rel. Min. CASTRO MEIRA, Segunda Turma, DJe 25/9/12.

companhias de habitação que são assinadas por terceiros que, em tese, estariam residindo nos imóveis com execuções fiscais.

A sexta tese acerca da prescrição intercorrente cuidou de trazer diretriz para a solução dos casos em que as formas do art. 40 da LEF tenham sido descumpridas pelo Judiciário, deixando-se de intimar o credor em alguma das etapas para o reconhecimento da prescrição intercorrente, com subsequente alegação de nulidade pela Fazenda.

Por último, a sétima tese reforça a necessidade da decisão que acolher a prescrição intercorrente estar devidamente justificada, contendo entre seus fundamentos a especificação dos marcos iniciais que levam ao início da contagem dos prazos de suspensão e de prescrição intercorrente[506]. Essa delimitação do prazo deve vir registrada em sentença em que se acolhe a hipótese de perda da exigibilidade.

Esta situação gera uma instabilidade fiscal e jurídica considerável, ao ponto de prejudicar ainda mais a conclusão da regularização fundiária destes conjuntos. Sem poder transmitir a propriedade aos verdadeiros possuidores diretos, as companhias de habitação têm sido alvo de enormes execuções, ao ponto de estarem sob risco de sofrerem execuções por débitos que sequer deram causa, pois que não são aqueles que verdadeiramente possuem o domínio útil do imóvel.

Há ainda outra problemática que é a notificação. Como nestes processos de execução as companhias de habitação são dadas por citadas por assinaturas de terceiros que residem no imóvel, acaba que no final as companhias de habitação não são notificadas de fato destas execuções, o que faz com que os processos prossigam sem que o ente possa exercer o contraditório e a ampla defesa, pelo simples fato de não ter sido notificada pelo oficial de justiça.

O que se observa é uma problemática de qualificação do polo passivo e uma execução ilegal, vez que aquele que está sendo executado deu-se indevidamente por citado em processo judicial, colocando em dúvida aqui a

---

[506] SOKAL, Guilherme Jales. O que o STJ decidiu sobre a prescrição intercorrente na execução fiscal? Um guia prático (e crítico). **Revista de Processo**, São Paulo, v. 45, n. 304, p. 271-305, jun. 2020, p. 299.

obediência do devido processo legal, bem como a companhia de habitação não é aquele que detém o domínio útil do imóvel. Entende-se que neste caso haveria necessariamente de se chamar também o mutuário para compor o polo passivo nestas execuções.

Consoante o art. 32 do Código Tributário Nacional (Lei nº 5.172/1966), o fato gerador para incidir o imposto é a propriedade, o domínio útil ou a posse de bem imóvel. A relação entre mutuário, companhia habitacional e execução fiscal se torna extremamente complexa ao considerar que a particularidade do caso está na propriedade da companhia, mas sendo que o domínio útil e posse do bem imóvel já é há anos exercido por pessoa física. Verifica-se que nestas ações não há qualquer preocupação, seja por parte do Poder Judiciário, seja por parte do Poder Público Municipal, considerar que a execução dos impostos está sendo feita em violação do devido processo legal, pois as companhias não são citadas e os mutuários, que estão sendo indevidamente notificados na pessoa das companhias habitacionais, não compõe o polo passivo das execuções.

Quais são os possíveis entraves à regularização fiscal no que tange às teses firmadas pelo STJ em relação à prescrição intercorrente?

O STJ adota a expressão "primeira tentativa" como diretriz que deflagra os prazos sucessivos e automáticos do art. 40 da LEF, respectivamente o da suspensão e o da prescrição intercorrente[507]. Aqui há um problema identificado. Se está afastando o pressuposto da inércia como elemento característico da prescrição, o que pode ser facilmente percebido quando conjugada com a disciplina de meios executórios antigos e novos catalogados na lei processual.

Ao considerar as execuções em sede das companhias de habitação, o entendimento do STJ acaba por esvaziar por completo a possibilidade da alegação de prescrição intercorrente, uma vez que por vezes a entidade pública é considerada citada na execução na pessoa de terceiros estranhos. Sucessivamente, os autos executórios voltam a permanecer paralisados durante anos, pois a Fazenda não demonstrar qualquer preocupação com a concretude

---

[507] THEODORO JUNIOR, Humberto. **A prescrição intercorrente e a paralisação da execução forçada, Prescrição no Código civil:** uma análise interdisciplinar, Mirna Cianci (coord.), 2011, São Paulo: ed. Saraiva, p. 173.

da citação efetiva da companhia, importando para ela apenas a "efetivação" da citação para que se afaste as hipóteses do art. 40 da LEF, como também da parte do Poder Judiciário uma vez afastada o dispositivo acaba imperando a morosidade burocrática. No final, estas execuções fiscais não são conduzidas da forma como deveriam ser e não sendo verificado o pressuposto da citação efetiva haveria que se retomar a contagem do prazo prescricional.

Fato é que a interpretação das teses firmadas pelo STJ ao retirarem o fator inércia, como matriz da prescrição intercorrente, criam uma situação desproporcionalmente desfavorável aos executados, pois a pauta da matriz da prescrição intercorrente se limitou a frustração da primeira tentativa[508]. Por isso, em contramão ao entendimento do STJ em razão da prescrição intercorrente em regularização fiscal, pode-se dizer que não caberia valorizar muito mais a "frustração do primeiro meio executório tentado", pois há o fator da inércia como pressuposto de configuração.

A frustração da primeira tentativa também não considera o que será considerado citação efetiva ou efetiva constrição de bens. Quando se pode afirmar que houve uma efetiva citação? Esta discussão perpassa por toda a problemática dos vultuosos valores executados em nome das companhias de habitação. A despeito da não finalização da regularização fundiária, e a consequente permanência do seu nome como titular de imóveis ocupados por terceiros há anos, traz uma desarrazoada insegurança jurídica frente às execuções fiscais que ela não deu causa.

Pergunta-se: são estas entidades efetivamente citadas? O que se verifica é que as cartas de citação são expedidas em nome da executada, mas com o endereço não da sua sede, e sim dos respectivos imóveis inadimplentes. Por certo, terceiros assinaram a carta de citação, que será juntada nos autos e, para todos os fins, passa a ser considerado como documento hábil de citação.

Questiona-se a validade da citação destas entidades, vez que há irregularidade processual flagrante, que acabou sendo provocada pelo entendimento da mera "frustração da citação" do STJ. Há uma verdadeira

---

[508] SOKAL, Guilherme Jales. O que o STJ decidiu sobre a prescrição intercorrente na execução fiscal? Um guia prático (e crítico). **Revista de Processo**, São Paulo, v. 45, n. 304, p. 271-305, jun. 2020, p. 273.

confusão processual: a titularidade está no nome da entidade pública, mas quem está no domínio útil é o mutuário. No processo, a executada é a instituição enquanto que quem assina o documento de citação é terceiro não cadastrado no processo.

Extrai-se do contexto acima uma invalidade da expressão "citação válida", tese firmada pelo STJ[509]. A citação somente será válida se for endereçada e assinada por pessoa que possua poderes para representar a instituição, e não por terceiros. Isso leva a morosidade processual, pois a execução fica estagnada dado o relaxamento do Poder Público Municipal após a dita citação bem como nem ao menos a executada, por não ter sido efetivamente citada, pode apresentar no respectivo prazo legal a competente peça de defesa. E assim, prossegue uma execução que desrespeita o devido processo legal, a ampla defesa e o contraditório.

Há outra questão a se considerar: a ausência do interesse até mesmo dos próprios mutuários de concretizar os últimos pressupostos indispensáveis para a concretização da regularização fundiária. Enquanto que não são os mutuários verdadeiramente somados ao polo passivo das execuções fiscais, não há qualquer justo motivo que os faça juntar esforços para a regularização fundiária. E mais ainda, traz uma situação de tranquilidade e despreocupação para estes indivíduos, que permanecem inadimplentes no pagamento dos sucessivos impostos vindouros, agravando ainda mais os valores executados injustamente.

Por isso, a mera citação não recebeu adequadamente o estudo que deveria pelo STJ, ao ponto de causar essa complexização das execuções em face das instituições de habitação, que somatizado às dificuldades naturalmente inerentes a regularização urbana, passaram a ter que lidar com execuções de impostos que sequer deram justa causa. Há uma ausência de ponderação, e até mesmo de uma verificação formal da validade das citações, pois é nítido que não é a executada, mas terceiros que detém o domínio útil do imóvel

---

[509] SOKAL, Guilherme Jales. O que o STJ decidiu sobre a prescrição intercorrente na execução fiscal? Um guia prático (e crítico). **Revista de Processo**, São Paulo, v. 45, n. 304, p. 271-305, jun. 2020, p. 295-296.

inadimplente que estão "validando" a citação e, consequentemente, afastando a "frustração" do art. 40 da LEF e a prescrição intercorrente.

Sem dúvidas, são volumes de execuções fiscais que apesar de certificar "uma efetiva citação do executado" encontram-se abraçadas por uma completa inércia da Fazenda Municipal, ultrapassando até mesmo o prazo necessário para a ocorrência da prescrição intercorrente.

Por certo, entende-se que uma vez parte dos programas de habitação social, não é justo considerar estas instituições de habitação legítimas para sofrer execuções por um fato gerador que já não pode mais lhe ser atribuído, tendo em vista que a concretização do direito de moradia à população economicamente vulnerável tem participação em serviço de interesse público. Em outra ótica, se está praticando uma injusta e desproporcional sanção punitiva contra estas instituições, dificultando mais ainda a complexidade dos processos de regularização fundiário no país.

Em suma, a prescrição intercorrente é um fator de discussão nas execuções fiscais de imóveis pendentes de regularização fundiária, e isso leva ao reconhecimento da importância da vertente regularização fiscal, como parte agora integrante a facilitar a conclusão frutífera da regularização fundiária no país. Pensar em mecanismos alternativas de solução, como a composição amigável e a medição fundiária, mostram-se como possibilidades importantes de serem consideradas para esses entraves da regularização fiscal.

4. DISCUSSÃO JURISPRUDENCIAL SOBRE A IMUNIDADE TRIBUTÁRIA

Companhias de habitação popular possuem dificuldades de inúmeras ordens, tais como financeiras e patrimoniais. A Companhia Estadual de Habitação do Rio de Janeiro (CEHAB-RJ) ilustra bem essa realidade na medida em que apresenta milhares de inscrições na Dívida Ativa em diversos municípios. Diante desse cenário, surgem problemas financeiros, já que as penhoras e demais constrições executivas que recaem sobre seus bens imóveis crescem a cada dia.

Um olhar mais atento ao modo como as citações são feitas em processos de execuções fiscais revela a necessidade de mudanças. No estado do Rio de Janeiro, em boa parte dos processos, as citações retornam com AR negativo porque a *práxis* é o oficial de justiça procurar pela CEHAB nos endereços dos imóveis. Vale dizer, em razão de óbices para a transferência da propriedade para os ocupantes ou para reais proprietários, ela acaba ficando no nome da companhia.

Ademais, o formato de financiamento habitacional envolvendo o Fundo de Compensação de Variações Salariais (FCVS) impõe uma série de burocracias. Com isso, não são quitados os contratos e, consequentemente, a CEHAB não consegue se desencarregar do ônus do IPTU. Desse modo, torna-se imprescindível a reflexão sobre alterações dos procedimentos fiscais em prestígio à efetividade.

No ano de 2018, o STJ julgou o Recurso Especial Repetitivo nº 1.340.553/RS com vistas a estabelecer teses que aperfeiçoassem a efetividade dos executivos fiscais. O tribunal superior se debruçou, sobretudo, sobre a redação do art. 40 da Lei nº. 6.830/80 (LEF), que trata da suspensão processual e da prescrição intercorrente. Os entendimentos modificaram o termo *a quo* para a suspensão e prescrição.

Foram sete as teses proferidas, elaboradas à semelhança de enunciados sumulares, que impactam consideravelmente o dia a dia das Fazendas Públicas. Sokal assevera que a intenção do tribunal foi resolver o problema da ineficiência focando em decisões que agilizassem a atuação das procuradorias estaduais. Tal medida mereceu críticas do mencionado procurador do Rio de Janeiro, uma vez que os gargalos das execuções fiscais passam também pela atuação do Poder Judiciário e dos contribuintes[510].

Nesse sentido, estar-se-ia tentando resolver apenas um dos três pilares do processo, permanecendo, assim, óbices ao bom andamento dos feitos. No entanto, é possível enxergar reflexos do julgado também sobre as companhias de habitação popular, já que a maioria dos autos envolvendo a CEHAB é encaminhada para o arquivo, seja ele provisório ou definitivo.

---

[510] SOKAL, Guilherme Jales. O que o STJ decidiu sobre a prescrição intercorrente na execução fiscal? Um guia prático (e crítico). **Revista de Processo: RePro**, São Paulo, v. 45, n. 304, p. 271-305, jun. 2020. Revista dos Tribunais: 2020.

Os ministros entenderam que, para começar a contar o prazo da prescrição intercorrente, dispensa-se a manifestação do juiz pelo arquivamento. Vale dizer, o § 2º do art. 40 da LEF recebeu uma nova interpretação, na medida em que o marco inicial para a contagem do prazo era o despacho do magistrado. Assim, a partir de agora, após um ano sem que o devedor seja localizado tampouco sejam encontrados bens penhoráveis, a pretensão executória começa a ser fulminada automaticamente.

A resolução de litígios fiscais envolvendo companhias de habitação popular encontra outros empecilhos, como o bem objeto da satisfação do crédito tributário. Sendo este um bem imóvel, a Fazenda Pública fica numa posição muito confortável com relação à garantia da dívida. Diferentemente seria se o exequente apenas encontrasse ativos em pecúnia.

Desse modo, o louvável art. 33 da portaria de nº 33/2018, editada pela Procuradoria Geral da Fazenda Nacional (PGFN), não pode ser aplicado[511]. O mencionado dispositivo trata do ajuizamento seletivo de execuções fiscais, estabelecendo alguns parâmetros fáticos para a análise do custo-benefício da movimentação da máquina estatal. Como o bem imóvel penhorado é um signo presuntivo de riqueza, a satisfação do crédito fica assegurada.

Além do decidido pelo Tribunal da Cidadania, outra decisão judicial que pode ter uma repercussão significativa no que toca às companhias de habitação popular é aquela a ser proferida no tema 1.122 do STF. Isso porque foi reconhecida a repercussão geral no ARE nº 1.289.782-SP, cuja discussão versa sobre a imunidade tributária das companhias em razão de seu objeto social.

Conforme o previsto no art. 1.035, § 5º do CPC, todos os processos que pleitearam a imunidade estão suspensos em virtude da prestação de serviço público essencial pelas companhias, muito embora algumas delas constituam sociedades de economia mista. A rigor, não fariam jus à prerrogativa do art. 150, VI, a da CRFB enquanto pessoas jurídicas de direito privado que são.

---

[511]Disponível em: <http://normas.receita.fazenda.gov.br//sijut2consulta/link.action?idAto=90028&visao=anotado>. Acesso em: 25 nov. 2021

Com efeito, por meio da manifestação do Min. Rel. Luiz Fux acerca da repercussão geral, constata-se haver dissenso na jurisprudência. Há julgados que entendem que o fato de a construção de moradias ser voltada à população de baixa renda não é razão apta a ensejar a dispensa da tributação. Isso porque a prestação do serviço público não se daria em caráter exclusivo[512].

Vale dizer, a construção de moradias realizada pelas companhias de habitação de interesse social contaria com auxílio financeiro de empreiteiras e agentes financeiros. Por outro lado, há julgados que entendem que a extensão da imunidade recíproca corresponde a um imperativo necessário à realização de um direito fundamental. A verdade, porém, é que alguns aspectos da controvérsia se encontram pacificados pela jurisprudência do Supremo.

Nesse sentido, a Corte estipula alguns parâmetros a serem obedecidos para a atribuição da prerrogativa constitucional, quais sejam: existência de serviço público exclusivo do Estado, impossibilidade de exploração econômica e necessidade de preservação da livre-concorrência[513]. Isto é, caso o serviço desempenhado pela estatal não constitua monopólio e haja atividade econômica com distribuição de lucros, a atribuição é inviável, sob pena de haver concorrência desleal.

Com efeito, o art. 173, § 2º é expresso em vedar o favorecimento econômico de estatais que concorram em um determinado segmento com as demais pessoas jurídicas de direito privado. Ademais, há que se atentar para a *ratio* do instituto da imunidade tributária recíproca de modo a identificar se o caso em apreço neste trabalho foi contemplado pela intenção do legislador constituinte ou não.

---

[512] Disponível em: <http://portal.stf.jus.br/processos/downloadPeca.asp?id=15345362500&ext=.pdf>. Acesso em 26 nov. 2021.

[513] Disponível em: <https://redir.stf.jus.br/estfvisualizadorpub/jsp/consultarprocessoeletronico/ConsultarProcesso Eletronico.jsf?sseqobjetoincident=6006483>. Acesso em: 18 de nov. 2021

O intuito do legislador foi garantir a autonomia entre os entes federativos, preservando o sistema federalista[514]. A hipótese de não tributação é um mecanismo que assegura que União, Estados, Municípios, DF e suas autarquias e fundações públicas estão no mesmo patamar hierárquico. Assim, tal como acontece com a divisão de competências constitucionais, o instituto atende aos primados da auto-organização, autogoverno e da autoadministração.

Como é possível observar da leitura do texto constitucional, não apenas os entes da Administração Direta possuem a prerrogativa, mas também dois entes da Administração Indireta: as autarquias e as fundações. Entendeu o legislador que apenas as pessoas jurídicas de direito público é que deveriam fazer jus a não serem tributadas. No entanto, a jurisprudência pacífica do STF abre algumas exceções à letra fria da Carta Magna.

Em mais de um precedente, o Supremo decidiu que a Empresa Brasileira de Correios e Telégrafos (EBCT) e que a INFRAERO têm o direito de exercer a prerrogativa, uma vez consideradas *longa manus*[515]. As razões são as mesmas mencionadas anteriormente neste trabalho: existência de serviço público exclusivo do Estado, impossibilidade de exploração econômica e necessidade de preservação da livre-concorrência.

No que toca ao último critério, é cristalino que tanto as estatais mencionadas quanto as companhias de habitação desempenham atividade que não concorre com a iniciativa privada. Os Correios, porque exercem o serviço postal em muitas cidades e regiões brasileiras afastadas, que sequer atraem os interesses dos empresários do ramo. A maioria do STF já decidiu, portanto, que não cabe falar em competição[516].

---

[514] Disponível em: <http://portal.stf.jus.br/processos/downloadPeca.asp?id=145126916&ext=.pdf>. Acesso em 27 nov. de 2021.

[515] Disponível em: < http://portal.stf.jus.br/processos/downloadPeca.asp?id=145126916&ext=.pdf >. Acesso em: 21 nov. 2021.

[516] Disponível em: < http://portal.stf.jus.br/processos/downloadPeca.asp?id=145126916&ext=.pdf>. Acesso em 21 nov. 2021.

Aliás, é justamente em virtude de essas empresas prestarem um serviço em áreas pouco rentáveis é que se passou a pleitear a extensão da imunidade. Da mesma forma, as condições pelas quais são financiadas as construções para moradia popular ensejam pequena rentabilidade. O custeio do serviço ocorre de acordo com o Sistema Financeiro Habitacional (Lei 4.380/64), o que inviabiliza que o financiamento concedido às famílias se baseie no valor de mercado[517].

Ao invés disso, o financiamento se baseia tão somente no custo da obra e no poder aquisitivo das famílias de baixa renda. Como sequer sobra lucro a ser distribuído, essas estatais contam com o suporte financeiro dos governos estaduais, que, cabe dizer, muitas vezes não é suficiente para o equilíbrio entre receitas e despesas. Ademais, tampouco se pode perder de vista que a prestação do serviço não está condicionada à saúde orçamentária.

Vale dizer, ainda que se verifiquem prejuízos na prestação do serviço, ela deve ocorrer já que decorre de um comando legal, como aquele da Lei nº 263 de 29/12/1962, que criou a Companhia Estadual de Habitação do Rio de Janeiro (CEHAB-RJ). Suas finalidades devem ser cumpridas independentemente de não contar com tantos recursos, como advindos de cobrança de taxa, preço ou tarifa[518].

Imperiosa fazer uma ressalva quanto à afirmação da rentabilidade de estatais que prestam serviço público exclusivo. Tal como os Correios auferem lucros em algumas de suas atividades e em outras têm prejuízos, com as companhias de habitação não é diferente. A empresa postal é lucrativa quando desempenha a entrega de correspondências em áreas mais acessíveis, porém o custo-benefício de entregar correspondências nas cidades mais longínquas não é bom.

---

[517] Disponível em:
<https://redir.stf.jus.br/paginadorpub/paginador.jsp?docTP=TP&docID=753865610&prcID=6006483#>. Acesso em 29 nov. 2021.
[518] Disponível em:
<https://redir.stf.jus.br/paginadorpub/paginador.jsp?docTP=TP&docID=753865610&prcID=6006483#>. Acesso em: 29 nov. 2021.

O STF denominou essa realidade de subsídio cruzado[519], que, similarmente, também é perceptível no atuar das empresas de habitação. Algumas delas preveem em seu objeto social o exercício de atividades como a comercialização de lotes urbanizados, a aquisição e venda de materiais de construção e, até mesmo, a participação de fundos de investimento imobiliários[520].

Todavia, diferentemente do que uma conclusão mais apressada pode levar a crer, a realização de atividades outras que não a de produção de moradia popular não constitui óbice à atribuição da imunidade. Uma simples analogia com o que decidido pelo Supremo revela que as receitas obtidas possibilitam que as empresas reequilibrem suas contas, compensando-se os altos custos de financiamento de habitações sociais[521].

Nesse sentido, inúmeras reportagens jornalísticas vêm nos últimos anos relatando as dificuldades por que passa a companhia carioca, ora sob risco de ser despejada, ora sob o risco de ter sua luz cortada[522]. Boa parte da dificuldade em cumprir adequadamente com sua função institucional se deve ao fato de que a empresa amarga uma dívida em torno de R$ 135 milhões em IPTU apenas no município do Rio de Janeiro.

Dessa forma, entender pela imunidade recíproca das companhias de habitação é uma maneira de fortalecer a prestação de um serviço tão essencial para a efetivação de um direito fundamental. Tomar ciência da dura realidade dessas companhias e nada fazer representa a normalização do descumprimento do direito à moradia e torna o art. 6º da CF meramente decorativo.

---

[519] Disponível em: < http://portal.stf.jus.br/processos/downloadPeca.asp?id=145126916&ext=.pdf>. Acesso em 21 nov. 2021

[520] Disponível em: < https://redir.stf.jus.br/paginadorpub/paginador.jsp?docTP=TP&docID=756057923&prcID=600 6483# >. Acesso em: 28 nov. 2021.

[521] Disponível em: <https://redir.stf.jus.br/paginadorpub/paginador.jsp?docTP=TP&docID=753865610&prcID=6 006483#>. Acesso em 29 nov. 2021.

[522] Disponível em: <https://oglobo.globo.com/rio/rio-recebe-75-mil-unidades-habitacionais-na-ultima-decada-pouco-menos-de-um-terco-do-deficit-de-220-mil-23640211> e <https://oglobo.globo.com/rio/orgao-encarregado-de-projetos-habitacionais-no-estado-corre-risco-de-ser-despejado-21282199>. Acesso em: 29 nov. 2021.

O déficit habitacional no país é tamanho que uma rápida consulta no site do TJRJ sobre processos envolvendo a CEHAB-RJ permite encontrar exceções de pré-executividade movidas por ocupantes que pugnam pelo reconhecimento de imunidade em razão de o imóvel executado funcionar como instituição de educação ou de assistência social, nos termos do art. 150, VI, c da CRFB. Como é corriqueiro que compradores e vendedores transmitam direitos reais por meio de contratos de gaveta, a utilidade para a qual se destina o imóvel varia constantemente.

Assim, a questão da imunidade de companhias para habitação de interesse social deve ser resolvida a partir dos critérios já pacificados pelo STF e mencionados acima. Nesse sentido, não há o porquê de as companhias que os atenderem não serem contempladas pela interpretação abrangente do Supremo. Partir da premissa de que extensões às pessoas jurídicas de direito privado são a exceção, e não a regra, não é motivo apto a justificar sua inaplicabilidade.

Advogar que, em abstrato, as companhias não devem ser imunes é incompatível com o ordenamento constitucional brasileiro. Nesse sentido, o Procurador-Geral da República (PGR), Augusto Aras, instado a se manifestar no ARE 1.289.782/SP, lavrou parecer no sentido da admissibilidade da extensão. Uma vez reconhecida a repercussão geral nos autos citados, o PGR sugeriu inclusive tese para análise dos ministros[523].

Sustentando diferentemente, o Município de São Paulo, em memoriais, afirma que o Estado não tem o dever de "dar de morar" a todos os indivíduos. O raciocínio empreendido recorre a outros direitos sociais previstos no art. 6º da Constituição, como trabalho, lazer e alimentação. Assim, faz-se uma curiosa defesa de que, apesar de serem direitos sociais, não é dever do estado "dar" trabalho, lazer ou alimentação a todos os cidadãos[524].

Concorda-se que a Constituição de 1988, conhecida como Cidadã, elenca uma série de direitos e deveres tais que pode dar a impressão de ser

---

[523] Disponível em:
<https://redir.stf.jus.br/paginadorpub/paginador.jsp?docTP=TP&docID=756020956&prcID=6006483#>. Acesso em 29 nov. 2021.
[524] Disponível em: <
https://redir.stf.jus.br/paginadorpub/paginador.jsp?docTP=TP&docID=756057923&prcID=6006483# >. Acesso em 28 nov. 2021.

utópica e prever metas idealistas. "Dar de morar", dar trabalho, alimentação e lazer a todos os cidadãos até podem ser normas programáticas que nunca cheguem a se universalizar, mas envidar seus maiores esforços para tal é, sim, dever estatal.

Caso contrário, essas normas seriam *inter partes,* e não *erga* omnes. As normas constitucionais possuem aplicabilidade imediata e produzem efeitos para todos os brasileiros e, como tal, vinculam o Estado a prestações positivas, como a de promoção de programas de moradias para todos. Não reconhecer esses fatos é muito representativo de como o direito à moradia ainda é enxergado por boa parte dos operadores do Direito.

Não raras vezes o direito à moradia é valorado como um direito fundamental de menor relevância e a tolerância para o seu descumprimento é maior. Caso seja comparado ao direito à saúde, por exemplo, percebe-se que, tanto em termos doutrinários quanto em termos jurisprudenciais, aquele direito está defasado em relação a este. Essa defasagem se reflete na produção acadêmica e na quantidade de provimentos judiciais favoráveis.

Parafraseando a célebre obra *Taking rights seriously,* há que se levar o direito à moradia e princípios como a da função social da propriedade urbana a sério. Os trinta e três anos da Constituição e os 20 anos do Estatuto da Cidade (Lei 10.257/01) permitem inferir que os obstáculos à resolução do problema do déficit habitacional não são a inexistência de instrumentos jurídico-urbanísticos, mas são de ordem político-econômica.

A baixa eficácia jurídica e social do direito à moradia não se explica apenas pela atuação prática de procuradores que negam o seu caráter *erga omnes*, mas também pela inexistência de consequências jurídicas para os entes federativos. Não gera efeito prático algum o descumprimento de disposições constantes de Planos de Habitação de Interesse Social, por exemplo.

Outra discussão que circunda o tema da extensão da imunidade recíproca a estatais diz respeito à restrição da prerrogativa a apenas alguns tributos. No caso do RE 601.392, em que analisou o caso da EBCT, ventilou-se a ideia de que apenas os impostos federais estariam imunes, uma vez que a empresa pública pertence à União. Dessa forma, a obrigação de recolhimento do imposto sobre serviços (ISSQN), de competência municipal, continuaria a ser devida.

Com o objetivo de reduzir os danos em termos de arrecadação, o que essa ideia faz é justamente acentuar a disparidade entre os entes federativos, indo de encontro, portanto, com o princípio federalista. Caso fosse levada adiante, os municípios continuariam a obter uma receita que a União não obteria, produzindo um descompasso financeiro entre os entes. Dessa forma, a medida mais acertada seria a extensão imunitária para os impostos de competência de todos eles, bem como para outros tributos.

O conjunto habitacional Pio XII, localizado no bairro de Botafogo, na cidade do Rio de Janeiro, foi construído pela CEHAB-RJ. Hoje, muitos imóveis ainda permanecem no nome da empresa e grande parte das execuções fiscais que recaem sobre eles é proveniente do não pagamento de taxas de coleta domiciliar de lixo (TCDL). Assim, a inexigibilidade do pagamento também desse tributo exoneraria a empresa da obrigação, passando as dívidas futuras para o ocupante.

Cabe ressaltar que parece mais acertada a modulação dos efeitos da decisão que vier a ser tomada no Tema 1.122 do STF. Vale dizer, por motivo de segurança jurídica, a produção de efeitos da imunidade recíproca para as companhias de habitação deveria ser fixada no sentido *ex nunc*. Desse modo, a partir do acórdão, as companhias passariam a estar isentas do recolhimento, porém, para o período anterior, o recolhimento seria devido.

A segurança jurídica que essa construção visa alcançar se desdobra em duas partes, quais sejam, (I) garantir que a Administração Direta tenha mais tempo para elaborar um planejamento orçamentário sem as receitas das companhias de habitação e (II) impedir que o ocupante de baixa renda tenha que encontrar, repentinamente, recursos para recolher aqueles tributos que não foram recolhidos pelas companhias.

Como mencionado anteriormente, grande parte do passivo da CEHAB se deve ao fato de mutuários não receberem a titulação de imóveis financiados pela companhia em parceria com a CEF por meio do FCVS (Fundo de Compensação de Variações Salariais). Vale dizer, a Caixa Econômica não dá a quitação do financiamento de imóveis com pendência financeira e, enquanto isso, o ocupante não paga o tributo correspondente, ficando o seu recolhimento a cargo da CEHAB.

REFERÊNCIAS BIBLIOGRÁFICAS

ALVIM, Arruda. **Da prescrição intercorrente, Prescrição no Código civil:** uma análise interdisciplinar, Mirna Cianci (coord.), 2011, São Paulo: ed. Saraiva, p. 115-139.

ASSIS, Araken de. **Fluência e interrupção do prazo de prescrição da pretensão a executar, Prescrição no Código civil:** uma análise interdisciplinar, Mirna Cianci (coord.), 2011, São Paulo: ed. Saraiva, p. 97-114.

AURELLI, Arlete Inês; PANTALEÃO, Izabel Cristina Pinheiro Cardoso. Uma revisita ao tema da prescrição intercorrente no âmbito do processo civil com ênfase do novo CPC. **Revista de direito da Advocef**, v. 12, n. 24, p. 49-65, mai. 2017.

CUNHA, Leonardo José Carneiro da. **A fazenda pública em juízo**. Rio de Janeiro: ed. Forense, 2016.

PEIXOTO, Daniel Monteiro. Prescrição intercorrente na execução fiscal: vertentes do STJ e Inovações da Lei n. 11.051/2004 e da Lei Complementar n. 118/2005, **Revista dialética de direito tributário**, n. 125, p. 11-22, fev. 2006.

STJ. **Agravo Regimental no Agravo em Recurso Especial n. 246.256/SP**. Relator: Ministro Humberto Martins, Data de Julgamento: 27/11/2012, T2 – Segunda Turma, Data de Publicação: DJ 04/12/2012. Disponível em: https://processo.stj.jus.br/processo/pesquisa/?tipoPesquisa=tipoPesquisaNumeroRegist ro&termo=201202229065&totalRegistrosPorPagina=40&aplicacao=processos.ea. Acesso em: 30 de novembro de 2021.

STJ. **Agravo Regimental no Agravo em Recurso Especial n. 339.924/PE**. Relator: Ministro Arnaldo Esteves Lima, Data do Julgamento: 17/09/2013, T1 – Primeira Turma, Data de Publicação: DJ 24/09/2013. Disponível em: https://processo.stj.jus.br/processo/pesquisa/?tipoPesquisa=tipoPesquisaNumeroRegist ro&termo=201301414335&totalRegistrosPorPagina=40&aplicacao=processos.ea. Acesso em: 30 de novembro de 2021.

STJ. **Agravo Regimental no Agravo em Recurso Especial n. 483.947/RJ**. Relator: Ministro Sérgio Kukina, Data do Julgamento: 16/06/2014, T1 – Primeira Turma, Data de Publicação: DJ 24/06/2014. Disponível em: https://processo.stj.jus.br/processo/pesquisa/?tipoPesquisa=tipoPesquisaNumeroRegist ro&termo=201400511295&totalRegistrosPorPagina=40&aplicacao=processos.ea. Acesso em: 30 de novembro de 2021.

SOKAL, Guilherme Jales. O que o STJ decidiu sobre a prescrição intercorrente na execução fiscal? Um guia prático (e crítico). **Revista de Processo**, São Paulo, v. 45, n. 304, p. 271-305, jun. 2020. Disponível em: <https://bdjur.stj.jus.br/jspui/handle/2011/143349>. Acessado no dia 12 de novembro de 2021.

THEODORO JUNIOR, Humberto. **A prescrição intercorrente e a paralisação da execução forçada, Prescrição no Código civil:** uma análise interdisciplinar, Mirna Cianci (coord.), 2011, São Paulo: ed. Saraiva.

YARSHELL, Flávio Luiz. O futuro da execução por quantia nas mãos do Superior Tribunal de Justiça: proposta de reflexão sob a ótica econômica. **Revista do Advogado**. São Paulo, v. 39, n. 141, 2019, p. 102-109.

CAPÍTULO 15

REGULARIZAÇÃO FISCAL: UM ESTUDO A PARTIR DOS CONJUNTOS HABITACIONAIS PIO XII E OSWALDO CRUZ

Eric Santos Andrade[525]

Matheus Corrêa Lima de Aguiar Dias[526]

RESUMO: Cuida-se de artigo que visa trabalhar a problemática das execuções fiscais em matéria de regularização fundiária. O objetivo é investigar como que a regularização fiscal funciona como vetor integrante e imprescindível para a efetivação da regularização fundiária e apresentar metodologias para solucionar execuções contra unidades habitacionais sociais. Para tanto, a prescrição intercorrente, em especial, sofre reinterpretação do que está para além das teses do STJ, vez que as execuções fiscais devem ser interpretadas à luz do art. 40 da LEF e do devido processo legal. Nesse sentir, valer-se-á dos estudos de duas amostras de ações de execuções fiscais em face da CEHAB em

---

525 Doutorando em Direito pela Universidade do Estado do Rio de Janeiro (UERJ). Mestre em Direito pela Universidade do Estado do Rio de Janeiro (UERJ). Membro da Rede de Pesquisa Interinstitucional em Direito da Cidade da Universidade do Estado do Rio de Janeiro (RPIDC/UERJ) e do Laboratório de Estudos de Direito Administrativo Comparado da Universidade Federal do Estado do Rio de Janeiro (LEDAC/UNIRIO). Membro da Comissão de Direito Administrativo e de Direito da Família e sucessões do Instituto dos Advogados Brasileiros (IAB). Membro do Instituto de Direito Administrativo do Estado do Rio de Janeiro (IDARJ). Advogado.

526 Mestrando em Direito da Cidade pela UERJ. Editor da Revista de Direito da Cidade da UERJ. Bacharel em Direito pelo Centro Universitário Ibmec-RJ. Bolsista CAPES. Advogado.

específico, coletados no Núcleo de Estudos, Pesquisas e Extensão – NEPEC/UERJ.

Palavras-chaves: Regularização fundiária. Regulação fiscal. Companhias de Habitação. Direito à moradia digna.

ABSTRACT: This article aims to address the issue of tax foreclosures in terms of land regularization. The objective is to investigate how tax regularization works as an integral and essential vector for the realization of land regularization and to present methodologies to solve foreclosures against social housing units. To this end, the intercurrent prescription, in particular, undergoes a reinterpretation of what is beyond the STJ's theses, since tax foreclosures must be interpreted in the light of art. 40 of the LEF and due process. In this sense, it will use the studies of two samples of tax foreclosure actions against CEHAB in particular, collected at the Center for Studies, Research and Extension – NEPEC/UERJ.

Keywords: Land tenure regularization. Tax regulation. Housing Companies. Right to decent housing.

1.   INTRODUÇÃO

A Lei de Regularização Fundiária Urbana (Lei nº 13.465 de 2017), conhecida como REURB, regulamenta os procedimentos aplicáveis à regularização de núcleos urbanos informais, adequando-os ao ordenamento territorial urbano a fim de titular seus ocupantes[527]. O que pouco se discute é que a legislação nacional não cuida somente da regularização urbanística geográfica e legal (no aspecto cível da titulação dos ocupantes), mas propõe uma releitura de todo o procedimento socioeconômico a ser estudado.

Nesse sentido, a titulação dos ocupantes é o propósito final do procedimento, mas, para se alcançar efetivamente esse fim, é necessário que se

---

[527] MUNIZ, Maria Águeda Pontes Caminha; DA SILVA, Márcia Maria Pinheiro. Regularização fundiária e direito à moradia. **Revista PGM-Procuradoria Geral do Município de Fortaleza**, v. 25, n. 1, 2017.

percorra todo um conjunto de fatores acessórios imprescindíveis ao sucesso da titulação, dentre os quais podemos destacar a proteção ambiental, a garantia dos direitos sociais e a regularização fiscal528.

Dentre todos os fatores acessórios citados, a regularização fiscal é uma parte que compõe o procedimento da REURB e, uma vez alcançada, saneia a questão patrimonial, tanto do executado, quanto do exequente. Como a obrigação tributária tem natureza *propter rem,* a regularização fiscal somente existe quando for deflagrada a REURB, sem a qual não há que se falar em regularização fiscal. Noutro giro, pode haver situações urbanísticas em que não será necessária a regularização fiscal529.

Portanto, o presente artigo tem o objetivo de explorar mais a fundo a regularização fiscal, seus princípios e o resultado de duas amostras obtidas ao longo da metodologia desenvolvida nos estudos do Núcleo de Estudos, Pesquisa e Extensão em Direito da Cidade – NEPEC/UERJ em parceria com a Secretaria de Infraestrutura e Obras do Rio de Janeiro (SEINFRA).

O projeto Na Régua versa especificamente sobre um conjunto de ações estratégicas voltadas ao enfrentamento da crise habitacional e dos conflitos fundiários urbanos. A razão de existir do projeto é a efetivação do direito social à moradia digna, que proporciona uma releitura da tutela deste direito social para além da simples titulação de ocupantes com moradias insubsistentes e desumanas530, incapazes de atender às necessidades básicas do ser humano e que dificultam a concretização da identidade de pertencimento daqueles indivíduos a um determinado espaço formal531. O projeto cuida de soluções adequadas, dentro das medidas de razoabilidade, para garantia também de

528 DA COSTA NUNES, Marcus Antonius; JUNIOR, Carlos Magno Alhakim Figueiredo. Regularização fundiária urbana: estudo de caso do bairro nova conquista, São Mateus–ES. **Revista de Direito da Cidade**, v. 10, n. 2, p. 887-916, 2018, p. 891.
529 AURELLI, Arlete Inês; PANTALEÃO, Izabel Cristina Pinheiro Cardoso. Uma revisita ao tema da prescrição intercorrente no âmbito do processo civil com ênfase do novo CPC. **Revista de direito da Advocef**, v. 12, n. 24, p. 49-65, maio 2017, p. 55.
530 MUNIZ, Maria Águeda Pontes Caminha; DA SILVA, Márcia Maria Pinheiro. Regularização fundiária e direito à moradia. **Revista PGM-Procuradoria Geral do Município de Fortaleza**, v. 25, n. 1, 2017.
531 DA COSTA NUNES, Marcus Antonius; JUNIOR, Carlos Magno Alhakim Figueiredo. Regularização fundiária urbana: estudo de caso do bairro nova conquista, São Mateus–ES. **Revista de Direito da Cidade**, v. 10, n. 2, p. 887-916, 2018, p. 990.

outros princípios, como a função social da propriedade, a da dignidade da pessoa humana e a do não retrocesso social.

O projeto compõe o programa estadual de habitação de interesse social Casa da Gente, que se propõe a entregar às famílias carentes unidades habitacionais sob os seguintes critérios: 1) os beneficiários não podem possuir nenhum imóvel em nome próprio; 2) não podem ter sido beneficiados por outro programa habitacional ou por financiamento de imóveis anterior e 3) devem ter renda familiar de até R$ 2 mil reais532.

Assim, o Governo do Estado do Rio de Janeiro, obedecendo aos critérios de adesão acima, atende diversas famílias residentes em áreas de risco geológico, de insalubridade ou até mesmo aqueles que perderam suas casas em catástrofes naturais, como deslizamento de terra ou enchentes. Antes mesmo de a própria Lei 13.465/17 ter estabelecido que as mulheres provedoras da casa devem ser contempladas prioritariamente, o programa já o fazia533.

Como a habitação é o ponto de partida para que se garanta boa parte dos direitos fundamentais, o Programa Casa da Gente desenvolve projetos de reforma de conjuntos habitacionais, por meio de parceria junto com o programa Na Régua com o fim precípuo de concretizar a moradia de direito.

Sem um lugar digno para morar, o indivíduo é incapaz de sobreviver dignamente, bem como não lhe são concedidos instrumentos que o permitam crescer e exercer devidamente o seu papel na sociedade. Sem um lugar digno para morar, constata-se o surgimento de inúmeros desafios urbanos por conta da prática de condutas ilegais, como a ocupação irregular, do crescimento da informalidade e a da violência urbana contextualizada534.

Por tais aspectos é que a moradia adequada foi reconhecida como um direito inato do indivíduo desde 1948, com a Declaração Universal dos

---

532 Para mais informações ver o site oficial da Governo do Estado do Rio de Janeiro: < http://www.casadagente.rj.gov.br/a_quem_se_destina>. Acessado no dia -05 de julho de 2022.
533 BRASIL. **Lei Federal nº 13.465 de 2017**. Dispõe sobre a regularização fundiária urbana e rural. Art. 10, inciso XI.
534 DA COSTA NUNES, Marcus Antonius; JUNIOR, Carlos Magno Alhakim Figueiredo. Regularização fundiária urbana: estudo de caso do bairro nova conquista, São Mateus–ES. **Revista de Direito da Cidade**, v. 10, n. 2, p. 887-916, 2018, p. 892.

Direitos Humanos, tornando-se universalmente aceito, como o são os princípios gerais do direito.

Não é por menos que a moradia digna corresponde a um padrão de morar de forma adequada. O que significa morar adequadamente? É pensar a concretização da moradia para além de quatro paredes, ou seja, pensar que ela está para além do direito de toda pessoa ter acesso a um lar e a uma comunidade segura ou para além de um ambiente capaz de lhe gerar relações sociais, comerciais, ambientais, saúde, educação e cidadania. Assim, ganha a qualidade de adequada aquela moradia que se apresenta com essas características 535.

Nesta toada, a vulnerabilidade socioeconômica é a justificativa primordial para a elaboração de programas que tem o objetivo de garantir a moradia digna a pessoas economicamente vulneráveis536. Por isso, o Programa Casa da Gente adota, para a priorização da demanda, critérios de territorialidade ou de vulnerabilidade social, priorizando candidatos: (I) com núcleo familiar atendido pelo Programa Aluguel Social do Governo do Estado, (II) alvos de Ações Civis Públicas, (III) pessoas com deficiência, (IV) idosos e (V) pessoas que habitam ou trabalham próximo à região do empreendimento, de forma a evitar deslocamentos interurbanos.537

Outras características de uma moradia digna são: 1) a habitabilidade e a 2) não discriminação e priorização de grupos vulneráveis. Esses atributos acima destacados têm reflexo direto na regularização fiscal, uma vez que, a depender de como são propostas as estratégias de saneamento tributário, a dignidade da moradia pode ser atingida em menor ou maior grau.

---

535 MUNIZ, Maria Águeda Pontes Caminha; DA SILVA, Márcia Maria Pinheiro. Regularização fundiária e direito à moradia. **Revista PGM-Procuradoria Geral do Município de Fortaleza**, v. 25, n. 1, 2017.
536 DA COSTA NUNES, Marcus Antonius; JUNIOR, Carlos Magno Alhakim Figueiredo. Regularização fundiária urbana: estudo de caso do bairro nova conquista, São Mateus–ES. **Revista de Direito da Cidade**, v. 10, n. 2, p. 887-916, 2018, p. 883-884.
537Disponível em: <http://www.casadagente.rj.gov.br/sites/casadagente/files/arquivos_paginas/Resolu%C3%A7 %C3%A3o%20SEINFRA%20n%C2%BA%20127%20de%2029%20de%20outubro%20de%2 02021%20%281%29_0.pdf>. Acesso em 21 de julho de 2022.

A primeira, que diz respeito à habitabilidade, traz a ideia de moradia adequada como aquela que apresenta boas condições de proteção contra frio, calor, chuva, vento, umidade e, também, contra ameaças de incêndio, desmoronamento, inundação e qualquer outro fator que ponha em risco a saúde e a vida das pessoas. Além disso, o tamanho da moradia e a quantidade de cômodos (quartos e banheiros, principalmente) devem ser condizentes com o número de moradores. Espaços adequados para lavar roupas, armazenar e cozinhar alimentos também são importantes538.

Contudo, a habitabilidade não se resume apenas a tais aspectos característicos da moradia, mas importa também na moradia que apresente condições fiscais compatíveis com a condição socioeconômica dos ocupantes, o que melhor será tratado no tópico do desenvolvimento metodológico.

Vale ressaltar que é preciso que haja uma compatibilidade entre a incidência fiscal - de forma a garantir a sustentabilidade econômica do ocupante - e a sua participação cidadã na cidade formal, cumprindo com seu dever como contribuinte539. Para tanto, existem incentivos fiscais, isenções fiscais e, até mesmo, alternativas que garantam a regularidade fiscal do imóvel, como o parcelamento facilitado.

A segunda característica, que diz respeito à não discriminação e priorização de grupos vulneráveis, traz a ideia de moradia adequada como aquela que deve ser acessível a grupos vulneráveis da sociedade, como idosos, mulheres, crianças, pessoas com deficiência, vítimas de desastres naturais etc. As leis e políticas habitacionais devem priorizar o atendimento a esses grupos e levar em consideração suas necessidades especiais. Além disso, para realizar o

---

538 ALMEIDA, Fernando Dias Menezes de. Dos Instrumentos da Política Urbana. Do parcelamento, edificação ou utilização compulsórios. Do IPTU progressivo no tempo. Da desapropriação com pagamentos em títulos. IN: ALMEIDA, Fernando Dias Menezes de; MEDAUAR, Odete (Coord.). **Estatuto da Cidade – Lei 10.257 de 10.07.2001**: Comentários. Revista dos Tribunais Ltda., 2. ed., 2004, p. 41-119, São Paulo, p. 91.
539 AURELLI, Arlete Inês; PANTALEÃO, Izabel Cristina Pinheiro Cardoso. Uma revisita ao tema da prescrição intercorrente no âmbito do processo civil com ênfase do novo CPC. **Revista de direito da Advocef**, v. 12, n. 24, p. 49-65, maio 2017, p. 58.

direito à moradia adequada, é fundamental que o direito à não discriminação seja garantido e respeitado540.

A regularização fiscal também dialoga com essa segunda característica na medida em que, por vezes, esses grupos economicamente vulneráveis necessitam de políticas públicas de incentivos fiscais para que não retornem à condição de informalidade. Ademais, a cobrança de valores incompatíveis com a sua condição econômica pode fazer nascer uma situação de desproporção injusta entre aquilo que os ocupantes podem arcar e aquilo que a Administração Pública pode exigir541.

Assim, a ideia de moradia adequada vai estar centrada na vulnerabilidade destas pessoas carentes que demandam um atendimento priorizado e diferenciado, combatendo, assim, a segregação socioespacial542.Por esse motivo, o Projeto Na Régua investiga quais as necessidades habitacionais de um determinado território, de modo que o planejamento da política pública seja o mais preciso possível. Todos os profissionais envolvidos pretendem mensurar e caracterizar tais necessidades, o que serve para traçar prioridades de atendimento frente as capacidades e aos recursos disponíveis.

Assim, a quantificação e a qualificação das necessidades habitacionais – tanto aquelas acumuladas ao longo do tempo, quanto as necessidades a serem geradas pelas demandas demográficas futuras - contribuem para orientar o planejamento de ações e programas que possam atender às especificidades das

---

540 ALMEIDA, Fernando Dias Menezes de. Dos Instrumentos da Política Urbana. Do parcelamento, edificação ou utilização compulsórios. Do IPTU progressivo no tempo. Da desapropriação com pagamentos em títulos. IN: ALMEIDA, Fernando Dias Menezes de; MEDAUAR, Odete (Coord.). **Estatuto da Cidade – Lei 10.257 de 10.07.2001**: Comentários. Revista dos Tribunais Ltda., 2. ed., 2004, p. 41-119, São Paulo, p. 98.
541 SOKAL, Guilherme Jales. O que o STJ decidiu sobre a prescrição intercorrente na execução fiscal? Um guia prático (e crítico). **Revista de Processo**, São Paulo, v. 45, n. 304, p. 271-305, jun. 2020.
542 AURELLI, Arlete Inês; PANTALEÃO, Izabel Cristina Pinheiro Cardoso. Uma revisita ao tema da prescrição intercorrente no âmbito do processo civil com ênfase do novo CPC. **Revista de direito da Advocef**, v. 12, n. 24, p. 49-65, maio 2017, p. 53.

situações identificadas e planejar o desenvolvimento futuro do setor habitacional543.

A carência habitacional não é homogênea entre as regiões do Estado do Rio de Janeiro, tanto em termos de déficit e inadequação, quanto no que toca ao volume das unidades. Note-se que a privação vivenciada é fortemente dependente dos processos sócio urbanos e das densidades populacionais das diversas regiões. Nesse sentido, quase metade do déficit está concentrado na Região Metropolitana do Rio de Janeiro, onde também predominam os componentes de inadequação dos domicílios urbanos.544

Apesar de se concordar que cada regularização fiscal possui especificidades, ainda assim seu procedimento é mais simples que os demais existentes em uma REURB, que, em seu art. 15, prevê uma série de instrumentos cujos procedimentos são muito diversos entre si. Além disso, a execução fiscal é um processo executório decorrente, geralmente, de um mesmo fato gerador legitimador: o lançamento de IPTU e demais taxas urbanas não adimplidas545.

A cobrança pela procuradoria em um processo executório segue o mesmo rito executivo, sob o mesmo argumento da legitimidade do fisco, apresentando a certidão de dívida ativa, embora, na prática, não se observe em nome de quem está o imóvel objeto das cobranças vencidas e tampouco a destinação daquele bem.

Desse modo, a proposta do presente trabalho é de apresentar os aspectos analisados e a metodologia desenvolvida para fins de solucionar as pendências de execução fiscal contra unidades habitacionais em que ainda constam como proprietário dos imóveis as Companhias de Habitação. E a

---

543 ALMEIDA, Fernando Dias Menezes de. Dos Instrumentos da Política Urbana. Do parcelamento, edificação ou utilização compulsórios. Do IPTU progressivo no tempo. Da desapropriação com pagamentos em títulos. IN: ALMEIDA, Fernando Dias Menezes de; MEDAUAR, Odete (Coord.). **Estatuto da Cidade – Lei 10.257 de 10.07.2001**: Comentários. Revista dos Tribunais Ltda., 2. ed., 2004, p. 41-119, São Paulo, p. 88.

544 Disponível em: < https://www.caurj.gov.br/a-desigualdade-comeca-em-casa-rj-tem-um-deficit-habitacional-de-500-mil-moradias/ >. Acessado no dia 1 de agosto de 2022.

545 THEODORO JUNIOR, Humberto. **A prescrição intercorrente e a paralisação da execução forçada, Prescrição no Código civil**: uma análise interdisciplinar, Mirna Cianci (coord.), 2011, São Paulo: ed. Saraiva, p. 33.

presente discussão ganha tamanha relevância vez que as unidades são construídas e entregues aos ocupantes há anos e, quando chega o momento de transferir a propriedade para o nome do ocupante, a titulação esbarra na pendência fiscal cadastrada na Central de Dívida Ativa.

A presente pesquisa de extensão se baseou em duas amostras: 1) Conjunto Habitacional Pio XII; e 2) Conjunto Oswaldo Cruz. Ambos os conjuntos habitacionais fazem parte do cronograma de reuniões de apresentação do programa de reformas da SEINFRA. Dado o convênio entre o NEPEC/UERJ e a SEINFRA, foram selecionadas duas amostras do campo de atuação da equipe social da Secretaria para fins de pesquisa e extensão.

Serão analisadas cada uma das amostras a seguir.

2. DO CONJUNTO HABITACIONAL PIO XII

2.1. Apresentação e metodologia

Em um primeiro momento, selecionou-se a amostra do Conjunto Habitacional Pio XII com justificativa no maior número de execuções fiscais identificados por conjunto habitacional. O Pio XII está situado na Rua Álvaro Ramos, nº 511, em Botafogo, no Rio de Janeiro, CEP: 22.280-110, sendo considerado atualmente aquele que concentra o maior número de execuções fiscais ativas junto à 12ª Vara de Fazenda Pública do Tribunal de Justiça do Estado do Rio de Janeiro.

A escolha do conjunto foi também justificada pela possibilidade de se coletar o maior número de informações fiscais preliminares possíveis, visto que, diferentemente das demais Linhas de Pesquisa do NEPEC/UERJ, a construção de uma metodologia em regularização fiscal, depois de conclusa, serviria de ponto de partida perfeitamente hábil (construção de paradigma) à toda e qualquer execução fiscal existente nos demais conjuntos habitacionais da CEHAB (Companhia Estadual de Habitação do Estado do Rio de Janeiro), sob os mesmos moldes fiscais e processuais.

Portanto, a despeito de o Conjunto Habitacional Pio XII não compor, a priori, a área adotada posteriormente, pelo projeto de extensão, para a consecução de melhorias habitacionais, a sua escolha serviu tão apenas para a construção preliminar de paradigmas. Almeja-se que tais padrões auxiliem a construção de soluções a toda e qualquer execução fiscal em face da CEHAB sobre cujo imóvel existam pendências quanto à transmissão da propriedade.

Além disso, fez parte da metodologia a reunião de dados importantes que pudessem apontar para possíveis soluções ao passivo fiscal da CEHAB, como: identificação da ocorrência de prescrição originária ou intermitente; legitimidade passiva ou litisconsórcio passivo da CEHAB e do mutuário; validade da citação da CEHAB; validade da certificação de suspensão do processo; efeitos do arquivamento sem baixa do processo em execuções de pequena monta (geralmente abaixo de R$ 1.000,00 reais); e repercussão da determinação de penhora do bem.

Os objetivos que se pretendeu alcançar foram: o da quantificação dos números de execuções fiscais de um determinado Conjunto Habitacional para fins de coleta de amostragem; através do diagnóstico das execuções fiscais, a construção de pareceres jurídicos sobre possíveis soluções ou caminhos que a CEHAB pode se socorrer; a apresentação de dados estatísticos e informaçõcs processuais em relação às principais peças das execuções fiscais e suas fases; a construção de uma metodologia resolutiva a partir de uma amostragem de execuções fiscais para servir como paradigma aplicável à toda e qualquer ação fiscal em face da CEHAB; a facilitação por meio da coleta de dados de composições fundiárias amigáveis em procedimentos de melhorias habitacionais e regularização fundiária; e a busca pelo impedimento da penhora dos imóveis ainda sob titularidade da CEHAB, e da violação do direito à moradia dos mutuários.

Nesse sentido, a equipe de Regularização Fiscal do NEPEC/UERJ entende que a regularização fiscal deve ser reconhecida como essencial para a REURB ser bem-sucedida. Ademais, reconheceu-se que, regularizada a questão tributária, as propostas de melhorias em habitação social são mais eficientes. Por isso, a gestão dos processos da Central de Dívida Ativa por uma comissão específica do Núcleo de Estudos, Pesquisa e Extensão - NEPEC – teve êxito na medida em que estes imóveis, destinados à habitação social, estavam ocasionando vultosa quantidade de execuções fiscais indevidas contra a CEHAB. Verificou-se que tais feitos eram indevidos porque não se constava no Registro o nome dos verdadeiros mutuários, o que levou à Companhia a amargar um passivo superior a R$ 4 milhões de reais.

Tem-se em vista que o diagnóstico parcial delimitou uma dívida considerável, mesmo que não contabilizada por exato, evidenciando, preliminarmente, o comprometimento injusto do patrimônio da Companhia de Habitação do Rio de Janeiro, patrimônio este que possui uma destinação pública evidente: a tutela do direito de moradia à população economicamente vulnerável.

O verdadeiro fato gerador das execuções analisadas não é originário de ação ou omissão por parte da CEHAB, mas sim dos próprios mutuários, possuidores diretos e detentores do domínio útil do imóvel que, em determinado momento, deixaram de pagar os impostos e taxas municipais (IPTU, TXCL e TXSU).

Desta relação sociojurídica, da não conclusão da titulação da propriedade aos possuidores diretos (não importando neste momento as múltiplas razões para isso), nasce um grande obstáculo fiscal: a necessidade de regularizar estes imóveis, enquanto pressuposto necessário à efetivação da proposta de regularização fundiária da moradia adequada. Da mesma forma, justificou-se a regularização fiscal na medida em que se buscou propor soluções eficientes para afastar, extinguir ou, ao menos, trazer uma solução juridicamente plausível frente às inúmeras execuções fiscais em nome da CEHAB.

E, não menos importante, a coleta de dados das ações executórias foi importante para construção de metodologias que auxiliarão futuras composições amigáveis quanto ao adimplemento, parcelamento ou regularização junto aos órgãos jurisdicionais, administrativos, da própria CEHAB e do próprio possuidor direto. Uma das propostas de destaque do NEPEC/UERJ, que tangencia a justificativa do estudo de gestão das ações de execução fiscal, é o manejo do instrumento da composição amigável, como resposta para os impasses que limitam ou restrinjam a consecução de melhorias habitacionais ou a regularização fundiária.

2.2   Análise de resultados

O período de análise parcial compõe-se das ações de execução fiscal a partir do ano de 2012 até o corrente ano de 2021, totalizando 40 exercícios de imposto inscritos na Dívida Ativa e 21 ações de execução fiscal (ações eletrônicas). São um total de 18 unidades habitacionais sendo executadas, cuja titularidade de 100% é da CEHAB, mas com posse direta do mutuário ou terceiro não cadastrado.

Destes, os valores específicos dos imóveis concentraram-se em R$ 45.818,00 (quarenta e cinco mil e oitocentos e dezoito reais). Os exercícios analisados, a priori, concentraram-se em IPTU vencidos dos anos de 2010-2014.

Figura 01: Valor específico do imóvel.

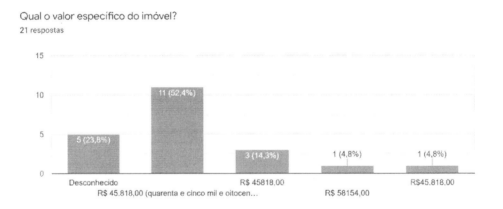

Fonte: Resultados obtidos do google forms preenchido pela equipe de regularização fiscal do NEPEC/UERJ em novembro/2021

Dos processos analisados, 95,5% das execuções sequer chegaram na fase de penhora do imóvel. Concluiu-se que quase a totalidade dos processos de execução fiscal não chegaram à fase de penhora do bem, o que acendeu o alerta para a necessidade de coleta de novas informações junto à Vara de Fazenda Pública da Capital/RJ, que possui competência para julgar todos os processos fiscais da prefeitura do Rio de Janeiro.

Figura 02: Laudo de avaliação.

Houve laudo de avaliação do imóvel?
22 respostas

Fonte: Resultados obtidos do google forms preenchido pela equipe de regularização fiscal do NEPEC/UERJ em novembro/2021

A integralidade das execuções pautava-se em débitos fiscais de IPTU abaixo da faixa de R$ 20.000,00 (vinte mil reais). Em detida análise, cerca de 90% destes débitos estavam abaixo dos R$ 1.000,00 (mil reais), que se tornou um parâmetro adotado pela 12ª Vara de Fazenda Pública para fins de arquivamento sem baixa da execução fiscal.

Figura 03: Valor da execução.

Qual o valor da Execução? (Faixa)
21 respostas

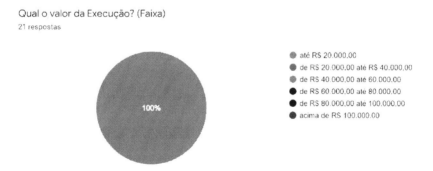

Fonte: Resultados obtidos do google forms preenchido pela equipe de regularização fiscal do NEPEC/UERJ em novembro/2021

Cerca de 57,1% apresentaram resposta positiva ao despacho de citação, sendo que houve confirmação de que 100% das citações positivas não se deram na pessoa da CEHAB, mas sim de terceiro não identificado e aqui reconhecido como mutuário.

Figura 04: Citação.

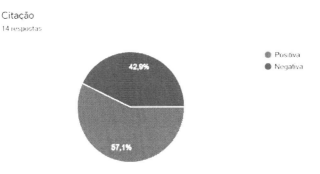

Fonte: Resultados obtidos do google forms preenchido pela equipe de regularização fiscal do NEPEC/UERJ em novembro/2021

Da análise dos processos acima, chegou-se ainda à conclusão de que houve evidências da ocorrência da prescrição intercorrente em uma média de 42,9% dos processos analisados. Isso ao considerar o questionamento da legitimidade da citação, para os devidos fins do art. 40 da Lei de Execuções Fiscais. Inclusive, estes dados primários estão sujeitos a alteração ao longo do tempo, podendo aumentar progressivamente, caso a Fazenda Pública permaneça inerte.

Figura 05: Prescrição.

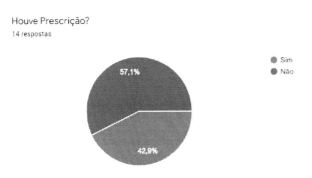

Fonte: Resultados obtidos do google forms preenchido pela equipe de regularização fiscal do NEPEC/UERJ em novembro/2021

Chegou-se a dados que informaram que quase 70% das execuções fiscais encontram-se na fase de arquivamento sem baixa: 21,7% estão sobrestados por motivo de parcelamento administrativo ou outro motivo e 8,7% já foram extintos. Estes dados revelaram uma problemática quanto à pertinência do sobrestamento do feito. É que, nas hipóteses em que concedida a possibilidade de parcelamento, os processos eram suspensos sem que houvesse qualquer juntada de certidão pela Procuradoria Municipal do Rio de Janeiro.

Ademais, o arquivamento sem baixa, por constituir um obstáculo à prescrição intercorrente, também gera repercussão legal e jurisprudencial direta a ser dirimida 546. Por tais razões, concluiu-se que a possibilidade de arquivamento prévio deve ser questionada, visto que, muitas vezes, sua aplicação não está conforme as teses do STJ.[547]

Figura 06: Fase processual.

---

546 STJ. Teses a respeito da prescrição intercorrente disponível em: <https://processo.stj.jus.br/repetitivos/temas_repetitivos/pesquisa.jsp?novaConsulta=true&tipo_pesquisa=T&sg_classe=REsp&num_processo_classe=1340553>. Acessado no dia 16 de novembro de 2021.

547 Como o arquivamento sem baixa constitui um obstáculo à prescrição intercorrente, a dinâmica processual verificada na amostra colhida está em dissintonia com as teses do STJ. Tais teses surgiram a partir do precedente Resp Repetitivo nº 1.340.553/RS e se preocuparam com a inefetividade do processo fiscal a partir de apenas uma das fontes de problema, a do exequente. Nesse sentido, afirma Guilherme Sokal: "Nesse precedente, como se verá, o STJ acabou por colocar a espada no pescoço apenas do segundo fator de ordem prática de frustração da execução acima apontado – (ii) –, isto é, no exequente, e ainda assim não atingindo o real problema a cargo deste. E o fez ignorando que a crise de efetividade do processo de execução exige, para que se caminhe de um drama para um final talvez mais feliz, uma solução verdadeiramente orquestrada, que lide com os três fatores em conjunto; atacar um só deles, isoladamente, não resolve, apenas muda o problema". (SOKAL, Guilherme Jales. O que o STJ decidiu sobre a prescrição intercorrente na execução fiscal? Um guia prático (e crítico). **Revista de Processo**, São Paulo, v. 45, n. 304, p. 271-305, jun. 2020)

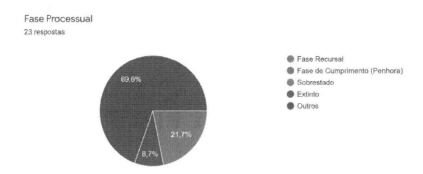

Fonte: Resultados obtidos do google forms preenchido pela equipe de regularização fiscal do NEPEC/UERJ em novembro/2021

Nenhum dos processos analisados apresentou peça de Exceção de Pré-Executividade ou Embargos à Execução, o que permite inferir que não houve habilitação alguma por parte da CEHAB nos processos. Essa constatação fortalece ainda mais a tese de que as citações positivas se dão em nome de terceiros não qualificados, o que põe em prova o devido processo legal, na medida em que atos são praticados sem a citação efetiva da CEHAB e, por isso, podem ser declarados nulos. Esta situação atrapalha ainda mais a análise dos processos, pois torna cada vez mais difícil a compreensão dos marcos suspensivos da prescrição, disposto no art. 40 da LEF.

Figura 07: Exceção de Pré-executividade.

Houve Exceção de Pré-Executividade?
21 respostas

● Sim
● Não

100%

Fonte: Resultados obtidos do google forms preenchido pela equipe de regularização fiscal do NEPEC/UERJ em novembro/2021

Figura 08: Embargos à Execução.

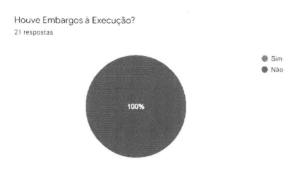

Fonte: Resultados obtidos do google forms preenchido pela equipe de regularização fiscal do NEPEC/UERJ em novembro/2021

Neste primeiro momento de coleta de dados, feita a análise, chegou-se ao resultado de que cerca de 69,6% das execuções fiscais em face da CEHAB estão arquivadas, mas sem baixa. Agora, 21,7% das execuções fiscais estão suspensas, sob a justificativa de que há programa de parcelamento promovido pela Prefeitura do município do Rio de Janeiro de execuções de pequena monta (medidas extrajudiciais).

Frente à análise dos 21 processos analisados, não houve como tirar conclusão alguma em relação à ocorrência de prescrição intercorrente, dado que os processos foram suspensos ou arquivados sucessivamente ao longo dos anos. Todavia, cabe salientar o prejuízo ao devido processo legal produzido por estas execuções, que podem ser questionadas em sede de Exceção de Pré-executividade.

O primeiro prejuízo diz respeito à validade da citação, uma vez que o diagnóstico mostrou que, quando o Aviso de Recebimento (AR) retorna positivo, não vem identificada a pessoa que o recebeu. Isso porque não é a CEHAB que costuma ser citada, mas terceiro, certamente o mutuário ou o ocupante. Provavelmente, as citações são direcionadas para o endereço dos imóveis e recebidas por terceiros, podendo ser o próprio mutuário, possuidor direto ou estranho não identificado.

O segundo prejuízo diz respeito à suspensão dos processos com base em programas de parcelamento adotados pelo Município do Rio de Janeiro para execuções fiscais de baixa monta (medidas extrajudiciais). Assim, o devedor da dívida tributária é lesado na medida em que, em nenhum dos processos, verificou-se qualquer juntada do termo de parcelamento alegado e na medida em que a consequente suspensão processual tem repercussão direta para a inocorrência da prescrição intercorrente, nos moldes do art. 40 da LEF. Assim, até que ponto é legítimo o sobrestamento do feito interromper o prazo prescricional sem a juntada do parcelamento ou pagamento do débito?

O terceiro prejuízo, por outro lado, diz respeito ao encaminhamento dos processos ao arquivamento, sem a devida baixa. Processos executórios em que são cobrados dos titulares de imóveis, por cada inscrição municipal, valores abaixo de R$ 1.000,00 (mil reais), na somatória das execuções, estão sendo arquivados sem baixa. O juízo da 12ª Vara de Fazenda Pública justificou que a monta executada não é suficiente para a movimentação da máquina judiciária, na medida em que tal movimentação implica despesas consideravelmente maiores para o Poder Público, do que o valor que se pretende recuperar.

Dentro desse contexto, as decisões fundamentam que dar curso à execução viola os princípios da razoabilidade, economicidade, da eficiência e do próprio interesse público, impondo-se, portanto, o seu arquivamento sem baixa, seguindo a orientação firmada pelo Superior Tribunal de Justiça no julgamento do Resp 1.111.982/SP548, submetido ao procedimento do artigo 543-C do CPC.

Conforme destacado pelo ilustre relator, Ministro Castro Meira, o espírito da norma apreciada no referido recurso é desobstruir a máquina judiciária dos processos de valores relativamente pequenos, bem como evitar os custos da cobrança, que podem equivaler, ou até superar o valor do crédito em execução, o que não significa que o contribuinte seja incentivado ao inadimplemento de suas obrigações tributárias.

No entanto, a decisão consigna que o arquivamento não retira da Procuradoria do Município o direito de recuperar o crédito tributário, seu agir

---

548 STJ. **Recurso Especial nº 1.111.982/SP**. Relator: Ministro Castro Meira.

restando condicionado ao surgimento de novas dívidas que, somadas, superem um mínimo que justifique a movimentação da máquina judiciária.

Nesse sentido, cabe correlacionar o entendimento expressado no Resp 1.111.982/SP com o REsp Repetitivo nº 1.340.553/RS, do qual foram criadas teses acerca da prescrição intercorrente. Para fins do paralelo que se quer estabelecer, menciona-se a sexta tese formulada que visa solucionar aqueles casos em que algum rito do art. 40 da LEF tenha sido descumprido pelo Judiciário.549

Mais especificamente, o descumprimento da não intimação do credor em alguma das etapas para o reconhecimento da prescrição intercorrente, o que costuma resultar na alegação de nulidade pela Fazenda. Como o Tribunal se baseou no princípio da instrumentalidade das formas, entendeu que apenas a demonstração do prejuízo para o interessado é que é capaz de gerar a invalidade no processo.

Assim, a demonstração do prejuízo se materializaria na hipótese de que, se a oportunidade de manifestação fosse dada, a prescrição não teria sido reconhecida. Para tanto, seria necessária indicar a causa de interrupção ou suspensão em questão. Dessa forma, questiona-se se a indicação concreta do prejuízo no caso de descumprimento de algum rito fiscal pelo Judiciário se tornou uma nova hipótese de prescrição intercorrente. Tal questionamento é crucial, tendo em vista que, aos magistrados é vedado legislar, criando soluções não previstas pelo legislador. O quarto prejuízo, que decorre dos três últimos, está na possível obstacularização que, jurisdicionalmente, está-se colocando à ocorrência da prescrição, em especial à espécie intercorrente. Observou-se uma condução processual por parte do Poder Judiciário que pode ser questionada legalmente, na medida em que se está suspendendo execuções sem a comprovação de qualquer realização de parcelamento entre o mutuário e a prefeitura.

Além disso, questiona-se os efeitos do arquivamento sem baixa enquanto resposta padronizada que está sendo adotada pelo Tribunal de Justiça do Estado do Rio de Janeiro, parâmetro adotado pelo Douto Juízo da 12ª Vara

---

549 SOKAL, op. cit., p. 10.

de Fazenda Pública da comarca da Capital/RJ, sob o critério do valor pífio (aquela execução abaixo de R$ 1.000,00 reais). Deve ser esta medida analisada sob a perspectiva tanto legal quanto jurisprudencial.550

Em conclusão, a análise da primeira amostra preliminar destacou alguns pontos iniciais importantes para a construção de uma metodologia para solucionar, ainda que parcialmente, as inúmeras execuções fiscais contra a CEHAB:

1) necessidade de cotejar as inúmeras suspensões do processo executório frente à contagem da prescrição intercorrente;

2) necessidade de se avaliar a possibilidade de prosseguimento da execução frente ao retorno de AR não em nome de representante da CEHAB, mas do ocupante;

3) fundamentação jurisdicional atribuída pela 12ª Vara da Fazendo Pública do TJRJ que arquivava, sem baixa, quase que a totalidade das execuções, justificando um valor pífio, mas que não resolvia o mérito ou extinguia o processo, decisão que se refletia diretamente na contagem do prazo prescricional.

3. CONJUNTO HABITACIONAL OSWALDO CRUZ

3.1.Apresentação e metodologia

A segunda amostra se deu em razão da escolha de atuação do projeto Casa da Gente, em parceria com o Na Régua. O projeto estava se concentrando em um movimento de reformas habitacionais no Conjunto Habitacional

---

550 O questionamento dos efeitos do arquivamento sem baixa deve ser feito à luz do decidido no REsp Repetitivo nº 1.340.553/RS, em que se suprimiu da redação do art. 40, § 4º, da LEF, a decisão de arquivamento dos autos, não importando mais para fins de contagem do início da prescrição, sequer tendo mais de ser proferida. Vide item 4.2 do acórdão: "4.2.) Havendo ou não petição da Fazenda Pública e havendo ou não pronunciamento judicial nesse sentido, findo o prazo de 1 (um) ano de suspensão inicia-se automaticamente o prazo prescricional aplicável (de acordo com a natureza do crédito exequendo) durante o qual o processo deveria estar arquivado sem baixa na distribuição, na forma do art. 40, §§ 2º, 3º e 4º da Lei n. 6.830/80 - LEF, findo o qual o Juiz, depois de ouvida a Fazenda Pública, poderá, de ofício, reconhecer a prescrição intercorrente e decretá-la de imediato;". (SOKAL, op. cit., p. 8)

Oswaldo Cruz e, havendo muitas unidades cuja transmissão de propriedade ainda estavam pendentes, o NEPEC/UERJ interveio para auxiliar na solução dos impasses jurídicos e administrativos.

Selecionado o campo de extensão, a equipe de Regularização Fiscal do NEPEC/UERJ cuidou de reunir e analisar todas as execuções fiscais naquelas unidades habitacionais. Visto que já havia dados e uma metodologia (por conta da análise preliminar do Conjunto Pio XII), os métodos que já tinham sido adotados serviram especificamente para reforçar as conclusões obtidas ou comprovar situações diversas e que demandavam uma nova metodologia resolutiva.

Como resposta, observou-se que, a depender do Conjunto Habitacional, por mais que parecidas as soluções fiscais a serem apresentadas, a depender da particularidade fiscal das unidades, a metodologia deve ser outra. Portanto, em tese a segunda amostra foi exitosa no quesito quantidade de possíveis soluções fiscais.

3.2.   Análise de resultados

A equipe de Regularização Fiscal do NEPEC/UERJ traz os motivos e fundamentos que levaram ao reconhecimento judicial da prescrição de débitos de IPTU, TXCL e TXSU de imóveis do Conjunto Habitacional Oswaldo Cruz. No 2º trimestre do ano de 2022, a equipe analisou as execuções fiscais em nome da CEHAB, especificamente os imóveis do Conjunto Habitacional Oswaldo Cruz - CHOC. No total, foram 35 processos físicos analisados, todos ativos.

Após análise perfunctória da situação fiscal, o NEPEC permaneceu atuando junto à SEINFRA na regularização dos imóveis do CHOC. O objetivo foi o de que a equipe em campo estivesse atuando em paralelo com a linha de regularização fiscal.

Após a análise de todos os 35 processos, concluiu-se que a totalidade das execuções contra a CEHAB já estavam prescritas na amostra acima destacada. Distintamente do resultado da amostra Pio XII, os moradores do CHOC, desde o governo de Leonel Brizola e da gestão do prefeito Marcello

Alencar, têm sido isentos do pagamento de IPTU e demais taxas urbanas, com fundamento na vulnerabilidade socioeconômica daquela classe social.

Portanto, a particularidade destas execuções é de que a cobrança de IPTU se deu até o ano de 1999, quando as unidades habitacionais passaram a ser isentas.551. Logo, qualquer uma das 35 execuções era anterior a 1999 e, possivelmente, estavam prescritas.

Cabe ressaltar que, no REsp Repetitivo nº 1.340.553/RS, o STJ firmou novos entendimentos acerca da perda da ação judicial em decorrência do transcorrer do lapso temporal no curso de um processo. É que, para reajustar a leitura do art. 40 da LEF aos demais aspectos formais das execuções fiscais, os termos iniciais dos prazos acabaram reescritos.552

O prazo deve fluir automaticamente após o fim da suspensão da execução, que seria de, no máximo, 1 ano. A tese do STJ veio para reconhecer o transcurso automático tanto da suspensão quanto da prescrição intercorrente, isto é, sem a necessidade de decisão judicial.

Uma vez consumido o prazo de prescrição, não há que se falar em cobrança do executado, é o que dispõe a Súmula nº 106 do STJ. Todavia, a súmula ainda acrescenta que a demora na citação, mesmo que por motivos inerentes aos mecanismos burocráticos da Justiça, não será justificativa para o acolhimento da arguição de prescrição.

Nesse ponto, a jurisprudência entende pelo afastamento da Súmula 106 do STJ nas execuções fiscais. A sua inaplicabilidade se dá pela conclusão de que o princípio do impulso oficial não é absoluto, havendo o poder-dever do credor de diligenciar pelo andamento do feito, cabendo às partes, reais interessados no processo, colaborar com o Poder Judiciário pelo andamento dos processos.

---

551 A Lei Municipal nº 2.687/98, cujos efeitos passaram a ser produzidos a partir do dia 1º de janeiro de 1999, isentou os moradores do CHOC do recolhimento de IPTU e da TCLD. Vide a redação do art. 11: "Estão isentos de pagamento do imposto sobre a propriedade predial e territorial urbana e da taxa de coleta domiciliar do lixo os imóveis para os quais o valor total dos dois tributos lançados seja igual ou inferior a trinta UFIR, considerando-se para esse efeito o somatório desses tributos, ainda que os lançamentos sejam efetivados em guias para cobrança em separado" (BRASIL. Lei Nº 2.687, de 26 de novembro de 1998).
552 SOKAL, op. cit., p. 7.

Nesse viés foi que a equipe de Regularização Fiscal veio agindo junto com a 12ª Vara de Fazendo Pública do Tribunal de Justiça do Estado do Rio de Janeiro e obteve sentenças declarando extintas as 35 execuções fiscais, com fundamento na prescrição intercorrente, totalizando R$ 22.100,94 (vinte e dois mil e cem reais e noventa e quatro centavos) em recursos públicos.553

Importante destacar que, como atualmente os moradores do CHOC possuem isenção fiscal, logo, os impostos executados são anteriores ao ano de 1999, o que leva à conclusão de que não apenas para o CHOC, mas, para todo e qualquer conjunto habitacional em nome da CEHAB e que possua as mesmas condições e características da amostra analisada, pode-se se valer da mesma metodologia para extinguir outras execuções fiscais contra o erário.

No presente caso, todos os questionamentos levantados da primeira amostra (data da distribuição do processo, do despacho citatório, da citação...) não foram observados quando da análise da segunda amostra, sendo irrelevante a discussão da notificação e das sucessivas suspensões do processo, tendo em vista o tempo transcorrido entre a distribuição da ação e a pesquisa do NEPEC/UERJ (de 1999 a 2022, ou seja, mais de 20 anos).

Importante ainda reforçar que não se pode defender que a morosidade processual constitui causa apta a afastar a prescrição, nos termos da súmula 106 do STJ. Isso porque há entendimento pacificado nos tribunais de que a súmula 106 do STJ é inaplicável na hipótese em discussão, eis que o princípio do impulso oficial não é absoluto. Havendo o poder-dever da Procuradoria Municipal de diligenciar pelo andamento do feito, cabe às partes, reais interessadas no processo, colaborar com o Poder Judiciário pelo andamento dos processos.

Torna-se ainda mais indefensável a tese da prescrição em virtude da lentidão sobretudo porque, por força do convênio de cooperação técnica firmado entre o Município e o Tribunal de Justiça, fica clara a obrigação da

---

553 Consta do apêndice ao final do trabalho a descrição das execuções fiscais analisadas.

Municipalidade em diligenciar pela citação do Executado e em juntar aos autos a comprovação da comunicação, conforme vem decidindo o TJRJ554.

---

554 APELAÇÃO CÍVEL. DIREITO TRIBUTÁRIO. EXECUÇÃO FISCAL. MUNICÍPIO DO RIO DE JANEIRO. IPTU E TAXAS. EXERCÍCIOS DE 1996/1997. DEMANDA PROPOSTA EM 1999. SENTENÇA EXARADA EM 2015, QUANDO JÁ ULTRAPASSADO O LAPSO PRESCRICIONAL. EXTINÇÃO DO FEITO, COM FULCRO NO ART. 269, IV, DO CPC, ANTE O RECONHECIMENTO DA PRESCRIÇÃO DO CRÉDITO TRIBUTÁRIO. INCONFORMISMO INFUNDADO DO ENTE MUNICIPAL. 1. Constituição definitiva do crédito que ocorre por meio do lançamento, cuja notificação é efetuada por intermédio do envio do carnê de recolhimento ao endereço do contribuinte, sendo o termo inicial da fluência do prazo extintivo o dia subsequente ao vencimento da obrigação. 2. Propositura da Execução em 09.11.1999, ainda sob a vigência da redação original do art. 174, I, do CTN, que estabelecia a citação pessoal do devedor como marco interruptivo da prescrição, e que não se efetivou dentro do quinquênio legal, com comparecimento espontâneo da arrematante do bem aos autos em 2011, para opor objeção de não executividade. Prolação da sentença aos 07/08/2015, quando já ultrapassado o lapso prescricional. 3. Inaplicabilidade do Verbete 106 da Súmula do Superior Tribunal de Justiça, na medida em que competia à Edilidade-exequente zelar pelo regular andamento do feito, e não o fazendo, deve arcar com as consequências de sua inércia. Precedentes. RECURSO DESPROVIDO. (0245176-50.1999.8.19.0001 - APELAÇÃO - DES. MAURO MARTINS - Julgamento: 11/05/2016 - DÉCIMA TERCEIRA CÂMARA CÍVEL).
AGRAVO INTERNO EM APELAÇÃO. TRIBUTÁRIO. EXECUÇÃO FISCAL. IPTU, TCLLP E TIP. EXERCÍCIO DE 1998. CONVÊNIO DE COOPERAÇÃO TÉCNICA. INÉRCIA DA PROCURADORIA. NÃO INCIDÊNCIA DO ENUNCIADO Nº 106 DA SÚMULA DO SUPERIOR TRIBUNAL DE JUSTIÇA. DEMORA NA REALIZAÇÃO DA CITAÇÃO QUE NÃO É IMPUTÁVEL AO PODER JUDICIÁRIO, MAS SIM À MUNICIPALIDADE. CONVÊNIO DE COOPERAÇÃO 10 TÉCNICA FIRMADO ENTRE O MUNICÍPIO DO RIO DE JANEIRO E O TRIBUNAL DE JUSTIÇA ONDE A MUNICIPALIDADE TORNOU-SE RESPONSÁVEL PELA EXPEDIÇÃO DA CITAÇÃO PELO CORREIO, MEDIANTE A ENTREGA DA CARTA A AGÊNCIA POSTAL, BEM COMO PELO RECEBIMENTO DO COMPROVANTE DE AR E SUA JUNTADA AOS AUTOS DO PROCESSO. PRESCRIÇÃO. OCORRÊNCIA. PROCESSO QUE FICOU PARALISADO DE 1992 A 2013. INÉRCIA DO APELANTE POR VINTE E TRÊS ANOS. PROCESSO DISTRIBUÍDO EM 1992, QUE AINDA TRAMITA E MOVE A MÁQUINA JUDICIÁRIA SEM QUALQUER EFETIVIDADE, POR NADA MAIS QUE DESINTERESSE DO EXEQUENTE. INTELIGÊNCIA DOS ARTS. 156, V, DO CÓDIGO TRIBUTÁRIO NACIONAL E ART. 219, § 5º, DO CÓDIGO DE PROCESSO CIVIL. DESPROVIMENTO DO RECURSO. UNÂNIME. (0143628-26.1992.8.19.0001 - APELAÇÃO - DES. MARILIA DE CASTRO NEVES - Julgamento: 17/02/2016 - VIGÉSIMA CÂMARA CÍVEL).
APELAÇÃO CÍVEL. EXECUÇÃO FISCAL. IMPOSTO PREDIAL E TERRITORIAL URBANO - IPTU REFERENTE AO EXERCÍCIO DE 2002. RECONHECIMENTO, DE OFÍCIO, DA PRESCRIÇÃO INTERCORRENTE. AJUIZAMENTO POSTERIOR À LC 118/05, SENDO O DESPACHO QUE ORDENA A CITAÇÃO DO DEVEDOR A CAUSA INTERRUPTIVA 11 DA PRESCRIÇÃO. TRANSCURSO DE MAIS DE OITO ANOS

Acrescente-se ainda que a eventual alegação do Município de que a paralisação do processo decorreu apenas e tão-somente de desídia cartorária não deve prosperar, pois, conforme já reiterado pelo Colendo Superior Tribunal de Justiça:

> *a falta de impulso oficial do processo, por si só, não exime a responsabilidade da exequente pela condução do feito executivo, mormente quando o transcurso de prazo superior a cinco anos ocorre após a citação555.*

Ainda se desenvolveu uma segunda metodologia, no caso de não se reconhecer a isenção fiscal, que diz respeito à Resolução da Procuradoria Geral do Município do Rio de Janeiro nº 873/2018. A Resolução estabelece valores para rotinas de cobrança mantidas pela Procuradoria da Dívida Ativa da Procuradoria Geral do Município. O art. 1º fixa como valor mínimos para o ajuizamento de execuções fiscais em geral o IPTU e TXCL ao teto de R$ 1.500,00 reais. Demais créditos de natureza tributária foram fixados no teto de

---

ENTRE A DATA DO DESPACHO POSITIVO (28.06.2005) E A MANIFESTAÇÃO DA FAZENDA PÚBLICA (02.05.2014) EM FACE DA EXCEÇÃO DE PRÉ-EXECUTIVIDADE. ALEGAÇÃO DE MOROSIDADE E/OU OMISSÃO DO PODER JUDICIÁRIO. EXEQUENTE QUE NÃO PROMOVEU AS DILIGÊNCIAS INDISPENSÁVEIS À CITAÇÃO DO EXECUTADO E, POR CONSEGUINTE, PARA A MOVIMENTAÇÃO PROCESSUAL, NOS TERMOS DO CONVÊNIO DE COOPERAÇÃO TÉCNICA E MATERIAL FIRMADO ENTRE O MUNICÍPIO E ESTE TRIBUNAL DE JUSTIÇA. INAPLICABILIDADE DA SÚMULA 106 DO SUPERIOR TRIBUNAL DE JUSTIÇA. MANUTENÇÃO DA SENTENÇA. RECURSO A QUE SE NEGA PROVIMENTO. (0114268-86.2005.8.19.0001 - APELAÇÃO - DES. JOSE ACIR GIORDANI - Julgamento: 10/05/2016 - DÉCIMA SEGUNDA CÂMARA CÍVEL).
TRIBUTÁRIO – IPTU – PRESCRIÇÃO DO CRÉDITO TRIBUTÁRIO – SÚMULA Nº 106, DO STJ – INAPLICABILIDADE. Município de Niterói. Execução fiscal proposta após o advento da Lei Complementar nº 118/05, visando a cobrança de IPTU, relativo ao exercício de 2003. Despacho citatório ordenado em 28.06.2005. Processo paralisado por mais de 5 (cinco) anos. Incidência da prescrição intercorrente. **Inaplicabilidade do verbete sumular nº 106, do STJ.** Sentença que se confirma. Recurso a que se nega seguimento, nos termos do art. 557, 12 do CPC. (0136061-81.2005.8.19.0002 – APELAÇÃO - DES. RICARDO COUTO DE CASTRO - Julgamento: 06/12/2012 - SÉTIMA CÂMARA CÍVEL).
555 TJRJ. **AgRg no REsp 1.166.428/PE**. Rel. Min. CASTRO MEIRA, Segunda Turma, DJe 25/9/12.

R$ 3.000,00 reais. Já créditos de natureza não tributária, o teto mínimo é de R$ 1.500,00 reais556.

Do estudo das execuções face à CEHAB, é possível denotar um padrão de execuções que não excedem o teto mínimo de R$ 1.500,00 reais. Portanto, cabe a discussão junto à 12ª Vara de Fazenda Pública e à PGM do Rio de Janeiro sobre a extinção de uma grande massa de processos executivos em imóveis de conjuntos habitacionais que ainda estão em nome da CEHAB, pois certamente os montantes executados não ultrapassam o teto mínimo de R$ 1.500,00 reais. Devem ser extintos e arquivados, sendo necessário oficiar ao Cartório de Registro de Imóveis para o cancelamento de eventual registro de penhora de imóvel determinado nos autos.

Como a Linha de Execuções Fiscais obteve sucesso com a aplicação da primeira metodologia, não houve necessidade de desenvolver a segunda metodologia, mas que deve aqui estar especificada para poder orientar futuras ações de colaboradores a favor da CEHAB.

Neste caso, a amostra e a conclusão dos estudos da equipe de Regularização Fiscal do NEPEC/UERJ centrou seus esforços na extinção tão somente das execuções no CHOC. Importante frisar que a proposta não engloba a totalidade das execuções fiscais contra a CEHAB, que somam execuções de cerca de 5 milhões de reais.

O que se destaca em relação a essa segunda metodologia é que ela não é padronizada. O valor mínimo para o ajuizamento de execuções fiscais varia de município para município e, às vezes, sequer há lei ou entendimento o definindo. A título exemplificativo, o município de Conceição de Macabu no estado do Rio de Janeiro fixou como valor mínimo para a deflagração de execuções fiscais R$ 394,00 reais557.

---

556 RIO DE JANEIRO. **Resolução PGM nº 873/2018**. Estabelece valores para rotinas de cobrança mantidas pela Procuradoria da Dívida Ativa da Procuradoria Geral do Município.
557 CONCEIÇÃO DE MACABU (RJ). **Lei Municipal nº 1.419/2015**. Estabelece valor mínimo para ajuizamento de ação de execução fiscal, implementa a notificação e protesto extrajudicial para o recebimento de créditos de qualquer natureza devidos à fazenda pública municipal, vencidos e/ou inscritos em dívida ativa, executados ou não, e dá outras providências.

Apesar de a amostra colhida, em um primeiro plano, não se apresentar tão numerosa, a missão proposta pela Linha de Pesquisa desde sua parceria obteve resultados positivos, com a extinção de 100% das execuções.

4.   CONCLUSÃO

Em suma, a análise de duas amostras de conjuntos habitacionais distintos, mas sob a mesma titularidade, propiciou observações importantes no desenvolvimento de metodologias resolutivas para execuções fiscais contra Companhias de Habitação que estejam sofrendo com execuções na Central de Dívida Ativa.

O impacto destas execuções diretamente sobre as companhias tem se mostrado verdadeiros obstáculos à efetivação da REURB. Embora a legislação seja do ano de 2017, há inúmeros casos em que, para se alcançar a regulação fundiária urbana, será preciso resolver as inúmeras execuções fiscais de anos passados, ainda sob sucessivas suspensões e arquivamentos sem baixa.

Não é o propósito do presente artigo discutir qual é a melhor solução que definitivamente trará uma extinção às execuções fiscais. Contudo, foram esmiuçadas algumas metodologias que poderão ser utilizadas como forma de extinguir estas ações e de regularizar fundiariamente unidades habitacionais cuja titularidade registral pertence ao Poder Público.

Finalmente, a regularização fiscal tem se mostrado atrativa, principalmente, para a titulação dos mutuários e por ser um processo que visa garantir o exercício da cidadania e a integração formal dos ocupantes à cidade. Da mesma maneira, o estímulo a conciliações fiscais deve ser incentivado, pois, cada vez mais, estas execuções fiscais vem sendo mecanizadas.

Verifica-se que a rotina as transformou apenas em números em dados estatísticos, por vezes números que sequer irão ser efetivos, que ignoram o fato de que cada unidade residencial possui uma história a ser esclarecida, uma família a ser protegida. Portanto, é plenamente possível a existência de uma arrecadação fiscal com base no direito à moradia adequada e na dignidade da pessoa humana.

APÊNDICE

END: RUA JOÃO VICENTE, 625, APTO 208, OSWALDO CRUZ, RIO DE JANEIRO
EXEC. FISCAL: 2003.120.061542-0 – COBRANÇA JUDICIAL CERTIDÃO: 01/113503/2001-00 DÍVIDA: R$ 1.022,33 (EXERCÍCIO 1999) RELATÓRIO: **PRESCRIÇÃO INTERCORRENTE**

END: RUA JOÃO VICENTE, 637, APTO 107, OSWALDO CRUZ, RIO DE JANEIRO
1 EXEC. FISCAL: 2003.120.040756-2 – COBRANÇA JUDICIAL CERTIDÃO: 01/113509/2001-00 DÍVIDA: R$ 993,84 (EXERCÍCIO 1999) RELATÓRIO: **PRESCRIÇÃO INTERCORRENTE**

END: RUA JOÃO VICENTE, 637, APTO 302, OSWALDO CRUZ, RIO DE JANEIRO
EXEC. FISCAL: 2003.120.065400-0 – COBRANÇA JUDICIAL CERTIDÃO: 01/113512/2001-00 DÍVIDA: R$ 1.056,50 (EXERCÍCIO 1999) RELATÓRIO: **PRESCRIÇÃO INTERCORRENTE**

END: RUA PINTO GOMES, 63, APTO 504, OSWALDO CRUZ, RIO DE JANEIRO
EXEC. FISCAL: 2002.120.060262-9 – COBRANÇA JUDICIAL CERTIDÃO: 01/186469/2000-01 DÍVIDA: R$ 211,07 (EXERCÍCIO 1998) RELATÓRIO: **PRESCRIÇÃO INTERCORRENTE**
EXEC. FISCAL: 2002.120.060262-9 – COBRANÇA JUDICIAL CERTIDÃO: 01/113521/2001-00 DÍVIDA: R$ 922,25 (EXERCÍCIO 1999) RELATÓRIO: **PRESCRIÇÃO INTERCORRENTE**
TOTAL: R$ 1.133,32

END: RUA PINTO GOMES, 135, APTO 201, OSWALDO CRUZ, RIO DE JANEIRO
EXEC. FISCAL: 2002.120.094775-0 – COBRANÇA JUDICIAL CERTIDÃO: 01/186475/2000-01 DÍVIDA: R$ 269,45 (EXERCÍCIO 1998) RELATÓRIO: **PRESCRIÇÃO INTERCORRENTE**

EXEC. FISCAL: 2002.120.094775-0 – COBRANÇA JUDICIAL
CERTIDÃO: 01/113526/2001-00
DÍVIDA: R$ 980,44 (EXERCÍCIO 1999)
RELATÓRIO: **PRESCRIÇÃO INTERCORRENTE**

TOTAL: R$ 1.249,89

END: RUA PINTO GOMES, 253, APTO 406, OSWALDO CRUZ, RIO DE JANEIRO

EXEC. FISCAL: 2002.120.051265-3 – COBRANÇA JUDICIAL
CERTIDÃO: 01/186495/2000-01
DÍVIDA: R$ 241,43 (EXERCÍCIO 1998)
RELATÓRIO: **PRESCRIÇÃO INTERCORRENTE**

EXEC. FISCAL: 2002.120.051265-3 – COBRANÇA JUDICIAL
CERTIDÃO: 01/113526/2001-00
DÍVIDA: R$ 954,64 (EXERCÍCIO 1999)
RELATÓRIO: **PRESCRIÇÃO INTERCORRENTE**

TOTAL: R$ 1.196,07

END: RUA PINTO GOMES, 253, APTO 507, OSWALDO CRUZ, RIO DE JANEIRO

EXEC. FISCAL: 2003.120.045554-4 – COBRANÇA JUDICIAL
CERTIDÃO: 01/113547/2001-00
DÍVIDA: R$ 980,44 (EXERCÍCIO 1999)
RELATÓRIO: **PRESCRIÇÃO INTERCORRENTE**

END: RUA ENG. OMAR JOSÉ MONTEIRO, 85, APTO 208, OSWALDO CRUZ, RIO DE JANEIRO

EXEC. FISCAL: 2002.120.034070-2 – COBRANÇA JUDICIAL
CERTIDÃO: 01/186503/2000-01
DÍVIDA: R$ 157,84 (EXERCÍCIO 1998)
RELATÓRIO: **PRESCRIÇÃO INTERCORRENTE**

EXEC. FISCAL: 2002.120.034070-2 – COBRANÇA JUDICIAL
CERTIDÃO: 01/113555/2001-00
DÍVIDA: R$ 692,14 (EXERCÍCIO 1999)
RELATÓRIO: **PRESCRIÇÃO INTERCORRENTE**

TOTAL: R$ 849,98

END: RUA ENG. OMAR JOSÉ MONTEIRO, 85, APTO 404, OSWALDO CRUZ, RIO DE JANEIRO

EXEC. FISCAL: 2002.120.016467-5 – COBRANÇA JUDICIAL
CERTIDÃO: 01/113557/2001-00
DÍVIDA: R$ 800,82 (EXERCÍCIO 1999)
RELATÓRIO: **PRESCRIÇÃO INTERCORRENTE**

END: RUA ENG. OMAR JOSÉ MONTEIRO, 85, APTO 507, OSWALDO CRUZ, RIO DE JANEIRO

EXEC. FISCAL: 2002.120.086360-7 – COBRANÇA JUDICIAL
CERTIDÃO: 01/186506/2000-01
DÍVIDA: R$ 0,20 (EXERCÍCIO 1998)
RELATÓRIO: **PRESCRIÇÃO INTERCORRENTE**

EXEC. FISCAL: 2002.120.086360-7 – COBRANÇA JUDICIAL
CERTIDÃO: 01/113561/2001-00
DÍVIDA: R$ 893,70 (EXERCÍCIO 1999)
RELATÓRIO: **PRESCRIÇÃO INTERCORRENTE**

TOTAL: R$ 893,90

END: RUA ENG. OMAR JOSÉ MONTEIRO, 85, APTO 508, OSWALDO CRUZ, RIO DE JANEIRO

EXEC. FISCAL: 2002.120.051267-7 – COBRANÇA JUDICIAL
CERTIDÃO: 01/186507/2000-01
DÍVIDA: R$ 210,57 (EXERCÍCIO 1998)
RELATÓRIO: **PRESCRIÇÃO INTERCORRENTE**

END: RUA ENG. OMAR JOSÉ MONTEIRO, 121, APTO 104, OSWALDO CRUZ, RIO DE JANEIRO

EXEC. FISCAL: 2002.120.060264-2 – COBRANÇA JUDICIAL
CERTIDÃO: 01/186508/2000-01
DÍVIDA: R$ 268,46 (EXERCÍCIO 1998)
RELATÓRIO: **PRESCRIÇÃO INTERCORRENTE**

EXEC. FISCAL: 2002.120.060264-2 – COBRANÇA JUDICIAL
CERTIDÃO: 01/113563/2001-00
DÍVIDA: R$ 980,08 (EXERCÍCIO 1999)
RELATÓRIO: **PRESCRIÇÃO INTERCORRENTE**

TOTAL: R$ 1.248,54

END: RUA ENG. OMAR JOSÉ MONTEIRO, 121, APTO 303, OSWALDO CRUZ, RIO DE JANEIRO

EXEC. FISCAL: 2002.120.086361-9 – COBRANÇA JUDICIAL CERTIDÃO: 01/186510/2000-01 DÍVIDA: R$ 295,72 (EXERCÍCIO 1998) RELATÓRIO: **PRESCRIÇÃO INTERCORRENTE**
EXEC. FISCAL: 2002.120.086361-9 – COBRANÇA JUDICIAL CERTIDÃO: 01/113564/2001-00 DÍVIDA: R$ 1.006,83 (EXERCÍCIO 1999) RELATÓRIO: **PRESCRIÇÃO INTERCORRENTE**
TOTAL: R$ 1.302,55

END: RUA ENG. OMAR JOSÉ MONTEIRO, 121, APTO 503, OSWALDO CRUZ, RIO DE JANEIRO
EXEC. FISCAL: 2002.120.042683-9 – COBRANÇA JUDICIAL CERTIDÃO: 01/186512/2000-01 DÍVIDA: R$ 295,72 (EXERCÍCIO 1998) RELATÓRIO: **PRESCRIÇÃO INTERCORRENTE**
EXEC. FISCAL: 2002.120.042683-9 – COBRANÇA JUDICIAL CERTIDÃO: 01/113567/2001-00 DÍVIDA: R$ 1.006,83 (EXERCÍCIO 1999) RELATÓRIO: **PRESCRIÇÃO INTERCORRENTE**
TOTAL: R$ 1.302,55

END: RUA ENG. OMAR JOSÉ MONTEIRO, 132, APTO 306, OSWALDO CRUZ, RIO DE JANEIRO
EXEC. FISCAL: 2002.120.025314-3 – COBRANÇA JUDICIAL CERTIDÃO: 01/186528/2000-01 DÍVIDA: R$ 268,46 (EXERCÍCIO 1998) RELATÓRIO: **PRESCRIÇÃO INTERCORRENTE**
EXEC. FISCAL: 2002.120.025314-3 – COBRANÇA JUDICIAL CERTIDÃO: 01/113576/2001-00 DÍVIDA: R$ 980,08 (EXERCÍCIO 1999) RELATÓRIO: **PRESCRIÇÃO INTERCORRENTE**
TOTAL: R$ 1.248,54

END: RUA ENG. ANTÔNIO RIEDLINGER JR, 351, APTO 105, OSWALDO CRUZ, RIO DE JANEIRO
EXEC. FISCAL: 2002.120.086364-4 – COBRANÇA JUDICIAL CERTIDÃO: 01/186550/2000-01 DÍVIDA: R$ 295,72 (EXERCÍCIO 1998)

RELATÓRIO: **PRESCRIÇÃO INTERCORRENTE**

END: RUA ENG. ANTÔNIO RIEDLINGER JR, 351, APTO 106, OSWALDO CRUZ, RIO DE JANEIRO

EXEC. FISCAL: 2002.120.051272-0 – COBRANÇA JUDICIAL
CERTIDÃO: 01/186551/2000-01
DÍVIDA: R$ 268,46 (EXERCÍCIO 1998)
RELATÓRIO: **PRESCRIÇÃO INTERCORRENTE**

EXEC. FISCAL: 2002.120.051272-0 – COBRANÇA JUDICIAL
CERTIDÃO: 01/113613/2001-00
DÍVIDA: R$ 980,08 (EXERCÍCIO 1999)
RELATÓRIO: **PRESCRIÇÃO INTERCORRENTE**

TOTAL: R$ 1.248,54

END: RUA ENG. ANTÔNIO RIEDLINGER JR, 351, APTO 201, OSWALDO CRUZ, RIO DE JANEIRO

EXEC. FISCAL: 2002.120.077715-6 – COBRANÇA JUDICIAL
CERTIDÃO: 01/186552/2000-01
DÍVIDA: R$ 295,72 (EXERCÍCIO 1998)
RELATÓRIO: **PRESCRIÇÃO INTERCORRENTE**

EXEC. FISCAL: 2002.120.077715-6 – COBRANÇA JUDICIAL
CERTIDÃO: 01/113614/2001-00
DÍVIDA: R$ 1.006,83 (EXERCÍCIO 1999)
RELATÓRIO: **PRESCRIÇÃO INTERCORRENTE**

TOTAL: R$ 1.302,55

END: RUA ENG. ANTÔNIO RIEDLINGER JR, 351, APTO 402, OSWALDO CRUZ, RIO DE JANEIRO

EXEC. FISCAL: 2002.120.051274-4 – COBRANÇA JUDICIAL
CERTIDÃO: 01/186555/2000-01
DÍVIDA: R$ 268,46 (EXERCÍCIO 1998)
RELATÓRIO: **PRESCRIÇÃO INTERCORRENTE**

EXEC. FISCAL: 2002.120.051274-4 – COBRANÇA JUDICIAL
CERTIDÃO: 01/113616/2001-00
DÍVIDA: R$ 980,08 (EXERCÍCIO 1999)
RELATÓRIO: **PRESCRIÇÃO INTERCORRENTE**

TOTAL: R$ 1.248,54

END: RUA ENG. ANTÔNIO RIEDLINGER JR, 351, APTO 504, OSWALDO CRUZ, RIO DE JANEIRO
EXEC. FISCAL: 2003.120.036751-5 – COBRANÇA JUDICIAL CERTIDÃO: 01/113619/2001-00 DÍVIDA: R$ 980,08 (EXERCÍCIO 1999) RELATÓRIO: **PRESCRIÇÃO INTERCORRENTE**

END: RUA JOSÉ CARVALHO SALGADO, 480, APTO 207, OSWALDO CRUZ, RIO DE JANEIRO
EXEC. FISCAL: 2002.120.086365-6 – COBRANÇA JUDICIAL CERTIDÃO: 01/186560/2000-01 DÍVIDA: R$ 295,72 (EXERCÍCIO 1998) RELATÓRIO: **PRESCRIÇÃO INTERCORRENTE**

REFERÊNCIAS BIBLIOGRÁFICAS

ALMEIDA, Fernando Dias Menezes de. Dos Instrumentos da Política Urbana. Do parcelamento, edificação ou utilização compulsórios. Do IPTU progressivo no tempo. Da desapropriação com pagamentos em títulos. IN: ALMEIDA, Fernando Dias Menezes de; MEDAUAR, Odete (Coord.). **Estatuto da Cidade – Lei 10.257 de 10.07.2001**: Comentários. Revista dos Tribunais Ltda., 2. ed., 2004, p.p 41-119, São Paulo.

AURELLI, Arlete Inês; PANTALEÃO, Izabel Cristina Pinheiro Cardoso. Uma revisita ao tema da prescrição intercorrente no âmbito do processo civil com ênfase do novo CPC. **Revista de direito da Advocef**, v. 12, n. 24, p. 49-65, maio 2017.

BRASIL. **Lei Municipal Nº 2.687, de 26 de novembro de 1998**. Disponível em: < https://smaonline.rio.rj.gov.br/legis_consulta/24666Lei%202687_1998.pdf>. Acesso em 20 de julho de 2022

BRASIL. **Lei Federal nº 13.465 de 2017**. Dispõe sobre a regularização fundiária urbana e rural. Art. 10, inciso XI. Disponível em: < http://www.planalto.gov.br/ccivil_03/_ato2015-2018/2017/lei/l13465.htm>. Acessado no dia 05 de julho de 2022.

CONCEIÇÃO DE MACABU (RJ). **Lei Municipal nº 1.419/2015**. Estabelece valor minimo para ajuizamento de ação de execução fiscal, implementa a notificação e protesto extrajudicial para o recebimento de créditos de qualquer natrureza devidos à fazenda pública municipal, vencidos e/ou inscritos em dívida ativa, executados ou não, e dá outras providências. Disponível em: < http://www.conceicaodemacabu.rj.gov.br/Obter_Arquivo_Cadastro_Generico.php?IN T_ARQ=8194&LG_ADM=undefined>. Acessado no dia 07 de julho de 2022.

DA COSTA NUNES, Marcus Antonius; JUNIOR, Carlos Magno Alhakim Figueiredo. Regularização fundiária urbana: estudo de caso do bairro nova conquista, São Mateus–ES. **Revista de Direito da Cidade**, v. 10, n. 2, p. 887-916, 2018.

MUNIZ, Maria Águeda Pontes Caminha; DA SILVA, Márcia Maria Pinheiro. Regularização fundiária e direito à moradia. **Revista PGM-Procuradoria Geral do Município de Fortaleza**, v. 25, n. 1, 2017. Disponível em: <https://revista.pgm.fortaleza.ce.gov.br/revista1/article/view/306>. Acessado no dia 25 de junho de 2022.

RIO DE JANEIRO. **Resolução PGM nº 873/2018**. Estabelece valores para rotinas de cobrança mantidas pela Procuradoria da Dívida Ativa da Procuradoria Geral do Município. Disponível em: <https://smaonline.rio.rj.gov.br/legis_consulta/56216Res%20PGM%20873_2018.pdf> . Acessado no dia 07 de julho de 2022.

SOKAL, Guilherme Jales. O que o STJ decidiu sobre a prescrição intercorrente na execução fiscal? Um guia prático (e crítico). **Revista de Processo**, São Paulo, v. 45, n. 304, p. 271-305, jun. 2020. Disponível em: <https://bdjur.stj.jus.br/jspui/handle/2011/143349>. Acessado no dia 12 de novembro de 2021.

STJ. **Recurso Especial nº 1.111.982/SP**. Relator: Ministro Castro Meira. Acórdão disponível em: <https://processo.stj.jus.br/processo/revista/documento/mediado/?componente=ATC& sequencial=5283602&num_registro=200900333946&data=20090525&tipo=5&forma to=PDF>. Acessado no dia 23 de junho de 2022.

STJ. **Recurso Especial nº 1.340.553/RS**. Relator Ministro Mauro Campbell Marques. Disponível em: <https://processo.stj.jus.br/processo/revista/documento/mediado/?componente=ATC& sequencial=93136588&num_registro=201201691933&data=20190313&tipo=5&form ato=PDF >. Acessado no dia 29 de junho de 2022.

THEODORO JUNIOR, Humberto. **A prescrição intercorrente e a paralisação da execução forçada, Prescrição no Código civil**: uma análise interdisciplinar, Mirna Cianci (coord.), 2011, São Paulo: ed. Saraiva.

TJRJ. **AgRg no REsp 1.166.428/PE**. Rel. Min. CASTRO MEIRA, Segunda Turma, DJe 25/9/12. Disponível em:
<https://stj.jusbrasil.com.br/jurisprudencia/22580563/agravo-regimental-no-recurso-especial-agrg-no-resp-1166428-pe-2009-0217683-5-stj/inteiro-teor-22580564>.
Acessado no dia 29 de junho de 2022

CAPÍTULO 16

MEDIAÇÃO FUNDIÁRIA: O PAPEL DO ESTADO NA REGULARIZAÇÃO FUNDIÁRIA A PARTIR DA EXPERIÊNCIA DO RIO GRANDE DO SUL E UMA BREVE VISÃO DA REURB NA ANÁLISE ECONÔMICA DO DIREITO

Carolyne Ribeiro[558]

Érika Silvana Saquetti Martins[559]

Resumo: O presente artigo tem por objetivo estabelecer um plano de ação para uso da mediação na regularização fundiária urbana, visando levar conhecimento à comunidade envolvida para que se atinja maior integração entre os entes públicos e a sociedade, usando métodos adequados de solução de conflito extrajudiciais online pela Administração pública, em especial as Companhias habitacionais estatais. A abordagem utilizada foi a qualitativa, utilizando-se como método primário o dedutivo e, enquanto procedimento, o bibliográfico, documental e estudo de caso, com abordagem indutiva, por meio da análise de documentos legais, artigos científicos e entrevistas. Verificou-se

---

[558] Doutoranda em direito da Cidade na UERJ, mestre em Direito da Cidade pela UERJ, pós-graduada em Direito do Estado pelo CEPED-UERJ, formada em Direito pela UFRJ, advogada, editora da Revista *Quaestio Iuris* e bolsista CAPES.

[559] Mestranda em Políticas Públicas na UFPR, Mestre em Direito pelo Centro Universitário Internacional –UNINTER. Advogada e professora de pós-graduação em Direito Constitucional e Direito Imobiliário. Especialista em Direito Público, Direito Notarial e Registral, Direito do Trabalho e Processo do Trabalho. Bacharel em Direito pela Universidade Paranaense – UNIPAR.

que a mediação é um dos mecanismos do sistema multiportas adequado na construção do acesso à justiça, podendo ser efetivada na via judicial e extrajudicial, tanto pelos agentes de políticas públicas quanto pelos serviços extrajudiciais (Tabeliães e Registradores Públicos), contribuindo para os interesses estatais, especialmente por meio de prevenção de litígios, ao se exercer o *múnus público*, transformando um possível conflito em consenso. No estudo se verifica a possibilidade de utilização desses métodos pela Administração pública em geral, com a utilização de plataformas voltadas a conflitos inclusive consumeristas pelas Companhias de habitação públicas. O estudo incentiva a adesão das Companhias habitacionais a estas plataformas online para que disponham de mais uma ferramenta visando solucionar o passivo de irregularidade dominial de forma mais rápida e célere, facilitando o acesso à justiça a seus mutuários. Este estudo contribui para trazer soluções criativas para a regularização fundiária, visando uma integração entre os cidadãos, Estado e as políticas públicas adequadas para assegurar o direito à moradia e propriedade imobiliária em áreas irregulares. Reconhece-se, deveras, que com a atuação da população surgirão casos *sui generis* que cobrarão respostas sociais e jurídicas adequadas.

Palavras-chave: Mediação. Resolução Pacífica de Conflitos. Administração pública. Plano de Ação. Regularização Fundiária. Análise Econômica do Direito.

Abstract: This paper aims to establish an action plan for the use of mediation in urban land regularization, aiming to bring knowledge to the community involved so that greater integration between public entities and society can be achieved, using appropriate methods of online extrajudicial conflict resolution through Public administration, especially state housing companies. The approach used was qualitative, using the deductive method as the primary method and, as a procedure, the bibliographical, documental and case study, with an inductive approach, through the analysis of legal documents, scientific articles and interviews. It was found that mediation is one of the mechanisms of the appropriate multi-port system in the construction of access to justice, it can be carried out in the judicial and extrajudicial way, both by public policy agents and by extrajudicial services (Public Notaries and Registrars), contributing to the state's interests, especially through the prevention of litigation, when exercising the public office, transforming a possible conflict in consensus. The study verifies the possibility of using these methods by the public administration in general, with the use of platforms aimed at conflicts, including consumerist ones, by Public housing companies. The study encourages the adhesion of Housing companies to these online platforms so that they have yet another tool to resolve the liability of property irregularity in a faster and faster way, facilitating access to justice for their borrowers. This study contributes by bringing creative solutions for land tenure regularization, aiming at an integration between citizens, the State and adequate public policies to ensure the right to housing and real estate ownership in irregular areas. Indeed, it is recognized that, with the actions of the population, sui generis cases will arise that will demand adequate social and legal responses.

Keywords: Mediation. Peaceful Conflict Resolution. Public Administration. Action Plan. Land Regularization. Economic Analysis of Law.

1. INTRODUÇÃO

Os métodos adequados de solução de conflito têm sido cada vez mais incentivados pelo legislador pátrio na esfera judicial e extrajudicial. Os conflitos envolvendo a Administração pública não foram excluídos dessa onda de facilitação ao acesso à justiça.

A pesquisa analisa os métodos de solução de conflito com foco na sua aplicação em conflitos envolvendo a Administração pública. Depois se faz uma análise da aplicação desses métodos em plataformas online voltadas a questões consumeristas. Por fim, se analisa a possibilidade de aplicação dessas ferramentas online pelas Companhias habitacionais estatais, utilizando-se como exemplo a CEHAB-RJ.

2. MEDIAÇÃO E ESTADO

A solução de conflitos pela autocomposição de interesses é medida que tem sido cada vez mais incentivada pelo Estado brasileiro. Elas possuem resultados mais eficazes e rápidos do que aqueles de processos judiciais, pois envolvem soluções acertadas entre os próprios indivíduos, gerando menores índices de insatisfação e o não prolongamento das contendas.

O incentivo estatal à autocomposição pode ser sentido de forma mais contundente na esfera judicial com a introdução das audiências de conciliação nos procedimentos ordinários e com a criação dos Juizados especiais cíveis estaduais (lei 9.999 de 1999) e federais (lei 10.259 de 2001) e depois com os Juizados fazendários (lei 12.153 de 2009), que permitem, em regra, que as partes acionem a justiça em causas de pequeno valor e menos complexas sem necessitar de um advogado. Outras questões foram desjudicializadas, passando a ser resolvidas diretamente no cartório do registro civil ou no cartório do registro de imóveis. Assim, causas como divórcios amigáveis e mesmo a usucapião podem ser realizadas extrajudicialmente.[560]

Com a vigência do Código de Processo Civil de 2015, a solução consensual passou a ser priorizada, ainda que sua realização ocorra no curso do processo, cabendo a todos os atores processuais primar por sua ocorrência (artigos 3, §2º e §3º e 139, V). O próprio procedimento processual tornou-se passível de composição pelas partes.[561] A mediação e conciliação passaram a ter maior destaque com uma seção de artigos especifica as disciplinando (artigo 165 e seguintes), prevendo o Código, ainda, a necessidade de criação de centros especializados de mediação e conciliação que não se limitam ao judiciário e devem ser criados no âmbito das procuradorias municipais e estaduais para buscar a solução de litígios entre a Administração pública e o cidadão.[562] No âmbito da regularização fundiária, a lei de regência (lei 13.465 de 2017) prevê a realização de procedimento administrativo em âmbito municipal em que é permitido, inclusive, o reconhecimento do domínio do possuidor ocupante pelo próprio ente municipal.[563]

---

[560] CAPPELLETTI, Mauro e GARTH, Bryant. **Acesso à justiça**. Tradução de Ellen Gracie Northfleet. Porto Alegre: Fabris, 1988, p. 81-87 e 90-113.

[561] A composição da lide pela mediação extrajudicial pode ser proposta a qualquer momento do processo judicial até mesmo pelo magistrado (enunciado 15, I Jornada CJF).

[562] E 84, I Jornada CJF.

[563] Veja que a lei de regularização fundiária prevê a autocomposição de litígios em seu artigo 21, como apontado no artigo direito de moradia e questões tributárias nessa coletânea.

O tema foi regulamentado no ano de 2015 quando a lei de mediação n. 13.140 entrou em vigor. Há a previsão de um procedimento a ser seguido mesmo na esfera extrajudicial e a regulação do tema em conflitos que envolvam pessoas jurídicas de direito público. Dentre os requisitos previstos para composição no âmbito da Administração pública federal se destacam a necessidade de parecer favorável do Advogado geral da União aprovado pelo Presidente da República ou de sua autorização baseada em jurisprudência pacífica do STF ou tribunais superiores (artigo 35, I e II). Tratando-se de tributos, não há previsão para a composição com terceiros que não façam parte da Administração pública (artigo 38 e incisos). Não existe, portanto, grande inovação, pois a lei segue basicamente o que já vinha previsto no ordenamento (artigo 1 da lei 9469 de 1997 e artigo 4, VI da lei complementar 73 de 1993), embora, atualmente, não haja mais limite quanto ao valor dos conflitos.

A legislação sobre mediação prevê, ainda, sua aplicação para conflitos envolvendo órgãos da Administração pública. A ideia é que haja uma advocacia pública colaborativa para casos de interesse público conflitante ou divergente, primando pelo diálogo produtivo e o consenso sem a interferência judicial. As disposições da lei deixam claro que os métodos adequados de solução de conflito como mediação, conciliação e arbitragem são aplicáveis para a Administração pública e não são incompatíveis com a indisponibilidade do interesse público. As propostas de solução de conflitos por métodos adequados devem ser analisadas e as decisões, quanto sua admissibilidade, devem estar justificadas por escrito e com base em critérios objetivos.[564]

No âmbito do estado do Rio de Janeiro, o decreto estadual n. 46.245 de 2018 regulamentou a arbitragem visando a solução de conflitos que envolvam o Estado. Contudo, mais uma vez, a legislação se mostra bastante restritiva, pois o procedimento arbitral só é previsto para contratos de concessão que contenham a cláusula compromissória (artigo 3).

---

[564] Enunciados 31, 60 e 74, da I Jornada de prevenção e solução extrajudicial de litígios do CJF. Não se fala mais em métodos alternativos de solução de conflito. Como estes métodos devem ter prevalência sobre a solução judicial, fala-se em solução adequada de conflitos atualmente.

Já em âmbito municipal, na cidade do Rio de Janeiro, há um projeto de lei em tramitação (PL 688 de 2017) que pretende regulamentar a mediação e outros mecanismos de solução de controvérsia quando parte a Administração pública. O conteúdo do projeto de lei é bastante semelhante ao da lei federal sobre mediação, estabelecendo a necessidade de autorização do Procurador geral do município com base em jurisprudência pacífica do STF ou tribunais superiores ou o parecer do procurador do município aprovado pelo prefeito (artigo 26).

Há duas questões a serem consideradas sobre esse projeto de lei. A primeira quanto a um possível vício de iniciativa, pois a lei orgânica do município estabelece a competência privativa do prefeito para propor leis que tratem sobre a organização da procuradoria (artigos 71, II, e c/c 44, VI, LORJ). A segunda seria um vício de competência, pois o município não possui competência para tratar de procedimentos em matéria processual (artigo 24, XI da CF).

As soluções extrajudiciais de conflitos demandam uma atuação coordenada dos diversos atores que atuam no setor, sendo de grande relevância a atuação da universidade, principalmente as públicas. A formação e produção de conhecimento universitário no direito deve priorizar as soluções não conflituais e não judicializadas, inclusive com a utilização de novas tecnologias.[565] As universidades podem firmar acordos com os órgãos de justiça para efetiva introdução, aplicação e aprimoramento de métodos consensuais de solução de conflitos, podem manter estágios em seus escritórios de prática jurídica para formação em mediação e conciliação, podendo, ainda, realizar parcerias com entidades formadoras de conciliadores e mediadores para esse fim. A mediação e conciliação devem ser objeto de disciplinas autônomas e obrigatórias e de projetos de extensão nas grades curriculares universitárias.[566] Elas devem, ainda, passar a fazer parte das matérias exigidas em concursos públicos de carreiras jurídicas.[567]

---

[565] E 229, II Jornada CJF.
[566] Enunciados 15, 23 e 24, I Jornada CJF.
[567] E 116, II Jornada CJF.

No microssistema das ações coletivas, as soluções adequadas de conflito possuem especial relevância, principalmente quanto a direitos que envolvam políticas públicas. Nesses conflitos coletivos é necessária a participação de todos os interessados para se chegar a uma solução efetiva. Assim, é importante a participação da Administração pública com competência sobre o assunto, de entidades privadas e grupos sociais diretamente afetados, do Ministério público, da Defensoria Pública quando presente interesses de grupos vulneráveis e de entidades do terceiro setor que trabalhem com a matéria em litígio.[568]

Nos casos de conflitos coletivos pela terra essa necessidade de participação cumulativa está parcialmente estabelecida na legislação de processo civil (artigo 544, §1 e §3). Nas ações possessórias cujo polo passivo tenha grande número de pessoas devem ter a participação do Ministério Público e da Defensoria Pública, se envolverem pessoas com hipossuficiência econômica.[569] Deve, ainda, haver a ampla publicidade sobre a existência da ação. Há, inclusive, posição doutrinária que sustenta a necessidade de notificação da Defensoria nesses casos antes mesmo da propositura da demanda visando a implementação de solução consensual que observe os direitos fundamentais das pessoas afetadas. Isso porque, nesses casos, quando houver possibilidade de remoção de pessoas carentes é dever do Estado atuar de forma consensual.[570]

Nos processos estruturais, que envolvem direitos relacionados à políticas públicas, essa participação cumulativa já foi aceita por nossos tribunais superiores, como foi possível observar em casos como o da empresa Vale do Rio Doce em Brumadinho e do estado de coisas inconstitucional do sistema penitenciário brasileiro. Cabe ressaltar que em se tratando de direitos coletivos, o modelo de mediação deve ser escolhido pela própria comunidade afetada vigendo o princípio da autonomia, não devendo ser imposto um modelo único ou padronizado.[571]

---

[568] E 40, I Jornada CJF.
[569] No contexto de resolução consensual de conflitos, a vulnerabilidade da parte demanda maior atenção ao dever de informação adequada (E 182, II Jornada CJF).
[570] E 185, II Jornada CJF.
[571] E 57, I Jornada CJF.

No tema dos tributos, a prevenção e solução consensual de conflitos através da transação em âmbito judicial ou administrativo é medida importante visando a recuperação de receita pública.[572] Os advogados públicos podem conciliar, transigir ou desistir de recursos em causas judiciais com valor de até 60 salários mínimos, limite previsto para causas de competência dos Juizados especiais federais.[573] Nos casos em que haja precedente judicial de observância obrigatória, ou seja, as hipóteses previstas no artigo 927, III do CPC, a Administração pública deve oportunizar a transação por adesão para resolução do conflito.[574] Nas entidades estatais que explorem atividades econômicas é possível a delegação de poderes de seu dirigente para a área jurídica para que esta possa atuar na resolução de conflitos extrajudiciais determinando a indenização dos clientes ou a tomada de providência pelos setores responsáveis.[575]

2.1. Formas de solução adequada de conflito extrajudicial online

A necessidade de acesso à justiça dentro do microssistema de defesa do consumidor levou o poder público a criar entes estatais não judiciais que funcionam como órgãos de resolução de conflitos.[576] Uma das iniciativas mais importantes, o Programa de proteção e defesa do consumidor (PROCON), foi criado na década de 1990 através do decreto federal n. 2181/1997, sendo ainda hoje relevante como ferramenta eficaz de auxílio ao consumidor.

No estado do Rio de Janeiro, o PROCON é um órgão do poder executivo estadual que permite ao próprio consumidor de forma direta buscar a solução de conflitos. Apesar do serviço ser habitualmente prestado de forma presencial, a reclamação pode ser iniciada online através do preenchimento de um formulário simples. Trata-se de procedimento de conciliação em que um terceiro atua perante as partes buscando a solução do conflito. Hoje com o avançar do uso das ferramentas de tecnologia, o serviço precisa ser

---

[572] E 53, I Jornada CJF.
[573] E 62, I Jornada CJF.
[574] E 54, I Jornada CJF.
[575] E 64, I Jornada CJF.
[576] Vide E 226, II Jornada CJF. CAPPELETTI e GARTH, *op. cit.*, p. 120-131 e 156-159.

aprimorado. Há, no PROCON do Rio de Janeiro, por exemplo, uma limitação quanto a disponibilidade do atendimento online que só está disponível em dias úteis das 7:00 às 22:00, o que não se mostra compatível com a facilitação que se espera do serviço nos dias atuais.[577]

Mais recentemente, foi criada uma nova plataforma pública online no âmbito do poder executivo federal visando a solução de conflitos de questões consumeristas.[578] A plataforma consumidor.gov disponibiliza um serviço completamente online em que o consumidor se cadastra e apresenta sua queixa de modo simples e intuitivo diretamente às empresas que se cadastraram no sistema, cabendo a estas se manifestarem sobre a reclamação. Depois, com a resposta, o consumidor confere uma pontuação à solução ofertada. A plataforma disponibiliza um ranking das empresas com dados como as mais acionadas e da porcentagem dos casos resolvidos.[579]

A plataforma conecta o consumidor diretamente à empresa sem intermediários, havendo uma autocomposição homóloga. A plataforma minimiza custos com deslocamento, honorários e despesas judiciais.[580] Muitos serviços públicos já constam na lista de empresas participantes como concessionárias de água e saneamento, energia elétrica e serviços postais.[581] Diferente do PROCON que tem a prerrogativa de acionar qualquer empresa que sofra reclamação em seu sistema, no consumidor.gov só é possível acionar aquelas que se cadastraram na plataforma. Contudo, a plataforma permite o cadastramento e reclamação a qualquer hora ou dia, sendo, nesse sentido, mais eficiente que o PROCON do estado do Rio de Janeiro, por exemplo.

A solução de conflitos de consumo e de conflitos de massa de forma extrajudicial de maneira eficiente e rápida por plataformas online deve ser estimulada pelo poder público, pelos fornecedores, pelo judiciário e pelas

---

[577] PROCONRJ. Reclamações. Primeiro Acesso. Aviso.

[578] A doutrina tem apontado a necessidade de medidas que estimulem o público para utilização da plataforma (E 133 e 141, II Jornada CJF), inclusive por meio de publicidade desses meios nos sites dos Tribunais de Justiça (E 145, II Jornada CJF).

[579] O acompanhamento e análise de dados estatísticos faz parte da política judiciária nacional de tratamento adequado de conflitos (E 196, II Jornada CJF).

[580] BRASIL. Consumidor.gov.br.

[581] BRASIL. Consumidor.gov.br. Empresas participantes.

agências reguladoras. As decisões tomadas por meio dessas novas tecnologias devem ser consideradas existentes, válidas e eficazes em princípio, valorizando os acordos oriundos dos meios digitais.[582]

Cabe pontuar que as medidas de facilitação ao acesso à justiça não devem servir de entrave para o acesso ao judiciário, garantia fundamental com assento constitucional (artigo 5, XXXV). Assim, as tentativas de solução por meios extrajudiciais não são pré-requisitos obrigatórios para que se ingresse com uma demanda judicial. Elas buscam apenas facilitar, cabendo ao lesado optar pelo meio que entenda mais adequado, principalmente por conta da questão dos danos extrapatrimoniais que, em regra, não são conferidos nas plataformas.

Outro fator relevante é a exclusão digital ainda expressiva no país. É preciso que exista uma política pública de inclusão digital e que exista fomento para pesquisas científicas de aprimoramento desses sistemas. A vulnerabilidade tecnológica deve ser suprida pela atuação de órgãos públicos como as Defensorias e as plataformas devem primar pela acessibilidade digital, permitindo o acesso não apenas por computadores, mas pelos smartphones, por exemplo.[583]

O uso da tecnologia para solução consensual de conflitos deve ter um design centrado no ser humano (usuário), primando pela confiança no seu uso e simplificação procedimental. Assim deve ser respeitada a identidade cultural e étnica do usuário e ser assegurada a acessibilidade das pessoas deficientes para uso em igualdade com os demais.[584]

2.2. Possibilidades de solução adequada de conflito nas Companhias de Habitação públicas

Muitos dos serviços prestados pela Administração pública se enquadram no conceito de relação de consumo previsto na legislação consumerista e, portanto, devem atender às determinações desse

---

[582] Enunciados 50, 70 e 82, I Jornada CJF.
[583] Enunciados 142, 143, 146, 153, 155 e 156, II Jornada CJF.
[584] E 150, 152, 154 e 159, II Jornada CJF.

microssistema, havendo previsão expressa nesse sentido no artigo 22 do CDC. Há serviços cuja vinculação é mais evidente, como no caso daqueles considerados essenciais, como o fornecimento de água potável e luz elétrica, mas há outros que também podem aqui ser enquadrados como aqueles prestados pelas Companhias públicas de habitação, como a Companhia estadual de habitação do Rio de Janeiro (CEHAB).[585]

A CEHAB é uma pessoa jurídica pública nacional que desenvolve atividade de construção e comercialização de habitações mediante remuneração para o consumidor final. Ela se enquadra, portanto, no conceito de fornecedor disposto no CDC (artigo 3).[586] O serviço prestado pela CEHAB se destina às pessoas de mais baixa renda visando cumprir política pública de implementação do direito à moradia. Não se nega que haja um subsídio governamental que supre a carência de renda do adquirente permitindo, assim, o acesso ao direito. Porém, mesmo assim, existe uma contraprestação do adquirente que o enquadra no conceito de consumidor lhe conferindo as prerrogativas legais do microssistema consumerista. Mesmo que a CEHAB, assim como outras companhias habitacionais estatais, não vise o lucro, os valores obtidos são revertidos na manutenção da própria empresa e na construção de novas casas populares, não devendo ser desconsiderados.

A CEHAB vem construindo moradias no estado do Rio de Janeiro desde o início da década de 1960. Ela foi responsável pela construção de muitos conjuntos habitacionais, como a Vila Aliança em Bangu, Vila Esperança em Padre Miguel, Vila Kennedy em Senador Camará, Dona Castorina no Jardim Botânico, Álvaro Ramos em Botafogo, Marquês de São Vicente na Gávea e Santo Amaro na Glória, entre outros.[587] Junto com esse

---

[585] Há outras companhias como a Companhia de desenvolvimento habitacional e urbano do Estado (CDHU) do estado de São Paulo, a Agência Goiana de habitação (Agehab), a Companhia de habitação do Estado do Pará (COHAB-PA) e a Companhia Estadual de Habitação Popular (CEHAP) do estado da Paraíba, entre outras. DUTRA, Walkiria Zambrzycki. Entre a produção habitacional estatal e as moradias precárias: uma análise da popularização da casa própria no Brasil. *Configurações*. Revista de sociologia, n. 10, 2012, p. 6-9.
[586] CEHAB. *Mutuários*.
[587] FERNANDES, Roberto Peçanha. Cehab-RJ 58 anos: orgulhosa do passado, de olhos abertos para o futuro. **O fluminense**. 19 dez 2020.

grande número de residências construídas existe um passivo preocupante que se refere ao número de imóveis da CEHAB que até hoje não foram legalizados e que passam de 55.000 mil imóveis.[588] Trata-se de imóveis que já deveriam ter sido legalmente transferidos ao comprador, mas que ainda estão em nome da CEHAB.

Há inúmeras causas para essa irregularidade e muitas não são de fácil solução, por isso o passivo expressivo. Podemos citar, como exemplo, a venda por sucessivos contratos de gaveta em que o mutuário passa o imóvel adiante sem informar essa negociação para a CEHAB; a necessidade de partilha do bem para mutuários que faleceram antes da entrega da escritura definitiva; casos de separações e divórcios dos mutuários anteriores a celebração do contrato definitivo e o não pagamento de todas as parcelas do imóvel, entre tantos outros.[589]

São situações antigas que se agravam com o transcurso do tempo que causa a morte de contratantes e testemunhas e a perda, esquecimento e deterioração de documentos. A solução nem sempre é simples, ela passa pela burocracia estatal, a falta de funcionários, a necessidade de resolução de questões prejudiciais que, às vezes, demanda a interposição de ações judiciais, a contratação de advogados e o cumprimento de exigências na CEHAB, no cartório do registro de imóveis e na prefeitura. Geralmente, o possuidor do imóvel não tem conhecimentos legais mínimos sobre a questão e não possui tempo e dinheiro necessário para resolver o problema que acaba se arrastando com o tempo.

Para que a CEHAB consiga solucionar esse passivo não é suficiente uma estratégica única, como mutirões e regularização fundiária por conjunto, é preciso que a Companhia adote diversas frentes de ação que possibilitem medidas de solução. Parece, assim, que o uso da plataforma consumidor.gov seria bastante útil. A plataforma já existe e está em operação diminuindo o custo e tempo para que a Companhia possa operar no sistema, basta que ela se

---

[588] BERTA. Roberts. Cehab-RJ: mais de 56 mil moradias construídas pelo estado não estão legalizadas. **Jornalismo Artesanal**. 2019.
[589] A necessidade de criação de um procedimento extrajudicial para a obtenção do título definitivo de propriedade imóvel decorrente de contratos preliminares já vem sendo pontuada pela doutrina (E 136, II Jornada CJF).

cadastre na plataforma.[590] Como o sistema é online e permite a digitalização e anexação de documentos não haverá necessidade de deslocamento do mutuário até a companhia e nem de disponibilização de funcionários para atendimento, sendo possível a otimização do serviço.

Assim, a plataforma criada pelo governo federal parece ser uma ferramenta ideal para que as Companhias habitacionais públicas a utilizem como forma de solução adequada de conflitos na esfera extrajudicial, facilitando o acesso e a solução de demandas com seus mutuários.

3. MEDIAÇÃO E REGULARIZAÇÃO FUNDIÁRIA: HORIZONTES POSSÍVEIS

3.1. As vantagens de uma regularização fundiária consentida

A lógica dos conflitos interpessoais, econômicos e sociais demonstra que a solução consentida apresenta diversas vantagens em relação à sua resolução judicial forçada, afirmação que se aplica, também, à seara fundiária, em que pese o envolvimento do Estado nessas hipóteses.

Até porque a solução consentida determina certas vantagens democráticas, até porque um dos princípios da jurisdição é a *substitutividade*. Por intermédio de sua aplicação é que o juiz passa a poder "[...] se substitui às partes para decidir o conflito, permitindo que formule juízos sobre a atividade alheia".[591]

Ocorre que, se as partes decidem, por si mesmas, seus próprios conflitos, "[...] submetem-se às suas próprias vontades, construídas

---

[590] Construtoras e incorporadoras privadas já fazem parte das empresas participantes da plataforma, demonstrando a possibilidade de inserção da CEHAB diante da semelhança dos serviços prestados. Até a conclusão deste trabalho em novembro de 2021, a CEHAB não consta entre as empresas cadastradas no consumidor.gov. A utilização de estruturas já existentes por outros órgãos públicos permite a otimização dos recursos (E 170, II Jornada CJF).

[591] OLIVEIRA, Bruno Bastos de; ALBUQUERQUE FILHO, Edme Tavares de; MARTINS, Érika Silvana Saquetti; SACRAMENTO, Luciano; CALIL, Mário Lúcio Garcez; ROSSIGNOLI, Marisa; MARTINS, Robson; CACHICHI, Rogério Cangussu Dantas. **Regulação, ferrovias e direito à moradia:** eficiência e justiça social. Curitiba: Instituto Memória, 2021, p. 119.

conjuntamente", de maneira que a autocomposição, "[...] notadamente no âmbito da Administração Pública, pressupõe a participação efetiva e informada na deliberação da solução pelos interessados (concernidos)".[592]

Trata-se de um ideal diretamente relacionado à lógica da própria regularização fundiária, que, por sua vez, dirige-se ao tratamento de questões diretamente relacionadas aos direitos mais basilares, notadamente a moradia. Ocorre que o referido instituto tem outras preocupações práticas.

A regularização fundiária objetiva não apenas a titulação de assentamentos irregulares, como, também, resolver situações de maneira individual ou coletiva. Trata-se de um "[...] dever-poder do Estado", que envolve a concretização de um direito fundamental que se vincula não apenas a interesses privados como, também, públicos.[593]

Até porque destina-se "[...] ao bem-estar de considerável parcela da população que reside em locais caracterizados pela precariedade", de maneira que há diversos benefícios na adoção da mediação como alternativa para a solução de conflitos fundiários urbanos, especialmente em decorrência da insuficiência do modelo adversarial.[594]

Obtém-se respostas aos problemas fundiários com tratamento técnico adequado, ágil e condigno em face de suas peculiaridades e dos direitos envolvidos, sobretudo considerando a necessidade de uma resposta individual que propicie a titulação daquele que se encontra na posse do imóvel sem outro local para viver.[595]

Em decorrência disso é que se faz necessário estabelecer mecanismos voltados a permitir que a regularização fundiária seja precedida por um procedimento de mediação, especialmente no intuito de dar celeridade à emissão da competente Certidão de Regularização Fundiária.

---

[592] *Ibid.*, p. 119-120.
[593] MEZZAROBA, Orides; SALEME, Edson Ricardo. Aplicação da resolução extrajudicial de conflitos no processo de regularização fundiária no Brasil: o caso das câmaras de prevenção e resolução administrativa de conflitos fundiários urbanos previstos pela Lei nº 13.465 de 2017. **Justiça do direito,** v. 33, n. 3, p. 115-138, set.-dez., 2019, p. 129.
[594] *Ibid.*, p. 129.
[595] *Ibid.*, p. 130.

3.2. As Câmaras de Mediação de Conflitos Fundiários

As mais atuais políticas judiciárias dirigidas ao desafogamento do Poder Judiciário e à aceleração da resolução das demandas e da solução dos conflitos de interesse, individuais ou coletivos, incentivam a mediação de conflitos, inclusive naquilo que se relaciona às questões de natureza fundiária.

Assim, "[...] as soluções autocompositivas propiciam maior facilidade de efetivação em cumprimento de sentença, bem como maior nível de satisfação e definitividade da solução", inclusive em relação aos assentamentos mediados, que "[...] produzem conjuntos coerentes, que não se confundem com outras grandes demandas e mudanças no equilíbrio de poder".[596]

Trata-se de situação que facilita a adoção de acordos, de forma que "[...] a mediação pode acomodar disputas multipartidárias, sendo ideal para lidar com causas amplas de conflito social". Além disso, em vários casos já transitados em julgado, resta apenas o cumprimento da reintegração na posse, "[...] sem que o direito à moradia possa ser efetivamente garantido".[597]

Em decorrência disso é que o direito positivo brasileiro determina a possibilidade de criação de Câmaras de Mediação especificamente dirigidas à resolução pacífica de conflitos entre os cidadãos e a Administração Pública, inclusive naquilo que se relaciona às questões relacionadas ao âmbito fundiário.

A Lei de Mediação brasileira prevê, no Art. 34, a possibilidade de municipalidade criar câmaras para dirimir conflitos relacionados à Reurb, por meio de solução consensual, podendo celebrar ajuste com o respectivo Tribunal de Justiça ou buscar Centros Judiciários de Solução de Conflitos e Cidadania ou câmaras de mediação credenciadas pelo TJ.[598]

---

[596] OLIVEIRA, Bruno Bastos de; ALBUQUERQUE FILHO, Edme Tavares de; MARTINS, Érika Silvana Saquetti; SACRAMENTO, Luciano; CALIL, Mário Lúcio Garcez; ROSSIGNOLI, Marisa; MARTINS, Robson; CACHICHI, Rogério Cangussu Dantas. *Op. Cit.*, p. 120.
[597] *Ibid.*, p. 120
[598] MEZZAROBA, Orides; SALEME, Edson Ricardo. *Op. Cit.*, p. 130-131.

As formalidades para que se possa criar tal entidade devem se basear nos dispositivos da Lei 13.140 de 2015 em relação aos procedimentos a serem dotados "[...] para que não existam omissões que possam afrontar direitos das partes", possibilitando-se a propositura de controvérsias individuais e coletivas.[599]

Além disso, a mediação coletiva poderá ser iniciada, inclusive, pelo próprio Município. Uma vez obtido o consenso entre as partes, o acordo deverá ser reduzido a termo, concluindo-se, com isso, o procedimento de Reurb, mediante a consequente expedição da Certidão de Regularização Fundiária.[600]

Dessa forma, além da expressa possibilidade de mediação de conflitos entre os particulares e a Administração Pública, em busca de soluções consensuais, é possível que esta se dê no contexto fundiário, inclusive naquilo que concerne à regularização, por intermédio de Câmaras especificamente criadas para tal fim.

Observa-se, entretanto, a possibilidade de utilização da mediação como instrumento de resolução consensual de conflitos que envolvam questões fundiárias, ainda que fora do âmbito das Câmaras cuja criação é deferida e regulamentada pela Lei 13.140 de 2015, por exemplo, no interior de uma Ação Civil Pública.

3.3. O caso da Braskem S.A. em Alagoas

Até mesmo em decorrência da amplitude das possibilidades materiais e processuais de resolução de conflitos fundiários, estes podem ser encerrados de maneira consensual, inclusive caso já se encontrem no âmbito judicial, e até mesmo quanto a casos que podem envolver quantias altíssimas.

Caso emblemático concernente à regularização fundiária solucionado por intermédio de um acordo em processo judicial, envolveu a empresa Braskem S.A., empresa que atua no ramo da mineração de sal-gema, o

---

[599] *Ibid.*, p. 131.
[600] *Ibid.*, p. 131.

Ministério Público e a Defensoria Pública do Estado de Alagoas, assim como o Ministério Público Federal e a Defensoria Pública da União.

Discutia-se o papel da referida empresa petroquímica na degradação e até mesmo no afundamento do solo de certos bairros da cidade de Maceió, situação que provocou a destruição total ou parcial de várias casas, em decorrência de falhas geológicas artificialmente criadas pela atividade de mineração.

A empresa era acusada de, em decorrência de sua atividade, ter causado a "[...] subsidência dos bairros do Pinheiro, Mutange e Bebedouro" de Maceió, devendo-se assegurar tanto a reparação dos danos às vítimas, assim como medidas concernentes à recuperação das áreas degradadas.[601]

O pacto consistia na necessidade de a empresa providenciar apoio aos moradores dessas localidades, na desocupação das áreas de risco, correspondente ao valor de um bilhão e setecentos milhões de reais (R$1.700.000.000,00), que haviam sido cautelarmente bloqueados em processo judicial.[602]

A partir daí, a Defesa Civil de Maceió, de conformidade com o referido termo de acordo, passaria a providenciar a desocupação dos imóveis que ainda se encontravam habitados, de acordo com cronograma definido pela Prefeitura Municipal. O acordo foi mediado pelo Conselho Nacional de Justiça e pelo Conselho Nacional do Ministério Público.[603]

Trata-se, portanto, de um caso relevante para a própria história da resolução consensual de conflitos fundiários no Brasil, que foi solucionado sem a necessidade de uma sentença judicial, em que pese envolver, além do direito à moradia de várias pessoas, altíssimas somas em dinheiro.

Em que pese a insatisfação de boa parte das famílias em relação aos valores pagos pela empresa a título de indenização, tendo em vista não ser suficiente para a aquisição de outro imóvel na capital alagoana, fato é que a

---

[601] BRASIL. 3ª Vara Federal de Maceió. **Ação Civil Pública 0803836-61.2019.4.05.8000**. 2020, n.p.
[602] *Ibid.*, n.p.
[603] *Ibid.*, n.p.

ação foi encerrada após um acordo mediado por órgãos de controle de âmbito nacional.

Ocorre que referida mediação se deu no contexto de um conflito entre organismos estatais cuja atividade se volta à defesa de direitos fundamentais dos cidadãos, quais sejam, o Ministério Público e a Defensoria Pública, e uma grande empresa. Assim, é imperioso tratar das possibilidades de resolução em casos entre indivíduos e a Administração Pública

3.4. O exemplo do Distrito Federal

Em que pese a Lei 13.140 de 2015 ter expressamente possibilitado a criação de câmaras de mediação voltadas ao tratamento de conflitos fundiários pelos Municípios, experiência pioneira se observa no Distrito Federal, que, ainda quando da vigência da Medida Provisória 759 de 2016.

Nesse sentido, a Câmara Permanente de Prevenção e Resolução de Conflitos Fundiários do Distrito Federal foi criada no ano de 2017 pelo Governo Distrital, por intermédio do Decreto 38.023, a partir da na Medida Provisória 759 de 2016, posteriormente convertida na Lei 13.465 de 2017.[604]

Seu procedimento será instaurado a partir de impugnação apresentada por proprietários, loteadores, incorporadores, confinantes, terceiros interessados ou por quem constar no registro imobiliário como titular de núcleo urbano informal, ou pela autoridade competente no âmbito do Poder Executivo.[605]

---

[604] "Art. 1º Fica criada, no âmbito da Procuradoria Geral do Distrito Federal, a Câmara Permanente de Prevenção e Resolução de Conflitos Fundiários do Distrito Federal. Art. 2º Compete à Câmara Permanente de Prevenção e Resolução de Conflitos Fundiários do Distrito Federal a mediação e a resolução extrajudicial de conflitos relacionados à Regularização Fundiária Urbana (REURB) de que trata a Medida Provisória nº 759, de 22 de dezembro de 2016" (DISTRITO FEDERAL. **Decreto 38.023. 2017**, n.p.).

[605] "Art. 3º O procedimento de mediação e resolução extrajudicial de conflitos fundiários será instaurado a partir de impugnação apresentada pelos proprietários, loteadores, incorporadores, confinantes, terceiros interessados ou por quem constar no registro imobiliário como titular dos núcleos urbanos informais ou ainda pela autoridade competente no âmbito do Poder Executivo, na forma, prazo e procedimentos estabelecidos pelo art. 28 da Medida Provisória 759, de 22 de dezembro de 2016, caput e parágrafos" (DISTRITO FEDERAL. **Decreto 38.023. 2017**, n.p.).

É, portanto, organismo é competente para mediação e a resolver extrajudicialmente conflitos relacionados à Regularização Fundiária Urbana, entretanto, não tratando de procedimentos, de funcionamento ou da composição da referida câmara[606], que foram instituídos e regulamentados posteriormente.

O instrumento utilizado para tanto foi a Portaria 133 de 2017, da Procuradoria-Geral do Distrito Federal, que afirmou que o órgão é composto pelos Procuradores Chefe, Coordenador de Meio Ambiente, Patrimônio Urbanístico e Imobiliário e Chefe de Outras Matérias e pelas Procuradorias do Meio Ambiente, Patrimônio Urbanístico e Imobiliário e Saúde e Especial da Atividade Consultiva.[607]

Nesse procedimento, havendo consenso entre as partes, o acordo deverá ser reduzido a termo, que constituirá título executivo extrajudicial, bem como será devolvido o respectivo processo administrativo ao órgão ou entidade responsável pela correspondente regularização fundiária.[608]

Do contrário, se não houver consenso entre as partes, encerram-se os trabalhos da Câmara, mediante devolução do respectivo processo administrativo ao órgão ou entidade responsável pela regularização fundiária,

---

[606] "Art. 4º O Procurador-Geral do Distrito Federal editará portaria, por meio da qual estabelecerá normas complementares sobre a composição, o funcionamento e os procedimentos internos da Câmara Permanente de Prevenção e Resolução de Conflitos Fundiários do Distrito Federal" (DISTRITO FEDERAL. **Decreto 38.023. 2017**, n.p.).

[607] "Art. 2º A Câmara Permanente de Prevenção e Resolução Administrativa de Conflitos Fundiários do Distrito Federal é composta pelo Procurador-Chefe e pelo Procurador-Coordenador de Meio Ambiente, Patrimônio Urbanístico e Imobiliário, da Procuradoria do Meio Ambiente, Patrimônio Urbanístico e Imobiliário e Saúde, bem como pelo Procurador-Chefe de Outras Matérias, da Procuradoria Especial da Atividade Consultiva. Parágrafo único. O Procurador-Geral do Distrito Federal pode designar qualquer procurador para auxiliar os trabalhos da Câmara Permanente de Prevenção e Resolução Administrativa de Conflitos Fundiários, bem como para substituir os procuradores indicados no *caput*". (DISTRITO FEDERAL. Procuradoria Geral do Distrito Federal. **Portaria 133. 2017**, n.p.).

[608] "Art. 7º Se houver consenso entre as partes, o acordo deve ser reduzido a termo, o qual constitui título executivo extrajudicial, com a devolução do respetivo processo administrativo ao órgão ou entidade responsável pelo processo de regularização fundiária, para a observância do parágrafo 2º do artigo 36 da Medida Provisória n. 759/2016". (DISTRITO FEDERAL. Procuradoria Geral do Distrito Federal. **Portaria 133. 2017**, n.p.).

sendo que "[...] o não comparecimento injustificado à audiência é considerado recusa à resolução do conflito".[609].

Já o Comitê de Mediação de Regularização Fundiária do Distrito Federal foi instituído pelo Decreto 39.629, de 15 de janeiro de 2019, definido como instância legitimada para promover conciliação e mediação administrativa em conflitos fundiários urbanos e rurais do interesse do Distrito Federal, suas Autarquias e Empresas Públicas.[610]

A tentativa de conciliação e mediação administrativa, se possível, precederá o ajuizamento de ações possessórias e reivindicatórias de natureza fundiárias de interesse do Distrito Federal. Acordos extrajudiciais promovidos pelo Comitê podem ser submetidos à homologação judicial.[611]

Já em ações judiciais fundiárias, órgãos e entidades da Administração Pública Direta e Indireta do Distrito Federal poderão propor conciliação ou mediação administrativa perante o Comitê. Além disso, as atividades dos conciliadores e mediadores devem ser consideradas prestação de serviço público relevante, não ensejando remuneração.[612]

---

[609] "Art. 8º Não havendo consenso entre as partes, devem ser encerrados os trabalhos da Câmara, com a devolução do respectivo processo administrativo ao órgão ou entidade responsável pelo processo de regularização fundiária.   Parágrafo único.   O não comparecimento injustificado à audiência é considerado recusa à resolução do conflito, dando ensejo às providências previstas no *caput*" (DISTRITO FEDERAL. Procuradoria Geral do Distrito Federal. **Portaria 133. 2017**, n.p.).

[610] "Art. 1º Fica instituído o Comitê de Mediação de Regularização Fundiária do Distrito Federal, como instância legitimada para promover a conciliação e mediação administrativa em conflitos fundiários urbanos e rurais do interesse do Distrito Federal, suas Autarquias e Empresas Públicas, por intermédio de acordos, compromissos e ajustamentos de conduta a serem celebrados entre os interessados: [...] (DISTRITO FEDERAL. **Decreto 39.629. 2019**, n.p.).

[611] "Art. 4º A tentativa de conciliação e mediação administrativa, sempre que possível, precederá ao ajuizamento de ações possessórias e reivindicatórias de natureza fundiárias do interesse dos Distrito Federal. Art. 5º Os acordos extrajudiciais promovidos pelo Comitê de Mediação de Regularização Fundiária do Distrito Federal poderão ser submetidos à homologação judicial nos termos do art. 725, inciso III do Código de Processo Civil". (DISTRITO FEDERAL. **Decreto 39.629. 2019**, n.p.).

[612] "Art. 6º Nas ações judiciais de natureza fundiária, os órgãos e entidades da Administração Pública Direta e Indireta do Distrito Federal poderão, a qualquer tempo, propor ao particular a conciliação ou mediação administrativa no âmbito do Comitê de Mediação de Regularização

A partir da referida regulamentação, as deliberações da mediação devem ser submetidas à aprovação do Comitê de Mediação de Regularização Fundiária, após o qual será elaborado e entregue o correspondente termo de encerramento, assim como a correspondente Certidão de Regularização Fundiária.

4. O CASE DE TRAMANDAÍ/RS

A partir das buscas e pesquisas efetivadas, observou-se que no Estado do Rio Grande do Sul, para as regularizações fundiárias urbanas, existem duas possibilidades: uma com adequação da Lei Federal nº 13.465/17 e Decreto nº 9.310/18, que prescinde da participação do Poder Judiciário, e outra ou pelo Projeto More Legal, com autorização judicial.

No recente Provimento número 01/2020 da CGJ/RS, constam previstas essas duas modalidades, nos Títulos XV (artigos 692 e seguintes) e XVI (artigos 737 e seguintes), respectivamente.

O artigo 736, no título referente à regularização pela Lei nº 13.765, refere ainda o seguinte: "Faculta-se a aplicação desta modalidade de regularização ou a prevista no título que se refere ao Projeto MORE LEGAL".

Além da usucapião, portanto, como forma originária de aquisição do direito de propriedade, tem-se dois procedimentos distintos para a regularização de situações consolidadas.

Como as regularizações fundiárias presenciadas no Rio Grande do Sul possuem grande impacto social na região, fora implantado uma atuação multidisciplinar com trabalho integrado entre os entes públicos, o Registro de Imóveis, Procuradorias Municipais e Estaduais, com prévia conferência das plantas e memoriais descritivos, o que facilitou e agilizou os procedimentos.

Fundiária do Distrito Federal, para posterior homologação judicial, nos termos do art. 725, inciso III do Código de Processo Civil.
Art. 7º As atividades dos conciliadores e mediadores serão consideradas prestação de serviço público relevante e não ensejarão qualquer tipo de remuneração" (DISTRITO FEDERAL. **Decreto 39.629. 2019**, n.p.).

Uma vez registrado o parcelamento, possibilitar-se-á a titulação dos respectivos lotes, através dos procedimentos estabelecidos na Lei Federal 13.465, no próprio Projeto More Legal e na Portaria número 140/2019 da Direção do Foro da Comarca de Tramandaí/RS, inclusive possibilitando-se ao proprietário da área negociar os demais lotes que não foram invadidos.

Importante ressalvar que este procedimento do More Legal está sendo utilizado por tratar-se de situação consolidada e irreversível, pois, caso contrário, o proprietário somente poderia parcelá-la utilizando-se dos procedimentos previstos na Lei número 6.766/79.

O projeto de REURB em Tramandaí/RS possui um modelo de efetividade, cooperação e resultados muito positivos. Há uma equipe multidisciplinar em total sintonia e colaboração com participação do Tribunal de Justiça, magistrados, registradores de imóveis, entes públicos, procuradores públicos, cartógrafos, engenheiros e outros.

Um dos casos presenciados, in loco, no município de Tramandaí/RS trata-se de um condomínio irregular, chamado Edifício Turist, este se encontrava numa situação que se prolonga por décadas no município. Não existia sequer matrícula com a descrição do terreno, mas apenas uma apenas uma Carta de Aforamento outorgada pelo Município de Osório/RS, referente a uma área maior na qual o terreno do condomínio estava inserido. Com o passar dos anos, o condomínio foi "atravessado" por uma via pública, o que exigiu, para fins de regularização, dividi-lo em duas partes, denominadas EDIFÍCIOS TURIST e TURIST B.

Passados vários anos tentando buscar-se uma solução, e havendo interesse de alguns condôminos, sugeriu-se a usucapião administrativa como forma de regularizar o condomínio. Mediante parceria com o Município de Tramandaí, foi elaborado e aprovado o projeto arquitetônico dos dois edifícios, e conferido previamente o memorial descritivo, tudo para fins de instruir a usucapião da primeira unidade de cada condomínio. Uma vez aprovados os projetos e feitas as correções nos memoriais, os interessados ingressaram com os pedidos individuais de usucapião das primeiras unidades de cada condomínio, processos esses que transcorreram normalmente, sem contestações, estando um deles já concluído e outro em fase de conclusão.

No caso do Edifício Turist (hoje EdifíciosTurist e Turist B), todas as usucapiões que forem sendo requeridas obedecerão a um projeto único e harmônico, como ocorre nos condomínios regularmente instituídos e registrados. Com isso, evita-se a existência de diversos registros de unidades autônomas totalmente desconexas entre si, principalmente quanto aos coeficientes de proporcionalidade no terreno.

Outro caso presenciado foi o da QUADRA 500, de Imbé/RS, área de Guilhermina Josefa Cardoso, trata-se de uma área com aproximadamente 75.000 metros quadrados e que tinha origem no Registro de Imóveis de Osório, que era a serventia competente antes da instalação do Registro de Imóveis de Tramandaí em 1971. Várias partes dessa área foram vendidas, as quais foram matriculadas na serventia de Tramandaí, restando uma área remanescente totalmente descaracterizada.

A solução encontrada, diante das circunstâncias, foi utilizar-se dos procedimentos da Lei nº 13.465/2017, através da DEMARCAÇÃO URBANÍSTICA, em que o Poder Público, no caso, o Município de Imbé, fará a demarcação da área para fins de Regularização Fundiária, com a notificação de todos os interessados diretos – Espólio de Guilhermina Josefa Cardoso (proprietária da área remanescente) e os proprietários das áreas já vendidas.

Uma vez averbada a Demarcação Urbanística nas matrículas existentes, o passo seguinte será o registro da REURB, o que importará em abertura de matrícula da área demarcada, retificação das matrículas já existentes e abertura de matrículas para os demais lotes, possibilitando-se a outorga dos títulos de posse ou de propriedade, conforme os institutos elencados no artigo 15 da Lei nº 13.465 ou ainda através da Portaria expedida pela Direção do Foro de nossa Comarca. Importante ressaltar que para o registro da Reurb será indispensável a apresentação de estudo técnico de impacto ambiental, por tratar-se de área junto ao Rio Tramandaí, conforme exige o artigo 11, §2º, da Lei nº 13.465.

Outro caso tratado no Rio Grande do Sul foi o do BAIRRO RIVIERA, município de Imbé. Trata-se de uma das áreas mais problemáticas do Município de Imbé/RS, pois no passado existia um registro de loteamento com a mesma denominação e que foi cancelado por ordem judicial. Jamais houve urbanização da área e a situação de informalidade gerou uma série de invasões.

Após um imbróglio jurídico que levou anos, foi reconhecida judicialmente a propriedade da área para o Espólio de Jorge José Mury. Como há interesse dos herdeiros na regularização da área, optou-se por regularizar o parcelamento através do PROJETO MORE LEGAL, previsto nos artigos 737 e seguintes do Provimento número 01/2020 da CGJ/RS. Este procedimento assemelha-se ao da Reurb da Lei número 13.465, mas não prescinde da autorização judicial, e optou-se por ele justamente em razão do histórico de litígio existente na área. Trata-se de um loteamento com quarenta e oito (48) quadras e área total de 251.990,72 m².

Uma vez registrado o parcelamento, possibilitar-se-á a titulação dos respectivos lotes, através dos procedimentos estabelecidos na Lei Federal 13.465, no próprio Projeto More Legal e na Portaria número 140/2019 da Direção do Foro desta Comarca, inclusive possibilitando-se ao proprietário da área negociar os demais lotes que não foram invadidos. Importante ressalvar que este procedimento do More Legal está sendo utilizado por tratar-se de situação consolidada e irreversível, pois, caso contrário, o proprietário somente poderia parcelá-la utilizando-se dos procedimentos previstos na Lei número 6.766/79.

Após análise de alguns documentos do projeto piloto de REURB do Rio Grande do Sul, pode-se concluir que, além da usucapião, como forma originária de aquisição do direito de propriedade, tem-se uso de dois procedimentos distintos para a regularização de situações consolidadas, uma pela Lei Federal nº 13.465/17 e Decreto nº 9.310/18, que prescinde da participação do Poder Judiciário e outra pelo Projeto More Legal, com autorização judicial.

5. UMA BREVE VISÃO DO PAPEL DA MEDIAÇÃO NA REURB PELA ANÁLISE ECONÔMICA DO DIREITO

Pensando especificamente em REURB e as possíveis dívidas tributárias de imóveis residenciais irregulares, uma interpretação sistemática do ordenamento jurídico permite inferir mais uma possibilidade de transação da dívida. Para isso é preciso pontuar algumas premissas sob a perspectiva da cooperação como instrumento apto a atingir uma racionalidade maximizadora de ganhos recíprocos, os quais podem ser positivos com a eficiência da mediação.

O direito de moradia faz parte do mínimo existencial necessário para que a pessoa viva de forma digna, constituindo elemento essencial a efetivação da dignidade da pessoa humana, princípio estruturante de todo ordenamento jurídico brasileiro e merecendo.

A transação constitui solução consensual que deve ser priorizada pelo Estado na forma do artigo 3, §2 e §3 do CPC. Quando a solução da demanda é construída pelas próprias partes ao invés de ser imposta por uma medida judicial, a possibilidade de aceitação e satisfação dos envolvidos é maior, pois eles próprios construíram aquele resultado, ainda que para isso tenha sido necessário atender em parte as exigências da outra parte. Aplica-se, assim, uma justiça não adversarial em que o Estado possa em certa medida atentar para as necessidades de seus administrados. Tal possibilidade negocial é, inclusive, pautada nos efeitos econômicos que são visíveis com uma breve compreensão da análise econômica do Direito.

O primeiro objeto de análise à qual se deve proceder, no que se refere à economicidade da mediação, especialmente quanto aos seus resultados, é a perspectiva da cooperação como instrumento apto a atingir uma racionalidade maximizadora de ganhos recíprocos.

A Análise Econômica do Direito é "[...] a aplicação do instrumental analítico e empírico da economia, em especial da microeconomia e da economia do bem-estar social, para se tentar compreender, explicar e prever as implicações fáticas do ordenamento jurídico", bem como da racionalidade do ordenamento jurídico.[613]

Corresponde, assim, à utilização da abordagem econômica para compreender o direito no mundo e o mundo no direito, portanto, praticando da ciência econômica aplicada ao direito, porém, incapaz de "[...] oferecer

---

[613] GICO JÚNIOR, Ivo T. Metodologia e epistemologia da análise econômica do direito. **Economic Analysis of Law Review,** v. 1, n. 1, p. 7-33, jan.-jun., 2010, p. 18.

quaisquer sugestões de políticas públicas ou de como certa decisão deve ser tomada".[614]

Deve-se voltar a identificar as possíveis alternativas normativas, investigar as prováveis consequências de cada uma e comparar a eficiência de cada solução possível, auxiliando em uma *análise de custo-benefício*, por meio da abordagem das causas e das consequências das regras jurídicas e de suas organizações.[615]

Considera-se que toda escolha pressupõe um *trade off*, denominado *custo de oportunidade*, a repercutir que toda atividade humana tem um preço implícito ou explícito, não necessariamente pecuniário, de modo que os agentes, por meio de *escolhas*, ponderam custos e benefícios de cada alternativa.[616]

No que concerne à utilização do processo judicial, é possível que o risco envolvido na substituição da vontade das partes por um terceiro, bem como da relação litigiosa adversária suplantar as vantagens de um acordo, tornando, portanto, irracional.

Ocorre que a ideia de cooperação não é incompatível com o ganho individual, pois "[...] traz a noção de que é possível maximizar ganhos individuais cooperando com o adversário". Nesse contexto, "[...] se todos fizerem o melhor para si e para os outros, todos ganham".[617]

Um acordo, dessa forma, sob a perspectiva da racionalidade maximizadora, pode ser mais vantajoso para as duas partes envolvidas no litígio do que o embate, tendo em vista que pode estreitar positivamente a relação entre custos e benefícios, bem como diminuir os riscos.

Ressalta-se que não há risco de que as pessoas deixem de pagar os encargos tributários quando deixam de ser meras possuidoras do imóvel e passam a ser enquadradas, após REURB, como proprietárias. A inscrição do

---

[614] *Ibid.*, p. 20.

[615] *Ibid.*, p. 21.

[616] *Ibid.*, p. 21.

[617] ALMEIDA, Fábio Portela Lopes de. A teoria dos jogos: uma fundamentação teórica dos métodos de resolução de disputas. In: AZEVEDO, André Gomma de (org.). **Estudos em arbitragem, mediação e negociação**. v. 2. Brasília: UnB, 2003, p. 184.

devedor em dívida ativa acarreta, deveras, uma série de consequências negativas que tornam vital uma análise econômica dos Direitos envolvidos. A própria existência de uma ação judicial possui consequências negativas, como a inscrição em dívida ativa e protesto do devedor que influencia diretamente em seu crédito, além de gerar encargos extras como custas e honorários, não sendo uma medida barata para ser adotada.

Por outro lado, essa hipótese se mostra bastante adequada para frear os efeitos da gentrificação em bairros que sofrem valorização no mercado imobiliário. Ela impede que moradores mais antigos, que não tenham renda compatível com a nova realidade que se impõe a sua vizinhança, sejam obrigados a se desfazer de seus imóveis em busca de locais mais baratos. Preserva-se, assim, a diversidade que é tão importante, principalmente para o direito à Cidade que é um direito transindividual coletivo.

Além da racionalidade é vital pensar em *eficiência* se encontra "[...] no sentido Pareto-eficiente, que significa simplesmente que não existe nenhuma outra alocação de recursos tal que eu consiga melhorar a situação de alguém sem piorar a de situação outrem", assim, equilíbrios são ótimos de Pareto.[618]

Nesse sentido, a mediação de conflitos, ao interpor, entre os litigantes, um terceiro imparcial, especialmente para esclarecê-los acerca das vantagens de um acordo, pode ser capaz de promover uma otimização mútua, no sentido de equilibrar o conflito, no sentido da eficiência recíproca.

Caso não exista relação prévia entre as partes, "[...] ou, ainda que exista, não haja uma previsão sobre como resolver uma situação conflituosa surgida entre elas, as cortes precisarão alocar, *ex post*, os riscos de determinada atividade, atribuindo a responsabilidade a uma das partes".[619]

Nesse mesmo contexto, a depender de como se decidiria, uma ou outra parte teria que arcar com os custos desses riscos e, desse modo, deverão

---

[618] *Ibid.*, p. 23.
[619] KESSLER, Daniela Seadi; TRINDADE, Manoel Gustavo Neubarth. A mediação sob o prisma da análise econômica do direito. **RJLB**, a. 5, n. 4, 535-591, 2019, p. 571.

adequar as suas condutas ponderando previamente, ou seja, *precificando* todas essas circunstâncias".[620]

Dessarte, "[...] ao se projetar e escolher entre arranjos sociais devemos considerar o efeito total[621], de maneira que, no concernente à mediação, é imperioso considerar suas consequências não apenas entre as partes em litígio, como, também, em relação ao próprio sistema processual.

O *teorema de Coase* estabelece que a solução à qual as partes chegariam depende do custo das diferentes soluções possíveis e não da regra jurídica aplicável. Como há duas soluções técnicas e duas regras jurídicas, há quatro configurações possíveis que podem ser representadas no quadro de dois por dois.[622]

O papel da mediação, logo, não se encerra na solução pacífica dos conflitos, pois é facilmente observável uma função econômica relevante, tendo em vista a possibilidade de redução dos custos sociais, especialmente em decorrência do desafogamento do Judiciário.

Coase entende que a solução que decorre da regulação estatal mostra-se necessária e eficiente apenas nos ambientes nos quais o custo de transação seja suficientemente alto para "[...] inviabilizar o contato entre os litigantes e impedir que as partes barganhem entre si". Ocorre que a barganha é essencial nas transações privadas.[623]

A efetiva solução de conflitos pressupõe a análise de efeitos marginais e dos efeitos totais gerados na conduta a ser adotada pelos litigantes para que a solução seja eficiente, qual seja, "[...] aquela que contribui para a redução dos custos de transação".[624]

---

[620] *Ibid.*, p. 571.
[621] *Ibid.*, p. 36.
[622] MACKAAY, Ejan; ROUSSEAU, Stéphane. **Análise econômica do direito.** 2. ed. São Paulo: Atlas, 2015, p. 204.
[623] SONAGLI, Joseliane; RIBEIRO, Marcia Carla Pereira. A Teoria de Coase e o papel do direito para a eficiência das relações empresariais. **Economic Analysis of Law Review**, v. 8, nº 1, p. 18-34, jan.-jun., 2017, p. 13.
[624] *Ibid.*, p. 13.

A REURB garante, ainda, um direito de moradia mais estável ao devedor do que aquele propiciado pelo auxílio estatal, pois preserva direitos reais ou possessórios sobre o bem imóvel que não se obtém com um simples contrato temporário de aluguel residencial. Além disso, ela permite que o indivíduo fique dentro de sua comunidade mantendo os laços comunitários formados, como a vinculação das crianças com a escola ou dos idosos com os agentes comunitários de saúde.

Indene de dúvidas que a intervenção do mediador no sentido de incentivar à construção de um acordo proporcionalmente vantajoso a todas as partes em litígio é um fator redutor dos riscos, especialmente no contexto de um sistema judiciário inseguro como aquele que se observa no direito processual civil brasileiro.

6. CONCLUSÃO

Os métodos adequados de solução de conflitos possuem grande potencial para diminuir a judicilização de demandas e facilitar a pacificação entre as partes. Contudo, se faz necessária maior participação da Administração pública no sentido de colocar em prática esses métodos nos conflitos que a envolvem.

Os métodos adequados de solução de conflitos permitiram a criação de ferramentas online que resolvem conflitos de forma extrajudicial conferindo maior empoderamento ao cidadão para resolver seus problemas de forma mais rápida, eficiente e autônoma. Essas ferramentas se destacam, principalmente, no sistema de defesa do consumidor, tendo grande potencial de aplicação em serviços públicos que se enquadrem neste conceito.

Ferramentas online como o consumidor.gov podem ser melhor aproveitadas por entidades estatais como as Companhias habitacionais que possuem grande passivo de irregularidade dominial em sua cartela de imóveis, mas que até o momento não aderiram a este mecanismo. É preciso que os órgãos públicos atuem de forma conjunta e coordenada visando a efetividade dos direitos fundamentais dos cidadãos, entre eles o acesso à justiça e a uma solução justa e célere.

As dificuldades para concretização do direito de moradia digna no Brasil têm demandado medidas criativas que envolvem não apenas a residência em si, mas também os encargos dela decorrentes, que não são poucos. Assim, se propôs nesta análise uma nova hipótese de transação para casos que envolvam a REURB.

A cooperação, vista inclusive na mediação, é instrumento apto a atingir uma racionalidade maximizadora de ganhos recíprocos. Sua utilização no processo judicial possibilita que o risco envolvido na substituição da vontade das partes por um terceiro e da relação litigiosa adversarial suplantem as vantagens de um acordo, tornando-o irracional.

A mediação de conflitos, ao interpor um terceiro imparcial para esclarecê-los acerca das vantagens de um acordo, pode promover a otimização mútua, equilibrando o conflito rumo à eficiência recíproca, reduzindo os riscos, especialmente em um sistema judiciário inseguro como o brasileiro.

Uma das formas de se perceber as vantagens da mediação é o paradigma teórico denominado Teoria dos Jogos, cuja aplicação aos instrumentos de resolução extrajudicial de conflitos depende da atuação do mediador, pois a ele caberá explicitar as vantagens e desvantagens de um acordo.

REFERÊNCIAS BIBLIOGRÁFICAS

ALMEIDA, Fábio Portela Lopes de. A teoria dos jogos: uma fundamentação teórica dos métodos de resolução de disputas. *In*: AZEVEDO, André Gomma de (org.). **Estudos em arbitragem, mediação e negociação**. v. 2. Brasília: UnB, 2003, p. 175-200.

ANDRADE, Eduardo de Carvalho. 2 - Externalidades. In: BIDERMAN, Ciro; ARVATE, Paulo. (org.). **Economia do setor público no Brasil**. Rio de Janeiro: Campus, 2005, p. 16-33.

BERTA. Roberts. Cehab-RJ: mais de 56 mil moradias construídas pelo estado não estão legalizadas. **Jornalismo Artesanal**. 2019. Disponível em: https://blogdoberta.com/2020/03/09/cehab-rj-56-mil-moradias-estado-nao-legalizadas/. Acesso em 25 nov. 2021.

BRASIL. 3ª Vara Federal de Maceió. **Ação Civil Pública 0803836-61.2019.4.05.8000**. 2020. Disponível em: www.cnj.jus.br. Acesso em: 25 nov. 2021.

BRASIL. Consumidor.gov.br. Disponível em: https://www.consumidor.gov.br/pages/principal/?1638136412490. Acesso em 25 nov. 2021.

BRASIL. Consumidor.gov.br. **Empresas participantes**. Disponível em: https://www.consumidor.gov.br/pages/principal/empresas-participantes. Acesso em 25 nov. 2021.

BRASIL. STF. **ADPF 828 MC-DF**. Relator Ministro Luís Roberto Barroso. Disponível em: https://www.conjur.com.br/dl/stf-suspende-meses-desocupacoes-areas.pdf. Acesso em 23 nov. 2021.

CAFRUNE, Marcelo Eibs. Mediação de conflitos fundiários urbanos: do debate teórico à construção política. **Revista da Faculdade de Direito UniRitter**, n. 11, p. 197-217, 2010.

CAPPELETTI, Mauro e GARTH, Bryant. **Acesso à justiça**. Tradução de Ellen Gracie Northfleet. Porto Alegre: Fabris, 1988.

CEHAP. **Sobre**. Disponível em: http://cehap.pb.gov.br/sitecehap/sobre/. Acesso em 28 nov. 2021.

CONSELHO DA JUSTIÇA FEDERAL. **I Jornada de prevenção e solução extrajudicial de litígios**. 2016. Disponível em: https://www.cjf.jus.br/cjf/corregedoria-da-justica-federal/centro-de-estudos-judiciarios-1/publicacoes-1/cjf/corregedoria-da-justica-federal/centro-de-estudos-judiciarios-1/prevencao-e-solucao-extrajudicial-de-litigios/?_authenticator=60c7f30ef0d8002d17dbe298563b6fa2849c6669. Acesso em 28 nov. 2021.

CONSELHO DA JUSTIÇA FEDERAL. **II Jornada de prevenção e solução extrajudicial de litígios: enunciados aprovados**. Brasília: Centro de estudos judiciários, 2021. Disponível em: https://www.cjf.jus.br/cjf/corregedoria-da-justica-federal/centro-de-estudos-judiciarios-1/publicacoes-1/cjf/corregedoria-da-justica-federal/centro-de-estudos-judiciarios-1/prevencao-e-solucao-extrajudicial-de-litigios/?_authenticator=60c7f30ef0d8002d17dbe298563b6fa2849c6669. Acesso em 28 nov. 2021.

CEHAB. **Mutuários**. Disponível em: www.cehb.rj.gov.br. Acesso em 25 nov. 2021.

COHAB. **Histórico**. Disponível em: http://www.cohab.pa.gov.br/hist%C3%B3rico-0. Acesso em 28 nov. 2021.

COASE, Ronald Harry. The problem of social cost. **Journal of Law and Economics**, v. 3, p. 1-44, out., 1960.

COOTER, Robert; ULEN, Cooter. **Law and economics**, 6. ed. Boston: Addison-Wesley, 2011.

DINAMARCO, Cândido Rangel; LOPES, Bruno Vasconcelos Carrilho. **Teoria geral do novo processo civil**. 4. ed. São Paulo: Malheiros, 2019.

DISTRITO FEDERAL. **Decreto 38.023**. 2017. Disponível em: www.sinj.df,gov.br. Acesso em: 25 nov. 2021.

DISTRITO FEDERAL. **Decreto 39.629**. 2019. Disponível em: www.sinj.df,gov.br. Acesso em: 25 nov. 2021.

DISTRITO FEDERAL. Procuradoria Geral do Distrito Federal. **Portaria 133.** 2017. Disponível em: www.sinj.df,gov.br. Acesso em: 25 nov. 2021.

DUTRA, Walkiria Zambrzycki. Entre a produção habitacional estatal e as moradias precárias: uma análise da popularização da casa própria no Brasil. *Configurações*. Revista de sociologia. n. 10, 2012.

FERNANDES, Roberto Peçanha. Cehab-RJ 58 anos: orgulhosa do passado, de olhos abertos para o futuro. **O fluminense**. 19 dez 2020. Disponível em: https://www.ofluminense.com.br/colunas-e-artigos/2020/12/1160541-cehab-rj-58-anos-orgulhosa-do-passado-de-olhos-abertos-para-o-futuro.html. Acesso em 25 nov. 2021.

GICO JÚNIOR, Ivo T. Metodologia e epistemologia da análise econômica do direito. **Economic Analysis of Law Review**, v. 1, n. 1, p. 7-33, jan.-jun., 2010.

GOIÁS. **Agência Goiana de habitação**. Disponível em: https://www.agehab.go.gov.br/3-institucional.html. Acesso em 28 nov. 2021.

MEZZAROBA, Orides; SALEME, Edson Ricardo. Aplicação da resolução extrajudicial de conflitos no processo de regularização fundiária no Brasil: o caso das câmaras de prevenção e resolução administrativa de conflitos fundiários urbanos previstos pela Lei nº 13.465 de 2017. **Justiça do direito,** v. 33, n. 3, p. 115-138, set.-dez., 2019.

OLIVEIRA, Bruno Bastos de; ALBUQUERQUE FILHO, Edme Tavares de; MARTINS, Érika Silvana Saquetti; SACRAMENTO, Luciano; CALIL, Mário Lúcio Garcez; ROSSIGNOLI, Marisa; MARTINS, Robson; CACHICHI, Rogério Cangussu Dantas. **Regulação, ferrovias e direito à moradia:** eficiência e justiça social. Curitiba: Instituto Memória, 2021.

PROCONRJ. Reclamações. Primeiro Acesso. **Aviso**. Disponível em: http://www.procononline.rj.gov.br/. Acesso em 25 nov. 2021.

RIO DE JANEIRO. Decreto estadual n. 46245, de 19 de fevereiro de 2021. Regulamenta a adoção da arbitragem para dirimir os conflitos que envolvam o estado do Rio de Janeiro ou suas entidades. **Diário oficial estadual**. 20 fev. 2018. Disponível em: https://www.google.com/url?sa=t&source=web&rct=j&url=http://crars.org.br/cma/arquivos/Decreto-Lei-46.245-2018-Arbitragem-Rio-de-Janeiro.pdf&ved=2ahUKEwiysYa8mcD0AhW0ppUCHW2NBhEQFnoECAQQAQ&usg=AOvVaw1dhF4zIZF-uL0v4yoZ4hoE. Acesso em 29 nov. 2021.

RIO DE JANEIRO. Projeto de lei municipal n. 688, de 12 de setembro de 2017. Dispõe sobre a medicação e os mecanismos de soluções de controvérsias e pacificação de conflitos entre os particulares, os servidores e a Administração pública e dá outras providências. **Câmara Municipal do Rio de Janeiro**. Disponível em: http://aplicnt.camara.rj.gov.br/Apl/Legislativos/scpro1720.nsf/77e93df9d8ad5eda8325807c006a4071/d92a9652d9d54c0d832580f1005fa11c?OpenDocument&Start=1&Count=80&Collapse=1. Acesso em 29 nov. 2021.

RIO DE JANEIRO. **Lei orgânica do município de 1990**. 2° ed. Rio de Janeiro: Centro de estudos da Procuradoria-geral do município, 2010.

SANTOS, Angela Moulin Simões Penalva e MEDEIROS, Mariana Gomes Peixoto. Direito à moradia: entre o avanço normativo e a prática institucional. A política de aluguel social no Rio de Janeiro. **Geo UERJ**, Rio de Janeiro, n. 29, p. 20-43, 2016, doi: 10.12957/geouerj.2016.15464.

SÃO PAULO. CDRU. Secretaria de habitação. **Institucional**. Disponível em: https://www.cdhu.sp.gov.br/web/guest/institucional/quem-somos. Acesso em 28 nov. 2021.

SARLET, Ingo Wolfgang. **Direitos sociais e ordem social no constitucionalismo contemporâneo (conferência)** in A constitucionalização do direito e o estatuto jurídico da cidade. Webinar. 44 reunião do Fórum permanente de direito da cidade (EMERJ). 22 nov. 2021.

Parte V

REGULARIZAÇÃO FUNDIÁRIA E INOVAÇÃO

CAPÍTULO 17

SMART CITY E REGULAÇÃO COMPORTAMENTAL: ANÁLISE COMPARATIVA ENTRE NOVA IORQUE E SÃO PAULO

Rafael Carvalho Rezende Oliveira[625]

Luiz Eduardo Cucci Gayoso[626]

Resumo: O tema da Cidade Inteligente ou *Smart City* tem sido amplamente discutido, notadamente no âmbito das novas tecnologias e da sustentabilidade. Contudo, é preciso aprofundar o debate sobre os caminhos para implementação dos ideais da Cidade Inteligente, com destaque para relevância do diálogo público-privado nesse contexto, a partir da utilização de técnicas da regulação comportamental que possam induzir comportamentos sociais necessários à

---

[625] Pós-Doutor pela Fordham University School of Law (Nova York). Doutor em Direito pela UVA-RJ. Mestre em Teoria do Estado e Direito Constitucional pela PUC-RJ. Especialista em Direito do Estado pela UERJ. Professor Titular de Direito Administrativo do IBMEC. Professor do Programa de Pós-graduação Stricto Sensu em Direito – Mestrado e Doutorado do PPGD/UVA. Professor do Mestrado Acadêmico em Direito da Universidade Cândido Mendes. Professor de Direito Administrativo da EMERJ e do curso FORUM. Professor dos cursos de Pós-Graduação da FGV e Cândido Mendes. Membro do Instituto de Direito Administrativo do Estado do Rio de Janeiro (IDAERJ). Presidente do Conselho editorial interno da Revista Brasileira de Alternative Dispute Resolution (RBADR). Membro da lista de árbitros do Centro Brasileiro de Mediação e Arbitragem (CBMA). Ex-Defensor Público Federal. Procurador do Município do Rio de Janeiro. Sócio-fundador do escritório Rafael Oliveira Advogados Associados. Árbitro e consultor jurídico. E-mail: contato@roaa.adv.br.
[626] Mestre em Direito pela Universidade Veiga de Almeida. LLM em gestão jurídica empresarial pela Fundação Getúlio Vargas. Pós-graduado em Direito Imobiliário pela Pontifícia Universidade Católica do Rio de Janeiro.

implementação das Cidades Inteligentes. Revela-se oportuna a realização de pesquisa empírica, com a comparação entre as cidades de Nova Iorque e São Paulo para demonstrar as eventuais diferenças na aplicação dos conceitos de cidades inteligentes e dos objetivos da Agenda 2030. A apresentação das políticas públicas adotadas para modernização de Nova Iorque pode revelar estratégias a serem adotadas na cidade de São Paulo. A noção de Cidade Inteligente remete à ideia de segurança, meios de transporte modernos com redução ou neutralização na emissão de gases do efeito estufa, maior tecnologia locomotiva, economia, coesão social, utilização de métodos de energia renovável e maior contato do ser humano com a natureza, conforme exposto no *IESE Cities in Motion Index* 2020. O artigo apresentará a noção de *Smart City* e avaliará se as cidades de Nova Iorque e de São Paulo preenchem os requisitos necessários para enquadramento na noção de Cidades Inteligentes. Ao final, o texto demonstrará a importância da regulação comportamental, com destaque para os *nudges*, como meio de implementação das Cidades Inteligentes.

Palavras-chave: Cidades inteligentes. Sustentabilidade. Urbanismo. *Nudges*. Regulação comportamental.

Abstract: *The theme of the Smart City or Smart City has been widely discussed, notably in the* context of new technologies and sustainability. However, it is necessary to deepen the debate on the paths to implement the ideals of the Smart City, with emphasis on the relevance of public-private dialogue in this context, based on the use of behavioral regulation techniques that can induce social behaviors necessary for the implementation of Smart Cities. It is opportune to carry out empirical research, with the comparison between the cities of New York and São Paulo to demonstrate the possible differences in the application of the concepts of smart cities and the objectives of the 2030 Agenda. New York may reveal strategies to be adopted in the city of São Paulo. The notion of Smart City refers to the idea of security, modern means of transport with reduction or neutralization in the emission of greenhouse gases, greater locomotive technology, economy, social cohesion, use of renewable energy methods and greater contact between human beings and nature, as exposed in the IESE Cities in Motion Index 2020. The article will present the notion of Smart City and will assess whether the cities of New York and São Paulo fulfill the necessary requirements for framing the notion of Smart Cities. In the end, the text will demonstrate the importance of behavioral regulation, with emphasis on nudges, as a means of implementing Smart Cities.

Keywords: Smart cities. Sustainability. Urbanism. Nudges. Behavioral regulation.

1. INTRODUÇÃO

O presente trabalho pretende apresentar as medidas implementadas na cidade de Nova Iorque, que a levaram a ocupar a segunda posição do ranking de cidades mais inteligentes do mundo, e aquelas adotadas na cidade de São Paulo inserida na 123ª posição do ranking da *IESE Cities in Motion Index* 2020.627 A escolha das referidas cidades para realização da análise comparativa é justificada pelo fato de que, embora seja a segunda cidade mais inteligente do mundo, com base no *IESE*, Nova Iorque possui a chancela da ONU de que seu plano de modernização da cidade está de acordo com os Objetivos para o Desenvolvimento Sustentável da Agenda 2030.

Nesse contexto, o texto abordará, primeiramente, a noção de *"Smart City"* (cidade inteligente), com a apresentação das suas respectivas caraterísticas, a partir dos indicadores apresentados pelo *IESE Cities in Motion Index* 2020, bem como a importância da regulação estatal para sua implementação.

Em seguida, será apresentado o projeto de revitalização da cidade de Nova Iorque, intitulado de "OneNYC 2050", que entrou em vigor em 2015 e buscou implementar a sustentabilidade, igualdade econômica e justiça social.

---

627 IESE. **Cities in Motion Index 2020**. Navarra: University of Navarra, 2020. Disponível em: <https://media.iese.edu/research/pdfs/ST-0542-E.pdf>. Acesso em: 20.09.2021. Em relação aos países da América Latina as cinco primeiras colocações cabem as seguintes cidades em ordem: Santiago (68ª posição no ranking mundial), Buenos aires (90ª posição no ranking mundial), Montevideo (110ª posição no ranking mundial), Cidade do Panamá (113ª posição no ranking mundial) e São Jose (114ª posição no ranking mundial).

Na sequência, o trabalho abordará a situação vigente na cidade de São Paulo que, até o momento, possui apenas um projeto de lei que pretende adequar a cidade aos preceitos da cidade inteligente, mas que, na prática, revela-se genérico e distante dos indicadores previstos no *IESE Cities in Motion Index* 2020.

Ao final, o estudo pretende demonstrar a relevância da regulação comportamental, especialmente por meio do *nudge*, para indução de comportamentos dos indivíduos e das empresas necessários para implementação dos indicadores das cidades inteligentes.

A metodologia utilizada no presente trabalho foi a pesquisa exploratória, principalmente de livros e artigos científicos nacionais e internacionais, além de dados oficiais do governo e de organizações mundiais.

2. *SMART CITY*: NOÇÃO E PARÂMETROS

Inicialmente, afigura-se necessária a apresentação da noção de "*Smart City*" que será utilizada no presente trabalho. De acordo com a Comissão Europeia,628 *Smart City* é um lugar onde os serviços e as redes tradicionais se tornam mais eficientes, a partir do uso de tecnologias digitais e de telecomunicação para o benefício de seus habitantes e para os negócios. A noção compreende, por exemplo, a instituição de redes de transportes inteligentes; a melhoria no abastecimento de água e instalação de eliminação de resíduos; a criação de formas mais eficientes de iluminar e aquecer as construções; a maior agilidade e interação da Administração Pública mais ágil e interativa; e a segurança dos espaços públicos.

A partir da existência de diversos indicadores utilizados para qualificação das cidades inteligentes, o presente trabalho optou pela utilização dos indicadores apresentados pelo *IESE Cities in Motion Index* 2020, que é uma plataforma de pesquisa que foi criada pela *IESE Business School Center*. Essa plataforma conecta uma rede mundial de especialistas em cidades e empresas privadas especializadas com administrações locais em todo o mundo,

---

628 EUROPEAN COMISSION. *Smart Cities*.

objetivando, desenvolver ideias e ferramentas inovadoras que podem gerar cidades mais inteligentes.629

Dessa forma, o estudo conduzido pelo *IESE Cities in Motion Index* leva em consideração nove indicadores (ou dimensões) fundamentais para uma cidade, a saber: a) capital humano; b) coesão social; c) economia; d) governança; e) meio ambiente; f) mobilidade e transporte; g) planejamento urbano; h) alcance internacional; e i) tecnologia.630

Conforme descrito no *IESE Cities in Motion Index* 2020,631 esses indicadores estão atrelados à estratégia de implementação de uma nova forma de desenvolvimento econômico local, que envolva, entre outros aspectos, a criação de uma cidade global, a promoção do empreendedorismo e da inovação, ressaltando, ainda, que as cidades inteligentes geram uma numerosa quantidade de oportunidades de negócios e abre oportunidades de colaboração entre os setores público e privado.

Em relação aos nove requisitos apresentados no *IESE Cities in Motion Index* 2020, o primeiro trata do capital humano, considerado o objetivo principal de todas as cidades, que compreende a atração e a retenção de talentos, a melhoria da educação, a promoção da criatividade e da pesquisa. Uma das bases utilizadas para esse requisito é o Índice de Desenvolvimento Humano (IDH) publicado anualmente pela ONU.632

O segundo indicador é a coesão social que explora a dimensão social das cidades, que pode ser definida como um grau de consenso entre membros de um grupo social, servindo para medir o grau de interação social dentro de um grupo. No contexto urbano, refere-se ao nível de coexistência entre grupos de pessoas com diferentes rendas, culturas, idade e profissões que vivem na

---

629 Embora existam diversos órgãos internacionais, empresas e universidades que situem e classifiquem cidades como inteligentes, para o presente artigo, foi selecionado o *Cities in Motion Index*, pelo fato de que utiliza uma vasta gama de indicadores para embasar sua pesquisa, compilando dados e expondo os motivos pelos quais determinada cidade ocupa determinada posição

630 IESE. **Cities in Motion Index 2020**. Navarra: University of Navarra, 2020, p. 11/12.

631 IESE. **Cities in Motion Index 2020**. Navarra: University of Navarra, 2020, p. 12.

632 UNITED NATIONS DEVELOPMENT PROGRAMME. Human Development Reports.

cidade.633 Assim, esse indicador se preocupa com o ambiente social da cidade, o que requer especial atenção à análise de fatores como a imigração, desenvolvimento comunitário, cuidado com os idosos, a eficácia do sistema de saúde, segurança pública e inclusão social.

O terceiro indicador é a economia, o que abrange os aspectos que promovem o desenvolvimento econômico territorial, como a economia local, o desenvolvimento de planos, a transição dos planos e os planos industriais estratégicos focados na inovação e nas iniciativas empresariais.

Na sequência, o quarto indicador é a governança, expressão que busca, normalmente, descrever a efetividade, a qualidade e a orientação da intervenção estatal. Considerando que o cidadão é o foco para a resolução de todos os desafios que as cidades enfrentam, fatores como o nível de participação do público e a capacidade das autoridades para envolver líderes empresariais e os *stakeholders* locais devem ser considerados nessa dimensão.

Essa dimensão, engloba, ainda, todas as ações que visam melhorar a eficiência da Administração Pública, incluindo a instituição de novos modelos organizacionais e de gestão. Importante destacar que o *Cities in Motion Index* revela que as contas públicas afetam diretamente a qualidade de vida da população e a sustentabilidade de uma cidade, pois determinam o nível de tributos que o cidadão e o sistema produtivo devem enfrentar, as possibilidades de investimento público em infraestrutura social básica e os incentivos ao investimento privado.

O quinto indicador refere-se ao meio ambiente e, consequentemente, ao desenvolvimento sustentável. Segundo o *IESE Cities in Motion Index* 2020, o desenvolvimento sustentável pode ser definido como "o desenvolvimento que atenda às necessidades do presente sem comprometer as gerações futuras de atender as suas próprias necessidades".634 Nesse contexto, a garantia da sustentabilidade ambiental das cidades a longo prazo depende, por exemplo, da adoção das seguintes medidas: planos antipoluentes; apoio às construções verdes e utilização de métodos alternativos de energia; uso eficiente da água,

---

633 IESE. **Cities in Motion Index 2020**. Navarra: University of Navarra, 2020, p. 13/14.
634 IESE. **Cities in Motion Index 2020**. Navarra: University of Navarra, 2020, p. 19.

gestão de resíduos sólidos; e políticas públicas que ajudem a conter as mudanças climáticas.

O sexto indicador é a mobilidade/transporte que possui dois grandes desafios: a facilitação de locomoção e o acesso aos serviços públicos. O tema envolve aspectos relevantes (exs: infraestrutura rodoviária, a frota de veículos, o transporte público) que afetam diretamente a qualidade de vida dos habitantes de uma cidade e podem ser vitais para a sustentabilidade das cidades ao longo do tempo.

Já o sétimo indicador relaciona-se com o planejamento urbano que apresenta diversas subdimensões que estão intimamente relacionadas à sustentabilidade. Se considerado insuficiente o planejamento urbano, a consequência será a redução da qualidade de vida da população no médio prazo e também poderá afetar negativamente os incentivos aos investimentos, uma vez que o planejamento inadequado ou inexistente incrementa os custos de logística e do transporte dos trabalhadores, entre outros aspectos. A melhoria na habitação depende da análise do plano diretor local, da disposição de áreas verdes e dos espaços de uso público. Os novos métodos de planejamento urbano, devem se concentrar na criação de cidades compactas e conectadas com serviços públicos acessíveis.[635]

O penúltimo indicador é o alcance internacional de uma cidade. De acordo, o *IESE Cities in Motion Index* 2020, as cidades que desejam progredir, devem garantir um lugar privilegiado no mundo e para isso ocorrer, precisam manter um impacto global através de planos estratégicos de turismo, atração de investimentos estrangeiros e ter representação no exterior.[636]

Por fim, o último indicador é a tecnologia, considerada a espinha dorsal para uma cidade ser considerada "inteligente". A partir da análise dos domicílios com internet e celular, bem como das assinaturas de telefone fixo e banda larga, revela-se possível avaliar o grau de desenvolvimento tecnológico de uma cidade.[637] É inegável a importância da tecnologia para caracterização da cidade inteligente, especialmente pelos impactos na eficiência dos serviços

---

635 IESE. **Cities in Motion Index 2020**. Navarra: University of Navarra, 2020, p. 21.
636 IESE. **Cities in Motion Index 2020**. Navarra: University of Navarra, 2020, p. 22.
637 IESE. **Cities in Motion Index 2020**. Navarra: University of Navarra, 2020, p. 23.

estatais, no campo da saúde pública (ex: monitoramento e distribuição do atendimento de acordo com os leitos disponíveis), da educação (ex: ensino à distância), da segurança (ex: câmeras de vigilância) etc.

No ranking apresentado no *IESE Cities in Motion Index* 2020, as três cidades mais inteligentes do mundo, com as respectivas pontuações, são: 1) Londres (100), 2) Nova York (95,73) e 3) Paris (85,50). Quanto ao Brasil, a cidade considerada mais inteligente é São Paulo, que ocupa a posição 123 do ranking, com a pontuação de 45,01.

De lado a ausência de consenso na conceituação de uma *Smart City*, é possível afirmar que a sua caracterização, em resumo, depende do desenvolvimento sustentável e do uso de tecnologias. Os indicadores utilizados pelo *IESE Cities in Motion Index*, com exceção da tecnologia, compreendem os fatores sociais, econômicos e ambientais que estão no escopo da Agenda 2030 e representam o desenvolvimento sustentável.[638]

Por outro lado, a tecnologia pode facilitar, modernizar e de certa forma, garantir o acesso de todos aos benefícios de uma Cidade Inteligente como transportes inteligentes, internet das coisas, saúde, segurança, dentre outros.

Dessa forma, nos próximos capítulos serão apresentados a existência ou ausência de políticas públicas focadas na implementação de cidades inteligentes e o modelo comparativo entre as cidades de Nova Iorque e São Paulo.

3. A CIDADE DE NOVA IORQUE E O ONENYC 2050

A cidade de Nova Iorque, que ocupa a segunda posição do ranking de cidades mais inteligentes do mundo da *IESE Cities in Motion Index* 2020,[639] foi escolhida como parâmetro, em detrimento da primeira colocada – Londres

---

638 UNITED NATIONS 2015.
639 IESE. **Cities in Motion Index 2020**. Navarra: University of Navarra, 2020.

–, pelo fato de que o seu plano de modernização da cidade está de acordo com os objetivos da Agenda 2030.640

O OneNYC é um plano de modernização da cidade de Nova Iorque que foi implementado em 2015 e atualizado em 2019 para a corrente nomenclatura de OneNYC 2050, com ao intuito de implementar um meio ambiente sustentável, a igualdade econômica e a justiça social. Registre-se que a participação popular na confecção do referido plano que contou com a oitiva de mais de 16.000 moradores da cidade.641

Diante do cenário apresentado, foram identificados seis principais desafios que deverão ser enfrentados até 2050, a saber: a) crescente inacessibilidade; b) insegurança econômica; c) disparidade de riqueza e saúde; d) emergência climática; e) infraestrutura deficitária; e f) mudança de necessidades e ameaças à democracia.642

A crescente inacessibilidade trata sobre o crescimento populacional da região combinado com a falta de moradia. Nesse aspecto apresenta o OneNYC 2050 que embora o crescimento populacional reforce a diversidade e fomente a economia, em outro aspecto cria uma maior competitividade pelos espaços e serviços da cidade, o que leva a necessidade de criação de mais moradias e transformação dos bairros existente.

Em dados atuais apresentados pelo OneNYC 2050, é possível identificar que mais da metade dos nova-iorquinos comprometem mais de 30% das suas rendas com a habitação e um quarto compromete mais da metade de seus salários e esse número tem crescido cada vez mais, logo, criar mais moradias é a chave para se garantir maior acessibilidade.

A fim de combater o problema apresentado, há que se construírem mais unidades habitacionais e espaços comerciais para aliviar a pressão sobre a demanda na área de alugueres bem como estabilizar os valores a longo prazo.

---

640 THE CITY OF NEW YORK. (2019). **OneNYC 2050 building a strong and fair city**, vol. 1, p. 51.
641 THE CITY OF NEW YORK. (2019). **OneNYC 2050 building a strong and fair city**, vol. 1, p. 38.
642 THE CITY OF NEW YORK. (2019). **OneNYC 2050 building a strong and fair city**, vol.1, p. 24.

O segundo desafio apresentado se refere à insegurança econômica. Apresenta o OneNYC 2050, que a economia da cidade está evoluindo em paralelo com as tendências globais, criando oportunidades para novos empregos e negócios, entretanto, esse crescimento, transparece questões como prosperidade, mobilidade social e como garantir que todos se beneficiem do crescimento econômico.

No geral, segundo o OneNYC 2050, a pobreza e o desemprego vêm caindo e os rendimentos aumentando, bem como, a economia tem dado sinais de robustez, já que a produção econômica e a produtividade mostram sinais positivos. Embora haja esses sinais, muitos ainda enfrentam insegurança econômica principalmente aqueles de baixa e média renda os quais não tem seus recebíveis aumentados na mesma proporção que a economia como um todo.643

O terceiro desafio apresentado é a disparidade de riqueza e saúde, esse tópico trata da desigualdade salarial e social sofrida entre os grupos raciais e gênero. O OneNYC 2050 apresenta que na cidade, embora exista, é menor que em outras cidades americanas.

O quarto desafio a ser tratado é a emergência climática, introduzindo o tema, o One NYC 2050 expõe que o clima nacional e mundial tem mudado e com ele, acarretando impactos cada vez maiores, como tempestades vultuosas, aumento no nível do mar, ondas de calor intensas. O que vem ameaçando a economia, ecossistema, infraestrutura, saúde pública e o modo de vida das pessoas.644

Os impactos ambientais são de tamanha proporção, que o calor tem sido a causa número um de mortalidade por condições climáticas e sem adaptação, mais nova-iorquinos morrerão em todos os verões. Além do fator mortalidade, por haver o aumento substancial na temperatura, acarretara mais pessoas utilizarem ar-condicionado o que aumentara a demanda da rede elétrica da cidade aumentando a chance de haver sobrecarga e gerar um blecaute, o que

---

643 THE CITY OF NEW YORK. (2019). **OneNYC 2050 building a strong and fair city**, vol. 1, p. 30.
644 THE CITY OF NEW YORK. (2019). **OneNYC 2050 building a strong and fair city**, vol. 1, p. 32.

poderá acometer diretamente os estoques de comida e remédios por mau acondicionamento devido à falta de energia elétrica.645

Outros dois fatores climáticos citados pelo OneNYC 2050 que afetam diretamente a cidade são os furacões e o aumento das marés. No primeiro cenário, exemplifica com o caso do furacão Sandy, que atingiu a cidade em 2012, matando 44 pessoas e causando danos à cidade no montante de 19 bilhões de dólares.646

Já o aumento das marés, foi identificado que poderão causar inundações duas vezes ao dia ou até mesmo inundações permanentes em algumas comunidades costeiras, dessa forma, identifica-se que as mudanças climáticas terão consequências drásticas referente aos temas da saúde, economia e qualidade de vida.647

Nesse espectro, o OneNYC 2050 atribui a incidência dessas mudanças climáticas à queima de combustíveis fosseis com a conseguinte geração de gases do efeito estufa. Dessa forma, denuncia que tais problemas resguardam a necessidade de uma política nacional para combater a emissão desses gases e que por anos, as empresas com atitudes integracionistas tentaram enganar os legisladores e o público com o intuito de atrasar a transição dos combustíveis fosseis para gerações de energia ecoeficientes.

Destaca-se, que Nova Iorque tem cada vez mais se adequado as políticas mundiais de redução na emissão dos gases do efeito estufa, trazendo uma redução de aproximadamente 20% em relação ao ano de 2005.

O quinto desafio trata da infraestrutura deficitária e mudança de necessidades da população. Nesse tópico, é abordado a estrutura física da

645 THE CITY OF NEW YORK. (2019). **OneNYC 2050 building a strong and fair city**, vol. 1, p. 32.
646 THE CITY OF NEW YORK. (2019). **OneNYC 2050 building a strong and fair city**, vol. 1, p. 32.
647 THE CITY OF NEW YORK. (2019). **OneNYC 2050 building a strong and fair city**, vol. 1, p .32.

cidade, o que abarca as linhas de metrô e de ônibus, até a infraestrutura de distribuição de água potável.648

Afirma o OneNYC 2050, que a maior parte dessa infraestrutura foi construída a mais de um século, motivo pelo qual, em conjunto com o desinvestimento, grande parte dos segmentos precisa de reparos.

Dessa forma, apresenta que metrôs passam por interrupções constantes e os ônibus costumeiramente enfrentam trânsito, o que leva os nova-iorquinos a encontrarem transportes alternativos e geralmente mais caros como o aluguel de carros o que faz piorar o congestionamento das ruas e contribui para a poluição do ar.

Além das questões de transporte, o OneNYC 2050 apresenta que a rede de esgotos, água, a rede elétrica, tuneis e até pontes sofreram de desinvestimento por anos, o que leva a eventuais vazamentos ou interrupções de serviços.

Outro ponto importante citado, é que o programa abrange também a modernização da cidade em um contexto digital, assumindo que se deve investir em uma nova infraestrutura digital, vez que aproximadamente um terço da população nova-iorquina não tem acesso à internet de banda larga, o que impacta diretamente a qualidade de vida e oportunidades econômicas que possam surgir.

O último desafio apresentado é a ameaça à democracia, que tem sido identificado a partir do aumento dos movimentos nacionalistas e da intolerância, o que tem abalado a confiança nas instituições públicas e minado os princípios democráticos.649

Apresenta o OneNYC 2050, que apenas 18% dos americanos confiam que o governo tomará boas decisões e que na cidade de Nova Iorque a baixa participação eleitoral limita a representação no governo da cidade. Um aspecto

---

648 THE CITY OF NEW YORK. (2019). **OneNYC 2050 building a strong and fair city**, vol. 1, p. 34.
649 THE CITY OF NEW YORK. (2019). **OneNYC 2050 building a strong and fair city**, vol. 1, p. 35.

que contribui para isso é que milhões são impedidos de votar por conta do status da imigração ou por ter antecedentes criminais.

Por ter havido participação popular quanto à confecção do plano, como anteriormente citado, a população local identificou como os dois maiores problemas da cidade a questão de moradia (61%), transportes e infraestrutura da cidade (57%).

Cabe destacar, que como resposta aos seis desafios a serem enfrentados pela cidade e com base na votação das aspirações sociais, o governo criou o OneNYC 2050, o qual aglutinou os dados apresentados, junto ao corpo técnico do estado, a fim de criar respostas à população e com isso, criou oito objetivos e 30 iniciativas para garantir que a cidade se torne uma cidade do futuro.

O primeiro objetivo é criar uma democracia vibrante, pois um público com poder é fundamental para o sucesso da democracia.650 Esse objetivo propõe garantir uma cidade onde todos os cidadãos de Nova Iorque sejam bem-vindos à vida cívica e democrática da cidade e com o intuito de alcançá-lo, pretende reforçar as campanhas contra o nacionalismo, o sentimento xenofóbico e crimes de ódio, que ameaçam os valores e as comunidades que fazem parte da cidade. Por outro fronte pretende reduzir as barreiras à participação na vida cívica, expandir os direitos ao voto, promover a naturalização, aumentar recursos para os imigrantes e combater as disparidades entre raça e gênero.

O segundo objetivo se refere a construir uma economia inclusiva, que atraia e desenvolva empregos bem remunerados, garanta salários justos e condições de trabalho dignas, já que segurança econômica e dignidade são essenciais para superar as desigualdades sociais.651 Apesar de ter uma economia em crescimento e baixas taxas de desemprego, os trabalhadores permanecem economicamente inseguros e alguns, enfrentam até más condições de trabalho. Um fator que contribui fortemente para essa insegurança tem sido a natureza mutável do trabalho, que com o avanço tecnológico algumas

---

650 THE CITY OF NEW YORK. (2019). **OneNYC 2050 building a strong and fair city**, vol. 1, p. 44.
651 THE CITY OF NEW YORK. (2019). **OneNYC 2050 building a strong and fair city**, vol. 1, p. 44.

funções vêm sendo automatizadas. Para criar oportunidades econômicas para todos, o OneNYC 2050 pretende atrair e criar empregos acessíveis e bem remunerados, através do apoio em setores como tecnologia, economia verde e pequenos negócios, bem como capacitar os trabalhadores para esses empregos.

O terceiro objetivo é tornar os bairros mais prósperos garantindo moradias seguras, acessíveis e amplos recursos comunitários.652 A fim de garantir que os bairros possam prosperar, são previstas medidas com o intuito de proteger os inquilinos de ameaças e despejo, construir e preservar moradias populares e majorar a oferta de moradias, com o objetivo de aumentar a concorrência e diminuir o valor dos alugueres.

O quarto objetivo é garantir vidas mais saudáveis, garantindo acesso a cuidados de saúde adequado e um ambiente saudável a todos independentemente de bairro, cor, raça e gênero.653

O quinto objetivo é a busca da igualdade e excelência na educação, com foco na criação de escolas de qualidade que reflitam a diversidade de pensamentos, origens e experiências.654 Com o intuito de eliminar as desigualdades presentes no sistema educacional, o OneNYC 2050 propõe aumentar o investimento na educação infantil, reformar a estrutura das escolas e garantir que todos os alunos tenham um ensino de qualidade.

O sexto objetivo traz como ponto principal garantir um clima adequado para as próximas gerações, por meio de uma transição que acabe com a utilização de combustíveis fosseis e alcance a justiça climática.655 Pretende-se alcançar a neutralidade de carbono por meio de investimentos em meios de geração de energia renovável, com a promoção de transportes que sejam sustentáveis. Existe, ainda, a previsão de alienação de fundos de pensão da cidade relacionados aos combustíveis fosseis.

---

652 THE CITY OF NEW YORK. (2019). **OneNYC 2050 building a strong and fair city**, vol. 1, p. 45.
653 THE CITY OF NEW YORK. (2019). **OneNYC 2050 building a strong and fair city**, vol. 1, p. 45.
654 THE CITY OF NEW YORK. (2019). **OneNYC 2050 building a strong and fair city**, vol. 1, p. 46.
655 THE CITY OF NEW YORK. (2019). **OneNYC 2050 building a strong and fair city**, vol. 1, p. 46.

O sétimo objetivo trata da mobilidade eficiente restaurando metrôs e ônibus, objetivando evitar o uso de carro por parte da população, garantindo ainda que esse transporte seja acessível, confiável, seguro e sustentável.656 Com o objetivo de garantir que todos os nova-iorquinos tenham acesso a mobilidade segura e acessível, será feito uma modernização na rede de ônibus, metrô, bicicleta e estradas a fim de reduzir o trânsito da cidade.

Por fim, o último objetivo trata da necessidade de investir na modernização da infraestrutura, com a realização de grandes investimentos em infraestrutura digital para dar suporte à conectividade.657

Cabe apresentar, que os objetivos e metas apresentadas estão de acordo com os indicadores das cidades inteligentes apresentado no *Cities in Motion Index* como já citado, aos Objetivos para o Desenvolvimento Sustentável da Agenda 2030.

Em sintonia com esses indicadores, o IESE, justifica que Nova Iorque está em segundo lugar no ranking de cidades inteligentes por seu desempenho na economia (1º lugar), planejamento urbano (1º lugar), mobilidade e transporte (1º lugar) e capital humano (3º lugar), contudo alerta que no quesito de coesão social (151º lugar) e ambiental (69º lugar) a cidade não teve bons resultados, o que a levou ao segundo lugar, mas que esses aspectos serão melhorados até 2050 segundo seus governantes, se referindo ao OneNYC 2050 apresentado.

Importante destacar que mesmo a cidade de Nova Iorque sendo a segunda colocada no ranking mundial do IESE *Cities in Motion Index* e tendo diversos pontos positivos, apresentam alguns pontos de inflexão, como apresentado, mas que a cidade se empenha em realizar tais adequações para tornar a sua cidade cada vez mais inteligente.

Dentro desse espectro cabe aprofundar como a cidade de Nova Iorque utilizou dos *nudges* para ter alcançado seus objetivos de desenvolvimento que a colocaram na segunda colocação das cidades mais inteligentes do mundo.

---

656 THE CITY OF NEW YORK. (2019). **OneNYC 2050 building a strong and fair city**, vol. 1, p. 47.
657 THE CITY OF NEW YORK. (2019). **OneNYC 2050 building a strong and fair city**, vol. 1, p. 47

Nos Estados Unidos, os *nudges* foram introduzidos pelo Poder Executivo Federal, em 2009, pelo presidente Barack Obama, a partir da nomeação de Cass Sunstein como chefe do Escritório de Informação e Assuntos Regulatórios (*Office of Information and Regulatory Affairs – OIRA*) que estabeleceu iniciativas de ciência comportamental e fomentou as análises de custo-benefício das propostas de políticas potenciais.658

Durante seu tempo como chefe de tal departamento, Sunstein modificou a pirâmide alimentar idealizada pelo Departamento de Agricultura dos Estados Unidos para projetar um prato com proporções ideais,659 bem como apoiou reformas financeiras, políticas de mudanças climáticas e políticas de proteção ao consumidor.

A partir dos nudges implementados pelo governo federal, surgiram entidades privadas que buscaram auxiliar as cidades na implementação de *nudges* a municípios, tal como a "ideas42" que presta serviço para cidade de Nova Iorque desde 2014 e funciona como uma consultoria independente, sem fins lucrativos, com a utilização da ciência comportamental para criar soluções inovadoras que resolvam problemas nas áreas ligadas a economia, saúde, educação, segurança, finanças, eficiência energética e desenvolvimento internacional.660

Dentro dessas áreas a ideas42 possui diversos projetos em andamento como também alguns com resultados positivos já definidos.

Como exemplo foi requerido pela cidade de Nova Iorque formas de aumentar a renovação da ajuda financeira entre calouros em duas e três faculdades públicas, em ambos os casos, a metodologia aplicada trouxe um aumento de 13.6% no primeiro caso e de 31.2% no segundo caso, o que garantiu que mais estudantes pudessem continuar seus estudos.661

---

658 WALLACE-WELLS, Benjamin. "Cass Sunstein Wants to Nudge Us". **The New York Times** (The New York Times, May 13, 2010).

659 SUNSTEIN, Cass R. **Simpler:** The Future of Government. New York: Simon & Schuster, 2013, p. 75-78

660 BARROWS, Anthony; DABNEY, Natalie; HAYES, Jon; ROSENBERG, Rachel, "Behavioral Design Teams: A Model for Integrating Behavioral Design in City Government".

661 BARROWS, Anthony; DABNEY, Natalie; HAYES, Jon; ROSENBERG, Rachel, "Behavioral Design Teams: A Model for Integrating Behavioral Design in City Government".

Outro exemplo que pode ser citado, remete ao interesse em aumentar a vacinação contra a gripe entre os empregados de Nova Iorque, após a implementação do *nudge*, houve um aumento de até 10% de pessoas vacinadas, o que indiretamente diminuirá a quantidade de pessoas hospitalizadas e reduzira os gastos públicos na área da saúde.662

Dessa forma, é possível aferir que os *nudges* possuem forte influência na indução da população a tomar decisões conforme as políticas públicas propostas.

4. A CIDADE DE SÃO PAULO E PLANO DIRETOR

De acordo com o *IESE Cities in Motion Index* 2020,663 a cidade de São Paulo é considerada a cidade mais inteligente do Brasil e, por esse motivo, será utilizada como parâmetro comparativo com a cidade de Nova Iorque.

A cidade de São Paulo possui uma área territorial de 1.521,110 Km^2 e população estimada de, aproximadamente, 12 milhões de pessoas, segundo dados do Instituto Brasileiro de Geografia e Estatística,664 o que a torna a cidade mais populosa do país.

No quesito escolaridade, a taxa de escolarização de pessoas entre 6 a 14 anos de idade está por volta de 96% o que a coloca na 4570ª posição entre os municípios do país.665

Outro ponto importante a ser destacado é que o Município de São Paulo é a cidade mais rica do país, com um produto interno bruto (PIB) *per capita* de R$ 58.691,90. Ademais, a cidade possui: (i) 92,6% dos domicílios com esgotamento sanitário adequado; (ii) 74,8% de domicílios urbanos em vias

---

662 BARROWS, Anthony; DABNEY, Natalie; HAYES, Jon; ROSENBERG, Rachel, "Behavioral Design Teams: A Model for Integrating Behavioral Design in City Government".
663 IESE. **Cities in Motion Index 2020**. Navarra: University of Navarra, 2020, p. 29.
664 IBGE.
665 IBGE.

públicas com arborização; e (iii) 50,3% de domicílios urbanos em vias públicas com urbanização adequada.666

Não obstante os dados positivos acima referidos, o *IESE Cities in Motion Index* 2020, revela que São Paulo não possui qualquer quesito em que tenha relevante destaque, tendo como pontuação média nos quesitos entre 60 e 20 pontos de um total de 100 pontos.667

Com o intuito de garantir o adequado planejamento urbano, a Lei 16.050, de 31 de julho de 2014 aprovou a Política de Desenvolvimento Urbano e o Plano Diretor Estratégico do Município de São Paulo.668

Os princípios que regram a Política de Desenvolvimento Urbano e o Plano Diretor Estratégico são (art. 5º da Lei municipal 16.050/2014): a) Função Social da Cidade; b) Função Social da Propriedade Urbana; c) Função Social da Propriedade Rural; d) Equidade e Inclusão Social e Territorial; e) Direito à Cidade; f) Direito ao Meio Ambiente Ecologicamente Equilibrado; e g) Gestão Democrática.

Com o intuito de garantir um desenvolvimento urbano sustentável e equilibrado, o Plano Direito deve observar cinco dimensões (art. 8º da Lei municipal 16.050/2014): a) dimensão social: direito à moradia, à mobilidade, à infraestrutura básica e ao acesso aos equipamentos sociais; b) dimensão ambiental: equilíbrio entre as áreas edificadas e os espaços livres e verdes no interior da área urbana; c) dimensão imobiliária: produção dos edifícios destinados à moradia e ao trabalho; d) dimensão econômica: atividades

---

666 IBGE. Segundo o IBGE, a cidade de São Paulo é considerada uma grande metrópole nacional 1ª que exerce papel de centralidade na atraçãoe articulação de populações de outros centros urbanos para acesso a bens e serviços.

667 IESE. **Cities in Motion Index 2020**. Navarra: University of Navarra, 2020, p. 103.

668 A política de desenvolvimento urbano é o conjunto de planos e ações que tem como objetivo ordenar o pleno desenvolvimento das funções sociais da cidade e o uso socialmente justo e ecologicamente equilibrado e diversificado de seu território, de forma a assegurar o bem-estar e a qualidade de vida de seus habitantes. Já o sistema de planejamento urbano corresponde ao conjunto de órgãos, normas, recursos humanos e técnicos que tem como objetivo coordenar as ações referentes ao desenvolvimento urbano, de iniciativa dos setores público e privado, integrando-as com os diversos programas setoriais, visando a dinamização e a modernização da ação governamental. Por fim, o plano diretor estratégico por sua vez é o instrumento básico da política de desenvolvimento urbano do município de São Paulo, determinante para todos os agentes públicos e privados que atuam em seu território.

produtivas, comerciais e/ou serviços indispensáveis para gerar trabalho e renda; e e) dimensão cultural: memória, identidade e espaços culturais e criativos, essenciais para a vida dos cidadãos.

É oportuno mencionar, também, o Projeto de Lei 830/17 da Câmara Municipal de São Paulo que "dispõe sobre regras para *Smart Cities* (cidades inteligentes) e dá outras providências".669

Em seu art. 2º, o referido PL 830/17 considera *Smart City* "a cidade que possua inteligência coletiva, que tenha responsabilidade ambiental, que promova o desenvolvimento social e que estimule o crescimento econômico equilibrado por todo o território da cidade". Trata-se de conceito incompleto, uma vez que deixa de mencionar aspectos relevantes para caracterização de cidades inteligentes, tais como as preocupações com o reforço da democracia, da governança, da mobilidade, do impacto internacional da cidade e da importância da implementação de tecnologias que facilitem a vida do cidadão.

Em sequência, os arts. 3º, 4º e 5º do PL 830/17 apresentam os princípios, objetivos e prioridades que devem ser observados na implementação das Cidades Inteligentes. O Quadro abaixo expõe, de forma estruturada, o conteúdo dos referidos dispositivos.

Quadro 1 - Artigos e incisos divididos por tema

Artigo	Inciso	Comentários
Art.3º: Princípios	I: O desenvolvimento coletivo em detrimento dos individuais II: O crescimento equilibrado do território da cidade, evitando o investimento restrito as zonas mais rentáveis do município III: O equilíbrio da oferta de infraestrutura e de serviços sociais na cidade, garantindo o acesso a todos os cidadãos IV: distribuição igualitária e inteligente de investimentos externos e recursos do município	Importante destacar que os princípios apresentam a espinha dorsal de um projeto e se tratando de cidades inteligentes, deveria ter incluído a melhoria tecnológica da cidade, como também trazer conceitos de proteção ambiental, desenvolvimento sustentável e mobilidade urbana, principalmente no que tange transportes sustentáveis. Pode-se inferir pelo contexto apresentado que existe um forte apelo a questões sociais por apresentar exclusivamente conceitos como: "serviços sociais", "crescimento equilibrado do território", "distribuição

669 CÂMARA MUNICIPAL DE SÃO PAULO. PL 830/2017.

		igualitária", ou seja, para o contexto apresentado, o vereador entende que o ponto focal de uma cidade inteligente é exclusivamente um contexto de capital humano ou coesão social.
Art.4º: Objetivos	I: Estimular o desenvolvimento colaborativo entre sociedade, empresas investidoras e prefeitura do município de São Paulo II: Garantir a liberdade de escolha, a livre iniciativa, a economia de mercado e a defesa do consumidor dos serviços urbanos III: Desenvolver a pluralidade e a eficiência de soluções de serviços, equipamentos e dispositivos do município IV: Fomentar os investimentos externos, o empreendedorismo e a prosperidade econômica da cidade	Objetivo de uma lei, remete a ideia de organização, disciplina e controle do comportamento humano. No tocante aos objetivos propostos pela lei o legislador toca superficialmente no indicador da economia de uma cidade inteligente, contudo é importante destacar principalmente o inciso IV, onde o legislador tenta utilizar-se da figura do fomento, como um *nudge*, a fim de induzir o particular a contribuir com a prosperidade econômica da cidade.
Art.5º: Prioridades	I: Gerar dados para o planejamento urbano eficiente e preciso II: Estimular o desenvolvimento de infraestrutura urbana III: Priorizar as ações nas áreas de saúde e educação através de infraestrutura e aplicações de uso individual IV: Facilitar a integração entre os entes públicos e privados para o desenvolvimento de infraestrutura V: Preservar e conservar o meio ambiente natural e o patrimônio cultural quando da implantação de infraestrutura inteligente VI: Incentivar o empreendedorismo privilegiando empresários individuais, pequenas e medias empresas VII: Fomentar o investimento de capitais para execução e melhoria da infraestrutura urbana VIII: Desenvolver tecnologias para engajamento social e melhoria da democracia IX: Ter como meta a segurança de dados e a criação de parâmetros precisos para medição dos serviços e estabilidade dos sistemas	Nesse ponto é possível identificar indicadores como governança, meio ambiente, planejamento urbano e tecnologia. Contudo deve-se ressaltar que são normas de conteúdo aberto, cabendo ao plano diretor da cidade dar as diretrizes adequadas a sua implementação.

	X: Proteger da privacidade do cidadão, dos dados coletivos e dos dados pessoais captados	

Fonte: PL.830/17

Em relação ao capítulo 3 do PL 830/17, intitulado "incentivos, fomento e financiamento", o art. 16 prevê as seguintes fontes de recursos financeiros para implantação da infraestrutura de Cidades Inteligentes: dotações orçamentarias do município e créditos adicionais suplementares, emendas parlamentares ao orçamento, repasses ou dotações orçamentarias do Estado e da União destinadas ao município, contribuições, doações de pessoas físicas, doações de pessoas jurídicas, entidades sem fins lucrativos, governos e instituições internacionais e outras receitas eventuais.

Os art.18 do PL 830/17 prevê que os recursos provenientes de investimentos públicos deverão ser destinados prioritariamente em infraestrutura de rede cabeada urbana, subterrânea e aérea, controle de infraestrutura da cidade, dispositivos inteligentes para abastecimento, saneamento, saúde educação, transporte coletivo e mobilidade de pedestre.

Já os recursos privados, que não possuem destino legal delimitado em lei, devem ser obtidos por meio de parcerias público-privadas (PPP), visando o menor custo de implantação para a cidade e estimulando o investimento privado dentro da área do município (art. 19 do PL 830/17).

Os art. 20 e 21 do PL 830/17, por sua vez, estabelecem estímulos para implementação dos objetivos das *Smart Cities*. Além da realização de concursos anuais para estimular sistemas e programas de uso em dispositivos móveis para as áreas de saúde e educação, o Município poderá prever outros mecanismos para estimular microempresas *startups* por meio de incubadoras municipais ou de parcerias com empresas privadas, estimulando o empreendedorismo e o desenvolvimento diversificado de soluções criativas para os problemas da cidade.

O art.22 do PL 830/17 destaca, ainda, estímulos financeiros, como a disponibilização de linhas de crédito próprias e incentivos fiscais para incentivar as empresas incubadas pelo Município e áreas prioritárias a instalarem infraestrutura inteligente.

Os incentivos estatais revelam-se fundamentais para que os indivíduos e as empresas direcionem as suas condutas no sentido necessário para concretização das *Smart Cities*. A ação de fomento é um caminho intermediário entre a inibição e o intervencionismo estatal, que pretende conciliar a liberdade com o bem comum mediante uma influência indireta da vontade do indivíduo para que ele queira o que é conveniente para a satisfação da necessidade públicas.670

Independentemente das críticas que podem ser lançadas ao texto do PL 830/17, é preciso reconhecer a importância da iniciativa da Câmara Municipal de São Paulo para o debate e o avanço dos ideais da cidade inteligente.

De fato, a institucionalização das cidades inteligentes depende de medidas estatais e da iniciativa dos particulares.

Ao lado do fomento estatal, anteriormente mencionado, a Administração Pública deve buscar a formalização de parcerias com a iniciativa privada para prestação de serviços públicos ou administrativos, bem como a instituição da infraestrutura necessária para o desenvolvimento das *Smart Cities*. As concessões e Parcerias Público Privadas podem servir como importantes instrumentos para superação das dificuldades de realização de investimentos públicos e garantia de prestação de serviços relevantes à população, tais como: a construção e operação de autoestradas, tuneis, pontes e hospitais; sistemas de transporte urbano como o Veículo Leve sobre Trilhos (VLT), metro, ônibus, bonde e *Bus Rapid Transit* (BRT); infraestruturas relacionadas com o tratamento e distribuição de água e o saneamento; a geração e transmissão de energia, iluminação e as redes de telecomunicações; etc.

5. REGULAÇÃO COMPORTAMENTAL E *SMART CITY*

---

670 O fomento é uma ação da administração pública destinada a incentivar atividades da iniciativa privada que satisfaçam necessidades públicas ou se considerem ou se estimem ser de utilidade pública, sem recorrer a coação nem a criação de serviços públicos. JORDANA DE POZAS, Luis. Ensaio de una teoría del fomento en el derecho administrativo. **Revista de Estudios Políticos**, n. 48, p. 41-54, nov.-dez. 1949.

É possível identificar intensidades distintas de implementação de políticas públicas e de comportamentos sociais necessários à implementação da ideia de *Smart City*, o que revela a necessidade de maior comprometimento das autoridades públicas, do mercado e da sociedade civil para que as cidades avancem na efetivação dos indicadores das cidades inteligentes.

Nesse cenário, revela-se fundamental o papel exercido pela Administração Pública, seja na implementação de políticas públicas e prestação de serviços públicos, seja na indução de comportamentos dos atores privados, para otimização dos indicadores das *Smart Cities*.

Nos últimos anos, os estudos elaborados pelos adeptos da Economia Comportamental têm contribuído para a utilização de estratégias regulatórias que induzem comportamentos dos indivíduos na consecução de objetivos públicos.[671] A partir da crítica à escolha racional dos indivíduos diante da escassez e à ideia ficcional do *Homo economicus*, a Economia comportamental preconiza a denominada racionalidade limitada ("*bounded rationality*"), em razão da ausência das informações necessárias para tomada de decisões mais complexas,[672] e pressupõe que os indivíduos incorrem em desvios na tomada de decisões.[673]

Na linha defendida por Richard H. Thaler e Cass Sunstein, o Poder Público deve funcionar como uma espécie de "arquiteto de escolhas" que organiza o contexto em que as pessoas decidem, de forma a orientar a decisão sem substituir as opções dos indivíduos.[674]

---

[671] É possível perceber algumas iniciativas governamentais para disseminação da Economia Comportamental, tais como: a) o "Behavioural Insights Team" (BIT), também conhecido como "The Nudge Unit", no Reino Unido (Disponível em: <https://www.bi.team/>. Acesso em: 20.09.2021); e b) o "Social and Behavioral Sciences Team" (SBST) nos Estados Unidos (Disponível em: <https://sbst.gov/>. Acesso em: 20.09.2021). No Brasil, o Município do Rio de Janeiro, de forma pioneira, criou a "NudgeRio", no âmbito do Instituto Fundação João Goulart, com a missão de disseminar o conceito e realizar projetos de Ciência Comportamental Aplicada.
[672] MACKAAY, Ejan; ROUSSEAU, Stéphane. **Análise Econômica do Direito**, 2. Ed. São Paulo: Atlas, 2020, p. 33.
[673] THALER, Richard H. **Misbehaving:** the making of behavioral economics, New York: W. W. Norton & Company, 2015, p. 33.
[674] THALER, Richard H.; SUNSTEIN, Cass. **Nudge:** Improving Decisions about Health, Wealth, and Happiness. New York: Penguin, 2009, p. 3.

Os referidos autores sustentam que a regulação por empurrões pode ser inserida no denominado "paternalismo libertário". De um lado, o paternalismo é caracterizado pela indução estatal de escolhas e, por outro lado, o caráter libertário é encontrado na própria escolha que será realizada pelo indivíduo.675

De acordo com os neurocientistas e psicólogos, existem dois sistemas de pensamento nas pessoas: sistema automático (rápido e instintivo) e sistema reflexivo (deliberativo e consciente). Em razão da escassez de tempo e da assimetria de informações, é impossível exigir que todas as escolhas dos indivíduos sejam reflexivas e levem em consideração todas as variáveis no contexto decisório. Os empurrões regulatórios pretendem facilitar as escolhas automáticas que as pessoas fazem no dia a dia.

Em estudo seminal sobre o tema na década de 1970, os israelenses Amos Tversky e Daniel Kahneman identificaram três heurísticas ou "regras de ouro" sobre a forma de pensamento:676 a) ancoragem (*anchoring*): as pessoas normalmente pensam e decidem a partir de dados e informações que possuem previamente ou que são colocadas nas perguntas (ex.: as pessoas normalmente fazem maiores doações quando, na pergunta, são colocadas opções de valores maiores); b) disponibilidade (*availability*): as pessoas costumam analisar os riscos envolvidos em suas escolhas a partir de exemplos vivenciados (ex.: alguém que vivenciou um terremoto normalmente supervaloriza o risco de sua ocorrência) ou divulgados pela imprensa (ex.: logo após a ocorrência de ataque terrorista, as pessoas assustadas supervalorizarão os riscos da ocorrência de um novo ataque); e c) representatividade (*representativeness*): pensamentos e escolhas a partir de estereótipos (ex.: o elevado número de casos de câncer em determinado bairro pode acarretar a falsa ideia de que existe uma epidemia nacional).

---

675 THALER, Richard H.; SUNSTEIN, Cass. **Nudge:** Improving Decisions about Health, Wealth, and Happiness. New York: Penguin, 2009, p. 4-6.
676 Segundo TVERSKY e KAHNEMAN, os vieses cognitivos "se originam da confiança em heurísticas de julgamento. Esses preconceitos não são atribuíveis a efeitos motivacionais, como ilusões ou distorção de julgamentos por recompensas e penalidades." TVERSKY, Amos; KAHNEMAN, Daniel. Judgment under Uncertainty: Heuristics and Biases. **Science**, v. 185, 1974, p. 1.130; THALER, Richard H.; SUNSTEIN, Cass. **Nudge:** Improving Decisions about Health, Wealth, and Happiness. New York: Penguin, 2009, p. 23-31.

O Estado, nesse contexto, deveria arquitetar as escolhas dos indivíduos por meio da apresentação das informações e a alternativas possíveis, especialmente nos casos em que há lapso temporal entre os custos e os benefícios da decisão (ex.: incentivar a utilização de "energia limpa" gerada por fontes renováveis e menos poluentes, com o objetivo de garantir a sustentabilidade ambiental a longo prazo), decisões sobre questões pouco frequentes ou sem feedback e situações envolvendo assimetria de informações ou ausência de tempo para avaliar as opções envolvidas.

A utilização da estratégia da regulação por empurrões (*nudge*) por servir como ferramenta importante para que as cidades avancem na melhoria dos indicadores mencionados no *IESE Cities in Motion Index* 2020 e sejam consideradas *Smart Cities*.[677] Diversos exemplos de *nudges* podem ser citados: a) a instituição do sistema *cap-and-trade* para reduzir a poluição, com a autorização para as empresas, que poluírem abaixo do teto permitido pela legislação, venderem seus direitos de emissão; b) inserção de informações sobre os danos à saúde em maços de cigarros ou em recipientes de bebidas alcoólicas, com o intuito de reduzir o consumo dos referidos produtos; c) criação de selos para empresas que adotam determinados padrões de sustentabilidade ambiental, com o incremento da sua reputação perante a comunidade; d) disponibilização da quantidade de calorias nos produtos de redes de *fast food*; para conscientizar o consumidor e inibir a ingestão excessiva de calorias no combate à obesidade etc.[678]

Além das formas citadas, é possível também identificar métodos específicos de implementação dos *nudges* em conjunto com a tecnologia a fim

---

[677] Segundo Cass Sunstein: "importantes pesquisas poderiam ser alistadas por aqueles envolvidos na promoção da competitividade, na preservação ambiental, na segurança pública, na proteção ao consumidor e no crescimento econômico – ou na redução da corrupção privada e pública e no combate à pobreza, às doenças infecciosas e à obesidade. Concentrando-se em problemas concretos ao invés de teorias abstratas, poderia se esperar que agentes públicos com posições bem estabelecidas usassem essas pesquisas ao menos ocasionalmente." SUNSTEIN, Cass R. **Nudging:** um guia (muito) resumido. **Revista Estudos Institucionais**, Vol. 3, 2, jul./dez., 2017, p. 1.033

[678] Os exemplos foram retirados ou adaptados da obra: THALER, Richard H.; SUNSTEIN, Cass. **Nudge:** Improving Decisions about Health, Wealth, and Happiness. New York: Penguin, 2009.

de otimizar a vida das pessoas e de implementar os conceitos de uma cidade inteligente.

Como já discutido anteriormente, o termo Cidade Inteligente remete à ideia de desenvolvimento sustentável e de utilização de tecnologias da informação com o propósito de melhorar a qualidade de vida do cidadão. Sofia Ranchordás acrescenta que as Cidades Inteligentes também têm como foco o desenvolvimento de espaços onde o cidadão possa tomar decisões melhores e ao mesmo tempo ecologicamente sustentáveis superando seus vieses cognitivos e sua racionalidade limitada, o que de certa forma condiz com os mesmos ideais do *nudge*.679

Nesse aspecto, as cidades consideradas inteligentes conseguem utilizar as novas tecnologias como inteligência artificial, internet das coisas, *big data* e *blockchain* a fim de coletar dados em tempo real dos cidadãos e da cidade, para assim conseguir entender o comportamento dos moradores por regiões e assim criar *nudges* individualizados, com o intuito de mudar comportamentos específicos e assim otimizar o dia a dia do cidadão, bem como guiá-los a hábitos condizentes com as dimensões de uma Cidade Inteligente.

Por meio do tratamento dos dados coletados em tempo real, a Administração Pública é capaz de realizar uma análise preditiva e adaptar os seus serviços para suprir as necessidades da cidade (ex.: identificar áreas onde há mais roubo e assim alocar mais policiais para prevenir a ocorrência de crimes).680

Em Durham, Carolina do Norte, refere-se à indução da utilização do transporte público ao invés do privado por meio do envio de e-mails com mapas de rotas personalizadas das casas das pessoas para o trabalho, mostrando diferentes opções de transporte público e privado.681

---

679 RANCHORDÁS, Sofia. Nudging citizens through technology in smart cities. **International Review of Law, Computers & Technology**, 34:3, 2020, p. 254-255.
680 RANCHORDÁS, Sofia. Nudging citizens through technology in smart cities. **International Review of Law, Computers & Technology**, 34:3, 2020, p. 256.
681 RANCHORDÁS, Sofia. Nudging citizens through technology in smart cities. **International Review of Law, Computers & Technology**, 34:3, 2020, p. 264.

Outro exemplo interessante pode ser encontrado na cidade de Boston, que combinou os estímulos informativos com elementos de feedback, com a criação de um aplicativo de smartphone (*"Boston's Safest Driver"*) que fornece feedback sobre como dirigir com base na velocidade, aceleração, frenagem, curvas e distração ao telefone. O aplicativo coleta dados pessoais e urbanos sobre segurança no trânsito e recompensa motoristas cuidadosos com prêmios semanais para o motorista mais seguro.682

A partir das experiências já implementadas em diversas cidades, é possível verificar a relevância da regulação comportamental, notadamente do incremento dos *nudges* para implementação das *Smart Cities*.

6. CONCLUSÃO

O modelo de Cidade Inteligente tem sido alvo de discussão no âmbito das novas tecnologias e da sustentabilidade ambiental, em razão da importância do tema para melhoria da qualidade de vida do cidadão e do desenvolvimento sustentável de uma cidade em conformidade com os objetivos da Agenda 2030.

Além da preocupação com a sustentabilidade, a Cidade Inteligente tem como pressuposto o alto grau de desenvolvimento tecnológico e inovação nas políticas públicas urbana, com a prevenção de crimes, a melhoria da qualidade do trânsito, a implementação de modelos sustentáveis de geração de energia nas cidades e o melhor entendimento sobre as necessidades da população local, permitindo que o Poder Público crie soluções personalizadas para cada região.

Contudo, a implementação dos ideais das Cidades Inteligentes não depende somente do Poder Público, mas, também, do apoio da população, pois existem diversas atitudes que são exclusivas do cidadão e que contribuem com os indicadores de uma Cidade Inteligente, cabendo mencionar, exemplificativamente, a diminuição da emissão de gases do efeito estufa por parte das empresas, o descarte adequado de produtos e a implementação de sistemas de reutilização da água.

---

682 RANCHORDÁS, Sofia. Nudging citizens through technology in smart cities. **International Review of Law, Computers & Technology**, 34:3, 2020, p. 264.

Nesse aspecto, a fim de conduzir a população a tomar melhores decisões, o presente artigo demonstra a relevância da regulação comportamental, especialmente dos *nudges*, para indução dos comportamentos sociais necessários à implementação dos indicadores da Cidade Inteligente.

A efetividade da implementação de *nudges* a fim de induzir a população a tomar determinada atitude pretendida pela Administração Pública, tem se mostrado eficaz conforme experimentos bem-sucedidos nos Estados Unidos apresentados ao longo do presente estudo.

Com o intuito de demonstrar os benefícios para população da Cidade Inteligente e da relevância dos *nudges* na implementação dos respectivos indicadores, o trabalho apresentou a comparação entre as cidades de Nova Iorque e São Paulo, a partir dos indicadores utilizados pelo *IESE Cities in Motion Index* 2020, a partir do qual foi possível revelar que o melhor posicionamento no ranking das Cidades Inteligentes depende da implementação de políticas públicas eficientes e da conscientização da população sobre a necessidade de mudança de hábitos.

Naturalmente, a comparação entre cidades localizadas em países desenvolvidos e subdesenvolvidos deve levar em consideração as respectivas diferenças de desenvolvimento econômico que influenciam na capacidade de investimentos na saúde, educação, meio ambiente e outros setores fundamentais para melhoria da qualidade de vida da população.

Independentemente das limitações financeiras das cidades, é possível perceber que a utilização da regulação comportamental, por meio dos *nudges*, pode servir como uma importante ferramenta para indução de comportamentos que garantam a implementação de interesses públicos, sem excluir a autonomia das pessoas para tomada de decisões e sem a necessidade de investimentos públicos vultosos.

A regulação comportamental, portanto, constitui uma relevante estratégia para implementação das cidades inteligentes.

REFERÊNCIAS BIBLIOGRÁFICAS

BARROWS, Anthony; DABNEY, Natalie; HAYES, Jon; ROSENBERG, Rachel, **"Behavioral Design Teams:** A Model for Integrating Behavioral Design in City Government". Disponível em <https://www.ideas42.org/wp-content/uploads/2018/04/BDT_Playbook_FINAL-digital.pdf>. Acesso em: 20.09.2021.

BEHAVIOURAL INSIGHTS TEAM (BIT). Disponível em: <https://www.bi.team/>. Acesso em: 20.09.2021.

CÂMARA MUNICIPAL DE SÃO PAULO. **PL 830/2017**. Disponível em: <https://splegisconsulta.camara.sp.gov.br/Pesquisa/DetailsDetalhado?COD_MTRA_LEGL=1&ANO_PCSS_CMSP=2017&COD_PCSS_CMSP=830>. Acesso em: 20.09.2021.

EUROPEAN COMISSION. Publicado em 2020. *Smart Cities*. Disponível em: <https://ec.europa.eu/info/eu-regional-and-urban-development/topics/cities-and-urban-development/city-initiatives/smart-cities_en#what-are-smart-cities>. Acesso em: 20.09.2021.

IBGE. Disponível em: <https://www.ibge.gov.br/cidades-e-estados/sp/sao-paulo.html>. Acesso em: 20.09.2021.

IESE. *Cities in Motion Index 2020*. Navarra: University of Navarra, 2020. Disponível em: <https://media.iese.edu/research/pdfs/ST-0542-E.pdf>. Acesso em: 20.09.2021.

INSTITUTO FUNDAÇÃO JOÃO GOULART. **NudgeRio**. Disponível em: <http://www.rio.rj.gov.br/web/fjg/exibeconteudo?id=8060290>. Acesso em: 20.09.2021.

JORDANA DE POZAS, Luis. Ensayo de una teoría del fomento en el derecho administrativo. **Revista de Estudios Políticos**, n. 48, nov.-dez. 1949.

MACKAAY, Ejan; ROUSSEAU, Stéphane. **Análise Econômica do Direito**, 2. Ed. São Paulo: Atlas, 2020.

RANCHORDÁS, Sofia. Nudging citizens through technology in smart cities. **International Review of Law, Computers & Technology**, 34:3, 2020, p. 254-276.

SOCIAL AND BEHAVIORAL TEAM (SBST). Disponível em: <https://sbst.gov/>. Acesso em: 20.09.2021.

SUNSTEIN, Cass R. Nudging: um guia (muito) resumido. **Revista Estudos Institucionais**, Vol. 3, 2, p. 1.023-1.034, jul./dez., 2017.

SUNSTEIN, Cass R. **Simpler:** The Future of Government. New York: Simon & Schuster, 2013.

THALER, Richard H. **Misbehaving:** the making of behavioral economics, New York: W. W. Norton & Company, 2015.

THALER, Richard H.; SUNSTEIN, Cass. **Nudge:** Improving Decisions about Health, Wealth, and Happiness. New York: Penguin, 2009.

THE CITY OF NEW YORK. (2019). **OneNYC 2050 building a strong and fair city**, vol. 1. Disponível em: <http://onenyc.cityofnewyork.us/>. Acesso em: 20.09.2021.

TVERSKY, Amos; KAHNEMAN, Daniel. Judgment under Uncertainty: Heuristics and Biases. **Science**, v. 185, p. 1124-1131, 1974.

UNITED NATIONS 2015. Disponivel em: <https://sdgs.un.org/2030agenda https://sdgs.un.org/2030agenda>. Acesso em: 20.09.2021.

UNITED NATIONS DEVELOPMENT PROGRAMME. **Human Development Reports**. Disponível em: <http://hdr.undp.org/en/data>. Acesso em: 20.09.2021.

WALLACE-WELLS, Benjamin. "Cass Sunstein Wants to Nudge Us". **The New York Times** (The New York Times, May 13, 2010), Disponivel em: <https://www.nytimes.com/2010/05/16/magazine/16Sunstein-t.html>. Acesso em: 20.09.2021.

CAPÍTULO 18

"CIDADES INTELIGENTES": ENTRE UTOPIAS E RADICALISMOS. UMA VISÃO REALISTA ACERCA DOS DESAFIOS PARA A SUA IMPLEMENTAÇÃO NO BRASIL

Júlia Massadas[683]

RESUMO: A implementação de propostas relacionadas ao conceito de "cidades inteligentes" se baseia no uso de inovação, empreendedorismo e tecnologia para a busca pela promoção de qualidade de vida para os citadinos e promoção de Objetivos do Desenvolvimento Sustentável (ODS). Todavia, apesar desse potencial positivo, esse modelo de organização urbana traz diversos desafios, inclusive do ponto de vista de desigualdade social. Este artigo tem por objetivo problematizar o desenvolvimento cidades inteligentes no Brasil e as críticas comumente dirigidas a esse modelo de organização urbana, bem como as propostas de direcionamento trazidas pela Carta Brasileira para Cidades Inteligentes. O pressuposto adotado neste estudo é o de que, com o

---

[683] Doutoranda em Direito da Cidade pela Universidade do Estado do Rio de Janeiro (UERJ). Mestre em Direito da Regulação pela Fundação Getúlio Vargas (FGV Direito Rio). Graduada *cum laude* em Direito pela Universidade Federal do Rio de Janeiro (UFRJ). Advogada na área de Direito Ambiental. Professora convidada da FGV Online e do LL.M em Direito, Infraestrutura e Regulação, vinculados à Fundação Getúlio Vargas. Pesquisadora do Núcleo de Estudos, Pesquisas e Extensão em Direito da Cidade (NEPEC/PPGD UERJ) e do Grupo de Pesquisa Meio ambiente urbano e regulação inteligente dos recursos naturais (PPGD/FGV). Foi professora substituta na Faculdade de Direito e no Instituto de Relações Internacionais da Universidade Federal do Rio de Janeiro (FND/UFRJ) e pesquisadora visitante no Instituto Max-Planck de Direito Público e Internacional Comparado (Heidelberg/Alemanha). E-mail: juliamassadas@gmail.com.

desenvolvimento de tecnologias disruptivas e a implementação de cidades inteligentes, será necessário estabelecer uma regulação setorial, pautada no fomento a iniciativas de promoção de valores socioambientais e de controle de medidas que possam ir de encontro aos valores socialmente compartilhados e direitos garantidos aos administrados. Conclui-se que cumpre analisar de forma realista as potencialidades e os desafios que a utilização de soluções tecnológicas nas cidades, evidenciando a importância de mecanismos de regulação para a implementação desse tipo de tecnologia, de modo a promover um desenvolvimento sustentável e cidades que sejam justas, resilientes, humanas e acolhedoras para os seus moradores, garantindo também à população de baixa renda o acesso às benesses das novas tecnologias.

Palavras-chave: Políticas públicas. Cidades inteligentes. Ciência, tecnologia e inovação. Sustentabilidade. Internet das Coisas. Urbanismo.

Abstract: The implementation of proposals related to the concept of "smart cities" is based on the use of innovation, entrepreneurship, and technology to promote a better quality of life for citizens and guarantee the effectivity of the Sustainable Development Goals (SDGs). However, despite of its positive potential, this model of urban organization brings several challenges, including social inequality issues. This article aims to question the development of smart cities in Brazil and the criticisms commonly directed to this model of urban planning, as well as the guidelines established by the Brazilian Charter for Smart Cities. The assumption adopted in this study is that, with the development of disruptive technologies and the implementation of smart cities, it will be necessary to establish a sectoral regulation, based on initiatives to promote socio-environmental values, on one hand; and control measures for activities that contradict those values, on the other hand. In conclusion, it is possible to observe the necessity to realistically analyze the potential and challenges of the use of technological solutions in cities, highlighting the importance of regulatory mechanisms for the implementation of this type of technology, in order to promote sustainable development and cities that are fair, resilient, human-centered and responsive, also guaranteeing access to the low-income population to the benefits of new technologies.

Keywords: Public policies. Smart Cities. Science, technology, and innovation. Sustainability. Internet of Things. Urbanism.

1.   INTRODUÇÃO

É fato notório que, cada vez mais, a inovação e a tecnologia permeiam o dia a dia das pessoas e da vida nas cidades e comunidades. A presença marcante da tecnologia vem alterando rápida e intensamente o modo como nos relacionamos uns com os outros, nas prestações de serviços e a partir da interação com os próprios objetos que nos cercam irá sofrer mudanças drásticas. Isso porque, cada vez mais, os dispositivos serão dotados de inteligência computacional e vinculação à rede – formando o que se convencionou chamar de "internet das coisas" (internet of things – IoT). Isto é, *"um ambiente de objetos físicos interconectados com a internet por meio de sensores pequenos e embutidos, criando um ecossistema de computação onipresente (ubíqua), voltado para a facilitação do cotidiano das pessoas, introduzindo soluções funcionais nos processos do dia a dia"*[684].

A IoT tem inúmeras aplicabilidades, como no transporte, monitoramento, wearables, segurança, indústria e serviços de utilidade pública. Todavia, talvez os maiores desafios regulatórios trazidos pela referida tecnologia estão atrelados à sua aplicação conjunta em larga escala no âmbito do desenvolvimento das chamadas "cidades inteligentes", amplamente conectadas por meio de IoT, visando a utilização de tecnologia para um maior controle, monitoramento e gestão de recursos. Nesse contexto, a mesma pode ser utilizada para promover um "ambiente inteligente", visando a ampliação de eficiência na gestão de recursos naturais, tais quais água, energia e pegada de carbono[685].

Cumpre ressaltar que nos dias de hoje já existem câmeras com sensores de movimento, capazes de ser inseridas em *habitats* naturais de modo a coletar

---

[684] MAGRANI, Eduardo. **A internet das coisas**. Rio de Janeiro: FGV Editora, 2018, p. 20.
[685] SHARIATMADARI, Hamidreza; IRAJI, Sassan; JÄNTTI, Riku. From Machine-to-Machine Communications to Internet of Things: Enabling Communication Technologies. In: SUN, Hongjian; WANG, Chao; AHMAD, Bashar I. **From Internet of Things to Smart Cities: enabling technologies**. [u.a.] CRC Press, 2018, p. 5.

dados sobre a biodiversidade a baixo custo; drones são estratégicos no combate e monitoramento de desmatamento e caça furtiva; IoT, aprendizagem de máquina e *blockchain* podem ser utilizadas em conjunto para facilitar a gestão de recursos hídricos em perímetros urbanos, inclusive em áreas remotas e a sua acurácia também auxilia na mitigação de riscos atrelados a mudanças climáticas686.

E, com o crescente aumento da concentração populacional em centros urbanos (estima-se que 70% da população mundial viverá em cidades até 2050), uma série de novos desafios relacionados à infraestrutura, segurança, moradia, serviços públicos e utilização dos dados do administrado são ampliados[687]. Atrai-se, portanto, a necessidade de se antever soluções para os problemas urbanos e uma melhoria da qualidade de vida das pessoas, inclusive diante do aumento da pressão por recursos naturais e do aumento de emissões de poluentes e da necessidade de adoção de medidas para a mitigação de mudanças climáticas.

Nesse sentido, o modelo de organização urbana pautado nas chamadas "cidades inteligentes" se mostra como uma alternativa que busca trazer soluções para esses problemas com base em uma governança pautada em participação popular, transparência, *accountability* e eficiência. Isso, com o intuito de atender as demandas populacionais[688].

Durante a pandemia mundial de Covid-19, que impôs medidas de isolamento social, foi possível observar a eclosão/crescimento de uma nova forma de se viver, interagir e prestar serviços de forma mediada por tecnologia, acelerando o debate sobre a implementação de modelos de cidades inteligentes e dos seus riscos associados689.

---

686 UNESCO. Artificial intelligence for sustainable development: challenges and opportunities for UNESCO's science and engineering programmes. Working paper, ago. 2019, *passim*.

[687] ONU prevê que cidades abriguem 70% da população mundial até 2050. **ONU News**.19 fev. 2019.

[688] SOARES NETO, Vicente. **Cidades inteligentes:** guia para a construção de centros urbanos eficientes e sustentáveis. São Paulo: Érica, 2019, *passim*.

689 STEINBUCH, Anja. How COVID-19 could speed up smart-city visions. **DW**, 02 jun. 2020.

Iniciativas em IoT se mostraram extremamente úteis até mesmo no combate à disseminação da doença. Apenas para citar alguns exemplos, em Cingapura, o robô Spot faz o patrulhamento de parques e o monitoramento da distância entre os visitantes690. Na Paraíba, foram instaladas câmeras termográficas com sensores infravermelhos para medir a temperatura das pessoas e evitar a contaminação691, modelo esse que também vem sendo aplicado por diversos estabelecimentos, como shoppings centers. Na China, drones atuam na desinfecção, transporte de amostras e entregas de produtos para se evitar o contato entre as pessoas692.

Por outro lado, as mudanças na organização social e implementação abrupta do formato remoto de trabalho (*"home office"*) para muitos profissionais trazem novos questionamentos acerca da concentração da população em centros urbanos e das novas demandas por serviços e políticas públicas que podem passar a ser mais presentes em áreas afastadas ou até mesmo rurais dos municípios693.

Além disso, tais mudanças podem agravar diferenças de oportunidades entre a classe média/população mais abastada e as classes sociais menos favorecidas da sociedade – nas quais o trabalho braçal ainda impera e demanda a presença física dos trabalhadores em grandes centros urbanos. Pessoas essas que hoje já vivem em condições bastante precárias em sua maioria e com grave carência de infraestrutura e serviços públicos básicos para uma vida digna[694]. O

---

690 HASIJA, Sameer. Smart cities can help us manage post-COVID life, but they'll need trust as well as tech. **The Conversation**, 02 jun. 2020.

691 CORONAVÍRUS: Paraíba usa 22 câmeras termográficas para achar casos suspeitos da Covid-19. **G1**, 08 jun. 2020.

692 YANG, Junwei; REUTER, Timothy. 3 ways China is using drones to fight coronavirus. **World Economic Forum**, 16 mar. 2020.

693 Sobre esse tema, tem-se observado a eclosão de "nômades digitais". Isto é, de pessoas que optam por deixar de ter uma residência física em uma mesma cidade para estar sempre viajando e morando em cidades diferentes – estilo de vida esse que somente se torna possível em razão da adoção do trabalho remoto. Cf. CAMPOS, Marli. Como a pandemia fortaleceu o nomadismo digital. **Estadão**, 05 jul., 2021.

[694] Estudos realizados no âmbito dos programas de regularização fundiária da Rocinha e em duas outras comunidades da Zona Norte da Cidade (Fernão Cardin e SOEICON), baseados apenas nos títulos de legitimação de posse, na primeira hipótese, e concessão de direito real de uso, nas outras, demonstrou que a maioria das profissões dos titulados se encontrava no setor de prestação de serviços "presenciais", como artífices, pedreiros, empregadas domésticas etc.

período pandêmico também demonstrou como a desigualdade influencia no declínio dos níveis da educação, especialmente nas favelas, ressaltando o quanto o acesso à internet e à tecnologia como um todo são fundamentais em um mundo cada vez mais conectado. Tal fator passa a ser determinante para o acesso à educação e inclusão até mesmo no mercado de trabalho[695].

Diante de situações como essas, constata-se que, por um lado, a gestão eficiente de dados com orientação para a solução de problemas urbanos, se bem empregada, pode contribuir muito para a efetivação da Agenda 2030 da ONU. A pauta dos "Objetivos do Desenvolvimento Sustentável" (ODS) configura um esforço conjunto para a erradicação da pobreza, da fome, de desigualdades socioeconômicas e de gênero, de luta contra mudanças climáticas e contra a degradação ambiental, de promoção de saneamento básico, água e energias limpas, bem como de crescimento econômico, prosperidade, paz e justiça global696. Isso, desde que o acesso a tais tecnologias, serviços e políticas públicas seja de fato para todos os membros das cidades – e não apenas para a sua parcela já inserida nesse modelo.

Todavia, cumpre ter em mente que, conforme já destacado pelo próprio diretor geral da UNESCO, Audrey Azoulay: *"a inteligência artificial pode ser uma ótima oportunidade para acelerar a consecução dos objetivos de desenvolvimento sustentável. Mas qualquer revolução tecnológica leva a novos desequilíbrios que devemos antecipar"*697.

E, considerando que modelos de organização urbana desse tipo não são uma realidade distante ou imaginária, mas, ao contrário, eles já existem, se faz cada vez mais presente a importância de se ter um olhar regulatório, que

---

Sobre o tema **cf.**: CORREIA, Arícia Fernandes. **Direito da Regularização Fundiária Urbana Plena.** Belo Horizonte: Editar, 2017.
[695] Levando-se isso em consideração, o Projeto de Plano Diretor da Cidade do Rio de Janeiro encaminhado à Câmara dos vereadores contempla, no contexto do direito à cidade, o da cobertura universal por wi-fi, tornando o acesso tecnológico também um componente do próprio conceito de direito humano à moradia adequada. Mais informações estão disponíveis no site: <https://planodiretor-pcrj.hub.arcgis.com/>.
696 ORGANIZAÇÃO DAS NAÇÕES UNIDAS (ONU). **The Sustainable Development Goals Report 2019**. Nova York, 2019.
697 UNESCO. **Artificial intelligence with human values for sustainable development**, 2019.

vislumbre o potencial de tecnologias para ampliar a eficiência e trazer novas abordagens para o desenvolvimento de políticas públicas.

Enquanto exemplo de cidades com estratégias "inteligentes" já implementadas, pode-se citar Songdo, na Coreia do Sul, e Barcelona, na Espanha. Naquela, os edifícios são conectados a sistemas de monitoramento de energia e alarmes de incêndio e os apartamentos contam com um sistema de coleta de resíduos que os encaminha diretamente para uma central de tratamento de lixo. Já nesta última, escotilhas foram espalhadas pela cidade para o recolhimento de resíduos, separação de lixo orgânico e reciclável e tratamento, gerando eletricidade. Nos Emirados Árabes, a "cidade verde" de Masdar foi construída em pleno deserto e é pautada em energia elétrica e solar e em edifícios inteligentes, visando o atingimento da meta de zero emissões de carbono e de uma economia circular[698].

No Brasil, Curitiba é elencada muitas vezes como referência em termos de uma gestão urbana inteligente, por meio da utilização de tecnologia para melhorar a qualidade de vida dos seus habitantes. O que pode ser exemplificado pela utilização do "Hibribus", um ônibus de transporte público que polui 90% menos do que modelos tradicionais[699]. No Ceará, a "Smart City Laguna" pretende ser a primeira cidade inteligente inclusiva do mundo, prometendo infraestrutura, tecnologia, inovação, arte e cultura para todos[700]. No Rio de Janeiro, o Comando de Operações montado pela IBM para a Copa do Mundo é referenciado como modelo de vigilância, organização urbana e prevenção de perigos.

Entretanto, é preciso questionar de que modo tais novas tecnologias podem impactar nas relações humanas e no vínculo com as próprias cidades, as quais muitas vezes perdem o seu potencial humano e criativo, tornando-se verdadeiras "cidades fantasmas"[701] em vez de cidades "*de* pessoas e *para*

---

698 LEE, Susan. Masdar City: the ultimate experiment in sustainable urban living? **CNN**, 30 set. 2016.
699 10 RAZÕES que fazem de Curitiba a cidade mais inteligente do Brasil. **It Forum 365**, 8 jan. 2019.
700 SMART City Laguna: primeira cidade inteligente inclusiva do mundo. **Planet Smart City**.
[701] Para alguns exemplos nesse sentido cf. PLÁCIDO JÚNIOR, J. As cidades "hi-tech" onde (quase) ninguém quer viver. **VISÃO**, 24, out. 2017.

pessoas"[702]. No Brasil, soma-se a esse fator o seu potencial de acirrar desigualdades já tão acentuadas. Tal questão se revela ainda mais relevante quando se pensa nas regiões periféricas ou à margem da cidade, com suas visíveis discrepâncias em relação aos locais mais valorizados.

Com isso em vista, o presente artigo se propõe a problematizar o desenvolvimento de cidades inteligentes no Brasil, analisando os potenciais benefícios socioambientais associados a esse modelo de governança, bem como os desafios associados à sua aplicação em larga escala. Se, por um lado, as cidades ditas "inteligentes" prometem uma melhor qualidade de vida para os seus residentes, uma alocação economicamente adequada dos ativos disponíveis e uma maior proteção ambiental, com transição para uma economia de baixo carbono; por outro, há fortes críticas a esse modelo descentralizado de organização urbana, que tiraria das comunidades locais o poder decisório, impondo um sistema de controle e vigilância excessivo, bem como o domínio de dados dos usuários por parte de grandes companhias de tecnologia da informação, sem que se tenha limites bem definidos para a sua utilização703. Problemáticas essas que já têm gerado reações ao redor do mundo, como o projeto experimental "DECODE"704, que visa devolver às pessoas o direito sobre os seus próprios dados, tomando inicialmente por base as cidades de Amsterdam e Barcelona.

A própria preocupação social e os impactos do ponto de vista de aspectos ESG ("*Environmental, Social and Governance*" ou Ambiental, Social e Governança) também são colocados em xeque considerando-se o aumento da exploração de recursos naturais para manutenção de um universo virtual e os diferentes desafios sociais decorrentes da nova realidade[705].

Para analisar os fatores descritos, a partir de uma análise exploratória pautada em metodologia de análise documental e bibliográfica, o presente artigo discorrerá a seguir sobre os seguintes aspectos: **(i)** conceito de cidades

---

[702] GEHL, Jan. **Cidades para pessoas**. 3 ed. São Paulo: Perspectiva, 2015. Grifos acrescidos.
703 MOROZOV, Evgeny; BRIA, Francesca. **A cidade inteligente:** tecnologias urbanas e democracia. São Paulo: Ubu Editora, 2019.
704 UNIÃO EUROPEIA. **DECODE**.
[705] LEE, Kristian; NASCIMENTO, Lorena Carneiro do; LEE, Yun Ki. Metaverso e seus impactos e inovações para os pilares ESG. **JOTA**, 24 jan. 2022.

inteligentes; **(ii)** principais críticas direcionadas a esse modelo de gestão; **(iii)** identificação de potencialidades e desafios para a sua implementação no Brasil, bem como a propostas de solução trazidas pela Carta Brasileira para Cidades Inteligentes e **(iii)** considerações finais sobre o tema. A partir da análise realizada, conclui-se pela relevância do estabelecimento de mecanismos regulatórios pautados em preceitos de sustentabilidade e da promoção de cidades que sejam justas, resilientes, humanas e acolhedoras para os seus moradores, garantindo também à população de baixa renda o acesso às benesses das novas tecnologias. Caso contrário, a implementação de IoT no Brasil poderia resultar em um drástico cenário de ampliação das desigualdades sociais, já tão gritantes no país.

2.   CONSTRUINDO   UM   CONCEITO   DE   "CIDADE INTELIGENTE"

A ideia de "cidades inteligentes" (*smart cities*), vem chamando cada vez mais a atenção de pesquisadores, gestores e cidadãos ao redor do mundo, já tendo se tornado realidade em muitos países. Em especial, tal modelo de gestão urbanística tem gerado preocupações com principalmente com a governança de dados dos citadinos; proteção à privacidade e direitos fundamentais; preservação da democracia e de disseminação rápida e ampla de notícias falsas (*fake news)* e de manipulação do cenário eleitoral; garantia de políticas públicas e de infraestrutura adequadas, bem como com a desigualdade de acesso à tecnologia, o que poderia elevar as diferenças de acesso aos bens a um novo patamar, afetando até mesmo o exercício de cidadania e a exclusão de regiões periféricas das cidades. Mas, antes de se adentrar nas discussões relativas aos riscos associados a esse ideal, cumpre responder à seguinte pergunta: afinal, *o que são "cidades inteligentes"?*

Em 2020, o governo brasileiro lançou por meio do Ministério de Desenvolvimento Regional (MDR), Ministério de Comunicações (MCOM) e Ministério da Ciência, Tecnologia e Inovações (MCTI), em cooperação com o governo da Alemanha, a "Carta Brasileira para Cidades Inteligentes"706, enquanto uma iniciativa relacionada à Política Nacional de Desenvolvimento Urbano em desenvolvimento707. O objetivo do governo (previsto expressamente na Carta) seria o de estruturar uma estratégia nacional para o desenvolvimento de cidades inteligentes e sustentáveis no país, visando a redução de desigualdades socioterritoriais e melhoria das condições de vida nas cidades708.

O *conceito* de cidades inteligentes trazido no documento é o seguinte:

> São cidades comprometidas com o desenvolvimento urbano e a transformação digital sustentáveis, em seus aspectos econômico, ambiental e sociocultural, que atuam de forma planejada, inovadora, inclusiva e em rede, promovem o letramento digital, a governança e a gestão colaborativas e utilizam tecnologias para solucionar problemas concretos, criar oportunidades, oferecer serviços com eficiência, reduzir desigualdades, aumentar a resiliência e melhorar a qualidade de vida de todas as pessoas, garantindo o uso

706 BRASIL. Ministério do Desenvolvimento Regional (MDR). **Carta Brasileira para Cidades Inteligentes**. Brasília, 2020. A construção do texto foi realizada no âmbito do projeto de cooperação Brasil Alemanha para Apoio à Agenda Nacional de Desenvolvimento Urbano Sustentável no Brasil (ANDUS). Os iniciadores e coordenadores do processo são o Ministério do Desenvolvimento Regional (MDR), o Ministério de Ciência, Tecnologia e Inovações (MCTI), o Ministério das Comunicações (MC) e a agência alemã GIZ - *Deutsche Gesellschaft für Internationale Zusammenarbeit* (GIZ) *GmbH* (Agência de cooperação técnica alemã) e financiada pela Iniciativa Internacional de Proteção do Clima (IKI) do Ministério do Meio Ambiente, Conservação da Natureza e Segurança Nuclear (BMU). Participaram dos debates os representantes de municípios brasileiros, instituições de pesquisa e de financiamento, órgãos nacionais, setor privado e sociedade civil. Ao longo de um ano, foram realizados eventos internacionais e foros de participação pública com elementos metodológicos como oficinas de trabalho para a construção de uma visão comum do conceito de cidade inteligente. A principal intenção da Carta é aproximar duas agendas que até agora percorreram caminhos separados: a do desenvolvimento urbano e a das tecnologias, articulação que deve ser orientada para a sustentabilidade ambiental, urbana, social, cultural, econômica, financeira e digital.
707 BRASIL. Ministério do Desenvolvimento Regional (MDR). **Bases para a atualização colaborativa da Agenda Nacional de Desenvolvimento Urbano Sustentável – Política Nacional de Desenvolvimento Urbano (PNDU)**. Brasília, 2021.
708 BRASIL. Câmara dos Deputados. **Cidades inteligentes: uma abordagem humana e sustentável**. 1. ed. Série estudos estratégicos n. 12. Brasília: Edições Câmara, 2021.

seguro e responsável de dados e das tecnologias da informação e comunicação709.

Assim, por meio do Decreto n. 9.612/2018710, determinou-se que o até então existente Programa de Cidades Digitais do MCTI seria substituído pelo de Cidades Inteligentes, desenvolvido em consonância com o Plano Nacional de Internet das Coisas (Decreto n. 9.854/2019711). Tais alterações normativas refletem uma transição de projetos de "cidades digitais" para uma noção mais ampla de "cidades inteligentes".

Cidades digitais são baseadas no uso intenso de tecnologias digitais, com uma infraestrutura de comunicação que permita que atores sociais do município em questão se interconectem a partir da disponibilização de aplicações e serviços do setor público (E-Gov)712. Sendo assim, se tem a utilização de Tecnologias de Informação e Comunicação (TICs) para democratizar o acesso à informação, expandir e intensificar a mediação da relação governo/cidadão, ampliar o debate e a participação popular na construção das políticas públicas, aprimorar a qualidade dos serviços e informações públicas prestadas, melhorar o gerenciamento interno do estado e integrar parceiros e fornecedores do governo (portais de internet, fóruns, publicação de bancos de dados, sistemas de informação, aplicativos e software etc.). Um exemplo desse tipo de interação seria o da divulgação de campanhas de vacinação em redes sociais das prefeituras, facilitando o acesso da população a informações relevantes para a sua saúde.

Já *cidades inteligentes* iriam além disso, pois seriam basicamente cidades digitais que desenvolvam a capacidade de interagir com a sociedade de

---

709 Id.
710 Dentre os Grupos de Trabalho criados para tratar do tema destacam-se os de desenvolvimento urbano e sustentável; de soluções e tecnologias digitais e de baixo carbono; de infraestrutura de conectividade (ex: Wi-Fi Brasil; Norte e Nordeste Conectado; Políticas Públicas do Edital 5G). Além disso, há previsão de cooperação técnica com o MDR para estruturar uma estratégia nacional para o desenvolvimento das cidades inteligentes e sustentáveis no Brasil (cooperação Brasil-Alemanha). BRASIL. **Decreto nº 9.612, de 17 de dezembro de 2018**. Dispõe sobre políticas públicas de telecomunicações.
711 BRASIL. **Decreto nº 9.854, de 25 de junho de 2019**. Dispõe sobre políticas públicas de telecomunicações.
712 PANHAN, André Marcelo; MENDES, Leonardo de Souza; BREDA, Gean Davis. **Construindo Cidades Inteligentes**. 1 ed. Curitiba: Appris, 2016, p. 53.

forma *automática*, atendendo os cuidados com serviços inteligentes que auxiliem no dia a dia, melhorando a qualidade de vida da população. Tal fator vai além da mera disponibilização de plataformas digitais para acesso a serviços públicos e interações remotas com a prefeitura, implicando necessariamente na implementação de uma camada de sensoriamento que possibilite a aquisição de dados em diferentes formatos. Tal infraestrutura abrange as várias redes de comunicação da cidade, permitindo a transferência das informações coletas pelas redes sensoras para os aplicativos e serviços[713].

Nesse sentido, "*[a] principal característica das cidades inteligentes é a capacidade de coletar e analisar dados para auxiliar na tomada de decisão em nível municipal, através do uso de tecnologias*"[714]. Após a coleta dessas informações, tais dados podem ser disponibilizados em uma interface (portal Web) em sites que os cidadãos possam visitar a fim de interagir com os serviços online oferecidos pela municipalidade e um portal de compartilhamento de dados abertos para o desenvolvimento de serviços e soluções para os usuários (*open data*)[715].

Mas as cidades inteligentes não devem se resumir ao mero uso de tecnologia em larga escala. Com base na Agenda 2030 da ONU e nos Objetivos do Desenvolvimento Sustentável (ODSs), observa-se que o Objetivo 11 – Cidades e Comunidades Sustentáveis estabelece como meta "*[t]ornar as cidades e os assentamentos humanos inclusivos, seguros, resilientes e sustentáveis*".

Assim, cidades inteligentes sustentáveis podem ser descritas enquanto cidades inovadoras que utilizam tecnologias de informação e comunicação (TICs) e outros meios para melhorar a qualidade de vida, eficiência de serviços e operações urbanas e competitividade, atendendo as necessidades das gerações presentes e futuras com relação a aspectos econômicos, sociais,

---

713 Ibid., *passim.*
714 Ibid., p. 67.
715 Ibid., p. 131. Fala-se ainda em uma "cidade inteligente nas nuvens" como alternativa de rede híbrida para tornar mais acessível e menos custosa a implementação dessa tecnologia. Desse modo, seria possível utilizar a infraestrutura que já existe nas cidades e unificar acesso aos dados na nuvem, substituindo-se a rede de interconexão física por uma rede de interconexão virtual (pp. 136-138).

ambientais e culturais. Nesse sentido, a ideia central seria a de inclusão de todos os afetados na gestão da cidade, o que possibilitaria uma maior participação dos cidadãos na gestão das cidades em que vivem716.

Por meio da utilização de redes de sensores interconectados, as cidades inteligentes atuam nos mais diversos setores, tais quais: **(i)** vigilância pública e combate ao crime; **(ii)** distribuição de eletricidade (ex: *smart grids*); **(iii)** gerenciamento de água e esgoto; **(iv)** maior racionalidade no usos recursos naturais e monitoramento da qualidade do ar, resíduos e padrões de ruídos717; **(v)** avaliação estrutural de edifícios, inclusive com a disposição de aquecedores solares e células fotovoltaicas; **(vi)** prevenção e combate a incêndios; **(vii)** promoção e monitoramento da saúde e gerenciamento eficaz de pacientes; **(viii)** melhoria da mobilidade urbana e promoção de meios de transporte menos poluentes, assim como serviços e infraestrutura adequada718.

Todavia, o risco existente é de que tais inovações urbanas fiquem restritas a classes sociais mais abastadas o que pode levar ao acirramento de desigualdades sociais (já tão extremadas no nosso país) 719.

---

716 DUSTDAR, Schahram; NASTIĆ, Stefan; ŠĆEKIĆ, Ognjen. **Smart cities:** the internet of things, people and systems. [u.a]. Springer, 2017, p. 4.

717 Alguns exemplos que podem ser citados nesse contexto seriam o uso de câmeras com sensores de movimento, capazes de ser inseridas em habitats naturais de modo a coletar dados sobre a biodiversidade a baixo custo; drones para combate e monitoramento de desmatamento e caça furtiva; IoT, aprendizagem de máquina e blockchain utilizadas em conjunto para facilitar a gestão de recursos hídricos em perímetros urbanos (inclusive em áreas remotas) e para auxiliar na mitigação de riscos atrelados a mudanças climáticas. Sobre o tema cf. UNESCO. Artificial intelligence for sustainable development: challenges and opportunities for UNESCO's science and engineering programmes. Working paper, ago. 2019, *passim*.

718 SOARES NETO, Vicente. **Cidades inteligentes:** guia para a construção de centros urbanos eficientes e sustentáveis. São Paulo: Érica, 2019, p. 38 e 102.

719 Por essas razões é que hoje fala-se também em "*favelas inteligentes*", de modo que as novas tecnologias também se tornem acessíveis nas regiões periféricas das cidades, abrangendo também a população de baixa renda. Nesse sentido a Fundação Carlos Chagas Filho de Amparo à Pesquisa do Estado do Rio de Janeiro (FAPERJ) lançou pelo Edital nº 37/2021 a primeira edição do "Programa Favela Inteligente em Apoio às Bases para o Parque de Inovação Social e Sustentável na Rocinha", que "(...) visa apoiar iniciativas de instituições, com ou sem fins de lucro, estabelecidas no Estado do RJ, em ações que promovam dinamismo econômico do território da Rocinha com base em ciência, tecnologia e inovação (C,T&I), em segmentos que sejam vetores de geração de energia verde; de preservação dos recursos naturais; educação básica, inclusive educação profissional, e educação superior, incluindo atributos de empregabilidade; atenção primária em saúde, inclusive estratégias de saúde da

3. CRÍTICAS, POTENCIALIDADES E DESAFIOS PARA A IMPLEMENTAÇÃO DO CONCEITO DE "CIDADES INTELIGENTES" NO BRASIL

Conforme já mencionado neste artigo, as ditas cidades "inteligentes" prometem uma melhor qualidade de vida para os seus residentes, uma alocação economicamente adequada dos ativos disponíveis e uma maior proteção ambiental. Os principais aspectos positivos desse modelo de gestão são os seguintes: **(i)** melhoria da qualidade de vida (atendimento mais efetivo de demandas sociais a partir da grande disponibilidade de dados acerca das deficiências existentes); **(ii)** alocação economicamente adequada dos ativos; **(iii)** maior proteção ambiental (transição para economia de baixo carbono); **(iv)** transparência; **(v)** maior potencial de participação popular na tomada de decisão (acesso direto a informações por meio de portais digitais do governo); **(vi)** melhor governança das cidades e resolução de gargalos urbanos; **(vii)** desenvolvimento econômico e **(viii)** auxílio no combate a doenças (ex: Covid-19).

No entanto, também é preciso endereçar as fortes críticas de diversos setores sociais a esse modelo de gestão tão intermediado por tecnologia, especialmente em razão do controle e hipervigilância sobre a vida das pessoas. Mostra-se, portanto, ser de extrema relevância a busca pela definição de

---

família e de segurança e soberania alimentar; geração de trabalho, riqueza, emprego e renda; arte e cultura; esporte e lazer; inclusão digital e inovação tecnológica, inclusive a geração de empreendimentos inovadores locais e de qualidade de vida para população local; saneamento básico; prevenção a catástrofes; segurança pública e prevenção a todos os tipos de violência, inclusive combate à violência contra as mulheres e serviço de atendimento às mulheres em situação de violência; combate a todas as formas de discriminação; mobilidade e acessibilidade; assistência social e direitos humanos". FAPERJ. FAPERJ anuncia 1ª edição do Programa Favela Inteligente para apoiar ações de C,T&I na Rocinha, 16 set. 2021. Disponível em <http://www.faperj.br/?id=4317.2.9>. Acesso em 06 mar. 2022. O conceito de favelas inteligentes pretende, portanto, incorporar essa noção a um viés especificamente voltado para as periferias, de modo a não apenas implementar comodidades tecnológicas de forma isolada, mas também de promover o empreendedorismo local, a inovação, a cultura da criatividade dos moradores das comunidades, assentamentos populares e loteamentos irregulares e clandestinos da cidade. Objetiva-se, assim, a garantia não apenas de acessibilidade tecnológica, mas de outros direitos básicos vinculados a uma moradia digna, como as melhorias habitacionais e promoção de espaços públicos.

parâmetros capazes de incentivar e, ao mesmo tempo, conformar o emprego dessas tecnologias e inovações sociais. Trata-se de um modelo em amplo desenvolvimento e para o qual um marco legal cuidadoso ainda precisa ser proposto, tendo em vista as potenciais falhas de mercado e de governo inerentes e a necessidade de tutela e promoção de valores sociais fundamentais.

De modo geral, as principais críticas feitas às cidades inteligentes720 são pautadas no reconhecimento de que as mesmas **(i)** retiram o poder decisório das comunidades locais; **(ii)** impõem controle e vigilância excessivos; **(iii)** ampliam o domínio de dados dos usuários por grandes empresas de tecnologia da informação sem limites suficientemente definidos para a sua utilização; **(iv)** ocasionam a manipulação/vieses algorítmicos; **(v)** se baseiam em um ideal utópico de "solucionismo tecnológico" para graves problemas sociais que somente poderiam ser de fato superados por meio de políticas públicas efetivas721; **(vi)** falham em mitigar a desigualdade no acesso à tecnologia, ocasionando exclusão digital e, nesse contexto, redução de cidadania e, portanto, da oportunidade de exercer inteiramente os seus direitos políticos de forma adequadamente informada.

Para autores céticos como Morozov722, toda a retórica de "cidades inteligentes" não passaria de uma entrega da infraestrutura urbana a empresas de tecnologia, as quais a administrariam do modo como desejassem, sem a devida transparência. O que praticamente inviabilizaria a sua posterior devolução ao setor público. Nesse sentido, o debate sobre a soberania

---

720 Por todos **cf.** MOROZOV, Evgeny; BRIA, Francesca. **A cidade inteligente:** tecnologias urbanas e democracia. São Paulo: Ubu Editora, 2019.
721 Políticas públicas são entendidas aqui como "[p]rograma de ação governamental que resulta de um processo ou conjunto de processos juridicamente regulados (...) visando coordenar os meios à disposição do Estado e as atividades privadas, para realização de objetivos socialmente relevantes e politicamente determinados. Como tipo ideal, a política pública deve visar a realização de objetivos definidos, expressando a seleção de prioridades, a reserva de meios necessários à sua consecução e o intervalo de tempo em que se espera o atingimento dos resultados". BUCCI, Maria Paula Dallari. O conceito de política pública em direito. In: BUCCI, Maria Paula Dallari (org.). **Políticas públicas: reflexões sobre o conceito jurídico**. São Paulo: Saraiva, 2006. Sobre o tema cf. ainda GARCIA, Maria. **A cidade e seu estatuto**. São Paulo: Juarez de Oliveira, 2005.
722 MOROZOV, Evgeny. **Big Tech:** a ascensão dos dados e a morte da política. São Paulo: Ubu Editora, 2018, p. 23.

tecnológica não poderia estar descolado das discussões políticas e econômicas em um espaço democrático.

Um exemplo disso seria o debate sobre a matriz energética a ser adotada. Quando se trata de sistemas inteligentes de energia, não se pode restringir a nossa análise a simplesmente avaliar a eficácia de medidores inteligentes, aplicativos e termostatos. Embora essa análise possa ser benéfica para uma melhor gestão de recursos naturais e preservação ambiental, cumpre ter em mente que a questão energética (e suas frequentes crises, especialmente no caso do Brasil) está diretamente relacionada a diversos aspectos políticos e econômicos. Seria ingênuo pensar nesses fatores como algo isolado de um cenário social, político e econômico muito mais amplo, que envolve uma série de interesses, os quais não poderiam ser facilmente ultrapassados723.

Além disso, o autor critica a aplicabilidade do discurso de sustentabilidade somente aos mais pobres/classe média, enquanto os mais favorecidos economicamente continuariam a usufruir do melhor que os bens de consumo tem a oferecer. Segundo Morozov:

> Os supostos benefícios ambientais da economia compartilhada são igualmente risíveis: enquanto somos solicitados a compartilhar o nosso carro com os vizinhos - é mais barato e mais ecológico! -, os ricos continuam desfrutando dos seus iates, limusines e jatos particulares, ao passo que os verdadeiros poluidores - as companhias petrolíferas e outros gigantes industriais - escapam com afrontas ainda piores724.

Para o autor, a regulação algorítmica seria insuficiente para lidar com todas as questões envolvidas. Ela resultaria em um regime político no qual a tomada de decisão se daria pelas empresas de tecnologia e burocratas estatais. Ele cita o escritor de ficção científica Stanislaw Lem, que explicitava a situação da seguinte forma: *"[a] sociedade não pode desistir do fardo de*

---

723 Ibid., p. 111.
724 Ibid., p. 79.

*decidir o próprio destino, abdicando dessa liberdade em prol do regulador cibernético"*725.

Cumpre lembrar sempre que *"(...) uma política feita por dispositivos inteligentes não é necessariamente uma política inteligente"*726. Uma das críticas trazidas pelo autor é a de que a vigilância imposta pela utilização de dispositivos inteligentes em larga escala acaba por reduzir a política a "ajustes de botões" ou em uma simples solução pautada em "informacionalização", considerando-se a ampla disponibilidade de dados obtidos pela digitalização e interconexão dos dispositivos727. Todavia, a mera implementação de mais tecnologia de forma isolada não resulta necessariamente na consolidação de uma política pública mais eficaz e com capacidade de melhorar de fato a qualidade de vida das pessoas.

Para o autor essa prometida eficiência e objetividade que seria proporcionada pela interconexão se choca com o próprio ideal de democracia. Isso porque a democracia é pautada justamente no reconhecimento de que o nosso conhecimento do mundo é imperfeito e incompleto e que não haveria uma resposta definitiva para grande parte das questões políticas, sendo o debate e as deliberações o nosso meio de expressar aprovação ou descontentamento728. Segundo ele:

> [a]vanços adicionais de inteligência artificial poderiam apenas acelerar nossa marcha rumo a um tipo de política mais enxuto e eficiente, em que os cidadãos, já constantemente monitorados pela Internet das Coisas ou pelos inúmeros sensores da "cidade inteligente", seriam automaticamente informados sobre as questões políticas e cívicas de seu interesse, bem como receberiam lembretes

---

725 Ibid., p. 101.
726 Id., p. 116. O autor chega a se referir a IoT como "Internet das Coisas Burras Conectadas por Celulares" (p. 77).
727 Ibid., p. 116.
728 Id., p. 138.

frequentes sobre eventos e novidades relacionados a suas comunidades729.

Assim, os diversos sensores aos quais já estaríamos conectados diretamente, nos ajudariam também a acessar os problemas do nosso bairro, cidade e país.

Em resumo, o uso de tecnologia poderia diminuir custos de transação; ampliar o acesso à informação e diminuir as barreiras à participação na vida pública, com o custo de aumento de vigilância e potencial manipulação/enviesamento das pessoas na tomada de decisões.

A principal questão, no entanto, seria a redução da humanidade no processo decisório com base nessa promessa de objetividade trazida pela inteligência artificial. Isto é: de uma política pautada em dados empíricos e racionalidade – para além de ideologias.

Por outro lado, a premissa básica da democracia:

> [n]ão é a de que vamos acabar obtendo a resposta mais congruente com a realidade empírica, e sim que vamos elaborar mecanismos e procedimentos institucionais que permitam às pessoas com visões bastante diversas e opostas não apenas se enfrentarem abertamente, como aproveitarem essa oposição para reforçar a saúde do sistema político. (...) A tentação da política baseada na IA é evidente: é barata, limpa e supostamente pós-ideológica. O custo, no entanto, pode ser a própria democracia e, a menos que Siri ou Alexa passem a refletir sobre política da memória e as formas de lidar com a injustiça histórica, não parece que vale a pena pagar esse preço para ter menos buracos nas ruas730.

Assim, enquanto a Inteligência Artificial (IA) pregaria perfeição, racionalidade, análise massiva de dados e objetividade em uma "política de gerenciamento de efeitos"; a política democrática seria baseada na imperfeição, no dissenso, no debate público e na subjetividade das diferentes ideologias que

---

729 MOROZOV, Evgeny. **Big Tech:** a ascensão dos dados e a morte da política. São Paulo: Ubu Editora, 2018, p. 139.
730 Ibid., pp. 142-143.

precisa abarcar. E, de fato, é extremamente válida a preocupação com a "desumanização" dos processos decisórios e perda da capacidade dialética, criativa e reflexiva com base inclusive em emoções e perspectivas históricas, culturais e de pertencimento às cidades que apenas seres humanos são capazes de oferecer. Motivo esse pelo qual a revisão de decisões automatizadas por instâncias humanas se mostra fundamental731.

No entanto, seria esse um falso paradoxo entre democracia e uso de tecnologia? O uso de IA e aplicação de Internet das Coisas é *necessariamente* uma afronta à democracia? Seria possível conciliar esses dois mundos para que a tecnologia seja usada em prol da democracia e não em seu desfavor? Isto é: como uma ferramenta a favor do debate público e não em sua substituição?

A regulação, embora imperfeita e incapaz de resolver todos os problemas (não se adota aqui a ideia de um "solucionismo tecnológico" simplista e ingênuo), pode, no entretanto, ser ao menos balizadora dos limites (inclusive éticos) ao uso dessas tecnologias. Nos parece um tanto extremado esse posicionamento de Morozov. Pode-se usar a tecnologia para aprimorar políticas públicas e melhorar a vida nas cidades a curto prazo – afinal, também é importante reparar buracos nas ruas, melhorar o trânsito, garantir uma melhor infraestrutura urbana para as pessoas, gerenciar adequadamente recursos naturais etc. E o acesso a uma vasta gama de dados pode ajudar a fazer isso com muito mais eficiência e agilidade, ainda mais diante dos recursos escassos que existem e das dificuldades burocráticas para movimentação da máquina pública. Todavia, evidentemente, também é preciso reconhecer os problemas que o uso massivo de tecnologia e acesso a dados da população pode trazer. Assim, a crítica não pode ser deixada de lado. Mas talvez possa ser relativizada em alguns pontos.

É fundamental que não se abandone as causas e que a deliberação política e o direito ao debate e dissenso sejam garantidos. Mas, enquanto

---

731 Direito esse já inclusive tutelado pela Lei Geral de Proteção de Dados: "**Art. 20.** O titular dos dados tem direito a solicitar a revisão de decisões tomadas unicamente com base em tratamento automatizado de dados pessoais que afetem seus interesses, incluídas as decisões destinadas a definir o seu perfil pessoal, profissional, de consumo e de crédito ou os aspectos de sua personalidade". BRASIL. **Lei nº 13.709, de 14 de agosto de 2018**. Lei Geral de Proteção de Dados (LGPD).

deliberações políticas são demoradas e difíceis, pode-se corrigir rapidamente os buracos nas ruas a menor custo se souber onde eles estão – algo que a tecnologia facilmente pode ajudar a fazer. E diversas pequenas coisas como essa somadas podem tornar a vida nas cidades bem mais acolhedoras e integradas para os seus citadinos, inclusive os mais dependentes de políticas públicas estatais. Isso, devendo-se tomar o devido cuidado com os interesses econômicos que estão em jogo (especialmente de grandes empresas de tecnologia), bem como com "soluções para a pobreza" que se dão a custo de dados, enviesamento e manipulações eleitoreiras. Isto é: com a imposição de automação de baixa qualidade para os pobres e tecnologia sob medida para os ricos, acirrando ainda mais as divisões de classe já tão marcantes na nossa sociedade732.

Nem um futuro técnico-utópico ingênuo, nem um distópico radical. Mas que procure ser realista – consciente dos problemas e enormes desafios, mas que reconheça também as potencialidades positivas. Talvez esse deve ser o principal objetivo da regulação setorial voltada para cidades inteligentes.

4. DESAFIOS NO CENÁRIO BRASILEIRO

No caso do Brasil, sabe-se que os desafios para implementação desse modelo são ainda maiores733, passando por questões como: **(i)** carência de infraestrutura e de conectividade, bem como de serviços e espaços urbanos de qualidade; **(ii)** carência de educação de qualidade e analfabetismo (geral e digital); **(iii)** exclusão digital; **(iv)** déficit habitacional (falta de moradia digna); **(v)** falta de acesso a serviços essenciais de saúde e higiene (ex: saneamento básico); **(vi)** falta de acessibilidade urbana (especialmente para pessoas com deficiências); **(vii)** violência urbana; **(viii)** desarticulação entre espaços urbano, rural e natural (mal aproveitamento de recursos naturais); **(ix)** falta de planejamento na ocupação e expansão urbana (assentamentos informais –

---

732 MOROZOV, Evgeny. **Big Tech:** a ascensão dos dados e a morte da política. São Paulo: Ubu Editora, 2018, p. 176.

733 BRASIL. Ministério do Desenvolvimento Regional (MDR). **Bases para a atualização colaborativa da Agenda Nacional de Desenvolvimento Urbano Sustentável** – Política Nacional de Desenvolvimento Urbano (PNDU). Brasília, 2021.

"cidade irregular"); **(x)** distância entre moradia e emprego/estudo e congestionamentos; **(xi)** conflitos de interesses; **(xii)** demanda por especialização e alto custo para implementação e manutenção de infraestruturas de conectividade; **(xiii)** subutilização da infraestrutura existente; **(xiv)** desvalorização do patrimônio cultural material e imaterial; **(xv)** emergência climática; **(xvi)** ineficiência energética; **(xvii)** corrupção e má gestão de recursos; **(xviii)** desigualdade e falta de oportunidades; **(xiv)** falta de engajamento político da população na tomada de decisões envolvendo a cidade, dentre outros[734].

No caso das periferias, os desafios são ainda mais graves, havendo necessidade de investimentos em relação à solução de problemas salutares como falta de saneamento básico, infraestrutura e acessibilidade, bem como à moradia digna e educação de qualidade.

4.1.   Carta Brasileira para Cidades Inteligentes

Consciente disso, a própria Carta Brasileira para Cidades Inteligentes (já citada neste artigo)[735] expressa uma agenda pública brasileira para a união do desenvolvimento urbano à inovação e tecnologia para a promoção de cidades mais diversas, justas, vivas, conectadas, inovadoras, inclusivas, seguras, economicamente férteis, ambientalmente responsáveis, conscientes e articuladas.

Conforme as recomendações do Centro de Estudos e Debates Estratégicos da Câmara dos Deputados (Cedes) cinco dimensões deveriam ser observadas no desenvolvimento de cidades inteligentes no Brasil: **(i)** governança mediada por tecnologia e com participação social; **(ii)** uso racional de tecnologias inteligentes e sensitivas; **(iii)** sustentabilidade e perenidade das iniciativas; **(iv)** educação direcionada à formação de uma sociedade inovadora e altamente qualificada e **(v)** fomento à economia pautada no conhecimento.

---

[734] Id.
[735] BRASIL. Ministério do Desenvolvimento Regional (MDR). **Carta Brasileira para Cidades Inteligentes**. Brasília, 2020.

Dentro desses pilares, as *cidades que queremos* seriam: diversas e justas; vivas e para pessoas; conectadas e inovadoras; inclusivas e acolhedoras; seguras, resilientes e autorregenerativas (respondem adequadamente a desafios climáticos, demográficos, sanitários, políticos e econômicos), economicamente férteis (desenvolvimento econômico e social sustentável), geradoras de renda para comunidades, capazes de promover uma economia criativa, circular e compartilhada, ambientalmente responsáveis, articuladoras de diferentes noções de tempo e espaço, teriam um ritmo de transformação digital adequado a pessoas, locais e realidades distintas, seriam integradas localmente e multiescalares, conscientes, com uso responsável de dados e informações, atentas e responsáveis com seus princípios; pautadas em processos dinâmicos de gestão e de governança da cidade; processos colaborativos e experimentação.

O principal objetivo de uma "cidade inteligente" seria o de promover uma transformação digital sustentável (com adoção responsável de TICs, segurança cibernética e transparência na utilização de dados) e um desenvolvimento urbano sustentável (que inclui a preocupação social).

Assim, os seus princípios balizadores seriam o respeito à diversidade territorial brasileira, em seus aspectos culturais, sociais, econômicos e ambientais, a visão sistêmica da cidade e da transformação digital, integração dos campos urbano e digital, conservação do meio ambiente e promoção do interesse público acima de tudo.

Como diretrizes norteadoras da agenda brasileira, a Carta prevê o que se segue: **(i)** promover o desenvolvimento urbano sustentável; **(ii)** construir respostas para os problemas locais; **(iii)** promover educação e inclusão digital; **(iv)** estimular o protagonismo comunitário; **(v)** colaborar e estabelecer parcerias e **(vi)** decidir com base em evidências.

Nesse sentido, o documento prevê *oito objetivos estratégicos* para a adoção adequada de um modelo de cidades inteligentes no Brasil. O *primeiro* deles seria o de integrar a transformação digital nas políticas, programas e ações de desenvolvimento urbano sustentável, respeitando as diversidades e considerando as desigualdades presentes nas cidades brasileiras. Para tanto, seria necessário um planejamento em prol da implementação de infraestrutura digital, o qual teria que passar por uma alteração legislativa na Lei do parcelamento do solo urbano (Lei n. 6.766/1979) e de outras normas gerais de política urbana. No mesmo sentido, o uso e tratamento de dados pessoais somente poderia se dar com respeito às previsões da LGPD. De modo geral, a construção de visão de futuro da cidade teria que ser feita de forma participativa e inclusiva. O georreferenciamento de dados e informações também é colocado como um importante mecanismo de gestão, sendo, entretanto, um grande desafio em comunidades ao mesmo passo em que é extremamente necessário para viabilizar a regularização fundiária.

Do ponto de vista ambiental, a Carta destaca a importância de promoção de eficiência energética e de uma economia circular, trazendo como alguns exemplos a implementação de *smart grids*, casas inteligentes e mecanismos para o aproveitamento de resíduos. Assim, estaria em consonância com as metas pautadas o desenvolvimento de projetos, mecanismos e tecnologias que sejam capazes de ampliar a eficiência energética de infraestruturas e edifícios urbanos. O objetivo mais amplo nesse caso é o de justamente promover o uso responsável dos recursos naturais e garantir a qualidade de vida das pessoas a longo prazo (das atuais e futuras gerações). Vê-se nessa seara a vinculação existente entre a transformação digital e o meio ambiente – situação essa que se torna especialmente evidente diante do cenário de mudanças climáticas.

Assim, desenvolver e usar metodologias, dados e indicadores que respondam às mudanças ambientais e climáticas[736] e atuar nas frentes de adaptação (como prevenção a eventos climáticos extremos – deslizamentos, inundações, secas, erosões etc.) e de mitigação (redução de emissões de carbono) são aspectos fundamentais de uma política "inteligente" de gestão do espaço urbano. A implementação de dispositivos digitais no ambiente urbano inclui, portanto, o monitoramento e avaliação de impactos ambientais causados por infraestruturas digitais e a promoção do uso responsável de recursos nas soluções de modernização tecnológica de serviços urbanos.

O objetivo geral é o de reduzir a pegada de carbono na transformação digital das cidades e aplicar instrumentos ambientais com infraestrutura verde

---

[736] Entendida aqui de forma genérica como o aumento da temperatura média global com ampliação da frequência de ocorrência de eventos climáticos extremos.

em áreas urbanas e soluções baseadas na natureza (a exemplo da ampliação do uso de biomassa para geração de biogás; instalação de painéis solares fotovoltaicos em residências/empresas etc.). Sempre que possível, a ideia de planejamento urbano de cidades mais acolhedoras para a população estariam pautada em ações como a substituição da "infraestrutura cinza" tipicamente urbana por uma "infraestrutura verde" e pela preconização de espaços públicos de interação popular, promoção de bem-estar e de serviços ecossistêmicos e de soluções baseadas na natureza nos instrumentos de política urbana, tais quais o estímulo do desenvolvimento de regiões produtoras de alimentos próximas dos centros urbanos. Isto é: utilizar as Tecnologias de Informação e Comunicação (TICs) para estimular padrões responsáveis de produção e consumo e ativação da economia local.

O *segundo* objetivo estratégico das CHICs (Cidades Humanas, Inteligentes, Criativas e Sustentáveis) seria o de prover acesso equitativo à internet de qualidade para todas as pessoas. Isto é: tornar efetivo o direito de acesso à internet por todas as pessoas (em conformidade com o já previsto no art. 4º do Marco Civil da Internet) e garantir o acesso à infraestrutura digital para todas as pessoas (inclusão digital).

O *terceiro* objetivo seria o de estabelecer sistemas de governança de dados e de tecnologias, com transparência, segurança e privacidade. Este pilar visa garantir a segurança cibernética e proteção dos dados dos cidadãos tendo em vista a digitalização e georreferenciamento de registros administrativos. Além disso, pretende-se promover transparência orçamentária na administração pública, uma política de dados abertos e padrões de interoperabilidade, a publicização de dados e informações gerados na execução de políticas públicas em todos os níveis de governo (em linguagem inclusiva para a população em geral), o tratamento e anonimização de dados sensíveis para viabilizar a sua abertura, garantindo-se o respeito à Lei Geral de Proteção de Dados (LGPD) e à Lei de Acesso à Informação (LAI).

O *quarto* objetivo estratégico diz respeito à adoção de modelos inovadores e inclusivos de governança urbana e fortalecimento do papel do poder público como gestor de impactos da transformação digital nas cidades. Isso com base em cooperação interfederativa baseada no estabelecimento de um governo digital; fomento à inovação, apoio técnico a municípios, gestão democrática das cidades (com engajamento popular), mapeamento de demandas locais e oferta de soluções inovadoras, promoção de Laboratórios de experimentação urbana em ambientes reais737), incentivo ao surgimento de soluções urbanas inovadoras, criando espaços colaborativos transdisciplinares (que possibilitam a cooperação entre diferentes disciplinas e saberes) para cidades inteligentes. Essas ações devem considerar a visão ampla da transformação digital nas cidades. Para garantir que as soluções sejam realizáveis, deve-se focar em pesquisa e experimentação em ambientes reais.

O *quinto* objetivo estratégico, por sua vez, estabelece o fomento do desenvolvimento econômico local no contexto da transformação digital. Nesse sentido, há previsões de decrescimento e economia pautada em "zero emissões" (descarbonização), modelos de pagamento por serviços ambientais, utilização de títulos verdes, compras públicas sustentáveis e programas de aquisição da produção agrícola sustentável, adoção do PIX como forma de pagamento para serviços públicos, garantia de acesso à terra urbana regular (intimamente relacionado à promoção de regularização fundiária), uso de tecnologias de informação e comunicação para facilitar a regularização fundiária de núcleos urbanos informais de baixa renda (REURB-S). A regularização fundiária deve acontecer com o apoio de programas de assistência técnica às comunidades. Essas ações têm como objetivo reconhecer direitos sociais e patrimoniais; aproveitamento econômico de resíduos eletrônicos e promoção de economia circular.

Já o *sexto* objetivo estratégico visa o estímulo a modelos e instrumentos de financiamento do desenvolvimento urbano sustentável no contexto da transformação digital. Tal meta também estaria relacionada ao uso de TICs no orçamento público e para melhorar a arrecadação municipal, a efetivação de cadastros municipais e de parcerias público-privadas (PPPs).

O *sétimo* objetivo previsto pretende fomentar um movimento massivo e inovador de educação e comunicação públicas para maior engajamento da sociedade no processo de transformação digital e de desenvolvimento urbano sustentável, com comunicação pública inclusiva e acessível para toda a

---

737 Nesse sentido, podemos citar dois exemplos já implementados no Brasil: o Sandbox do Parque Tecnológico Itaipu (Foz do Iguaçu – PR) e o Programa "Vila A Inteligente".

população em um ideal de "cidade educadora", que inclui educação ambiental e o letramento digital (visando a participação de todos no processo de transformação digital).

Por fim, o *oitavo* objetivo estratégico estabelece a necessidade de construção de meios para a compreensão e avaliação, de forma contínua e sistêmica, dos impactos da transformação digital nas cidades. Tal objetivo está relacionado à preocupação com a promoção de direitos humanos e redução dos impactos negativos da transformação digital. Sendo assim, será preciso construir mecanismos para compreender e avaliar, de forma continuada, sistêmica e transparente, os impactos de políticas, planos, programas, projetos, atividades e ações de transformação digital nas cidades. Ademais, deve-se utilizar dados e indicadores confiáveis e comparáveis (séries históricas) e dar a devida publicidade, com a disseminação das metodologias adotadas e os resultados obtidos nas avaliações (transparência ativa) e possibilidade de monitoramento de ações públicas por parte da população. As TICs devem ser utilizadas para promover a transparência ativa e facilitar o controle social e é exigido que se tenha revisão humana em todos os processos de decisão automatizados, com implementação de mecanismos de transparência ativa e garanta de ampla comunicação pública, em linguagem simples e inclusiva, às pessoas titulares de dados utilizados em serviços automatizados. Além disso, pretende-se implementar uma "ciberinfraestrutura" (infraestrutura de sistemas operacionais, gestão e processamento de dados, instrumentos avançados e ambientes de visualização) para geração de conhecimento sobre desenvolvimento urbano sustentável e apoiar projetos de pesquisa, desenvolvimento e inovação de grande porte, bem como a logística reversa de produtos eletrônicos.

Como pode-se observar, as metas previstas para a política nacional de cidades inteligentes são bastante ambiciosas e cumprirá acompanhar de perto em que medida suas previsões poderão ser de fato realizadas. O Projeto de Lei n. 976/21738 já institui a obrigação de que um plano de cidade inteligente seja

---

738 Atualmente em tramitação na Câmara dos Deputados (Comissão de Desenvolvimento Urbano), com Requerimento n. 9/2021 solicitando a realização de audiência pública sobre o tema. Até o fechamento deste artigo, o PL aguardava designação de relator na Comissão de Constituição e Justiça e de Cidadania. Outros Projetos de Lei também seguem em tramitação e

integrado ao Plano Diretor municipal enquanto condição para obtenção de financiamento público. Aquele deve apresentar indicadores de desempenho; estrutura de governança; procedimentos de avaliação periódica e publicidade. Todavia, ainda há muito o que se debater e avançar em termos de uma implementação efetiva das previsões que, por ora, ainda estão sendo mais debatidas no plano abstrato de formulação de políticas públicas.

5.   CONCLUSÃO

Com base no impacto social do desenvolvimento de cidades inteligentes e de uma nova forma de planejamento urbano e interação nas cidades, observa-se a relevância do desenvolvimento de estudos acerca das melhores formas com que o Direito pode intervir para regular tais políticas públicas de modo efetivo, tutelando direitos constitucionalmente garantidos, universais, imprescritíveis, invioláveis e irrenunciáveis como os à igualdade, liberdade, privacidade e segurança[739], bem como o direito a um meio ambiente ecologicamente equilibrado.

Nesse sentido, para além de um "solucionismo tecnológico", de uma utopia ou, por outro lado, de uma distopia que radicaliza os "efeitos perversos" da tecnologia, cumpre analisar de forma realista as potencialidades e os desafios que a utilização de Internet das Coisas (IoT) nas cidades pode trazer para a gestão pública. Ademais, espera-se que o acesso às novas tecnologias e à inovação urbana alcance também as camadas mais vulneráveis da população, chegando também às comunidades, de modo a se reduzir a desigualdade social e promover a fruição dos espaços públicos nas cidades brasileiras por todos,

---

preveem incentivos a implementação de TICs e realização de licenciamento pela Anatel dessas tecnologias. Ademais, o Programa Pró-cidades visa o estabelecimento de recursos para o financiamento de projetos inovadores e os indicadores ISSO 37120, 37122 e 37123 são indicadores de uma busca por um desenvolvimento de uma certificação nacional para cidades inteligentes. BRASIL. **Projeto de Lei nº 976/21**. Institui a Política Nacional de Cidades Inteligentes (PNCI), com vistas à melhoria da qualidade de vida dos munícipes, e dispõe sobre os princípios e diretrizes que a nortearão, os seus objetivos, as ações a serem realizadas, os recursos alocáveis e dá outras providências.

[739] MENDES, Gilmar Ferreira; BRANCO, Paulo Gustavo Gonet. **Curso de direito constitucional**. 12 ed. rev. e atual. São Paulo: Saraiva, 2017, *passim*.

assim como o desenvolvimento de inovação e de sustentabilidade socioambiental nas regiões periféricas.

No Brasil, embora se tenha o direito fundamental à moradia, tal necessidade basilar com frequência não é suprida com eficácia pelo Estado, especialmente se considerarmos o devido conceito expansivo de direito à moradia, que envolve muito mais do que possuir "um teto com paredes", mas sim a garantia de dignidade para se viver, inclusão no espaço público e acesso à infraestrutura da cidade. Logo, compete ao poder público prover a urbanização e inclusão dessas pessoas, sob pena de haver a perda gradual de um sentido de bem comum e de pertencimento ao grupo e à cidade.

E, tomando por base as perspectivas futuras para uma sonhada cidade inteligente (aqui considerando as variadas terminologias que avançam no mesmo tempo que se vislumbra as imprecisões dos termos anteriores, a exemplo das *CHICS* – Cidades Humanas, Inteligentes, Criativas e Sustentáveis), a regulação do setor deve garantir que as favelas e comunidades de baixa renda também deverão ser abarcadas pela inovação, com acessibilidade à tecnologia, uma vez que são parte indissociável da cidade. O desenvolvimento de uma sem o avanço da outra não servirá para a real implementação de uma cidade verdadeira inteligente, humana e sustentável.

O resultado nesse caso seria a manutenção de uma cidade partida, desumana, desigual e com graves problemas socioambientais, na qual apenas alguns têm direito a usufruir dos benefícios ocasionados pelo novo modelo de urbanização. Certamente, não deve ser esse o objetivo de uma cidade verdadeiramente inteligente.

REFERÊNCIAS BIBLIOGRÁFICAS

10 RAZÕES que fazem de Curitiba a cidade mais inteligente do Brasil. **It Forum 365**, 8 jan. 2019. Disponível em: <https://itforum365.com.br/10-razoes-que-fazem-de-curitiba-cidade-mais-inteligente-do-brasil/>. Acesso em 19 out. 2020.

BRASIL. Câmara dos Deputados. **Cidades inteligentes:** uma abordagem humana e sustentável. 1. ed. Série estudos estratégicos n. 12. Brasília: Edições Câmara, 2021a. Disponível em <https://www2.camara.leg.br/a-

camara/estruturaadm/altosestudos/pdf/cidades_inteligentes.pdf>. Acesso em 18.10.2021.

BRASIL. **Decreto nº 9.612, de 17 de dezembro de 2018**. Dispõe sobre políticas públicas de telecomunicações. Disponível em: <http://www.planalto.gov.br/ccivil_03/_ato2015-2018/2018/decreto/D9612.htm>. Acesso em 06 mar. 2022.

BRASIL. **Decreto nº 9.854, de 25 de junho de 2019**. Dispõe sobre políticas públicas de telecomunicações. Disponível em: <https://www.in.gov.br/en/web/dou/-/decreto-n-9854-de-25-de-junho-de-2019-173021041>. Acesso em 06 mar. 2022.

BRASIL. **Lei nº 13.709, de 14 de agosto de 2018**. Lei Geral de Proteção de Dados (LGPD). Disponível em: <http://www.planalto.gov.br/ccivil_03/_ato2015-2018/2018/lei/l13709.htm>. Acesso em 06 mar. 2022.

BRASIL. Ministério do Desenvolvimento Regional (MDR). **Bases para a atualização colaborativa da Agenda Nacional de Desenvolvimento Urbano Sustentável – Política Nacional de Desenvolvimento Urbano (PNDU)**. Brasília, 2021b. Disponível em <http://www.andusbrasil.org.br/acervo/publicacoes/93-bases-para-a-atualizacao-colaborativa-da-agenda-nacional-de-desenvolvimento-sustentavel>. Acesso em 18.10.2021.

BRASIL. Ministério do Desenvolvimento Regional (MDR). **Carta Brasileira para Cidades Inteligentes**. Brasília, 2020. Disponível em <https://www.gov.br/mdr/pt-br/assuntos/desenvolvimento-regional/projeto-andus/Carta_Bras_Cidades_Inteligentes_Final.pdf>. Acesso em 18.10.2021.

BRASIL. **Projeto de Lei nº 976/21**. Institui a Política Nacional de Cidades Inteligentes (PNCI), com vistas à melhoria da qualidade de vida dos munícipes, e dispõe sobre os princípios e diretrizes que a nortearão, os seus objetivos, as ações a serem realizadas, os recursos alocáveis e dá outras providências. Disponível em: <https://www.camara.leg.br/propostas-legislativas/2274449>. Acesso em 06 mar. 2022.

BELLANDI, Caio. Um em cada três domicílios não tinha ligação com rede de esgoto em 2019. **Agência de Notícias IBGE**, 06 mai. 2020. Disponível em: <https://agenciadenoticias.ibge.gov.br/agencia-noticias/2012-agencia-de-noticias/noticias/27597-um-em-cada-tres-domicilios-nao-tinha-ligacao-com-rede-de-esgoto-em-2019>. Acesso em 19 out. 2020.

BUCCI, Maria Paula Dallari. O conceito de política pública em direito. In: BUCCI, Maria Paula Dallari (org.). **Políticas públicas:** reflexões sobre o conceito jurídico. São Paulo: Saraiva, 2006.

CABRAL, Umberlandia. Quatro em cada dez municípios não têm serviço de esgoto no país. **Agência de Notícias IBGE**, 22 jul. 2020. Disponível em: <https://agenciadenoticias.ibge.gov.br/agencia-noticias/2012-agencia-de-noticias/noticias/28326-quatro-em-cada-dez-municipios-nao-tem-servico-de-esgoto-no-pais>. Acesso em 19 out. 2020.

CAMPOS, Marli. Como a pandemia fortaleceu o nomadismo digital. **Estadão**, 05 jul., 2021. Disponível em: <https://viagem.estadao.com.br/blogs/sala-vip/como-a-pandemia-fortaleceu-o-nomadismo-digital/>. Acesso em 06 mar. 2022.

CORREIA, Arícia Fernandes. **Direito da Regularização Fundiária Urbana Plena.** Belo Horizonte: Editar, 2017.

CORONAVÍRUS: Paraíba usa 22 câmeras termográficas para achar casos suspeitos da Covid-19. **G1**, 08 jun. 2020. Disponível em: <https://g1.globo.com/pb/paraiba/noticia/2020/06/08/coronavirus-paraiba-usa-22-cameras-termograficas-para-achar-casos-suspeitos-da-covid-19.ghtml>. Acesso em 17 out. 2020.

DUSTDAR, Schahram; NASTIĆ, Stefan; ŠĆEKIĆ, Ognjen. **Smart cities:** the internet of things, people and systems. [u.a]. Springer, 2017.

FAPERJ. **FAPERJ anuncia 1ª edição do Programa Favela Inteligente para apoiar ações de C,T&I na Rocinha**, 16 set. 2021. Disponível em <http://www.faperj.br/?id=4317.2.9>. Acesso em 06 mar. 2022.

FERREIRA FILHO, Paulo Sérgio; MENDONÇA, Rafael da Mota; AIETA, Vânia Siciliano. **Política Habitacional no Século XXI:** moradia nas cidades inteligentes. Rio de Janeiro: Processo, 2018.

GARCIA, Maria. **A cidade e seu estatuto**. São Paulo: Juarez de Oliveira, 2005.

GEHL, Jan. **Cidades para pessoas**. 3 ed. São Paulo: Perspectiva, 2015.

HASIJA, Sameer. Smart cities can help us manage post-COVID life, but they'll need trust as well as tech. **The Conversation**, 02 jun. 2020. Disponível em:

<https://theconversation.com/smart-cities-can-help-us-manage-post-covid-life-but-theyll-need-trust-as-well-as-tech-138725>. Acesso em 17 out. 2020.

HAUS. Roterdã revoluciona o trânsito com semáforos inteligentes para ciclistas. **Gazeta do povo**, 10 abr. 2017. Disponível em: <https://www.gazetadopovo.com.br/haus/tecnologia/roterda-revoluciona-o-transito-com-semaforos-inteligentes-para-ciclistas/>. Acesso em 18 out. 2020.

LEE, Kristian; NASCIMENTO, Lorena Carneiro do; LEE, Yun Ki. Metaverso e seus impactos e inovações para os pilares ESG. **JOTA**, 24 jan. 2022.

LEE, Susan. Masdar City: the ultimate experiment in sustainable urban living? **CNN**, 30 set. 2016. Disponível em: <https://edition.cnn.com/style/article/conversation-masdar-city-lee/index.html>. Acesso em 18 out. 2020.

MAGRANI, Eduardo. **A internet das coisas**. Rio de Janeiro: FGV Editora, 2018.

MENDES, Gilmar Ferreira; BRANCO, Paulo Gustavo Gonet. **Curso de direito constitucional**. 12 ed. rev. e atual. São Paulo: Saraiva, 2017.

MOROZOV, Evgeny; BRIA, Francesca. **A cidade inteligente:** tecnologias urbanas e democracia. São Paulo: Ubu Editora, 2019.

MOROZOV, Evgeny. **Big Tech:** a ascensão dos dados e a morte da política. São Paulo: Ubu Editora, 2018.

NASSIF, Luis. O sistema de controle da IBM no Rio de Janeiro. **Jornal GGN**, 16 mar. 2012. Disponível em <https://jornalggn.com.br/tecnologia/o-sistema-de-controle-da-ibm-no-rio-de-janeiro/>. Acesso em 18 out. 2020.

ONU prevê que cidades abriguem 70% da população mundial até 2050. **ONU News**.19 fev. 2019. Disponível em: <https://news.un.org/pt/story/2019/02/1660701>. Acesso em 19 out. 2020.

ORGANIZAÇÃO DAS NAÇÕES UNIDAS (ONU). **The Sustainable Development Goals Report 2019**. Nova York, 2019. Disponível em: <https://unstats.un.org/sdgs/report/2019/The-Sustainable-Development-Goals-Report-2019.pdf>. Acesso em 29 set. 2019.

PANHAN, André Marcelo; MENDES, Leonardo de Souza; BREDA, Gean Davis. **Construindo Cidades Inteligentes**. 1 ed. Curitiba: Appris, 2016.

SHARIATMADARI, Hamidreza; IRAJI, Sassan; JÄNTTI, Riku. From Machine-to-Machine Communications to Internet of Things: Enabling Communication Technologies. In: SUN, Hongjian; WANG, Chao; AHMAD, Bashar I. **From Internet of Things to Smart Cities:** enabling technologies. [u.a.] CRC Press, 2018.

SMART City Laguna: primeira cidade inteligente inclusiva do mundo. **Planet Smart City**. Disponível em: <https://www.planetsmartcity.com.br/smart-city-laguna/>. Acesso em 17 out. 2020.

SOARES NETO, Vicente. **Cidades inteligentes:** guia para a construção de centros urbanos eficientes e sustentáveis. São Paulo: Érica, 2019.

STEINBUCH, Anja. How COVID-19 could speed up smart-city visions. **DW**, 02 jun. 2020. Disponível em: < https://www.dw.com/en/how-covid-19-could-speed-up-smart-city-visions/a-53654217>. Acesso em 19 out. 2020.

UNESCO. **Artificial intelligence for sustainable development:** challenges and opportunities for UNESCO's science and engineering programmes. Working paper, ago. 2019a.

_____. **Artificial intelligence with human values for sustainable development**, 2019b. Disponível em: <https://en.unesco.org/artificial-intelligence>. Acesso em 29 set. 2019.

UNIÃO EUROPEIA. **DECODE**. Disponível em: <https://decodeproject.eu/>. Acesso em: 19 out. 2020.

YANG, Junwei; REUTER, Timothy. 3 ways China is using drones to fight coronavirus. **World Economic Forum**, 16 mar. 2020. Disponível em: <https://www.weforum.org/agenda/2020/03/three-ways-china-is-using-drones-to-fight-coronavirus/>. Acesso em 15 out. 2020.

CAPÍTULO 19

POLÍTICAS PÚBLICAS PARA IMPLEMENTAÇÃO DE "FAVELAS INTELIGENTES" NO BRASIL: DESAFIOS E OPORTUNIDADES

Daniele Aparecida Carneiro Fernandes [740]

Lucas Dias Alves e Silva[741]

Júlia Massadas[742]

Resumo: A implementação de propostas relacionadas ao conceito de "cidades inteligentes" se baseia no uso de inovação, empreendedorismo e tecnologia para a busca pela promoção de qualidade de vida para os citadinos e promoção de Objetivos do Desenvolvimento Sustentável (ODS). Todavia, apesar desse

---

[740] Mestranda em Direito da Cidade pela Universidade do Estado do Rio de Janeiro (UERJ). Especialista em Direito Público e Privado pela Escola da Magistratura do Estado do Rio de Janeiro – (EMERJ). Bacharela em Direito pela Universidade Federal de Juiz de Fora – (UFJF). Advogada. Editora da Revista de Direito da Cidade. Bolsista CAPES. Pesquisadora do Núcleo de Estudos, Pesquisas e Extensão em Direito da Cidade (NEPEC/ PPGD UERJ).

[741] Mestrando em Direito da Cidade pela Universidade do Estado do Rio de Janeiro (UERJ). Graduado em Direito pela Pontifícia Universidade Católica de Minas Gerais (PUC Minas). Gestor em Ciência e Tecnologia da Fundação de Amparo à Pesquisa do Estado de Minas Gerais (FAPEMIG). Pesquisador do Núcleo de Estudos, Pesquisas e Extensão em Direito da Cidade (NEPEC/ PPGD UERJ).

[742] Doutoranda em Direito da Cidade pela Universidade do Estado do Rio de Janeiro (UERJ). Mestre em Direito da Regulação pela Fundação Getulio Vargas (FGV Direito Rio). Graduada em Direito pela Universidade Federal do Rio de Janeiro (UFRJ). Advogada na área de Direito Ambiental. Pesquisadora do Núcleo de Estudos, Pesquisas e Extensão em Direito da Cidade (NEPEC/ PPGD UERJ).

potencial positivo, esse modelo de organização urbana traz diversos desafios, sendo necessário que se estabeleça mecanismos de fomento a iniciativas de promoção de valores socioambientais e de controle de medidas que possam contrariar valores socialmente compartilhados e direitos garantidos aos administrados. No caso da transposição desse conceito para as áreas periféricas, com base na proposta de promoção de "favelas inteligentes", os desafios são ainda maiores devido à falta de infraestrutura básica, de acesso aos espaços públicos e de efetivação de direitos fundamentais para uma qualidade de vida sadia da população. Considerando que os territórios das favelas brasileiras não são devidamente integrados à cidade e que as dinâmicas circunscritas evoluem e ainda se desenvolvem de forma independente daquela existente no restante da cidade – o que levou à formação de uma cultura e identidades próprias dessas localidades –, este artigo investiga a necessária inclusão desses ambientes nas políticas públicas em ciência, tecnologia e inovação (CTI), por meio da análise do ordenamento jurídico nacional voltado para a CTI, verificando assim as possibilidades para a promoção e consolidação dessas políticas também nesses ambientes, evitando o aprofundamento das desigualdades dentro do território de um mesmo município e incluindo os residentes em favelas no processo de transformação tecnológico-social. Tomando como referência a pulsante identidade e cultura locais que podem ser o diferencial impulsionador de mudança social, seguindo a inteligência do Fórum Urbano Mundial e dos ODSs das Nações Unidas, a cultura e a criatividade que emanam da favela são cruciais para a inovação, o que poderá impulsionar o seu próprio desenvolvimento sustentável nos pilares econômico, social e ambiental.

Palavras-chave: Políticas públicas. Favelas inteligentes. Espaços públicos. Ciência, tecnologia e inovação.

Abstract: The implementation of proposals related to the concept of "smart cities" is based on the use of innovation, entrepreneurship and technology in order to promote quality of life for its citizens and the achievement of Sustainable Development Goals (SDGs). However, despite this positive potential, this model of urban organization poses several challenges, making it necessary to establish mechanisms to encourage initiatives to promote social and environmental values and to control measures that may contradict socially shared values and rights guaranteed to those being administered. In the case of transposing this concept to peripheral areas, based on the proposal to promote "smart slums", the challenges are even greater due to the lack of basic infrastructure, of access to public spaces and of guarantee of fundamental rights for a healthy quality of life. Considering that the territories of Brazilian *favelas* are not integrated with the city and that its dynamics evolve and still develop independently from those existing in the rest of the city – which led to the formation of culture and identity that are specific to these locations –, this article investigates the necessary inclusion of these environments in public policies in science, technology and innovation (STI), through the analysis of the Brazilian national legal system focused on STI, thus verifying the possibilities for the promotion and consolidation of these policies also in these environments, avoiding the deepening of inequalities within the territory of the municipality and including *favela* residents in the process of socio-technological transformation. Based on the vibrant local identity and culture that can be the driving force behind social change, following the intelligence of the World Urban Forum and the United Nations SDGs, the culture and creativity that emanate from the *favela* is crucial for innovation, which can boost its own sustainable development in the economic, social and environmental pillars.

Keywords: Public policies. Smart slums. Public spaces. Science, technology and innovation.

1.   INTRODUÇÃO

Em um contexto no qual, cada vez mais, a inovação e a tecnologia permeiam o dia a dia das pessoas e da vida nas cidades e comunidades, cumpre analisar de que modo isso pode impactar nas relações humanas e no vínculo com as cidades. Isso, especialmente, considerando o seu potencial de acirrar desigualdades já tão acentuadas como as do nosso país. Tal questão se revela ainda mais relevante quando se pensa nas regiões periféricas ou à margem da cidade, com suas visíveis discrepâncias em relação aos locais mais valorizados.

Analisar esse fator é trazer à tona o processo histórico de ocupação do território brasileiro. Isso se justifica pois há uma relação de causalidade direta entre a formação capitalista do espaço[743] nas grandes cidades brasileiras e as opções políticas inicialmente feitas sobre o vasto território.

A realidade da divisão entre a cidade e a favela foi abordada por estudo da Unesco sobre identidade, cultura e resistência especificamente quanto à cidade do Rio de Janeiro, como vemos no trecho a seguir:

> A separação entre morro e asfalto se confunde profundamente com o processo de urbanização no Rio de Janeiro, uma cidade que cresceu dependente das favelas que afastou e marginalizou. Apesar de fazerem parte da economia e da vida sociocultural da cidade, as favelas se tornaram invisíveis e ocultas, com suas múltiplas formas de vida escondidas por barreiras geográficas, econômicas, simbólicas, comportamentais e culturais. A cidade excluiu os seus moradores da sociedade pela ausência de políticas e pelo estigma, envolvendo-os em representações negativas[744].

Ao levantar as barreiras físicas e virtuais que separam a favela da cidade, nos deparamos com um espaço onde também se produz cultura e um território cuja identidade é fortalecida pelas próprias pessoas que ali habitam, conforme bem analisa Pedro Porto sobre o assunto, ao trabalhar iniciativas para afirmação de memória coletiva e homogênea em favelas do Rio de Janeiro:

> A batalha pela melhoria da qualidade de vida das favelas tem como pré-requisito a auto-afirmação dos indivíduos como moradores desses espaços, ou seja: a identificação entre as pessoas e o ambiente em que ocupam. Por essa razão, faz-se necessário valorizar a auto-estima dos moradores, de modo que eles deixem de usar como referencial identitário o bairro em que sua favela se situa (Botafogo, para os moradores da favela Santa Marta; São Conrado, para os moradores da Rocinha; Tijuca, para os

---

[743] HARVEY, David. **A produção capitalista do espaço**. Trad.: Carlos Szlak. São Paulo: Annablume, 2005.
[744] Ver em: JOVCHELOVITCH, Sandra; PRIEGO-HERNANDEZ, Jacqueline. **Sociabilidades subterrâneas:** identidade, cultura e resistência em favelas do Rio de Janeiro. p. 22.

moradores do Boréu, Casa Branca e Formiga etc.) e utilizem como referencial a própria favela[745].

O mesmo estudo da Unesco anteriormente citado faz abordagem sobre o elemento especial existente nas favelas, relacionado à arte e criatividade, como bem destacado no seguinte trecho:

> Como a arte e a criatividade constituem um componente crucial para a regeneração social nas favelas, a imaginação foi um conceito central da pesquisa. A imaginação se refere à capacidade humana de ir além do presente imediato e brincar com realidades possíveis. Envolve a projeção de esperanças e a antecipação de futuros que desafiam a configuração presente e real das coisas. Imaginar outros mundos é uma adaptação fundamental única aos seres humanos modernos (Bloch, 2008).[746]

Sendo assim, é nesse imaginar de outros mundos que a favela poderá se amparar para ascender a um outro patamar, uma vez que esteja integrada ao restante da cidade e faça parte das políticas públicas de Estado de forma permanente e duradoura, saindo de um campo de mero projeto ou iniciativa de governos sazonais.

Neste sentido, trazemos a interrelação entre a criatividade, cultura e a inovação, respaldados pelo último encontro do Fórum Urbano Mundial realizado em 2020, em que se destacou o papel da cultura e identidade das pessoas como elementos primordiais para os desafios de urbanização das cidades no mundo, destacando a herança cultural como importante para o sentimento de autoafirmação mencionado por Porto (2008) no trecho supracitado.

É, portanto, necessária a proteção à cultura, história e identidade únicas das favelas, uma vez que aquelas são fontes e ativos importantes que podem inspirar inovação e criatividade na própria favela, mas também na cidade em

---

[745] Ver em: PORTO, Pedro Bogossian. Construção de identidades coletivas em favelas do Rio de Janeiro.
[746] Ver em: JOVCHELOVITCH, Sandra; PRIEGO-HERNANDEZ, Jacqueline. **Sociabilidades subterrâneas:** identidade, cultura e resistência em favelas do Rio de Janeiro. p. 32.

que se encontra, já que são os atores que ali estão que poderão implementar novos conhecimentos e soluções para os problemas comuns[747].

É nessa efervescência criativa e inovativa que as políticas públicas em ciência, tecnologia e inovação (CTI) poderão encontrar campo fértil de crescimento e impactarem em positiva mudança social, desde que integrados e entrelaçados à cultura e identidade da favela de forma contínua.

O conceito de "cidades inteligentes" (*smart cities*, como são conhecidas ao redor do mundo), se bem aplicado, considerando preocupações com governança de dados, privacidade, democracia, infraestrutura e desigualdade de acesso à tecnologia, poderia trazer novas formas de lidar com os graves problemas sociais brasileiros. Todavia, os riscos envolvidos são graves, o que torna o olhar sobre esse tema e a regulação setorial extremamente importantes.

A partir dessa lógica, o ideal de cidades inteligentes aplicados às comunidades ("favela inteligente") visa garantir acessibilidade à tecnologia à população de baixa renda, viabilizando projetos de inovação feitos pela e para a comunidade[748]. Fator esse que soma à toda a população brasileira a partir de uma política pública que agrega todo o potencial criativo e inovador das comunidades, enquanto verdadeiras cidades inteligentes que já são em vários sentidos[749].

Diante desse cenário, elencaremos nos tópicos a seguir os seguintes aspectos: **(i)** a importância dos espaços públicos e condições habitacionais

---

[747] Ver relatório sobre o primeiro ano de implementação das Ações Declaradas do Fórum de Abu Dhabi em: UN-Habitat. *The Abu Dhabi Declared Actions: one year of implementation*.

[748] Cumpre destacar que já existem iniciativas nesse sentido no Brasil. Dentre as quais destacamos o recente Edital da FAPERJ n. 37/2021, que visa implementar uma política pública que será desenvolvida de forma inédita com base em projetos vinculados à ciência, tecnologia e inovação, no âmbito do "Programa Favela Inteligente em apoio às bases para o parque de inovação social e sustentável na Rocinha", comunidade localizada no estado do Rio de Janeiro. Para mais informações cf. <http://www.faperj.br/downloads/Apoio_%C3%A0s_Bases_para_o_Parque_de_Inova%C3%A7%C3%A3o_Social_e_Sustent%C3%A1vel_na_Rocinha_2021.pdf>. Acesso em 30 nov. 2021.

[749] Nesse sentido, destacamos o ideal de "direito à favela", que parte do princípio do compartilhamento social dos saberes das comunidades, bem como a sua inovação, criatividade e resiliência para a sobrevivência em situações de grande adversidade. Sobre o tema cf. MAGALHÃES, Alex. **O Direito das Favelas**. Rio de Janeiro: Letra Capital, 2014.

adequadas para a vida nas periferias brasileiras; **(ii)** a interseção entre políticas públicas de ciência, tecnologia e inovação (CTI) nas comunidades brasileiras e sua relação com a cultura e identidade das favelas e **(iii)** o conceito de cidade/favela inteligente, destacando os seus potenciais benefícios e os principais desafios para a implementação no contexto brasileiro.

2. A IMPORTÂNCIA DOS ESPAÇOS PÚBLICOS PARA A INSERÇÃO POLÍTICA E SOCIOESPACIAL DOS MORADORES DAS PERIFERIAS

Antes de se discutir o conceito de cidades (ou favelas) inteligentes em si, cumpre compreender a relevância dos espaços públicos para os citadinos, especialmente em locais carentes de infraestrutura, como as periferias. Nesse sentido, traçaremos a seguir um histórico das políticas públicas brasileiras com esse objetivo. Posteriormente, faremos uma análise crítica a respeito dos principais aspectos envolvidos.

2.1 Breve histórico de políticas públicas habitacionais no Brasil

A primeira das políticas públicas realizada no país foi o regime de sesmarias, que se caracterizava pela concessão de terras a interessados em cultivar terras no Brasil. O problema desse sistema foi, no entanto, as dificuldades de fiscalização inerentes à época diante da vastidão do território formado por mata inexplorada, tornando ineficaz qualquer tentativa de controle sobre o apossamento, o que acabou levando à posse de terrenos muito maiores que os contidos nas cartas.

Em 1850, a Lei de Terras ratificou esse sistema, consolidando a economia baseada no latifúndio. Melhor opção teria sido a distribuição – ou venda a preços módicos – de terras públicas sem destinação para a população empobrecida, sobretudo, com o fim da escravidão.

No entanto, essa não foi a opção política da época. Sem terras e em busca de sobrevivência, essas pessoas iniciaram o processo de migração para o meio urbano. A urbanização é um processo consolidado e com muitos desafios, já que a vida nas cidades apenas reconfigurou as desigualdades históricas quanto ao acesso ao território. Exemplo disso foram as remoções de moradias populares ocorridas no Rio de Janeiro em meados do século XX para construções de obras higienistas e de embelezamento, disfarçadas de progresso.

Um caso citado por Ricardo Pereira Lira *"aconteceu com a remoção da favela da Catacumba, erradicada para que no local se instalassem edifícios sofisticados, para moradia de pessoas abastadas. Essa favela ficava à beira da Lagoa Rodrigo de Freitas, no Rio de Janeiro"*[750]. Neste contexto, muitas famílias, sem escolha possível diante do cenário de vulnerabilidade, passam a viver em locais mais afastados, em alguns casos em conjuntos habitacionais sem infraestrutura e que garantam melhorias na qualidade de vida. Foi o caso da Vila Kennedy.

Para além do contexto de remoções das favelas, as pessoas são "empurradas" para regiões periféricas por diversos motivos, sejam eles: questões de ordem econômica; os altos custos para se manter em áreas que passaram por valorização; ou as diversas crises financeiras vividas no país, que geram diminuição dos empregos e da renda das famílias. A esse processo, dá-se o nome de gentrificação.

Sobre o tema, um estudo de caso sobre as desigualdades no espaço urbano em São Paulo, tendo como paradigma a favela Jardim Maravilha, localizada no distrito da Cidade Tiradentes, periferia do extremo leste da cidade. Esse distrito se caracteriza por ter se originado da construção de conjuntos habitacionais feitos pela Companhia Metropolitana de Habitação de São Paulo (Cohab-SP). Foram apontadas críticas à política pública de Habitação realizadas pela Cohab-SP:

> Na década de 1970, o governo municipal de São
> Paulo deu início à construção de inúmeros conjuntos

---

[750] Ricardo Pereira Lira sobre o contexto de remoção das favelas e o drama vivido por essas famílias acrescenta que "As autoridades mandaram atear fogo na favela, sendo que, pelo menos, tiveram a misericórdia de retirar as famílias que ali moravam. As famílias dos favelados se dividiram. As mulheres, com suas filhas, foram removidas para muito longe, para Antares e Santa Cruz. Os chefes de casal, operários que eram, ficaram nos canteiros de obra, onde trabalhavam, nos bairros de Ipanema e Leblon. Isso debilitou os orçamentos das pobres famílias (...)" LIRA, Ricardo Pereira. Remoção de favelas. **Revista de Direito das cidades**, Rio de Janeiro, v. 09, n. 3, 2017, pp. 1383-1392 e 1389.

habitacionais populares em terras da Cohab-SP espalhadas nas periferias, transformando algumas delas em verdadeiras "Cidades- Cohabs". Entre os aspectos que caracterizavam esses conjuntos – além da localização, do tamanho reduzido dos apartamentos para abrigar famílias numerosas, vindas de todas as regiões da metrópole –, destacam-se a arquitetura pobre das fachadas, a qualidade inferior do material construtivo, o baixo investimento em infraestrutura urbana, os equipamentos coletivos, as áreas verdes e de lazer, repetindo indubitavelmente a mesma lógica de ocupação dos locais mais distantes dos centros da cidade, aspecto muito peculiar e presente na implantação de inúmeras vilas e bairros loteados por empresas privadas ou ocupados espontaneamente durante todo o processo de constituição das periferias. Isso quer dizer que as necessidades básicas urbanas (asfalto, calçamento, transporte público, sistema de água e esgoto, implantação de escolas, creches, postos de saúde etc.) chegavam (e ainda chegam) posteriormente à ocupação habitacional das bordas do município, reproduzindo um cenário incompatível com as necessidades dos moradores, ampliando as desigualdades sociais entre os espaços das cidades.[751]

Apesar de se referir à política habitacional da cidade de São Paulo, o estudo reflete a realidade dos poucos programas habitacionais implementados nas cidades do Brasil. Ou seja, as políticas públicas, quando presentes, só se voltaram à concessão formal da habitação, sem se preocupar com a habitabilidade. Nesse sentido, dentre os diversos pontos passíveis de análise desse fato social, dá-se enfoque à privação dessas pessoas ao convívio nos espaços públicos urbanos, e portanto, ao próprio sentido de cidadania.

Utiliza-se da noção de ação e de espaço público descritas na filosofia política de Hannah Arendt para argumentar sobre as repercussões nos direitos de cidadania dessas pessoas, que são destinadas a viver em locais cada vez mais distantes e sem estrutura urbana.

---

[751]SOUZA, Mônica Virgínia de. Políticas públicas e espaço urbano desigual: favela Jardim Maravilha (SP). **Estudos avançados,** São Paulo, v.23, nº.66, 2009, p.267-281, p. 271.

2.2. Conceito de espaço público

Hannah Arendt, em sua obra *"A condição Humana"* se propõe a refletir sobre o modo de vida no mundo moderno[752]. Esse momento funciona como "pano de fundo" para construção do seu objeto de análise, que é descrito pela autora como as *"capacidades humanas gerais que provêm da condição humana e são permanentes, isto é, que não podem ser irremediavelmente perdidas enquanto não mudar a própria condição humana"*[753]. Dito de outro modo, a autora descreve as atividades mais elementares da vida cotidiana das pessoas e que estão disponíveis a todos, são elas: o trabalho, a obra e a ação. Para cada uma delas há uma condição humana.

A autora fala em *vita activa* (ou vida ativa) para se referir ao conjunto dessas atividades e acontecimentos da vida humana, que se diferenciam da vida contemplativa, em referência à filosofia platônica[754]. Esmiuçando os conceitos que juntos compõem a ideia de vida ativa, é dado o primeiro deles: o trabalho.

O trabalho é a atividade ligada ao suprimento das necessidades básicas das pessoas para manutenção da própria vida, a conotação dada é que se trabalha para a subsistência. Já a obra é conceituada como a produção das coisas úteis, está relacionada aos bens e as coisas artificiais duráveis. Ela se diferencia do trabalho pois neste as coisas são feitas para serem imediatamente consumidas. O que mais importa para esse trabalho é estabelecer que essas duas esferas da vida ativa se limitam às atividades que acontecem fechadas no meio privado. As vivências nos espaços públicos só surgirão no terceiro conceito, o de ação, que se relaciona à política por estar estreitamente ligada ao discurso[755].

---

[752] A autora diferencia *mundo moderno* de *era moderna,* essa é compreendida como o período que vai do século XVII até o início do Século XX. O mundo moderno é tido como um conceito político a cerca de um momento que se inicia com o lançamento das bombas atômicas. ARENDT, Hannah. **A condição humana**. 13. ed. rev. Tradução: Roberto Raposo. Revisão: Adriano Corrêa. Rio de Janeiro: Forense universitária, 2020.

[753] *Ibid.*, p. 7.

[754] *Ibid.*

[755] *Ibid.*

A condição humana da ação é a pluralidade. Isso significa dizer que cada pessoa é única em sua existência, por isso a junção de todas elas dá forma a uma coletividade plural, é isso que motiva a ação humana[756]. Dessa característica decorre a política, pois a ação só se dá entre pessoas. Além disso, a ação se materializa por meio do discurso. Em outras palavras: o sujeito pratica uma ação por meio daquilo que ele faz ou fala em público, não existindo ação com o agir de uma pessoa isolada ou fechada nos espaços privados.

Assim, os sujeitos são reconhecidos pelos outros a partir das suas ações e falas, sendo isso que lhes confere a qualidade de ser humano, em oposição a "*mera existência corpórea*"[757]. Nesse ponto é que a ação se diferencia das outras atividades da vida ativa, pois, é possível viver sem trabalhar – considerando que uma pessoa pode trabalhar pela subsistência da outra – ou sem produzir nenhuma obra para o mundo. Mas, sem ação e sem discurso não há uma vida com os outros no mundo.

A autora afirma que "*é com palavras e atos que nos inserimos no mundo humano, e essa inserção é como um segundo nascimento, no qual confirmamos e assumimos o fato simples do nosso aparecimento físico original*"[758]. Assim, quando se age na esfera pública se revela quem se é para as pessoas, a ação humaniza as pessoas.

Na sua filosofia, assim como a *ação* e *discurso* são análogos, o *ser* e o *aparecer* também coincidem. E, esses fenômenos acontecem necessariamente na esfera pública, por isso os conceitos de público e privado adquirem relevo – sendo acrescentados a eles a chamada esfera social.

A autora retoma a Antiguidade clássica para explicá-los: a esfera privada na *polis* grega era bem demarcada. O domínio privado era o lugar de suprimento das necessidades básicas (conceito de trabalho) e da necessária proteção. Por outro lado, significa também privação. Isso porque, estar

---

[756] "A pluralidade é a condição da ação humana porque somos todos iguais, isto é, humanos, de um modo tal que ninguém jamais é igual a qualquer outro que viveu, vive ou viverá". *Ibid.*, p.10.
[757] *Ibid.*, p.218.
[758] *Ibid.*, p. 219.

limitado a essa esfera – segundo Hannah Arendt –, significa uma limitação da vida e das escolhas públicas, motivo pelo qual o domínio privado não poderia ser classificado enquanto um espaço político.

Cumpre observar que o homem é um ser social e político por essência: "nenhuma vida humana, nem mesmo a vida do eremita em meio à natureza selvagem, é possível sem um mundo que, direta ou indiretamente, testemunhe a presença de outros seres humanos"[759].

Nesse sentido, a esfera pública é o lugar em que as pessoas aparecem umas para as outras, por isso é o lugar da política. Sendo necessário que haja igualdade para que ocorra a apresentação de todos os discursos. Deve-se levar em conta a tarefa desafiadora que é sair da esfera privada, pois agir e debater sobre questões políticas, sabendo que há muito conflito nesse campo, não é uma tarefa fácil e exige destreza. As pessoas precisam de ter coragem para os debates políticos na mesma medida em que devam desenvolver a convivência com as pluralidades.

É nesse sentido que, apesar de toda dificuldade, a aparição em esfera pública é importante pois ela nos humaniza. É dessa forma que são revelados aos outros as singularidades de cada forma de ser e de pensar. De modo oposto, a privação do aparecimento torna a existência invisível para o debate político, sendo, portanto, desconsiderada. Nesse aspecto consiste o desafio das pessoas segregadas territorialmente – que vivem em periferias que foram construídas pela necessidade extrema de habitação, mas que não detêm acesso à verdadeira integração.

O sentido de integração que se pretende vai além da inclusão da localidade com o restante da cidade por acesso aos meios de locomoção (infraestrutura/transporte). Já que o movimento pendular enfrentado por essas pessoas é mais uma faceta da periferização das cidades, que afeta negativamente a qualidade de vida dessas pessoas. Integrar é ter à disposição os bens de uso comum do povo nos mesmos níveis satisfatórios daqueles existentes no restante da cidade, que devem ser adequados, logicamente, às realidades urbanísticas da área. Para isso, conta-se com expertise de arquitetos,

[759] *Ibid.*, p. 27.

urbanistas e demais profissionais qualificados engajados com as necessidades sociais.

Assim, torna-se possível a integração e convivialidade entre as pessoas do entorno, movimento tão necessário à consolidação de lideranças políticas locais. Os espaços públicos das cidades precisam de ser esse lugar que encoraja as pessoas a estarem juntas, já que são neles que surgem as demandas políticas.

Esses locais devem ser mais do que lugares de passagem, de embelezamento ou do lazer direcionado a um certo nicho social que compõe a vizinhança. Eles devem garantir as existências e permanências das diversas singularidades, já que pela concepção arendtiana a pessoa que não tiver seu espaço de representação, também não ganhará voz e não será levada em conta no contexto político.

É importante afirmar que nem todo ambiente público se configura como um lugar que ocorre política – não será a administração pública que discricionariamente conseguirá atribuir essa característica – o ato de fazer política é conjuntural e depende das pessoas, além de quererem, terem condições para se manifestar.

Dentre essas condicionantes está a necessidade de estar livre, já que expressar opiniões políticas muitas vezes é um privilégio de quem não é ameaçado. O que se torna um problema quando se fala da realidade de comunidades conflagradas pelo poder criminoso. Em casos que, embora existam lideranças comunitárias, as suas escolhas precisam ser ratificadas ou elas foram completamente cooptadas pelo poder paralelo vigente.

A liberdade para agir na cena pública também inclui que as pessoas tenham acesso aos bens essenciais, como saúde, alimentação e moradia digna, afinal, se colocar no debate requer uma estrutura mínima de bem-estar pessoal. Por isso, fazer política na teoria da autora é algo raro, espontâneo e que precisa da visibilidade do espaço público que permita a cada um expressar a sua singularidade.

No entanto, na contemporaneidade estamos imersos em uma terceira esfera, a social[760]. Ela se manifesta entre as esferas pública e privada, eliminando as barreiras entre elas, havendo uma mistura entre o âmbito doméstico de privacidade e o da liberdade e política. A esfera social – ou a sociedade – tornou visível na esfera pública o contexto que estava destinado ao privado. Essa esfera é tida como prejudicial porque ela tomou grandes proporções, se sobrepondo às clássicas divisões entre o público e o privado. O seu advento se caracterizou pela tendência de uniformização entre as pessoas, enquadrando certos comportamentos como "normais", ou seja, padrões que a sociedade cria e espera.[761]

Nas palavras da autora, na esfera social "pouco importa se a nação se compõe de iguais ou desiguais, pois a sociedade exige sempre que os seus membros ajam como se fossem membros de uma enorme família que tem apenas uma opinião e um único interesse"[762]. Isso se deve ao fenômeno de as pessoas se reunirem na sociedade por grupos de semelhanças, ficando cada pequena coletividade isolada, o que é ainda mais danoso para a visibilidade e inclusão das periferias segregadas.

Esse fenômeno acontece nas cidades, quando as pessoas fechadas em seus ciclos sociais, não estabelecem relações com os outros que se configuram como diferentes desses nichos de iguais. Haver espaço público que viabilize a aparição das diversas pessoas é essencial para a aceitação mútua e para que todas as diversidades sejam levadas em conta na formação dos necessários consensos.

É nesse sentido que devemos pensar nas cidades inteligentes de forma integrada às periferias, de modo a buscar reduzir (e não acirrar) desigualdades e a exclusão de pessoas de baixa renda da vida na urbe. Nesse sentido, a garantia de um espaço público e de melhorias habitacionais para a população são elementos indispensáveis. Sendo assim, a partir dos próximos tópicos, nós analisaremos como a inovação e a tecnologia poderiam contribuir para uma

---

[760] *Ibid.*, p. 46-61.
[761] *Ibid.*
[762] *Ibid.*, p. 48.

melhora na qualidade de vida dos citadinos, bem como quais os riscos e desafios envolvidos nesse cenário.

Todavia, para aprofundarmos na questão referente à inserção da favela nas políticas públicas de ciência, tecnologia e inovação, vale retomarmos a premissa exposta na introdução deste artigo referente à pulsante identidade e cultura únicas de cada favela, tanto individualmente, como também quando consideradas em conjunto.

3. A INTERSEÇÃO ENTRE AS POLÍTICAS PÚBLICAS DE CIÊNCIA, TECNOLOGIA E INOVAÇÃO E A CULTURA E IDENTIDADE DA FAVELA

Quando este artigo se refere às favelas, não se pretende restringir o campo de atuação das políticas de CTI a essas localidades, mas sim que essas políticas já estabelecidas em nível federal e estadual, sejam incorporadas também de forma permanente pelos estados e municipalidades e então sejam expandidas a todo o território municipal e metropolitano, onde estão as favelas, mas também outros aglomerados subnormais, conforme o IBGE classifica os assentamentos irregulares no país, dentre os quais as favelas, comunidades, vilas, dentre outros[763].

Isso significa deixar de excluir aproximadamente 13,6 milhões de pessoas que moram em favelas do processo de transformação tecnológico-social. Por outro lado, se apenas o quantitativo de pessoas não convence, significa deixar de trabalhar, desenvolver e incentivar um público que movimenta um valor anual estimado de 119 bilhões de reais[764]. A correlação entre investimentos em CTI e seu efeito multiplicador para além de impactos sociais e econômicos, conjugado com o respeito à cultura e identidade locais, necessita de um robusto ordenamento jurídico que ampare tais ações, conforme investigaremos na sequência.

---

[763] A definição completa está disponível no Glossário do Censo 2010 do IBGE em: IBGE. **Atlas do Censo Demográfico 2010**: Glossário.

[764] Ver em: BOEHM, Camila. Moradores de favelas movimentam R$ 119,8 bilhões por ano. **Agência Brasil**, 2020.

A Constituição Federal, no que diz respeito à CTI, dispõe que se trata de competência comum de todos os entes federados proporcionar os meios de acesso à cultura, educação, ciência, tecnologia, pesquisa e inovação. A segunda parte do texto do art. 23, inciso V – o acesso à ciência, à tecnologia, à pesquisa e à inovação – foi incluída com a Emenda Constitucional n. 85 de 2015, na esteira dos tempos atuais em que se verifica a importância das novas ferramentas tecnológicas para o progresso. É possível vislumbrarmos um relativo acesso à cultura e educação proporcionado pelos entes federados – certamente ainda repleto de falhas e não universal, principalmente quanto à favela que está longe de um ideal de acesso – mas no que diz respeito à acessibilidade de CTI, ainda há muito a ser feito por todos os Entes, sobretudo pelos municípios.

Considerando que a competência legislativa concorrente sobre o assunto não inclui os municípios, vide o art. 24, IX, as cidades deverão aprimorar suas políticas públicas de forma a abarcar a CTI de forma transversal às outras políticas, permitindo que se efetive as legislações federais e estaduais quanto ao assunto, dentro de seu território.

Adicionalmente, no que diz respeito à cultura, vale destacar o art. 215, §§ 1º e 3º, inciso V, que assegura a proteção das manifestações culturais populares, indígenas e afro-brasileiras adicionalmente à valorização da diversidade étnica e regional, o que dá proteção constitucional à manutenção das tradições e identidade das favelas, visando o não apagamento das ricas manifestações locais.

Interessante ressaltar que o art. 216, III da Constituição dispõe ser patrimônio cultural brasileiro, dentre outras, as criações científicas, artísticas e tecnológicas. Vê-se que a própria constituição vislumbra a próxima relação entre esses três elementos que são de suma importância para a preservação da memória bem como para o desenvolvimento nacional, sendo que a participação da favela neste sentido não deve ser ignorada.

Na sequência, os artigos 218, § 2º e 219 da Constituição Federal corroboram com o entendimento de que a pesquisa se volte para a resolução dos problemas do Brasil e pelo desenvolvimento socioeconômico, conforme se vislumbra a seguir:

> Art. 218. O Estado promoverá e incentivará o desenvolvimento científico, a pesquisa, a capacitação científica e tecnológica e a inovação.
>
> [...]
>
> § 2º A pesquisa tecnológica voltar-se-á preponderantemente para a solução dos problemas brasileiros e para o desenvolvimento do sistema produtivo nacional e regional.
>
> [...]
>
> Art. 219. O mercado interno integra o patrimônio nacional e será incentivado de modo a viabilizar o desenvolvimento cultural e sócio-econômico, o bem-estar da população e a autonomia tecnológica do País, nos termos de lei federal.[765]

A Constituição Federal permite que o Estado – inclusive o Município – execute ações de CTI, o que deverá ser feito considerando todo o seu território, com vias a resolver os problemas regionais, devendo assim estar assegurado que a favela não seja ignorada neste processo de transformação, ampliando o abismo social.

A lei de inovação tecnológica, 10.973 de 2004 dispõe ainda no parágrafo único do art. 1º, os princípios norteadores das políticas de incentivo à inovação e à pesquisa científica e tecnológica no ambiente produtivo. Destaco os incisos I e III que promove as atividades científicas e tecnológicas como peças-chaves e estratégicas para o desenvolvimento econômico e social e da redução das desigualdades regionais[766]. É importante ainda ressaltar o art. 27 da mesma lei que enumera as diretrizes da lei, dentre elas os incisos I e VI que dizem respeito à priorização nas regiões menos desenvolvidas do País de ações de base para formação de recursos humanos e capacitação, além do desenvolvimento de tecnologias sociais[767].

---

[765] BRASIL, Constituição da República de 1988, Arts. 218 e 219.
[766] BRASIL, Lei 10.973 de 02 de dezembro de 2004, Art.1º.
[767] Ibid, Art. 27.

Indo em direção à valorização da Cultura, a Lei n. 13.018/2014 instituiu a Política Nacional de Cultura Viva que possui dispositivos que fazem interseção com as políticas públicas de CTI, notadamente o que dispõe o inciso V do art. 2º que diz respeito a um dos nove objetivos da referida Política Nacional de Cultura Viva:

> Art. 2º São objetivos da Política Nacional de Cultura Viva:
>
> [...]
>
> V - garantir o respeito à cultura como direito de cidadania e à diversidade cultural como expressão simbólica e como atividade econômica[768].

Assim, essa garantia faz a relação entre cultura, diversidade cultural e atividade econômica que deve ser pensada não só como a exploração direta da manifestação cultural em si, como por meio de atividades culturais de teatro, dança, dentre tantas outras, mas porque não também com a relação entre a cultura e criatividade que poderá ser o fio indutor de inovação também em outras áreas.

O art. 5º, VI e VIII da mesma lei também dispôs sobre as ações estruturantes da referida Política:

> Art. 5º Visando ao desenvolvimento de políticas públicas integradas e à promoção da interculturalidade, são ações estruturantes da Política Nacional de Cultura Viva:
>
> [...]
>
> VI - cultura digital;
>
> [...]
>
> VIII - economia criativa e solidária[769].

---

[768] BRASIL, Lei 13.018 de 22 de julho de 2014, Art.2º.
[769] *Ibid,* Art.5º

Nesta circunstância, tem-se uma relação direta com o Decreto Federal n. 9.283 de 2018, notadamente em seu art. 2º inciso II, que dispõe sobre ambientes promotores de inovação[770]. Há diversos tipos de iniciativas que destacam o potencial empreendedor nas favelas brasileiras, configurando verdadeiros ambientes de oportunidades para a atração de talentos e de pessoas criativas e inovadoras residentes nas favelas. Vemos que estes tipos de ações são geralmente tocados por organizações não governamentais, às vezes vinculadas às associações de bairro ou em outros momentos iniciativas que partem de um indivíduo ou grupo de indivíduos moradores de favelas.

As ações que buscam a formalização de empresas e o empreendedorismo são de extrema validade. Contudo, as políticas públicas de CTI não estão diretamente atreladas apenas ao empreendedorismo, mas sim a um conjunto de estratégias e suas respectivas ações, conforme a Política Nacional de Inovação[771], que é composta pela Estratégia Nacional de Inovação e planos setoriais e temáticos.

A referida Estratégia Nacional[772] possui objetivos, metas e iniciativas viabilizadoras das políticas de CTI que podem ser plenamente realizáveis nas

---

[770] Art. 2º Para os fins do disposto neste Decreto, considera-se:
[...]
II - ambientes promotores da inovação - espaços propícios à inovação e ao empreendedorismo, que constituem ambientes característicos da economia baseada no conhecimento, articulam as empresas, os diferentes níveis de governo, as Instituições Científicas, Tecnológicas e de Inovação, as agências de fomento ou organizações da sociedade civil, e envolvem duas dimensões:
a) ecossistemas de inovação - espaços que agregam infraestrutura e arranjos institucionais e culturais, que atraem empreendedores e recursos financeiros, constituem lugares que potencializam o desenvolvimento da sociedade do conhecimento e compreendem, entre outros, parques científicos e tecnológicos, cidades inteligentes, distritos de inovação e polos tecnológicos; e
b) mecanismos de geração de empreendimentos - mecanismos promotores de empreendimentos inovadores e de apoio ao desenvolvimento de empresas nascentes de base tecnológica, que envolvem negócios inovadores, baseados em diferenciais tecnológicos e buscam a solução de problemas ou desafios sociais e ambientais, oferecem suporte para transformar ideias em empreendimentos de sucesso, e compreendem, entre outros, incubadoras de empresas, aceleradoras de negócios, espaços abertos de trabalho cooperativo e laboratórios abertos de prototipagem de produtos e processos; (BRASIL, Decreto 9.283 de 07 de fevereiro de 2018, Art.2º)
[771] BRASIL, Decreto 10.534 de 28 de outubro de 2020.
[772] Sobre o tema cf. site dedicado ao assunto: <https://inovacao.mcti.gov.br/estrategia/>.

favelas, notadamente quanto às iniciativas relacionadas à educação – a exemplo da iniciativa que busca fomentar práticas pedagógicas empreendedoras para o desenvolvimento da cultura da inovação desde a educação básica, dentre outras – e à cultura da inovação – como a iniciativa que busca fortalecer e articular programas nacionais de incentivo à criação e desenvolvimento de ideias com potencial de inovação.

Demonstrar a importância dos três elementos – ciência, tecnologia e inovação – em conjunto ou separadamente pode ser de fácil manobra. Por outro lado, convencer gestores públicos em investir nessa área nas favelas pode ser mais trabalhoso, visto que as políticas em CTI não têm aquele apelo de investimentos como em outras áreas que têm seus benefícios facilmente percebidos pela população. Neste sentido, uma vez que o desenvolvimento sustentável da Agenda 2030 passa pelo pensamento de longo prazo, a CTI deve ser parte indissociável para o alcance dos Objetivos do Desenvolvimento Sustentável (ODS), sendo necessário trilhar caminhos para conseguirmos alguma mudança em relação ao interesse por CTI, como por exemplo, encorajar o contato das pessoas com esse ambiente, de forma lúdica e experimental, acompanhando a formação dos indivíduos desde a educação infantil ao ensino fundamental.

A título de exemplo, vejamos a Lei Estadual do Estado do Rio de Janeiro n. 9.131 de 2020[773], que trata do Plano de Desenvolvimento, Cidadania e Direitos em territórios de favela e demais áreas populares ("Plano de Metas Favela Cidadã"). A referida legislação é um instrumento pioneiro na medida em que direciona os seus esforços especialmente na – e para a – favela. Contudo, a parte de ciência, tecnologia e inovação ficou restrita ao art. 1º, VI, onde se busca formular, implementar e avaliar políticas, serviços e oportunidades de inclusão digital e inovação tecnológica. De toda forma, é um grande passo, que merece monitoramento de seus desdobramentos.

Jamie Susskind[774] quando discorre sobre controle de percepção, afirma que uma maneira de exercer poder sobre as pessoas de forma não coercitiva se

---

[773] RIO DE JANEIRO (Estado). Lei 9.131 de 14 de dezembro de 2020.
[774] SUSSKIND, Jamie. **Future Politics:** Living together in a world transformed by tech. New York: Oxford University Press. 2018, p. 159.

dá pelo controle do que lhes é passado, do que pensam e o que têm a dizer sobre o mundo e considera que para exercer e manter o controle sobre as pessoas basta, por exemplo, convencê-las de que seus desejos são errados, ilegítimos ou mesmo insanos. Utilizamos esses dizeres para defender a ideia de que em um ambiente genuinamente criativo, em que as pessoas são incentivadas a explorar o máximo de suas ideias, o controle de percepção poderia encontrar campo menos fértil. Por isso, ao nos valermos do potencial imaginativo, por meio da cultura e da identidade da favela, podemos propiciar ambientes criativos indutores de inovação que poderiam se transformar no fator de resolução dos problemas das próprias favelas, expansível para todo o território nacional, a depender das soluções encontradas.

4. CONSTRUINDO UM CONCEITO DE "FAVELA INTELIGENTE": POTENCIALIDADES E DESAFIOS PARA A IMPLEMENTAÇÃO DO CONCEITO DE "CIDADES INTELIGENTES" NO BRASIL

Compreendidos os conceitos de espaço público e a importância da valorização da cultura e identidade das favelas nas políticas de CTI, cumpre compreender exatamente o que se entende por "cidade inteligente" e de que modo tal conceito se aplicaria às regiões periféricas das cidades, destacando os principais aspectos que não devem ser ignorados pelo gestor público na eventual implementação desse tipo de política.

É facilmente observado que hoje a grande maioria das pessoas já não vive sem *smartphones* e que se mostra com uma forte tendência que em breve a inteligência artificial e a internet das coisas façam parte da realidade de todos, direta ou indiretamente (guardadas as devidas proporções de diferenças na qualidade dos serviços e produtos e dos custos envolvidos). Isso, inclusive no ambiente de trabalho, muitas vezes em substituição a cargos antes ocupados por humanos.

Nesse contexto, o modo como nos relacionamos uns com os outros, nas prestações de serviços e a partir da interação com os próprios objetos que nos cercam irá sofrer mudanças drásticas, com impactos na vida urbana como um todo. Isso porque, cada vez mais, os dispositivos serão dotados de inteligência computacional e vinculação à rede – formando o que se convencionou chamar de "internet das coisas" (*internet of things* – IoT). Isto é, "*um ambiente de objetos físicos interconectados com a internet por meio de sensores pequenos e embutidos, criando um ecossistema de computação onipresente (ubíqua), voltado para a facilitação do cotidiano das pessoas, introduzindo soluções funcionais nos processos do dia a dia*"[775].

A IoT tem inúmeras aplicabilidades, como no transporte, monitoramento, *wearables*, segurança, indústria e serviços de utilidade pública. Todavia, talvez os maiores desafios regulatórios trazidos pela referida tecnologia estão atrelados à sua aplicação conjunta em larga escala no âmbito do desenvolvimento de cidades – e comunidades – inteligentes, amplamente conectadas por meio de IoT, visando à utilização de tecnologia e inovação para uma vida melhor.

Todavia, o risco existente é de que tal inovação urbana fique restrita a classes sociais mais abastadas o que pode levar ao acirramento de desigualdades sociais (já tão extremadas no nosso país). O ideal de *favela inteligente* seria, portanto, uma busca por aproximação de oportunidades da cidade como um todo às periferias, fomentando a inovação, o empreendedorismo local e melhorias habitacionais e de infraestrutura básicas (inclusive acessibilidade de rede), sem as quais seria impossível a inserção nesse novo modelo de urbanização.

A própria pandemia de Covid-19 já demonstrou uma mediação cada vez maior da vida cotidiana por tecnologias, inclusive com a implementação de trabalho remoto para grande parte da população como medida necessária à garantia do isolamento social. Isolamento esse que infelizmente não foi acessível a todos, especialmente aos moradores de comunidades, cujas profissões na grande parte das vezes decorre de trabalhos presenciais[776].

---

[775] MAGRANI, Eduardo. **A internet das coisas**. Rio de Janeiro: FGV Editora, 2018, p. 20.

[776] Estudos realizados no âmbito dos programas de regularização fundiária da Rocinha e em duas outras comunidades da Zona Norte da Cidade (Fernão Cardin e SOEICON), baseados apenas nos títulos de legitimação de posse, na primeira hipótese, e concessão de direito real de uso, nas outras, provou que a maioria das profissões dos titulados se encontrava no setor de prestação de serviços "presenciais", como artífices, pedreiros, empregadas domésticas etc. Sobre o tem cf.: CORREIA, Arícia Fernandes. **Direito da Regularização Fundiária Urbana Plena**. Belo Horizonte: Editar, 2017.

O período pandêmico também demonstrou como a desigualdade influencia no declínio dos níveis da educação especialmente nas favelas, ressaltando o quanto o acesso à internet e à tecnologia como um todo são fundamentais em um mundo cada vez mais conectado. Tal fator passa a ser determinante para o acesso à educação e inclusão até mesmo no mercado de trabalho[777].

E, com o crescente aumento da concentração populacional em centros urbanos, (estima-se que 70% da população mundial viverá em cidades até 2050), uma série de novos desafios relacionados à infraestrutura, segurança, moradia, serviços públicos e utilização dos dados do administrado são ampliados[778]. Atrai-se, portanto, a necessidade de se antever soluções para os problemas urbanos e uma melhoria da qualidade de vida das pessoas que moram em favelas, inclusive diante do aumento da pressão por recursos naturais e do aumento de emissões de poluentes e da necessidade de adoção de medidas para a mitigação de mudanças climáticas.

Nesse sentido, o modelo de organização urbana pautado nas chamadas "cidades inteligentes" se mostra como uma alternativa que busca trazer soluções para esses problemas com base em uma governança pautada em participação popular, transparência, accountability e eficiência. Isso, com o intuito de atender as demandas populacionais779. No caso das favelas inteligentes, espera-se que esses postulados possam ser efetivamente colocados em prática.

4.1 Favelas inteligentes: conceito e pressupostos

---

[777] Levando-se isso em consideração, o Projeto de Plano Diretor da Cidade do Rio de Janeiro encaminhado à Câmara dos vereadores contempla, no contexto do direito à cidade, o da cobertura universal por wi-fi, tornando o acesso tecnológico também um componente do próprio conceito de direito humano à moradia adequada. Mais informações estão disponíveis no site: <https://planodiretor-pcrj.hub.arcgis.com/>.

[778] ONU prevê que cidades abriguem 70% da população mundial até 2050. **ONU News**.19 fev. 2019.

[779] SOARES NETO, Vicente. **Cidades inteligentes:** guia para a construção de centros urbanos eficientes e sustentáveis. São Paulo: Érica, 2019, passim.

As "cidades inteligentes sustentáveis" podem ser descritas enquanto cidades inovadoras que utilizam tecnologias de informação e comunicação (TICs) e outros meios de inovação para melhorar a qualidade de vida, eficiência de serviços e de operações urbanas, atendendo as necessidades das gerações presentes e futuras com relação a aspectos econômicos, sociais, ambientais e culturais.

Já o conceito de favelas inteligentes pretende incorporar essa noção a um viés especificamente voltado para as periferias, de modo a não apenas implementar comodidades tecnológicas de forma isolada, mas também de promover o empreendedorismo local, a inovação, a cultura da criatividade dos moradores das comunidades, assentamentos populares e loteamentos irregulares e clandestinos da cidade. Objetiva-se, assim, a garantia não apenas de acessibilidade tecnológica, mas de outros direitos básicos vinculados a uma moradia digna, como as melhorias habitacionais e promoção de espaços públicos (cuja fundamentalidade foi destacada na primeira parte deste artigo).

Nesse sentido, a ideia central é a inclusão de todos os afetados pelas políticas públicas urbanas, o que possibilitaria uma maior participação dos cidadãos na gestão das cidades em que vivem[780].

As cidades inteligentes permeiam os mais diversos setores, tais quais: (i) vigilância pública e combate ao crime; (ii) distribuição de eletricidade; (iii) gerenciamento de água e esgoto; (iv) maior racionalidade no usos recursos naturais e monitoramento da qualidade do ar, resíduos e padrões de ruídos; (v) avaliação estrutural de edifícios, inclusive com a disposição de aquecedores solares e células fotovoltaicas; (vi) prevenção e combate a incêndios; (vii) promoção e monitoramento da saúde e gerenciamento eficaz de pacientes; (viii) melhoria da mobilidade urbana e promoção de meios de transporte menos poluentes, assim como serviços e infraestrutura adequada[781].

Diante de exemplos como esses, constata-se que a gestão eficiente de dados com orientação para a solução de problemas urbanos por meios da

---

[780] DUSTDAR, Schahram; NASTIĆ, Stefan; ŠĆEKIĆ, Ognjen. **Smart cities:** the internet of things, people and systems. [u.a]. Springer, 201, p. 4.
[781] SOARES NETO, Vicente. **Cidades inteligentes:** guia para a construção de centros urbanos eficientes e sustentáveis. São Paulo: Érica, 2019, pp. 38 e 102.

inovação tecnológica e social, se bem empregada, pode contribuir muito para a efetivação da Agenda 2030 da ONU[782], na qual se preconiza que "ninguém pode ficar pra trás". A pauta dos "Objetivos do Desenvolvimento Sustentável" (ODS) configura um esforço conjunto para a erradicação da pobreza; da fome; de desigualdades socioeconômicas e de gênero; de luta contra mudanças climáticas e contra a degradação ambiental; de promoção de saneamento básico, água e energias limpas, bem como de crescimento econômico, prosperidade, paz e justiça global[783].

As favelas, enquanto microcosmos das nossas cidades, são representativas das demandas sociais existentes com relação à promoção de educação, saúde, cultura, lazer, inclusão, renda, moradia, segurança e tantas outras carências da população brasileira. Por outro lado, são representativas também da criatividade e das potencialidades que a inovação traz no que diz respeito ao desenvolvimento de uma vida urbana mais inteligente, humana e sustentável. Isto é: que empregue o potencial positivo da tecnologia, mas que não se resuma a ela, abrangendo também as melhorias urbanas como um todo, inclusive do ponto de vista social, artístico e cultural.

4.2 Desafios e potencialidades para implementação de favelas inteligentes

Se, por um lado, as cidades (ou favelas) "inteligentes" prometem uma melhor qualidade de vida para os seus residentes, uma alocação economicamente adequada dos ativos disponíveis e uma maior proteção ambiental, com transição para uma economia de baixo carbono; por outro, há fortes críticas a esse modelo descentralizado de organização urbana, que tiraria das comunidades locais o poder decisório, impondo um sistema de controle e vigilância excessivo, bem como o domínio de dados dos usuários por parte de grandes companhias de tecnologia da informação, sem que se tenha limites

---

[782] Em especial, destaca-se o Objetivo n. 11 ("Cidades e Comunidades Sustentáveis"), que objetiva: "tornar as cidades e os assentamentos humanos inclusivos, seguros, resilientes e sustentáveis" (ONU, 2019).
[783] ORGANIZAÇÃO DAS NAÇÕES UNIDAS (ONU). **The Sustainable Development Goals Report 2019**. Nova York, 2019.

bem definidos para a sua utilização[784]. Problemáticas essas que já têm gerado reações ao redor do mundo, como o projeto experimental "DECODE"[785], que visa devolver às pessoas o direito sobre os seus próprios dados, tomando inicialmente por base as cidades de Amsterdam e Barcelona.

Mostra-se, portanto, ser de extrema relevância a busca pela definição de parâmetros capazes de incentivar e, ao mesmo tempo, conformar o emprego dessas tecnologias e inovações sociais. Trata-se de um modelo em amplo desenvolvimento e para o qual um marco legal cuidadoso ainda precisa ser proposto, tendo em vista as potenciais falhas de mercado e de governo inerentes e a necessidade de tutela e promoção de valores sociais fundamentais.

Os desafios para implementação desse modelo no Brasil são de larga escala, passando por questões como: (i) carência de infraestrutura e de conectividade, bem como de serviços e espaços urbanos de qualidade; (ii) carência de educação de qualidade e analfabetismo (geral e digital); (iii) exclusão digital; (iv) déficit habitacional (falta de moradia digna); (v) falta de acesso a serviços essenciais de saúde e higiene (ex: saneamento básico); (vi) falta de acessibilidade urbana (especialmente para pessoas com deficiências); (vii) violência urbana; (viii) desarticulação entre espaços urbano, rural e natural (mal aproveitamento de recursos naturais); (ix) falta de planejamento na ocupação e expansão urbana (assentamentos informais – "cidade irregular"); (x) distância entre moradia e emprego/estudo e congestionamentos; (xi) conflitos de interesses; (xii) demanda por especialização e alto custo para implementação e manutenção de infraestruturas de conectividade; (xiii) subutilização da infraestrutura existente; (xiv) desvalorização do patrimônio cultural material e imaterial; (xv) emergência climática; (xvi) ineficiência energética; (xvii) corrupção e má gestão de recursos; (xviii) desigualdade e falta de oportunidades; (xiv) falta de engajamento político da população na tomada de decisões envolvendo a cidade, dentre outros[786].

---

[784] MOROZOV, Evgeny; BRIA, Francesca. **A cidade inteligente:** tecnologias urbanas e democracia. São Paulo: Ubu Editora, 2019.
[785] UNIÃO EUROPEIA. **DECODE**.
[786] BRASIL. Ministério do Desenvolvimento Regional (MDR). Bases para a atualização colaborativa da Agenda Nacional de Desenvolvimento Urbano Sustentável – Política Nacional de Desenvolvimento Urbano (PNDU). Brasília, 2021.

No caso das periferias, os desafios são ainda mais graves, havendo necessidade de investimentos em relação à solução de problemas salutares como falta de saneamento básico, infraestrutura e acessibilidade, bem como à moradia digna e educação de qualidade.

Cumpre ter em mente que, conforme já destacado pelo próprio diretor geral da UNESCO, Audrey Azoulay: "a inteligência artificial pode ser uma ótima oportunidade para acelerar a consecução dos objetivos de desenvolvimento sustentável. Mas qualquer revolução tecnológica leva a novos desequilíbrios que devemos antecipar"[787].

Isso posto, se faz cada vez mais presente a importância de se ter um olhar regulatório, que vislumbre o potencial da inovação social e de tecnologias para ampliar a eficiência e trazer novas abordagens para o desenvolvimento de políticas públicas nas comunidades brasileiras.

A própria Carta Brasileira para Cidades Inteligentes (2020)[788] expressa uma agenda pública brasileira para a união do desenvolvimento urbano à inovação e tecnologia para a promoção de cidades mais diversas, justas, vivas, conectadas, inovadoras, inclusivas, seguras, economicamente férteis, ambientalmente responsáveis, conscientes e articuladas. No caso da aplicação desse ideal às periferias, deseja-se que a favela inteligente seja pensada *pela* comunidade e *para* a comunidade.

Em face disso, observa-se a relevância do desenvolvimento de estudos acerca das melhores formas com que o Direito deve intervir para regular tais políticas públicas de modo efetivo, tutelando direitos constitucionalmente garantidos, universais, imprescritíveis, invioláveis e irrenunciáveis como os à igualdade, liberdade, privacidade e segurança[789], bem como o direito a um meio ambiente ecologicamente equilibrado.

Assim, espera-se contribuir de forma original para o debate e melhor compreensão a respeito dos desafios inerentes ao desenvolvimento de um

---

[787] UNESCO. Artificial intelligence with human values for sustainable development, 2019.

[788] BRASIL. Ministério do Desenvolvimento Regional (MDR). **Carta Brasileira para Cidades Inteligentes**. Brasília, 2020.

[789] MENDES, Gilmar Ferreira; BRANCO, Paulo Gustavo Gonet. **Curso de direito constitucional**. 12 ed. rev. e atual. São Paulo: Saraiva, 2017, *passim*.

modelo de "favela inteligente" no Brasil; buscando antever os seus méritos e desafios, de modo que tais questões possam ser consideradas na eventual implementação desse tipo de política pública. Espera-se que o direito à cidade possa ser efetivado também nas comunidades, de modo a se reduzir a desigualdade social e promover a fruição de todos dos espaços públicos nas cidades brasileiras, assim como o desenvolvimento de inovação e de sustentabilidade socioambiental nas favelas.

5. CONCLUSÃO

É sabido que as cidades que se formam com periferias que não refletem os mesmos níveis de infraestrutura urbanística e dos bens de uso comum do povo que as áreas mais valorizadas da cidade acabam por consistir em um mero agrupamento de pessoas sobre um território, mas com um nível de envolvimento político de seus cidadãos muito reduzido. Por essa razão, é fundamental que se empregue esforços efetivos para afastar esse tipo de organização socioespacial.

No Brasil, embora se tenha o direito fundamental à moradia, tal necessidade basilar com frequência não é suprida com eficácia pelo Estado. Especialmente se considerarmos o devido conceito expansivo de direito à moradia, que envolve muito mais do que possuir "um teto com paredes", mas sim a garantia de dignidade para se viver, inclusão no espaço público e acesso à infraestrutura da cidade. Logo, compete ao poder público prover a urbanização e inclusão dessas pessoas, sob pena de haver a perda gradual de um sentido de bem comum e de pertencimento ao grupo e à cidade.

E, tomando por base as perspectivas futuras para uma sonhada cidade inteligente (aqui considerando as variadas terminologias que avançam no mesmo tempo que se vislumbra as imprecisões dos termos anteriores, a exemplo das *CHICS* – Cidades Humanas, Inteligentes, Criativas e Sustentáveis), a favela também deverá ser abarcada pela inovação, com garantia de acessibilidade à tecnologia, uma vez que é parte indissociável da cidade. O desenvolvimento de uma sem o avanço da outra não servirá para a real implementação de uma cidade verdadeira, inteligente, humana e sustentável.

O resultado nesse caso seria a manutenção de uma cidade partida, desumana, desigual e com graves problemas socioambientais, na qual apenas alguns têm direito a usufruir dos benefícios ocasionados pelo novo modelo de urbanização. Certamente, não deve ser esse o objetivo de uma cidade verdadeiramente inteligente.

REFERÊNCIAS BIBLIOGRÁFICAS

AGUIAR, Ranieri Roberth Silva de. **Modelo teórico de cultura para inovação social nas organizações**. Tese (Doutorado em Engenharia e Gestão do Conhecimento) – Programa de Pós-Graduação em Engenharia e Gestão do Conhecimento da Universidade Federal de Santa Catarina. Florianópolis, 2019.

ARENDT, Hannah. **A condição humana**. 13. ed. rev. Tradução: Roberto Raposo. Revisão: Adriano Corrêa. Rio de Janeiro: Forense universitária, 2020.

BECK, Ulrich. **Sociedade de risco**. Trad.: Sebastião Nascimento. 2ª ed. São Paulo: Editora 34, 2011.

BRASIL. Assembleia Legislativa do Estado do Rio de Janeiro. **Lei n. 9.131 de 14 de dezembro de 2020**. Institui o Plano de Desenvolvimento, Cidadania e Direitos em Territórios de Favela e Demais Áreas Populares, no âmbito do Estado do Rio de Janeiro. Disponível em: <http://alerjln1.alerj.rj.gov.br/CONTLEI.NSF/e9589b9aabd9cac8032564fe0065abb4/357ca87e3a9e506603258656005ba9eb?OpenDocument>. Acesso em 11 nov. 2021.

_____. **Constituição da República Federativa do Brasil de 1988**. Disponível em: <http://www.planalto.gov.br/ccivil_03/constituicao/constituicaocompilado.htm>. Acesso em 30 nov. 2021.

_____. Ministério do Desenvolvimento Regional (MDR). **Bases para a atualização colaborativa da Agenda Nacional de Desenvolvimento Urbano Sustentável** – Política Nacional de Desenvolvimento Urbano (PNDU). Brasília, 2021b. Disponível em <http://www.andusbrasil.org.br/acervo/publicacoes/93-bases-para-a-atualizacao-colaborativa-da-agenda-nacional-de-desenvolvimento-sustentavel>. Acesso em 18 out. 2021.

_____. Ministério do Desenvolvimento Regional (MDR). **Carta Brasileira para Cidades Inteligentes**. Brasília, 2020. Disponível em <https://www.gov.br/mdr/pt-

br/assuntos/desenvolvimento-regional/projeto-andus/Carta_Bras_Cidades_Inteligentes_Final.pdf>. Acesso em 18 out. 2021.

_____. **Decreto n. 9.283, de 07 de fevereiro de 2018**. Regulamenta a Lei nº 10.973, de 2 de dezembro de 2004, a Lei nº 13.243, de 11 de janeiro de 2016, o art. 24, § 3º, e o art. 32, § 7º, da Lei nº 8.666, de 21 de junho de 1993, o art. 1º da Lei nº 8.010, de 29 de março de 1990, e o art. 2º, caput, inciso I, alínea "g", da Lei nº 8.032, de 12 de abril de 1990, e altera o Decreto nº 6.759, de 5 de fevereiro de 2009, para estabelecer medidas de incentivo à inovação e à pesquisa científica e tecnológica no ambiente produtivo, com vistas à capacitação tecnológica, ao alcance da autonomia tecnológica e ao desenvolvimento do sistema produtivo nacional e regional. Disponível em: <http://www.planalto.gov.br/ccivil_03/_ato2015-2018/2018/decreto/d9283.htm>. Acesso em: 09 nov. 2021.

_____. **Lei n. 10.257, de 10 de julho de 2001**. Regulamenta os arts. 182 e 183 da Constituição Federal, estabelece diretrizes gerais da política urbana e dá outras providências. Disponível em: <http://www.planalto.gov.br/ccivil_03/LEIS/LEIS_2001/L10257.htm>. Acesso em: 09 nov. 2021.

_____. **Lei n. 10.973, de 02 de dezembro de 2004**. Dispõe sobre incentivos à inovação e à pesquisa científica e tecnológica no ambiente produtivo e dá outras providências. Disponível em: <http://www.planalto.gov.br/ccivil_03/_Ato2004-2006/2004/Lei/L10.973.htm>. Acesso em: 09 nov. 2021.

_____. **Lei n. 13.018, de 22 de julho de 2014**. Institui a Política Nacional de Cultura Viva e dá outras providências. Disponível em: <http://www.planalto.gov.br/ccivil_03/_ato2011-2014/2014/lei/l13018.htm>. Acesso em: 09 nov. 2021.

_____. **Estatuto da Metrópole**. Disponível em:< http://www.planalto.gov.br/ccivil_03/_ato2015-2018/2015/lei/l13089.htm >. Acesso em 07 out. 2021.

_____. **Instituto Brasileiro de Geografia e Estatística**. Disponível em: <https://biblioteca.ibge. gov.br/index.php/biblioteca-catalogo?view=detalhes&id=2101717>. Acesso em: 25 mai. 2021.

CORREIA, Arícia Fernandes. **Direito da Regularização Fundiária Urbana Plena.** Belo Horizonte: Editar, 2017.

DAVIS, Mike. **Planeta Favela**. São Paulo: Boitempo, 2006.

DUSTDAR, Schahram; NASTIĆ, Stefan; ŠĆEKIĆ, Ognjen. **Smart cities:** the internet of things, people and systems. [u.a]. Springer, 2017.

FREDERICKS, Joel; HESPANHOL, Luke; PARKER, Callum; ZHOU, Dawei; TOMITSCH, Martin. Blending pop-up urbanism and participatory technologies: Challenges and opportunities for inclusive city making. Elsevier: **City, Culture and Society**. vol. 12, 2018, pp. 44-53.

GUIMARÃES, Patrícia Borba Vilar; XAVIER, Yanko Marcius de Alencar. Smart cities e direito: conceitos e parâmetros de investigação da governança urbana contemporânea. **Revista de Direito das cidades**, Rio de Janeiro, vol. 08, nº 4., 2018, pp.1362 – 1380.

HARVEY, David. **A produção capitalista do espaço**. Trad.: Carlos Szlak. São Paulo: Annablume, 2005.

HERRMANN-PILLATH, Carsten. **The Economics of Identity and Creativity:** A Cultural Science Approach. New Brunswick: Transaction Publishers, 2011.

INSTITUTO PÓLIS. **Cartilha reforma urbana já**. Organizadoras: Stacy Torres e Isabel Ginters. São Paulo: Instituto Pólis, 2016. Disponível em:< https://polis.org.br/wp content/uploads/2020/03/Cartilha_ Reforma_urbana.pdf>. Acesso em: 24 set. 2021.

JOVCHELOVITCH, Sandra; PRIEGO-HERNANDEZ, Jacqueline. **Sociabilidades subterrâneas:** identidade, cultura e resistência em favelas do Rio de Janeiro. Brasília: UNESCO, 2013.

KUHN, Thomas S. **A Estrutura das Revoluções Científicas**. Tradução de Paulo Aukar. Santa Maria: Edição Digital do Tradutor, 2018.

LIRA, Ricardo Pereira. Remoção de favelas. **Revista de Direito das cidades**, Rio de Janeiro, v. 09, nº 3, 2017, pp. 1383-1392.

MAGALHÃES, Alex. **O Direito das Favelas**. Rio de Janeiro: Letra Capital, 2014.

MAGRANI, Eduardo. **A internet das coisas**. Rio de Janeiro: FGV Editora, 2018.

MARICATO, Ermínia. **O impasse da política urbana no Brasil**. Petrópolis: Vozes, 2011.

MARQUES, Eduardo. Os capitais do urbano no Brasil. *Revista Novos Estudos Cebrap* - Dossiê Capitais do Urbano. São Paulo, julho de 2016, n° 105.

MENDES, Gilmar Ferreira; BRANCO, Paulo Gustavo Gonet. **Curso de direito constitucional**. 12 ed. rev. e atual. São Paulo: Saraiva, 2017.

MOROZOV, Evgeny; BRIA, Francesca. **A cidade inteligente:** tecnologias urbanas e democracia. São Paulo: Ubu Editora, 2019.

ONU prevê que cidades abriguem 70% da população mundial até 2050. **ONU News**.19 fev. 2019. Disponível em: <https://news.un.org/pt/story/2019/02/1660701>. Acesso em 19 out. 2020.

ORGANIZAÇÃO DAS NAÇÕES UNIDAS (ONU). **The Sustainable Development Goals Report 2019**. Nova York, 2019. Disponível em: <https://unstats.un.org/sdgs/report/2019/The-Sustainable-Development-Goals-Report-2019.pdf>. Acesso em 29 set. 2019.

_____. **About the Sustainable Development Goals**. Disponível em: <https://www.un.org/sustainabledevelopment/sustainable-development-goals/>. Acesso em: 15 nov. 2021.

PANHAN, André Marcelo; MENDES, Leonardo de Souza; BREDA, Gean Davis. **Construindo Cidades Inteligentes**. 1 ed. Curitiba: Appris, 2016.

SARMENTO, Daniel. **Dignidade da pessoa humana:** Conteúdo, trajetórias e metodologias. 1ª.ed. Belo Horizonte: Fórum.

SOARES NETO, Vicente. **Cidades inteligentes:** guia para a construção de centros urbanos eficientes e sustentáveis. São Paulo: Érica, 2019.

SOUZA, Mônica Virgínia de. Políticas públicas e espaço urbano desigual: favela Jardim Maravilha (SP). **Estudos avançados**, São Paulo, v.23, n°.66, 2009, pp.267-281.

UNIÃO EUROPEIA. **DECODE**. Disponível em: <https://decodeproject.eu/>. Acesso em: 19 out. 2020.

UNITED NATIONS EDUCATIONAL, SCIENTIFIC AND CULTURAL ORGANIZATION. **Artificial intelligence with human values for sustainable development**, 2019. Disponível em: <https://en.unesco.org/artificial-intelligence>. Acesso em 29 set. 2019.

_____. **Recommendation on Science and Scientific Researchers**. Disponível em: <http://portal.unesco.org/en/ev.php-URL_ID=49455&URL_DO=DO_TOPIC&URL_SECTION=201.html>. Acesso em: 15 nov. 2021.

_____. **Relatório de ciência da UNESCO:** rumo a 2030, visão geral e cenário brasileiro. Disponível em: <https://unesdoc.unesco.org/ark:/48223/pf0000235407_por.page=40>. Acesso em: 15 nov. 2021.

_____. **Science, Technology and Innovation Policy Development**. Disponível em: <http://www.unesco.org/new/en/natural-sciences/science-technology/sti-systems-and-governance/sti-policy-development/>. Acesso em: 15 nov. 2021.

UNITED NATIONS – HABITAT. **World Cities Report 2020**. Disponível em: <https://unhabitat.org/sites/default/files/2020/10/wcr_2020_report.pdf>. Acesso em: 15 nov. 2021.

Made in the USA
Columbia, SC
30 November 2022

72017804R20341